土地資源概論

顏愛靜 著

五南圖書出版公司 印行

推薦序

所謂土地資源，其涵蓋的範圍廣泛，內容繁多，且為天然所生成者，故亦稱自然資源；包括地面、地上、地下，一切與人類生存有關的天然資源。人類依賴土地資源而生，蒙其恩澤而活，藉此繁衍子孫，延續後代，繼往開來，謀求永恆而持續發展。人類向來努力發現資源，開發資源，並做有計畫、有效且合理的利用，更須防止誤用或濫用，好好加以保持與維護。除謀求全民福利與幸福之外，尚須為後代子孫規劃安樂與美好的生活環境。

長流性資源 (flow resources) 必須及時充分有效利用，令其發揮最大的經濟效益，切莫任其平白流失，失去為人類造福機會。儲存性資源 (stock resources) 的開發利用將為人類帶來無限的恩惠與福祉，理當實行有計畫的開發，合理有效利用，尤須避免過度開發導致資源枯竭，並重視適度的保存。至於可再生資源 (reproducible resources)，例如森林資源，兼具長流性資源與儲存性資源雙重特性。人類除可享受新鮮的空氣，美好的景觀與環境外，森林尚具涵養水源及防洪治水功能，更可為人類提供優美的建築木材。欲使此等功能得以永續發揮，務必遵守間伐原則，而不可貪圖近利實行皆伐。

養魚漁家為增加漁產，日夜不停地抽取地下水，導致地層下陷，危害公共安全，這已非新鮮新聞。這正是為一己之利，危害眾人生命財產之現成例子。這種災害一旦造成，將無從補救，成為永久的遺憾。蓋地層一旦下陷，即使利用人工引水實施補注 (injection)，頂多只能防止不再下陷而無法讓地層恢復原狀，實在危害無窮。

山坡地的開發，可以增加建築用地，帶動地價遽升，效果立竿見影，為宅地開發者所喜愛。若忽略護坡設施，疏忽水土保持，怠忽植生，一旦颱風來襲，豪雨連綿，地層鬆動，很容易產生山洪地裂，土石流東奔西馳，危害人民生命與財產至鉅，後果不堪設想。故開發利益之評估必須謹慎，務必公正客觀評估正負效益，莫為近利而忽視遠慮！

茲值顏愛靜教授累積多年教學經驗及其多年來研究成果之力作——《土地資源概論》行將付梓成書，幸有機會，敘序數言，得與研鑽斯學學子共勉，良不勝欣愉，幸甚！

殷 章 甫 謹敘

於土地經濟學會

102 年 8 月 1 日

自序

土地資源是人類從事生產、生活、生態等三生產業活動最重要的元素，也是能否促成環境維護與永續發展的關鍵。近年來，隨著氣候變遷的議題不斷受到舉世關注，而臺灣近年每逢颱風來襲，土石流災害頻傳，故如何基於土地倫理以維護土地資源，並妥善利用，成為本世紀最大的挑戰！本書即在這樣的思維下，嘗試就水土資源、農地資源、坡地資源、海岸地區資源、原住民土地資源、市地資源、工業用地資源、殯葬用地資源等面向加以論述，並以目前全球最關注的永續性議題，探討土地資源如何永續利用。

土地資源的利用與政府政策息息相關。無論何種資源，其產權、地用型態、管理體系與法律規範均須依照政府所擬定的大方向，再輔以民間的力量，與民共同開發，將土地資源的利益與民共享。不過，在當今以開發為重的主流思考下，我們仍須時時反省土地資源開發背後可能產生的諸多問題。例如：近年來多起爭議的農地徵收、都市更新案件，儘管當局一再宣稱這樣的土地徵收合於法理，同時也符合公共利益。但必須指出的是，以經濟發展為優先的土地資源利用方式，極有可能戕害人民的財產權，甚至侵犯到基本人權中的居住權。在人口不斷增加、用地需求與都市規模不斷擴大的今日，為了尋求經濟發展與資源的有效利用，不可避免的會與人民的財產權產生衝突，這是任何主政者都必須正視的問題。

本書部分內容參考自 G. Tyler Miller 與 Scott Spoolman 所著《我們所生存的環境：原理、關連性與解決之道》(*Living in the Environment: Principles, Connections, and Solutions*) 一書，這本專書鉅細靡遺的描述了美國的自然生態環境，以及面對經濟發展下全球環境污染、動植物滅絕、氣候變遷的苦果。本書有不少概念與內容參考該書，並綜合筆者多年研究成果，謹此致謝。

教學卅載，時光悠悠，本書是本人面對無數學子與同儕，交相激盪，耗費數十年而出的結晶。本書要特別感謝恩師殷章甫教授撰寫序文加以鼓勵，黃仁志博士生的排版，李健豪碩士、阮佳萱碩士生的校稿，方使文稿更顯精要、錯誤減少。最後感謝一路走來一直陪伴我，給予我鼓勵的外子陳鴻瑜先生。惟本書雖經多次改寫，錯誤或屬難免，尚祈先進不吝指正，以為日後修訂之參據。

顏愛靜 謹敘

謹誌於國立政治大學地政學系

民國 102 年 9 月

目錄
Contents

第四章 山坡地資源之利用與保育

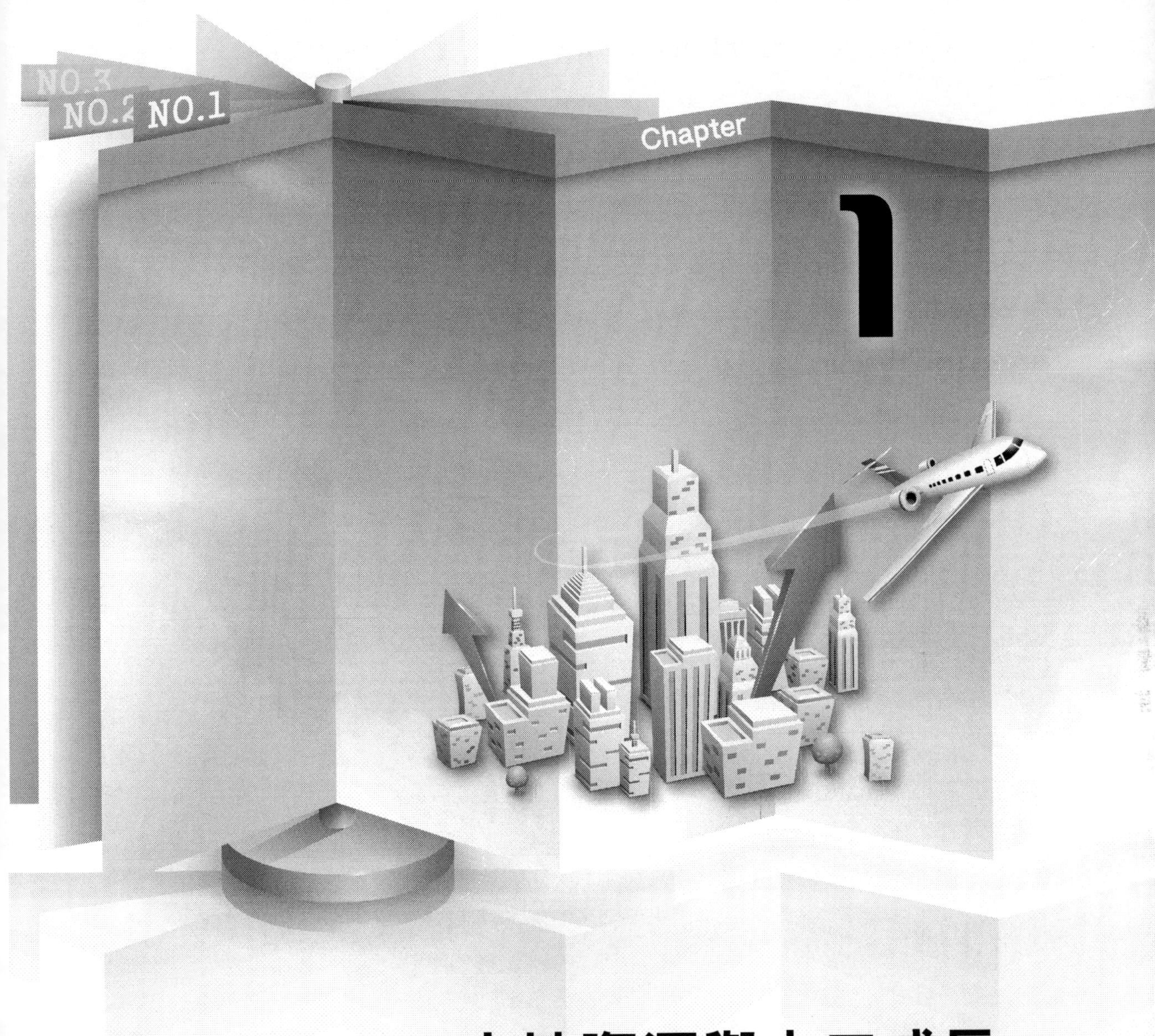

土地資源與人口成長

土地資源為天然賦予之物質與能量，惟因各處之地形、地勢不一，未必直接可供利用，故須經由人類投施勞力、資本從事土地開發，方能使土地資源發揮應有的效益。然而，全球的人口於 2012 年 5 月底已超過 70 億 4,000 萬人[1]，為應眾多人口對於食、衣、住、行的需求，大量墾殖利用的結果，也使土地面臨不少污染、耗竭等資源損害問題。是以，今後如何按土地資源的特質，順應人口增長之需，以確保土地資源使用的永續使用效益，是為當務之急。

本章旨在論述土地資源的意義與類別、影響供需之主要因素，以及面臨人口成長壓力下，土地資源利用的調整與因應原則，以迎接新世紀的挑戰。

第一節　土地資源之意義與類別

一、土地資源之意義

一般通稱的土地 (land)，係指環繞地球表面的陸地而言，是為狹義的說法，此概念尚未能具體表明資源 (resources) 所涵蓋之層面。為周延起見，宜採廣義的界說，即將土地資源 (land resources) 視為自然資源 (natural resources)[2]。自然資源係指「取自實質環境（地球的生存維持體系 (earth's life-support systems)）而可滿足人類所需之任何物質」(Miller, 2000: 10-11; 2004: 9)[3]。就經濟意義言，土地資源與勞力、資本、企業能力等同屬生產要素，但土地是天然賜物，不能以人力再造，且表層供給總量固定，是為不可或缺之基本要素。英國經濟學者馬歇爾 (A. Marshall) 曾謂：「土地係指自然為輔助人類而自由賦予之水、陸、空氣與光、熱等各種物質 (material) 與能力 (forces)」(Alfred Marshall, 1938: 138)。這個界說雖指出土地資源為自然賜予之日光、潮汐、風力等各種物質與能力，但這種資源理當及於地層表面之山林川澤、地層中的土壤石礦等物質，而可為人類所利用者。因此，土地資源之意義，可界定為自然為輔助人類而自由賦予之水、陸、空氣與光、熱等及於地層表面之上、下，且可為人類所利用之各種物質與能力。因其為自然天成，非人力所造，故與通稱之自然資源並無二致。

[1] 世界實時統計數據：http://www.worldometers.info/tw/（搜尋日期：2012 年 5 月 25 日）。

[2] 許多經濟學者持此見解，如：Morehouse 與 Ely(1924)、Barlowe(1978) 及張德粹 (1984)、林英彥 (1991)、韓乾 (2001)、殷章甫 (2004) 等皆是採取廣義的界說，惟因土地經濟學係研究人類如何善用並管理土地，故主要研究對象為狹義的陸地。另者，有些學者則認為土地資源為地球表面的陸地區域，有別於自然資源（黃朝恩，1994）。

[3] 所謂「自然資源」，係指埋在地球的深層與土壤中之營養物與礦物，包括水、野生與本土的動植物、空氣，以及其他經由地球自然的過程所產生的資源 (Miller, 1998: A54; 2000: G9)。而所謂地球的自然資源與過程可維繫人類與其他物種生存者，即為「地球資本」(earth capital)，或稱為「自然資本」(natural capital)；其意義與「自然資源」相通 (Miller, 1998: A49; 2000: G4; 2004: 16, G10)。

土地資源當中，有些可從自然環境直接取用，如：陽光、空氣、流水等；有些則無法從自然環境直接取用，如：油礦、地下水、漁獲等。但無論如何，地球上的天然物質有賴人類運用智慧透過科技發展予以探勘，並將之開採、冶煉、製造，以便成為可用之型態。舉例來說，深藏地底的地下水，並不是人類可直接取用之資源，直到鑿井、幫浦裝置等技術發明後，才能運用相關設備將之輸送至地表上以成為可用之資源。而魚類必須自水域中捕獲、處理、烹煮後，才可供人食用。又，石油是種神祕的液體，當人們學會探勘、採掘、精煉成為石油及其他油製品，才可成為汽車、家用之燃料。然而，由地心至太空的範圍內，土地資源並非取之不盡、用之不竭，而是必須考量經濟條件，務求開發利用成本最小、效益最大，否則用費浩繁但質地欠佳的物質（如：礦床）寧可維持原狀，不加開採使用。

就法律的觀點言，凡人類占有某筆土地的所有權，通常及於該筆土地之地表以及其上、下所附著之一切自然物質與能力。我國《土地法》第 1 條規定：「本法所稱土地，謂水陸及天然富源。」而《民法》第 773 條則規定：「土地所有權，除法令有限制外，於其行使有利益之範圍內，及於土地之上下。……。」由此可見，上述法律均採廣義界說，俾以保障財產權益。

二、土地資源之類別

土地資源的可貴之處，乃是提供各種物質與能力，為人類所用以滿足所需。這些資源的種類繁多，難計其數，倘以存在性質為劃分依據，或可分為「長流性資源」(flow resources) 與「儲存性資源」(stock resources) 兩類，予以說明如次[4]。

長流性資源：係指某些資源所具有的物質能量如江水般川流不息，若在某一時間加以利用，不致減損其未來流量；但若不予利用，將即行消失而無法儲存留待另一時間再用。故這類資源又稱為「更新性資源」(renewable resources) 或「流失性資源」(losable resources)，如：空間、陽光、雨水、瀑布、風力及土地載力等均屬之。由於這種資源既是取用不虞枯竭，不用無法留藏，理當及時充分利用，以發揮生產效能。諸如人們利用陽光、水力、風力、潮汐、熱能發電，便是充分合理利用長流性資源的最佳方式。

[4] 有關土地資源的分類，學者之間的見解不同，張德粹 (1984) 將資源區分為限量資源 (fund resources)、長流資源 (flow resources) 與生物資源 (biological resources) (ibid.: 303)。Miller 則區分為可更新資源 (renewable resources)、潛在可更新資源 (potentially renewable resources) 與不可更新資源 (nonrenewable resources)。Miller 指出「生態資源」(ecological resource) 為任何有機體為維持、成長、再生所需之資源，包括：棲息地、糧食、水與避難所。「經濟資源」(economic resources) 為任何取自於環境（及地球的生存維持體系）以符合人類之需求與欲望 (needs and wants) 的資源，包括：糧食、水與避難所、製造品、交通、通訊與遊憩等，但後兩種分類不夠明顯 (Miller, 2000: 11; 2004: 9)。殷章甫(2004: 192-193)、林英彥 (1990: 853-857) 則區分為長流性資源與儲存性資源，本文即取其精要，做此分類。

不過，在這種分類之下，尚可依據這些資源的特性再區分為持久性長流資源或潛在性長流資源。前者係指從人類繁衍存續的尺度觀察，這類資源將永續更新，如：太陽能的生命循環預估可延續六十億年；後者則指經由自然力的作用（如：循環、自淨能力），這類資源亦將自行補充，如：樹林、綠草、野生動植物，地下水等等。值得注意的是，所謂「生物多樣性」（biological diversity，或 biodiversity）[5]，亦屬潛在性更新資源，包括：(1) 基因多樣性 (genetic diversity)：在單一物種中組成個體的基因種類；(2) 物種多樣性 (species diversity)：在地球上不同棲息地所發現的各類有機體物種；(3) 生態多樣性 (ecological diversity)：指森林、沙漠、草地、河流、湖泊、海洋、溼地等多種生物族群；(4) 功能多樣性 (functional diversity)：指為維繫物種和生物族群的能源流量與物質循環，所需的生物和化學過程或功能。這些生物多樣性的維繫，可供應人們糧食、樹木、物質、能源、藥材、原料等等，對於人類的生存與社經發展至關緊要，是為永續發展之根基 (Miller, 1998: 12; 2000: 11; 2004: 76)。然而，這些潛在性長流資源的永續更新，仍有其限制條件。倘若人們按照資源特性妥為利用，當不致傷害或損毀其更新與復原的能力；惟一旦過度利用，致使資源根基斲傷、甚至滅絕，就會轉變成「無法更新資源」。

儲存性資源：係指某些資源的物質總量有一定的限度，若在某一時間不予利用，可以儲存以備不時之需；惟一旦取用殆盡，則難以再生，故又稱為「非更新資源」(nonrenewable resources)，包括：(1) 能源資源 (energy resources)，如：煤炭、石油、天然氣等，無法循環再利用；(2) 金屬礦物資源 (mineral resources)，如：鐵、鋁、銅等，尚可經適當處理循環再利用；(3) 非金屬礦物資源 (non-mineral resources)，如：鹽、砂、泥、磷酸鹽等，通常要循環再利用極為困難或須耗費龐大費用才能實現。若從地質學的觀點來看，前面所列舉的地下礦藏，歷經數百萬年總會有所增加，但在幾十年或幾百年間，並無顯著增加的跡象，故從經濟的觀點言，其蘊藏總量在短期間內變化不大。這種資源經取用會逐漸減少，但不用則可儲存，故理當節約有效利用，方可獲致最大淨益。人類採掘煤炭、石油等地下礦藏做為燃料，即是有效利用儲存性資源的最好例證。然而，一旦這類資源的再生與消耗超過總供給量的 80%，將產生經濟上耗竭 (economically depleted) 的現象，其開採成本亦將超越剩餘的經濟價值 (Miller, 1998: 16; 2000: 16; 2004: 9)。

上述的兩種分類，係便於說明物質資源特性的主要類型，整理如圖 1-1-1 所示。惟

[5] 根據美國技術評估局 (U.S. Office of Technology Assessment) 的定義：「生物體之間的多變性與歧異性，與其所產生之生態上的複雜現象。」如果採最簡單和通俗的概念，也可定義為「居住在同一區域內，所有不同種類生物的總和」(Dobson, 1996/2000: 10)。

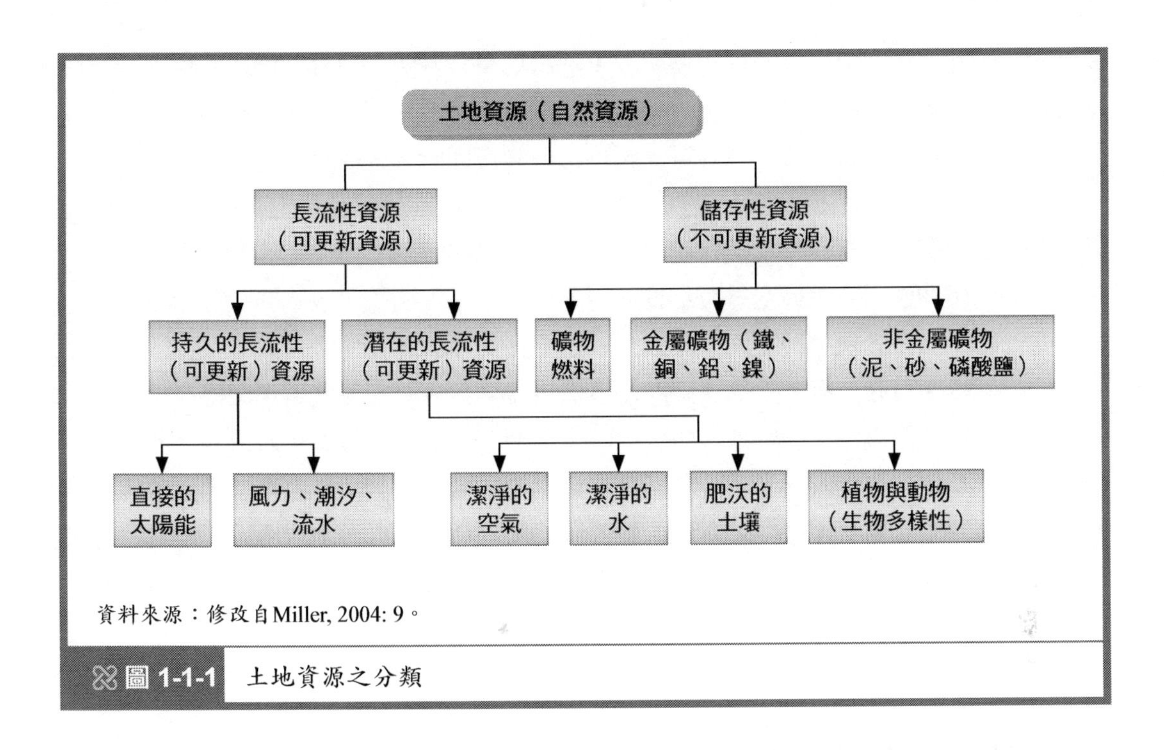

資料來源：修改自Miller, 2004: 9。

圖 1-1-1　土地資源之分類

在實際情況下，所謂的潛在性長流資源，多少仍具有儲存特質。例如耕地，吾人可利用土地空間與土壤肥力從事作物的生產。倘從時間的觀點言，土地空間的服務能力是流失性的，蓋今日廢耕不用，則當天的服務能力即行消失。且就利用的觀點言，其所含養分的服務能力將因作物根部吸收而逐漸減少，須經休耕或施肥，才能恢復其營養能力。又如天然的蒼山翠谷、海岸湖泊所提供的景觀效益是永無止境的，屬於長流的性質；然因人類從事各種經濟活動，或伐木闢路而造林不足，或工廠排放廢水而污染河川，使得怡人美景遭到破壞，致使所提供之效益就此斷絕，則屬不可逆的儲存性質[6]。倘再推而廣之，那些仰賴土地滋長的稀有動、植物等生物性資源，如自然景觀般亦為兼備長流性與儲存性的資源，故須妥為保護，才能使之生生不息。反觀儲存性資源，如：鐵、銅、鋁等金屬礦物資源，亦多少具有循環再利用或重複使用的特性。所謂「循環再利用」，是指該類資源經蒐集分類後，再重新加工處理，成為新製品。如：玻璃瓶經回收後，可以搗碎再熔解、燒製為新瓶或其他玻璃製品。而重複使用 (reuse)，則是指玻璃瓶洗淨再改

[6] 這種潛在性長流資源若由公眾擁有、自由使用而無須付費時，則屬於共用財產資源 (common property resources)，如：公海、漁場、候鳥、野生動植物、國有林、國家公園等均屬之。由於這類資源的使用者皆無須付費，人人在搭便車心理的驅使下，往往儘量耗用資源以追求個人最大利益。一旦資源消耗殆盡，沒有人可以從中獲利時，就會產生「共用地的悲劇」(tragedy of the commons) (Hardin, 1968)。針對這些問題，或可採取：(1) 利用降低人數與管控進入等方式，比所估計的永續收益量或負荷限量較低的速率，規定自由進入使用資源的頻率；(2) 將自由進入資源轉化為私人所有權，就會讓所有權人有強烈的誘因去保護自我的投資。不過，上述這些辦法不易採用，原因在於永續收益量不易估計，而大氣層、公海等全球共用資源也很難加以分割並移轉為私有權。儘管如此，有些可由社區取用的資源或可建立規則，共同使用鄰近的資源，如社區林業的發展即屬此例 (Miller, 2004: 11)。

裝多次。如此一來，自可比開採新礦床減少耗用現有資源，進而降低製造污染或導致環境惡化的負面影響。

簡言之，持久性長流資源因其可更新特質，當可即時充分使用；但對於具潛存危機之潛在性長流資源，則須適度保護且不可過度使用，以確保其持續生產能力 (sustained yield)。至於礦物資源，因其開採之時亦須耗用可觀的能源，且會破壞植被、改變地貌、造成土壤沖蝕，或污染空氣與水質，對環境造成重大衝擊，故除非能源價格居高不下，且新礦床適時發現，具備經濟效益，否則不宜貿然為之。

綜合上述，廣義而言，土地資源即為自然資源，可分為長流性資源與儲存性資源兩類，如欲永續利用這些資源，則人類使用資源的速度不能超過資源更新或補充的速度。前者涉及資源需求之影響因素，後者涉及資源供給之影響因素。唯有瞭解此兩項因素之特質，方能調節資源使用速度，達到自然資源的永續利用。惟土地資源因其性質特殊，與一般商品有別，故下節將概述土地資源供給與需求之影響因素，以掌握土地資源利用之相關問題及解決對策。

第二節　土地資源供需之影響因素

土地資源為自然賦予，雖有永續更新的空氣、光、熱等自然物質與能力，但大體上以人類生長棲息的陸地區域為主要利用空間，其次才是河川與海洋，惟其利用粗放，比重也不大。由於陸地資源具有面積總量不變、位置固定不移、長期不毀滅、品質有高下等特性，故與一般財貨或勞務的供需不盡相同。為便於底下章節有關土地資源利用與管理課題之論述，本節將就土地資源（特別是陸地資源）的供需影響因素加以說明。

一、土地資源供給及其影響因素

土地資源的供給通常可從兩種觀點分析。一為土地資源的實質供給 (the physical supply of land resources) 或土地資源的自然供給 (the natural supply of land resources)，係指一國或一地區各類土地資源之實際供應數量，其合計總量通常固定不變，因而，即使地價有所變動，也不致影響其供給量之增減，故亦稱為無彈性的供給 (inelastic supply)。另一為土地資源的經濟供給 (the economic supply of land resources)，係指在既定的時間、地區內，在所定價格下，可用於某特定用途之土地單位數的供給表列 (Renne, 1958: 28)。這類供給因價格的高低，而有各種不同的供給量，故亦稱為有彈性的供給 (elastic supply)。儘管土地資源的實質供給為固定，但因其可提供多種用途，且彼此之間有相互競爭或替代之勢，故就土地資源的經濟供給來探究人類可用資源之存在與否，較具經濟意義。

一般而言，土地資源經濟供給的影響因素可歸納如下[7]：

（一）自然因素

土地資源的實質供給總量固定，即是土地資源經濟供給的最大制約因素。此係因土地資源分布廣泛但不均勻，是否適宜人類居住或動、植物生長還受下列條件所限：(1) 日光與溫度；(2) 降雨量及用水供給量；(3) 地形與排水（地勢）；(4) 土地狀況、地層結構、礦床分析；以及 (5) 到達市場的實質區位與運輸設施等 (Barlowe, 1978: 26)。

對於農地的利用，氣候、地形與土壤結構的影響較大，凡氣候嚴寒、炎熱、乾燥、冰雪長期覆蓋，或地勢陡峭、高峻，或土壤貧瘠之地皆不能利用。而區位優劣與交通設施是否完備，則是影響都市興衰及其內部各類用地之分配。故知，土地資源的自然供給為人類可用資源之最高極限，而土地資源的經濟供給則視各類用地之特性及後續因素，確認是否得以展現其開發利用之潛力。

（二）技術因素

各類用地資源的自然供給雖極為有限，然隨著人類科技的進步，將可克服自然條件的限制，從而逐漸增加土地經濟供給。例如：古代的人類大都沿著汲水便利的河域而居，耕地的分布也大抵以此為範圍。嗣因水利工程技術進步，人們修築灌排水系統，使生產農作物的用地範圍得以擴充。又因水庫興建技術發達，得以調節水量，以因應農田灌溉與生活飲用之所需，故農地與宅地的經濟供給也隨之增大。再者，由於土木工程的技術進步，人們得以築堤造陸、開發海埔地，使住宅、工廠或機場、遊憩所需用地之經濟供給增加。復因建築技術提升，土地由平面空間利用擴充為立體空間利用，樓地板面積增加，再透過建物結構施工技術的利用，使得高速公路能穿越立體建物（如：日本朝日新聞大樓即有高速公路從中穿過），或捷運系統能穿越土地之上空或地下，也在無形中增加了建地的經濟供給。

（三）經濟因素

當某種產品的相對價格上漲時，常會提高其生產要素的衍生性需求，從而使這類資源的經濟供給增加。以臺灣為例，民國四十年代，當時國際糖價提高，有不少水田改闢為蔗田；嗣於五十年代，因香蕉外銷日本價格良好，於是水田紛紛被改闢為蕉園；繼而在六十年代，鰻魚外銷價格看漲，乃將水田改做魚塭養鰻；七十年代以後，草蝦類外銷

[7] 有關土地資源的經濟供給影響因素，另可參見 Barlowe (1978: 26-34)、張德粹 (1984: 23-24)、林英彥 (1990: 9)、殷章甫 (1995: 39-45; 2004: 21-39)。

價格攀高，又將水田改設養蝦場。凡此皆反映出農產品價格增漲後，促使土地利用改變，從而影響農地的經濟供給。就土地資源各類用途的收益能力言，由於農地的單位面積付租能力常低於非農地，致使前者往往成為後者的發展備用地。臺灣自民國六十年代起，農田變更為非農業用地迭有增加；自民國 80 年到民國 92 年間，每年農田變更面積最多的是民國 81 年的 10,012 公頃，民國 92 年釋出面積減為 5,134 公頃，以供工商、住宅等用地之需（見表 1-2-1）。姑且不論農地變更使用是否危害環境，此舉乃是因應都市化、工商業發展用地需求激增，從而改變土地資源經濟的供給內涵。

（四）制度因素

在遠古時代，地廣人稀，人們可隨處狩獵維生，土地形同自由財。迨至人口不斷增加，定居農業漸趨形成，人類始有常期占用坵塊耕種維生之需，私有財產權之觀念於焉成立。又為規範人與人之間利用土地所產生之權利與義務，於是包含正式的法令規章與非正式的風俗習慣的「土地制度」逐漸建立。

一般的私有土地財產權，係指所有權人對某筆土地所擁有的排他權、使用收益、分割移轉等特徵的一束權利 (Hartwick and Olewiler, 1986: 8-9)。然而，此等權利並非毫無

表 1-2-1　臺灣地區水田面積減少情形　　單位：公頃

年別（民國）	合計	住宅及其他農舍用地	公共設施用地	工商用地	養魚池用地	重劃及測量校正	造林及廢耕地	流失埋沒	其他
80	6,280.31	1,002.69	729.54	204.27	474.86	2,087.19	539.64	58.54	1,183.58
81	10,011.89	1,909.28	1,407.56	527.30	1,692.00	1,788.26	1,491.00	104.01	1,092.48
82	3,816.58	1,366.25	707.74	273.37	290.27	673.59	257.11	9.19	239.48
83	5,985.63	1,479.06	667.57	506.96	697.87	1,097.06	779.53	265.23	492.89
84	5,322.70	972.56	901.17	374.81	321.87	1,497.68	251.12	59.42	944.07
85	4,989.67	1,107.05	798.71	224.22	178.46	520.49	526.04	208.47	426.23
86	7,951.56	1,238.96	849.16	362.79	285.28	823.66	314.09	15.13	1,062.49
87	5,996.20	1,015.68	1,511.21	490.64	344.44	1,471.10	673.67	32.55	816.91
88	8,760.73	1,769.48	1,610.67	418.60	877.22	1,041.68	721.95	166.85	2,154.28
89	3,760.70	691.82	1,454.96	111.84	357.37	304.09	333.46	195.62	311.54
90	4,121.97	794.66	1,231.65	225.98	141.23	528.40	302.45	661.70	235.90
91	5,134.52	485.59	1,206.15	410.66	170.35	2,159.51	348.07	49.17	305.02
92	4,647.81	879.89	532.45	374.82	444.68	327.99	531.55	32.76	1,523.67

資料來源：行政院農委會，農業統計年報，2000、2001(6)：278、2003：287、2004：287。該類統計資訊自民國 92 年起於網頁不再提供。

限制。例如：地方政府實施土地使用分區管制規則，因而若干具有危害環境或招致污染的工業用途即不能在住宅區設置，或農業區不得興建農舍以外的建築物。這些管制措施的目的在於引導並管控土地使用的整體環境品質，但也因此限制某類用地的經濟供給。相反的，倘若政府推行農地釋出方案，經由發展許可制將農業用地按計畫有秩序的變更使用，則農地經濟供給雖相對減少，但工商業、公共設施或他類用地的經濟供給則相應增加。此外，土地移轉所需課徵的稅率過高，亦會使土地經濟供給減少，反之則增加。再者，如對閒置的空地課徵較高稅率賦稅（空地稅），可增加土地經濟供給，反之則減少。

另者，縱若土地有供給在一般認知受傳統信仰和習俗之影響下，亦會造成土地無法有效提供使用，例如國人素來對於荒煙蔓草、密埋疊葬的墳墓用地有趨避心理。倘若零散無章的墓地能更新重整，興建殯葬一體的專用區，使之兼具公園綠景、休閒遊憩、教育文化的多重功能，並引導國人土葬習俗轉為火化納塔的埋葬方式，不僅可增加喪葬設施用地的經濟供給、減少喪葬用地的設置對他類土地使用的外部影響，亦也可提升殯葬文化的品質。

（五）其他因素

所謂其他因素，主要係指影響土地供需的預期心理因素。例如：預測某類用地價格將因特殊緣故而下跌時，其經濟供給反而會增加；反之，則會減少。又像是政治情勢不穩定時，如民國 67 年中美斷交之際，為逃避可能的危害，部分土地所有權人紛紛遷居或移民國外。此種現象讓許多人預期地產價格將持續下跌，因此急於處分不動產，從而使土地資源的市場供給增加，地產價格也隨之下跌。如果人們預期政治不安的情形將持續一段時間，將會大量拋售不動產，進而步入土地資源跌價的惡性循環之中。不過，這畢竟是偶發事故，並非一般常態。

二、土地資源需求及其影響因素

土地資源的需求通常會與資源要件 (resource requirements) 的概念有所混淆。後者係指人們意欲利用土地資源，以便有合適的住宅、足量的學校、優質的交通道路，以及遊憩、公園與停車場設施等等，此對前者亦產生具體影響。土地資源的需求 (the demand for land resources) 係指在既定的時間、地區內，於所定的價格下，人們願意且有能力購買 (the willingness and ability of people to buy) 某特定用途之土地單位數的需求表列。又因土地資源為生產要素與人們生活棲息之所，故此種需求也包含衍生性類型 (a derived type of demands)，或稱衍生性需求 (derived demands)，並因其潛在的生產能力或區位良窳等而有高下之別 (Barlowe, 1978: 21-22; Temple, 1994: 66)。一般而言，土地資源需求

的影響因素可歸納如下幾點。

（一）人口多寡

土地為人類生產與生活之所在，故人口的增長亦會造成各種用地需求的提高，例如：住宅、工商業、農牧、公共設施等用地皆屬之。然而，決定各類用地需求的大小尚有幾個基本因素。其一為人口密度 (population density) 或人地比率 (man-land ratio)[8]。在地狹人稠的國家，人口密度高，如：臺灣（641 人／平方公里）、日本（339 人／平方公里）、南韓（494 人／平方公里）、荷蘭（409 人／平方公里）、新加坡（7429 人／平方公里）等，因此對土地的需求也高；而人口密度較低的澳大利亞（3 人／平方公里）、加拿大（2人／平方公里）等，對土地的需求則相對較低（見表 1-2-2）。惟人口數量的多寡，固然可提供人們推斷土地資源需求之重要參考指標，但是不同人口特徵亦呈現出對土地資源需求的高下之別，頗具參考價值。

（二）所得高低

近些年來，臺灣由於技術進步與生產力提升，使得國民所得迭有增加。民國 65 年，人均所得首次超越 1,000 美元（為 1,132 美元）；81 年，超過 10,000 美元（為 10,470美元）；至 86 年，已達 13,592 美元，向先進國家躍進。如以 2012 年各國平均每人國民生產毛額水準相較，其中，香港（37,579 美元）為臺灣（21,042 美元）的 1.79 倍，日本（48,214 美元）為臺灣的 2.29 倍，新加坡（51,460 美元）為臺灣的 2.45 倍（見表 1-2-3）。由於生產能力大為提升，臺灣於民國 89 年起，實施週休二日制，使得民眾的休閒時間也相對增加。

由於國民所得水準不斷提升，由小換大或由一添二的購屋趨勢陸續出現，使得各型坪數住宅需求增加，亦使住宅用地面積需求日益增大。又因閒暇時間增多，不僅購置別墅的需求加大，而更多的遊憩用地（如：休閒農場、渡假村）、交通用地（如：高速公路、高速鐵路、捷運系統）、公共設施用地（如：公園綠地、停車場地）等需求也相形劇增。再者，由於每人所得提升，人們對於穀類作物的需求減少，對於果蔬花卉及畜產與水產製品的需求則相對增加，使得農業部門用地需求結構亦隨之改變。另者，由於社經活動亦將隨之活絡，致工商綜合區的用地需求因之提高，而污染性工業區用地需求也在環保壓力下趨於減退，如此亦帶動工商部門用地需求結構的變化。一般說來，隨著國民所得的提高，人們支付能力與意願提升，對於各類用地資源的衍生性需求也勢必加大。

[8] 人地比率係指按定性專有名詞 (qualitative terms) 表示的人口與可用資源基礎之間的關係，如：每人可耕地等數 (arable cropland equivalent per person)，或每農民可耕面積即是。另者，每人食品熱量可攝取 (per capita availability of food calories) 或每人能源資源消耗量等，亦屬這類型指標 (Barlowe, 1978: 59-60)。

表 1-2-2　2011 年世界各國土地面積與人口

國　別	土地總面積（千平方公里）	年中人口估計數（百萬人）	人口密度（人／平方公里）
孟加拉	144.00	150.7	1,046.5
中華民國	36.19	23.2	641.1
南　韓	99.26	49.0	493.7
荷　蘭	40.84	16.7	408.9
比利時	30.53	11.0	360.3
印　度	3,287.58	1,241.3	377.6
日　本	377.80	128.1	339.1
斯里蘭卡	65.61	20.9	318.5
菲律賓	300.00	95.7	319.0
越　南	331.69	87.9	265.0
英　國	244.88	62.7	256.0
德　國	356.98	81.8	229.0
巴基斯坦	796.10	176.9	222.0
義大利	301.27	60.8	201.8
北　韓	120.54	24.5	203.3
尼泊爾	147.18	30.5	207.2
奈及利亞	923.77	162.3	175.7
中國大陸	9,572.86	1,345.9	140.6
捷　克	78.86	10.5	133.1
泰　國	513.12	69.5	135.4
瓜地馬拉	108.89	14.7	135.0
印　尼	1,904.56	238.2	125.1
波　蘭	323.25	38.2	118.2
葡萄牙	91.98	10.7	116.3
烏干達	241.04	34.5	143.1
新加坡	0.70	5.2	7,428.6
美　國	9,632.03	311.7	32.4
加拿大	9,984.67	24.5	2.3
澳大利亞	7,741.22	22.7	2.9

資料來源：
1. 美國人口資料局 2011 年世界人口估計要覽表。
2. 各國面積來源：poptool 速查手冊 世界各國面積，網址: http://www.poptool.net/quickcheck/country/（搜尋日期：2012 年 5 月 26 日）。

表 1-2-3 2012年主要國家國民生產毛額 (GNP)

國別	平均每人國民生產毛額（美元）	國民生產毛額(GNP)（億美元）
臺　灣	21,042	4,895
美　國	50,742	159,278
日　本	48,214	61,521
德　國	42,335	34,630
法　國*	41,057	26,112
英　國*	38,667	24,437
韓　國	22,708	11,359
新加坡	51,460	2,734
香　港	37,579	2,689

資料來源：
1. 各國統計月報。
2. 經濟部統計處，經濟統計國際比較，表 B-2 國民生產毛額 (GNP)、表 B-4 平均每人國民生產毛額（搜尋日期：2013 年 7 月 18 日）。

註：
1. *為 GDP 資料。
2. 美國、日本、德國、法國、英國之數據自 2008 年起係依人口資料局 (Population Reference Bureau)「世界人口估計要覽表」(World Population Data Sheet) 之年中人口計算。

（三）家庭組成結構之改變

在傳統的農業社會裡，大家庭制度盛行，多代同堂或戶口數逾十人以上隨處可見。這種家庭人口眾多，共營生產，故農舍面積較廣，分家換屋機會不大。進入工商業社會後，農業外之就業機會增多，為方便工作，且避免作息時間不一滋生困擾，乃漸成小家庭或核心家庭制度，不僅使戶量增多，住宅需求也相對提升。以臺灣地區為例，農戶數所占比率，在民國 41 年為 45.55%，之後逐年遞減，於民國 98 年減為 9.57%，顯示農戶數大為減少，非農業工作的家戶成為主要的社會結構。同此期間，每戶量則由 5.45 人減為 4.01 人（見表 1-2-4），兼以國民所得提升，導致住宅需求（包括第二棟住宅）大增。

（四）都市化之趨勢

在經濟結構以農業為主時，大多數的居民住在農村，對於非農業用地的需求極為有限。嗣工商業發達，躍為經濟結構主體後，人口快速移向都市，各種經濟活動所需用地，如：工商用地、住宅用地、交通用地、文教用地、公共設施用地等需求隨之增多。

表 1-2-4　臺灣地區總戶口與農家戶口

年別（民國）	戶數（戶）			人口數（人）			
	總戶數 (1)	農戶數 (2)	百分比(%) (3)=(2)/(1)	總人口數 (4)	農戶人口數 (5)	農家每戶量 (6)=(5)/(2)	百分比(%) (7)=(5)/(4)
79	5,093,098	859,772	16.88	20,352,966	4,288,774	4.99	21.07
80	5,216,613	824,256	15.80	20,556,842	4,206,139	5.10	20.46
81	5,344,486	797,745	14.93	20,752,494	4,081,088	5.12	19.67
82	5,484,603	822,395	14.99	20,944,006	3,993,051	4.86	19.07
83	5,635,936	807,791	14.33	21,125,792	4,006,641	4.96	18.97
84	5,805,286	792,120	13.64	21,304,181	3,930,028	4.96	18.45
85	6,077,469	779,427	12.97	21,471,448	3,716,326	4.77	17.31
86	6,185,146	780,246	12.61	21,683,316	3,720,757	4.77	17.16
87	6,350,616	782,136	12.32	21,870,876	3,727,761	4.77	17.04
88	6,513,324	787,407	12.09	22,034,096	3,747,157	4.76	17.01
89	6,662,192	721,161	10.82	22,216,109	3,669,166	5.09	16.52
90	6,782,168	726,575	10.71	22,339,759	3,686,823	5.07	16.50
91	6,904,466	724,949	10.50	22,453,080	3,665,372	5.06	16.32
92	7,026,158	728,205	10.36	22,534,761	3,403,922	4.67	15.11
93	7,152,245	721,418	10.09	22,615,307	3,225,165	4.47	14.26
94	7,263,739	767,316	10.56	22,689,774	3,400,036	4.43	14.98
95	7,364,396	756,366	10.27	22,790,250	3,232,592	4.27	14.18
96	7,481,207	751,338	10.04	22,866,867	3,050,483	4.06	13.34
97	7,623,793	748,276	9.81	22,942,706	3,027,627	4.05	13.20
98	7,772,091	744,147	9.57	23,016,050	2,983,560	4.01	12.96
99	7,902,440	776,724	9.83	23,054,815	2,961,874	3.81	12.85
100	8,021,749	777,473	9.69	23,110,923	2,944,336	3.79	12.74

資料來源：行政院農業委員會農糧署、內政部。百分比為作者自行計算而得。本表引自行政院農委會，農業統計年報，1999：308、2012：196，網址：http://www.coa.gov.tw/htmlarea_file/web_articles/coa/15002/099196.xls；http://agrstat.coa.gov.tw/sdweb/public/book/Book.aspx。

註：

1. 農家：指共同生活戶內，有一人以上從事農耕或飼養禽畜，而達下列標準之一者：(1) 經營之耕地面積達 0.05 公頃以上；(2) 年底飼養豬、羊三頭以上；(3) 年底飼養牛、鹿一頭以上；(4) 年底飼養家禽 100 隻以上（包括鴿、鵪鶉）；(5) 農畜產品當年產值達新臺幣 20,000 元以上。
2. 農家戶口：指各農家戶籍登記之全體家眷人數，一農家有任公職或其他行業者亦計入農家戶口內。
3. 民國 84 年及 89 年農家戶口係行政院主計處農漁業普查資料。民國 94 年及 99 年農家戶口數係行政院主計總處農林漁牧業普查資料。

約在 1950 年至 1996 年間，全世界居住在都市地區的人口，從 2 億人增為 25 億人，增加 13 倍左右；預計到 2025 年，都市人口將達到 55 億人左右，幾乎與目前全世界的人口相等。又於 1996 年，全世界的人口有 43% 居住在都市地區，其中已開發國家人口約 75% 住在都市地區，而開發中國家則約為 35%。再者，美國人民有 75% 居住在人口超過 5 萬人以上的 350 個都會區。其中，從波士頓至華盛頓特區之間，綿延 800 公里的都市地帶，居民超越 600 萬人 (Miller, 1998: 311-312)。簡言之，工商業愈發達國家，都市化程度也愈高，對於非農業用地的需求也相應增加；而開發中國家因以農業為經濟主體，都市化程度仍低，故對非農業用地需求不大。臺灣於民國 64 年實施都市計畫地區的人口、面積所占比率各為 60.2%、5.7%；截至民國 99 年，該比率已成長為 79.6% 與 13.2%[9]，足見都市土地因人口激增而有擴大之勢。不過，由於有限的都市土地無法按人口成長率等量擴充，以致於土地需求急劇增加時，常導致地價上漲。此外，為分攤高額的地價成本，亦多採集約式土地利用以為因應。

（五）社政制度之運行

土地資源不僅是生產手段、棲身之所，也是財富與社會地位的象徵，也使得「有土斯有財」的觀念根深蒂固於人心。人們在平時或許租屋而居，一旦有了金錢或可以取得貸款，便想購置不動產。即使在大家庭制度逐漸解體、核心家庭制度代之而起後，情況依然如此，使得市場存有一定程度的需求。影響所及，土地資源的衍生性需求也就持久不衰。

此外，政策措施的推行，對於土地資源的需求亦有影響。以往，我國實施「農地農有」政策，限制具備自耕能力的農民才能承受農地。但是於民國 89 年 1 月 26 日修正頒行的《農業發展條例》[10]已放寬規定，只要是自然人皆能購買農地，此舉預期將吸引嚮往田園生活的非農民承購農地，故農地市場的需求或將提高。再者，該條例又放寬規定農業用地的持有，無須課徵田賦，此無異減低土地持有成本，理當會提升購置農地意願而增加農地資源之需求。

---

[9] 民國 99 年都市計畫區現況人口數達到 18,400,456 人，全臺人口數則有 23,119,772 人；都市計畫土地面積共 4,750.26 平方公里，全臺土地面積有 36,008 平方公里。經計算得知，都市計畫區人口數與土地面積占全臺比例為 79.6% 與 13.2%。資料參見內政統計年報，http://sowf.moi.gov.tw/stat/year/list.htm（搜尋日期：2012 年 5 月 27 日）。

[10] 根據民國 89 年 1 月 26 日總統華總一義字第 8900017370 號會修正公布《農業發展條例》之規定，農業用地可移轉予自然人，而農民團體、農企業機構或農業試驗研究機構，其符合技術密集之類目及標準者，經申請許可後，得承受耕地（第 34 條、第 37 條）。該條例繼於民國 91 年 1 月 30 日、民國 92 年 2 月 7 日修正公布，惟相關規定並未更改。

（六）預期心理

誠如前述，凡是預測某類用地價格將因特殊緣故而有所增長時，其需求將不減反增；反之，則會減低。例如：在物價上漲或通貨膨脹劇烈之時，人們預期貨幣或將持續貶值，當會購置較能持久保值的房地產，因而，儘管房地產價格仍在持續增漲，但市場需求依舊不減，導致土地資源的需求同步提升。不過，這種情況畢竟屬土地投機性質，並不能視為合理的土地使用。

綜合本節所述，可知在人口不斷成長的情況下，各種土地資源的需求亦將不斷提高。雖然土地經濟供給可依勢調整，但數量仍受自然供給之限制，故在供不應求的情況下，最易造成地價高漲、用途改變等現象，從而不利於特定需求的用地取得，亦有礙土地的合理規劃利用。故今後當如何提升土地資源的有效供給，善加保育、管制，以應人類需求，是為當務之急。因此，下節將討論人口成長壓力與土地資源利用之間的關聯性與相關課題，以利探析解決策略之研擬。

第三節　人口成長壓力與土地資源利用

誠如前述，土地資源的需求主要來自人口的不斷增長。從歷史的演進來看，約在西元前 8000 年的舊石器時代，人口年成長率很低，約僅 0.002%（見表1-3-1），但近二百年來卻快速提高，使得目前（2012 年）人口數已逾越 70.4 億。以 1998 年及 2002 年的人口成長數為例（見表1-3-2），在逐年增漲的世界人口當中，主要來自「開發中

表 1-3-1　世界每十億人口成長之概估

達成人口數（人）	起迄年代（年）	人口年成長率 (%)	經歷期間（年）
10 億	遠古～1800	0.002～0.06～0.3～0.5	約 6 萬
20 億	1800～1930	0.5～0.8	130
30 億	1930～1960	0.8～1.9	30
40 億	1960～1977	1.9～2.0	17
50 億	1977～1989	2.0～1.7	12
60 億	1989～1999	1.7～1.5	10
70 億	1999～2012	<1.5	13
80 億	2012～2025	<1.5	13
90 億	2025～2050	<1.5	25

資料來源：引自 Miller, 2000: 6、2004: 4，並酌予調整。

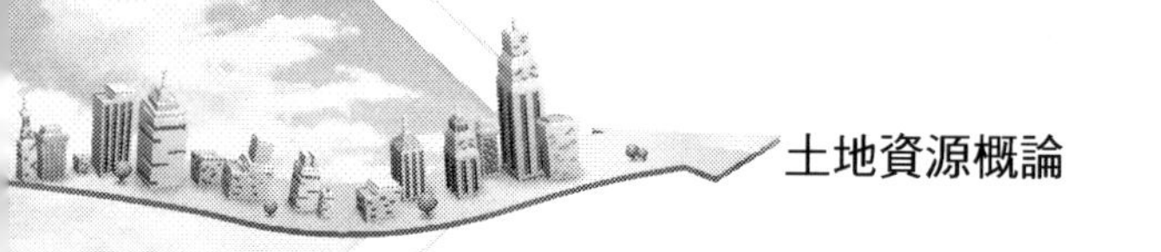

表 1-3-2 1998 年與 2002 年已開發國家與開發中國家之人口特徵

指標	1998 年		2002 年	
	已開發國家	開發中國家	已開發國家	開發中國家
人口數	12 億人	47 億人	12 億人	50 億人
人口年成長率	0.1%	1.7%	0.1%	1.6%
新生嬰兒每千人死亡人數	9	64	7	60
15 歲以下人口所占比率	19%	35%	18%	33%
65 歲以上人口所占比率	14%	5%	(14%)	(5%)
都市人口所占比率	73%	36%	75%	40%
平均期待壽命	75 歲	63 歲	76 歲	65 歲
成人識字率	97%	48%	(97%)	(48%)
安全飲水人口所占比率	96%	45%	(96%)	(45%)
每人 GNP(1996)	20,240 美元	1,230 美元	超過 10,750 美元	部分中所得國家介於 1,075 至 2,710 美元；部分低所得國家低於 2,710 美元

資料來源：原取自聯合國與人口資料局，本表引自 Miller, 2000: 6；2004: 8, 262, 661-2。

註：

1. 根據聯合國較為廣泛的定義，係將全世界各國按其經濟發展程度分為兩類：(1) 所謂「已開發國家」，係指高度工業化國家，其每人國民所得 (GNI) 超過 10,750 美元。主要國家包括：美國、日本、加拿大與歐洲國家（部分東歐國家除外）等。(2) 所謂「開發中國家」，係指除上述國家以外者均屬之，其工業化程度與每人國民所得毛額皆介於低度與中度之間，大抵包括位在非洲、亞洲與拉丁美洲的國家。
2. 括弧內所示數值為 1998 年之資料。

國家」(developing countries)，其人口年成長率高達 1.6%。2002 年時，開發中國家約有 50 億人口，占世界人口的 81%，但只擁有全世界財富所得的 15%，使用全世界土地資源的 12%，製造全球污染與廢棄物總量的 25%。至於「已開發國家」(developed countries)，其人口年成長率只有 0.1%，2002 年時只有 12 億人口，約占世界人口的 19%，卻操控全世界絕大部分的財富與所得 (85%)，並運用廣大的土地資源 (88%)，製造了全世界污染與廢棄物總量的 75%（包括全世界所預估之危險廢棄物的 90%）。這些國家當中，美國、日本、德國的總產值囊括全世界的半數以上，可謂傲視全球 (Miller, 2000: 6-7; 2004: 5-6)（參見表 1-3-2）。由此可見，人口成長迫使土地資源面臨開發壓力以為因應，但如果對土地資源不當利用，勢必形成負面影響。底下將先檢視世界人口分布之概況，其次探討人口過剩 (overpopulation) 之特徵及其對土地資源利用之影響。

一、馬爾薩斯學說與世界人口之概觀

（一）馬爾薩斯學說

人口成長究竟會為全世界帶來怎樣的壓力？早在 1798 年，馬爾薩斯 (Thomas Robert Malthus) 曾發表《人口原理之評論》(*An Essay on the Principle of Population*) 一書[11]，主張「以稀少性的土地資源從事糧食生產，由於邊際報酬遞減的作用，將致其勞動生產力增加的速度緩慢，遠落於人口增加的速率」。因此，馬爾薩斯認為人口將受制於糧食供給，每個人將只有足以維生的糧食，因而總是處於飢餓邊緣 (the brink of starvation)；當糧食一旦欠缺，人口將不再增長。

雖然現今世界仍有許多地方苦於飢荒挨餓之困，但馬爾薩斯的預言並沒有實現，主要的原因有二：(1) 只考慮土地與勞力兩種投入，如將資本、能源、更新資源、知識均投施於生產過程中，則在土地有限的情況下，未必符合勞力的報酬遞減作用；(2) 技術創新可增加勞力邊際產量與資本邊際產量。儘管如此，所謂的「馬爾薩斯法則」(the Malthusian Law) 仍具有啟發性，提醒我們必須注意以下幾點：(1) 快速的人口成長意謂消費需求 (needs) 的提高，不僅將降低再投資的能力，也會對環境資源造成毀滅性的過度開發 (destructive overexploitation of environmental resources)；(2) 人口成長會加重政府政策失效（如：財產權的界定不明確）與市場失靈對所得的負面影響；(3) 人口成長有加重所得不公平的趨勢，例如：開發中國家的人口成長快速，使得每個農戶可用之土地資源趨於減少，如此將降低其生產容受力 (productive capacity)，也致使整個土地資源過度開發，從而招致土壤沖蝕與沃度降低的後果。因此，為了舒緩人口成長的壓力，必須採取有效措施（如：實施家庭計畫）予以抑制，並設法提升土地資源利用的效益，方能奏效。

（二）世界人口之概況

世界人口的成長，主要受到自然增加（出生人數減死亡人數）所影響，惟社會學家通常採取粗出生率與粗死亡率來衡量一國或一地人口自然成長的速率。如表 1-3-3 所示，2011 年非洲國家人口占全世界人口比率為 15%，其自然增加率為 2.4%，居全球之冠；而亞洲國家人口所占比率達 60%，其自然增加率的 1.1% 也相當高。臺灣由於晚近推行家庭計畫相當成功，故自然增加率為 1.9%。如再從人口數觀察（見表 1-3-4），2008 年時，中國大陸人口總數（13.3 億人，占世界人口數的五分之一）堪稱獨步寰

[11] 馬爾薩斯人口論的要義，原係指：「人口的增加如非受到抑制，則將依幾何級數式進行，每二十五年增加1億，但生活資源的可能增產速度至多不致超過算術級數式的增加。」有關該學說的論述，張德粹 (1984) 有極為詳盡的說明與評論（頁 35-49）。

表 1-3-3　2011 年世界各地區人口粗出生率與粗死亡率

地區別	粗出生率（每千人）	粗死亡率（每千人）	人口自然增加率（每千人）
全世界	20	8	1.2
非洲	36	12	2.4
亞洲	18	7	1.1
北美	13	8	0.5
中美	20	5	1.6
加勒比區	18	7	1.1
南美	17	6	1.1
歐洲	11	11	0.0
大洋洲	18	7	1.2
臺灣	9	7	1.9

資料來源：
1. 美國人口資料局 2011 年世界人口估計要覽表。
2. 內政部，內政國際指標：表 1. 世界各大洲人口變動及結構估計，http://sowf.moi.gov.tw/stat/national/j001.xls（搜尋日期：2013 年 7 月 18 日）。
3. 內政部戶政司，出生數、出生率、死亡數、死亡率統計表，http://www.stat.gov.tw/ct.asp?xItem=15409&CtNode=3622（搜尋日期：2013 年 7 月 18 日）。

表 1-3-4　世界十大人口眾多國家之現況與預測（2008 年至 2050 年）

國別	2008年（百萬人）	2025年（百萬人）	2050年（百萬人）
中國大陸	1,330.04	1,453.14	1,417.04
印度	1,148.00	1,431.27	1,613.80
美國	304.06	358.73	403.93
印尼	237.51	263.29	288.11
巴西	196.34	213.80	218.51
巴基斯坦	172.80	246.29	335.20
孟加拉	153.55	195.01	222.50
奈及利亞	146.26	210.06	289.08
俄羅斯	140.70	132.35	116.10
日本	127.29	120.79	101.66

資料來源：
1. Population Division of the Department of Economic and Social Affairs of the United Nations Secretariat, 2009.3.11, World Population Prospects: The 2008 Revision. Highlights. New York： United Nations. http://www.un.org/esa/population/publications/wpp2008/wpp2008_annextables.xls（搜尋日期：2011 年 6 月 20 日）
2. U.S. Census Bureau, 2008.6.18, Population by Country or Area, "International Data Base," http://www.census.gov/compendia/statab/cats/international_statistics/population_households.html（搜尋日期：2011 年 6 月 20 日）

表 1-3-5　區域別人口之現況與預測（2011 年至 2025 年）

地區別	2011 年		2025 年	
	年中人口估計數（百萬人）	占全世界人口百分比(%)	年中人口估計數（百萬人）	占全世界人口百分比(%)
全世界	6,987	100.00	8,084	100.00
非洲	1,051	15.04	1,444	17.86
亞洲	4,216	60.34	4,780	59.13
北美	346	4.95	391	4.84
中美	158	2.26	185	2.29
加勒比區	42	0.60	45	0.56
南美	396	5.67	447	5.53
歐洲	740	10.59	746	9.23
大洋洲	37	0.66	46	0.57

資料來源：
1. 美國人口資料局 2011 年世界人口估計要覽表。
2. 內政部，內政國際指標：表1. 世界各大洲人口變動及結構估計，http://sowf.moi.gov.tw/stat/national/j001.xls （搜尋日期：2013 年 7 月 18 日）。

宇，而印度（11.5 億人）則緊隨在後，兩者合計占世界人口的 36%。預估 2025 年時，兩國人口均將超越 14 億人；2050 年時，印度人口可望超過中國，達到 16 億人。日本因人口成長趨緩，至 2025 年恐將減為 1.21 億人，至 2050 年更降至 1.02 億人。此外，由表 1-3-5 可知，於 2011 年至 2025 年間，預計全球將增加 11 億人口，而其中的 95% 將來自開發中國家，其中又以亞洲與非洲為甚。由於這些國家的工業化程度與人均所得都相對較低，且生活條件亦有惡化危機，因此亟須設法改善，否則將陷於永難發展之境地。

二、人口過剩與土地資源利用失衡

馬爾薩斯的人口學說雖具有理論上的邏輯性，卻未曾真正實現，並招致不少批評。直到 1960 與 1970 年代，世界人口快速成長，污染事件頻傳，飢荒地區增加，能源短缺，其他資源也被商品化，稀少性再度成為大眾激辯的焦點。部分學者認為人口過剩的威脅猶存，而資源的侷限性將是人口成長與經濟活動的極限，因而他們被稱為新馬爾薩斯主義者 (neo-Malthusian)，亦被稱為「憂鬱與命定的悲觀主義者」(gloom-and-doom pessimists)。持相反見解的富裕主義者 (cornucopians)，或被稱為「不實在的技術樂觀主義者」(unrealistic “technological optimists”)，則認為人類智能促使技術進步、經濟成

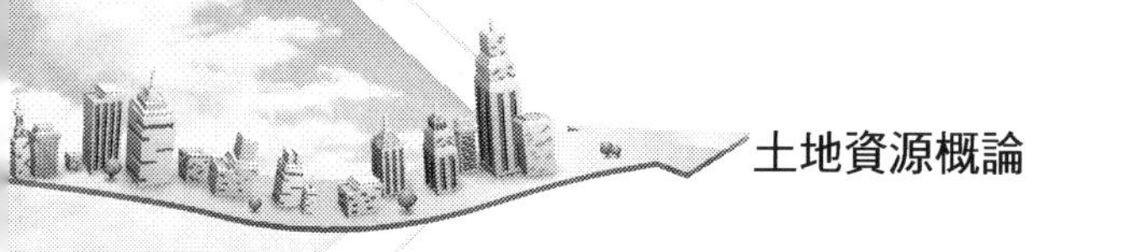

長，也能開創少污染、適合人居的世界，而飢餓、糧食危機、人口過剩亦將成為蠻荒時代的過往煙雲 (Barlowe, 1978: 123; Miller, 1988: 17)。

儘管上述的兩種學派各有堅持，但現實世界走的卻是較為折衷的路線。然而，對比後者「用了即丟」的世界觀 (throwaway worldview)，前者所懷有的「永續地球」世界觀 (sustainable-earth worldview)，值得吾人深思 (Miller, 1988: 17)。底下將循著新馬爾薩斯學派的「人口過剩」觀，來檢視土地資源利用的失衡問題。

（一）人口過剩的兩種類型

一般而言，如在某個國家或某地區內的人們過度利用長流性資源與儲存性資源，造成資源根基（生物多樣性）惡化或枯竭，並且製造空氣、水、土壤、廢棄物污染，將使生命支持體系遭受破壞（參見圖 1-3-1）。為明瞭環境問題的癥結所在，環境科學家加以探求之後，認為可歸因於下列主要因素：(1) 人口快速成長；(2) 以不永續的方式使用資源；(3) 貧窮；(4) 經濟財貨與勞務的市場價格並未涵蓋環境成本；(5) 欠缺地球如何運行的知識卻貿然處理並簡化自然的議題。由此可見，「人口過剩」的現象可說是造成土地利用與環境衝擊問題的基本根源 (Miller, 1988: 14；2004: 12)。

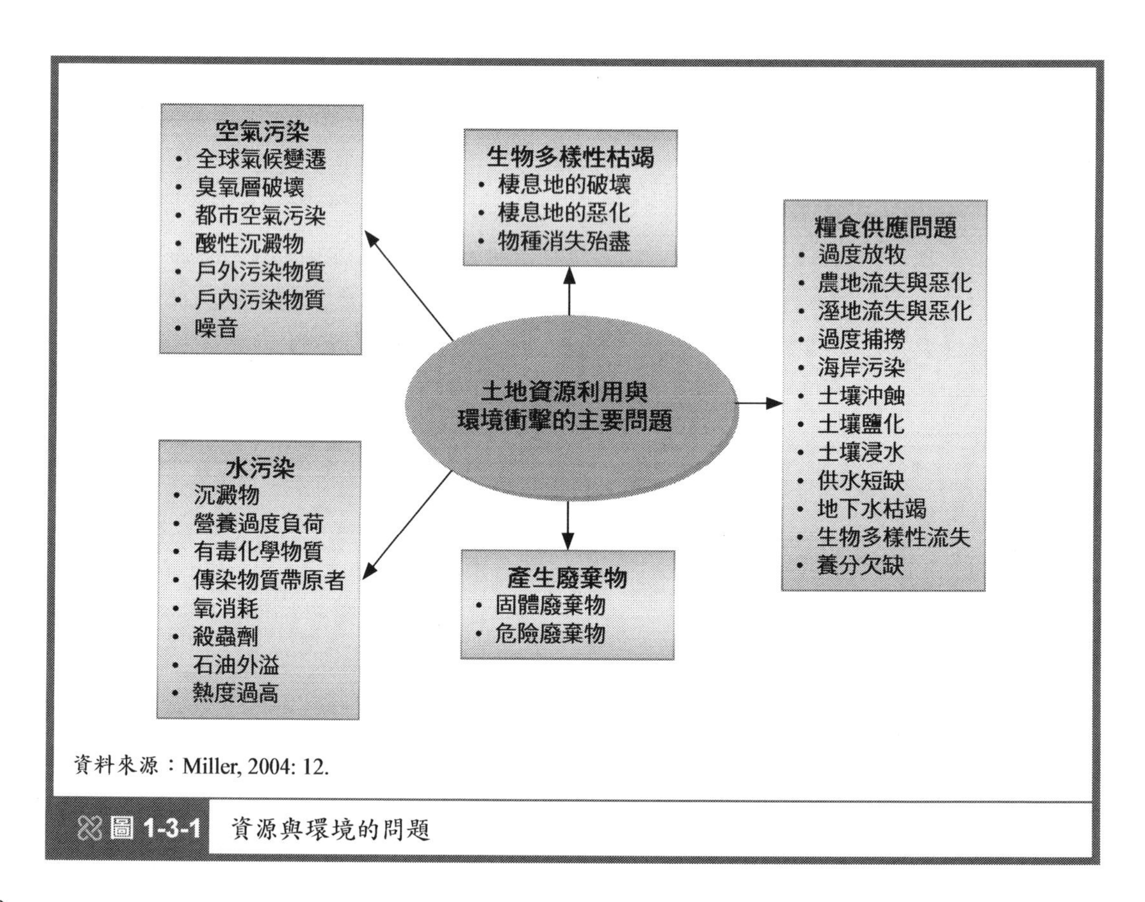

資料來源：Miller, 2004: 12.

圖 1-3-1 資源與環境的問題

表 1-3-6　兩種類型「人口過剩」特徵之比較

類型	人數型人口過剩	消費型人口過剩
發生之國家	開發中國家	已開發國家
經濟指標	經濟成長率遠低於人口成長率	經濟成長率遠超過人口成長率
人口指標	實際人口數遠超過可養活人口數	實際人口數遠低於可養活人口數
環境衝擊之關鍵因素	人口量多(P)，由於人們掙扎於生存邊緣，肇致對潛在可更新資源之危害	每人資源用量高 (A)，及每單位資源使用製造的大量污染，並危害環境(T)。由於人們過度使用資源，肇致對土地資源之危害
邁向境地	形成永難發展國家 (never-to-be-developed countries)	形成過度開發國家 (over-developed countries)

資料來源：彙整自 Miller, 1988: 13-15；1998: 20-22；2000: 21-22。

惟人口過剩的類型尚可按其對環境衝擊之關鍵因素，區分為人數型人口過剩與消費型人口過剩兩種。開發中國家的問題是「人數型人口過剩」(people overpopulation)，因人口數量急劇增長且仍處於貧窮，無力生產或購買足夠的糧食、淨水及其他重要資源，為維持生存而燒山墾田、砍伐樹林、過度放牧，對潛在的可更新資源造成危害。另一種在已開發國家所發生的是「消費型人口過剩」(consumption overpopulation)，雖然人口成長率趨於緩慢，但每人資源用量過高、製造大量的污染，並導致環境惡化，如欠缺適切的污染防治與土地使用管制措施，不僅會破壞潛在可更新資源，甚至使非更新資源消耗殆盡，無法經由適當處理以循環再利用（參見表 1-3-6）(Miller, 1988: 14-15)。由此可見，已開發國家過度使用資源，堪稱是製造污染、環境破壞的「原凶」，理應為全球的環境惡化承擔較多責任。

（二）土地資源利用失當與環境衝擊

然而，人口過剩究竟對土地資源利用與環境衝擊的影響為何？1970 年代生物學家保羅・愛爾利希 (Paul Ehrlich) 及物理學家約翰・厚德儂 (John Holdnon) 建立的三因素模型，指出環境衝擊 (environmental impact) 主要是受到人口 (population)、用量 (affluence) 與科技 (technology) 等三要素所影響。進一步言，某個國家或某地區的環境惡化與污染總量 (I)，端視人口總數（即人口量，P）、平均每人使用資源單位量（每人消費量或用量，A）、每單位資源使用製造的環境惡化與污染的總量（每單位資源消費量所產生的技術衝擊，T）而定。因此，如以簡式表示，即為 (Miller and Spoolman, 2012: 17)：

$$P \times A \times T = I$$

如表 1-3-6 所示，在開發中國家，造成環境衝擊的關鍵因素為 P，雖然其 A 與 T 之數量相對較小，但集結起來的影響相當巨大。另一方面，在已開發國家，關鍵因素為 A 與 T，雖其 P 之數量很小，但聚合起來對整體環境的負面影響卻數倍於前者。據估計，每個美國市民的資源消耗量，是每個印度人民的 35 倍，是每個最窮國家人民的 100 倍。因此，若預期壽命相同，開發中國家家庭的子女 70 至 200 人對於環境的衝擊，將等於已開發國家（如美國）家庭的子女 2 人所產生的影響 (Miller, 2004: 12)。所以，如果先進國家能夠致力於防治污染、節約能源、妥為利用土地資源、力行土地使用管制，當可降低上述 T 因素的負面影響。而開發中國家則須致力於減緩人口成長，推行降低出生率的策略，以便有效紓解前述 P 因素的負面影響 (Miller, 1998: 21-22; 2000: 21-22; 2004: 12-13; Miller and Spoolman, 2012: 17-18)。

威廉・瑞資 (William Rees) 和馬熙・華克納格爾 (MathieWackernagel) 提出另一個類似的概念，可用以衡量一個國家平均每人使用多少土地以生產所需資源，謂之為「生態足跡」(ecological foot print)。當人類使用土地而對地球擾動的地區愈廣，而且每人資源用量愈多，則對環境所產生的衝擊或生態足跡遍布愈廣。舉例來說，於 2002 年間，每人的生態足跡（每人用地面積）在美國為 10.9 公頃，而印度只有 1.0 公頃。2008 年的估計雖較為保守，但數字仍然相當可觀，請參見表 1-3-7。由此可見，已開發國家之土地資源利用對環境所衍生的衝擊，遠超過開發中國家 (Miller, 2004: 10; Miller and Spoolman, 2012: 19)。

上述的三因素模型或生態足跡的概念，雖可解釋造成兩種國家環境衝擊的關鍵因素為人口過多的壓力與土地資源利用失當，但是尚有其他複雜因素的影響，如：人口分布、經濟發展、政治民主、社會安定、科技進步、教育文化、醫藥衛生、種族與宗教信仰等，只是其在已開發國家與開發中國家的影響程度不一，情況迥然有別。這些背景因素與上述三因素交互作用的結果，使得土地資源利用失序，並導致環境惡化、野生動植

表 1-3-7 各國生態足跡之概況 (2008)

國別	總生態足跡（百萬公頃）	全球生態容受力所占比率 (%)	每人生態足跡（每人用地公頃）
美國	2,810	25	9.7
歐盟	2,160	19	4.7
中國	2,050	18	1.6
印度	780	7	0.8
日本	540	5	4.8

資料來源：Miller, 2012, PowerPoint Lecture Outlines, http://www.cengage.com/cgi-wadsworth/course_products_wp.pl?fid=M20bI&product_isbn_issn=9780538735346.（搜尋日期：2012 年 7 月 11 日）

物瀕臨滅絕，以及全球氣候變遷的負面影響。因此，人類須設法調整土地資源的利用方式，才能有益於資源的永續更新與循環再利用，避免陷入資源枯竭的深淵。下節將討論土地資源永續利用之對策。

第四節　土地資源之永續利用

前曾提及，有些開發中國家因人口過多與生活貧困，而過度漁牧與燒山墾田，結果造成貧窮與環境衝擊的惡性循環。已開發國家雖人口較少，但為求經濟成長，乃投入更多的資源以事生產並因此刺激消費，致使每人資源耗用量與污染製造量大增，成為資源耗竭的始作俑者。開發中國家也因此質疑，已開發國家的資源耗費無度剝奪了其經濟發展的機會。

由於這兩種類型國家消耗資源過量，危害環境且影響全球未來的發展，於是有人便開始思索如何尋求持續發展的課題。1987 年，世界環境及發展委員會 (the World Commission on Environment and Development, WCED) 發表《我們共同的未來》(*Our Common Future*) 一書，將「永續發展」(sustainable development) 定義為「一種發展的方式，不僅能提供這一代需要，也能符合未來世代的需要」(WCED, 1987: 8)。簡單來說，此概念認為經濟決策過程必須：(1) 考量環境課題；(2) 追求世代間與世代內之公平；(3) 採取兼顧經濟成長與環境保護的均衡發展模式 (Healey and Shaw, 1993; J. A. Jacobs, 1991)。繼於 1992 年在里約 (Rio) 舉行的地球高峰會議 (Earth Summit) 中，提出《廿一世紀議程》(Agenda 21) 做為推動全球化永續發展的行動綱領。這個議程係由非政府組織 (NGOs) 發起而獲得通過，可說是成就非凡。惟其尚須由簽署國家於 1994 年之前將永續發展理念納入國家計畫 (national plan)，並於 1996 年年底前擬妥地方二十一世紀議程 (Local Agenda 21)，方可期待爾後的推動落實 (Buckingham-Hatfield, 1998: 208)。

目前，「永續發展」的觀念似乎已取得國際共識，惟該議程所指示之行動綱領能否確切執行，尚待進一步觀察。然可確知的是，經濟成長與環境維護能否兼籌並顧，仍然是個舉世關注的課題。底下將先引述三種不同的環保世界觀，並嘗試從中推導土地資源永續利用的可循原則，以及引介共用資源永續治理機制的設計原則。

一、環境世界觀的三種類型

人們對於環境的世界觀，其實受到各國文化、教育、政經與社會等情勢所影響。所謂「環境世界觀」(environmental worldviews)，是指人們對世界如何運行、人們如何認知立身之處，以及人們如何適應和遵循倫理道德的想法。環境世界觀可以分為以人為中心 (human-centered) 或以地球為中心 (earth-centered)，或兩者的組合等不同觀點。

以人為中心的觀點認為人類是最重要的物種和地球的管理者，因此又可細分為兩類：(1) 奉行「行星管理的世界觀」(planetary management worldview) 者，認為人類是優勢物種，應該為己之利而管理地球；(2) 遵行「管理職責的世界觀」(stewardship worldview) 者，認為人類該存有關心地球的道德責任。然而，秉持「以生命為中心」和「以生態為中心」的世界觀 (life-centered and eco-centered worldviews) 的人認為，人類有一種避免造成物種過早滅絕的道德責任。而「環境智慧的世界觀」(environmental wisdom worldview) 則屬於以生命或以地球為中心的環境世界觀，其論點為：人類不該掌控地球，而是應該研究地球的歷史，以確定它是如何維繫自我。

現今許多採用高科技工業製品的消費者，由於對這種生產－消費型態已習以為常，因而總覺得人定勝天、科技萬能、應以經濟掛帥、資源無限。這種「星球管理的世界觀」其實與「富裕主義者」的思維非常類似，總以為經濟成長、技術進步將為人類帶來美好的未來。而「管理職責的世界觀」雖然注意到人類該有關注地球的道德責任，但仍然以人類為宇宙中心的思維來看待自然界的其他物種。相反的，少數觀察敏銳的人卻認為人類當以自然為師，與自然界和諧共存。資源有其限量，科技仍有未能竟功之處，經濟成長務求與環境維護兼容並蓄，遇有不可逆轉之環境危害則寧可捨棄經濟成長。這種「地球智慧的世界觀」(earth wisdom worldview) 適與「新馬爾薩斯主義者」的見解極為近似，此意味著人類應該重建土地倫理，謀求天人合一之道（參見表 1-4-1）。

持平而論，行星管理的世界觀過於相信經濟成長、科技進步勝過一切，因此被批評為華而不實的過於樂觀派。管理職責的世界觀雖注意到經濟成長亦需兼顧環境的維護，但仍認為透過良好的管理，即可維繫地球的生命支持系統。地球智慧的世界觀雖有尊重物種生命、學習大自然智慧的見解，但也不免招致過於悲天憫人、重視環境保護，恐有礙經濟發展之質疑。儘管這三種世界環境觀各有所本，但是如何因應實際發展之需，擇取三者之長，避免陷入否定或漠不關心的極端，則是當務之急。

從《廿一世紀議程》所涵蓋的四大層面內容來看，於資源保育管理方面，著重土地資源合理利用，以及保護森林、水資源與山區生態系。而在社會經濟面，側重採國際援助來消除貧窮、調整人口、改變消費型態與保護人體健康。又為使環境決策制訂更為合理，亦強調「公眾參與」(public participation) 之程序，尤其加強婦女、勞工、農民、企業界之參與。在實施方法方面，則包括資金來源、創造與環境相容的技術、提升環境意識，以及研討國際法規與機制等（行政院環保署，1998：181）。

地球智慧的世界觀顯然已逐漸受到國際的肯定與重視，尤其是強調資源的永續利用、鼓勵調和環境利益的環境成長、研發與環境相容的科技等，均已呈現「永續發展」

表 1-4-1　三種「環境世界觀」論點之比較

主要觀點	行星管理	管理職責	地球智慧
對自然之觀點	人類和自然界其他物種有別，並且可管理自然，以滿足日益增加的需求和想要的欲望。	人類有道德上的責任，要成為有愛心的地球經理人或管理員。	人類是自然的組成部分，並且完全依賴於自然，自然是為所有物種而存在。
對資源之觀點	由於人類擁有聰明才智和技術，故人類不會耗盡資源。	人類可能不會耗盡所有的資源，但是它們不該被浪費。	資源是有限的，並非屬於人類所有，不應被浪費。
對經濟成長與環境維護之觀點	潛在的經濟成長基本上是無限的。	人類應該鼓勵對環境有益的經濟成長方式，並抑制對環境有害的經濟成長方式。	人類應該鼓勵有助於維繫地球的經濟成長方式，並阻止造成地球退化的經濟成長方式。
對地球或資源管理之觀點	人類的成功取決於如何管理好地球上的生命支持系統，這主要是要讓人類受益。	人類的成功取決於如何管理好地球上的生命支持系統，這是為了人們和自然界其他物種的利益。	人類的成功取決於學習大自然如何維持自身的運行，並將從自然學得的教訓，和人類的思考與行動方法予以結合。

資料來源：彙整自 Miller, 1998: 28-30；2000: 32；2004: 14-15, 743；2012: 663。

的精髓。雖然這種「全球思考，在地行動」(thinking globally, acting locally) 的邏輯已獲致與會國家的同意，但是各國地方政府仍須研訂更為具體的永續性定義、指標及可行措施，並獲得中央政府的協助與指導，制訂法律規範、推動公眾教育等，才能將地球智慧的世界觀轉化為實質有效的行動。

二、土地資源永續利用之宜循原則

從前述三種類型的環境世界觀可知，僅從行星管理的角度利用土地資源，恐會肇致資源耗竭的厄運。管理職責的世界觀雖已體認人們和自然界其他物種的利益應兼籌並顧，但仍存有以人為主之思維。而強調地球智慧者主張學習、採擷、順應地球運行的道理，配合人類發展之需以妥適利用土地資源，可能才是謀求永續發展的不二法門。因此，土地資源永續利用的宜循原則列舉如下。

（一）持久的長流性資源——宜及時充分利用

人類不能離開土地（大自然）而居，永續不斷的太陽能正提供了地球生存之維持體系所需的絕大部分能源（占 99%）。此外，太陽能與地球引力作用之結果所形成的風力、潮汐、流水等，也是永續更新的資源。因其取用不虞枯竭，不用無法留藏，理當及時充分利用，以發揮效能。以農業生產為例，除利用土壤以支撐作物枝體外，亦藉太陽能以進行光合作用、藉風力以傳播花粉，若不加以利用，則這些能量皆無法留存。人們利用水力、潮汐、風力、熱能來發電，皆是及時充分利用持久的長流性資源之具體行為。

（二）潛在的長流性資源——取用不宜逾越自然再生或復原能力

潛在的長流性資源雖歸類為可更新資源，但並不表示永續不絕，倘在短期內取用，會暫時消耗其數量，然若不毀壞或損傷根基，其長期流量仍可藉自然更新的過程予以回復。然而，這種資源的復原時間不一，須視耗費程度多寡或輕重而定，有的可能僅數小時，有的則長達數十年。例如：農業生產係藉土壤來支撐作物枝體並吸收大量養分，如不及時補充有機肥料，或倚賴休耕以恢復地力，則數年後恐將成為貧瘠而無法更新地力或無法產生持續收益的不毛之地。又野生動物如任意撲殺以致瀕臨絕種危機，就成了非更新資源。人們若釋放過多的污染物質於水源中，以致於自然力無法稀釋、沉澱並予以淨化，亦將使潔淨的水源無法復生。因此，這類資源的利用當不能損及生命根源，或是過度耗用壞質肥分、地下水源，則在地球智慧的自力運行下，仍有承續更新、源源不斷之可能。

（三）儲存性資源——取用不可超前於發現潛在替代資源

儲存性資源屬於取用將逐漸消耗，不用亦可予以留存的不可更新資源。其中除部分金屬礦物資源，可經適當處理予以循環再利用之外[12]，其餘的能源資源與非金屬礦物資源大抵屬於難以循環再利用，或須浩繁經費才得以重複利用者，故其開採利用當須審慎為之，切不可過於快速，若在潛在可替代的礦床發現之前即已使用殆盡，將會阻礙下一代產業活動的進行。換言之，儲存性資源（如：金屬礦物資源）應設法採取重複利用或循環再利用的方式，並審慎評估能源價格與開採成本，除非新發現的礦床在經濟上足以取代以往礦床，否則不能輕易為之，以減少開挖掘取所需的大量能源耗費，並降低對周遭環境的破壞。

三、共用資源永續治理機制之設計原則

廣義的自然資源，如：森林、獵場、漁場、地下水源等潛在的長流性（可更新）資

[12] 所謂「循環」(recycling)，係指將某種資源蒐集並加工處理製成新產品，如：將玻璃瓶打碎再熔製成其他玻璃製品屬之。而再利用 (reuse) 則指以相同型態重複使用某種資源，如：將玻璃瓶洗淨、消毒後重新使用即是。

源，其性質屬共用資源（common pool resources，簡稱 CPR），而其使用有別於一般的公共財，故本節特別探討此類資源永續治理之設計原則。

一般而言，傳統政策科學對於 CPR 利用問題的討論，主要源自哈定 (Hardin, 1968) 的共用地悲劇理論、戴梧斯 (Dawes, 1973, 1975) 的囚犯困境賽局，以及奧爾森 (Olson, 1965) 的集體行動邏輯三種模型，而這三種模型都指向一個結論：**個人的理性策略會導致集體的非理性結局**。一個人只要不被排除在分享他人的努力所造成的利益之外，就沒有動力為共同的利益做貢獻；而如果所有的參與者都選擇追求自身最大的利益，無論是背叛或不為集體利益付出貢獻，都不會因此有利於集體利益。另一種情況是部分的人願意提供集體物品，而有些人不願意，則集體利益的供給亦達不到最大水平。接受這樣模型的政策學者對困境所提出的解決方案，就是採取國家集中控制或放任市場機制這兩種策略。

所謂國家集中控制策略，係基於須藉外在力量以避免資源過度利用的假定，從而形成應由中央政府控制自然資源的政策方案。此派學者認為個人在追逐私利的驅使下，將不會維護共用資源，因而需要由公共機構、政府或國際權威實行外部管制。以 Hardin(1968) 的牧人賽局為例，集中控制的支持者認為，中央政府所擬資源利用策略可決定誰能夠使用、什麼時候使用、如何使用，並對採取背叛策略者加以處罰，以創造一個效率最適化的均衡。然而，這是建立在訊息準確、監督力強、制裁可靠有效、零行政費用等假定的基礎之上。如果中央政府沒有準確可靠的訊息（包括對放牧人策略的訊息、對資源負載力的訊息、適當懲罰標準的訊息等等），就可能犯各種的錯誤。

另一派的政策學者則認為，共用資源應實施私有財產制度，放任市場機制運作。因為只有將其產權私有化，人們才會為追求自身的最大利益而在自己的土地上進行最適利用。但此係基於共用資源為可分割的、均質的、各自生產可獲最大利益的假定，只是事實往往並非如此，並且忽略共用資源的特質（例如：分割後土地之降雨量、牧草生長狀況不同）。此外，人們共同擁有土地時可以分擔外部風險，但分割土地後卻須各自花費更多並承受不確定性的風險，因此，私有制能夠創造的利益就值得懷疑 (Ostrom, 1990: 2-15)。

當代政治經濟學者伊利諾・歐斯特羅姆 (Elinor Ostrom) 在考察了許多國家、地區的人們透過自主性的組織以管理 CPR 之後，指出：「在資源使用和分配的問題上，我們所看到的是，無論國家還是市場，在使個人以長期、建設性的方式使用自然資源系統方面，都未能獲得成功。另一方面，許多社群的人們藉助既不同於國家、也不同於市場的制度安排，卻在一個較長的時間內，對某些資源系統成功的達成了適度的使用」(Ostrom, 1990)。在「國家集中控制」與「放任市場機制」都無法有效解決共有地悲劇的情況下，歐斯特羅姆回到賽局結構的模型中討論這兩個制度之外的選擇，而提出一個

新的賽局模型。在該模型中，對於 CPR 的使用，牧人之間能夠達成有約束力的合約將追加納入新的賽局結構中，使原本由局外人施予的控制，轉變為兩個牧人之間的協商，因此，新的結構中多了一個參數：執行協定的成本。與外在施加的控制不同的是，新結構中的協定是當事人根據手中所掌握的訊息自行設計。他們對於長期所處之環境的負載能力具有詳實而準確的訊息，因此可對彼此進行監督，並各自負擔執行協定的成本，因此在協商後達成彼此合作所要付出的整體成本將遠低於中央管制的成本 (Ostrom, 1990: 15-21)。此一模式適可說明臺灣原住民以部落資源共用機制來修正政府失靈和市場失靈的可能性。

為說明社群成員如何藉助國家或市場之外的自主治理制度安排，使其共用資源能成功達成適度的使用，歐斯特羅姆 (1990) 對此提出一套有關實質條件的設計原則，並加以評估制度的有效能力。這一套設計原則請參見表 1-4-2。換言之，如果共用資源管理制度能夠符合這些設計原則，當可提供誘因使資源使用者能自願遵守這些系統的操作規則，並監督個人對規則之遵守情形，使該制度得以永續長存。安德瑞斯 (Anderies)、傑森 (Janssen) 與歐斯特羅姆 (Ostrom, 2004) 繼而在前引文重新檢視這些原則，認為如欲建

表 1-4-2　治理永續性資源長期持久性制性研究所導出的設計原則

1. 清晰界定邊界：共用資源本身的邊界（如：灌溉系統或漁場），而有權從共用資源中提取一定資源單位的個人或家庭也必須予以明確規定。
2. 利益和成本的比例相等：規定使用者運用資源產品數量的配置規則，應與當地條件、所需勞力、原料和／或金錢投入相互一致。
3. 集體選擇的安排：絕大多數受到收穫和保護規則影響的個人，應該被涵蓋在團體內並得修改操作規則。
4. 監督：積極檢查生物物理條件和使用者行為的監督者，至少是須對使用者負責的人或是使用者本人。
5. 分級制裁：違反使用規則的使用者很可能要受到其他使用者、有關官員或此二者的分級制裁（制裁的過程取決於違規的內容和嚴重性）。
6. 衝突解決機制：使用者和官員能夠迅速建立成本低廉的地方公共論壇，來解決使用者之間或使用者和官員之間的衝突。
7. 對組織權之最低限度的認可：使用者設計自己制度的權利不受外部政府威權的挑戰，而使用者對於資源有長期占用權。
對屬於更大系統的一部分的共用資源
8. 分層業務 (nested enterprises)：在多層次的分支業務中，對使用、供應、監督、強制執行、衝突解決和治理活動加以組織。

資料來源：根據 Ostrom, 1990: 90 彙整。

立強而有力的共用資源制度，在一開始就得設計一套基本原則，以便進一步發展成為堅實的社會生態系統管理制度。由此可見，這些設計原則是促進發展的最好起點。

約翰克爾 (John Kerr, 2007) 綜合了阿格瓦 (Agrawal, 2001)、歐斯特羅姆 (1990)、維德 (Wade, 1988)，以及巴藍德 (Baland) 和博雷特依 (Platteau, 1996) 等學者認為要實現可永續的共用資源管理，其設計原則必須包含能夠促發地方採行的有利因素（參見表 1-4-3）。因此，社區在設計共同資源管理時，其管理規則不但要簡單易懂，且必須是可執行的。此外，當資源有多重、相互矛盾的使用者時，也要設計出有效的監測義務機制，以讓使用者團體更能擔負起監測的責任，並且比其他組織更有效的運作規則。

然而，阿格瓦 (Agrawal, 2001) 也提醒這些共用資源能否永續的關鍵性條件，其實還受到其他因素的影響。例如：存在明確邊界界定的共用資源，加上具有可預測的利益流量，以及賴以維生的團體是固定的或變化較少時，都比較可能增進其永續利用之效益。如果利益流量的變化極大，且依靠這些資源的團體變化頻繁或是可流動的，將會大大損傷共用資源管理的永續性。此外，一個村莊為基礎的微型流域，可能比一個更大的區域好操作。從資源特性，可以列出八個有利的共用資源屬性：小規模、明確界定的界線、低流動性、可能利益的儲存、可預測性、改善資源的可行性、管理對利益干預的可追溯性，以及資源條件的可用性指標。由此可知，共用資源管理的設計有賴大量的研究來釐清事實，尤其對於案例背景的掌握更有其必要。因此，上述這些原則適可提供相關研究審慎衡酌案例地區「強健性」(robust) 條件之基礎。

表 1-4-3　地方管理共用物制度出現的有利因素†

1. 資源系統的特徵	
a. 小規模 (W, O) b. 明確界定的邊界 W, O) c. 流動性很低 (A) d. 源自資源的利益儲存的可能性 (A)	e. 可預測性 (O) f. 資源條件的指標可以合理的費用取得 (O') g. 對資源改善的特別干涉的可追蹤性‡ h. 資源改善的可行性 (O'99)
2. 團體的特徵§	
a. 小規模 (W, B & P) b. 明確的界線 (W) c. 共享規範 (B & P) d. 信賴 (O'99) e. 過去成功的／組織的經驗 (O'99) f. 適當的領導能力 (B & P)	g. 團體成員之間的相互依存 (W, B & P) h. 利益的同質性（即使有經濟和政治資產的異質性）(O, B & P) i. 低貧困 (A) j. 低的貼現率 (O'99)
3. 資源系統和團體之間的關係	
a. 使用者團體居住區位和資源區位的相互重疊性 (W, B & P) b. 團體成員對資源系統依賴程度很高 (W) c. 需求的增加和技術的變革是漸進的，因此有足夠的時間調整制度安排 (A)	
4. 體制安排	
a. 建構有利於制度安排的能力*	
5. 外部環境	
a. 自治 (W, O'99) b. 提供低成本的裁決 (A) c. 技術上可以低成本排除外部世界的干擾 (A) e. 具有外部認可支持性的制度 (B & P) f. 彌補地方保育行動的適當外援程度 (B & P)	

資料來源：Kerr, 2007: 96-97.

註：

† 改編自阿格瓦 (2001) (A)，他係借鑑於先前歐斯特羅姆 (1990) (O)、維德 (1988) (W)，以及巴藍德和博雷特依 (1996) (B & P) 等人的研究而列出的要項。阿格瓦 (2001) 集中在促使永續治理的因素，而不是促成自我組織出現的因素。歐斯特羅姆與維德區分這兩套因素，但巴藍德和博雷特依也做了類似的嘗試。本表在阿格瓦列出的自我組織之重要因素的清單基礎上，增加了歐斯特羅姆 (1999) 提出的其他因素。

‡ 此一因素是對於流域別具意義。例如：治理流域上游會影響下游的地下水供應，它的需要是顯而易見的。

§ 歐斯特羅姆 (1999) 特別指出低貼現率是一項重要的群體特徵，但有可能因為其他變量的干擾而被排除在外，這些變量如：貧困、排除外界人士的能力，以及過去的集體行動經驗。

* 關於有利的制度安排，阿格瓦提到包括：(1) 規則簡單易懂 (B & P)；(2) 由本地人制定的使用和管理規則 (W, O, B & P)；(3) 規則容易執行 (W, O, B & P)；(4) 分級制裁 (W, O)；(5) 可以提供低成本的裁決 (O)；(6) 監督者及其他官員對於使用者負責任 (O, B & P)；(7) 限制收成以配合資源的再生能力 (W, O)。此外，阿格瓦列舉這些可永續治理共用資源的條件時，也強調從共同資源所獲利益的公平分配 (B & P)，但其所強調的是能夠建立這樣規則的能力，而不是這些規則的實際存在，並將其視為衡量能否發展出適當之集體管理制度的指標。

水資源管理與污染防治

第一節　水資源之意義與特性
第二節　水資源之供給與利用
第三節　水資源管理之課題與對策
第四節　水資源污染之課題與對策

地球表面涵蓋約 71% 面積的水域，其中 97% 是含鹽分的水，僅有 3% 為淡水。這些水體是生物維持生存所不可或缺的物質。地球上有機體所含的水量，大約是：樹木的重量中約有 60% 的水分，而一般的動物（包括人類）體內所含水分，則約占體重的 50% 至 65% (Miller, 2004: 147, 313)。這些水資源不僅使生物得以繁衍，也可以調節氣候、稀釋污染物質等，可說是大自然賜予人類最為神奇的物質。然而，如果人類對此珍貴的資源使用不當，造成嚴重污染，亦將危及大自然的淨化能力。因此，水資源的妥善管理與污染防治是本世紀最重要的任務之一。

本章分成兩部分探討水資源課題，第一部分說明水資源的意義與特性、水資源的供給與利用、水資源管理的問題與對策；另一部分則探討水污染課題及其防治對策。

第一節　水資源之意義與特性

水資源為廣義的土地資源之一，近年氣候異變，水災、旱災的發生皆與水本身的特性有關。水可四處流動，且具有變動性，所以各地區水資源的分布並不相同。有關水資源之意義與特性將說明如下。

一、水資源之意義

前章述及，水資源屬長流性資源之一。儘管占地表面積廣大的水域看似源源不斷，但其中絕大部分無法為人們直接使用，只有少部分的淡水 (freshwater) 可供做灌溉、飲水之用。

根據統計，地球表面的水體容量總共約為 14 多億立方公里，其中海域所涵蓋的水體容量約為 13.6 億立方公里，占水體容量總量的 97.41%，但因含鹽分過多，並不適合人類直接汲取使用。其餘 2.59% 為淡水，以冰山、冰河、地下水或河川等型態存在（見表 2-1-1）。倘若以地表總水量為 100% 估計，則淡水的含量不過是其中的 3%。但這些水量有些被凍結為冰山、冰河，有些則深藏在地底當中，如欲取用，必須動土開鑿而消耗龐大經費，因而較為容易直接取用者，僅是留存在河川、湖泊、土壤水帶、地下水層等處的水量，只占總水量的 0.003%。

由於本章側重在探討淡水資源之取得、運用及所衍生的問題，故「水資源」可界定為某特定地區或流域裡，可供人類利用的地表水 (surface water) 或地下水 (ground water) 的總量。「地表水」的主要來源是大自然的降水 (precipitation)，這些降水量並未滲入地下，或從植物葉面、河湖水面等處蒸發而回歸大氣層，而是流向河川、湖泊、溼地、水塘等，故可稱為「地表逕流」(surface runoff)。全球的年逕流量中，只有約三分之一

表 2-1-1　地球表面各類水體容量之比率

類別	所占比率(%)
海水量	97.4100
淡水量	2.5900
冰山、冰河水量	1.9840
地下水量	0.5920
直接可取用水量	0.0140
湖水量	0.0070
土壤水量	0.0050
大氣中水蒸氣量	0.0010
河水量	0.0001
生物體內水量	0.0001
合計	100.0000

資料來源：彙整自 Miller, 2004: 314。

可供人類取用。「流域」(watershed; drainage basin) 是指降水落在主要的河川、水系、湖泊、蓄水池或其他水體，其流動範圍所涵蓋的區域也是人類取用地面水的主要來源。「地底水」(underwater) 則係指降水滲入地層，並經由土壤空隙下濾而沉浸在土壤或岩層之中，所形成的水層。這些地表水或地下水可經由每年的降水量予以蒐集、補充、儲存，因此可達到資源更新之效，供應人類各種活動之需 (Miller, 2004: 314)。

二、水資源之特性

水資源為大自然生物繁衍的基本要素，其所以能提供各種物質與能力為人類所利用，乃因具有下列特性，分述如次。

（一）循環性

水資源之所以為長流性資源，是因其具有水文循環 (hydrologic cycle) 或水循環 (water cycle) 的特性。水文循環的動力源自太陽能與地心引力，藉由日光照射所釋出的太陽能，使水分從海洋、河川、湖泊、土壤與植被的表面蒸發或蒸散為水蒸氣。大氣層中的水蒸氣有 84% 係從洋面蒸發而來，其餘則來自於陸地。這些進入大氣層的水蒸氣總量，理當等於降水回復到地表的總量。而降水總量當中，約有 77% 降在海洋，其餘則降在陸地，成為地表逕流，流向河湖，最終又順流到海洋，展開另一波的水文循環 (Miller, 2004: 82-83)。整個水文循環過程，約可歸納如圖 2-1-1 所示。

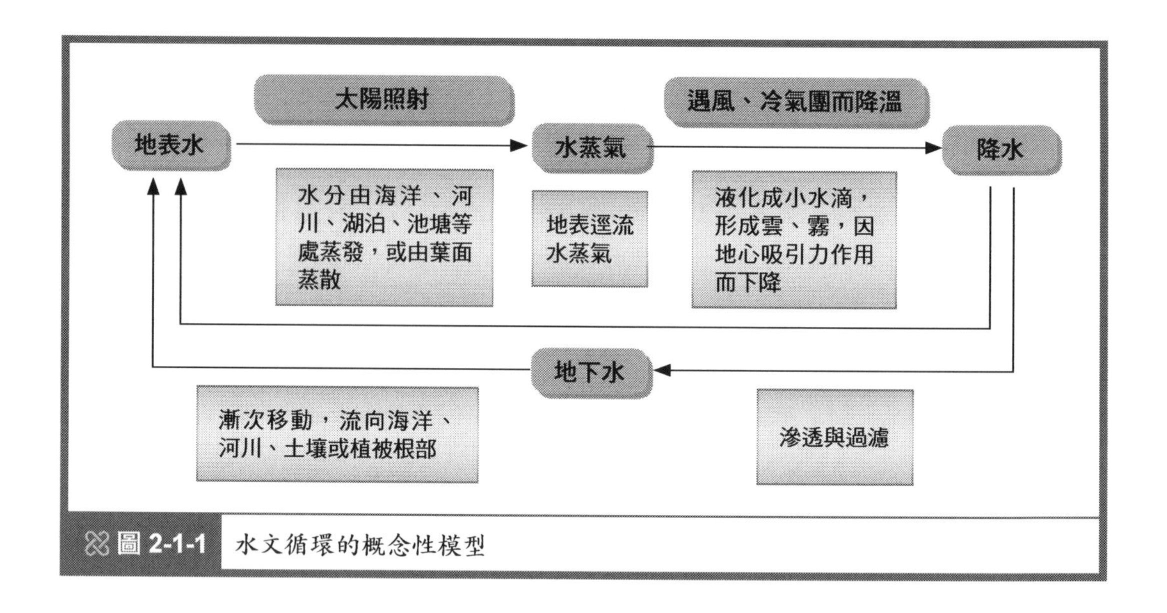

圖 2-1-1 水文循環的概念性模型

一般而言，水文循環一次所需耗費的時間是：大氣層約為 9 天，河川水為 13 天，湖泊水為 13 年，地下水達 300 至 4,600 年，冰河、冰山多達 16,000 年，而海洋水周轉一次需長達 37,000 年。不過，人類活動常會干擾水文循環的進行，例如：人們從河川、湖泊、地下抽取淡水，往往因取用過量導致地下水源枯竭、海洋的鹽水入侵等情形。此外，因農耕、開礦、築路或蓋房屋而將植被剷除，一方面將導致地表逕流增多而減少水分下滲量，進一步造成地下水難獲補注而無法使水位回升；另一方面也會增加洪氾與加速土壤沖蝕及地表滑動之風險。因此，不必要的人為干擾應儘量減至最低，才能使水文循環生生不息，滋養大地。再者，人類活動也會造成水質改變，如湖泊、水庫等水體會因磷酸鹽及其他污染物質滲入而減低水的自淨功能 (Miller, 2004: 84)。

（二）變動性

水是一種奇妙的物質。在一般常溫之下，水分子緊密相吸，使之呈液體狀態；一旦溫度上升達 100°C 的沸點，即化為水蒸氣，溫度驟降為 0°C 的冰點則結為冰，而地表上常見者為呈液態的水。其次，這種液體可以不劇烈的變化溫度而儲存大量的熱氣，因而可以調節氣候，也經常被工廠用來冷卻降溫。再者，不僅液態水會因吸收熱量而轉變為水蒸氣，水蒸氣亦會因釋出熱量而化為液態水。另一方面，液態水具有溶解性，可輸送被溶解的營養物質進入生物體的細胞組織內，也可清除廢物將之輸出細胞組織以外，又能做為多功能的清洗劑並搬運、稀釋水溶性廢物，因此才說水具有某種程度的自淨能力。此外，液體的水分子之間有強烈的吸附力，可形成高度的表面張力而附著在固體上，這也是水分得以藉毛細管作用從根部上升到葉面之故。總之，水具有三態的變化，故可因應人類需求，提供服務能力。

（三）流動性

水於常溫之下多呈液態，於河川、湖泊、水塘以急緩不一的速度流動著，理當可為人類適時取用。然因降水至地面的逕流流入川澤、湖塘的流向、流量、流速不一，而下滲與過濾成為地下水的速率又顯得緩慢，未必與人類的生產、生活或生態層面的需求兩相吻合。是故，水資源的利用，應是將自然的水控制其流量、流速與流向，並防止污染物質排入水中，才能因勢利導，避免水害（林英彥，1991：882-883；1999：725）。人們採取建水庫與水壩、北水南引、汲取地下水等（容後詳述）措施，都是試圖將水資源導向有利的使用途徑。

（四）分布不均性

水資源的分布具有空間上與時間上的不均性。就降水的空間分布而言，有的充沛，有的稀少，故有乾旱或潮溼地區之別。亞洲地區因有季風吹拂，雨量豐沛，可種植水稻等作物，形成「水田農業」；而歐洲地區因位處內陸，較為乾旱，種植馬鈴薯、小麥等作物，形成「旱田農業」。又如南美洲的年逕流水量堪稱世界第一，其中卻有高達 60% 的逕流量流入亞馬遜河 (Amazon River) 的人煙稀少地區。而非洲的年逕流量超過歐洲的數倍，但大多數流向大西洋，且無法運送到缺水的北非、南非及東非地區 (Miller, 2000: 315-316)。

其次就降雨的時間分布言，許多地方終年有雨季、旱季之別，大部分的雨量往往集中在雨季而下，時常造成豪雨而難以為河川所容納，甚至氾濫成災。如在印度，每年約有 90% 的降雨量發生在 6 月至 9 月的季風季節 (monsoon season)。這些驟降的逕流量不僅難以取用，且經常造成季節性洪氾 (Miller, 1988: 215)。

臺灣同樣有降水量時空不均的現象。以民國 87 年為例，各地區降水量以宜蘭的 4,945.3 公釐為最多，臺南的 1,840.1 公釐為最少。民國 92 年，則以恆春的 1,881.5 公釐為最多，臺中的 930.6 公釐為最少，惟就該年不同月分各旬觀察，可知以恆春地區 11 月上旬（437.0 公釐）為多。民國 100 年，則以基隆的 3727.0 公釐為最多，嘉義的 1021.7公釐為最少，惟就該年不同月分觀察，可知以基隆地區 11 月（896.1 公釐）為多[1]。但總體而言，各個地區的降水量仍集中於 6 至 8 月分，大抵與颱風盛行的季節有較大的關聯，其雖然帶來充沛的雨量，卻未必能夠適時取用。

[1] 資料來源：行政院農委會，2005，民國 93 年農業統計年報，http://www.coa.gov.tw/file/10/195/207/1162/344.xls（搜尋日期：2005 年 8 月 31 日）；行政院農委會，2011，民國 100 年農業統計月報，http://agrstat.coa.gov.tw/sdweb/public/book/Book.aspx（搜尋日期：2012 年 6 月 19 日）。

（五）利弊兼備性

俗語說：「水可載舟，亦可覆舟」，又所謂：「水可防旱，亦可成潦」，便是具體說明水資源的功能雖大，但也可能引發重大的災害。一般而言，水資源的用途很多，可供做農業灌溉、供給植物生長所需的水分；可供做人類日常生活飲用、洗滌所需，或製造飲料所需的水源；質量並俱的水分可應用於工業發展，供給蒸餾、洗滌、冷卻，或是做為水力發電所用。

然而，水資源除能提供多項用途之外，亦可能因豪雨災害而讓人們蒙受重大損失[2]。根據統計，臺灣地區在民國 50 年至 83 年間，異常降水造成農業災害計 105 次，平均每年發生 3 次，其中以 73 年的 8 次為最多，且 6 月分出現的頻率多達 24 次，而這些豪雨災害對於臺灣農業所造成的損失金額估計達新臺幣 344 億元整（按 83 年幣值計）。在這段時間內，其中有十八年因豪雨造成 333 人傷亡，又以 73 年的六三水災造成 43 人的傷亡最多。另外，82 年 6 月 1 日晚至 2 日上午之間，因受梅雨鋒面系統所伴隨對流雷雨滯留之影響，導致苗栗及臺中地區出現持續大雷雨，引發山洪暴發，造成道路坍方、鐵路中斷、堤防潰決、大面積溢水等災害，損失金額即高達 20 億元左右（行政院環保署，1997：1148-1149）。民國 85 年至 98 年間，因颱風造成的重大農業災損更高達 539.8 億元（參見表 2-1-2）。

由此可見，人類如能善用水資源，當可提升全民福祉；但對天然災害亦須設法加以防治，並避免人為濫墾、濫伐、濫建，方能使「水患」災害減至最低。

（六）兼具公共性與個別性

水資源供做飲用、灌溉、洗滌等都是屬於個別行為。然而，水利設施的管理則涉及公共利益且具有公共性質，且因治水或水利事業多非個人能力所能擔當，須藉助公共投資設置必要設施，建立嚴格的輸水配送制度，並由特定組織予以管理，方能因應民眾、產業用水之需。因此，水資源的使用同時具有「設施的公共性」與「利用的個別性」之特性（林英彥，1991：883-884；1999：726）。臺灣地區組有農田水利會，負責興建水利設施，管理灌溉用水之輸送分配，並因應季節調節供水，以減少水資源的使用衝突，便是水利設施之公共性的實務例證。

由於水資源具備上述之循環性、變動性、流動性、分布不均性、利弊兼備性、兼具公共性與個別性，因此，如何儲備水資源，進而利用水資源，甚至提高水資源的供給量與使用效率，以維持人類生活之需，甚為重要。下節將討論水資源之供給與利用。

---

[2] 所謂「豪雨」，依據中央氣象局之定義，當指每小時雨量超過 15 公釐之連續性大雨，且日雨量超過 130 公釐以上者。其成因主要可歸納為：(1) 颱風過境所引起；(2) 熱帶性低氣壓所引起；(3) 西南氣流引發的雷雨或熱雷雨；(4) 鋒面雨；(5) 東北季風雨等幾類（行政院環保署，1997：148）。

表 2-1-2 近年重大災情颱風與農業災損金額

年別（民國）	月分	颱風名稱	農業災損金額
85	7月	賀伯颱風	166 億元
89	8月	碧利斯颱風	119 億元
	10月	象神颱風	
91	8月	莫拉克颱風	2.5 億元
	9月	杜鵑颱風	26.7 億元
	11月	米勒颱風	2.1 億元
92	7月	敏督利颱風	4 .7 億元
93	7月	海棠颱風	7.7 億元
	8月	泰利颱風	3.1 億元
95	10月	柯羅莎颱風	7.6 億元
96	9月	薔蜜颱風	6.4 億元
97	8月	莫拉克颱風	194 億元
總計			539.8 億元

資料來源：
1. 行政院農委會，2000，民國 88 年農業統計年報，臺北：行政院農委會統計室。
2. 行政院農委會，2001，民國 89 年農業統計年報，臺北：行政院為委會統計室。
3. 行政院農委會，2005，民國 93 年農業統計年報，http://www.coa.gov.tw/file/10/195/207/1162/346.xls（搜尋日期：2005 年 8 月 31 日）。
4. 行政院農委會，2009，民國 97 年農業統計年報，http://www.coa.gov.tw/htmlarea_file/web_articles/coa/11511/223.xls（搜尋日期：2009 年 10 月 7 日）。
5. 行政院農委會，2010，民國 98 年農委會年報，http://www.coa.gov.tw/view.php?catid=21442（搜尋日期：2010 年 6 月 28 日）。

第二節 水資源之供給與利用

水資源雖為長流性資源，本身可循環生產與利用，但是現今民眾生活、產業活動之運作皆須使用大量的水資源，當水資源供給速度不及或超過人們利用水資源的速度，將產生供給需求不平衡的問題，進而影響社會經濟之發展。本節將說明臺灣地區水資源之供給與利用情形。

一、水資源之供給

人類可利用的地表水總體積儘管為數稀少，然因其具有水文循環的特性，故只要不危害水源、水質、不超抽地下水，則水資源的供給或將源源不絕。不過，由於人類致力於各種活動，卻輕忽水資源的保護與節用，以致於水源供給漸有匱乏之虞，從而影響糧食供給，甚至間接威脅到爾後的社經發展。

水資源的取用，一般係引自河川、湖潭、水庫及埤池等地面水，或是地表以下的地下水。地面水因可藉水道、水管直接取用，故在降雨充沛的地區成為主要的水源；地下水則須掘井抽取，而成為次要水源。通常，地表以下係以地下水面 (water table) 為界，區分為兩大部分，其上為土壤水帶（soil moistures，或謂含氣層）；其下則為地下水所在處，又稱為飽和層 (zone of saturation) 或含水層，而含水層又可分為不受壓含水層 (unconfined aquifer) 與受壓含水層 (confined aquifer)，是為水資源開發的主要對象。前者包含地下水面，而後者的上方被低透水性的黏土、下方被不透水性的岩層所包夾，故後者所指的地下水便是存在於受壓的含水層之中。

以臺灣地區為例，民國 96 年年降雨量為 1,166.76 億噸，其中河道年逕流量 938.54 億噸（占 80.44%），年蒸發量損失 177.72 億噸（占 15.23%），地下水年滲透量 50.50 億噸（占 4.33%）。年逕流量 938.54 億噸中，年入海水量為 811.16 億噸，占年逕流量 86.43%；年引用河水量 83.91 億噸，占年逕流量 8.94%；年水庫調節水量 43.47 億噸，占年逕流量 4.63%。同一年，地下水用水量 58.31 億噸，年滲透量 50.50 億噸，地下水超抽情形依然存在（見圖 2-2-1）。但在適當調配下，仍能供應全民用水之需。

誠如前述，水資源的分布具有不均性，因而年平均降雨充沛與否區分了全球各地有水區與缺水區。舉例來說，加拿大只有全世界 0.5% 的人口，卻擁有全球 20% 的淡水供應量；相對之下，占有全世界人口量 21% 的中國大陸，卻只有全球 7% 的淡水供應量，其中有 300 多個都市面臨缺水問題，而水的總供給量只夠國內半數人口（約 6 億人）的使用所需 (Miller, 2000: 312)。

二、水資源之利用

人類生產與生活所需用水，可分為農業用水、工業用水、家庭用水等類別。各國或區域取自地面水與地下水，用水結構互不相同。以 2005 年為例，全球每年所抽取的用水量中，有 20% 用於工廠的加工、洗滌、廢棄物的清除，以及能源生產（石油與瓦斯生產、電廠冷卻）等。這類用水所占比率以歐洲、北美地區（尤其是加拿大）為最高。農業生產需要大量的灌溉用水，故以農業為主或著重水田農業的國家，農業用水所占比率相對較高，如非洲、亞洲、臺灣、中國大陸即是；而大洋洲、臺灣的該類用水比率亦與全世界平均水準相近。此外，全球家庭或生活用水所占比率為 10%，而已發展的歐美國家所占比率約在 10% 以上，加拿大的比率更高達 20%，堪稱世界之最（見表 2-2-1）。

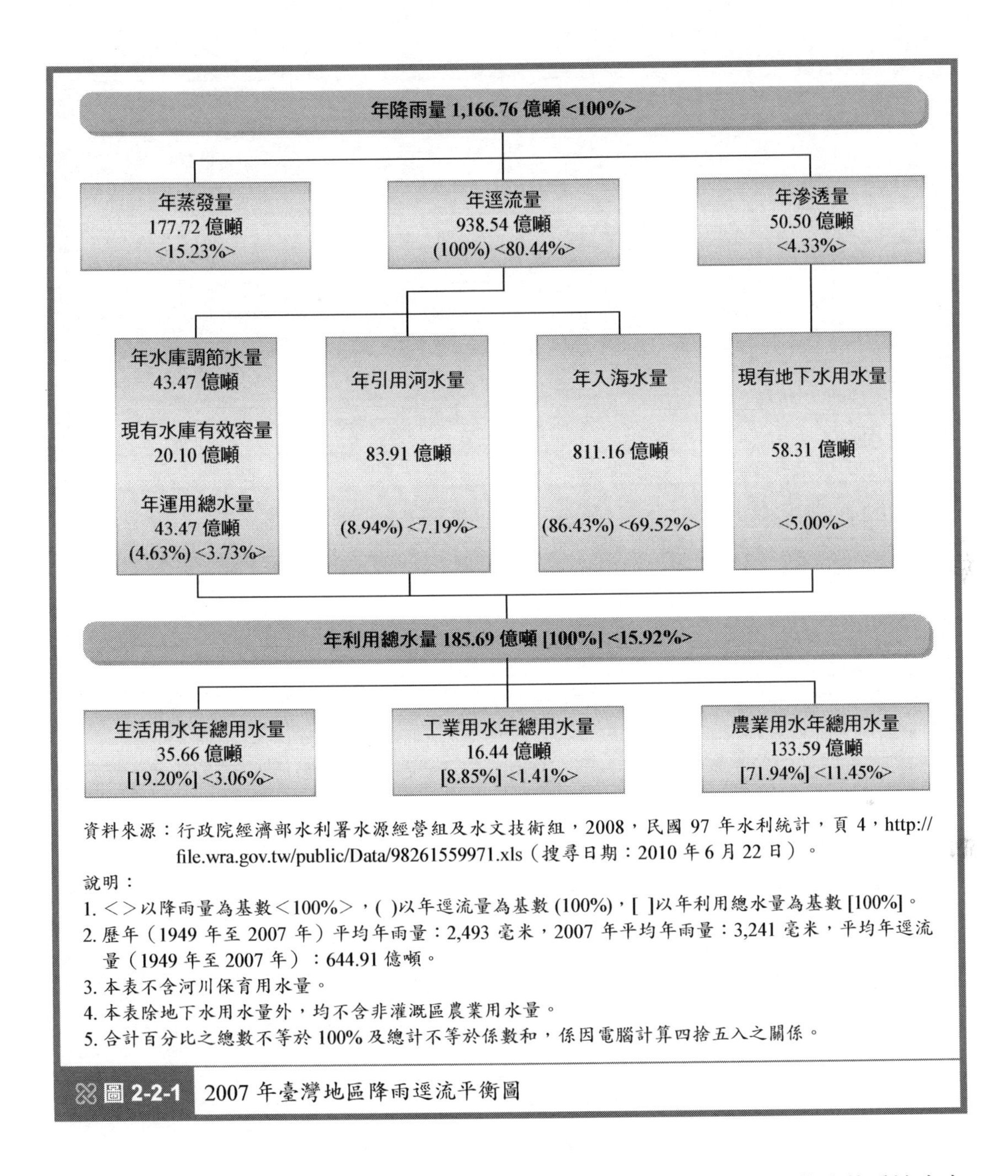

資料來源：行政院經濟部水利署水源經營組及水文技術組，2008，民國 97 年水利統計，頁 4，http://file.wra.gov.tw/public/Data/98261559971.xls（搜尋日期：2010 年 6 月 22 日）。

說明：

1. < >以降雨量為基數<100%>，( )以年逕流量為基數 (100%)，[ ]以年利用總水量為基數 [100%]。
2. 歷年（1949 年至 2007 年）平均年雨量：2,493 毫米，2007 年平均年雨量：3,241 毫米，平均年逕流量（1949 年至 2007 年）：644.91 億噸。
3. 本表不含河川保育用水量。
4. 本表除地下水用水量外，均不含非灌溉區農業用水量。
5. 合計百分比之總數不等於 100% 及總計不等於係數和，係因電腦計算四捨五入之關係。

圖 2-2-1　2007 年臺灣地區降雨逕流平衡圖

另據統計，1990 年代初期，全球約有 26 個國家共計 2 億 3,000 萬人飽受缺水之苦。隨著人口、灌溉面積、工業化的擴增，水的需求量提高亦將使缺水區（如：衣索比亞、蘇丹、埃及等國）的水源短缺問題趨於白熱化，甚至有引發國與國之間爭水戰役的疑慮。另外，預料全球暖化亦將導致降雨型態的改變，並擾亂水資源供應的穩定性，致使水源匱乏的問題趨於嚴重 (Brown, 1999: 14-18; Miller, 2000: 310-312, 509)。因此，如何開源節流，未雨綢繆，是為當務之急。

表 2-2-1 2005年水資源抽取之用水結構 單位：%

地區別	家庭用水	工業用水	農業用水
全世界	10	20	70
北美	14	48	38
美國	13	46	41
加拿大	20	69	12
中美	18	6	75
歐洲	15	52	33
中東和北非	8	6	86
撒哈拉非洲	9	4	88
亞洲（中東除外）	7	12	81
南美	19	12	68
大洋洲	18	10	72
中國大陸	7	26	68
臺灣**	19	9	72
開發中國家	8	11	81
已開發國家	14	40	46

資料來源：
1. Food and Agriculture Organization of the United Nations (FAO), 2005, Population Division of the Department of Economic and Social Affairs of the United Nations Secretariat, World Bank.
2.行政院環保署，(2009b)，民國 98 年環境保護統計年報，頁 2-216 至 2-217，http://www.epa.gov.tw/ch/DocList.aspx?unit=24andclsone=501andclstwo=178andclsthree=175andbusin=4177andpath=9543（搜尋日期：2010年6月23日）。
註：**臺灣的資料為 2007 年。

臺灣地區從民國 60 年至 99 年來的水資源供給與需求情形如表 2-2-2 所示，可看出 79 年的水總供給量達到最高峰，在此之前，水源量逐漸提升，但於此之後，水源量則有下降之勢。民國 94 年至 99 年間，臺閩地區的年總供水量以民國 98 年 190.7 億噸為最高，民國 99 年 170 億噸為最低。總供水量包含地面供給水量及地下水抽用量，其中地面供給水量以民國 98 年 132.5 億噸為最高，民國 99 年 113 億噸為最低；地下水抽用量以民國 96 年 58.3 億噸為最高，民國 95 年 55.1 億噸為最低[3]。

參照表 2-2-2，民國 94 年至 99 年間之年總用水量，以民國 98 年 190.69 億噸為最高，民國 99 年 170.72 億噸為最低。總用水量包含農業用水、生活用水及工業用水，其中農業用水量以民國 98 年 141.48 億噸為最高，民國 99 年 122.05 億噸為最低；生活用

[3] 經濟部水利署及環保署，2009，民國 98 年環境保護統計年報，頁 2-216 至 2-217。網址：http://www.epa.gov.tw/ch/DocList.aspx?unit=24andclsone=501andclstwo=178andclsthree=175andbusin=4177andpath=9543（搜尋日期：2011 年 7 月 22 日）。

表 2-2-2　臺灣地區水資源供水與用水之結構　　單位：百萬噸

年別（民國）	總計	供水量		用水量					
		地面水	地下水	農業用水				生活用水	工業用水
				畜牧	灌溉	養殖	合計		
60	15,072	12,364	2,708	—	—	—	13,737	480	855
65	16,566	13,342	3,224	—	—	—	14,475	725	1,366
70	16,613	12,812	3,801	—	—	—	13,708	1,125	1,780
71	17,139	13,399	3,800	—	—	—	14,048	1,242	1,849
72	19,091	14,939	4,152	88	13,461	2,383	15,932	1,644	1,515
73	18,354	14,202	4,152	93	12,617	2,380	15,090	1,703	1,561
74	18,402	14,297	4,105	93	12,599	2,361	15,013	1,825	1,564
75	18,424	14,319	4,105	100	12,371	2,431	14,902	1,900	1,622
76	18,501	14,396	4,105	105	12,155	2,566	14,826	2,006	1,669
77	18,518	14,413	4,105	107	11,776	2,793	14,676	2,140	1,702
78	19,070	14,965	4,105	117	12,040	2,196	15,073	2,264	1,733
79	19,537	13,274	6,263	116	12,128	3,149	15,393	2,384	1,760
80	17,571	10,432	7,139	128	10,332	3,093	13,553	2,493	1,525
81	17,652	10,513	7,139	135	10,303	3,064	13,052	2,603	1,547
82	17,106	9,967	7,139	137	9,713	2,801	12,651	2,771	1,684
83	17,106	10,457	7,139	140	9,938	3,097	13,175	2,820	1,601
84	17,596	13,110	5,727	146	11,180	3,138	14,464	2,747	1,626
85	18,122	11,842	6,280	151	10,199	3,146	13,496	2,861	1,765
86	18,104	12,166	5,938	134	10,789	2,583	13,506	2,913	1,685
87	17,201	11,263	5,938	109	10,677	1,460	12,246	3,177	1,778
88	16,871	11,145	5,726	117	10,423	1,512	12,052	3,096	1,723
89	17,821	12,147	5,674	118	10,615	1,585	12,318	3,633	1,870
90	18,486	12,998	5,488	114	11,479	1,419	13,012	3,734	1,740
91	18,701	13,264	5,437	110	11,764	1,536	13,410	3,525	1,766
92	17,601	12,219	5,382	109	10,780	1,545	12,434	3,559	1,608
93	17,790	12,247	5,543	108	10,795	1,701	12,604	3,532	1,654
94	17,958	12,429	5,530	111	11,137	1,633	12,882	3,532	1,545
95	17,412	11,895	5,517	111	10,549	1,578	12,238	3,598	1,576
96	18,577	12,742	5,835	105	11,667	1,588	13,359	3,573	1,644
97	17,985	12,152	5,833	101	11,212	1,647	12,960	3,357	1,668
98	19,069	13,252	5,817	100	12,706	1,342	14,148	3,370	1,551
99	17,072	11,335	5,736	74	11,088	1,043	12,205	3,264	1,603

資料來源：

1. 行政院經濟部水利署水源經營組及水文技術組，2013，民國 99 年水利統計。
2. 行政院環保署，(2009b)，民國 98 年環境保護統計年報，頁 2-216 至 2-217，http://www.epa.gov.tw/ch/DocList.aspx?unit=24andclsone=501andclstwo=178andclsthree=175andbusin=4177andpath=9543（搜尋日期：2013 年 6 月 25 日）。

水量以民國 95 年 35.98 億噸為最高，民國 99 年 32.64 億噸為最低；工業用水量以民國 97 年 16.68 億噸為最高，民國 94 年 15.45 億噸為最低。總體來看，民國 92 年至 96 年間，臺閩地區之年總供水量與年總用水量皆介於 174 至 186 億噸之間，水資源的供給與利用達到相當程度的平衡，然而近年來水源量有下降的趨勢。

由上所述，從各國或不同區域內的農、工業重要性比例將影響其用水結構，已發展的經濟體之用水結構大約以工業或電廠用水為主，而發展中的經濟體則仍以農業用水為要。不過，若一國或一區域係採水田農業或灌溉農業的經營方式，則農業用水的比重仍將居高不下，而臺灣便是其中的顯例。未來如何有效管理水資源，以提高總供水量，減少總用水量，實為重要課題。下節將討論水資源管理之相關課題與對策。

第三節　水資源管理之課題與對策

從水資源的特性可知，水的分布具有時間上與空間上不均的特性，因而滋生水量不是過多而氾濫成災，便是過少而乾涸缺水的問題。再者，由於土壤鹽化與土壤浸水，從而降低灌溉用水之效率。在面臨這些水資源管理課題時，較具實效的解決對策究竟為何，將分項探討如下[4]。

一、水資源管理之課題

（一）水源短缺供應不足

根據水利專家福肯馬克 (Falkenmark and Widstrand, 1992) 的經驗研判，造成水資源短缺的主要原因有四：(1) 氣候乾燥 (dry climate)——全球氣候因受海陸分布、地勢高低等影響，因而形成不同的季風、高地與乾燥氣候區；凡是一地雨量少、變動率大、植物難以生長、只有少數地區偶有綠洲分布，即屬乾燥氣候區。(2) 乾旱 (drought)——此係因某季節於某地之降雨量遠低於平均降雨量，但其水蒸發量卻高於平均蒸發量。(3) 土壤乾燥 (desiccation)——由於過度放牧或砍伐樹林，導致土壤表面因缺乏植被覆蓋而呈現乾燥情形。(4) 供水壓力 (water stress)——相對於迅速增加的人口，地表逕流量顯得數量有限，以致於每人之可取用水量減少。

在全世界的人口當中，估計約有 40% 的人居住在氣候乾燥區。由於經年降雨量偏低，造成這些地區長期乾旱，以致於自 1970 年以來，每年約有超過 24,000 人因缺少淡

[4] 本節有關水資源管理之課題與對策，主要係參酌 Miller, 1988: 214-231；1998: 493-512；2000: 310-337；2004: 317-335 撰寫而成。

水而死亡。從福肯馬克與哥華克 (Peter Gleick) 所引用的資料來看，世界上缺水的國家大多分布在非洲的北部、東部與南部，以及中東一帶地區，其每人可用淡水量低於 1,000 噸。這些地區的婦女與小孩必須每天步行至離家 16 至 25 公里處去取回淡水以供家用，遑論有足夠的水源供農業與工業使用，因而缺水的困境正嚴重威脅這些發展較為落後的國家。根據推測，大約在 2025 年，約有居住在 90 個國家的 30 億人民將面臨嚴重的供水壓力。其中，固然有水資源供應不足的窘境，但也不乏因用水太過浪費以致於無法永續利用的狀況 (Miller, 1998: 493-494; 2000: 315; 2004: 317)。

（二）洪水氾濫成災

河川因豪雨、融雪暴漲逾越尋常水道而氾濫成災，是為最常見的洪氾 (flooding) 現象。洪氾以往被歸類為天然災害之一，但近半世紀以來，隨著人們聚居在洪水平原且頻繁從事各種社經活動，已被認為是釀成洪水災害導致死亡人口驟增的主要原因。人類採取可能肇致巨災的開發行為主要有以下三種 (Miller, 1998: 494-495; 2000: 332-334; 2004: 332-334)：

1. **濫伐森林 (deforestation)**：在丘陵斜坡剷除吸水性植被，從事牲畜放牧或非永續性農作經營（如：種植淺根蔬菜），一旦降雨急速流過裸露的坡地，就會沖刷表土 (topsoil)，導致下游地區洪氾成災。
2. **移居洪水平原 (living flood plains)**：許多發展中國家的貧民，因客觀環境所限，只好居住在洪水渲洩區勉強維生，如：孟加拉境內有 80% 以上的地區布滿洪水平原，居民每於夏季季風吹拂期間，飽受水患之苦，但同時也仰賴洪水來栽種稻米。而已發展國家人民隨著聚居在洪水平原並墾殖、築屋、闢路，同時在河岸建壩築堤，或利用其他設施來防範洪水入侵，又將自然河道截彎取直、縮小行水區，以致於難以抵擋暴雨來襲的危害。
3. **都市化 (urbanization)**：隨著人口不斷湧入都市，剷除了許多植被、表土，並以高速公路、停車場、高樓建築等取而代之，使洪水逕流量快速增加。如果本世紀的平均海平面一如專家所預測的逐漸升高，將使沿海低地的都市、溼地或耕地沉浸於海水之中。

總之，由於人類的不當開發行為，以肇致洪災連年，而孟子有云：「斧斤以時入山林，林木不可勝用也」，意指適時適量砍伐山林以保護自然資源，才能使資源利用生生不息。

（三）使用不當造成浪費

近年來，隨著經濟的快速發展，人類用水量驟增，但水資源供給反而漸趨飽和，使之成為經濟發展的限制因子。事實上，如果人類能夠節約用水，減低無謂的浪費，將可提升使用效率。

根據世界資源研究所 (the World Resources Institute) 默罕・艾－雪瑞 (Mohamed El-Ashery) 推估，全世界人類的用水當中，有 65% 至 70% 是由於蒸發、漏水及其他損耗等因素而浪費了。而美國的情形較佳，其用水損耗率約 50%。臺灣雖欠缺這類統計數據，然從 1999 年平均每人每日用水量為 474 公升來看，實已超過歐美的 250 公升甚多，可見有效水量比率及廢水回收利用率尚有待提升（顏清連、徐享崑，1998：3-4）。

人們何以不節約用水而隨意浪費呢？經濟學者認為這是水價過低所致。以美國為例，聯邦墾殖局 (the Federal Bureau of Reclamation) 供應用水約四分之一，係以訂定長期契約（通常是四十年）的方式，採低廉的補貼價格供給西部農地灌溉之用。但以納稅人所付高額稅款來補貼這類用水的結果，卻造成農民沒有節約用水。另外，由於地下水的抽取係基於普通法規定，由享用地表水的土地有權人擁有，這意謂土地有權人可儘量抽取應己所需。但如此一來，將會使水資源形同共用財產資源 (common property resources)，用量最大的人缺乏保護水源的觀念，將肇致含水層枯竭的共用地悲劇 (tragedy of the commons)。儘管已提出適時修改法律的議案，但屢遭西部政經權勢利益團體反對 (Miller, 1998: 506; 2000: 327)。反觀臺灣，亦有類似情形產生。由於平均水價低廉（約日本的四分之一、新加坡的二分之一），與開發建設成本差距很大，使得消費大眾缺乏省水的誘因，而工業廢水再利用或循環使用的比率也低；農業灌溉用水更因取用免費，使得用水浪費的現象屢見不鮮。再者，目前國內並未依《水利法》的規定課徵水權費，也造成地面水、地下水擅自抽取浪費水源的情形，從而直接影響各種用水合理分配的功能（郭振泰，1998：1-2-6；陳明健，1998：106）。

水資源浪費的另一個主要原因，則是主辦機關功能重疊，事權無法統一。以臺灣為例，目前水利事業之主辦機關，在中央即有經濟、內政、交通等部及農委會、環保署等，各部會間業務重疊、權責劃分不清。而同一水系之水資源管理又分屬不同單位管理，如：上游由國家公園管理局或林務局主辦、中游由水土保持局主辦，下游則由水利處或市政府主辦，由於未能配合實際水體與流域系統予以劃分，以致無法有效整體管理，滋生整治工程規模不一，甚或重複浪費的現象（行政院經建會，1998：議題報告(II)4-2-26～28）。此外，美國也有類似情形，即某個流域的水資源管理權責分別由州與地方機關辦理，而不是由一個專責的中央主管機關治理，如：芝加哥都會區就有 349 個水源供應系統，分別由 6 個郡區的 2,000 個地方政府單位掌管，從而難以防範水源浪費的問題滋生 (Miller, 1998: 507; 2000: 328)。

（四）土壤鹽化或植物浸水而減低灌溉效率

由於引水灌溉的生產力約為靠雨水灌溉田地的二至三倍，在全世界的耕地當中，約有 16% 係引河水或抽取含水層的地下水灌溉，生產全球糧食的 40%；如果灌溉效率得以提升，則預計未來的三十年，這類灌溉用地可生產全球糧食的 50% 至 75%。

耕地引水灌溉可提升生產力，然因水中含有各種稀釋的溶解鹽，若其含量適當，對於植物生產確實有益，惟其含量過多也會引致毒害。這種帶鹽分的水會蒸發到大氣之中，在表土上留下薄薄的一層溶解鹽（如：如氯化鈉），其於土壤中累積的鹽分將妨礙作物生長，此過程即為「鹽化」(salinization)。土壤鹽化的結果會損害壤質、減低產量，甚至使植物死亡。根據一項 1995 年的研究，土壤嚴重鹽化已使全世界的灌溉耕地產量減低 21%，另有 30% 的耕地已屬中度鹽化。這些嚴重鹽化地區多分布在亞洲，其中尤以中國大陸、印度與巴基斯坦為甚 (Miller, 2000: 359; 2004: 221)。

臺灣西部沿海地區因地下鹽水位高，或地勢低窪排水不良，土壤常受海浪、潮水侵襲，或於颱風季節受海水倒灌之淹沒，以致土壤累積大量的可溶解性鹽類，不利於耕種（行政院環保署，2001：76-77）。緣此，前省政府地政處乃辦理非都市土地使用分區調整作業，將原劃定為「特定農業區」範圍內，屬於養殖漁業生產區、但地層嚴重下陷之土地，調整為「一般農業區」[5]，此亦足以顯示其土地生產力已降低（見表 2-3-1）。

表 2-3-1　臺灣地區各縣辦理非都市土地農業區調整作業部分成果（民國 88 年 7 月底）　單位：公頃

區　別	養殖漁業生產區	嚴重地層下陷地區
宜蘭縣	816.9315	0
彰化縣	0	3,801.1667
雲林縣	0	10,775.0044
嘉義縣	0	3,385.8524
屏東縣	216.3136	3,751.7847
花蓮縣	369.9193	0
合　計	1,403.1644	21,713.8082

資料來源：內政部地政司，2000：47。

[5] 為配合區域計畫第一次通盤檢討，並落實「放寬農地農有落實農地農用」政策，奉行政院指示自民國 87 年 11 月 1 日起，全省 18 縣市非都市土地分兩階段全面檢討調整使用分區。第一階段作業包括：特定農業區範圍內之（一）養殖漁業生產區、（二）嚴重地層下陷地區、（三）除農地重劃區外，田、旱地目 13 至 26 等則土地合計達該區總面積 70% 以上之土地等三種情形得調整改劃為一般農業區，已於民國 88 年 5 月 1 日辦理公告，總計調整 227,115 筆，面積 40,906 公頃，占原有特定農業區總面積 10.5%。第二階段作業包括：調整為特定農業區、一般農業區、森林區、河川區及山坡地保育區等，於民國 89 年 8 月 1 日辦理公告，調整區數 1,296 區，筆數 364,888 筆，面積 111,908 公頃，占全省非都市土地總筆數的 6.21%，總面積的 7.36%。合計兩階段調整成果 59 萬餘筆，面積 15 萬 2,000 餘公頃，占全省非都市土地總面積的 10.05%（內政部地政司，2000）。

自然降水或可減輕鹽化現象，然在乾旱地區就得花上若干年才有可能做到；但如果改採多用灌溉水的洗鹽方式，恐會增加更多的生產成本，甚至使地下水面上升而引發浸水 (water logging) 的問題。所謂植物的根部浸水，係起因於農民施用大量的灌溉水以濾出鹽分，然因欠缺適當的排水設施，致使大量的水在地下累積，逐漸提升了地下水面，使植物根部沉浸在鹽水當中，從而減低其生產力，終使植物死亡。在全世界的灌溉用地當中，至少有 10% 左右正飽受浸水之苦，亟待謀求良策以紓解所困 (Miller, 2000: 359; 2004: 222)。

◎二、水資源管理之對策

水資源管理所面臨的各項課題已如前述，為能尋求解決之道，通常可採取兩種探究途徑：一為提升資源有效供應，另一為降低水資源無謂的損失與浪費。底下將就增加水資源供給與節約用水之對策加以探討。

（一）提升水資源供給之對策

1. 興建水庫與水壩

為能提升水資源的供給與利用效率，許多國家採取興建水庫與水壩的方式，藉著將雨水與融雪冰水蒐集在位於河川上游的水庫中，以便在乾季提供淡水因應生活與生產之需。除此之外，水庫的壩體亦能控制河水流量、降低中下游地區洪氾的危險，且能調節灌溉用水供農田耕種之需、運用水力發電提供廉價電力，並提供安全的飲水或工業用水。再者，大型的水庫亦採多功能經營方式，開放民眾遊覽、垂釣、划船，以增進經濟收入。儘管興建水庫與水壩亦有用費浩繁、減少農林用地、遷移人群等缺失，但仍為各國增加淡水供應的主要方法之一（見表 2-3-2）。

於 2000 年，全世界各大洲都建有水庫與水壩（超過 15 米壩高的約有 45,000 座，小型者有 80 萬座），如：北美、歐洲及部分亞洲國家，藉以攔取地表逕流量的 25% 至 50%，並控制調節各種用水之需，而目前亦有多項大型計畫（如：中國大陸長江三峽長達 2 公里大壩與水庫之興建[6]）正在展開。

[6] 據悉，於 2009 年完成時，這些巨型水壩水庫可供水力發電，連同 20 座核能發電廠，可提供中國大陸產業用電量的 10% 及約達 1.5 億人口的家庭用電之需，減少因依賴煤炭所致的空氣污染，並防止洪水氾濫。根據專家推測，費用將超過 700 億美元。這項龐大的工程計畫預計將淹沒區域內優良農田、800 家工廠，需遷走 190 萬人，包括 100 個城鎮、2 個都市，水壩長度達 600 公里。中國大陸官方的說法是，這些被遷走的居民將被重新安置，而 30 萬名農民也可配給新耕地。但有論著指出，興建水壩將使長江變成工廠廢棄物的下水道，而水庫儲存大量的水將形成巨大的壓力，從而引發山崩或地震。充其量，水庫只能在洪峰期將湧入長江的洪氾截取一部分儲存，一旦水庫充塞殘渣或沉澱物，水壩恐負荷不了而使洪水急劇宣洩，屆時將使 50 萬人面臨洪氾的危險，而被淹入水庫的工廠也會濾出有毒化學物質，讓危害加劇。再者，下游地區的水量銳減，將會促使含鹽分的水入侵公共給水的取水口 (Miller, 2000: 319; 2004: 320-321)。此外，根據 2005 年 12 月 20 日新華網中國報導，三峽庫區水域清漂實施兩年多來，重慶市、湖北省及三峽工程建設總公司累計投入資金近 5,000 萬元人民幣，清理各類漂浮物 20 多萬公噸，冀對庫區航道暢通和三峽樞紐工程安全營運有所助益。資料來源：臺灣環境資訊協會，2005，網址：http://e-info.org.tw/node/997（搜尋日期：2006 年 2 月 14 日）。

表 2-3-2　大型水庫與水壩建設之利弊

優點	缺點
防洪：降低河川下游之水患。 **灌溉**：提供農作物全年灌溉之需。 **發電**：利用水力發電，供應價廉電力。 **公共給水**：提供安全飲用水以供應民眾生活所需。 **產業供水**：提供工業生產、畜牧、養殖過程所需水量。 **觀光休憩**：水庫可供民眾休閒、遊憩、垂釣之需。	**工程費用浩繁**：如長江三峽大壩與水庫造價昂貴，中國大陸官方宣稱於 2009 年完成時，約需耗費 250 億至 650 億美元。 **淹沒農林用地並驅走人們**：如印度自 1974 年實施的水庫興建方案，淹沒了 4,000 平方公里的農林用地，驅走了約 100 萬人。 **水庫儲水經由蒸發將大為減少**：此將使淡水供應量比水庫興建前還低。 **破壞魚群遷移與產卵**：如鮭魚的季節性迴游、產卵繁殖，須另藉助於魚梯 (fish ladders) 始能完成。 **減少下游耕地與河口之含養分砂粒**：此將減少營養物與淡水流量，而降低耕地或河口的生產力。 **大量儲水恐會引發地震、水壩倒塌**：此將造成下游人民生命與財產之嚴重危害。

資料來源：Miller, 2000: 316-319.

臺灣地區很早就有水庫的興建，其中有光復前建造完成者，亦有光復後為發展臺灣經濟所需繼續興建者，政府不惜投入龐大財力與人力，興築浩大工程不遺餘力。現有水庫壩堰合計其設計蓄水總容量有 285,335.4 萬噸，有效容量 189,694.3 萬噸。其中以曾文水庫最大，設計總容量為 74,840 萬噸，有效容量為 45,159.1 萬噸，用以公共給水、防洪、灌溉、發電及觀光等。其次為翡翠水庫，設計總容量為 40,600.0 萬噸，有效容量為 33,533.6 萬噸，其功用包含公共給水、發電及防洪。

水庫向來被視為重大建設，截至民國 99 年年底，現有水庫與堰壩合計有 102 座（經公告水庫有 96 座）。按蓄水量規模來區分，大型水庫有 9 座，中型水庫堰壩有 18 座，皆位於北部、中部、南部等人口密集地區。小型水庫堰壩則有 75 座，超過半數集中於東部與離島地區。按地區分，以離島地區為最多，有 28 座，南部次之（27 座），其他地區如北部、中部、東部則分別有 18、20、7 座。東部與離島地區由於地形限制且人口較為稀少，僅有小型水庫堰壩，彙整如表 2-3-3。以容量估算，96 座有效總容量 189,244.3 萬噸中，以南區 75,101.3 萬噸占 39.59% 為最多，北區 60,579.2 萬噸占 31.94% 次之，中區 52,884.2 萬噸占 27.88% 再次之（行政院經濟部水利署，2010b）。

表 2-3-3　臺灣地區現有水庫依蓄水量分類表

蓄水量／地區別	大型（座數）（大於 1 億噸）	中型（座數）（500 萬至 1 億噸）	小型（座數）（小於 500 萬噸）	小計（座數）
北部	翡翠水庫、石門水庫 (2)	寶山水庫、寶山第二水庫、榮華壩 (3)	西勢水庫、新山水庫、阿玉壩、羅好壩、桂山壩、粗坑壩、直潭壩、青潭堰、鳶山堰、羅東攔河堰、上坪攔河堰、隆恩堰、南溪壩 (13)	18
中部	鯉魚潭水庫（一期）、德基水庫（達見）、霧社水庫、日月潭水庫 (4)	永和山水庫、明德水庫、谷關水庫、集集攔河堰、大埔水庫、武界壩、明湖下池水庫、明潭下池水庫 (8)	劍潭水庫、士林攔河堰、青山壩、天輪壩、馬鞍壩、石岡壩、北山坑堰、銃櫃壩、頭社水庫 (9)	20
南部	曾文水庫、烏山頭水庫、南化水庫（一期）(3)	蘭潭水庫、仁義潭水庫、尖山埤水庫、阿公店水庫、鳳山水庫、牡丹水庫、白河水庫 (7)	鹿寮溪水庫、內埔子水庫、德元埤水庫、龍鑾潭水庫、甲仙攔河堰、鏡面水庫、玉峰堰、鹽水埤水庫、虎頭埤水庫、觀音湖水庫、澄清湖水庫、土壟灣堰、中正湖水庫、隘寮堰、高屏溪攔河堰、曹公圳攔河堰、東港溪攔河堰 (17)	27
東部	—	—	溪畔壩、龍溪壩、龍鳳壩、木瓜壩、水簾壩、卑南上圳攔河堰、酬勤水庫 (7)	7
澎湖地區	—	—	赤崁地下水庫、成功水庫、興仁水庫、東衛水庫、小池水庫、西安水庫、烏溝蓄水塘、七美水庫 (8)	8
金門地區	—	—	山西水庫、擎天水庫、榮湖、金沙水庫、陽明湖、田浦水庫、太湖、瓊林水庫、蘭湖、西湖、蓮湖、菱湖、金湖 (13)	13
連江地區	—	—	東湧水庫、阪里水庫、邱桂山水庫、儲水沃水庫、津沙一號水庫、津沙水庫、勝利水庫、后沃水庫 (8)	8
合計（座數）	**9**	**18**	**75**	**102**

資料來源：行政院經濟部水利署，(2010b)，民國 99 年水利統計（搜尋日期：2013 年 6 月20 日）。

2. 實施引水計畫

水資源分布雖有空間上的差異，但如能藉助於渠道或地下管線，或可將豐水區的水庫與水壩儲水引至缺水區。這種移用水源的方式雖有助於紓困，但也引發環境的爭議。以美國的加州供水方案 (California Water Project) 為例，其供水問題起因於該州的 75% 人口居住在薩克曼多市 (Sacramento) 以南地區，但降雨量的 75% 卻落在該市以北地區。於是該方案乃採取興建巨大水壩的方式，運用打氣筒、渠道，以便將用水從水源較豐的北加州引至人口稠密區及半乾旱農業區（多位於南加州）。

然而，南北兩地的人為了本州水資源分配課題，已爭執多年。南加州人認為，將薩克曼多河鑿渠引水到洛杉磯、聖地牙哥，以及其他成長中的都市地區、農作區，有其必要。灌溉用水（主要提供種植苜蓿、棉花生長之需）的比率高達 74%，主要用於需水的作物，其中苜蓿的栽種雖用了加州灌溉用水的十分之一，但產值卻是占該州產值的 0.1%。不過，北加州人反對此方案，因為此舉將使薩克曼多河的河水退化、漁獲減少，並且降低清除舊金山灣污物的能力；何況很多送往南方的水都被浪費了，其實當地的用水效率只要提升 10%，就足敷南加州人的公共給水和產業使用之需 (Miller, 2004: 323)。又根據美國環保局 (EPA) 的研究，全球暖化將使大氣中二氧化碳的含量加倍，從而使加州中央河谷流域的水供給量每年減少 7% 至 16%，如此美國將被迫放棄加州的農業生產。嗣於 1986 年至 1992 年間，加州遭遇了六年的乾旱期，可說是初嘗缺水的困境而已。

另一個例子是美國與加拿大合作的詹姆斯灣流域引水方案 (James Bay Watershed Transfer Project)，其計畫年期為五十年，所需經費 600 億美元，其係利用流注魁北克省詹姆斯灣 (James Bay) 與胡森灣 (Hudson Bay) 的河水發電，以供兩國民眾所需。該方案的預期影響效果是：(1) 計畫興建的 600 座水壩及堤壩足以對涵蓋紐約州三倍大的 19 條巨川改變流量範圍；(2) 淹沒北美高緯度森林與凍原 (tundra) 區，相當於華盛頓州或德國的面積；(3) 將若干的克里與印努特原住民 (indigenous Cree and Inuit) 從居住了五千年的詹姆斯灣驅離。在經過二十年且耗費 160 億美元後，該計畫的第一階段已經完成。1994 年，由於供電量仍有餘裕，且遭環保人士及克里人反對將該族祖先的狩獵地予以淹沒，加上紐約州取消購電契約，致使第二階段的計畫被迫無限期延長 (Miller, 1998: 501; 2000: 322-323; 2004: 323-324)。

至於臺灣地區，李前總統登輝曾於民國 80 年 11 月提出「北水南引」的構想，亦即將豐水期濁水溪多餘的水引進灌溉嘉南地區的農田，而嘉南地區曾文、烏山頭水庫的水則留供枯水期使用，以增加使用效率。據悉，以往在雲林、嘉義交界的北港溪河床下，原有水路連接濁水溪幹線末端與嘉南灌溉區的北幹線尾，使雲林與嘉南的水可以互通有無，但民國 64 年雲林、嘉南水利會分家後，這條水路就被封閉。嗣經兩個水利會同時動工疏濬，終使暗渠重新疏通，可適時支援雲嘉地區稻田灌溉用水之需（聯合報，1991 年 11 月 9 日，第 1 版；1991 年 11 月 13 日，第 6 版）。由於這項「北水南引」計畫只是將小部分既有水渠濬通，以利引水灌溉，對於環境影響較小，因此並未引發爭議。

由於淡水資源係屬潛在性流量資源，其取用仍有時間與空間上的限制，故為促進有效利用，或可考量建立水權交易，合理調配農業、工業與民生用水，以竟其功。在美國與澳洲均有水權交易制度，用以紓解不同地區或類別用水之困。我國近年亦有健全水權管理制度之議，希冀建立水權市場，允許水權人（如：農田水利會、自來水工廠）之間，以及其他使用者之間進行市場交易，其形式包括：租賃水權、出售水權、交易短期水量、購買乾旱年水量選擇權（即水銀行），以便合理移出水權（蕭代基，1998；顏清連、徐享崑，1998：引言報告 3-8）。此議若能試行，或可解決調配水源的問題[7]。

3. 抽取地下水

一般而言，水源可取自地面水或地下水，兩者各具特色、相輔相成（見表 2-3-4）。在臺灣地區，於民國 86 年至 87 年農業用水的水源結構中，河川引水及地面水抽水所占比率為 75.5%，水庫及埤池所占比率為 9.1%，而地下水所占比率則為 15.4%。從用水別來看，養殖用水中抽取地下水的比率高達 87.9%，畜牧用水全部取自地下水，可見其對地下水源倚重的程度（見表 2-3-5）。農業用水包括灌溉、養殖與畜牧，為臺灣主要用水標的。民國 99 年農業用水量計 122 億 517 萬噸，其中灌溉用水仍占大宗，達 110 億 8,849 萬噸 (90.85%)，養殖用水 10 億 4,286 萬噸 (8.54%) 次之，畜牧用水約 7,382 萬噸 (0.60%) 為最少（各區域農業各項用水統計可參見表 2-3-6）。

至於美國的用水情況，約有 50% 的飲水（農村地區占其中的 96%，都市地區則為 20%）和 40% 的灌溉用水係從含水層抽取而來。其他如夏威夷、佛羅里達等州，仰賴地下水飲用的居民更是多達 90% 以上，由此亦可知地下水為當地居民不可或缺的水源。

然而，隨著地下水取用量的增加，也招致許多問題：(1) 含水層枯竭 (aquifer depletion)：因地下水抽取量超越降水補注量而造成；(2) 含水層下陷 (aquifer subsidence)：因地下水不斷抽取引致土地沉降；(3) 鹽水入侵含水層 (intrusion of salt water into aquifers)：因地下水面下降，促使淡水與含鹽地下水的一般界面向內陸移動；(4) 地下水污染 (underground water contamination)：由於工業與農業活動、地下淨化槽滲漏等所致。在美國，就發生大幅度的奧格拉拉含水層 (Ogallala Aquifer) 下陷，其範圍擴

[7] 為對國土與水資源規劃、開發利用、經營管理等相關問題加以探討、分析，並對未來改善方向與具體做法凝聚共識，俾形成政策，據以推動，行政院經濟建設委員會乃於民國 87 年 12 月 28 至 29 日，假臺北國際會議中心舉辦「全國國土及水資源會議」，其主題有四，包括：(1) 永續之國土與水資源規劃；(2) 國土經營管理；(3) 水資源經營管理；(4) 國土及水資源組織再造。有關本節論述，請參見主題三第二至四點之摘述內容。

表 2-3-4　水庫與水井水源開發之比較

比較項目＼開發方式	水庫開發	水井開發
環境影響	剷除植被、驅走居民，水庫淹沒區，範圍大，容易引發民眾抗爭。	鑿井範圍較小，對於環境影響不大。
開發經費	開發工程繁複，所需經費浩大。	開發工程簡易，所需經費低廉。
施工期間	工期較長，長達數年。	工期較短，最多數月。
維護管理	水庫範圍較大，管理項目繁複，維持經費亦高，須經特定組織專責管理。	水井範圍較小，管理項目簡單，維持費用亦低，僅須設占專人管理。
開發用途	提供防洪、灌溉、發電、公共給水、觀光遊憩等，多目標用途。	提供灌溉、公共給水或產業供水等單目標用途。
水質水量	水庫坐落地面，水質容易遭受污染（如：水庫優養化）。 蓄水又易受自然降水、蒸發消耗量多之影響，水量不穩定。 蓄水容量較大，可為主要水源。	水井深處地下，水流經岩層之層層滲透，有如自然過濾網，水質可予維持。 因水儲存地下，少受降水蒸發之影響，水量較為穩定。 蓄水量小但穩定，可為旱季補充水源。

表 2-3-5　民國 86 至 87 年臺灣平均農業用水量及水源別統計表　　單位：億噸

水源別＼用水別	農田水利會灌溉用水	養殖用水	畜牧用水	合計
水庫與埤池	11.06 (10.4)	0	0	11.06 (9.1)
河川引水及地面水抽水	90.53 (85.2)	1.78 (12.1)	0	92.31 (75.5)
地下水	4.72 (4.4)	12.94 (87.9)	1.16 (100)	18.82 (15.4)
合計	106.32 (100)	14.72 (100)	1.16 (100)	122.20 (100)

資料來源：行政院農委會，2000：摘-7。
註：
1. ( )內數據為水源別所占比之百分比。
2. 本表灌溉用水量不包括臺糖自行供灌之 0.75 億噸。

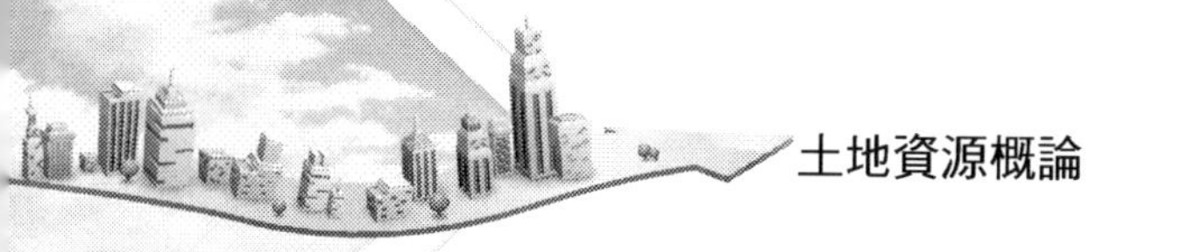

表 2-3-6 民國 99 年臺灣各區域農業用水量 單位：百萬噸

項目			北部	中部	南部	東部	臺灣地區
灌溉用水	水稻	一期作	931.67	1,627.41	254.22	575.85	3,389.15
		二期作	723.74	2,115.88	536.74	574.41	3,950.78
		合 計	1,655.42	3,743.30	790.96	1,150.26	7,339.93
	占農業總用水%		81.39%	67.90%	30.59%	55.52%	60.14%
	雜作		349.95	1,416.99	1,001.00	877.09	3,645.02
	其他		0.00	24.27	78.97	0.29	103.53
	合計		2,005.36	5,184.55	1,870.94	2,027.64	11,088.49
	占農業總用水%		98.60%	94.04%	72.35%	97.87%	90.85%
養殖	內陸養殖		23.25	297.48	679.73	42.40	1,042.86
	占農業總用水%		1.14%	5.40%	26.28%	2.05%	8.54%
畜牧	禽畜		5.33	31.30	35.44	1.76	73.82
	占農業總用水%		0.26%	0.57%	1.37%	0.08%	0.60%
農業用水總計			**2,033.94**	**5,513.32**	**2,586.11**	**2,071.80**	**12,205.17**

資料來源：行政院經濟部水利署，(2010a)，99 年各標的用水統計，http://wuss.wra.gov.tw/annualreports/2009710_96farm0708.pdf（搜尋日期：2012 年 6 月 22 日）。

註：灌溉用水中其他係指水利會之甘蔗與臺糖公司之甘蔗與雜作。

及南達柯大州至德克薩斯州中部，以及加州中央谷地等西南部乾旱區。地下水大量超抽的結果，已使亞利桑那州的土桑市 (Tucson) 內部分土地下陷超過 2 公尺以上。另外，在沙烏地阿拉伯[8]、中國大陸北部、北非（於利比亞、突尼西亞尤為顯著）、南歐、中東，以及墨西哥、泰國與印度的部分地區，含水層枯竭的情形也很嚴重。至於鹽水入侵含水層，大抵在沿海地區最易產生，如美國亞特蘭大與海灣區，以及以色列、敘利亞與阿拉伯等國的海岸地區 (Miller, 2000: 324-325)。

至於臺灣地區的西部沿海與宜蘭沿海地區，因土地貧瘠，又屬水源末端，農作物收成偏低。近年來，農民紛紛將土地改變用途，發展養殖業，使得魚塭面積逐年擴增。惟因養殖業為增加產量而抽用大量地下水調和海水的結果，已造成宜蘭、彰化、雲林、嘉義、屏東等沿海地區快速地層下陷（見圖 2-3-1、表 2-3-7）（見表 2-3-8）。由此可見，如不設法緩和或避免地下水超抽的情況，恐將使沿海地區地層下陷更為嚴重，甚至引發海水入滲或倒灌，造成土壤鹽化、利用困難的不良結果。

由於地層下陷發生過程緩慢，不易被立即發現，多在土地淹水時，才會感知其嚴重性。由近幾年長期監測資料得知，臺灣地層持續下陷面積已由「地層下陷防治執行方

[8] 沙烏地阿拉伯從含水層抽取大量地下水灌溉農作物，雖然因此大幅提升農業生產力，然因每年地下水抽取量為補注量的三倍，從而估計其含水層恐怕在五十年內將枯竭殆盡 (Miller, 2000: 25)。

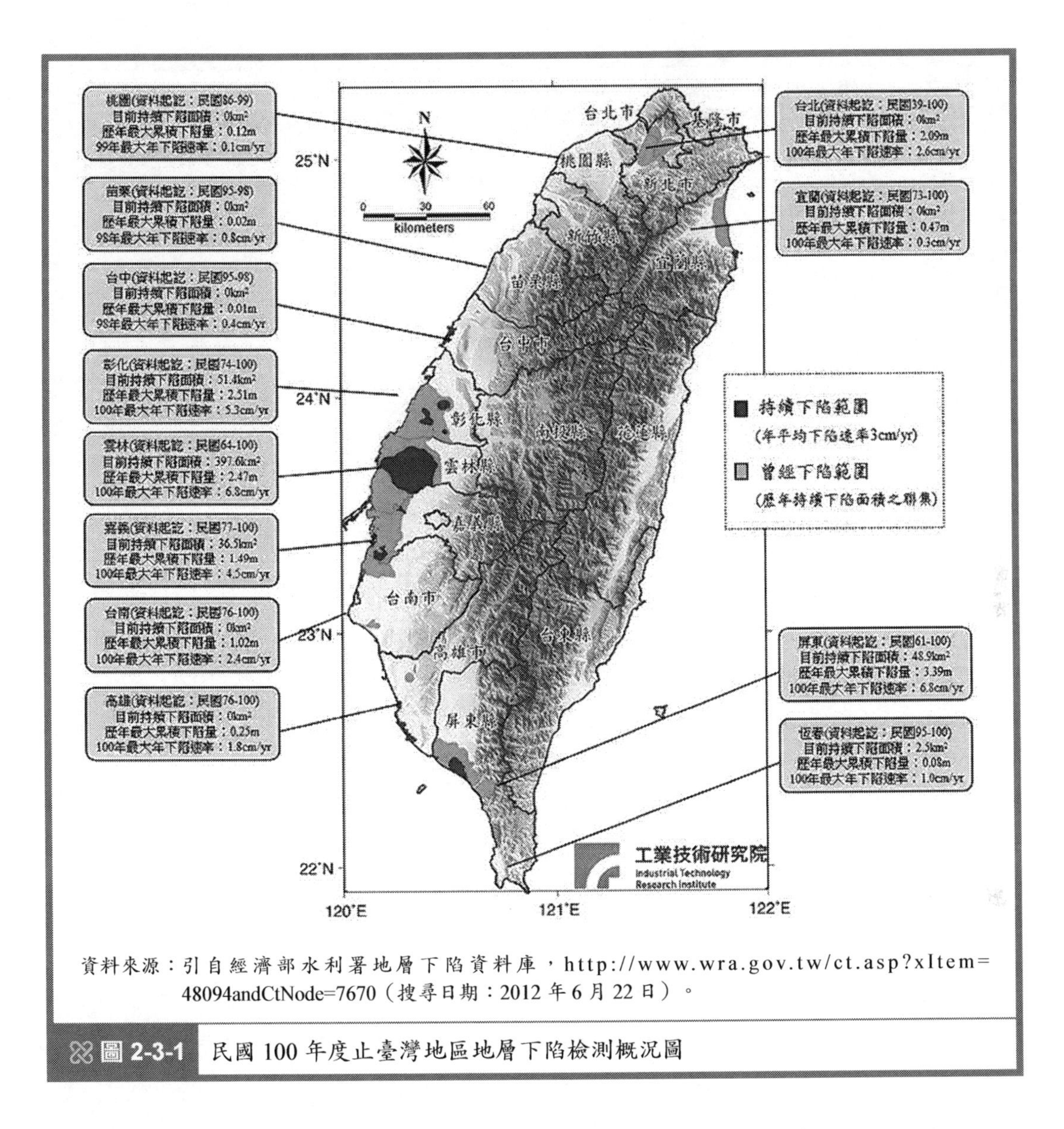

資料來源：引自經濟部水利署地層下陷資料庫，http://www.wra.gov.tw/ct.asp?xItem=48094andCtNode=7670（搜尋日期：2012 年 6 月 22 日）。

圖 2-3-1　民國 100 年度止臺灣地區地層下陷檢測概況圖

案」實施前（民國 85 年度）之 1,616 平方公里減少至民國 95 年度之 891.7 平方公里，彰化、雲林、嘉義等地區下陷速率有略微減緩的趨勢；而臺北、宜蘭、臺南等地區則無明顯下陷區域。以嘉義為例，每年的最大年下陷速率，從民國 80 年的 21 公分／年，到民國 96 年已減緩為 3.8 公分／年，持續下陷面積為 26.1 平方公里。監測資料顯示，民國 93 年以前，嘉義持續下陷面積都維持在 200 平方公里以上；民國 93 年以後，嘉義地區下陷趨勢已產生顯著變化：下陷面積持續縮小，顯示嘉義整體的地層下陷已獲得控制（如表 2-3-9、表 2-3-10 所示）[9]。

---

[9] 引自經濟部水利署地層下陷現況，http://file.wra.gov.tw/public/Data/931216414371.doc（搜尋日期：2009 年 10 月 7 日）。

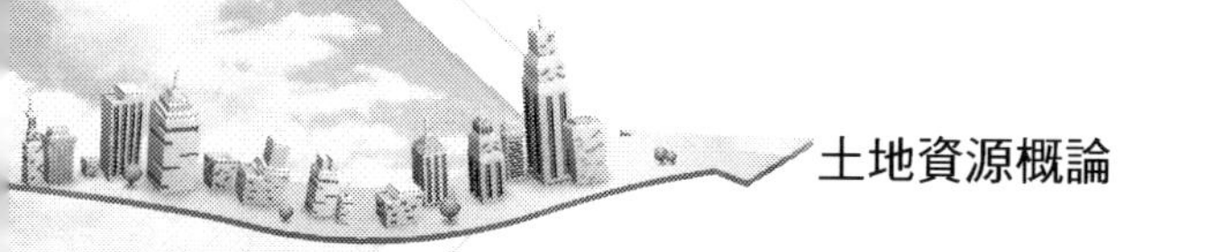

表 2-3-7 民國 80 年止臺灣地區地層下陷之概況

地區	累積最大下陷量（公尺）	發生地點	下陷地區範圍	下陷地區概估面積（平方公里）	檢測時間（民國）
臺北盆地	2.24	臺北市光華陸橋	臺北市、三重、板橋、新莊	252	44 年 4 月 79 年 8 月
宜蘭地區	0.22 (0.19)	礁溪	礁溪、壯圍、五結、頭城、蘇澳	50	74 年 6 月 79 年 8 月
彰化地區	0.77 (1.23)	鹿港彥厝海堤	線西、鹿港、福興、芳苑、大城	100	70 年 6 月 79 年 6 月
雲林地區	1.46 (1.78)	口湖鄉金湖村	麥寮、臺西、西湖、湖口、水林	300	64 年 79 年 10 月
嘉義地區	0.73 (0.90)	過溝庄布袋鹽場事業海堤	東石、布袋、義竹	250	76 年 12 月 78 年 6 月
臺南地區	0.14 (0.17)	北門民眾服務社	北門、學甲、七股	30	77 年 6 月 80 年 6 月
高雄地區	0.08 (0.20)	彌陀海堤	彌陀	10	76 年 12 月 79 年 6 月
屏東地區	2.54 (2.88)	塭豐村、塭子坊、清閘門	東港、林邊、佳冬、枋寮、新埤	105 (175)	59 年 80 年 6 月

資料來源：行政院環保署，1997：180。括弧部分引自行政院環保署，1999：343。

表 2-3-8 臺灣地區地下水資源利用量　　單位：百萬噸，%

區城	區別	年補注量 (1)	年抽取量 (2)	利用率 (3)＝(2)÷(1)×%
北部	臺北盆地、桃園谷地、新苗地區（新竹部分）、蘭陽平原	472	537	113.8
中部	新苗地區（苗栗部分）、臺中地區、濁水溪沖積扇	1,614	2,592	160.6
南部	嘉南平原、屏東平原、澎湖本島	1,664	3,797	228.2
東部	花東縱谷	250	213	85.2
合計		4,000	7,139	178.5

資料來源：行政院環保署，2001：54。

表 2-3-9　民國 90 年至 99 年度臺灣地層下陷最大累積下陷總量及持續下陷面積比較表

地區	最大累積下陷量起算年分	90年度		91年度		92年度		93年度		94年度		95年度		96年度		97年度		98年度		99年度	
		最大累積下陷量（公尺）	持續下陷面積（平方公里）	最大累積下陷量（公尺）	持續下陷面積（平方公里）	最大累積下陷量（公尺）	持續下陷面積（平方公里）	最大累積下陷量（公尺）	持續下陷面積（平方公里）	最大累積下陷量（公尺）	持續下陷面積（平方公里）	最大累積下陷量（公尺）	持續下陷面積（平方公里）	最大累積下陷量（公尺）	持續下陷面積（平方公里）	最大累積下陷量（公尺）	持續下陷面積（平方公里）	最大累積下陷量（公尺）	持續下陷面積（平方公里）	最大累積下陷量（公尺）	持續下陷面積（平方公里）
臺北	39	2.10	0	2.09	0	2.10	0	2.10	0	2.10	0	2.12	0	2.11	0	2.11	0	2.09	0	2.09	0
桃園	86	0.075	0	0.086	0	0.0865*	0	-	-	-	-	0.13	0	-	-	-	-	-	-	0.12	0
宜蘭	73	0.40	0	0.42	0	0.43*	0	-	-	0.44	0.2	-	-	0.45	0	-	-	0.45	0	0.47	0
彰化	74	2.02	408	2.14*	-	2.20	357.3	2.29	368.1	2.36	263.4	2.45	278.3	2.49	225.6	2.52	213.7	2.51	78.1	2.51	138.9
雲林	64	2.10	-	2.15*	610.5	2.20	703.1	2.24	516.0	2..30	678.6	2.35	557.1	2.37	551.5	2.4	580.7	2.43	413.9	2.44	267.1
嘉義	77	1.24	-	1.29*	211.8	-	-	1.34	268.5	1.37	170.0	1.38	28.6	1.39	26.1	-	-	1.42	28.1	1.47	198.0
臺南	77	0.80	294	0.80	-	0.84	34.3	-	-	0.9	27.5	-	-	0.92	0	-	-	0.94	10.2	0.99	29.0
高雄	76	0.22		0.22	-	0.23	0	-	-	-	-	0.23	0	-	-	-	-	0.23	0	-	-
屏東	61	3.20	4.9	-	-	-	-	3.22	7.4	-	-	3.24	0	-	-	-	-	3.28	0	3.33	47.5#
恆春	95	-	-	-	-	-	-	-	-	-	-	-	-	-	-	-	-	0.07	2.5	0.07	0

資料來源：引自經濟部水利署地層下陷資料庫，http://www.wra.gov.tw/public/PDF/142513481763.pdf（搜尋日期：2012 年 6 月 30 日）。

註：

1. 表中統計資料係選取目前各縣（市）最大地層下陷累積總量之測點：臺北盆地之北門測點、桃園縣之桃 26 測點、宜蘭縣之永鎮測點、彰化縣之西港測點、雲林縣之臺西測點、嘉義縣之三江派出所測點、臺南縣之北門測點、高雄縣之茄萣測點及屏東縣之塭豐測點。
2. *代表參考地層下陷監測井之觀測分析資料。彰化地區參考西港國小監測井，雲林地區參考新興國小監測井，嘉義地區參考網寮國小監測井。
3. 持續下陷面積：年下陷速率超過 3 公分之區域面積定義為「持續下陷面積」，計算方法為將檢測區所有水準樁之高程減去前一期高程而得水準樁下陷量，再利用內插模式繪製等下陷速率圖，以 GIS 系統計算速率超過 3 公分之等值區域面積。
4. 累積下陷量及最大累積下陷量：計算某一特定期距內調查區各水準點之累積下陷量定義為「累積下陷量」，其中最大之點為「最大累積下陷量」。

表 2-3-10 民國 86 年至 99 年度臺灣地層下陷地區最大年下陷速率統計表

地區		86年度	87年度	88年度	89年度	90年度	91年度	92年度	93年度	94年度	95年度	96年度	97年度	98年度	99年度
臺北		+0.4（上升）	+0.7（上升）	+1.0（上升）	0.3	0.1	+1.1（上升）	0.7	2.9	1.5	2.6	2.1	0.6	1.3	1.4
桃園		-	-	-	-	1.1	1.1	0.5*	1.0*	0*	0.5	-	-	-	0.2
宜蘭		1.6	1.6	2.1	2.5	2.5	2.5	0.5*	0.5*	3.1	-	1.0	-	0.8	4.6
彰化		23.6	19.3	16.4	16.4	17.6	11.7*	10.4	14.2	11.0	8.9	8.4	6.4	5.7	6.4
雲林	沿海	4.1	4.1	2.5	2.9*	2.3*	5.0*	5.7	4.7	5.0	4.9	3.7	3.1	2.5	1.0
	內陸	-	-	-	-	-	9.5	12.2	10.6	11.6	10.1	8.2	7.1	7.4	6.4
嘉義		3.8	1.9	1.5	4.5	3.2*	5.3	6.8*	8.7	7.0	6.1	3.8	-	4.6	5.4
臺南		2/7.7	2/7.7	2/7.7	-	8.1	-	6.5	2.8*	4.0	-	2.9	-	5.5	4.3
高雄		3/3.8	3/3.8	3/3.8	-	-	-	2.7	1.2*	+0.6（上升）	1.3	-	-	1.9	-
屏東		7.7	3.6	2.3	2.4*	4.3	1.7*	2.6*	4.0	0.4*	2.8	-	-	2.7	4.3#
恆春		-	-	-	-	-	-	-	-	-	-	-	-	3.3	0.5

資料來源：引自經濟部水利署地層下陷資料庫，http://www.wra.gov.tw/public/PDF/142513481763.pdf（搜尋日期：2012 年 6 月 30 日）。

註：

1. *代表參考地層下陷監測井之觀測分析資料，桃園地區參考樹林國小監測井，宜蘭地區參考壯圍國中監井，彰化地區參考西港國小監測井，雲林沿海參考新興國小監測井，嘉義地區參考網寮國小監測井，臺南地區參考下營國小監測井，高雄地區參考永安鄉鹽田分校監測井，屏東地區參考林邊國中監測井。
2. 臺南 86 年至 88 年度資料係參考臺灣省政府水利處，「臺南沿海地區地盤下陷檢測計畫報告」，1999 年 6 月。
3. 高雄 86 年至 88 年度資料，參考臺灣省政府水利處：「高雄沿海地區地盤下陷檢測計畫報告」，1999 年 6 月。
4. 最大年下陷速率：將調查區各點之下陷量除以測量期距（以年為單位）即得「年下陷速率」，其中最大之點為「最大年下陷速率」，單位為公分／年。

為防範地下水源枯竭、地層下陷，當須調整抽取地下水灌溉、養殖等方式，如：種植耐旱、抗熱作物、研發海水養殖技術。此外，對於地層下陷區土地的保育利用，亦可採取如下策略：(1) 擬定整體防護管理計畫：依環境規劃理念，按災害嚴重程度將之劃分為禁止開發區與一般防護區（發展許可區），由地方政府訂定防護計畫，制定適當的土地利用管理及防護措施，並加強防護管理或禁止開發，以避免民眾的生命與財產損失擴大。(2) 訂定土地保育技術規範，促進地層下陷區土地有效利用：該區應以資源保育為優先，於土地變更或再利用時，應考量環境承載力、鄰近使用相容性、公共工程安全、經濟性及市場可行性等因素，進行整復技術與再利用方向之規劃，並儘速完成能配合地層下陷區環境條件特色的土地保育與整復利用技術規範，俾提供實際規劃設計參考，以促進區內土地有效利用（郭年雄，1998：2-4-12～13；黃南淵，1998：2-21）。

莫拉克颱風造成臺灣南部地區重創後，政府深自檢討，為減緩地層下陷速度及復育地層下陷地區，於內政部揭櫫之「變更臺灣北、中、南、東部區域計畫（第 1 次通盤檢討）——因應莫拉克颱風災害檢討土地使用管制」[10]，指示地層下陷累積總量、下陷年平均速率達一定程度以上，且對防洪、排水、禦潮或環境產生重大影響者，中央水利主管機關應會商各目的事業中央主管機關劃定公告為「嚴重地層下陷地區」，且為加速環境退化地區之復育，得辦理嚴重地層下陷地區復育計畫以改善之。為有效管制「嚴重地層下陷地區」之開發行為，爰將「嚴重地層下陷地區」納入「條件發展地區」，並分別研擬一般性及屬「嚴重地層下陷復育計畫地區」土地之使用分區，或使用地變更原則及使用管制規定，以促進環境資源永續發展。相關規範如下所示。

(1) 一般管制規定

除應依該計畫「條件發展地區」相關規定辦理外，並依下列規定進行管制：

- 嚴重地層下陷地區用水計畫應依經濟部訂定之「用水計畫書審查作業要點」規定審查通過後為之，且不得抽取嚴重地層下陷地區內之地下水。
- 應以低耗水使用為原則，如農舍與農業設施、旱作、休閒農場、畜牧、海水養殖、造林、生態旅遊、民宿、生態保護及復育等經目的事業主管機關核准之使用。
- 涉及容許使用、使用分區變更或使用地變更須增加用水量時，應取得供水或用水證明文件。
- 直轄市、縣（市）政府應加速辦理違規水井取締工作。
- 請鄉（鎮、市、區）公所隨時檢查轄區內非都市土地，如有違反土地使用管制者，應即報請直轄市、縣（市）政府依規定處理。

(2) 符合經濟部認定之「嚴重地層下陷復育計畫地區」管制規定

除應依「條件發展地區」及「嚴重地層下陷地區」土地使用管制規定辦理外，並應依下列規定進行管制：

- 禁止抽用地下水、對於區內已取得水權者，水利主管機關得予以限制、變更或撤銷其水權。
- 漁業主管機關應擬訂養殖輔導計畫，輔導為海水養殖或轉為其他使用，並禁止抽取地下水。

[10] 此係於內政部區域計畫委員會民國 98 年 12 月 3 日第 266 次會議通過，行政院民國 99 年 5 月 19 日院臺建字第 0990026707 號函准予備案，內政部民國 99 年 6 月 15 日臺內營字第 0990804311 號公告。資料來源：http://urdb.tycg.gov.tw/files/messages_file/rp990615.pdf（搜尋日期：2010 年 8 月 20 日）。

- 為加速環境退化地區之復育，並降低公共建設投資，鄉村區之公用設施得不依循「鄉村區人口規模與公共設施及公用設備」相關規定[11]辦理。

此外，臺灣的雲林、彰化地區之主要地層下陷區域已由沿海區域，逐漸移入內陸地區，究其主因為：(1) 雲、彰地區欠缺水源調蓄設施，導致枯水期水源不足；(2) 欠缺有效管理機制，且水資源價值無法在市場上適度反映，致使水資源利用效率低落；(3) 自來水及農業灌溉等公共建設不足，致使公、私部門自行抽取地下水，形成地下水井浮濫現象。這些現象已嚴重影響高鐵行車安全及當地居民的生活環境。為徹底解決雲、彰地區地層下陷問題，行政院經建會已經完成「雲彰地區長期地層下陷具體解決方案」。上述調適性規範如能確實執行，或可減緩氣候變遷帶來的損失。

4. 採取鹽水淡化措施

為能提升淡水供應量，將海水或帶鹽分的地下水除去溶解鹽，使之成為可供利用的水，此種過程便稱為「淡化」(desalination)。一般而言，海水淡化最常使用的方法有兩種，即蒸餾法 (distillation) 與逆滲透法 (reverse)。蒸餾法是將鹽水煮沸，直到水蒸氣凝結後得到純水，並形成固體狀的鹽粒。而逆滲透法是對鹽水加壓，水分子（但不是溶解鹽）會由溶液透過薄膜而被壓出，即可將鹽水淡化。據悉，在乾旱的中東地區（尤其是沙烏地阿拉伯與科威特）、北非地區，海水淡化場所產生的淡水約為全世界淡化水產量的三分之二。而美國北加州瑪林郡 (Marin County) 與聖塔巴巴拉、聖地牙哥、洛杉磯等地，也會陸續興建淡化廠以補充水源供給。另在臺灣地區的澎湖縣，由於四面環海，淡水資源稀缺，因而設有海水淡化廠以供民生所需。

然而，海水淡化也有其限制：(1) 在海水淡化過程中，需要耗費較大電力，致其生產費用約為傳統方式的二至三倍；(2) 從沿海地區的淡化廠輸水，其過程比起內陸地區得耗費更多能源；(3) 海水淡化過程也會產生大量含高濃度與含礦物質的鹹水，將之傾倒在淡化廠附近的海域看似合理，但如此一來必會增加當地含鹽濃度，從而威脅到河口水產物的生存；(4) 如將海水淡化過程所產生的廢水傾倒在地上，恐會污染地面水與地下水。因此，淡化水廠無法普遍存在，自是不難理解。

海水淡化固可提供淡水給乾旱地區的臨海都市使用，然其生產成本相當高昂，除非能設置高效能的太陽能淡化廠，否則以這種方式所生產的淡化水來灌溉傳統作物，恐怕盈不抵虧。舉例來說，沙烏地阿拉伯便是採淡化水來種植沙漠區的小麥，所需花費的成本大約是世界單位糧價的七倍，顯然要比從國外進口小麥的費用要多上好幾倍 (Miller,

[11] 該規定主要係就不同的人口規模，規定於鄉村區應該配置之各種設施、教育文化設施、運動遊憩設施、衛生保安設施、交通設施公用設備、商業設施等。於此等地區內，得視當地情況酌予減少配置。參見內政部，2010，《變更臺灣北、中、南、東部區域計畫（第 1 次通盤檢討）——因應莫拉克颱風災害檢討土地使用管制》，表 3 鄉村區公共設施及公用設備表。

1998: 504-505; 2000: 325; 2004: 328)。

5. 提升各類用水效率

隨著各國的社經發展，各種標的用水量的需求也日益增加，為因應所需，莫不採取「開源」與「節流」措施。前述的興建水庫與水壩、實施引水計畫、抽取地下水、採取鹽水淡化等開源方式，卻會招致成本昂貴、施工期長、破壞野生動植物、驅走人們、污染地面水與地下、地下含水層枯竭、處理與調配水資源耗費能源等後果，因此若能併同採取保護水源、節約用水、提升效率等節流措施，方是治本之道。茲就農業、工業與家庭用水之節約與再利用說明如次。

(1) 農業用水的節約措施

一般而言，農業的灌溉用水大多引自地表水渠或地下水井，再經由接水渠向下滴入，讓農作物得以吸收，這種方式稱為「重力流動式」(gravity-flow)。不過，這種引水灌溉方式往往輸水量超過需水量，又因蒸發、滲透與逕流流失的關係，這些灌溉水的利用率事實上只有 50% 至 60%。若要減少灌溉水下滲的情形，可以使用塑膠管、管瓦或敷上水泥來從事灌溉，另外也可利用雷射方式測度田地是否平坦，讓灌溉水的輸送更為平均。許多國家的灌溉系統均採此方式給水，而臺灣的農地重劃大量採用混凝土型溝或內面工，目的即在於減少滲漏損失，以維護灌溉功能，不過也招來過於水泥化、景觀單調化的批評。

其次，農業灌溉用水亦可抽取地下水，再以移動灑水裝置 (mobile boom with sprinkle) 進行噴灌，稱之為「中央迴轉系統」(center-pivot sprinkler system)。這種方式通常可以提升用水及於作物的效率達 80%，並將能源使用量與有關成本減少達 20% 至 25%。如果再加裝「低耗能高效度」(low-energy precision-application, LEPA) 的灑水裝置系統，可適時適量以接近地面方式供水，則利用率可增為 90% 至 95%；又 LEPA 灑水裝置能比低壓灑水裝置減低能源使用量達 20% 至 30%，且用水量要比傳統的重力流動式耗用水量節省達 37% (Miller, 2004: 330)。不過，由於這種灑水裝置需要耗費高昂的初始成本，因此全世界大約只有 1% 的耕地採此種方式灌溉。臺灣目前栽種花卉或蔬菜等高經濟作物地區亦逐漸採用此種設施，以提升灌溉效率。

另一種高效能的「滴流灌溉系統」(trickle or drip irrigation systems) 是 1960 年代在乾旱的以色列發展起來的。其所需基本裝備為地表上、下均裝配管線連接到每棵植物周圍，以利輸水滴流至根部。這種系統可減少蒸發、下滲，使利用效率提高 90% 至 95%，因而可用來栽種蔬菜、花卉、果樹等[12]。根據以色列的實施經驗顯示，其可節約

[12] 美國鳳凰城水資源實驗正在開發一種紅外線監控裝置，以便從衛星精確掃描耕地全景，並偵測何種狀態下作物吸收水分最有效率 (Miller, 1998: 508; 2000: 328)。

用水量達 84%，以便灌溉約 44% 的耕地，來生產抗旱、省水、抗鹽的經濟作物（如：果蔬、花卉），而小麥、肉品則靠進口，以因應民生所需。藉此方式，該國政府乃取消許多補貼，並提高灌溉水價格，提供農民能在省水技術與設備上投資的誘因。再者，該國也致力於都會區下水道的廢水回收再利用措施，目前利用率已達 55%，且大部分用在灌溉作物（如：棉花、亞麻），預料在近期內努力研發，將使再利用率提高到 80% (Miller, 1998: 507-508; 2000: 328; 2004: 330-333)。

自民國 83 年起，在臺灣由經濟部推動的兩階段節約用水措施實施計畫（包括生活與農、工業用水），有關農業用水方面，係加強灌溉渠道的檢修、養護及內面工鋪設，其短程（民國 84 年至 87 年度，為第一階段）目標為渠道內面工每年辦理更新改善率約 2%，單位面積用水量呈零成長；中程（民國 88 年至 95 年度，為第二階段）目標為渠道內面工的年成長率仍為 2%，而以其占有率至少達 51% 為最終目標；至於民國 100 年後的農業需水量則須控制在 125 億噸以下，希望減少灌溉水下滲的浪費，提升水資源有效利用的目標（顏清連、徐享崑，1998）。

此外，為因應不同乾旱時期的農業用水之需，並適時適量支援非農業部門，行政院農委會於民國 88 年年底完成農業用水量資料清查及統計，規定民國 100 年農業用水需求之高標、中標與低標水量，分別是 142.88 億、133.32 億及 117.34 億噸（見表 2-3-11）；如為符合前述農業用水總量管制之目標，則須採低標方能順應各標的用水之需求。在豐水期，可以「高標灌溉水量」為灌溉取水設施之建設目的，以發揮水田維護農業生產、自然生態與農村生活之三生功能；在枯水期，農業部門應即辦理灌溉節水措施，實施水旱田輪作制度。如需調配農業用水支援民生與工業運用，應訂定補償原則，在「低標灌溉水量」以下所需移用灌溉用水部分，辦理停灌休耕之補償，藉此達成各標的用水之彈性支援及效率管理之目的（行政院農委會，2000：摘1～7）。

(2) 工業用水的節約措施

近年來，許多國家為因應產業發展之需，陸續推動工業用水回收再利用措施以節省用水。舉例來說，煉製 1 噸的鋼就需要 5,000 公升（1,320 加侖）至 200,000 公升（52,800 加侖）的水，但位於美國密蘇里州坎薩斯市的亞莫克煉鋼廠 (Armco steel mill) 經採取用水回收技術後，平均每公升的水可重複利用 16 次後再經處理回注河流之中；而每煉製 1 噸的鋁，如果取自回收碎片而不是原礦，即可節省約 97% 的用水。又位於以色列哈德拉 (Hadera) 的紙廠，經採用水回收再利用技術後，生產每噸紙所耗費用水為一般紙廠用水的十分之一。不過，是否大多數的廠家均有誘因推動省水措施？仍以美國為例，製紙、化學、石油、金屬等四大製造業的用水量約達所有製造業用水的 80%；儘管工業廢水回收再利用的好處很多，但業者卻鮮少有所行動，因為工業用水的成本是由聯邦與州政府予以補貼，而用水成本不過是總成本的 3%；或許唯有提高水費與廢水處

表 2-3-11　民國 100 年與民國 86 至 87 年平均農業用水比較與節水評估　單位：億噸

用水別＼項目	現況用水（86 年至 87 年平均）	100 年用水	節水目標	節水策略說明
灌溉用水	106.32	高標 131.86 中標 122.21 低標 106.32	配合其他標的需求及因應乾旱實施節水	水田灌溉具三生功能，未來以高標為營管目標，維護水質水量，兼顧生態用水。枯水期及缺水地區採節水措施，支援其他用水。
養殖用水	14.72	10.04	4.68	減少魚塭養殖面積及推廣循環用水，逐年減少地下水抽取量。
畜牧用水	1.16	0.98	0.18	配合產業調整及環境衛生考量，逐年減少用水。
合計	122.20	高標 142.88 中標 133.23 低標 117.34	4.86	

資料來源：行政院農委會，2000：摘～9。
註：本表灌溉用水不含臺糖公司自行供灌之水量 0.75 億噸。

理費用，業者才會有意願節約用水 (Miller, 1988: 229.508; 2000: 329)。

臺灣自民國 83 年起所推動的「節約用水措施」，在工業用水方面採取輔導與推廣廠商採用省水之設備與製造技術，並宣導用水回收觀念，以提升使用效率。其短程目標為用水回收率每年提高 5%，中程目標為工業用戶用水量的年平均成本為零，最終目標為回收率每年提升至 65% 以上，以達成珍用水資源之目的。據瞭解，目前短期輔導產業節水措施，平均省水率約達 24% 左右。除此以外，經建會與經濟部於民國 84 年完成「現階段工業用水發展政策綱領」，強調：(1) 水資源規劃、水源開發及水權分配，由水利主管機關負責。(2) 新設重大工業區應儘量設置於豐水區，並妥為規劃需用水源、建立專用供水系統，以穩定供應工業用水；現有工業區仍由自來水事業單位供水應增建調蓄水源設施[13]，以降低缺水風險。(3) 加強工業用水需求之管理，兼顧經濟效率與水源水質，以促進工業用水之合理化（顏清連、徐享崑，1998）。由此亦可看出，除開源之外，節流亦為重要措施，方能確保水資源的永續利用。

再者，經濟部於民國 91 年制訂「挑戰 2008 國家發展重點計畫——積極推動節約用水計畫」，後更將工業局民國 97 年「工業用水資源整合推動計畫」中的「加速產業用

[13] 雨水儲蓄設施即為其中一種，其係將水文循環中的雨水以天然地形或人工方法予以截取儲存，不僅做為工業補充水源，亦可供做農業灌溉、家庭生活用水之補充水源、防火儲水、減低都市降雨洪峰負荷量等多目標用途。

水效率提升輔導（約 878 萬元）」分項計畫，併入水利署「水再生利用產業科技發展計畫」項下執行。統計民國 92 年至 96 年度間已輔導 533 家廠商節約用水，年省水量共計 4,489.9 萬噸[14]。民國 98 年重新檢討該計畫，並依據「推動節約用水，推廣中水再利用系統，使全國平均之人均用水量逐步降至每日 250 公升以下」之環境政策，延續過去推動節約用水之經驗，研提下一階段「2008 年至 2012 年積極推動節約用水計畫」，藉此落實國家水資源永續經營之理念。預計自民國 101 年起每年節省工業用水量 800 萬噸，包括工業區工廠節水輔導 600 萬噸，加工出口區節水輔導 200 萬噸[15]。

(3) 家庭用水的節約措施

家庭用水包括飲用、衛浴、洗滌等用途，雖然在某些國家其用水量所占比率低於農、工業用水，但如能將節約用水的習慣由家庭做起，當能產生推波助瀾的效果。以美國為例，都會區供水系統中約有半數用於衛浴與草地灌溉，但約有 15% 因水管漏裂而損耗。而在一般家庭中，衛浴、洗滌用水約占總用水量的 78%。不過，在乾旱的美國西部或澳洲，灌溉草坪與花園竟可達每日用量的 80%，且有不少是因供水幹管、支管或家中水管漏損所致。然在美國的許多都市，並沒有提供減少漏水與浪費的誘因。例如：大約有五分之一的美國公共給水用戶沒有安裝水表，且一律採單一低費率（每戶年水費低於 100 美元）計費；此外，許多公寓住戶租金均已包括水費，也讓他們少有節約用水的意識。

不過，在美國的某些地區，由於地方政府致力推動節約用水措施，已展現相當大的成效。例如：位於索諾拉沙漠區 (Sonora Desert) 亞利桑那州的土桑市，年雨量只有 30 公釐，因此於 1976 年開始執行嚴格的水資源保育方案，包括提高某些住戶用水費率達 500%。另位於莫耶夫沙漠 (Mojave Desert) 的拉斯維加斯市，年雨量更只有 10 公釐，直到最近才開始推動水資源保育措施，包括提高水費（但費率只有土桑市的一半）、鼓勵保留或栽種省水的耐旱性原生植物（而不是鋪設大量草坪），其用水量約可減少 80%。惟因拉斯維加斯市的省水方案不具強制性，其每人用水量仍約土桑市的兩倍。美國於 1992 年制定的《綜合能源法》(Comprehensive Energy Act) 規定，自 1994 年 1 月 1 日起新售廁所設備每一次用水量不得超過 6 公升（約 1.6 加侖），以發揮一定的省水效果。此外，家庭用來洗澡、淋浴、洗衣、沖馬桶所排放的廢水，亦可經蒐集、處理，再用來灌溉及做其他用途。其中，加州率先經過立法規定應回收廢水再用於灌溉庭園，預計每戶家庭廢水回收再利用率可達 50% 至 75% 左右。再者，住家、辦公大樓亦租用裝置

[14] 其中輔導一般工業 411 家廠商節約用水，年省水量 2,728 萬噸；科學園區 107 家廠商，年省水量 1,587 萬噸；加工出口區 15 家廠商，年省水量 174.9 萬噸。

[15] 經濟部，2008 年 8 月，2008 年至 2012 年積極推動節約用水計畫 (NEW)，http://www.wcis.itri.org.tw/policy/pdf/policy-4.pdf（搜尋日期：2010 年 6 月 13 日）。

簡易的淨化與廢水回收再利用設備，當可節省都市供水與下水道系統處理費用 (Miller, 1998: 508-509; 2000: 329-330)。

反觀臺灣地區自民國 83 年起推動的「節約用水措施第一階段計畫」，在家庭用水方面，推動使用省水器材（訂定水龍頭、馬桶、水箱二段式零件、洗衣機及其他用水設備的省水標準等）、興建雨水儲蓄設施及中水道二元供水系統[16]、教育宣導（建立民眾正確的用水常識與節約意識）等項目。其短程目標為售水率每年提高 2%，但每人每日用水量呈零成長；中程目標為每年每人每日用水量減少 5 公升以上，都會區及其他地區分別以 300 公升、210 公升為最終目標，售水率則達 80% 至 90% 以上。至於民國 100 年的生活用水則限定在 35 億噸左右，以提升水源供應之質量與效率。此外，為推動「節約用水措施第二階段計畫」，指定採取之重要措施為：(1) 釐訂合理水價結構調整模式，取消基本度數，適度反映水源開發成本，並採區段遞減費率，以價制量，杜絕浪費；(2) 自來水水價得比照油、電價調整模式，成立「水價審議委員會」，以適時調整，合理反映成本，促進自來水事業健全發展；(3) 加速規劃推動中水道系統，以回收廢水再利用，提升效率；(4) 各級政府機關、學校、公共場所急缺用水地區，於三年內全面換裝省水器材，以落實節約用水的目的；(5) 獎勵民間研發省水器材與雨水儲蓄設施；(6) 試辦飲、用水分離措施，將經由自來水廠處理之飲用水與其他用水輸送管路分開，以節省水源之處理成本（行政院環保署，2000：217；顏清連、徐享崑，1998）。倘若這些措施得以修訂相關法令，確實執行，當可獲致節水成效。

（二）水患防治之對策

洪水氾濫會導致人類生命與財產受損，故須慎擬防治對策以為因應。一般採取減少水患風險的方式，包括：

1. **闢建人工水道 (channelization)**：即濬深、加寬河道或將河流截彎取直。不過，此法雖可減少河流上游的洪氾，但所增加的水量恐會造成上游河堤潰決，下游水患加劇，布滿沉澱物殘渣。例如：1993 年夏天，長時間的暴雨侵襲讓美國的密西西比河 (Missisppi)、密蘇里河 (Missouri) 及伊利諾河 (Illionois) 等沿岸洪水平原氾濫成災。而在洪水消退後，一些混雜著殺蟲劑、工業廢棄物、下水道的污物四處堆積，髒亂不堪。估計其所致財產與農作物損失達 120 億美元，而且必須重建逾 800 座河堤。

[16] 該供水系統係指家庭生活廢水經過處理，達到規定的水質標準後，可在一定範圍內重複用於非飲用水、非與身體直接接觸的雜用水，例如：廁所沖洗、園林灌溉、道路保濕、汽車沖洗、噴水或親水設施用水，以及冷卻設備補充水等。故可在機關、學校、住宅等地建立小區域中水道系統，將污水就近蒐集、處理、回收利用，以紓解都市生活用水的壓力（林襟江，1998：3-3-10～11）。

2. **興建人工堤防或水壩 (building leveres and dams)**：即沿著河岸築堤，可暫時降低鄰近的洪水平原氾濫成災的機會，但如此亦會使河川上游的水量增加，使堤防崩潰或越過河堤宣洩而下，從而危及下游地區的人畜。其次，在河流上游興建水壩水庫可防止洪水危害，然只限於維持低水位之情形下方可奏效。
3. **恢復溼地 (restoring wetlands)**：濕地有利於洪水平原自然調控洪氾。例如：德國已體認到自然水流的風險管理比利益更重要，因而打算整平土地，恢復水道，讓洪水有規律的淹沒洪水平原。
4. **實施洪水平原管理 (instituting floodplain management)**：洪水平原管理方式的步驟為：(1) 根據歷史紀錄並考察當地植被狀況繪製洪水頻率曲線 (flood-frequency curve)，用以確定特定地區平均多久會產生一次某種水量的洪氾。這個曲線圖並不能準確顯示何時會發生水患，但能夠提供多久發生一次的訊息與概念。(2) 運用上述資料展開計畫，目的在於：(a) 在高風險區內，嚴禁某種建築或活動；(b) 在法定洪水平原區內，須加高或增建合法防洪建物；(c) 闢建洩洪道，以將洪水入侵社區的損害降至最低。

美國於 1973 年施行的《聯邦水災防治法》(Federal Flood Disaster Protection Act)，責令地方政府必須採取洪水平原發展管制措施，方能符合聯邦洪水保險之規格。倘聯邦資助建築計畫係位於指定洪氾危險區，有關當局亦得否決之。而聯邦洪水保險方案中，亦政策性承擔 1,850 億美元的保險，這是因為民間保險公司並不願意完全接受居住在有洪氾之虞地區之民眾的保險。美國經濟學家認為與其繼續給予災害給付 (disaster payments)，不如由政府購買為數約占全國土地面積 2% 的洪氾區。另有人主張，人們可以自由選擇居住在有洪氾之虞的地區，但必須自行承擔風險，不得要求聯邦洪水保險的資助。不過，想要降低或取消洪水保險的範圍（或限制洪水平原的發展）往往會遭到已居住在危險地帶之財產權人的強烈反對，而功敗垂成 (Miller, 1998: 254-255; 2000: 335-336)。

反觀臺灣，山高坡陡，地質脆弱，每年發生約三至五次的颱風，常帶來超過 500 公釐的高強度豪雨，再加上多次暴雨侵襲，常造成水患、崩塌及土石流等天然災害。此外，許多坡地、河流行水區也蓋滿了建築物，減少雨水滲入土壤（下滲率僅 4%，低於常態的 25%）和河水的行走空間，這些人為疏失使得災害頻率更趨加劇。例如：民國 89 年 10 月象神颱風造成汐止地區嚴重水患，而民國 90 年 7 月底的桃芝颱風更引發臺灣地區近五十年來最嚴重的土石流和洪水，重創花蓮、南投等地，死亡與失蹤人數超過 200 人，農漁業損失高達 1 億 2,000 多萬元（中國時報，2001 年 7 月 31 日，第 15 版）。造成如此嚴重的洪氾，天災固然是主因，但人禍也是致命的關鍵，如何妥為防範實是刻不容緩。

以往，臺灣地區的水患防治係以工程防洪措施為主，管理措施為輔，前者包括：(1) 河川治理：於河岸築堤或防洪牆禦洪，並採取河道疏濬整理，以增強排洪功能；(2) 都會區治理：新闢疏洪道以為渲洩洪流的輔助河道（如：二重疏洪道），或河流改道、截彎取直；(3) 排水改善：於地層下陷區以圍堰抽水方式排除積水；(4) 海岸防護：興建離岸海堤養灘護岸；(5) 開發水資源：興建水庫兼具調蓄洪水。然因工程規劃與設計標準，並未隨著河川周圍的都市發展與變化而適時修正，常衍生防洪措施標準不足的問題，而工程設施用地也不能適時取得，從而影響施工的進程。

至於管理措施，多側重在劃分防洪設施管理權責、調配水資源、建立水災防護系統、防治地層下陷區水患、管理砂石採取等。然因管理不善，滋生不少問題，包括：(1) 土地利用規劃與水患防治未能配合，致水患潛在危險區仍做高密度開發利用；(2) 洪水平原過度開發與水爭地、坡地濫墾水土保持工作未落實、河川砂石盜採破壞河床安定、地下水抽超造成地層下陷海水倒灌，加劇水患的不良後果；(3) 水患防治投資不足，致成效不彰。

從臺灣歷次水患劫難的經驗，顯示加高堤防、疏濬河道、截彎取直等應變措施，只是暫時的治標之舉。參酌國外的措施，當於各級土地利用計畫之規劃、擬定及環境影響評估過程中，充分考量水患防治的標準及水資源供應功能。另外，河域治理規劃與都市排水、砂石採取、水土保持、坡地建築管理及用地取得等息息相關，因此須綜合考量。而區域性防洪、排水的相關投資仍須加強，宜由中央統籌規劃治理。且除工程計畫外，尚可採取非工程措施，包括：(1) 全面調查水患敏感地點，訂定並公布淹水潛在區；(2) 全面調查並公布河川流域之適度開發利用區域；(3) 劃定洪氾區與管制土地使用（如：實施禁建或增置防洪設備）；(4) 推動洪水預警、防汛搶險制度；(5) 研究洪災保險制度之可行性（行政院環保署，2001：216；吳憲雄，1998：3-4-6～13；顏清連、徐享崑，1998：3-4、11）。希望藉著這些措施的推動，以減少不當計畫所衍生的成本，並將民眾的生命與財產損失降至最低。

民國 94 年 8 月，艾莉颱風侵襲臺灣，石門水庫上游山地的土石崩塌，造成水庫水質混濁，下游供水中斷，成為社會輿論的重要議題。民國 95 年 1 月，立法院通過《石門水庫及其集水區整治特別條例》及《水患治理特別條例》，為石門水庫及其集水區、易淹水地區的整治工作，提供一筆特別預算，政府為此訂定「石門水庫及其集水區整治計畫」，內容分緊急供水工程暨水庫更新改善（水庫部分）、穩定供水設施與幹管改善（下游供水區），以及集水區保育治理（上游集水區）等三大項目，計畫期程為民國 95 年至 100 年，整治計畫目標為確保石門水庫營運功能、保育上游集水區水域環境及有效提升其供水能力，保障民眾用水權益。

同時，政府也訂定「易淹水地區水患治理計畫」，辦理對象為縣（市）管河川、區域排水、事業海堤、雨水下水道、農田排水、上游坡地水土保持及治山防洪，預計八年（民國 95 年至 102 年）編列 1,160 億元，辦理農田排水、雨水下水道改善工程、補助地方政府用地取得、疏浚清淤與規劃、上游坡地水土保持及治山防洪等相關作業，期能於八年內有效降低高淹水潛勢地區之水患威脅。另外，經濟部水利署依據「經濟部中程施政計畫（民國 98 年至 101 年度）」，於此期間推動「水資源科技發展計畫」，包含「水再生利用產業科技發展計畫」、「強化水旱災防救科技研發與落實運作」、「地震前後地下水文異常變化偵測與防災工程應用」、「公共給水質量提升與管理科技發展計畫」、「水環境與生態科技」、「水資源保育與管理科技」等六項綱要計畫[17]。

繼於民國 99 年內政部揭櫫之「變更臺灣北、中、南、東部區域計畫（第 1 次通盤檢討）——因應莫拉克颱風災害檢討土地使用管制」，為保護水道、確保河防安全及水流宣洩，並依《水利法》等法令及水利主管機關之相關河川圖籍，會同有關機關劃定「河川區」，包括：(1) 河川區域內之土地；(2) 水道治理計畫用地範圍內之土地；(3) 尚未依前二項劃定標準公告劃定者，以尋常洪水位到達區域及須予安全管制之土地為準。河川區相關管制規定概述如下。

經劃為河川區者，區內土地使用編定以供水利設施或不妨礙其經營管理之使用為主；其原劃定為河川區前，已編定為甲、乙、丙、丁種建築用地及各種使用地暫予轉載，其不符河川區之使用地編定原則或因應河川管理上需要者，由水利主管機關循適法途徑變更為適當使用地，在未變更編定為適當使用地前，仍受《水利法》及相關法令之限制。

而河川區之劃定，宜由水利主管機關於公告河川區域及其河川圖籍資料時，加強與民眾之溝通、協調後，將上述資料送交直轄市、縣（市）政府依《區域計畫法》第 15 條之 1 第 1 項第 1 款檢討變更為河川區。河川圖籍陳舊需更新或未公告河川區域者，應儘速辦理更新或公告。河川區劃定後得視河川治理之需要，由水利主管機關辦理徵收，其使用地變更編定為水利用地。

河川區之劃定，遇有現況已劃定為其他使用分區者，除國家公園區外，得視保護水道、確保河防安全及水流宣洩之需要，優先劃定為河川區。

[17] 相關計畫之預期效益包括：(1) 完成工業廢水再生利用模型廠，培育水利產業營管人員、投資規劃人才、技術研發人才，以及輔導育成水利產業廠商。(2) 確實掌握致災因素與災害潛勢的可能分布，促使災害應變與管理朝向一元化目標邁進，以有效因應新類型災害與新增課題。(3) 建立地震相關之地下水文基本資訊，偵測震前地下水文變化，探討同震地下水位變化在空間上的分布及震後地下水位隨時間的變化，以瞭解水文變化與地震、斷層活動及大地應變之間的關係。(4) 有效監控及管理保護區水源水質，提供優質之水資源；引進或研發淨水處理相關技術，確保淨水場清水水質符合飲用水之水質標準；開發節水創新技術，提升省水器材及雨水儲留利用設施之市場競爭力。(5) 掌控各河川、海岸之生態基本資料，據以評估應進行保育與復育之生物指標物種；進行環境改善之合適生態工法與其資材之探討和研發，並針對全球氣候變遷議題研擬政府部門在水資源調配、河川防洪、海岸防護、防災與預警之因應對策與調適策略。詳細資料請參見經濟部，2009，98-101 年經濟部中程施政計畫，http://file.wra.gov.tw/public/Data/92231663771.pdf（搜尋日期：2011 年 3 月 22 日）。

（三）水資源規劃與管理組織調整之對策

水資源規劃與組織是否健全，攸關其經營管理的成效。以河川整體規劃管理為例，如河川流域得以整合水、土、林資源，推動整體規劃，並設置專責機關掌理業務或可收統一事權、彰顯功能的效果。以英國為例，該國於 1973 年頒行《水利法》(Water Act)，規定按自然河川流域範圍重新調整管理組織，將原來超過 1,600 個機構合併為十個區域性水利局，每一個水利局擁有區域性水源供應、廢棄物處理設施之財政權與管理權。其權責包括：水污染防治、水源地遊憩、排水與洪氾管制、內陸航運，以及內陸水產養殖等。各個水利局係由為數較多的選任地方官員及較少數中央政府指派的官員組成，以盡管理之責 (Miller, 1988: 229, 507; 2000: 328)。

荷蘭於 1969 年通過《地表水污染法》(Surface Waters' Pollution Act, SPWA)，規定由中央政府的運輸、公共工程與水資源部 (Ministry of Transport, Public Works and Water Management) 負責管理「國家水域」（即三大河流與北海的水域），所徵收的廢污水費收入用以補償水域內產業污染排放防治費用與管理經費。上述水域外地區即為省政府負責管理的「地方水域」，實際運作則委由水利會 (Water Boards) 負責維護水利、防洪、道路等設施，經費由向受益者徵收水利費支應，並興建與營運污水處理設施，同時就排放污水的質量徵收廢污水費。根據《水利管理組織法》(Water Authorities Act) 的規定，水利會係由會員代表大會 (general council)（成員包括：地主、居民、農民、工業設施使用者等）及執行委員會 (excutive body) 等組成私法人，其所需全數成本反映在所徵收費用上，故經費可自給自足，成效良好。

在德國，有關區域性流區管理組織，係依據聯邦《水利會法》(Wasserverbandsgesetz) 規定，強制設立水利會，屬公法人性質，主要任務為維護河道及水利設施，並且管理灌溉用水、排放、地下水與飲用水，以及廢污水處理等。北萊茵邦 (Nord Rhine-Westphalia) 的魯爾區設有八個水利會，係按 1904 年至 1990 年邦特別立法而設立，為解決各流域水源供給及廢水排放的問題，賦權予這些組織在集水區內建造、營運水質水量管理系統（如：水庫、供水廠、輸水管線、下水道、污水處理廠等），經費來源則本諸污染者付費原則與受益者付費原則，由礦業、工業者、水利電廠、各種用水者分擔。一個流域的水利會組織包括：會員大會 (assembly of associates)、由會員代表選任執行理事會 (executive boards) 等。

在法國，根據其於 1964 年頒行的《水利法》規定，以集水區為範圍，將全國劃分為六個流域，分別成立流域管理局，專責區域內地表水與地下水的水質、水量管理，其經費係以徵收引水費與水污染予以支應。其管理組織包括：(1) 流域委員會（通稱水利議會），由議員中選任理事會 (board of directors)，其任務為審議「水資源發展與經營主要計畫」，並議決財政補貼案等；(2) 行政部門首長係由環境部任命，負責執行計畫、

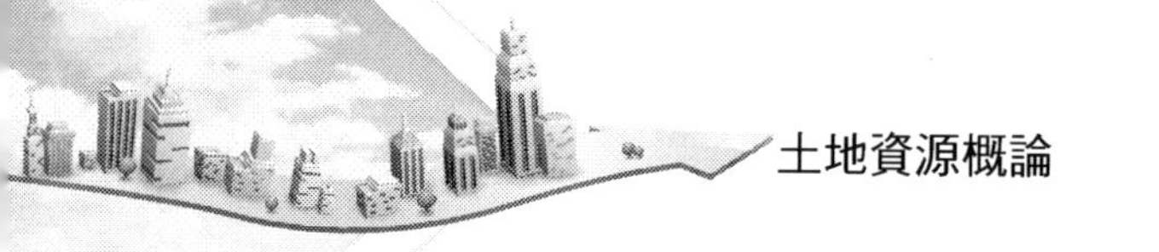

收費與補貼。就德、法國執行成果來看，因有減免或補貼制度，致其實施成效受到不利的影響（蕭代基等，2000：1-4-71～76）。

臺灣於民國 85 年 12 月 1 日成立「經濟部水資源局」，掌管全國水資源法規、制度與政策的擬定，並分別於民國 86 年 5 月及民國 87 年 1 月，分兩階段完成臺灣省政府水利業務組織精簡與整合工作。第一階段為整合省府第六科及水利局成立省府水利處，而第二階段則將所屬 19 個機關重新整合為省府北、中、南水資局及第一至第九河川局，並於民國 88 年 7 月將各附屬機關隨該處改隸為經濟部，同年 11 月成立第十河川局。經此調整後，該處已整合自來水、農田水利、工業等三大用水事業，並統籌辦理河川中下游整體規劃，而配合事項則交由各有關單位執行。惟因河川流域整體規劃集水資源管理業務涉及層面較多，宜從供給、使用、旱澇災害及管理等方面，劃分業務執掌與權責，以恢復整合規劃與協調分工之效（見表 2-3-12）。

當時的考量係為配合水資源規劃與管理組織調整，在短期內仍應設置河川流域之專責管理機關（統籌辦理河川上、中、下游整理規劃與管理），以集中水資源保育、開發與調配、市區排水、區域與農田灌溉排水、河川治理、行水區土石流採取等事權。長期可參酌荷蘭等先進國家組織水利會的做法，依法劃分水利區，並於其內建立官督民

表 2-3-12　水資源業務劃分預擬表

<table>
<tr><th>項目</th><th>範圍</th><th>執掌</th><th>主管機關</th><th>附屬機關</th></tr>
<tr><td>供給</td><td>地面水
水庫
河川
野溪
地下水</td><td>水資源供需規劃及調配
水資源水資源開發
水權管理
水利事業管理（自來水及農田水利開發及調配業務之執行）
水利經費管理
集水區管理
水經營成效評估</td><td>水資源主管機關</td><td rowspan="4">採以流域為主之區域管理方式設派出機關</td></tr>
<tr><td>使用</td><td>生活用水
農業用水
水利用水
工業用水</td><td>自來水政策與法規經營管理之擬定
農田水利政策與法規經營管理之擬定
水土保持工作政策與法規經營管理之擬定</td><td>目的事業主管機關</td></tr>
<tr><td colspan="2">旱、澇災害防治</td><td>水的蓄洩、水道防護、區域排水、都市排水、灌溉排水、海岸防護</td><td>水資源主管機關</td></tr>
<tr><td>管理</td><td>流域為主</td><td>建立以流域為主之區域整合機制，引進保安警力</td><td>相關機關</td></tr>
</table>

資料來源：行政院經建會，1998：5-6～7。

辦的水利會，做為河川的專責經營管理單位，或可發揮具體的效果（顏清連、徐享崑，1998：3-6～7）。

近年來，國內遭逢自然災害頻仍，政府組織再造的議題再度掀起高潮。根據「新行政院組織架構區塊業務一覽表」所示，未來環境保護、環境監測、水利、礦業、地質、國家公園、森林保育、氣象、水土保持及生態保育等業務，將歸屬「環境資源部」專責主管，整合分散在各部會的水、土、林及空氣等資源管理與保護，藉環境規劃及管理，加強環境資源保護，維持生態環境平衡（圖 2-3-2）。以水資源為例，目前水資源事權的管理設計中，水質保護歸行政院環保署管理、下水道由營建署管理、集水區治理由行政院農委會管理，水量則由經濟部水利署管理。然而，水污染防治與水資源利用實為一體之兩面，兼籌並顧才能發揮最大的互補效益，而成立環境資源部有助於事權統一，使水資源發展與環境保護間得以相輔涵育（廖靜蕙，2010）。

從環境資源部的組織架構來看，未來「水」將是環境資源部的核心業務，甚至包括海洋、大氣方面，環境資源部的重要職掌為保育涵養環境，並以永續的概念進行中央行政機關的業務整合。水資源功能整合後，上游由森林及自然保育署管理，中游由水利署

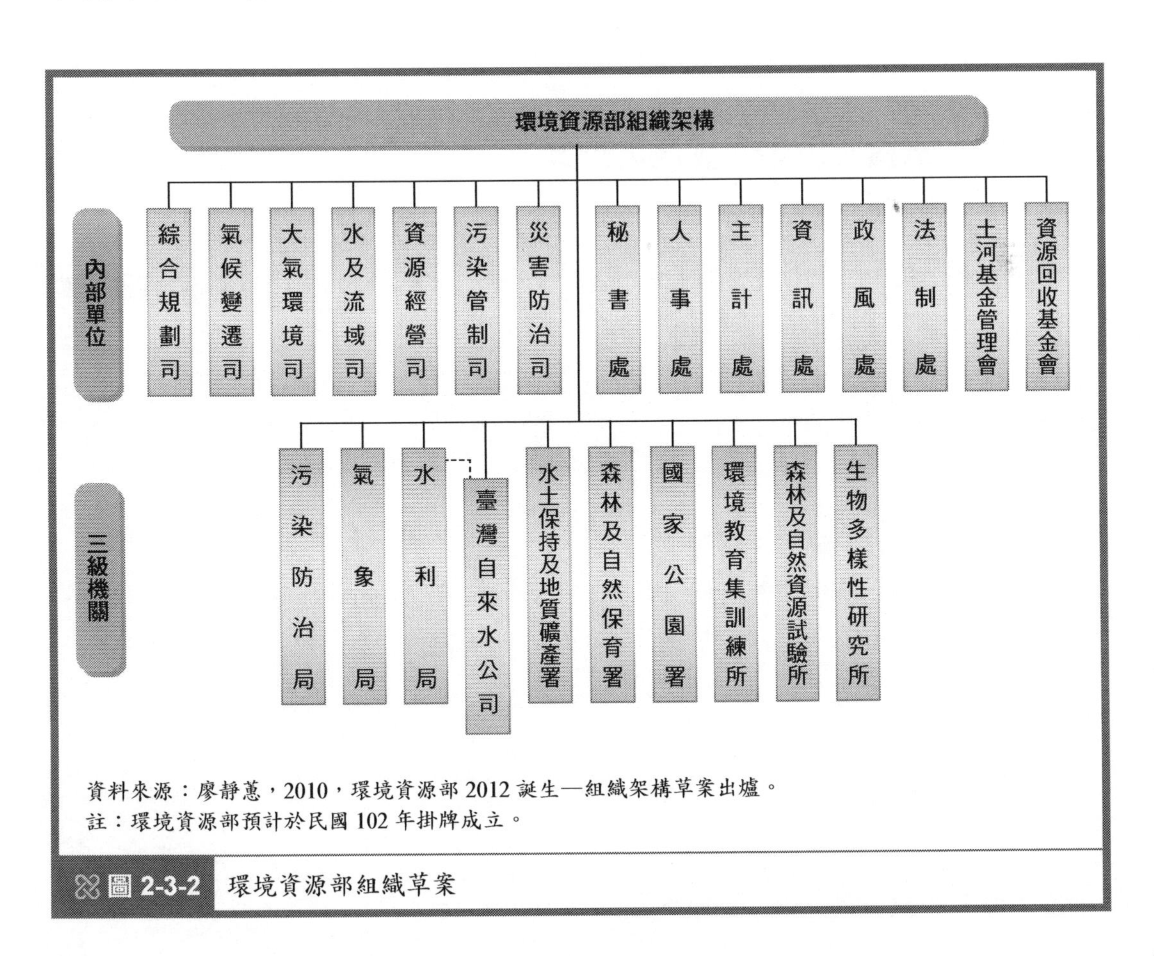

資料來源：廖靜蕙，2010，環境資源部 2012 誕生─組織架構草案出爐。
註：環境資源部預計於民國 102 年掛牌成立。

圖 2-3-2　環境資源部組織草案

管理，水質監控部分則由環境資源部的監測管考司監管。「用水」分為工業、農業、民生三部分，未來農業用水仍由農業部主管，但工業和民生用水部分由環境資源部處理，下水道污水業務部分留在內政部，預定將成立國土管理署負責。當然，這些也有再調整修正的空間。而在涉及地方政府管理整合的部分，馬總統的「3 都 15 縣」在某程度上納入此一概念，也代表政府對於跨域治理問題的重視。

長期以來，人與山、水爭地，使雨水未能達到充分的滲透、儲留，致下游宣洩不及，水災頻繁；或在旱天時缺乏地下水的滲出，致旱災時傳。若河川上、中、下游之主管機關均納入環境資源部管轄，將有利於整合環境資源的保育工作，使土地與資源的利用達到充分協調。至於環境資源部下設流域管理司，規劃內容尚不清楚，但因流域跨中央、地方、縣市及各目的事業機關等，若能以流域管理委員會（或協調組織）運作，或將更容易建立協調機制[18]，凡此值得進一步檢討。

總之，水資源之管理與利用包含兩個層面：水量及水質。即使擁有足夠的水量，若水質遭到污染而致無法供人類使用之程度，則將減少可利用之水資源。因此，如何防治水污染，維護水質，亦為重要課題。前兩節的討論重點均在於水資源之供給與利用，下節將討論水資源污染與水質維護之相關課題及對策。

第四節　水資源污染之課題與對策

水資源污染是指地表水或地下水質產生物理或化學變化，因而傷害有機物的生存或使水質污濁不堪使用。水污染的來源有很多，不論江、湖、河、海，如果河域跨越數區域或數國，常會引發環保紛爭，是故須賴區際或國際間的合作，方能未雨綢繆。一旦受到都市污水或工業廢水的傾注排放，污染值超過其負荷量，就會形成死水或死海。本節將探討水資源遭受污染的有關課題，以及水污染的防治之道。

一、水污染之類型

一般而言，水污染的來源可分成兩種：一為定點來源 (point sources)，另一為非定點來源 (nonpoint sources)，茲分述如下 (Miller, 2004: 486)。

（一）定點來源

所謂「定點來源」，係指污染物的排放是經由水管、水渠或下水道等固定管線放

[18] 環境資源部 守護臺灣山川大地媒體座談會，2009 年 4 月 24 日，http://www.rdec.gov.tw/ct.asp?xItem=4160248andctNode=11577andmp=14（搜尋日期：2010 年 10 月 9 日）。

流至地表水的水體中，例如：工廠、污水處理廠、正在開挖或廢棄的地下礦床、離岸的油井或油管等排放污染物的管道。由於定點來源的污染物集中流放至固定地點，有跡可循，故要鑑別、監控與管制較為容易。通常在已開發國家的工廠放流污水都已嚴格管控，但在發展中國家的放流污水卻大都未加管控，以致於污染物四處擴散，影響環境衛生。

（二）非定點來源

所謂「非定點來源」，係指污染物（例如：酸性沉澱物，以及耕地、畜養場、砍伐的森林、都市街道、草地、高爾夫球場或停車場等地的化學物質）常經由地表逕流擴散到廣大地區，而難以追溯到單一地點的源頭。這種非定點來源的污染物分散放流於廣大範圍，無跡可循，因而在管控、處理上較為困難。在美國，來自農業的溶解鹽大約是流入河川、湖泊之污染物總量的 64% 及 57%。而美國的環保局統計，暴風雨所致非定點逕流約占湖泊與河口污染源的 33%，以及約占河川污染的 10%。迄今，這類水污染的放流因鑑別、管控上十分困難且花費昂貴，因此少有進展。

二、主要水污染物質

常見的水污染物質 (pollutiontants) 說明如下 (Miller, 2004: 484-485)。

（一）病菌媒介 (disease-causing agents)

這類的污染物質，包括細菌、原生動物及寄生蟲等，從下水道或未經處理的人畜排泄物進入水體當中。根據 1995 年世界銀行的研究，在發展中國家裡，已污染的水中含有 80% 的病菌，導致每年平均有千萬人因此而死亡。通常飲用水或泳池水的水質可以採樣水每 100 公攝中的細菌含量來加以測度。根據世界衛生組織 (World Health Organization) 的建議，每 100 公攝飲用水的細菌含量為 0，而美國國家環境保護局 (US Environmental Protection Agency, EPA) 則建議每 100 公攝泳池水的細菌含量為 200。

（二）需氧性廢物 (oxygen-demanding wastes)

這類污染物質係指好氧性細菌 (aerobic bacteria) 所能分解的有機廢物。如水中有大量細菌分解廢物，將會消耗水中的溶氧量 (dissolved oxygen, DO)，導致魚群及其他耗養性水生物的死亡。所謂溶氧量，係指於 20°C (68°F) 之下每百萬單位 (ppm) 的含量。如果水溫升高，溶氧量會減低；而溶氧量低於 4 ppm 時，只有少數魚種能夠存活。根據美國所計水質等級標準，在 20°C下每 ppm 所含溶氧量依序為：良好為 8 ppm 至 9 ppm，稍受污染為 6.7 ppm 至 8 ppm，中度污染為 4.5 ppm 至 6.7 ppm，嚴重污染為低於 4.5 ppm，極為嚴重為低於 4 ppm。至於臺灣河川污染程度分類，如表 2-4-1 所示，相較之下，臺灣似有略低於美國之勢。

有關耗氧性廢物在水中數量的測度，可以生化需氧量 (biological oxygen demand, BOD) 為指標。其係指在 20°C (68°F) 之下，將定量的水置放經五日潛伏期，觀察需氧分解菌破壞有機物質所需耗用氧量的多寡。如表 2-4-1 所示，河川少受污染，因此生化需氧量較低；而河川污染情況愈嚴重，則生化需氧量愈高。

（三）水溶性無機化學製品 (water-soluble inorganic chemicals)

此類化學物質包括酸、鹽及劇毒性金屬化合物（如：水銀、鉛）等，如果其在水中含量濃度高，將不適合飲用，妨礙魚群、水中生物生存，使農作產量減低，並加速金屬腐蝕。

（四）無機性植物養料 (inorganic plant nutrients)

這類污染物質包括水溶性硝酸鹽與磷酸鹽，如其在水中含量過多，將導致藻類與其

表 2-4-1 臺灣河川污染程度分類表

污染程度	未受污染	輕度污染	中度污染	嚴重污染
監測值平均	稍受污染			
項目	A	B	C	D
溶氧量 (DO) 生化需氧量 (BOD$_5$) 懸浮固體 (SS) 氨氮 (NH$_3$-N)	DO≧6.5 BOD$_5$≦3.0 SS≦20 NH$_3$-N≦0.5	6.5>DO≧4.6 3.0<BOD$_5$≦4.9 20<SS≦49 0.5<NH$_3$-N≦0.99	4.6>DO≧2.0 4.9<BOD$_5$≦15 49<SS≦100 0.99<NH$_3$-N≦3.0	DO<2.0 BOD$_5$>15 SS>100 NH$_3$-N>3.0
點 數	1	3	6	10
積分（點數平均值）	RPI≦2.0	2.0< RPI≦3.0	3.0< RPI≦6.0	RPI >6.0

資料來源：行政院環保署，2007，水質保護統計名詞定義，http://www.epa.gov.tw/ch/DocList.aspx?unit=24andclsone=501andclstwo=184andclsthree=0andbusin=4177andpath=5704（搜尋日期：2009 年 10 月 12 日）。

說明：

1. 表內之積分數為 DO、BOD$_5$、SS 及 NH_3-N 點數之平均值。
2. 以嚴重污染為例，測定水質之溶氧量、生化需氧量、懸浮固體、氨氮等項目之理化水質檢驗，其平均點數在 6.0 以上時稱之。
3. 上項污染物之平均測值，其小數點之有效位數以四捨五入後計算。
4. 監測結果若為 N.D.（表示含量極微，受儀器之限制而無法測出其含量值），其積分值之計算方法係將該理化水質參數之點數值定為 1，再根據四項數值對河川污染程度加以分類。

他水生植物過度繁殖，終將造成死亡、腐化，而耗盡水中的溶氧量，使魚群死亡。再者，如飲用水中硝酸含量過高，也會降低血液中的含氧量，從而使胎兒、嬰兒致死。

（五）有機化學製品 (organic chemicals)

此類污染物質包括油、汽油、塑膠、殺蟲劑、清潔溶劑、洗滌劑及其他化學製品等，均會威脅人體健康並危害魚群與其他水生物的生存。

（六）沉澱物 (sedinment) 或其他懸浮物體 (suspended matter)

此為水體中含量最大的污染物質，充塞於湖泊、河道、水庫、港口之中。土壤或其他非溶解性微粒懸浮水中，大部分係因土壤沖刷所致。沉澱物會使水體變得混濁，減緩光合作用；而殺蟲劑、細菌及其他有害物質也會擾亂水生物的食物網，破壞魚群覓食與繁殖場所。

（七）水溶性放射同位素 (water-soluble radioactive isotopes)

這類污染物質會經由食物鏈或食物網傳遞，進入生物組織或器官當中，且會累積擴大，終將導致生育缺陷、罹患癌症及基因病變。

（八）熱 (heat)

如有工廠或電廠的冷卻用水排放到水體中，會因吸熱而使水溫升高，稱為「溫熱污染」(thermal pollution)，此將降低溶氧量，使水生物有機體更易招致疾病、寄生蟲及有毒化學製劑的危害。

（九）非原生物種 (nonnative species)

倘因人為或意外而引進非原生物種，將使水生物系統飽受干擾，此即稱為「基因污染」(genetic pollution)。如果這類外來物種取代本土物種，將會降低生物多樣性，招致經濟損失。

上述的水污染物質究應如何偵測，方使危害減至最低？化學分析有助於將大多數污物的數量與濃度呈現出來。存活的有機體也可做為偵測水污染的指標性物種。近年來，大型水生物生態系統亦可透過電腦複雜模型的運算予以呈現，例如：橫跨美國馬里蘭州 (Maryland) 與維吉尼亞州 (Virginia) 長達 300 公里的乞沙比克灣 (Chesapeake Bay)，便經由電腦運算水流、氣流、空氣污染物質沉澱情形，發現氧化氮 (NO)、硝酸 (HNO_3)、硝酸鹽等空氣污染物質，約占含氮植物養料投入的 35%。由此可見，水與空氣污染防治計畫應綜合考量，方能奏效。

三、地面水之污染課題及其防治對策

（一）地面水污染的課題

1. 河川污染

(1) 自然淨化能力與極限

一般而言，人畜排泄物、食品加工剩餘物、紙廠排放廢物等污物，一旦注入河川，只要其流量不因乾旱、建水壩或輸送農、工業用水而減少，則在其自清能力尚可負荷的情況下，可藉自然分解而恢復原狀。這種自然淨化的過程為：稀釋 (dilution)、生物性分解 (biodegradation)、生物性擴散 (biological amplification) 與沉澱 (sedimentation)。污染物質稀釋的程度，以及耗氧性廢物被分解的程度，端視河川水量的大小及與在地表水水體內流速的快慢而定。在水體大、流速快的河流中，耗氧性廢物分解所需的溶氧量可迅速更新。然而，如果河流中的污染物質含量超過其負荷量，或遇上枯水期、引水灌溉、水氣蒸發，而使流量銳減，將減緩稀釋與生物性分解的速度，而水中溶氧量的含量也將隨之減低。

一旦廢物或其他污物（熱氣）排放至河川，細菌分解廢物會消耗大量溶氧量，從而使需氧性有機物的數量大幅減少，直到廢物清除、水體恢復潔淨，才能使溶氧量再次補充。氧氣消減曲線 (oxygen sag curve) 的高下，或河川恢復潔淨時間的久暫，端視流量、流速、水溫、pH 值及傾入可分解廢物數量的情況而定。又溶氧量的多寡，也會影響魚貝類或水生物存活的種類。再者，在炎熱的夏季時，河水流量小、擾動頻度低，因而水的稀釋效果和空氣中氧的轉化量都會減低。這是溫度較高的水中含氧量降低，細菌分解的速度加快所致 (Miller, 2004: 487-488)。

(2) 全球河川水質的概觀

許多已發展國家對於河川水質的維護甚為重視，除在污水處理廠的興建數量與營建品質均有提升外，也藉立法規範工廠應將廢水處理後方可放流，以減少或消除定點污染源。例如：在 1970 年代，美國、加拿大、日本與多數西歐國家實施《污染防治法》後，河川的溶氧量增加，使水質大為改善。再者，1950 年代，英國的泰晤士河 (Thames River) 原本污染嚴重，然經四十年的整治，花費 2.5 億英鎊及廠家動支數百萬英鎊後，魚群繁衍、水鳥飛翔，才使得泰晤士河恢復往日舊觀。

至於臺灣，民國 63 年即已頒布《水污染防治法》，50 條主、次要河川受監測的水質變化趨勢，可參見表 2-4-2。由表可知，於民國 92 年，水質溶氧量、氨氮含量、生化需氧量的達成率均有不足，但若就金屬含量來看，則水質大致良好，可維護人體健康。另根據行政院主計處「綠色國民所得帳試編結果（93 年版）」顯示，以淡水河、頭前溪、大甲溪、曾文溪、高屏溪等五大流域水質來看，以淡水河流域污染最嚴重。民國 91 年溶氧量（水質達成率為 48.6%）、生化需氧量 (48.7%)、氨氮 (25.3%)、大腸桿菌群 (31.3%)、總磷 (41.7%)、錳 (14.5%) 之達成率均未及 60%；高屏溪流域次之，其生化需氧量 (55.5%)、懸浮固體 (56.0%)、大腸桿菌群 (20.8%)、總磷 (25.5%)、錳 (43.1%) 之達成率亦未及 60%。值得注意的是，重金屬錳之達成率在五大流域均偏低，惟無法區分是由地質之天然物質抑或環境污染所造成[19]。

儘管多數已發展國家的河川水質已有改善，但是魚群死亡、飲用水污染的情形仍然時有所聞。這些危害的產生大部分起因於意外或故意的行為，像是工廠、污水處理廠所排放的劇毒性無機與有機化學藥劑，或耕地、畜養場所排放的殺蟲劑與肥料等非定點逕流。例如：1986 年在瑞士巴塞爾 (Basel) 附近一家名為聖多士 (Sandoz) 的化學工廠倉庫大火，大量的化學藥劑流入萊茵河 (Rhine River) 中。因該河流經法國、德國、荷蘭等國再注入北海，連帶使得這些國家遭受池魚之殃，許多水生物被化學藥劑毒死，飲用水廠、漁撈被迫暫時關廠或禁止，使得 1970 年至 1986 年間為改善水質所做的努力前功盡棄。所幸這次釀成的河流生態大危機，在這些國家的協同合作下獲得妥善解決，終於逐漸恢復生機。根據統計，萊茵河經整治之後，其溶氧量已從 1971 年的 2.5 ppm 增加為 1997 年的 7.5 ppm (Miller, 2004: 488)。

另在發展中的國家，工廠廢物與下水道的廢污大量排放，卻幾乎沒有任何污水處理設施。例如：前蘇聯與東歐國家的許多河川已嚴重污染；而印度的水資源已有三分之二遭受污染，3,119 個都市中只有 217 處（約占 7%）有下水道設備，其中只有 8 個具備現代化的處理設施。又中國大陸的 78 條受監控的河流當中，就有 54 條遭受未經處理的下水道與工廠廢物嚴重污染，其中有 20% 的河川因過度污染而無法供灌溉之用。而在拉丁美洲，多數流經都市、工業區的河川已遭到嚴重污染 (Miller, 2004: 488)。對此若沒有擬訂妥善的解決對策，恐將遺禍延年。

2. 湖泊與水庫的污染

湖泊、水庫、魚池等處的廢污稀釋能力，往往不如河川。湖泊、水庫的水體中少有垂直混合的情形產生，從而產生分層 (stratified layers) 的現象；而魚池雖不會產生分層現象，但其水量較少，會減低溶氧量，底層的含量尤其稀少。再者，湖泊、水庫與魚池的水少有流動，也會降低其稀釋與溶氧量的補充能力。湖泊與大型水庫中的水，其湧入或變動可能得花上數年、甚至百年的時間，但河川只要數天或數週即可，因此，湖泊、水庫與魚池要比河川更容易遭受植物養料、殺蟲劑，以及鉛、汞、硒等有毒物質的污

[19] 行政院環保署，http://www.epa.gov.tw/b/b0100.asp?Ct_Code=05X0006210X0006576andL（搜尋日期：2005 年 8 月 31 日）。

表 2-4-2 臺灣地區河川水質達成率

年別（民國）	保護生活環境相關項目					保護人體健康相關項目						
	溶氧量 DO	氨氮 NH3-N	生化需氧量 BOD	懸浮固體 SS	四項水質全達成	平均	鎘 Cd	鉻 Cr	鉛 Pb	銅 Cu	鋅 Zn	汞 Hg
	%	%	%	%	%	%	%	%	%	%	%	%
78	65.11	48.80	44.29	52.65	14.80	80.28	100.00	94.16	96.79	85.29	96.66	94.19
79	70.91	45.20	47.89	59.48	16.69	64.62	99.34	96.86	91.52	75.58	97.77	88.49
80	65.93	45.00	43.75	67.54	15.72	80.56	94.40	95.27	97.76	80.34	97319	99.48
81	73.18	48.69	48.41	59.76	17.06	100.00	97.61	92.58	97.81	83.20	72.73	100.00
82	66.80	49.41	50.54	65.94	18.54	81.98	98.64	95.00	96.81	82.31	96.11	100.00
83	71.73	48.48	52.89	64.60	21.10	74.66	99.49	91.76	96.30	78.82	94.24	98.43
84	66.33	53.22	50.53	61.81	17.20	85.36	98.25	96.26	99.78	90.83	96.24	99.18
85	66.50	43.13	56.11	61.53	14.17	83.60	99.52	97.28	98.24	86.04	97.27	99.61
86	71.77	42.52	55.17	60.24	16.09	79.63	96.05	98.75	98.54	85.24	98.09	100.00
87	76.42	45.55	60.71	63.12	20.00	76.67	96.19	96.54	97.06	83.54	95.09	99.78
88	68.64	41.49	60.45	68.27	17.66	74.84	100.00	95.33	93.08	79.39	96.86	99.37
89	69.96	24.11	45.97	64.09	14.96	95.49	98.56	98.57	99.52	80.19	97.26	98.83
90	63.21	31.02	48.58	59.18	15.75	98.40	100.00	98.31	100.00	94.63	97.45	100.00
91	71.29	37.81	44.05	66.23	17.66	95.49	97.44	99.81	97.34	82.26	97.06	99.05
92	76.10	34.90	38.10	64.60	14.80	96.32	100.00	99.30	99.40	82.50	97.70	99.00
93	79.80	43.40	44.80	70.10	--	--	100.00	99.60	99.20	85.60	98.70	100.0
94	82.60	52.70	56.20	60.10	--	--	99.90	99.60	99.10	85.20	98.20	100.0
95	82.70	53.10	62.10	61.10	--	--	100.00	99.60	99.80	85.60	98.10	99.80
96	81.70	51.90	64.00	61.10	--	--	100.00	99.50	99.50	90.30	98.60	100.0
97	85.60	54.60	70.20	69.20	--	--	99.90	99.80	100.00	90.60	9 8.60	100.0

資料來源：
1. 行政院環保署，2001：3-8。
2. 行政院主計處，2005，綠色國民所得帳試編結果（93 年版），頁 3-8。
3. 行政院主計處，2008，綠色國民所得帳試編結果（96 年版），http://www.stat.gov.tw/ct.asp?xItem=18665andctNode=4866（搜尋日期：2009 年 10 月 12日）。
4. 行政院主計處，2009，綠色國民所得帳編製報告（97年），http://www.stat.gov.tw/public/data/dgbas03/bs7/greengnp/4-2-2.pdf（搜尋日期：2010 年 3 月 14日）。

註：
1. 89 年以前資料係彙整 50 條河川流域各測站的結果，包括中央管河 25 條、縣（市）管河川 22 條及其他河川3條。93 年以後資料係彙整 57 條河川流域各測站的結果。
2. 達成率係指達成「地表水體分類標準」中河川分類水質標準之百分比，但未納入「尚未公告水體分類之河川」資料。
3. 90 年花東地區計 15 條河川無監測資料，因此以 87 年至 89 年三年平均計算。91 年及 92 年阿公店溪因上游阿公店水庫進行水庫治理工程，未列入統計。

染，從而危害水底生物和以污染的水生物為食的魚類、鳥類。例如：設在美國加州聖賈昆谷地 (San Joaquin Valley) 的卡斯特生國家野生動物保護所 (Kesterson National Wildlife Refuge)，因附近受硒污染的灌溉水流入該湖泊與池塘中，使得成千的水鳥與魚類死亡，從而影響其他賴此維生之野生動物的族群繁殖 (Miller, 2004: 489-490)。

湖泊往往因鄰近土地的自然沖蝕及地表逕流的注入，使養分與細砂增加。這些含磷酸鹽或硝酸鹽的廢污流進水域中，經由生物性分解提供營養，使藻類大量繁殖，而藻類透過光合作用釋放氧氣於水體，可做為其他水生物的食糧供給以利繁衍。然而，水藻若過度繁殖，則會阻礙陽光照射，並損及光合作用的運作效率，導致藻類快速死亡。這些有機廢物經細菌分解，將會耗盡污水中的游離氧，造成其他水生物的死亡，進一步使厭氧性細菌滋生，讓整個水體形同「死湖」。這種自然演變的過程，在生態學上稱為「優養化」(eutrophication)現象或「耗竭」現象[20]。

這種優養化現象不只發生在湖塘，也會在水庫發生，起因是在都市或農業區人類從事各種活動所致，故又稱之為「文明優養化」(cultural eutrophication) 現象。這些人為活動造成湖塘、水庫營養過量的主要來源，如圖 2-4-1 及表 2-4-3 所示。每種來源所產生的營養量各有不同，端視各個水域或空間領域中人類活動的類型及頻度而定。當藻類過度繁殖與其他水生植物死亡、進行耗氧菌分解時，溶氧量便會降低，導致魚類及其他水生物死亡，從而減低湖塘、水庫在觀光遊憩上的價值。

根據 1997 年美國學者史納特 (Senate) 的研究，發現動物所產生糞便的數量約為人類廢棄物數量的 130 倍以上，但美國聯邦並未規定統一標準來處理這類廢棄物。最近在美國猶他州 (Utah) 興建完成面積達 202 平方公里的養豬場，每年小豬產量超過 250 萬隻，估計所產生的廢棄物將超過洛杉磯市的廢棄物總量。又根據學者博克厚德 (JoAnn M. Burk-holder) 的研究，有些動物的糞便排泄將可能被當成堆肥以增加耕地的沃度，但是這些排泄物被堆放在畜養場中，將會污染空氣、地表水與地下水。1996 年，美國愛何華州 (Iowa) 與密蘇里州 (Missouri) 的畜養場流出超過 40 種的動物排泄物，使得 670,000 條魚死亡。由此可見，養豬場或牲畜飼養的排泄物實為導致湖泊生態系異常的元兇之一。

此外，水庫水質遭到污染亦值得關注。影響水庫水質污染的行為，除了因水災致污染物自然釋出外，舉凡在集水區濫墾、濫挖，或從事道路興闢，或興建住宅、遊樂設施，或墾田耕作施用農藥與化肥、畜養牲畜等，都會造成水庫污染，降低水質（見表

[20] 根據行政院環保署彙編的環保統計名詞定義，所謂「優養化」，係指下列兩種意義：(1) 生態名詞，原意是營養好。在生態學上，則特指受污染的水體「瀕死」或邁向「死亡」的現象。(2) 指過量的營養物質進入水體，造成藻類大量繁殖與死亡，並因其腐敗分解的大量耗氧，導致水中溶氧耗盡，而有機物質卻很充足的現象。資料來源：行政院環保署網站，http://www.epa.gov.tw/attachment_file/200409/d 肆-水質保護統計類.pdf（搜尋日期：2005 年 8 月 31 日）。

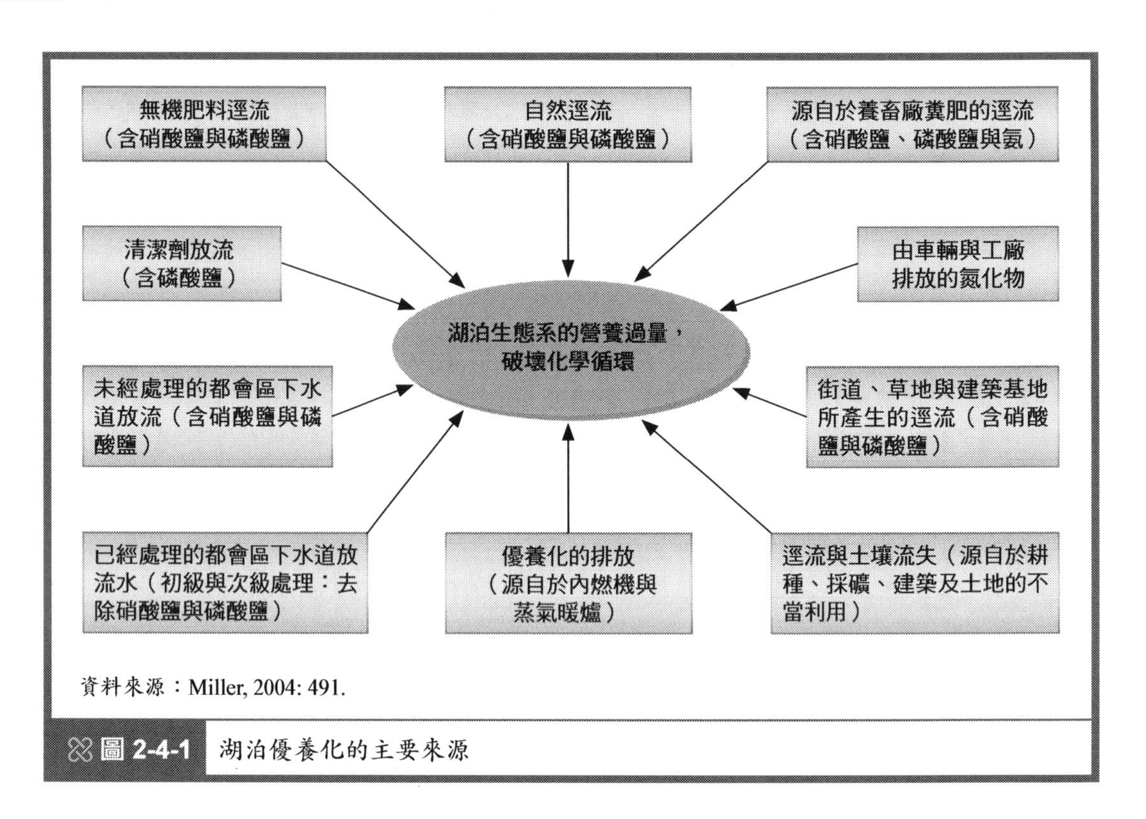

資料來源：Miller, 2004: 491.

圖 2-4-1 湖泊優養化的主要來源

表 2-4-3 影響水庫水質之污染行為一覽表

污染行為	說明
集水區內墾殖	山坡地開墾種植水果、蔬菜、檳榔等作物，造成水土保持不良、肥料及農藥等污染。 集水區道路開挖，造成水土保持問題，不但污染水質，亦使淤積量增加。 部分山區開礦、洗礦造成重金屬或酸之污染。
遊樂設施	集水區內旅社、餐飲業及觀光遊樂設施，其排放之污水及遊客所帶來之垃圾，均會造成污染。 遊艇會排出浮油及污水，且引起之波浪沖刷兩岸，導致水質污濁及水庫淤積。 部分溫泉旅遊區因溫泉中礦物質含量高，對水質有負面影響。
畜牧及養殖	養豬戶所排放之豬糞尿，以及養鴨戶之飼養、鴨糞等，均為極大之污染負荷。 箱網養殖業每日投入之大量飼料，以及魚類排泄物、死魚等均為污染源。
社區污染及垃圾	集水區內村落之污水及垃圾，為山區水庫之一大污染源，如清潔劑中磷酸鹽，易造成水質優養化。
工業廢水	平地人口稠密地區之水庫可能會遭受到工業廢水污染。
自然釋出	山區中出之漂流木、樹葉或其他有機物，亦為水庫之污染源。 崩塌地亦會帶來極大之濁度、淤積和營養鹽。
其他	山區濫建、濫葬及挖採砂石等均會造成水土保持問題，並影響水質。

資料來源：行政院環保署，1999：243。

2-4-3）。因而，適當管制土地使用乃為確保水庫水質不可或缺之要件。

在全球各地，湖塘或水庫水質優氧化幾成頭疼的問題。在美國，於 10,000 個中型至大型湖泊中，約有三分之一已成優氧化，而這些大型湖泊中，約有 85% 是坐落在主要的人口聚集中心。另在中國大陸，約有四分之一的湖泊也出現優氧化的現象 (Miller, 1998: 519-520; 2000: 538-539)。

在臺灣，近十餘年來所監測的水庫中，民國 93 年以前約有半數呈現優氧化的現象，民國 94 年以後逐漸獲得改善，民國 97 年降至僅有 6 座（見表 2-4-4）。為瞭解水庫的水質情形，環保署每年對具有公共給水功能之主要水庫進行監測。民國 99 年監測 21 座重要水庫，貧氧化水庫計有 3 座，占監測水庫之 14.29%，其中以日月潭水庫最為輕微，優氧指數僅 33.80。普氧化水庫有 15 座，占監測水庫之 71.43%，應需妥善維護，以避免呈現優養化的現象。優氧化水庫計 3 座，占監測水庫之 14.29%，其中以鳳山水庫最為嚴重，優氧指數高達 71.80，次為阿公店水庫，優氧指數高達 63.60（見表 2-4-5）。為改善水庫水質，環保署已持續推動加強水庫集水區非點源污染之防治工作，並結合經濟部水利署「水庫集水區保育綱要」計畫，以生態工程進行水質改善，並研擬各區非點源污染之最佳管理措施，來推動水庫集水區之水質保護工作，保障飲用水的安全。

為能預防或減輕水質優養化的不良影響，可採用投入控制法 (input control methods)，如：(1) 運用進階式污水處理（將詳述於後）；(2) 禁止或限制家用清潔劑中磷酸鹽的含量；(3) 實施水土保持與土地使用管制，以降低逕流量的營養成分。另為清除水質優養化的不良後果，可採產出控制法 (output control methods)，如：(1) 剷除沉澱物以去除帶營養成分之組織；(2) 以除草劑或去藻劑清除適量的雜草，控制不需要植物的成長；(3) 利用幫浦 (pump) 將空氣打入湖泊或水庫中，以避免游離氧量耗竭（但這種方式既昂貴又耗費能源）。

污染投入防治法往往要比污染產出管控法來得便宜又有效，也就是一般所謂的「預防勝於治療」的概念，這在美國西雅圖華盛頓湖整治的成功案例中可說發揮得淋漓盡致。其成功的理由在於：(1) 以往注入華盛頓湖的下水道放流污染源，因重新整治而得以將處理過的污水排放到普吉特海灣 (Puget Sound) 中；(2) 由於湖水量大且湖體寬深，尚未有雜草叢生、沉澱物淤積的現象產生；(3) 在該湖變成嚴重淤積、優養化之前，即已展開預防性的產出控制法。如此一來，才能亡羊補牢，否則一旦污染源不斷注入湖中，將會斷絕復原的生機 (Miller, 1988: 466; 1998: 520-521; 2000: 539; 2004: 490-491)。

3. 河川、湖泊與水庫的溫熱污染

所謂「溫熱污染」(thermal pollution)，係指將核能或火力電廠運轉過程中所產生的廢熱藉大量的水來進行冷卻，因此所排放的大量熱水回注同一座湖中或流速緩慢的河

表 2-4-4 臺灣地區水庫水質概況

年別（民國）	監測水庫座數	優氧指數分布					
		貧氧 (TSI＜40)		普氧 (40≦TSI≦50)		優氧 (TSI＞50)	
	座	座數	百分比	座數	百分比	座數	百分比
82	22	1	4.55	8	36.36	13	59.09
83	21	2	9.52	13	61.90	6	28.57
84	20	2	10.00	13	65.00	5	25.00
85	20	1	5.00	9	45.00	10	50.00
86	20	—	—	5	25.00	15	75.00
87	18	—	—	4	22.22	14	77.78
88	20	1	5.00	12	60.00	7	35.00
89	20	3	15.00	8	40.00	9	45.00
90	20	—	—	10	50.00	10	50.00
91	20	—	—	13	65.00	7	35.00
92	20	2	10.00	7	35.00	11	55.00
93	19	3	15.79	6	31.58	10	52.63
94	20	2	10.0	12	60.0	6	30.0
95	20	1	5.0	11	55.0	8	40.0
96	20	2	10.0	13	65.0	5	25.0
97	21	2	9.5	13	61.9	6	28.6
98	21	3	14.29	13	61.90	5	23.81
99	21	3	14.29	15	71.43	3	14.29

資料來源：

1. 行政院環保署，2005，中華民國 94 年環境保護統計手冊，表 3～3，頁 3-14，http://www.epa.gov.tw/attachment_file/200503/303.pdf（搜尋日期：2005 年 9 月 1 日）。
2. 行政院環保署，(2009b)，中華民國環境保護統計年報（98 年），頁 1-17，http://www.epa.gov.tw/ch/SitePath.aspx?busin=4177andpath=4327andlist=4327（搜尋日期：2011 年 5 月 23 日）。
3. 經濟部水利署，主要水質概況，http://www.wra.gov.tw/public/Data/1102010231171.xls（搜尋日期：2012 年 6 月 30 日）。

註：

1. 優養指數 (trophic state index, TSI) 係總磷、葉綠素-a及透明度三項測值依卡爾森 (Carlson) 優養指數法計算。
2. 監測水庫共 21 座，因進行水庫治理工程，88 年起至 95 年阿公店水庫未監測，96 年鏡面水庫疏浚未監測。

表 2-4-5　臺灣地區主要水庫優養指數

年別（民國）	新山	翡翠	石門	寶山	永和山	明德	德基	霧社	鯉魚潭	日月潭	仁義潭	蘭潭	白河	曾文	烏山頭	南化	鏡面	阿公店	澄清湖	鳳山	牡丹
82	50.94	41.09	52.43	47.66	47.67	54.69	47.10	41.60	—	36.00	57.48	52.04	53.18	49.92	48.60	—	57.24	77.86	68.18	75.58	—
83	46.85	37.55	47.85	48.29	45.41	47.51	43.60	41.29	48.50	35.00	54.85	47.68	52.70	44.40	47.06	44.00	51.37	75.21	67.63	74.75	—
84	45.01	38.74	47.48	50.69	43.90	47.12	42.14	42.29	48.68	35.52	47.25	43.51	50.32	43.50	45.35	45.74	44.76	76.19	67.42	76.22	—
85	51.64	45.91	51.20	50.51	49.78	47.36	46.39	42.37	48.67	38.40	47.62	48.02	55.90	47.12	54.93	50.81	51.73	84.42	72.75	78.96	—
86	46.15	44.70	49.34	50.16	51.67	52.16	54.84	50.87	54.34	42.47	55.58	57.41	55.25	51.58	47.58	53.70	59.66	79.14	74.60	75.50	—
87	—	44.55	50.29	54.82	54.70	52.27	59.50	46.16	53.96	47.13	57.81	—	56.01	50.34	47.22	51.50	51.57	77.31	69.37	78.30	—
88	44.95	45.16	41.97	49.27	47.60	48.03	38.77	42.82	51.13	42.96	50.63	53.93	53.61	44.49	43.02	44.08	55.20	—	66.57	74.73	48.32
89	43.44	39.22	43.36	50.18	45.94	51.03	36.99	41.73	57.22	37.16	52.61	51.77	52.42	44.83	42.80	45.70	50.28	—	66.70	74.28	48.48
90	48.75	48.04	49.44	54.00	47.27	51.91	45.88	45.84	50.17	44.91	55.63	51.44	57.88	46.92	47.55	52.30	57.56	—	67.65	80.46	49.75
91	45.67	45.16	49.86	48.00	54.67	50.67	42.27	47.17	47.98	40.14	53.99	49.54	54.04	47.81	47.30	47.77	54.84	—	61.28	73.79	47.74
92	50.90	42.80	47.50	50.20	52.10	54.20	37.00	49.20	49.60	34.10	53.20	52.80	55.00	48.10	45.10	44.10	51.70	—	59.70	75.70	52.10
93	45.82	35.32	52.20	53.55	47.11	48.62	40.66	36.85	46.22	33.85	51.99	51.97	52.35	50.05	48.44	44.52	55.79	—	51.48	73.78	44.48
94	45.50	38.23	48.40	51.44	46.03	50.84	46.24	40.30	51.03	39.41	49.09	48.91	49.58	48.38	45.26	48.70	53.05	—	55.60	72.42	44.08
95	40.20	42.05	51.63	52.56	45.11	49.13	41.20	40.35	50.58	31.68	48.64	49.30	52.25	48.62	44.43	50.26	53.70	—	55.77	73.06	48.07
96	45.42	43.77	48.17	50.32	44.22	49.47	41.32	39.06	44.21	35.95	45.23	46.25	51.35	43.68	43.98	48.64	—	57.38	54.68	76.73	44.18
97	44.20	38.90	49.20	50.00	44.30	50.30	40.70	40.40	45.90	38.20	44.20	44.00	52.10	44.30	44.00	49.60	54.80	59.10	51.40	71.90	42.30
98	52.50	40.20	49.30	50.90	47.20	50.20	44.20	37.40	42.60	35.30	42.20	38.90	43.30	43.30	41.60	41.40	45.10	60.60	47.30	72.50	41.90
99	43.90	39.40	47.40	48.80	44.80	53.60	40.20	43.10	41.00	33.80	40.20	38.30	45.00	43.60	44.90	46.90	49.50	63.60	47.50	71.80	48.10

資料來源：行政院環境保護署，(2012b)，100 年中華民國環境保護統計年報，http://www.epa.gov.tw/ch/DocList.aspx?unit=24andclsone=501andclstwo=178andclsthree=171andbusin=4177andpath=9539（搜尋日期：2012 年 11 月 28 日）。

註：

1. 採卡爾森優養指數。
2. 卡爾森優養指數小於 40 為貧養，介於 40 到 50 間為普養，大於 50 為優養。
3. 阿公店水庫自 88 年至 95 年因進行水庫治理工程，未納入優養指數計算。
4. 澄清湖水庫 94 年僅計算第四季資料，95 年僅計算第二季資料。
5. 鏡面水庫 96 年因進行水庫治理工程，未納入優養指數計算。

川中，而使水中生物遭受危害。基本上，當水體溫度升高，溶氧量就會降低，致使水中生物呼吸加速，加劇消耗氧量，而易感染疾病；若將熱水排放到湖中，將會干擾水中生物的繁殖能力，並且使幼魚死亡。再者，當電廠開張或為修繕而停止運轉，水溫將會驟變，使得魚類與其他水中生物因「溫熱驚懼」(thermal shock) 而死亡。

不過，也有科學家指出，熱水注入水體中也會產生「溫熱效益」(thermal enrichment)，因其可延長垂釣季節，並減短寒帶地區冬天冰雪覆蓋的期間；而電廠排放的溫水，也可用來灌溉潛在霜害區的作物以延展成長期，並加速魚貝類的成長，例如：日本與美國的紐約、長島等地的魚貝類等養殖即是。再者，有人以為電廠排放熱水對於鄰近建物、溫室用水加溫、海水淡化、冰雪融化等，均有助益。但是，火力發電廠燃燒煤炭會產生空氣污染，而核能發電廠又有輻射外洩的可能，同時這些發電廠離水產養殖場、住家、工廠等地太遠，使得所謂的溫熱效益難以發揮。因此，溫熱污染對於電廠附近的水域仍會滋生負面的影響，值得人們警戒並妥為防範，其可採取的方式為：(1) 節約能源；(2) 限制熱水排放到水體的容量；(3) 將熱水運至遠離生態敏感河岸區的其他場所；(4) 利用大型冷卻塔將廢熱從水中轉化到大氣中；(5) 將熱水排放到淺塘或淺河中，使之慢慢冷卻而可再利用 (Miller, 1998: 524; 2000: 542)。

（二）地面水污染之防治對策

誠如前述，水污染的來源有定點及非定點兩種，前者有跡可循而較易掌控，但後者多來自農耕地的大量施用肥料，若未做好水土保持或超限利用，均會引發土壤流失而造成污染。本項首先探討非定點污染來源的防治對策，其次再探討定點來源的防治對策。

1. 非定點污染來源的防治對策

由於非定點污染來源的防範甚為困難，故最好還是採取投入控制的方法。一般而言，非定點污染來源主要係農耕所致，因此農民可以改變施肥與用藥的方式與習慣，例如：不在陡峻坡地耕種與施肥、採適量的慢性肥料 (slow release fertilizers)，或是採取單種作物與豆科植物輪作制（將於第三章敘述），或種植其他可以固定氮素的作物，以減少肥料用量及其逕流量。另外，在耕地與鄰近的水源區之間增置植被緩衝區，採低毒性或生物控制的方式（即利用基因工程防治病蟲害）也可減少農藥用量及其逕流量。

其次，畜牧廢污及廢水也是另一種主要的非定點污染來源。養豬場或其他畜養場所排放的排泄物逕流，亦可藉控制牲畜飼養密度、種植隔離綠帶、禁止在水源區附近的陡峻坡地或洪氾區設置牲畜飼養場等方式，來加以管控或減量。如能將這些畜牧逕流導入儲存地中，即可抽取這些饒富營養的水用做耕地或林地的肥料。此外，為減少非定點污染（尤其是源自於土壤流失所致），有必要推動集水區治理與造林、實施水土保持，如此不僅可減少河川洪氾、水庫淤積，也能保障飲用水的水源、提升水質，並有助於減緩全球溫熱化及野生動物棲息地的流失 (Miller, 2004: 502-503)。

臺灣地區亦推動集水區管理計畫及非定點污染來源管制行動計畫，進行污染源之削減與控制，以提升水質。例如：針對高屏溪、淡水河、頭前溪、大甲溪及曾文溪等五條河川流域，持續執行水源保護區養豬戶依法拆除補償後續稽查管制；並依照水源區特性擬定適合稽查的管制措施，以進行水庫周邊事業專案稽查。再者，為及時反映水質情形，並掌握水質變動因素，以防治水庫污染，乃於民國 91 年完成日月潭水庫及石門水庫水質自動監測系統，民國 92 年完成永和山水庫水質連續監測站設置，提供污染或優養化之快速預警系統，以利水庫及自來水管理單位執行管制行為與加強改善措施（行政院環保署，2004：304）。

2. 定點污染來源的防治對策

(1) 水污染防治立法

地面水主要的定點污染來源為工廠廢水或下水道污物，然在許多開發中國家與少數已開發國家，這些污染源卻未經處理即排入鄰近的水道或污水池中。在拉丁美洲，大約只有 2% 的都市污水經過處理再放流；而在中國大陸，則僅有 15% 的都市廢水進行處理；至於臺灣地區的污水下水道普及率也只有 10.87%，無法有效處理生活污水（行政院環保署，2004：303）。

許多已開發國家為有效防治定點污染來源，多採立法方式。例如：美國在 1972 年頒布《聯邦水污染防治法》(Federal Water Pollution Control Act)，嗣於 1977 年修正並更名為《淨水法》(Clear Water Act)，又在 1987 年頒布《水質法》(Water Quality Act)，奠定全國地表水污染防治的根基。《淨水法》的目標在於確保地面水可供安全的垂釣、游泳之需，使其水質的物理、化學及生物特性維持穩定。根據 1972 年至 1992 年間的資料顯示，美國公、私部門共花費 5,850 億美元防治水污染，而河湖水質檢驗的結果顯示，適於垂釣與游泳者所占比率已由 36% 增為 62%。不過，另根據 1994 年美國環保局 (EAP) 的報告，全美仍有 1,100 個都市的陳舊下水道系統未經妥善處理，便排放到河川、湖塘及沿岸的水域中，如要將這些老舊的供水與下水道系統加以修繕，以符合《淨水法》的規定，則估計在 1995 年至 2015 年間得花費 4,000 至 5,000 億美元。再者，美國湖泊的 44%、河流的 38%，以及河口的 32%，仍然不適合垂釣、游泳及其他遊憩等用途。

1995 年，美國環保局曾建立一項放流交易政策 (dischange trading policy)，試圖藉市場的力量以減少污染。2002 年美國選定若干試驗區以試行該政策，其允許工廠或污水下水道處理廠可出售超額污染權給其他污染程度尚低於容許標準的廠家，即藉市場交易污染權以達管制污染總量的目的。惟環境學者提出警告，這樣的體制其實並不會比在各地區限制總污染量要來得好，反而會使發行污染證地區的污染量過高，肇致環境危機。其實施成效如何，尚有待觀察。

近年來，美國的環保人士呼籲強化《淨水法》的功能，包括：(1) 增置經費與機關以管控非定點污染來源[21]；(2) 加強實施防治與管控有毒性水污染，包括逐步禁止有毒性放流水（如：含氯的有機化學藥劑）；(3) 籌措經費與增置機關，以利整體性水域與空域規劃，使地面水與地下水免於遭受污染；(4) 鬆綁聯邦政府的管制，允許執行環境管理成效良好的州政府接掌淨水方案；(5) 增加市民提起訴訟的權利，俾確保水污染法律確實執行。不過，這些《淨水法》修正內容已遭到眾人反對。農民與開發商認為該項法案已嚴格限制他們的權利（正如溼地所有權人的產權受約束一般），因此應對其產權損失予以補償，方屬公平 (Miller, 2004: 503)。

反觀臺灣《水污染防治法》的情形，亦有若干進展。民國 63 年 7 月 11 日，臺灣政府制定公布《水污染防治法》，嗣後多次修正以應社會環境變遷之需。前次於民國 91 年 5 月 22 日修正公布，僅為配合精省而調整，究其新修正法案內容的特色為：(1) 環保與經濟並重：中央主管機關以技術為基礎（兼顧經濟）制定放流水標準外，得由地方主管機關以水質為基礎（兼顧環保）制定更嚴格的放流水標準。(2) 強調公共建設：公共或專用污水下水道及其污水處理設施管理，必須配合水污染防治政策，落實於法律執行層面。(3) 守法舉證責任反轉：在已有的稽查管制制度上，建立許可申報制度，由事業自行檢驗，誠實申報。(4) 大幅提高守法誘因：提高違規罰鍰上限達十倍以上，並對申報不實、拒絕停工命令者追究刑責。而最有效的誘因是，凡因設施功能不足而未完成改善者，於未完成改善期間，投資不足及每日操作管理成本均可追溯未完成改善日起按日連續處罰，處以相當或更多的罰鍰（行政院環保署，1998：247）[22]。

臺灣地區自頒行《水污染防治法》以來，於民國 78 年至 90 年度間，在水質保護投入 78.73 億元，在水污染防治投注 20.96 億元（行政院環保署，2001：6-37、38)；在防治水污染、確保清潔水資源方面已略見成效。舉例而言，自民國 83 年至 89 年間，列

[21] 在 1972 年的法案中，亦規定各州政府應研擬並執行計畫，管制非定點污染來源，但事實上並未確實執行 (Miller, 1998: 530; 2000: 550)。

[22] 該法於 1997 年 12 月 12 日修正公布，修正重點包括：(1) 體恤畜牧業及減輕弱勢農民的負擔，爰調整畜牧業違反放流水標準之罰鍰額度為新臺幣 6,000 元以上、12 萬元以下。(2) 未繳交水污費仍受強制執行應完成繳納，並參考行政罰法微罪輕罰之精神，爰調整罰鍰額度為新臺幣 6,000 元以上、30 萬元以下。(3) 未於期限內申請展延，尚屬微罪，刪除其處分規定；牴觸部分登記事項如地址變更，尚屬微罪，爰調整罰緩額度為新臺幣 1 萬元以上、60 萬元以下。(4) 違反水污染防治措施及檢測申報管理辦法中如未按日記錄、未標示管線流向等，尚屬微罪，爰調整罰緩額度為新臺幣1萬元以上、60 萬元以下。(5) 未設置專責人員，或專責人員未依所訂辦法執行，不致因此而致廢水處理重大情節，爰調整罰緩額度為新臺幣 1 萬元以上、10 萬元以下。(6) 未依規定進行檢測申報，尚屬微罪，爰調整罰緩額度為新臺幣 6,000 元以上、30 萬元以下。(7) 相關規定罰鍰額度應考量違規情節之特性，以利適用及執行，爰增訂裁罰準則。參見水污染防治法部分條文修正總說明，http://w3.epa.gov.tw/epalaw/docfile/060010z961212.doc（搜尋日期：2010 年 6 月 29 日）。

管家數約在 14,000 至 15,000 家，改善比率逐年遞增，事業廢水專責人員的設置率也超過 90% 以上，顯示污染管制已逐漸產生效果（見表 2-4-6）。而有關水污染稽查取締執行情形為：民國 79 年至 81 年間，稽查次數在 4 萬次以上，而罰款次數亦在 1 萬次以上，處分的比率相當高；自此以後，稽查、罰款次數逐年減低，民國 89 年稽查次數為 28,055 次，但罰款次數減為 3,749 次。為歷年來最低，可見加重處罰已收遏阻之效（見表 2-4-7）。

民國 90 年以後，事業廢水污染防治管理工作愈加嚴格（見表 2-4-8），每年水污染源稽查次數逐年增加，至民國 100 年已達 34,486 次，而畜牧廢水及其他事業廢水實收罰款 138,369,000 元。另外，民國 99 年年底列管家數高達 19,315 家事業之廢水處理，全年查核 47,233 家次，處罰件數為 1,716 件，其中移送檢察機關偵辦 4 件。按處分情形來看，以罰鍰（含按日連續處罰、按次處罰）1,703 件。民國 99 年事業廢水水樣檢驗 10,067 件，合格者 9,463 件；應申請排放許可證家數 11,601 家，至年底已核發家數 10,619 家，核發率 91.54%；應設置廢水處理專責單位或人員有 4,086 家，民國 99 年年底已設置家數 3,841家，設置率 94.00%。配合民國 95 年 10 月 16 日發布《水污染防治措施計畫及許可申請審查辦法》、《水污染防治措施及檢測申報管理辦法》及《土壤處理標準》之新增規定，自民國 96 年 5 月 1 日起分北、中、南三區，辦理一對一之事業水污染防治許可證（文件）換發之諮詢、輔導及換發作業，預訂以三年時間完成約 13,000 家事業之換發。至民國 97 年 12 月底，已完成 8,117 家許可證（文件）換發作

表 2-4-6　民國 83 年至 89 年臺灣地區事業廢污水管制情形

年別（民國）	列管家數	已改善		未改善家數						事業廢水專責人員（單位）設置情形		
		家數	百分比	通知限期改善	按日連續處罰	處停工、歇業	移送法辦	未曾處罰	其他	列管家數	設置家數	設置率
83	14,699	11,493	78.2	1,048	72	217	-	471	1,398	3,201	2,987	93.3
84	15,650	12,665	80.9	1,317	91	246	-	267	1,064	3,972	3,748	94.4
85	17,853	14,050	78.7	2,097	163	148	-	257	1,138	4,652	4,167	89.6
86	16,901	15,105	89.4	515	57	71	-	234	919	4,530	4,089	90.3
87	15,421	13,619	88.3	743	128	125	53	153	600	4,389	4,126	94.0
88	14,330	12,862	89.8	473	115	143	95	114	528	3,948	3,890	98.5
89	14,908	13,336	89.5	607	118	151	108	135	135	4,131	4,066	98.4

資料來源：行政院環保署，2005，民國 94 年環境保護統計手冊，表 3～7，頁 3-22，http://www.epa.gov.tw/attachment_file/200503/307.pdf（搜尋日期：2005 年 9 月 1 日）。

表 2-4-7　臺灣地區各環保局水污染源稽查處分概況

年別（民國）	合計			畜牧廢水			事業廢水（畜牧業除外）		
	稽查次數	罰款次數	實收罰款	稽查次數	罰款次數	實收罰款	稽查次數	罰款次數	實收罰款
	次	次	千元	次	次	千元	次	次	千元
78	24,442	11,918	96,457	–	–	–	–	–	–
79	44,161	13,799	96,934	–	–	–	–	–	–
80	43,861	11,915	216,130	–	–	–	–	–	–
81	42,678	10,990	280,526	9,827	1,696	13,495	32,851	9,294	267,031
82	32,838	5,101	256,877	7,531	581	24,236	25,307	4,520	232,641
83	29,332	4,552	232,399	7,769	510	23,654	21,563	4,062	208,745
84	27,470	5,222	246,820	5,889	358	17,837	21,581	4,864	228,982
85	27,686	5,322	258,312	6,697	554	25,453	20,959	4,768	232,859
86	25,437	5,415	282,969	5,699	347	19,419	19,738	5,068	263,550
87	28,303	6,574	279,618	7,231	326	15,458	21,072	6,248	264,160
88	27,807	4,571	229,589	6,743	369	22,713	21,064	4,202	206,877
89	28,055	3,749	240,085	6,050	411	28,644	22,008	3,338	211,441
90	27,261	–	221,291	7,781	–	36,480	19,480	–	184,811
91	27,500	–	218,215	8,887	–	36,226	18,613	–	181,989
92	24,230	–	233,446	8,418	–	34,577	15,812	–	198,869
93	24,602	–	162,106	10,338	–	34,523	14,264	–	127,583
94	30,444	–	155,941	8,874	–	29,010	21,570	–	126,931
95	38,004	–	201,857	12,070	–	25,841	25,934	–	176,016
96	36,004	–	252,573	10,771	–	20,339	25,233	–	232,234
97	42,804	–	214,964	14,884	–	9,403	27,920	–	205,561
98	44,798	–	173,261	15,162	–	13,935	29,636	–	159,326
99	46,834	–	161,373	13,977	–	12,071	32,857	–	149,302
100	34,486	–	138,369	10,768	–	10,154	23,718	–	128,215

資料來源：

1. 行政院環保署，2001，八十九年版環境政策白皮書，頁 6-12。
2. 行政院環保署，(2009c)，中華民國環境保護統計月報第 249 期，頁 157、165。
3. 行政院環保署，2010，中華民國環境保護統計月報第 258 期，頁 157、165，http://www.epa.gov.tw/ch/DocList.aspx?unit=24andclsone=501andclstwo=178andclsthree=697andbusin=4177andpath=9604（搜尋日期：2013 年 7 月 20 日）。
4. 行政院環保署，(2012c)，中華民國環境保護統計月報 282 期，http://www.epa.gov.tw/ch/DocList.aspx?unit=24andclsone=501andclstwo=178andclsthree=697andbusin=4177andpath=9604（搜尋日期：2013 年 7 月 20 日）。

表 2-4-8　民國 90 年至 100 年臺灣地區事業廢污水管制情形

年別（民國）	列管家數	查核數		處罰件數						水樣檢驗結果（件）			排放許可證核發情形			廢水處理專責單位或人員設置情形		
		家數	家次	總計	移送檢察機關偵辦	罰鍰（按日連續處罰、按次處罰）	命停止作為、儲存、停工或作業	勒令歇業	撤銷注入或排放許可證	其他	總計	合格	不合格	應申請家數	至年底已核發家數	核發率 (%)	應設置家數	至年底已達設置標準家數	核發率 (%)
90	13,217	6,731	20,653	2,524	6	1,352	26	4	—	1,136	3,639	2,988	651	10,637	8,508	79.98	3,595	3,555	98.89
91	14,038	7,598	21,032	2,500	23	1,606	32	2	—	837	4,724	4,034	690	10,004	8,378	83.75	3,827	3,787	98.95
92	14,650	9,423	22,498	1,764	5	1,279	33	—	—	447	5,784	5,184	600	10,201	8,957	87.81	3,836	3,799	99.04
93	15,532	16,020	24,072	1,677	4	1,478	16	4	—	175	8,381	7,781	600	10,797	9,300	86.14	3,849	3,780	98.21
94	15,911	11,087	30,722	1,451	4	1,401	11	—	—	35	10,684	10,124	560	10,979	9,521	86.72	3,923	3,742	95.39
95	16,459	11,229	36,952	1,854	4	1,783	11	1	1	54	12,291	11,549	742	11,239	9,747	86.72	3,959	3,767	95.15
96	17,739	10,854	35,930	2,063	5	2,039	16	1	—	2	11,694	10,774	920	11,646	10,262	88.12	4,144	3,934	94.93
97	18,694	12,074	38,015	2,212	7	2,197	3	1	3	1	10,308	9,624	684	11,755	10,628	90.41	4,120	3,896	94.56
98	18,837	13,257	44,866	1,802	1	1,792	4	—	—	5	9,517	8,947	570	11,504	10,661	92.67	4,026	3,890	96.62
99	19,315	12,486	47,233	1,716	4	1,703	2	—	—	7	10,067	9,463	604	11,601	10,619	91.54	4,086	3,841	94.00
100	20,259	11,769	40,932	1,857	—	1,857	4	—	1	4	10,630	9,934	696	11,793	10,752	91.17	4,146	3,869	93.32

資料來源：行政院環境保護署，(2012b)，100 年中華民國環境保護統計年報，http://www.epa.gov.tw/ch/DocList.aspx?unit=24andclsone=501andclstwo=178andclsthree=171andbusin=4177andpath=9539（搜尋日期：2013 年 6 月 25 日）。

業，總換發達成率為 63%，已達成民國 97 年完成換發 60% 之目標，預計民國 98 年年底全面完成換發作業（行政院環保署，2009c：1-19）。

再從全國各類廢（污）水削減量來看（見表 2-4-9），民國 82 年至 89 年間，生活污水、工業廢水產生量、削減量、削減率皆漸漸提高，僅畜牧廢水反之，結果各類污水、廢水總計的產生量逐年下降，削減量逐年提高，而削減率均逐年提升，且相當接近、甚或超過設定的國家環境標準值。民國 90 年以後，生活污水的產生量、削減量、削減率大致是提高的趨勢，工業廢水則維持一定的水準，而畜牧廢水產生逐漸減少、削減量逐漸增加、削減率逐漸提高，總體而言，各類廢（污）水的產生量逐漸下降，削減量與削減率逐漸提高。

再從全國 50 條主要河川污染情況觀察，環保機關在重要河川定期進行水質監測，就水中溶氧量、生化需氧量、懸浮固體及氨氮等四項檢測結果依照理化積分法估算污染長度。民國 99 年 50 條重要河川 2,933.9 公里長度中，未（稍）受污染者 1,835.9 公里（占 62.6%），輕度污染 216.1 公里 (7.4%)，中度污染 720.6 公里 (24.6%)，嚴重污染 161.4 公里 (5.5%)（見表 2-4-10）。其中嚴重污染比率以阿公店溪 67.8% 最高，其次為鹽水溪 32.7%，兩者均亟需改善。

為維護改善河川水質，創造良好的生活環境，行政院環保署配合新「環境政策」積極進行河川污染防治及整治工作，持續推動淡水河、老街溪、南崁溪、濁水溪、新虎尾溪、鹽水溪、急水溪、二仁溪及愛河等重點河川之污染整治工作。主要工作內容包括：保護飲用水源、加強流域污染源稽查管制、減少工廠及畜牧業污染排放量、推動河川自然淨化工法、設置污水截流設施、維護河川生態、清除水域髒亂點、削減集水區非定點來源污染，並推動社區水環境守望及河川教育宣導等工作，結合產官學各界共同戮力推動，帶動全國重視河川整治，凝聚全民力量，再現清淨家園（行政院環保署，2009a：1-15～1-17）。

詳究臺灣地區的河川污染現象依舊存在的主要原因，乃是：(1) 河川基流量嚴重不足，缺乏充分稀釋及含溶能力；(2) 水庫或河川上游的集水區過度開發，破壞原本涵養水源功能，而大量廢水排入水體，形成水源污染；(3) 污染整治除污染源管制外，尚涉及集水區整治、河道治理、污水下水道建設、事業廢水輔導改善等項目，但各施政單位無法有效橫向配合；(4) 污水下水道普及率偏低，在各國排名中居後（參見表 2-4-11），污水下水道系統或污水處理不力（參見表 2-4-12），用戶接管配合意願又低，使得生活污水成為主要的污染源；(5) 水污染的輔導改善與管制仍有不足，致使水質保護無法落實。

由此可見，除客觀條件限制外，水污染防治有賴於立法與執行雙管齊下，方能彰顯效果。為改善污水下水道普及率偏低、污水下水道系統污染管制不力等問題，政府業已

表 2-4-9　臺灣地區廢（污）水削減量

年別（民國）	總計			生活污水			工業廢水			畜牧廢水		
	產生量	削減量	削減率	產生量	削減量	削減率	產生量	削減量	削減率	產生量	削減量	削減率
	BOD_5 噸／日		%	BOD_5 噸／日		%	BOD_5 噸／日		%	BOD_5 噸／日		%
80	-	-	-	-	-	-	-1,526-	-	-	448	182	40.6
81	-	-	-	825	59	7.2	2,474	504	20.4	-	-	-
82	4,037	1,926	47.7	837	106	12.7	2,200	1,320	60	1,000	500	50
83	4,045	2,062	51	845	107	12.7	2,200	1,430	65	1,000	525	52.5
84	4,052	2,198	54.2	852	108	12.7	2,200	1,540	70	1,000	550	55
85	4,056	2,336	57.6	856	111	13	2,200	1,650	75	1,000	575	57.5
86	3,880	2,211	56.9	860	113	13.1	2,224	1,668	75	797	430	54
87	3,910	2,290	58.6	873	149	17.1	2,359	1,775	75.2	678	366	54
88	3,988	2,530	63.4	879	155	17.6	2,430	1,920	79	679	455	67
89	3,986	2,547	63.9	888	173	19.5	2,367	1,844	77.9	731	530	72.5
90	2,807	1,524	54.29	896	161	17.97	1,194	894	75	716	469	65.5
91	2,794	1,567	56.08	901	190	21.09	1,214	924	76	679	453	66.72
92	2,576	1,444	56.06	904	208	23.01	994	771	78	678	465	68.58
93	2,722	1,584	58.19	908	228	25.11	1,132	868	77	682	487	71.41
94	2,718	1,585	58.31	911	235	25.8	1,090	841	77	717	509	70.99
95	2,749	1,704	62	915.06	275.57	30.12	1,125	865	77	709.18	564.23	79.56

年別（民國）	總計			市鎮污水			工業廢水			農業廢水		
	產生量	削減量	削減率	產生量	削減量	削減率	產生量	削減量	削減率	產生量	削減量	削減率
	BOD_5 噸／日		%	BOD_5 噸／日		%	BOD_5 噸／日		%	BOD_5 噸／日		%
96	2,571	1,629	63.39	1,008	378.30	37.50	881	661	75.06	680.92	589.83	86.62
97	2,472	1,598	64.65	989	388.16	39.25	821	649	79.06	662.08	560.90	84.72
98	2,565	1,739	67.80	1,003	437.32	43.58	923	756	81.91	639.03	545.78	85.41
99	2,735	1,923	70.30	1,033	497.76	48.14	1,059	865	81.72	642.38	559.75	87.14
100	2,447	1,731	70.75	999	500.72	50.11	799	654	81.91	648.54	575.82	88.79

資料來源：

1. 行政院環保署，2001，89 年版環境政策白皮書，頁 3-20。
2. 行政院環保署，(2013b)，101 年中華民國環境保護統計年報，http://www.epa.gov.tw/ch/DocList.aspx?unit=24andclsone=501andclstwo=178andclsthree=171andbusin=4177andpath=9539（搜尋日期：2013 年 6 月 25 日）。

註：工業廢水以檢測申報資料為主，無檢測申報資料者，則以許可水量或設置專責人員種類推估廢水量。

表 2-4-10 臺灣地區重要河川污染情形

年別（民國）	河流長度	未（稍）受污染 (RPI<2)		輕度污染 (2≦RPI≦3)		中度污染 (3≦RPI≦6)		嚴重污染 (RPI＞6)	
		長度	百分比	長度	百分比	長度	百分比	長度	百分比
	公里	公里	%	公里	%	公里	%	公里	%
78	2,889.3	1,974.4	68.3	197.6	6.8	370.9	12.8	346.4	12.0
79	2,889.3	1,933.3	66.9	230.5	8.0	428.4	14.8	297.1	10.3
80	2,938.9	1,983.5	67.5	239.4	8.1	342.6	11.7	373.4	12.7
81	2,938.9	1,803.9	61.4	368.8	12.5	461.0	15.7	305.2	10.4
82	2,938.9	1,796.3	61.1	408.6	13.9	354.6	12.1	379.3	12.9
83	2,934.0	1,857.2	63.3	361.1	12.3	326.4	11.1	389.3	13.3
84	2,934.0	1,882.6	64.2	337.9	11.5	319.6	10.9	394.0	13.4
85	2,911.7	1,816.1	62.4	302.4	10.4	358.6	12.3	434.6	14.9
86	2,934.0	1,890.8	64.4	296.2	10.1	395.0	13.5	352.0	12.0
87	2,934.0	1,887.7	64.3	272.4	9.3	442.5	15.1	331.4	11.3
88	2,934.0	1,942.9	66.2	222.8	7.6	416.4	14.2	351.9	12.0
89	2,934.0	1,865.3	63.6	353.1	12.0	360.9	12.3	354.8	12.1
90	2,934.0	1,808.9	61.7	287.6	9.8	451.3	15.4	386.2	13.2
91	2,904.2	1,812.5	62.4	349.7	12.0	335.4	11.5	406.5	14.0
92	2,904.2	1,726.2	59.4	390.0	13.4	328.9	11.3	459.2	15.8
93	2,904.2	1,860.1	64.0	284.8	9.8	537.4	18.5	222.0	7.6
94	2,904.2	1,864.9	64.2	287.8	9.9	572.5	19.7	179.1	6.2
95	2,933.9	1,922.7	65.5	263.3	9.0	573.2	19.5	174.7	6.0
96	2,933.9	1,811.7	61.8	233.2	7.9	692.7	23.6	196.3	6.7
97	2,933.9	1,912.3	65.2	264.9	9.0	632.2	21.5	124.5	4.2
98	2,933.9	1,970.1	67.2	237.8	8.1	553.9	18.9	172.1	5.9
99	2,933.9	1,835.9	62.6	216.1	7.4	720.6	24.6	161.4	5.5
100	2,933.9	1,869.6	63.7	219.8	9.9	616.2	21.0	156.3	5.3

資料來源：行政院環境保護署，(2013b)，101 年中華民國環境保護統計年報，http://www.epa.gov.tw/ch/DocList.aspx?unit=24andclsone=501andclstwo=178andclsthree=171andbusin=4177andpath=9539（搜尋日期：2013 年 6 月 25 日）。

註：

1. 除 78 年及 79 年監測 47 條河川，85 年、91 年至 94 年監測 49 條河川外，其餘監測 50 條河川。88 年起原主、次要河川分類改為中央管河川、縣（市）管河川及其他河川。
2. RPI (River Pollution Index) 係河川污染分類指標，由懸浮固體 (SS)、生化需氧量 (BOD_5)、溶氧量 (DO) 及氨氮 (NH_3-N) 等四項水質參數組成。
3. 淡水河系河流長度包括基隆河及新店溪支流，83 年起河流長度減少，係因淡水河系之基隆河截彎取直。
4. 阿公店溪因上游阿公店水庫進行水庫治理工程於 94 年 10 月完成，故不列入 91 年至 94 年水質資料統計，自 95 年起開始列入計算。
5. 76 年不含南澳溪、太平溪、鹽港溪、福興溪及率芒溪，77 年不含鹽港溪及福興溪，78 年及 79 年不含鹽港溪、福興溪及率芒溪，85 年不含率芒溪。
6. 卑南溪、秀姑巒溪、花蓮溪、和平溪、南澳溪、蘇澳溪、得子口溪、雙溪、知本溪、利嘉溪、太平溪、吉安溪、美崙溪、立霧溪及率芒溪 90 年無監測資料，以 87 年至 89 年三年平均值估算。
7. 蘭陽溪、大安溪、大甲溪、烏溪、濁水溪、卑南溪、和平溪、林邊溪等 8 條河川之地質因天然沖刷，導致河川之懸浮固體持續偏高，故自 92 年起不納入河川污染等級計算。

表 2-4-11　2006 年公共污水下水道普及率在全球國家競爭力評比中之排名

名次	國家	普及率 (%)	名次	國家	普及率 (%)	名次	國家	普及率 (%)
1	卡達	100.0	14	韓國	85.6	27	愛沙尼亞	70.0
1	西班牙	100.0	15	祕魯	83.8	28	日本	69.3
3	荷蘭	99.0	16	法國	82.4	29	墨西哥	67.6
4	英國	97.7	17	哈薩克	82.0	30	愛爾蘭	65.4
5	瑞士	96.7	18	挪威	82.0	31	希臘	65.0
6	德國	95.5	19	巴西	81.8	32	匈牙利	63.9
7	盧森堡	95.0	20	芬蘭	81.0	33	立陶宛	62.0
8	香港	93.3	21	捷克	80.0	34	約旦	60.0
9	奧地利	88.9	22	智利	77.5	35	波蘭	59.8
10	丹麥	87.9	23	葡萄牙	74.0	36	斯洛伐克	56.4
11	澳大利亞	87.0	24	保加利亞	72.0	37	斯絡維尼亞	36.0
12	瑞典	86.0	24	俄羅斯	72.0	38	克羅埃西亞	28.0
13	比利時	85.9	24	土耳其	72.0	39	臺灣	15.6

資料來源：IMD WORLD COMPETITIVENESS YEARBOOK 2009；本表引自營建署：民 98。
註：1. 洛桑管理學院僅針對公共污水下水道普及率做評比，未列入替代性之污水處理設施。
2. 2009 年評估報告中僅蒐集到 39 個國家資料。

修正公布《水污染防治法》（民國 89 年 4 月 26 日）《水污染防治法施行細則》（民國 88 年 9 月 22 日）、《放流水標準》（民國 88 年 9 月 22 日）、《事業水污染防治措施集及排放廢（污）水管理辦法》（民國 88 年 9 月 22 日）、《飲用水管理條例》（民國 88 年 12 月 22 日）等法規，若能研定相關措施據以實施，輔導改善與取締管制並行，或可使臺灣的河湖水庫的水質提升，不僅可提供乾淨的飲用水，也能使民眾徜徉在河流垂釣、游泳的樂趣之中。

惟觀察臺灣的生活污水排放量占總排放量的比率，卻有逐漸增加之勢（約占 60%），亦成為主要之水污染源。污水下水道系統包括工業區專用污水下水道系統、公共及社區下水道系統。在公共污水下水道系統未普及前，應加強執行社區專用污水下水道系統輔導查核及污水源頭減量宣導。針對社區專用污水下水道系統之開機率及專責人員設置率，依「先全面宣導、勸導性巡查、再稽查處分」之原則進行輔導、查核。根據查核結果，民國 97 年社區專用污水下水道系統正常操作率已提高至 92%，而能有效削減生活污水污染量。同時受理預鑄式污水處理設施申請審核認可，並使社區專用污水下水道系統專責人員的設置能符合法令規定，以落實系統正常的維護管理，加強推動新建建築物設置污水處理設施。另透過宣導居家生活污水源頭減量，讓民眾於日常生活

表 2-4-12 民國 102 年 6 月臺灣地區用戶接管普及率及污水處理率統計一覽表（依本月人口資料）

縣市別	各縣市總人口數 (1)	各縣市總戶數 (2)	污水處理率 (%) Percentage of Population Served by Waste Water Treatment Plants							
			公共污水下水道接管戶數 (3)	專用污水下水道接管戶數 (4)	建築物污水處理設施設置戶數 (5)	污水處理戶數合計 (6)=(3)+(4)+(5)	公共污水下水道普及率 (7)=(3)/((1)/4)	專用污水下水道普及率 (8)=(4)/((1)/4)	建築物污水設施設置率 (9)=(5)/((1)/4)	污水處理率合計 (10)
新北市	3,945,789	986,447	513,834	378,936	108,335	1,001,105	52.09	38.41	10.98	100.00
臺北市	2,681,554	670,388	742,979	28,704	19,169	790,852	100.00	4.28	2.86	100.00
臺中市	2,693,892	673,473	91,495	95,080	106,894	293,469	13.59	14.12	15.87	43.58
臺南市	1,882,526	470,632	83,781	25,952	79,940	189,673	17.80	5.51	16.99	40.30
高雄市	2,779,092	694,773	340,368	51,955	166,674	558,997	48.99	7.48	23.99	80.46
臺灣省	9,233,019	2,308,253	179,377	289,616	649,049	1,118,042	7.77	12.55	28.12	48.44
宜蘭縣	458,602	114,650	32,300	7,258	14,613	54,171	28.17	6.33	12.75	47.25
桃園縣	2,036,708	509,177	24,694	137,762	296,454	458,910	4.85	27.06	58.22	90.13
新竹縣	526,920	131,730	17,401	33,006	49,463	99,870	13.21	25.06	37.55	75.81
苗栗縣	564,647	141,162	6,691	5,691	21,103	33,485	4.74	4.03	14.95	23.72
彰化縣	1,297,968	324,492	1,475	13,169	98,299	112,943	0.45	4.06	30.29	34.81
南投縣	518,738	129,684	4,232	3,439	24,221	31,892	3.26	2.65	18.68	24.59
雲林縣	709,491	177,373	10,324	4,558	38,556	53,438	5.82	2.57	21.74	30.13
嘉義縣	531,026	132,756	8,470	3,689	11,569	23,728	6.38	2.78	8.71	17.87
屏東縣	855,345	213,836	22,676	6,605	24,520	53,801	10.60	3.09	11.47	25.16
臺東縣	225,407	56,352	36	247	6,917	7,200	0.06	0.44	12.27	12.78
花蓮縣	334,468	83,617	16,278	1,320	7,936	25,534	19.47	1.58	9.49	30.54
澎湖縣	99,276	24,819	1	470	5,972	6,443	0.00	1.89	24.06	25.96
基隆市	376,082	94,020	18,882	43,346	9,983	72,211	20.08	46.10	10.62	76.80
新竹市	427,050	106,762	15,917	26,173	27,422	69,512	14.91	24.52	25.69	65.11
嘉義市	271,291	67,823	0	2,883	12,021	14,904	0.00	4.25	17.72	21.97
福建省	128,341	32,085	10,941	63	160	11,064	34.10	0.20	0.19	34.48
金門縣	116,570	29,142	8,815	1	160	8,876	30.25	0.00	0.21	30.46
連江縣	11,771	2,943	2,126	62	0	2,188	72.25	2.11	0.00	74.35
總計	23,344,213	5,836,051	1,962,775	870,306	1,130,121	3,963,202	33.63	14.91	19.36	67.91

資料來源：行政院環境保護署，http://www.cpami.gov.tw/chinese/index.php?option=com_content&view=article&id=9995&Itemid=53。

註：

1. 上述各縣市總人口數係由內政部戶政司網站 (http://www.rid.gov.tw) 年度統計至 102 年 6 月底之資料。
2. 分母為依據 91 年 11 月 12 日本署邀行政院主計處、經建會、環保署、縣市政府、學者專家召開「污水下水道普及率相關參數及計算公式座談會」研商共識，各縣市戶數係依各縣市戶政資料總人口除以假設每戶四人而得。
3. 本資料係由各縣市政府提送之相關資料填報。

中加以落實，達污水污染減量之效。根據統計，民國 99 年的污水下水道水樣檢驗件數為 4,347 件，合格者有 4,226 件，合格率達 97.2%；應申請排放許可證有 3,466 個系統，至年底已核發 3,085 個系統，核發率為 89%；應設置廢水處理專責單位或人員有 405 個系統，至民國 100 年年底已達設置標準計 375 個系統，設置率達 92.14%（見表 2-4-13）。

(2)水污染處理的技術

在許多發展中國家，定點污染來源的廢污均經過不同程度的淨化處理。在農村與郊區，可選擇壤質適宜處來安裝淨化槽（septic tank，又稱化糞池），以處理各個家戶所排放的廢污水。在淨化槽中，較大的固體物會沉入槽底，油脂類廢污會浮上來，經由埋設在地下的封閉管線蒐集至分配箱 (distribution box) 中，再將其餘的廢污排放到污物場 (drainage field)，以利土壤中的細菌進行生物性分解。不過，淨化槽必須妥善放置於地下並有排放設備，且不可在靠近水井處，同時必須定期清理，才能發揮實效。美國大約有 25% 的家戶裝有淨化槽，且每三至五年即予以清理，因此不致影響地下水的水質 (Miller, 2000: 550-551)。至於在臺灣的農村地區，由於沒有裝置妥當的淨化槽，以致於家庭污水隨意排放，危害生活環境；如果農舍坐落田間，也會污染耕地，破壞農業的生產環境。

都市地區的家庭污水、工廠廢水及地面逕流，通常會經由下水道系統排放到污水處理廠。美國有些都市係採雨水與污水分流的下水道系統，但仍有為節省經費而採雨水與污水併合系統，但如此一來，當豪雨導致併合下水道系統氾濫，將使未經處理的廢污直接排入地表水體。為防止這種現象發生，宜有分流的下水道，使雨水道可調節雨水流速，緩慢通過處理系統而放流河川。只是此方式所需工程的費用過鉅，尤其是更新分建成本浩繁，技術困難尚待克服，因而藉儲納設備節制流速，使雨水與污水併同處理，再流入河川，似是較可行的方式。

一般來說，下水道的污水引進處理廠後，須經過三種不同程度的淨化處理[23]。「初級污水處理」(primary sewage treatment) 係指採用過濾網將樹枝、細石、碎布及其他殘渣物料清除，並去除懸浮固體，使之形成污泥而堆積在沉降槽 (settling tank) 的機械性過程 (machenical process)。惟此一過程只能去除懸浮固體的 60%，以及需氧有機廢污的 30%，尚無法移除硝酸鹽、磷酸鹽、放射性同位素或殺蟲劑等物質。而「次級污水處理」(secondary seuage treatment) 則是經由需氧細菌分解，以去除生物性退化，需氧有機廢物之 90% 的生物性過程 (biological process)。有些處理廠採取「緩流過濾法」(trickling

[23] 根據行政院環保署的定義，所謂「一級處理」又稱「初級處理」，係以沉澱、浮除、篩除、沉砂、磨碎、調勻、沉汲等物理處理方法，去除污水中大部分可沉降物或懸浮固體。所謂「二級處理」，係經一級處理沉澱後的污水，以活性污泥法、滴濾池、氧化渠、厭氧生物法、接觸氧化法、旋轉生物盤法等生物性處理，去除耗氧物質（有機物）。所謂「三級處理」，又稱「高級處理」，利用化學沉澱法、離子交換法、折點加濾法、生物處理脫氮法、逆滲透法、活性碳吸附等，以去除二級處理未能去除之污染物質，如氮、磷等。資料來源：行政院環保署網站，http://www.epa.gov.tw/attachment_file/200409/d 肆-水質保護統計類.pdf（搜尋日期：2005 年 9 月 1 日）。

表 2-4-13 民國 90 年以降臺灣地區污水下水道系統污染管制情形

年別（民國）	列管系統數	查核數		處罰件數								水樣檢驗結果（件）			排放許可證核發情形			廢水處理專責單位或人員設置情形		
						行政處分（一處分書計一件）														
		系統數	家次	總計	移送檢察機關偵辦	計	罰鍰（按日連續處罰、按次處罰）	命停止作為、儲存、停工或作業	勒令歇業	撤銷注入或排放許可證	其他	總計	合格	不合格	應申請系統數	至年底已核發系統數	核發率（%）	應設置系統數	至年底已達標準系統數設置	核發率（%）
90	2,205	924	1,738	89	—	89	47	1	—	—	41	417	362	55	1,927	1,392	72.24	196	180	91.84
91	2,428	730	1,706	352	—	352	322	—	—	—	30	784	731	53	2,171	1,648	75.91	230	214	93.04
92	2,397	1,137	2,309	54	—	54	35	—	—	—	19	1,202	1,150	52	2,152	1,410	65.52	254	232	91.34
93	2,749	705	1,664	100	—	100	81	—	—	—	19	861	826	35	2,295	1,668	72.68	268	252	94.03
94	3,028	1,499	3,927	78	—	78	77	—	—	—	1	2,505	2,445	60	2,779	1,935	69.63	282	260	92.20
95	3,266	1,176	4,327	74	—	74	74	—	—	—	—	2,623	2,544	79	3,023	2,116	70.00	293	265	90.44
96	3,547	1,988	5,844	68	—	68	68	—	—	—	—	2,518	2,454	64	3,284	2,309	70.31	333	292	87.69
97	3,537	2,816	6,705	73	—	73	72	1	—	—	—	3,366	3,296	70	3,344	2,634	78.77	371	332	89.49
98	3,546	2,985	8,296	70	—	70	70	—	—	—	—	3,536	3,482	54	3,444	2,871	83.36	360	343	95.28
99	3,538	2,834	9,056	94	—	94	91	—	—	—	3	4,347	4,226	121	3,466	3,085	89.01	405	372	91.85
100	3,478	2,369	8,103	87	—	87	87	—	—	—	—	4,592	4,484	108	3,430	3,064	89.33	407	375	92.14

資料來源：行政院環境保護署，(2013b)，中華民國環境保護統計年報，http://www.epa.gov.tw/ch/DocList.aspx?unit=24andclsone=501andclstwo=178andclsthree=171andbusin=4177andpath=9539（搜尋日期：2013 年 6 月 25 日）。

註：自民國 96 年起金門縣、連江縣納入統計。

filter)，將廢水引入鋪滿碎石的床座，使其緩緩流過，再藉空氣中的氧以促進好氧細菌分解污泥。另一種方法則是「激動沉污過程」(activated sludge process)，係將廢污抽入大型槽中，藉與充滿細菌的沉污混合並注入空氣，經過數小時，即可降解有機廢物。經此處理的污水流入沉澱槽 (sedimentation tank) 或沉降槽中，而大多數的懸浮固體與微生物已經處理並混合成污泥，這些污泥經打入空氣引進污泥蒐集箱中，再經乾燥過程，即可投入海中或送往棄土場，或做為肥料 (Miller, 2004: 504)。

經過二級處理的廢水，仍帶有 3% 至 5% 的需氧有機廢物、3% 的懸浮固體、50% 的氮（多為硝酸鹽）、30% 的磷（多為磷酸鹽），以及 30% 的有毒金屬合成物與合成有機化學製品。至於 95% 的溶解鹽、長存的放射性同位素或持久性的有機物質（殺蟲劑），實際上並無法去除。根據美國的《淨水法》規定，多數的都市必須設置初級與次級污水處理廠，但根據美國環保局在 1989 年的報告，顯示約有 66% 的污水處理廠水質會影響民眾的健康，而會計總署 (General Accounting Office) 也指明許多產業有違規之舉。再者，有 500 個都市的污水處理廠之設施並不符合美國聯邦所定的標準，更有 34 個東岸都市只是將石礫等流動物質篩濾，便將污水放流。凡此種種均顯示潛在的環境危機依然存在 (Miller, 2004: 504-505)。

經過初級、次級處理的污水仍有一些污染物質，而須藉由進階污水處理 (advanced sewage treatment) 以特殊的化學與物理過程將之去除。此即將污水引入放置石灰岩碎石並種植濕地植物的第一集中水槽，經過植物根吸收化學物質、碎石吸收磷後，污水再導入同樣的第二集中水槽。同樣的步驟如此重複多次，經處理的水將接近無菌及富植物營養的狀態，而可用於灌溉、浴廁。這類處理往往可以明礬清除 98% 的溶解鹽、90% 的磷酸鹽、98% 的懸浮固體，而特殊化合物（如：DDT）等亦可加以清除，故其放流水當不會造成湖泊優養化，以及河川流速減緩的後果。不過，因為這種污水處理廠的興建費用是次級處理廠的二倍，營運費用為其四倍，至為昂貴，所以迄今甚少採用。

在污水處理過程中，通常需將處理水漂白、消毒後才可放流，一般所採用的方法是用氯處理 (chlorination)，但是，水中的氯對於任何有機物都會有所反應，而其形成的少量碳氫化合物經試驗證明可能導致部分動物致癌。根據美國在 1992 年的初步研究，含氯的飲用水恐將導致 7% 至 10% 的癌症滋生。近來也有證據顯示，部分碳氫化合物會破壞神經、免疫與內分泌系統。有些處理廠採用臭氧、紫外線為消毒劑，但比用氯處理花費昂貴，藥效也不持久。

經初級與次級處理後的污泥，須加以處置或製成肥料。在美國，都會區所產生的污泥中，有 36% 用為耕地、森林、高爾夫球場、墓地、草地、高速公路中隔島、劣化土地等地使用的肥料，有 9% 做成堆肥，另有 38% 送往垃圾填埋地傾倒（恐會污染地下水），另有 16% 加以焚燒（恐會產生有毒化學物質肇致空氣污染）。不過，瑞士和德國則將污泥加熱殺死有害細菌後再加以處置 (Miller, 2004: 505-506)。位於臺灣新北市的八里污水處理廠，於污水進流後經機械攔污柵去除大型固體，再經曝氣沉砂池沉澱去除砂礫，進入初步沉澱池沉澱去除懸浮固體物，其所沉降的污泥則由污泥泵抽送至污泥濃縮系統，經重力濃縮後的污泥再送至蛋形消化槽進行厭氣消化處理，消化後的污泥先行儲存於污泥儲槽，再抽送至污泥脫水機房做帶濾式脫水處理，其所產生的污泥餅則予以衛生掩埋（臺北市政府工務局衛生下水道工程處，2000）。這些污泥未經再製成肥料，主要係因所含雜質仍多，且量少不及經濟規模，故只能以掩埋處置。

四、地下水之污染課題及其防治對策

（一）地下水污染的課題

誠如前述，地面水一旦遭受污染，有些細菌與懸浮固體可藉上述方法予以移除，不致於下濾到含水層中。然而，如果廢污量大而超越土壤過濾的負荷量，則若干病菌或合成有機化學製品仍然無法有效篩濾；又因含水層缺少溶解氧及微生物，則需氧廢物的細菌分解也會無法進行。再者，地下水一旦受到污染，將易導致流速緩慢，無法予以有效稀釋、消散，故地下水污染的程度常比地面水污染來得嚴重。換言之，含水層一旦遭受污染，恐會遺禍延年，甚或數個世紀，這全得視其補注速率的快慢而定。這種看不見的污染將對人類的健康造成莫大的威脅。

地下水的污染來源很多，包括：空氣中的粉塵物質、地下儲存槽、垃圾掩埋地、石油和溶解液槽、污水槽、化糞池、加油站、農用殺蟲劑、農用肥料、煤礦場、防止道路結冰的鹽、危險廢棄物處理廠、處理液體危險廢棄物的深井，以及工業與畜牧廢污處理湖塘等。根據美國環保局調查發現，在 26,000 個工業廢污湖塘中，約有三分之一並無防止液體廢污下滲到含水層的襯墊裝置，而這些廢棄物所在地中有三分之一是在飲水井的 1.6 公里範圍之內。該局估計，至少有 100 萬個地下儲油槽的有毒溶劑滲漏到地下水中；只要每天滲漏石油 4 公升，就會使 5 萬人的供水遭到嚴重污染，但這一切的漏滲卻難以查覺。基本上要偵測一處漏隙，平均得花費 25,000 至 250,000 美元；而若要清除含水層的化學物質，將須耗費 10,000 至 250,000 美元；若要替換漏裂的儲存槽，還須再花用 10,000 至 60,000 美元。核計相關當事人受損情形與法定費用，預計將花費超過數百萬美元。在加州的矽谷地區，有些電子工廠開掘地下井以放置廢棄溶劑，當地政府已查知其中的 85% 都有漏裂現象，不啻為環境的潛在危機 (Miller, 2004: 494)。

1993 年，美國環保局責令所有新置儲存槽必須有偵漏系統，一旦發現漏隙就必須立即修復。這些新的儲存槽必須採用非腐蝕性材質（如：玻璃纖維），若是儲存石油製品或危險化學藥品，還須加裝防止外洩裝置或雙層護牆等，以免滲漏到地下水中。此外，每個商用地下儲存槽的所有人都須強制投保 100 萬美元的責任險，以防止外漏的意外發生。然而，該局對於如何更新舊的儲存槽仍束手無策，少有作為。

在臺灣地區，地表污染物主要是經由天然補注途徑進入地下水體，或工業、家庭廢棄物處置不當而污染地下水。此外，豬隻排泄物處理不當、口蹄疫病死豬採取掩埋處理，而未做不透水層隔離處理，亦為地下水的潛在污染源。再者，大型煉油廠、加油站等數千個地下儲油槽與數百里的輸油管線，時有腐蝕、滲漏致污染發生；又廢棄物處理廠、老舊掩埋場、衛生掩埋場因施工不當、火災導致不透水層功能破壞，也容易造成地下水污染（行政院環保署，1998：244）。

從民國 92 至 101 年的監測數據（如表 2-4-14 所示）顯示，就水質低於地下水污染監測基準比率而言，101 年比率為 89.9%，較 92 年 88.8% 略高，各季比率相差不大。整體而言，氨氮與錳之比率普遍較低，按 101 年第四季，依水質項目由小而大排列為：錳 (50.7%)、氨氮 (64.6%)、鐵 (74.4%)、總溶解固體 (91.1%)、氯鹽 (93.0%)、總硬度 (93.5%)、硫酸鹽 (96.4%)、總有機碳 (99.3%)，其餘如硝酸鹽氮、砷、鎘、鉻、銅、鉛、鋅等皆為 100%。

（二）地下水源污染的防治對策

地下水污染治理的信條，仍是事前防範比事後清理來得有效。如果抽取污染的地下水，經清理後再回注含水層，往往所費不貲（據估計，一個含水層的清理至少要花 500 萬美元）。因此，保護地下水資源的最有效方法，便是「避免污染」，其可採取的方式為：(1) 監控靠近垃圾掩埋場與地下儲存槽的含水層變化情形；(2) 建立滲漏偵查系統，定期查核現有新置儲藏危險液體的地下儲存槽；(3) 建立責任保險制，凡是舊有或新置用來儲藏危險液體之地下儲存槽的所有人均須投保；(4) 嚴禁或嚴格規範有關危險廢棄的投注深井或垃圾掩埋場之處置方式；(5) 偵查地面上用來儲藏危險液體的儲存槽，如有漏裂應予蒐集處理 (Miller, 2004: 495)。

在臺灣地區，於近年來對地下水污染的防治較為積極，以下為採取的若干措施（行政院環保署，2001：282-283；2004：376）：

1. **推動設置區域性地下水質監測站**：於民國 86 年設置 88 站，101 年已達 431 口監測井，分北、中、南三區執行監測，每季或每半年採樣監測一次。地下水水質監測項目包括：水溫、導電度、酸鹼度、總硬度、總溶解固體、氯鹽、氨氮、硝酸鹽氮、硫酸鹽、總有機碳、砷、鎘、鉻、銅、鉛、鋅、錳、鐵、鈉、鉀、鈣、鎂、鹼度等 23 項。自民國 100 年起增列重金屬汞、鎳及 20 項揮發性有機物。

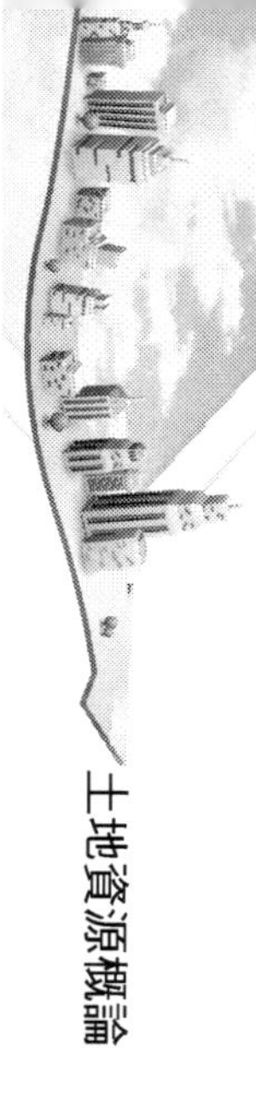

表 2-4-14 民國 92 至 101 年地下水測值低於地下水污染監測基準比率統計表

單位：%

監測時序（民國）	總硬度	總溶解固體	氯鹽	氨氮	硝酸鹽氮	硫酸鹽	總有機碳	砷	鎘	鉻	銅	鉛	鋅	鐵	錳	平均比率
92 年第一季	90.1	89.1	91.9	50.9	99.4	96.3	97.8	99.7	99.7	100.0	100.0	99.7	100.0	60.6	44.4	88.0
92 年第二季	92.2	90.2	92.5	55.0	99.5	95.7	98.2	100.0	100.0	100.0	100.0	100.0	100.0	64.8	48.2	89.1
92 年第三季	92.9	90.4	92.4	58.0	99.0	96.6	98.8	100.0	100.0	100.0	100.0	100.0	100.0	62.7	45.0	89.0
92 年第四季	91.9	90.4	92.4	57.2	98.5	96.6	98.8	100.0	100.0	100.0	100.0	100.0	100.0	61.2	48.4	89.0
92 年平均比率	88.8															
93 年第一季	91.2	88.9	92.2	61.8	99.2	96.5	99.0	100.0	100.0	100.0	100.0	100.0	100.0	80.4	54.0	90.9
93 年第二季	89.7	88.2	91.5	59.5	99.2	95.6	98.5	99.7	100.0	100.0	100.0	100.0	100.0	79.0	50.3	90.1
93 年第三季	89.1	88.8	91.6	59.3	98.8	96.0	97.5	100.0	100.0	100.0	100.0	100.0	100.0	81.6	52.9	90.4
93 年第四季	90.0	88.0	92.0	61.4	98.7	95.0	98.5	100.0	100.0	100.0	100.0	100.0	100.0	81.5	51.4	90.4
93 年平均比率	90.4															
94 年第一季	91.1	90.1	91.7	65.4	99.0	96.1	99.0	100.0	100.0	100.0	100.0	100.0	100.0	82.3	58.6	91.5
94 年第二季	91.5	89.1	91.7	62.4	99.2	96.4	99.0	100.0	100.0	100.0	100.0	100.0	100.0	81.3	53.6	90.9
94 年第三季	91.8	88.4	92.5	65.3	99.0	96.1	99.2	100.0	100.0	100.0	100.0	100.0	100.0	81.7	54.2	91.2
94 年第四季	91.8	90.0	92.8	63.0	99.7	96.4	99.7	100.0	100.0	100.0	100.0	100.0	100.0	81.7	56.0	91.4
94 年平均比率	91.3															
95 年第一季	91.8	90.0	92.3	63.9	99.5	95.8	98.7	100.0	100.0	100.0	100.0	100.0	100.0	79.7	54.9	91.1
95 年第二季	92.2	89.6	92.7	63.2	99.2	96.1	99.5	100.0	100.0	100.0	100.0	100.0	100.0	83.3	53.0	91.2
95 年第三季	92.7	89.6	93.0	65.3	100.0	96.4	99.7	100.0	100.0	100.0	100.0	100.0	100.0	83.4	55.2	91.7
95 年第四季	92.3	89.4	92.6	61.5	99.7	95.8	99.7	100.0	100.0	100.0	100.0	100.0	100.0	82.1	53.9	91.1
95 年平均比率	91.3															
96 年第一季	92.3	90.1	92.3	65.9	99.8	96.4	99.8	100.0	100.0	100.0	100.0	100.0	100.0	82.4	54.6	91.6
96 年第二季	92.4	89.9	92.9	63.3	99.8	96.6	100.0	100.0	100.0	100.0	100.0	100.0	100.0	83.3	52.7	91.4
96 年第三季	92.3	90.6	92.5	65.6	99.8	96.6	99.5	100.0	100.0	100.0	100.0	100.0	100.0	84.5	54.2	91.7
96 年第四季	93.3	90.2	92.8	64.7	100.0	96.2	99.3	100.0	100.0	100.0	100.0	100.0	100.0	83.2	54.9	91.6
96 年平均比率	91.6															
97 年第一季	93.0	89.6	92.7	67.0	100.0	97.1	100.0	100.0	100.0	100.0	100.0	100.0	100.0	85.2	55.1	92.0
97 年第二季	93.2	90.3	92.9	66.4	99.8	97.1	99.5	99.8	100.0	100.0	100.0	100.0	100.0	85.2	53.3	91.8
97 年第三季	93.1	91.6	93.1	67.2	99.8	96.9	100.0	100.0	100.0	100.0	100.0	100.0	100.0	83.7	56.2	92.1
97 年第四季	92.6	91.7	93.3	67.2	100.0	96.4	99.8	99.8	100.0	100.0	100.0	100.0	100.0	84.6	53.9	92.0
97 年平均比率	92.0															

表 2-4-14 民國 92 至 101 年地下水測值低於地下水污染監測基準比率統計表（續）

單位：%

監測時序（民國）	總硬度	總溶解固體	氯鹽	氨氮	硝酸鹽氮	硫酸鹽	總有機碳	砷	鎘	鉻	銅	鉛	鋅	鐵	錳	平均比率
98 年第一季	93.3	90.6	93.5	64.5	100	96.6	99.5	99.8	100	100	100	100	100	83.7	55.9	91.8
98 年第二季	93	90.5	92.7	64.3	100	96.6	99.5	99.8	100	100	100	100	100	82.5	53.9	91.5
98 年第三季	94.3	92.4	94.3	70.6	99.8	96.7	99.8	99.8	100	100	100	100	100	84	56.6	92.5
98 年第四季	94	91.7	93.3	65.2	99.5	96.4	99.8	99.8	100	100	100	100	100	80.7	55.5	91.7
98 年平均比率	91.9															
99 年第一季	84.2	80.8	84.2	38.3	100	91.7	99.2	99.2	100	100	100	100	100	77.5	38.3	86.2
99 年第二季	92.5	90.8	92.5	64.7	100	96.5	99.5	99.8	100	100	100	100	100	823.1	53.7	91.5
99 年第三季	84.0	79.2	84.0	44.0	99.2	90.4	100.0	99.2	100	100	100	100	100	76.8	39.2	86.4
99 年第四季	93.8	91.1	92.8	64.6	99.5	96.2	99.3	99.8	100	100	100	100	100	79.4	53.6	91.3
99 年平均比率	90.3															
100 年第一季	82.9	80.5	85.4	31.7	100	90.2	100	98.8	100	100	100	100	100	70.7	34.1	85.0
100 年第二季	93.1	91.3	93.3	62.3	100	96.4	99.0	99.7	100	100	100	100	100	78.5	52.1	91.0
100 年第三季	83.8	80.0	82.5	33.8	100	90.0	100	100	100	100	100	100	100	72.5	35.0	85.2
100 年第四季	92.9	90.8	92.9	61.8	100	96.6	99.8	100	100	100	100	100	100	78.8	50.1	90.9
100 年平均比率	90.0															
101 年第一季	83.9	80.5	83.9	42.5	100	89.7	100	100	100	100	100	100	100	70.1	32.2	85.5
101 年第二季	91.9	89.7	92.4	64.5	99.8	96.1	99.5	100	100	100	100	100	100	77.7	53.4	91.0
101 年第三季	81.8	77.3	83.0	39.8	100	88.6	100	100	100	100	100	100	100	68.2	35.2	84.9
101 年第四季	93.5	91.1	93.0	64.0	100	96.4	99.3	100	100	100	100	100	100	74.4	50.7	90.8
101 年平均比率	89.9															

資料來源：

1. 行政院環境保護署，民國 102 年修訂，民國 101 年環境水質監測年報，頁貳-15，http://wqshow.epa.gov.tw/（搜尋日期：2013 年 8 月 2 日）。
2. 行政院環保署，2011，2010 年環境水質監測年報，http://wqshow.epa.gov.tw/WQEPA/Code/Resource/LinkDoc/99%E5%B9%B4%E6%B0%B4%E8%B3%AA%E5%B9%B4%E5%A0%B1_%E4%B8%8A%E7%B6%B2%E7%89%881000506[3].pdf（搜尋日期：2012年6月30日）。

說明：

1. 單一項目低於地下水污染監測基準比率(%)=（單一項目水質低於監測基準的總次數／單一水質監測項目有效監測總次數）×100%
2. 平均低於地下水污染監測基準比率(%)=（各水質測項低於地下水污染監測基準之比率總和的總和／測項數目）×100%

註：

1. 鐵、錳在 92 年因重金屬採用未過濾檢測，導致測質偏高而低於地下水污染監測標準比率，93 年起將分析方法由未過濾改為過濾檢測，同時檢樣方式亦要求排除貝勒管改為以沉水式泵執行，因此，93 年以後低於地下水污染監測標準比率已有提升。
2. 91 年至 98 年係每季監測一次區域性地下水監測井，自 99 年起變更區域性地下水監測頻率依歷年監測結果進行評析，逐年調整區域性地下水監測頻率。101 年水質變化趨勢穩定採一年二次監測計有 337 口，另水質部分測項曾超過監測標準且具上升趨勢，或該測站未累積足夠監測數據者，採一年辦理四次監測計有 94 口。

2. **推動場置性污染源監測**：調查各事業地下、地面儲存的數目、儲存物質、防腐及滲漏監測設施，建立資料庫。惟監測井並非遍設各個縣市，尚待加強設置。
3. **辦理加油站及大型儲油槽調查**：就其土壤氣體的濃度、成分加以分析，以瞭解有否滲漏情形。90 年至 100 年間調查迄今，仍有 84 座加油站及 5 處儲油槽土壤及地下水超過管制標準，已督促業者進行改善。
4. **推動辦理地下水污染整治工作**：污染者被要求應負責整治受污染地區，如桃園縣臺灣美國無線電公司 (RCA) 地下水污染整治場址、中油高雄煉油等污染整治工作。
5. **研修地下水質污染防治法規**：加強管制如地下儲油槽滲漏污染的危害。

我國《土壤及地下水污染整治法》於民國 89 年 2 月公布施行，確立國內土壤及地下水污染整治工作之法令依據，亦使污染場址之處理有明確的執行規範。依該法規定並於民國 90 年 11 月 1 日成立之「土壤及地下水污染整治基金管理委員會」，迄今已完備土壤及地下水污染整治法之相關子法的建置、建立整治費徵收制度，以及推動污染場址改善控制的相關業務。此外，並辦理全國農地土壤重金屬污染調查，建立農地污染場址查證方法與緊急應變程序，進行十年以上老舊加油站與大型儲油槽污染的潛勢調查，採取必要的應變措施及減輕污染危害。

此外，又於民國 87 年公布「國家環境保護計畫」，該計畫以 100 年為期程，針對地下水水質改善提出「健全地下水保護制度、加強地下水水質監測及整治改善」執行對策，主要包括以下項目（行政院，1998）：

1. **研訂地下水質保護之相關法規，健全地下水保護制度**：根據行政執行的需要，制定或公告實施地下水保護之相關法規，例如：研訂「地下、地面上儲油槽防止污染地下水體之設施及監測設備之規範」、依據《水污染防治法》第 31 條之規定公告「中央主管機關指定物質」、研訂「地下水質整治基準」、規範「地下水污染整治責任之歸屬」，以及研訂「地下水天然補注區水質保護措施」。
2. **調查地下水質現況及潛在污染源**：調查各事業地下及地面上儲存槽之數目、儲存物質、防腐蝕及滲漏監測設施，並建立資料庫。同時，調查工業區等潛在污染源附近之地下水質，規劃潛在地下水污染源之監測網。
3. **推動辦理區域地下水水質監測站之設置**：推動辦理臺灣地區第一階段區域地下水水質監測站之設置、彙整區域性及場置性監測資料，並建立地下水水質資訊系統。
4. **防止廢（污）注入地下水體及土壤處理造成二次污染**：加強重大污染源之事前管制及稽查、輔導事業廢水處理符合放流水標準後地面排放，並取締廢污水注入地下水體；加強廢水之土壤處理管理，並輔導建立處理區域之地下水及土壤監測系統。
5. **防止儲存槽及地下管線滲漏污染地下水**：建立地下管線、儲存槽設施等相關資料系統，配合法規之公告輔導建立地下管線、儲存槽場及潛在污染源滲漏監測設備。

6. **保護地下水天然補注區水質**：地下水系極為複雜，一旦污染，其整治需花費龐大的人力及物力。同時應調查研擬地下水之天然補注區範圍，建立補注區水質保護及污染源管制措施。

7. **建立污染、整治及復育技術**：建立臺灣地區不同污染物之整治及復育技術，改善受污染之地下水。

從上述的措施來看，已稍具前指地下水資源保護措施的雛型，但對已遭污染地下水之整治措施仍顯不足。再者，污染責任保險制、廢棄物投入井、掩埋，以及地面儲存槽監控等措施還需深入研析，才過遏阻污染的滋生。

五、飲用水水源水質之課題及其保護措施

（一）飲用水水源水質的課題

飲用水的水源以地面水與地下水為主，且其水質要求比灌溉用水來得嚴格。目前在東歐、拉丁美與亞洲國家，其河川水質已遭受污染，而許多國家提供之飲用水的含水層也因農藥、肥料及危險有機化學物質的滲入而遭受污染。在中國大陸，約有 41 個大城市的飲用水取自已污染的地下水體；又在俄羅斯，有半數取自不適合飲用的地下水，且約有三分之一的含水層因污染嚴重而無法飲用。至於臺灣地區，自來水水質抽驗結果的不合格率，由民國 77 年的 1.09% 增為 84 年的 4.28%，顯示自來水的水質有惡化的趨勢。此與河川、水庫、湖泊與地下水等水源遭受污染密切相關。不過，因環保機關的督促改善，不合格率已逐年降低，至民國 99 年僅 0.28%，顯示水質已有顯著改善。但是屬於非自來水（如山泉水、井水）的水質不合格率，雖經二十年的改善，仍僅從民國 85 年的一度高達 62.79%，降至 99 年的 4.88%，仍較自來水高，恐有影響民眾的飲水安全之虞（見表 2-4-15）。

（二）飲用水水源水質的保護措施

北美與歐洲的許多國家均訂有飲用水安全標準。美國在 1974 年所定的《安全飲用水法》(Saft Drinking Water Act)，規定環保局須建立全國飲用水水質標準，稱為「最大污染水準」(maximum contaminant levels)，以免污染物質含量過高而危害人體健康。該法對於飲用水水質的改進助益良多，但對有些具有潛在危險性的水污染物質（有機化合物、放射性物質、有毒金屬等）卻未訂定最大污染水準。近年來，美國中央公告飲水系統的管理者必須依規定檢測 64 種污染物質，在 1997 年，美國環保局卻提議應縮減地方

表 2-4-15　臺灣地區飲用水水質抽驗檢驗結果

年別（民國）	自來水									簡易自來水		
	總計			直接供水			間接供水					
	檢驗件數	不合格件數	不合格率	檢驗件數	不合格件數	不合格率	檢驗件數	不合格件數	不合格率	檢驗件數	不合格件數	不合格率
77	27,006	294	1.09	—	—	—	—	—	—	5747	1709	29.74
78	25,162	818	3.25	—	—	—	—	—	—	3484	835	23.97
79	23,525	342	1.45	—	—	—	—	—	—	6285	2002	31.84
80	21,837	400	1.83	—	—	—	—	—	—	8302	3071	36.99
81	26,500	890	3.36	—	—	—	—	—	—	9250	3064	33.12
82	27,715	1,169	4.22	—	—	—	—	—	—	16298	5952	36.52
83	13,672	542	3.96	—	—	—	—	—	—	14247	5939	41.69
84	9,902	424	4.28	—	—	—	—	—	—	14372	1981	34.66
85	12,440	370	2.97	12,115	250	2.06	325	1230	36.92	1196	751	62.79
86	13,873	125	0.90	13,830	111	0.80	43	14	32.56	603	348	57.71
87	15,009	61	0.41	14,976	55	0.37	33	6	18.18	622	345	55.47
88	13,226	60	0.45	13,187	48	0.36	39	12	30.77	550	243	44.10
89	15,787	182	1.15	15,787	182	1.15	—	—	—	789	361	45.75
90	—	—	—	11,602	103	0.89	—	—	—	720	402	55.83
91	—	—	—	10,912	36	0.33	—	—	—	941	471	50.05
92	—	—	—	12,376	58	0.47	—	—	—	1,025	517	50.44
93	—	—	—	12,764	59	0.46	—	—	—	1,230	560	45.53
94	—	—	—	10,259	26	0.25	—	—	—	373	52	13.94
95	—	—	—	10,087	48	0.48	—	—	—	377	77	20.42
96	—	—	—	9,888	42	0.42	—	—	—	264	25	9.47
97	—	—	—	9,943	66	0.66	—	—	—	253	14	5.53
98	—	—	—	11,127	41	0.37	—	—	—	314	7	2.23
99	—	—	—	11,086	31	0.28	—	—	—	328	16	4.88

資料來源：
1. 行政院環保署水質保護處，2001：3-27。
2. 行政院環境保護署，(2012a)，環境水質監測年報，http://www.epa.gov.tw/ch/DocList.aspx?unit=24andclsone=501andclstwo=178andclsthree=173andbusin=4177andpath=9541（搜尋日期：2012 年 6 月 30 日）。

註：
1. 90 年起「自來水」僅含直接供水，不含間接供水。
2. 93 年以前「簡易自來水」係指原「非自來水」；84 年以前含飲用水設備及供飲用之井水、山泉水等；85 年至 93 年含供飲用之井水、山泉水等水質檢驗。
3. 92 年起納入金門縣、連江縣資料。

政府的水質檢驗負擔，亦即根據當地之特殊污染物質監測可能發生風險的大小，訂定檢測年期（如出現含鐵的風險小者，則每五年檢測一次），但私人水井並不要求必須定期檢驗，並符合聯邦飲用水水質標準。

根據 1994 年美國的自然資源防護委員會 (Natural Resources Defense Council, NRDC) 的研究，1992 年有 5,000 萬人的飲用水水質並不符合美國環保局的污染限值，而飲用水遭受污染也沒有通知民眾暫停使用，估計每年因此生病與致死的人數分別是 700 萬人與 1,200 萬人左右。儘管 NRDC 指出美國政府只要花費約 30 億美元嚴格執行國家水質檢測標準、即時通知民眾停用危險飲水等，就可使民眾享有安全的飲用水，但是礙於製造水污染的業者對美國國會施壓，要求放寬「安全飲用水」有關水質要求的規定，以致於未能徹底執行相關的政策措施。不過，環保人士還是呼籲美國政府應加強該法的規範，包括：(1) 改進全美 50,000 個供水處理系統，將其中半數服務人口少於 3,300 人者重新整併；(2) 有關當局與業者對於違反飲用水質安全標準的情事，負有強制之公共告知義務；(3) 禁止使用含鉛的抽水管、水龍頭及其他附屬設備 (Miller, 2000: 556-557)。然其成效如何，則尚待觀察。

在臺灣地區，於民國 86 年修正的《飲用水管理條例》公布後[24]，乃進行飲用水水源水質保護區的劃定工作，並對提供飲用水水源的流域實施污染防治工作。截至民國 102 年，地方政府業已劃定公告此等保護區 86 處、取水口一定距離 49 處，面積計為 38.81 萬公頃，其中以淡水河系分布為廣，達 5.73 萬公頃（見表 2-4-16）。在上述經劃定公告的地區，不得有非法砍伐林木或開墾土地等污染水源水質的行為，否則將處一年以下有期徒刑、拘役或易科 10 至 100 萬元罰鍰。依該條例規定，中央主管機關（環保署）應訂定「飲用水水源水質標準」，以供做飲用水水源的單一水標水質，而應符合規定之項目多達 59 項。

此外，為解決困擾多時的水源區豬隻排泄物污染等問題，行政院於民國 87 年 12 月 1 日核定「飲用水水源水質保護綱要計畫——高屏溪、淡水河、頭前溪、大甲溪及曾文溪部分」，有關的污染防治策略包括：水資源調配、建設旗美等處污水下水道系統、水源保護區內削減 64 萬頭豬、杉林鄉等 13 處行水區垃圾廠改善及自來水淨水廠改善等措施，預計執行八年（自民國 88 年至 95 年止），經費計 432 億元，可保障 1,200 萬人飲用水的安全（行政院環保署，2001：252-254）。此外，搭配污水下水道建設截流規劃，並制訂「水源保護區養豬戶（場）依法拆除補償標準」，倘若養豬戶願意配合進行拆遷補償工作，將可改善水源污染的狀況，並協助達成養豬產業之調整目標。

近年來，針對水源保護區養豬戶（場）依法拆除補償主要執行區域之高屏溪、淡水

[24] 該條例於中華民國 95 年總統華總一義字第 09500011681 號令修正公布。

表 2-4-16 已公告飲用水水源水質保護區（民國102年6月底）

流域別	總計		保護區		取水口一定距離	
	處	公頃	處	公頃	處	公頃
總計	135	388132.62	86	386,394	49	1739.1
淡水河系	17	57294.336	3	56,739.56	14	554.7733
蘭陽溪	7	1761.58	4	1,734	3	27.67
鳳山溪	2	53.69	—	—	2	53.69
頭前溪	8	457.96	1	57.8	7	400.16
中港溪	3	15070.03	2	15,058.54	1	11.49
後龍溪	1	6092.52	1	6092.52	—	—
大安溪	1	5931.09	1	5,931.09	—	—
大甲溪	7	32079.16	7	32,079.16	—	—
烏 溪	6	1028.43	5	1,019.01	1	9.42
濁水溪	6	1824.77	2	1,799.92	4	24.85
北港溪	2	377.7	2	377.7	—	—
朴子溪	2	18.81	—	—	2	18.81
八掌溪	5	9757.464	2	9,696.88	3	60.58
急水溪	1	2683.07	1	2,683	—	—
曾文溪	5	55916.11	4	55,914	1	1.77
高屏溪	3	176307.34	2	175,808	1	499.34
卑南溪	4	762.89	4	762.89	—	—
秀姑巒溪	1	392.32	1	392.32	—	—
花蓮溪	3	1235.34	3	1,235.34	—	—
清水溪（磺溪）	1	273.3	1	273.30	—	—
老梅溪	1	994.91	1	994.91	—	—
瑪鋉溪	1	1756.5	1	1,756.50	—	—
山澗水（公司田溪）	1	132.09	1	132.09	—	—
叭嗹溪	1	43.72	1	43.72	—	—
雙溪	1	1947.3	1	1,947.30	—	—
金崙溪	2	1111.62	2	1,111.62	—	—
大竹溪	2	525.93	2	525.93	—	—
大武溪	1	7.89	1	7.89	—	—
流麻溝溪	1	147.6	1	147.60	—	—
太平溪	4	1626.31	4	1,626.31	—	—
知本溪	2	295.02	2	295.02	—	—
大不岸溪	1	76.99	1	76.99	—	—
美崙溪	1	1715.01	1	1,715.01	—	—

表 2-4-16　已公告飲用水水源水質保護區（民國102 年6 月底）（續）

流域別	總計		保護區		取水口一定距離	
	處	公頃	處	公頃	處	公頃
四重溪	1	4243.35	1	4,243.35	—	—
大溪川	1	6.2	—	—	1	6.2
東澳北溪	1	7.36	—	—	1	7.36
南澳溪	2	17.61	—	—	2	17.61
瓦崗溪	1	5.13	—	—	1	5.13
馬武窟溪	1	11.94	—	—	1	11.94
水母丁溪	1	9.18	—	—	1	9.18
馬武溪	1	7.15	—	—	1	7.15
紅葉溪支流	1	5.82461	—	—	1	5.82461
立霧溪支流	1	6.15205	—	—	1	6.15205
其他流域	20	4113.923	20	4,113.92	—	—

資料來源：行政院環保署，(2012d)，行政院環保署飲用水全球資訊網，http://ivy1.epa.gov.tw/drinkwater/index-5.htm（搜尋日期：2012 年6 月30 日）。
註：淡水河系包括淡水河、基隆河、新店溪、大漢溪。

河、頭前溪、大甲溪及曾文溪等河川流域，環保署持續執行水源區養豬戶依法拆除補償之後續稽查管制，以維護水源水質之潔淨。經地方政府於民國 97 年查核家次，尚未發現豬隻復養情形，管控情況可謂尚好（行政院環保署，2009a：209）。

本章主要係在探討水資源的供需特質及水污染與防治之課題。從上可知，為促進水資源之永續利用，務使含水層不枯竭，並保護水質、維護水系統的生態健康。此外，為使流域綜合管理更有效率，區域和國家間應訂定共享地表水資源的協議，且由第三方調解國家間的水務糾紛。再者，為促進水資源的有效利用，可以考量建立水權市場、提高水價等措施，且政府對供水的補貼應該設法減少，以減少浪費水資源的行為。

嚴重的水污染問題將會破壞棲息在地球上的生命，因此，人們應該盡力防止地下水污染、減少非定點來源的逕流，將處理過的廢水用於灌溉，並找尋有毒污染物的替代品，以免污染源擴大。再者，當順應自然以處理污水，並實施垃圾減量、回收和再利用，以提升資源的使用效率，並減少資源的浪費。儘管水污染防治或可透過制定法律與執行管制來實現，但民眾亦需體認水污染確實是一個嚴重的問題，於日常生活養成節用水資源的習慣，並且避免污染水源。

在用水方面，可使用節水馬桶、蓮蓬頭，以淋浴代替洗澡，修理滴漏水管，於刷牙、剃鬚或洗滌時應關閉水槽的水龍頭等。以洗衣機洗滌衣物時，應於衣物盛滿容器，

或者儘可能使用最低水位。在自家的庭院，除維護現有的樹木和種植新的樹木和灌木外，應幫助防止水土流失，使之不會滲透到土壤之外，並應儘量栽種需水性低的作物，不施或少用化肥，避免逕流進入地表水。此外，在住屋的周圍必須蒐集好垃圾、寵物糞便，而修剪後之樹葉和雜草也應避免流入排水溝和下水道，造成阻塞。這些都是舉手之勞，且可防治水污染，若能加以推廣，當可善用水資源，防杜污染，則維護永續適居的環境自是指日可待。

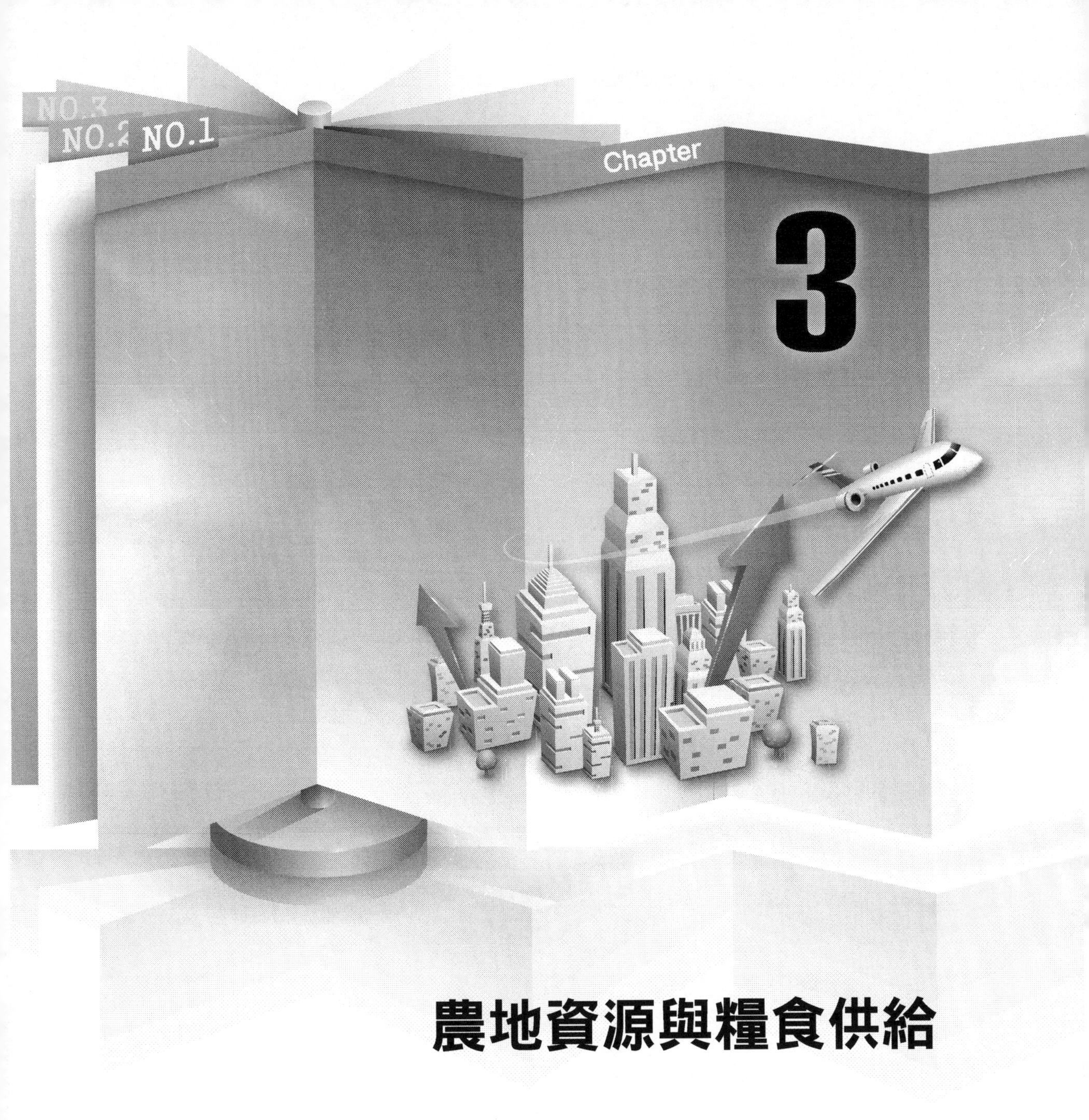

農地資源與糧食供給

第一節　農業生產與農地資源利用之特質
第二節　世界糧食生產與供給問題
第三節　糧食供給增加之主要途徑
第四節　農業政策與土地改革
第五節　全球氣候變遷與臺灣農業因應調適策略

土地資源是農業生產不可或缺的要素之一。從字面上看，中國古代「農」字的構造，上從田（指田地）、下從辰（指曲木之耕器），意指以人力使用農具耕種田地。故說文解字曰：「農耕也，種也。」又前漢書食貨志亦稱：「闢土植穀曰農。」這表示開闢耕地以栽種五穀之意。

農業的英譯為 Agriculture，源於拉丁字，為 Agri（土地）與 Culture（耕種栽培）兩字之組合，係指耕種土地、栽培作物之意。而德文的農業稱為 Landwirtschaft，是 Land（土地）與 Wirtschaft（經營或工作）兩字之結合，亦是意指在土地上耕作。惟從現代農業的觀點言，耕種土地以栽種五穀，不過是指直接吸收土壤肥力而生長出植物，但是以植物為飼料餵養動物，亦是間接利用土地資源從事生產。因此，廣義而言，農業是指人類利用土地資源以培育動、植物的生產事業（王光遠，1972：1）。

農地資源當指提供人類從事農業生產以供應糧食的基本要素，而利用農地資源並施用勞力、資本，以從事農業生產、創造效益之行為，即是農地資源利用。一般而言，農業係指農、林、漁、牧四大部門，惟農耕部門係利用土壤有機質的潛在性長流資源以事耕種，故本章論述重點亦將側重在此部門。本章首先就農業生產特性與農地資源利用特徵予以說明，其次探討現今世界糧食生產與供給所面臨的問題，並討論增加糧食供給的主要途徑，進而論述臺灣農地與糧食政策之實質內涵，最終探究全球氣候變遷與臺灣農業的因應調適策略。

第一節　農業生產與農地資源利用之特質

一、農業生產之特性

農業既是指人類利用農地資源以培育動、植物的生產事業，其生產特性自有別於其他產業。概要言之，約有以下各項。

（一）屬生物性之生產過程

農業生產是培育有生命的動、植物，其生長過程必須適時適地攝取陽光、空氣、水分、土壤肥分及其他營養物質，才能藉著細胞分裂、新陳代謝，從而有利於成長發育、永續繁衍。這種藉長流性資源孕育生物之生產過程，與工業藉著機器製造產品的過程截然不同。又因農業生產係培育有生命的動、植物過程，需要較多的勞力管理，生產過程所需的機動性勞動力比例較高；但工業生產係機械化生產過程，生產鏈的制度化運作使勞力管理所需的機動性比例相對較低。

由於生物的品種繁多，但質地高、量產豐者並不多見，故農業生產當須以專精知識配合生物科技，選擇適合人類所需的種類，培育繁殖，悉心照料，並防治病蟲害滋生，方能順利完成生產過程，享受收穫、賺取利潤。然而，動、植物的生育有其一定的時程，不能刻意揠苗助長；即使運用機械，亦不可缺乏人工照顧，且如遇有自然災害的侵襲，將導致損失慘重。相較之下，工業生產採用高效率機器，按照既定日程與產量，製造規格齊一、品質相當的產品，幾乎無須承擔自然災害之風險。因此，農業的生產效率相對較低，正是植基於此。

（二）深受自然條件之諸多限制

農業生產係利用農地資源以培育生物，比起其他產業更容易受到自然環境的影響。氣溫高低、雨量多寡、風力強弱、表土厚薄、地勢高下、坡度大小等，皆會影響土地資源是否可耕種、耕地品質的優劣，以及農產是否豐歉。如按土地資源能否供作農耕或放牧使用，可將全世界土地劃分為耕地 (cropland)、牧草地 (grazing land)，以及不適耕種與放牧之地 (unusable for crops or grazing)，像是冰山、沙漠與山脈等，其所占比重分別是 25%、24% 與 51%。其中，已經使用的耕地、牧草地比率合計為 21%，另有潛在可用的耕地位在熱帶雨林區為 8%，乾旱區為 6%，以及位在潛在放牧的森林與乾旱區為 14%（見表 3-1-1）。然而，所謂「潛在的農耕或放牧地」，事實上是地處過於乾旱、土壤厚度不足，即使清除熱帶雨林、增置乾旱區的灌溉設備、添加肥料，將會盈不抵虧，益不及本。

民國 101 年，臺灣的年均溫約在 22.6°C（基隆）至 25.5°C（恆春）之間，年降雨

表 3-1-1　全球陸域土地使用面積之結構

使用情況	使用種類	用地面積所占比率
已經使用	耕地	11%
	牧草地	10%
潛在可用	耕地	
	赤道林區	8%
	乾旱地區	6%
	牧草地	
	森林與乾旱地區	14%
無法使用	冰山、沙漠、山脈	51%
合　計		100%

資料來源：Miller, 2004: 294.

量約在 2,048 公釐（臺東）至 3,908 公釐（基隆）之間[1]。由於地處亞熱帶，溫溼多雨，土壤多呈酸性，全省適合雙期作水稻生長。大安溪以南適合種植甘蔗，而溼雨多霧、排水良好的丘陵地則適合生長茶樹。耕地面積達 799,639 公頃，包括水田 399,183 公頃，旱田 400,456 公頃[2]。四季生產皆宜，全年物產豐富（行政院農委會，2001：285、344-346）。就中國大陸而言，西北蒙疆、西南高原一帶乾燥嚴寒，沙漠綿延，除少數天然草地可供放牧外，其餘少有農業生產價值；而東南半壁的丘陵與平原，則氣候適宜、農產較豐，華北植麥，華南產米，是為農業發達地區（張德粹，1984：244）。

由於農業生產受到自然條件之限制較多，需要廣大的土地面積以供生產，且多為平面使用，單位面積投入之容受力低，故商品產值較低。因此，如社會大眾未能體認農業的限制條件，將會因其在國民生產毛額所占比重小而不加重視。

（三）農產品之質量殊難控制

農業生產因屬生物性之生產過程，又承受自然條件之嚴格限制，產品的數量也就難以控制。農作物的成長，自種子發芽至開花結實，往往需要相當長的生長週期；短期作物如稻、麥，成長期為四、五個月，長期作物如甘蔗、鳳梨，生產期得需一年多，而果樹類則需達五、六年，林木成材更長達二、三十年。然作物在生長期間深受氣候之支配，若風調雨順，則豐收可期，若不幸驟遭暴風雨、降霜刨，或久逢乾旱，恐要折損枯萎，而虧損累累；萬一遇上蟲害，更似雪上添霜，血本無歸。而動物的畜養繁殖也需數個月至數年的時間，方能長大供人使用，而病害或自然災害之侵襲亦會使成群禽畜遭受損失。

農產品的類別繁多，本有差異，即使屬於同一種類，其外形與品質也不完全相同，尤其日照長短、雨水多寡等因素均會影響農作物的大小、色澤、比重、成熟度、香甜度；而飼料調製、病毒防治是否得當，也會影響牲畜的健康、肉質，從而使農產品品質有優劣之別，也影響到經濟價值的高下。由此可見，農業生產承擔較大的自然風險，不僅產品難以標準化，收穫豐歉也不確定，自會減低農產品市場之競爭力。

（四）經營管理之經濟風險大

農業經營在經濟上的弱點很多，可分為生產面與交易面。就生產面而言，包括：(1) 深受自然力所控制，報酬遞減律的作用特別明顯（容後詳述），故規模經濟的效益

[1] 行政院農委會，102 年 7 月，農業統計月報，http://agrstat.coa.gov.tw/sdweb/public/book/book.aspx（搜尋日期：2013 年 9 月 6 日）。

[2] 行政院農委會，2009，九十七年農業統計年報，http://www.coa.gov.tw/view.php?catid=19669（搜尋日期：2009 年 10 月 19 日）；以及交通部中央氣象局，2008 年 12 月，氣候監測報告，http://www.cwb.gov.tw/（搜尋日期：2009 年 10 月 19 日）。

較不顯著；(2) 所需時間長，以致於無法因應價格變化而增減栽種面積或產品供給量；(3) 固定資本設備所占的比率高，農場勞力供應缺乏彈性，故農場業務不易隨著價格漲跌而調整；(4) 農產品收穫的品質與數量不定，難以為人力完全掌控；(5) 生產期間需要購置生產資財，但收入遠落於支出之時間，這種經濟上的落後 (the economic lag) 少則半年，長達多年，以致農業資金常有缺乏之虞。就交易面言：(1) 農產品的供需缺乏彈性，價格漲跌劇烈；(2) 農產品中因有大部分容易腐壞損毀，在運送的過程需耗費較多的勞務與設備，故運銷成本高；(3) 農產品之產地價格的變動幅度較大，農民所得價格的漲落也深受影響（張德粹，1977：292）。

據上可知，農業經營上的種種弱點，不利於因應價格變動而調整生產，以致於經濟風險甚大而利潤微薄，遠不如工業生產之易於控制管理、經濟風險較小而獲利較豐。

（五）報酬遞減律之作用特別顯著

許多生產事業均需利用土地才能進行，而農業生產是利用土地資源自然生產力最多的產業。由於從事農業必須以土地資源此一固定要素，配合種子或肥料等變動要素以進行生產，因此最容易受到土地資源報酬遞減律的嚴格限制。與其他產業相較，這種自然生產要素與其他人造要素（如勞力與資本）之間的替代彈性較小；且因其係屬生物性或有機性生產，承受自然條件諸多限制，加以生產過程需要較多的人力悉心照顧，很難完全藉機械力予以替代，所以在生產達到某個程度之後，受報酬遞減律之作用而形成生產數量愈多、邊際收益遞減或者邊際成本愈高的現象。因此，在單位面積農地上配合其他要素從事農業經營時，生產要素之間的相對比率要適當，不能無限制的提高集約度，才能充分發揮生產效益（殷章甫，1995：185；張德粹，1984：92）。有關農業與工業一般生產特徵之不同摘要如表 3-1-2，藉以突顯農業生產雖為人類維生不可或缺的產業，但受到種種條件的限制，社會大眾如不能體認其於生產之外的生活、生態之多功能價值，將使土地變更使用的壓力難以紓解。

二、農業生產之類別

世界主要的糧食作物，以小麥、稻穀、玉米與馬鈴薯等四大類最為重要。目前，全世界的人類約有三分之二仰賴穀物維生，歸咎主要原因是沒有經濟能力購買肉類。即便隨著所得提高後，或將有能力購買蛋白質較高的乳肉製品，仍須間接消耗更多的穀物。

倘依投入資源結構加以區分農業生產類別，概可區分為工業化農業 (industrialized agriculture) 與傳統式農業 (traditional agriculture)，而後者尚可再區別為傳統自給式農業 (traditional subsistence agriculture) 及傳統集約式農業 (traditional intensive agriculture)。上述類別的特性茲分述如下 (Miller, 2000: 179-283)。

表 3-1-2　農業與工業一般生產特徵之比較

特徵	農業	工業
生產過程	有機性生產或生物性生產、具季節性、生產過程所需勞動力的比例較高	無機性生產、不具季節性、生產過程所需勞動力的比例較低
與自然條件之關聯性	受到自然條件之限制較多，農業生產要廣大的土地面積多係平面使用；單位面積投入之容受力低，商品產值較低	少受自然條件之限制，工業生產最低規模面積相對較小，可立體使用；單位面積投入之容受力高，商品產值較高
產品質與量之控制性	因屬生物性之生產過程，又承受自然條件之嚴格限制，產品的品質和數量難以控制	因賴機械生產，產品的品質和數量較易控制
經營管理之風險	在生產和交易面的經營弱點多，不利於因應價格變動而調整生產，故經營風險大而利潤微薄	易於控制管理、經濟風險較小而獲利較豐
與報酬遞減作用之關聯性	因上述特性影響，報酬遞減律的限制迅速發生作用，規模經濟效益低，競爭力相對較弱，供農用土地承受變更使用之壓力大	報酬遞減律的限制不易發生作用，規模經濟效益高，競爭力相對較強，要求較多產業用地以供發展

（一）工業化農業

所謂「工業化農業」，係指利用高科技從化石所煉取的龐大燃料（如：石油、瓦斯），從事大規模的作物或牲畜生產，以供銷國內外市場。其生產過程常需使用大量的礦物燃料能源、水資源、化學肥料、殺蟲劑等，以生產為數可觀的單一型作物 (monocultures) 或單一型牲畜來銷售，因而是一種耗費甚鉅的農業，故又稱為「高投入農業」(high-input agriculture)。如按其投入資源結構來看，這類農業生產之每單位產出（換算產值）所需各種要素用量（換算產值）的相對比重，約以資本、礦物燃料能源為最高，土地居次，勞力為最少。由此推知，其於定量的農地面積上，投施資本量相對多於勞力量，故亦可稱為「資本集約利用」的型態。歸納而言，工業化農業的主要特徵為 (Miller, 1988: 237)：

1. 實施機械化，以曳引機等機械力（需用石油等儲存性資源）取代人力與畜力。
2. 採用無機性化學肥料，大量增加農產量。
3. 興建水庫與渠道，以礦物燃料運轉幫浦抽水灌溉農田。
4. 施用殺蟲劑，使用特殊的化學合成物質所製成之藥劑，以減少農作物或牲畜的損失。
5. 開闢大型牲畜飼養場，將牲畜集中在一定的空間圈養，以期發揮類似工廠般的效率，在較短期間內育成或製成肉品。

6. 採取大規模、專業化生產，將小家庭農場或採農漁牧多角化經營的方式，轉變為大型、專業化的公司農場及牲畜飼養場，並採生產單種作物，或飼育單一牲畜的經營方式。
7. 投注高額資本，以大量的借貸資本購買昂貴的肥料、農藥，以從事耕種、收穫、乾燥、作物儲藏，以及牲畜飼養的種種機械、冷凍倉儲設備。
8. 慎選基因並予以配種，運用科技以研發出高產量、抗病性的農作物或牲畜的品種。
9. 開辦農業訓練與研究，建立農業學校與研究中心系統，並辦理農業推廣服務，傳遞給農民工業化農業的新知與技術。
10. 推廣加工處理食物，向消費者傾全力推銷省時便利的加工食品，以取代處理、烹煮費時的生鮮食品。
11. 利用產、製、儲、銷的繁複過程，經由設置儲藏設備，建立綿密的運輸、加工、產品銷售網路。
12. 成為「農企業」，且逐漸由少數的跨國公司加以管控，並從種子、肥料、農藥、農機具的供應，到食品加工廠等設備，建立完整體系。

這種農業生產方式大部分遍布在已開發國家，約莫在 1960 年代中期，才逐漸在某些開發中國家發展起來；其所使用的耕地面積約占全球耕地總面積的 25%，掌控全世界總糧產的 80%。近二十餘年來，在赤道地區的開發中國家引進了「農園式農業」(plantation agriculture)，生產如香蕉、咖啡、可可亞等現金作物；另外，也增闢了「畜禽牧場」(livestock ranching)，藉著在草地上放牧餵食，使畜禽的肉質更佳。惟其產品的絕大多數都是銷往已開發國家，從而引來破壞雨林、製造環境污染、剝削廉價勞工之爭議 (Miller, 2004: 278-279)。

（二）傳統式農業

開發中國家約有 27 億人口，約占全球人口的 44%，或約開發中國家人口的 54%，正直接從事傳統的農業生產，供應全球約 20% 的糧食生產。相較於已開發國家平均只占 8% 的農業經營人口來說，可謂天壤之別。這種傳統式農業尚可進一步區分為：

1. 傳統自給式農業

「傳統自給式農業」係指農戶栽種農作物或飼養動物的主要目的，在於提供自家食用，以補充體力，或用以餵養動物，再轉供人類食用。在豐收的年期，或有剩餘農產可供出售，或加以儲存以備不時之需。換言之，所生產糧食的大部分是自用，只有少數可供交易、儲存。這類的農業生產通常採取人力或畜力，配合少量資本，並使用大量的土地資源，在定量的農地面積上使用少量的資本與勞力，屬於「土地粗放利用」的型態。

舉例來說，有些位於赤道雨林區的開發中國家，或是臺灣光復以前的原住民族群，就是採取刀耕火種的游耕型態 (shifting cultivation)[3]。另在農作物無法生長的原野地，如：中國大陸蒙古、新疆一帶直達非洲的大西洋沿岸，綿延 19,000 公里，從極地的苔原到熱帶草原，從幾千公尺高原到沿海平原，都有逐水草而居的游牧型態 (nonmadic livestock herding) 存在（王光遠，1972：71）。

2. 傳統集約式農業

「傳統集約式農業」則係指農戶不斷在單位面積耕地上增加投入勞力、肥料與水資源，以便生產足夠的糧食，來供養家人，並可將餘糧出售以賺取所得。這種生產方式通常採取大量的人力配合畜力，並使用少量的農地資源、資本及能源，在定量的農地面積上施用多量勞力，並配合少量的資本（包括能源），屬於「土地集約利用」的型態。舉例而言，在亞洲的小農國家，如：日本、韓國、中南半島、臺灣，以及中國大陸的華北、華中、華南與東北季風區等均屬之（姜善鑫等，1997：21）。

一般而言，傳統式農業多在開發中國家採行，其係利用全球耕地總面積的 75%，生產出全世界總糧產的 20%。許多傳統農民習慣在一塊耕地上種植多種農作物，實施所謂的「間植」(interplanting) 方式。其主要特徵為：

(1) 多種類的耕作 (polyvarietal cultivation)：在一坵塊上種植不同品種的相同農作物。
- **間作 (intercropping)**：在一坵塊上同時種植兩種或以上的不同農作物。例如：需吸收土壤中的氮素而含有碳水化合物的穀類，種在能固定空氣中的氮素且含有蛋白質的豆科植物的旁邊，以便就近攝取養分。
- **農林作或畛作 (agroforestry or alley cropping)**：在灌木或一般樹木帶之間的地塊，栽種多種農作物。例如：穀類或豆科植物可沿著果樹旁或容易生長的樹木或灌木叢栽種，因後者可以 (Miller, 2004: 223)：
  - 提供部分遮陽功能，減少水的蒸發量。
  - 有助於維繫並減緩土壤水分釋出。
  - 生產水果、柴木或用為作物生長的覆蓋物、牲畜的飼料。

(2) 多元栽培 (polyculture)：為間作的另一種複雜型態，可栽種多種成熟期不同的農作物，並在永續經營的基礎上，同時提供糧食、藥草、燃料與天然的農藥與肥料。

[3] 所謂「游耕」，係指在森林地帶，農人砍伐樹木並焚燒草叢與其他植物後，再以灰燼來補充土壤肥力，此即所謂的「刀耕火種」(slash-and-burn cultivation)，經過耕種使用大約二至五年後，土壤肥力被植物吸收而消耗殆盡，於是農人遷移到他處，重新開墾地塊耕種。從這種經驗當中，農人學習到棄置休耕的小田塊經過十至三十年後，將會再度恢復地力，供做種植作物、藥草、柴木及其他用途。這種方式所清除的林地範圍如果不大，經配合休耕而不侵擾地塊，其地力自可恢復，故可謂是「永續耕種」(Miller, 2004: 23)。

- 這種低投入的栽種方式，可因同時栽種深根與淺根作物，有效吸收土壤養分與水分；又可採「輪作制度」（容後再敘）以增進地力，保持土壤溼度，減少肥料與灌溉之需求。此外，由於一年當中均有植被覆蓋，亦可保護土壤，免於遭受強風與暴雨的沖蝕。又許多蟲類各有其天敵，無須噴灑農藥可自然消滅。而農作物的多樣性亦可抵擋惡劣的氣候，即使暴雨或乾旱致使某些種類農作物有所斲傷，但還是會有他種農作物能繼續存活 (Miller, 2004: 284)。

上述為現今世界兩大農業生產類型之概況，其特點彙整於表 3-1-3。根據生態學研究 14 個人造生態系下農作物產量的報告顯示，一般採取低投入多元栽培方式（四至五種農作物），其於單位面積的產量竟比高投入單一農作 (high-input monoculture) 還要高。這項重要發現提供一個新的啟示：亦即組合傳統高產量間作技術、增加投施有機肥料、灌溉水等投入或設備，或能發展出高產量的自給式農業 (Miller, 2004: 284)。

三、農地資源利用之特徵

農地資源利用是利用土地並投施勞力、資本，以從事農業生產、創造效益之行為。隨著社會經濟發展，人類對環境生態的意識提升，農地利用的範圍也由生產面、生活面，漸次擴充至生態面。歸納言之，農地資源利用的特徵約有如下要點。

（一）著重地力維護，俾益永續利用

農業是栽種作物、仰賴農地資源利用最深切的產業。而農作物的栽培因係直接吸收土壤中的水分與養分，以增進生長、繁茂莖葉，需要消耗土壤中大量的有機質，故特別著重地力之維護，以利生產。

所謂「地力」，通常係指土壤之生產力，或稱為土地肥沃度。凡是土壤的物理性，如：土壤孔隙組織 (soil porosity and texture) 影響排水與通氣的良否、土層厚薄影響有機質的含量，以及土壤的化學性（如：酸鹼值的含量），皆會使地力有肥瘠之別。例如：酸性土壤的 pH 值在 5.5 者，植物對於氮素與磷素的吸收力會減低；若 pH 值在 4 以下者，土壤的吸收力會嚴重減退。另由砂土、黏土、淤泥與有機質混合而成的壤土，因其可保有適當水量，壤質不過於密實，有利於植物根部吸收水分，是為適合栽種許多作物的最佳壤質[4]。

[4] 有關不同土壤組織的有用性，可歸納如下表 (Miller, 2004: 216)：

土壤組織	保肥力	滲水力	保水力	透氣性	可用性
黏土 (clay)	良好	缺乏	良好	缺乏	缺乏
細砂 (silt)	適中	適中	適中	適中	適中
砂土 (sand)	缺乏	良好	缺乏	良好	良好
壤土 (loam)	適中	適中	適中	適中	適中

表 3-1-3 農業生產兩大類型之比較

<table>
<tr><th colspan="3">農業生產類型</th><th>特 徵</th><th>單位產出所須投入資源結構</th><th>資源利用型態</th></tr>
<tr><td colspan="3">工業化農業</td><td>1. 實施機械化
2. 採用無機性化學肥料
3. 進行灌溉
4. 施用殺蟲劑
5. 開闢大型牲畜飼養場
6. 採取大規模、專業化生產
7. 投注高額資本化投資
8. 慎選基因並予以配種
9. 開辦農業訓練與研究
10. 加工處理食物
11. 產、製、儲、銷過程繁複
12. 成為「農企業」</td><td>資本、石化燃料能源用量比率最高（約各占 32%），土地用量比率居次（約占 27%），勞力用量比率最低（約占 9%）</td><td>資本集約利用型</td></tr>
<tr><td rowspan="3">傳統式農業</td><td rowspan="2">傳統自給式</td><td>游耕型</td><td>採取刀耕火種方式</td><td>土地用量比率最高（約占 76%），勞力用量比率居次（約占 15%），資本用量比率最少（約占 9%）</td><td>土地粗放利用型</td></tr>
<tr><td>放牧型</td><td>採取逐水草而居之放牧方式</td><td>土地用量比率最高（約占 82%），勞力用量與資本用量比率較低且大致相等（約各占 9%）</td><td></td></tr>
<tr><td colspan="2">傳統集約式</td><td>1. 採取多種類耕作方式
2. 採取間作方式
3. 採取畛作方式
4. 採取多元栽培方式</td><td>勞力用量比率最高（約占 73%），其餘土地、資本、石化燃料能源用量比率較低且大致相等（各約占 9%）</td><td>土地集約利用型</td></tr>
</table>

資料來源：彙整自 Miller, 2004: 278-230，並酌加修正。

註：有關單位產出所需投入各類資源之比率，係根據米勒 (Miller) 原著所概估的數值；重點不在於數字之精確度，而在於相對比率之高下所顯示之意義。

然而，地力的高低並非一成不變，如果施用過量的化學肥料，將會使土壤的質地轉劣；而採用掠奪性的栽培方法，亦會使地力大量耗損，使良田淪為瘠地。因此，如何妥善維持並增進地力，為農業經營當務之急。地力促進的方法，除增加施用堆肥、廄肥等有機肥料，以產生植物所需的腐植質外，尚可採取「輪作制度」。這種方式係透過不同作物制度的組合，使土壤中的養分得以均匀吸收利用，並防止病蟲害或雜草滋生。例如：組合消耗氮（水稻）、磷（甘藷）、鉀（煙草）等三要素不同數量的作物；組合深根作物（甘蔗）與淺根作物（水稻、蔬菜），將豆科作物（大豆、豌豆、苜蓿、紫雲英）編入作物制度中；組合勞力集約作物（花卉、蔬菜、煙草）與勞力粗放作物（玉米、甘蔗、甘藷）等（殷章甫，1995：228-232）。倘若輪作制度運用得當，並適時補充有機肥料，當能減少地力的消耗，而得以適當維護。

（二）順應區域差異，調整利用型態

農地資源利用因受自然環境與社經發展趨勢之支配，因而區域性之差異特別顯著。茲就溫度、雨量、風、地形、區位等因素，說明其對農地利用在區域上差別性之影響，以及人類因應這些差異如何調整利用型態。

1. 寒溫暖熱之最適作物各有不同

就溫度言，日光照射產生熱能作用，進而發生溫度變化，對於農業在地理上的分布起了極大的支配力量。接近赤道的熱帶農業，適於栽種咖啡、鳳梨；離赤道稍遠的亞熱帶農業，適於栽種水稻、甘蔗；處於中緯度之溫帶農業，適於種植馬鈴薯、甜菜。如易地引種，均不適宜。

2. 降雨多寡之農區分布水旱有別

就雨量分布言， 農業區域的劃分常以年均雨量為依據（參見表 3-1-4）。臺灣地區的年降雨量平均在 1,000 公釐以上，雨水豐沛，可供灌溉，是種植水稻的良好區域，因而形成「水田農業」，或稱「灌溉農業」。至於中國大陸的華北地區年降雨量約在 300 至 750 公釐之間，適合種植冬麥、棉花等耐旱作物，因此形成「旱田農業」，或稱「非灌溉農業」。

3. 風力強弱對農作損益因時地而異

風的形成係因兩地氣壓之差異而產生，當高氣壓處的空氣向低氣壓處流動時，就會成風。如兩地氣壓差異愈大，則風力愈大，風速愈高。一般而言，風可分為七級[5]，三級以下的柔風吹煦，可以流通空氣，傳播花粉、種子，有利於植物生長；四級以上則風力強勁，將加速地面及葉面的水分蒸發，使水分過度不足，導致植物體呈枯萎現象、阻礙發育。而暴風侵襲時將嘶枝斷莖，砂土埋田，而且颱風挾帶豪雨，催屋拔樹，易造成農業上的極大損失。在亞洲地區，常年有季風 (monsoon) 吹拂，冬季由大陸向海洋吹，乾冷溫低，對農作有損無益；夏季由海洋向大陸吹，濕潤溫涼，有益於農作，形成水田農業（王光遠，1972：42-45）。為防除風害，除選擇適當地勢、方向栽種作物（如匍匐性作物）外，當設置防風牆、防風林，以降低風力，發揮保護農作效果。

[5] 一般係將風分為靜風、軟風、和風、疾風、強風、烈風、颱風等七級，前三級為益風，四級以上的風則容易對農作物產生損害。

表 3-1-4　年雨量與農業區域概分

農業區域	年雨量	適種內容
水田農區 (Paddy Field Area)	1,000 公釐以上	一年可有一至二期的收穫
潮溼農區 (Humid Area)	750 至 1,000 公釐	適於一般作物栽培，如欲種植水稻，設置灌溉系統方能奏效
半溼農區 (Sub-humid Area)	500 至 750公釐	適於一般旱耕作物生長
半乾農區 (Semiarid Area)	250 至 500公釐	僅適於耐旱作物栽種
乾旱區 (Arid Area)	250 公釐以下	僅可用為放牧草原

資料來源：王光遠，1972：32-41。

4. 地形起伏之農作分布互不相同

再就地形地勢言，地面的起伏高下及坡度的大小，對於農地利用之影響亦有不同。通常，地勢平坦、交通便利、人口稠密、物產豐饒的大河流域沖積而成的平原地帶，多為重要的農業區域。例如：美國的中央大平原盛產玉米、小麥，且製酪發達；而歐洲的中央大平原則多生產穀類、葡萄、馬鈴薯。中國大陸東北的松遼平原盛產大豆、高粱；而臺灣西部沿海平原盛產水稻、甘蔗，此皆屬之。

從相對高度言，凡是起伏不平，斜坡綿亙而在 100 至 500 公尺之間的地形，通常可稱為丘陵；而標高在 500 至 1,000 公尺之間的地形，則稱之為山岳。由於丘陵與山岳的坡度較大，地勢起伏不平，難以擴充農田面積，以致耕地零碎，不易採取機械耕種。此外，土壤瘠薄、山區交通不便，亦不利農產品運輸。然在地狹人稠的國家，往往為因應人口壓力，而將農業生產往丘陵地擴展（王光遠，1972：45-52）。例如：德國中南部的丘陵地區，栽種大量的葡萄、蘋果、橄欖等作物。臺灣的坡地作物中，北部地區以茶與柑橘栽培較盛，中南部地區以香蕉、鳳梨為主，而局部地區則闢有梯田；近年來，栽種高冷地區水果蔬菜、檳榔的面積則有擴充之勢。

5. 土壤組織差異使可栽作物種類有別

農業生產主要係利用土壤之生產力以培育動、植物，而不同的土壤質地各具特色，對於農地利用亦有所影響。如按美國制分類法，土壤質地可按黏粒、坋粒、砂粒含量成分予以區別，做為農用適宜性之指標。一般而言，砂土的砂粒含量較多，土粒間空隙大，保水力與保肥力較弱，但植物根部容易伸展，故只能栽種花生、草莓、蘆筍等需水量不大的農作物。黏土的粒質細小，土粒間空隙小，具有保水力與保肥力，但排水不良且植物根部不易伸展，故只能栽種洋蔥、番茄、芹菜等淺根農作物。若壤土的黏粒、坋粒、砂粒含量適中，不僅植物根部可自由伸展，也可吸收足夠的肥分與水分而無浸水之虞，為最理想的土壤質地，也是生產力最高的壤質，因此可栽種水稻等多種作物 (Miller, 2000: 128)。

6. 城鄉區位差異產業機能有別

鄉村型農業通常在距離都市較遠的地區生產，適合生產需用土地面積廣大之農作物，故大致以供應主要糧食為主，如：水稻、甘藷、花生。都市型農業因在都市或近郊地區發展，尤其在經濟發展、所得提高以後，都市型農業因地利之便而成為市民踏青遊覽、倘佯鄉野的地方，故在提供果蔬、花卉之外，更增添休閒、遊憩、教育、文化等多項機能。除此之外，農業生產用地也是涵養水源、洪氾防災、淨化空氣的綠色開放空間 (Nelson, 1992: 467)，其在生態保育上之機能，正因人們日漸覺醒而重新體認為具「公共利益」(public interest)，使其做為「有價值之自然資源」(a valuable natural resource) 的重要性與日俱增。

以臺北市為例，位在文山區東南隅的指南里廣植茶樹，茶園集中分布在指南國小至貓空一帶，盛產鐵觀音、武夷茶、包種茶，是為該市所成立之第一座觀光茶園。近處並闢有市民農園，為都市居民體驗農業、品茗聞香、怡情養性、增進情誼的最佳去處。再者，因其位處山坡地區，如能做好水土保持，對於自然生態的維護亦可展現其功能[6]。

（三）農地利用規模經濟不大，農地變更使用勢所難擋

農業為有機性或生物性之產業，深受自然條件之限制與報酬遞減律的作用，故相較於工業言，規模經濟效益較不顯著。原因包括：

1. 農業係培育動、植物之事業，生產過程需要較多人力照料，機械化處理之範疇較小；工業係無機性產業，生產過程分工精密，產品規格統一，可採機械化大規模生產。
2. 農業生產受制於自然力，必須隨著季節變化予以調整，也不能無限制的提高土地利用集約度；而工業生產少受自然力之干擾，終年工作固定少變，只需按既定之產期產量進行即可。
3. 農業生產因有前述的諸多限制，土地的容受力有限，需要廣大面積方足敷民生所需，故與工業相較，其單位面積產值甚低，產業競爭力較為薄弱。

---

[6] 事實上，這與平地和坡地休閒農業的發展密切相關，為便於敘述起見，擬於第四章再專就此課題深入論述。

4. 由於農業生產相較於工業生產之單位產值偏低，故產業單位土地面積地租之創造能力，通常是前者低於後者，從而使農地常成為非農業用地之發展備用地。

如圖 3-1-1 所示，假定於單位面積土地上，左圖中農場經營的長期平均成本曲線為 $LRAC_1$，其最低點即表示最適經營規模，此際的最適產量為 OQ_1；而工廠經營的長期平均成本曲線為 $LRAC_2$，其所決定之最適經營規模或最適產量為 OQ_2。換言之，個別農場最適規模下之單位成本 C_1Q_1，要比個別廠商最適規模下的單位成本 C_2Q_2 還高。由此可見，農業用地之規模經濟效益往往不如工業用地之成果。這也是農地變更使用難以抵擋的關鍵所在。

（四）亟需體認農地多功能價值，以減緩農地變更使用之壓力

1980 年代之後，人們開始思考農業與農地除了生產糧食之外，是否還有其他價值。以往農地利用多半只考慮農業生產的經濟價值，為了追求個人之最大利益，並未詳究其所帶來的景觀與生態環境衝擊，致使農地使用零碎、影響農業經營環境，並造成景觀上的不協調。再者，以往國人多存有偏重農地基本生產功能的觀念，使農地在經濟價值的估算上偏重於農業產值，而農地報酬占全國總產值的比例也因此日益下降，農業發展面臨嚴重危機，甚而存在著農地隨時被變更使用的威脅。幸運的是，隨著人類對於農業與農地的環境生態保護、文化資產保存、自然景觀維護等價值觀念的改變，並且賦予農地利用、農村發展、農民生活與農業經營等新意義，故近年來農地的價值與功能逐漸為人所重視（徐世榮、李承嘉、陳立夫、徐世勳，2008：153-154、165）。

根據徐世榮等人 (2008) 對國內農民及民眾之調查研究，95% 以上的受訪者認為農

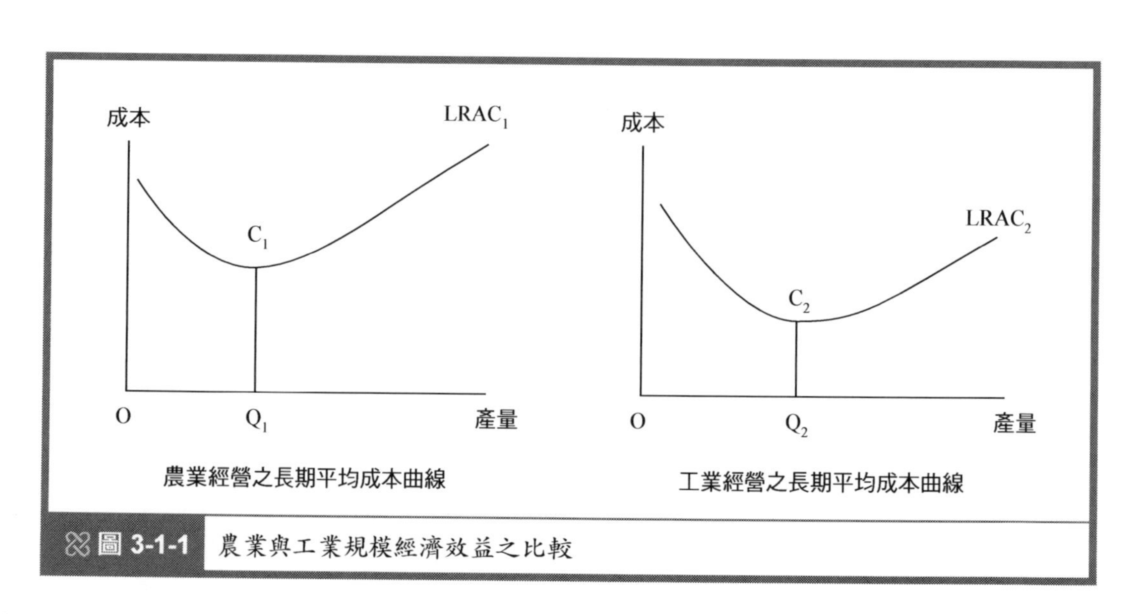

圖 3-1-1 農業與工業規模經濟效益之比較

地具有環境、景觀、文化等功能；此外，有 78% 的受訪者認為，農地不應該隨便變更使用。因此，未來在進行農地改良與開發時，應評估農地之價值與功能，以取得農地利用與整體環境之平衡，並減緩農地變更使用之壓力（徐世榮、李承嘉、陳立夫、徐世勳，2008：171-175）。綜合上述，農地資源利用深受自然環境、氣候條件等限制，因此應著重地力維護，順應區域差異，調整利用型態，俾益永續利用。然而，農地利用規模經濟不大，農地變更使用勢所難擋，也因此全球農地面積逐漸減少，影響糧食的供給與生產甚鉅。倘糧食生產不足，恐導致糧食危機，進而影響人類生存，故下節將討論世界糧食生產與供給問題，並尋求解決之道。

第二節 世界糧食生產與供給問題

人類世代繁殖的基礎，在於充足供應所需糧食，是以生產足夠糧食供應民生所需，為世界各國的要務之一。就全球的觀點言，生產足夠糧食以應世界人口之需，不僅是農業生產的課題，也事關經濟發展與環境維護。舉凡糧食供應之量與質、儲存與分配、環境衝擊等課題，無一不與貧窮或生產誘因不足等問題密切關聯，本節將一一就此分項論述之。

一、世界糧食生產之概況

根據聯合國糧農組織（Food and Agriculture Organization，簡稱 FAO）的統計，全世界於 2007 年主要糧食作物的生產概況以穀物類為主，薯類為次。在穀物類中，收穫面積以小麥（214,207,581 公頃）最多，玉米（158,034,025 公頃）與稻穀類（155,811,821 公頃）分居二、三位；至於總產量，則以玉米（791,794,584 公噸）最多，稻米（659,590,623 公噸）、小麥（605,994,942 公噸）居次。若從單位面積產量來看，則以馬鈴薯、甘藷、樹薯為多（表 3-2-1）。

如從全球粗穀物總供應量估計來看，2009/10 年度較 2008/09 年度減少 300 萬公噸，這主要是因為印度農作物生產概況欠佳。究其主因，係為耕地及農業水資源移用、地球溫室效應、氣候異常所致。但面對全球人口成長，糧食需求增加，糧食安全問題將備受關注[7]。

如果從 2005 至 2007 年主要國家的農業人口結構來看，可知全世界農業人口約有 26 億人，占總人口比例約 39%，美國、英國、法國等先進國家的農業人口所占比率多

[7] 行政院農委會，98 年農委會年報／壹、重要施政成果／國內外農業發展情勢，http://www.coa.gov.tw/view.php?catid=21444（搜尋日期：2009 年 10 月 20 日）。

表 3-2-1　2007 年世界主要糧食作物生產概況

穀類	收穫面積（公頃）	總產量（公噸）	單位面積產量（公斤／公頃）
稻米	155,811,821	659,590,623	4,233.25
大麥	55,441,486	133,431,341	2,406.71
蕎麥	2,721,725	2,014,742	740.24
燕麥	11,597,407	24,897,095	2,146.78
黑麥	6,307,272	14,741,248	2,337.18
高粱	46,928,032	63,375,602	1,350.48
黑小麥	3,661,240	11,973,031	3,270.21
小麥	214,207,581	605,994,942	2,829.01
玉米	158,034,025	791,794,584	5,010.28
黍	34,963,783	33,949,456	970.99
奎藜籽	76,815	59,115	769.58
混合穀物	1,823,652	5,198,924	2,850.83
金絲雀虉草種子	273,999	225,705	823.74
非洲小米	414,349	369,313	891.31
其他	3,335,380	3,780,703	1,133.51
馬鈴薯	18,531,194	309,344,247	16,693.16
甘藷	8,103,371	107,667,971	13,286.81
樹薯	18,555,276	214,515,149	11,560.87
總計	740,788,408	2,982,923,791	4,026.69

資料來源：FAOSTAT 網站，http://faostat.fao.org/site/567/DesktopDefault.aspx?PageID=567#ancor（搜尋日期：2009 年 10 月 19 日）。

在 5% 以下，北韓、馬來西亞、墨西哥等國之農業人口比率約在 10% 至 30% 之間（參見表 3-2-2）。至於以農為主的經濟體系，如中國大陸、印度、印尼、泰國等開發中國家，該比率約在 40% 以上。另外，依據聯合國農糧組織預測，至 2020 年，全世界農業人口將維持 26 億人，但因總人口預測將增加，農業人口比例將下降至 34%。

分析 2001 年至 2006 年間全世界農業對於國內生產毛額 (GDP) 的貢獻，可發現世界農業 GDP 占總 GDP 之比例逐年下降（參見表 3-2-3），從 2001 年的 11.7% 降至 2006 年的 9.5%，而畜牧業與林業亦面臨同樣的情形。全世界可再生自然資源亦從 2001 年的 26.4% 降至 2006 年的 21.4%，下降 5%，推測此係因全球第二、三級產業逐漸擴展，經濟結構變化迅速，致使第一級產業產值所占比例逐漸衰退。倘若單位面積產量無法提升，甚或分配不均，可能造成全球各國不得不重視的糧食安全問題。

表 3-2-2　2005 年至 2020 年主要國家之農業人口與 2020 年推估數

年別	2005			2006			2007			2020		
國別	總人口（千人）	農業人口（千人）	農業人口比例 (%)	總人口（千人）	農業人口（千人）	農業人口比例 (%)	總人口（千人）	農業人口（千人）	農業人口比例 (%)	總人口（千人）	農業人口（千人）	農業人口比例 (%)
澳洲	20,395	860	4.22	20,628	856	4.15	20,854	852	4.09	23,675	805	3.40
中國大陸	1,319,624	841,379	63.76	1,328,140	839,140	63.18	1,336,551	836,594	62.59	1,439,444	786,665	54.65
法國	61,013	1,589	2.60	61,373	1,520	2.48	61,714	1,453	2.35	64,931	796	1.23
德國	82,409	1,639	1.99	82,393	1,563	1.90	82,343	1,490	1.81	80,422	797	0.99
印度	1,130,618	573,624	50.74	1,147,746	577,223	50.29	1,164,670	579,802	49.78	1,367,225	596,408	43.62
印尼	219,210	89,062	40.63	221,954	88,674	39.95	224,670	88,278	39.29	254,218	79,167	31.14
義大利	58,645	2,440	4.16	58,982	2,335	3.96	59,305	2,236	3.77	60,408	1,192	1.97
日本	127,449	3,657	2.87	127,451	3,444	2.70	127,396	3,241	2.54	123,664	1,428	1.15
北韓	23,529	6,250	26.56	23,632	6,118	25.89	23,728	5,984	25.22	24,802	4,362	17.59
南韓	47,566	3,022	6.35	47,766	2,843	5.95	47,962	2,672	5.57	49,475	1,151	2.33
馬來西亞	25,633	3,767	14.70	26,095	3,687	14.13	26,556	3,601	13.56	32,017	2,550	7.96
墨西哥	105,330	21,741	20.64	106,411	21,346	20.06	107,487	21,025	19.56	119,682	16,025	13.39
荷蘭	16,316	466	2.86	16,389	454	2.77	16,460	443	2.69	17,143	311	1.81
俄羅斯	143,170	13,148	9.18	142,530	12,738	8.94	141,941	12,342	8.70	13,5406	8,476	6.26
泰國	65,946	29,681	45.01	66,507	29,413	44.23	66,979	29,098	43.44	71,443	24,80	33.71
英國	60,489	977	1.62	60,804	964	1.59	61,129	951	1.56	65,322	803	1.23
美國	302,741	5,817	1.92	305,697	5,707	1.87	308,674	5,592	1.81	346,153	4,292	1.24
全世界	6,512,279	2,604,264	39.99	6,591,551	2,609,906	39.59	6,670,799	2,613,386	39.18	7,674,828	2,618,437	34.12

資料來源：FAOSTAT 網站，http://faostat.fao.org/site/550/DesktopDefault.aspx?PageID=550#ancor（搜尋日期：2009 年 10 月 20 日）。

表 3-2-3 2001 年至 2006 年世界可再生自然資源 GDP 占總 GDP 比例 單位：%

年別	可再生自然資源	農業	畜牧業	林業
2001	26.4	11.7	8.4	6.2
2002	26.1	11.4	7.6	7.1
2003	24.8	10.9	7.4	6.6
2004	24.3	10.8	7.2	6.3
2005	22.6	10.1	7.0	5.5
2006	21.4	9.5	6.6	5.3

資料來源：PPD, 2008: Compendium of RNR Statistics, Policy and Planning Division, Ministry of Agriculture, Thimphu, http://faostat.fao.org/site/550/DesktopDefault.aspx?PageID=550#ancor（搜尋日期：2009年10月20日）。

在工業化農業國家中，以美國的表現最為突出。自 1940 年迄 2000 年，在耕地少有擴充的情況下，其穀物生產量呈雙倍增加，這都要歸功於工業化或企業化的農業生產經營方式。運用綠色革命科技，在氣候適宜、土壤肥沃等條件多方配合，方能讓美國農產量大增。現今，有些大型公司與大規模的家庭農場掌控主要的糧食供應。在美國的農業人口中，約有 10%（65 萬人）為專業農民。若合計生產、加工、配銷等有關農業經營的人口，則農業人口占總人口的比率將提升為 9%。倘若從年銷售額來看，其產值相對於國民生產毛額的比率則高達 18%，且創造私部門的工作機會達 19%，予人絕非一般夕陽產業的刻板印象，而是如日中天的農企業 (agribusiness)。目前，每個美國農民約可供應國內外 140 個人的衣食所需。其農業勞動力僅是全球的 0.3%，卻能供給全球 25% 的糧食以及半數左右的世界穀物所需。也因此，美國的居民只要花費所得的 10% 至 12% 在糧食支出上，相較之下，在日本為 18%，其他大多數的開發中國家則為 40% 至 70% (Miller, 2000: 282-283)。

美國之所以能採大規模的工業化農業經營方式，源於其能使用較為廉價的能源（如：石油），而農業部門每年所消耗商用能源的比率為 17%（其中，4% 為農作物生產，2% 為畜牧生產，6% 為農產加工，5% 為農產配送與調製）。農作物所提供的食物熱量比其生產過程所消耗的能源量相對較大，不過，如果核計農畜生產所耗費的能源，大約是3單位的石化燃料只能生產 1 單位的食物熱量。倘再考量種植（或培育）、儲存、加工、包裝、運送、冷凍、烹煮這些動、植物性糧食或食物，則 1 單位熱量的可立即食用食物，平均約須花費 10 單位的儲存性石化能源。相較之下，傳統集約式農業經營的每單位能源約可提供 10 單位的食物熱量。就此而言，美國糧食生產體系的能源效率 (engery efficiency) 是相對較低的 (Miller, 2000: 282-283)。

在臺灣地區，農業經營型態大體上屬於傳統集約式。自民國41年以來，耕地面積大致維持在85萬至92萬公頃之譜；於民國60年至70年間，耕地面積曾超過90萬公頃。但之後因經濟發展、公共建設之需而不斷變更他用，民國84年間因實施「農地釋出政策」，使耕地面積加速減少，至民國100年僅剩808,294公頃（見表3-2-4）。儘管如此，農作物生產指數自民國41年的57.08增加至100年的102.35，增加1.79倍；而漁產、畜產更增加8倍與14倍，分別自民國41年的9.55與6.60增加至民國100年的83.45與97.23（見表3-2-5）。林產則因採保育政策，故有縮減情形，自民國41年的470.58減少至民國100年的58.43。但凡此與民國85年相較，頗有衰退之勢，其中以畜產因受民國86年豬隻口蹄疫、毛豬外銷市場受阻等因素，影響最為明顯。如從專業別加以觀察，可知民國69年以後，專業農戶逐漸增加，亦即自民國69年的79,757戶成長至民國100年的194,827戶，而占總農戶比率自民國69年的8.95成長至民國100年的25.06%（見表3-2-6）。

表3-2-4　臺灣地區耕地（複種指數）、林地及魚塭面積　　單位：公頃

年別（民國）	耕地				林地	魚塭
	合計	水田	旱田	複種指數		
41	876,100	533,643	342,457	173.6	1,790,293	-
45	875,791	533,113	342,678	176.3	1,755,477	-
50	871,759	528,149	343,610	185.0	2,117,420	38,900
55	896,347	537,399	358,948	188.2	2,180,885	38,129
60	902,617	525,761	376,856	179.4	2,224,472	43,337
65	919,680	520,763	398,917	174.6	2,224,472	53,991
70	900,062	502,822	397,240	155.3	1,865,141	60,830
71	890,830	501,644	389,186	154.9	1,865,141	65,042
72	894,326	500,901	393,425	149.2	1,865,141	37,497
73	891,655	496,897	394,758	144.1	1,865,141	66,820
74	887,660	494,535	393,125	141.6	1,865,141	65,980
75	887,451	494,579	392,872	142.8	1,865,141	65,360
76	886,281	487,809	398,472	142.3	1,865,141	66,302
77	894,974	483,514	411,460	135.8	1,865,141	67,406
78	894,601	479,954	414,647	132.3	1,865,141	71,084
79	890,090	476,997	413,093	129.8	1,865,141	76,423
80	883,544	472,580	410,964	127.5	1,846,970	74,088
81	875,951	465,016	410,935	124.3	1,846,970	71,950
82	874,535	463,560	410,975	123.1	2,102,312	70,983

表 3-2-4 臺灣地區耕地（複種指數）、林地及魚塭面積（續） 單位：公頃

年別（民國）	耕地				林地	魚塭
	合計	水田	旱田	複種指數		
83	872,307	461,226	411,081	118.8	2,102,312	69,621
84	873,378	459,335	414,043	118.7	2,101,719	70,127
85	872,159	456,167	415,992	114.4	2,101,719	67,667
86	864,817	454,865	409,952	115.0	2,101,719	63,195
87	858,756	450,616	408,139	111.4	2,101,719	63,296
88	855,072	444,670	410,403	108.8	2,101,719	63,312
89	851,495	442,017	409,478	106.2	2,101,719	62,585
90	848,743	438,974	409,769	103.3	2,101,719	60,586
91	847,334	435,369	411,965	100.3	2,101,719	56,619
92	844,097	432,949	411,148	94.4	2,101,719	57,109
93	835,507	427,592	407,915	88.2	2,101,719	54,641
94	833,176	425,667	407,510	91.2	2,101,719	54,666
95	829,527	423,721	405,806	90.5	2,101,719	55,349
96	825,947	422,177	403,769	89.4	2,101,719	54,360
97	822,364	420,580	401,784	88.3	2,101,719	56,230
98	815,462	415,776	399,686	88.4	2,101,719	53,757
99	813,126	410,832	402,293	85.7	2,101,719	53,925
100	808,294	406,064	402,230	87.1	2,101,719	54,545

資料來源：
1. 行政院農委會，農業統計年報，2001(2)：11-12。
2. 行政院農委會，2011，100 年農業統計年報，http://agrstat.coa.gov.tw/sdweb/public/book/Book.aspx（搜尋日期：2013 年 6 月 25 日）。

註：民國 97 年至 100 年的魚塭面積為作者自行計算。

表 3-2-5 臺灣地區農業生產指數 民國95年=100

年別(民國)	總指數	農產	林產	畜產	漁產
41	23.44	57.08	470.58	6.60	9.55
45	29.27	66.72	518.86	9.41	15.29
50	37.21	80.78	930.76	12.52	21.88
55	47.25	99.79	1098.45	17.09	29.82
60	59.13	109.24	1210.63	25.09	48.69
65	73.29	121.46	951.36	35.77	66.46
70	83.43	116.99	667.07	51.51	81.48
71	84.92	118.01	610.51	53.51	83.16
72	88.35	114.49	721.69	61.31	85.52
73	91.09	115.25	623.76	64.87	90.69
74	93.87	116.13	561.54	69.30	94.57
75	93.57	110.10	622.20	71.63	100.27
76	101.03	114.68	576.97	78.08	113.85
77	102.60	116.25	374.01	78.75	118.49
78	102.40	115.69	264.19	82.59	112.59
79	104.68	110.55	226.04	88.82	119.62
80	106.18	113.36	211.67	96.77	110.66
81	103.68	108.67	127.75	99.11	106.75
82	109.94	116.07	133.36	103.43	113.44
83	106.57	111.99	100.67	109.29	100.04
84	110.55	114.24	117.50	114.78	104.22
85	110.72	113.93	96.80	119.42	99.35
86	109.28	115.75	108.88	110.54	101.29
87	103.28	106.18	137.91	102.37	101.40
88	104.46	113.38	115.91	98.66	99.29
89	106.76	108.08	114.35	104.28	108.56
90	105.45	103.40	94.68	104.60	110.39
91	109.78	109.09	105.62	102.65	119.37
92	109.94	106.21	115.01	100.60	127.82
93	105.29	100.95	114.81	100.47	118.71
94	99.28	91.38	89.79	97.64	116.28
95	100.00	100.00	100.00	100.00	100.00
96	97.60	93.52	68.52	97.57	105.74
97	92.65	92.98	63.39	93.21	91.35
98	91.01	93.87	64.44	92.85	83.16
99	92.87	96.20	59.18	94.10	84.64
100	96.41	102.35	58.43	97.23	83.45

資料來源：行政院農委會，2012，100年農業統計年報，頁6、7，http://agrstat.coa.gov.tw/sdweb/public/Book/Book.aspx（搜尋日期：2013年6月27日）。

表 3-2-6 臺灣地區農家戶數——按專業別

年別（民國）	合計		專業農家		兼業農家					
					小計		以農業為主		以兼業為主	
	戶數	百分比	戶數	百分比	戶數	百分比	戶數	百分比	戶數	百分比
59	915,966	100								
69	891,115	100	79,757	8.95	811,358	91.05	316,584	35.53	494,774	55.52
79	859,772	100	113,382	13.19	746,390	86.81	148,691	17.29	597,699	69.52
80	824,256	100	117,988	14.31	706,268	85.69	191,838	23.27	514,430	62.41
81	797,745	100	107,396	13.46	690,349	86.54	194,071	24.33	496,278	62.21
82	822,395	100	129,609	15.76	692,786	84.24	195,719	23.80	497,067	60.44
83	807,791	100	141,144	17.47	666,647	82.53	196,001	24.26	470,646	58.26
84	792,120	100	103,011	13.00	689,109	87.00	102,640	12.96	586,469	74.04
85	779,427	100	109,426	14.04	670,001	85.96	189,903	24.36	480,098	61.60
86	780,246	100	112,915	14.47	667,331	85.53	180,268	23.10	487,063	62.42
87	782,136	100	121,088	15.48	661,048	84.52	181,249	23.17	479,799	61.34
88	787,407	100	122,788	15.59	664,619	84.41	176,587	22.43	488,032	61.98
89	721,161	100	129,449	17.95	591,712	82.05	64,880	9.00	526,832	73.05
90	745,812	100	148,245	19.88	597,567	80.12	106,267	14.25	491,300	65.87
91	748,317	100	164,414	21.97	583,903	78.03	150,831	20.16	433,072	57.87
92	755,454	100	207,739	27.50	547,715	72.50	102,472	13.56	445,243	58.94
93	759,716	100	186,869	24.60	572,847	75.40	109,981	14.48	462,865	60.93
94	767,316	100	166,056	21.64	601,260	78.36	49,262	6.42	551,998	71.94
95	756,366	100	166,439	22.01	589,927	77.99	55,534	7.34	534,393	70.65
96	751,338	100	161,817	21.54	589,521	78.46	59,865	7.97	529,656	70.50
97	748,276	100	162,880	21.77	585,396	78.23	61,770	8.25	523,626	69.98
98	744,147	100	163,239	21.94	580,908	78.06	65,225	8.77	515,683	69.30
99	776,724	100	188,871	24.32	587,853	75.68	46,280	5.96	541,573	69.73
100	777,743	100	194,827	25.06	582,646	74.94	48,900	6.29	533,746	68.65

資料來源：

1. 行政院農委會，2001：309。
2. 行政院農委會，2013，101 年農業統計年報，http://www.coa.gov.tw/htmlarea_file/web_articles/coa/11509/197.xls（搜尋日期：2013 年 6 月 28 日）。

註：

1. 專業農家：指農家中全部人口均依賴農業收入生活，而無人專辦或兼辦其他行業。
2. 兼業農家：指家戶內滿 15 歲以上之人口中，有一人以上專辦或兼辦其他行業。
3. 民國 79 年及 84 年資料係行政院主計處農漁業普查資料；89 年及 94 年資料係行政院主計處農林漁牧業普查資料。

雖然農業的國內生產毛額逐漸成長，自民國 50 年的 192 億 600 萬元增至 99 年的 2,158 億 6,900 萬元；然因農業經營規模小，生產效率不易提升，從而對 GDP 的貢獻相對較小，且呈現逐漸下降之趨勢，自民國 50 年的 27.15% 降至 99 年的 1.58%，98 年與 99 年更出現負成長之情形（見表 3-2-7）。觀察民國七十年代，農家用在食品支出所占比率高達 35% 至 40%，然隨後逐漸下降，至民國 98 年僅剩 16.38%（見表 3-2-8）。至於農業部門所消耗的能源，比率占 1.54%，比起工業部門 (54.74%)、運輸部門 (17.16%) 可說是屬於能源相對較省的產業（行政院農委會，2001(2)：135）。

表 3-2-7　臺灣地區農業國內生產毛額及經濟成長率統計表

年別（民國）	國內生產毛額				經濟成長率	
	合計		農業		合計 (%)	農業 (%)
	金額（百萬元）	百分比 (%)	金額（百萬元）	百分比 (%)		
50	70,746	100	19,206	27.15	6.81	－
55	127,292	100	28,346	22.27	8.94	2.88
60	266,884	100	34,402	12.89	12.84	1.53
65	718,890	100	80,314	11.17	13.96	9.07
70	1,813,290	100	128,815	7.10	6.24	-0.57
75	2,911,773	100	157,393	5.41	11.49	0.02
80	4,942,042	100	180,435	3.65	7.58	1.53
85	7,944,595	100	242,608	3.05	6.30	-0.31
90	9,862,183	100	182,826	1.85	-2.17	-1.95
95	11,917,597	100	193,137	1.62	4.80	6.08
96	12,635,768	100	191,377	1.51	5.70	-1.90
97	12,340,923	100	208,258	1.69	0.06	-1.45
98	12,477,182	100	215,869	1.74	-1.93	-3.00
99	13,603,477	100	214,622	1.58	10.88	-0.77

資料來源：
1. 行政院主計處，「中華民國臺灣地區國民所得統計摘要」。
2. 行政院農委會，2011，99 年農業統計年報，http://www.coa.gov.tw/htmlarea_file/web_articles/coa/11499/002.xls（搜尋日期：2013 年 6 月 27 日）。

表 3-2-8　臺灣地區平均每戶農家支出統計表

年別（民國）	平均每戶農家							
	總支出		消費支出				非消費支出	
			小計		飲食費		小計	
	元	百分比	元	百分比	元	百分比	元	百分比
70	184,421	100	166,515	90.29	70,314	38.13	17,906	9.71
75	243,601	100	211,995	87.03	855,56	35.12	31,606	12.97
80	377,929	100	312,696	82.74	109,372	28.94	65,232	17.26
85	624,568	100	492,079	78.79	135,472	21.69	132,490	21.21
90	786,487	100	540,750	68.76	144,665	18.39	245,737	31.24
91	661,945	100	535,884	80.96	144,545	21.84	126,061	19.04
92	682,268	100	550,491	80.69	145,894	21.38	131,777	19.31
93	702,866	100	571,943	81.37	153,434	21.83	130,923	18.63
94	691,775	100	563,863	81.51	151,415	21.89	127,912	18.49
95	740,466	100	607,115	81.99	158,911	21.46	133,351	18.01
96	726,406	100	593,800	81.74	155,089	21.35	132,606	18.26
97	725,589	100	595,389	82.06	158,822	21.89	130,200	17.94
98	704,486	100	576,802	81.88	115,267	16.36	127,684	18.12

資料來源：

1. 行政院主計處，「中華民國臺灣地區國民所得統計摘要」。
2. 行政院農委會，2011，99 年農業統計年報，http://www.coa.gov.tw/htmlarea_file/web_articles/coa/11512/296.xls（搜尋日期：2013 年 6 月 27 日）。

註：農家支出係指消費支出加非消費支出之和。

二、世界糧食供給的問題

（一）糧食增產成長趨緩

於 1961 年至 2009 年間，世界小麥、玉米與稻類等主要穀類生產大約增加三倍，而每人穀物產量約增加 36% 左右。這種糧食增產的具體成就紓緩了全球的飢餓與營養不足的困境，也使國際糧食市場交易量增為四倍，平均糧價降低了 25% 左右。儘管如此，有些開發中國家的糧食成長速率卻落於人口成長速率之後，以致於出現糧食分配不均的問題。舉例來說，自 1961 年以來，非洲糧食曾經穩定成長，但仍然趕不上快速增殖的人口，因此在 1974 年至 1996 年間，每人穀物產量降低 20%，造成今不如昔的嚴重後果。

由於經過兩次綠色革命的緣故，在 1961 年至 2009 年之間，世界的糧食產量已經增加到三倍之多，而在 1961 年至 1985 年間，每人的平均糧食產量提升了 31%。全球糧食產量約有 48% 被人類消耗掉，35% 用來餵食家畜（也就是間接被吃肉的人類所消耗），而剩下的 17%，則是用來製造生物燃料 (Miller, 2012: 284)。

因此，儘管現今從全球糧食總產量來看似乎仍有餘裕，然從世界人口已突破 60 億人，預計 2025 年將直逼 82 億人，若不在 1990 年至 2025 年間設法維持糧食增產，恐怕如非洲等開發中國家要維持最起碼的無肉品澱粉類糧食供應，也將難如登天 (Miller, 2000: 285-286)。

（二）營養攝取不足與失調

人類為維持身體健康，增強疾病抵抗力，不僅必須消費足夠的糧食，也要攝取豐富的蛋白質、碳水化合物、脂肪、維他命、礦物質等營養素。然而，全世界有不少人卻因無力耕種或購買足夠糧食，而面臨營養不良 (undernutrition) 的困頓。另外有些人雖能每日攝取相當程度的熱量，卻只能食用稻、麥、玉米等低蛋白質、高澱粉質的食物，從而導致營養失調 (malnutrition)。世界上許多極度貧窮國家的孩童，因長年處於營養不良與營養失調的情況下，對於疾病的抵抗力已然降低。例如：母體本身營養失調卻還須哺育嬰兒，而幼小孩童自斷奶以後就無法攝取足夠的熱量或蛋白質。倘若 1 至 3 歲幼童攝取食物嚴重欠缺蛋白質（如：地瓜、穀物），將會阻礙成長，導致智能障礙。如果這些孩童有幸存活、長大成人，恐也難以跳脫世世代代營養失調的悲情輪迴——貧窮的惡性循環 (the vicious circle of poverty)（圖 3-2-1）。

雖然 1970 年至 1995 年間，全世界營養不良人口據估計已由 9.4 億人減為 8.4 億人，占全球人口比率由 36% 減為 14%，但是現今在開發中國家約有 20% 左右的人長

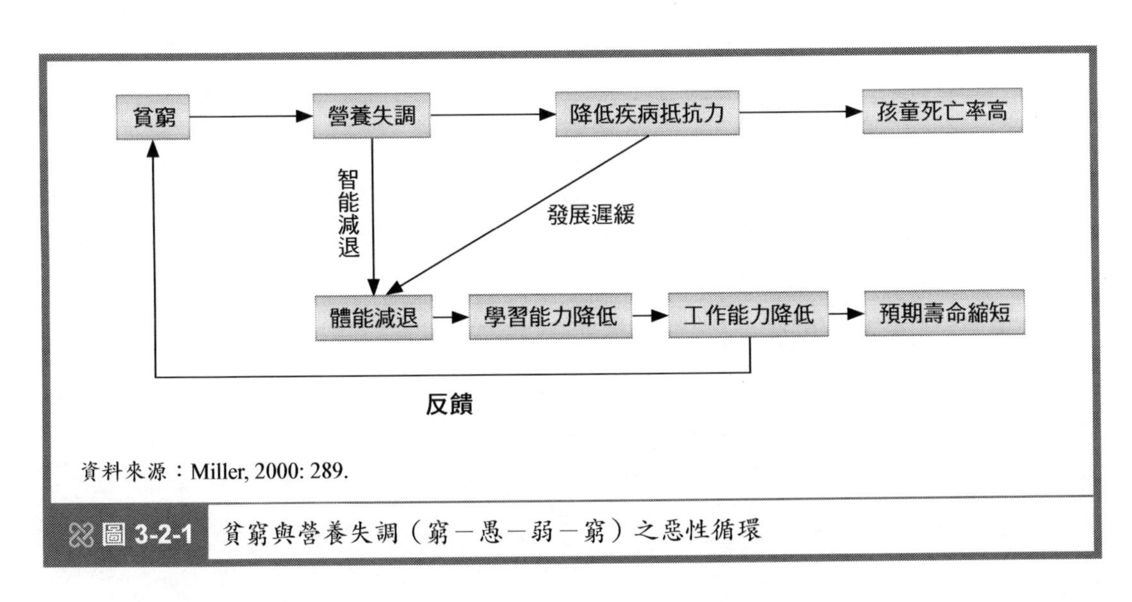

資料來源：Miller, 2000: 289.

圖 3-2-1　貧窮與營養失調（窮－愚－弱－窮）之惡性循環

期處於營養失調當中，其中的 87% 即分布在亞洲與非洲地區。值得注意的是，根據統計，在 5 歲以下孩童當中，每年至少有三分之一的人（約 1,000 萬人）將因營養不良、營養失調或疾病抵抗力驟降而過早死亡。這種悲情輪迴雖是因肌餓與過早死亡而引起，但真正的問題根源還是在於「貧窮」。因為貧窮，他們買不起生產器材，無力耕種；因為貧窮，他們買不到足夠的糧食，無法維生。

正當開發中國家人口的 20% 遭受營養不良或營養失調的煎熬之際，已開發國家人口的 15% 則飽受營養過剩 (overnutrition) 的困擾，這是因為攝取過多含脂肪的食物，而導致肥胖。目前，美國每年的死亡人口當中，三分之二的死因（如：心臟病、癌症、中風、糖尿病等）即與營養過剩有關。這種情況在臺灣也屢見不鮮，且有逐漸升高之勢。根據一項對中國大陸 1,000 個農村居民所做的研究顯示，人類食用蔬菜最為健康，因為吃蔬菜所攝取的油脂量為 10% 至 15%，和食用肉類所攝取油脂量達 40% 相比，較能促進人體健康。但是，積累已久的飲食習慣並不容易在短時間改變。除此之外，工業化農業製造許多加工食品，其中含有不少防腐劑或添加劑，以及疑似有毒的化學藥劑。再者，由於農業生產施用農藥，或農作物遭受重金屬污染，亦對人體健康造成威脅 (Miller, 2000: 288, 290)。

（三）糧食分配難以均平

倘若以 1990 年至 1992 年為基年，計算世界各國農畜產品生產指數，1996 年與 1997 年的農畜產品生產指數分別為 175.2 與 116.5，農作物分別為 115.4 與 116.6，穀物類為 109.3 與 110.8，畜產類為 114.1 與 116.0（行政院農委會，1999）。由此可見，全球糧食成長率雖已減低，但是如果分配平均，仍然足敷世界 60 億人口之糧食所需。然而世界各國的氣候、土壤等自然條件，以及社會、經濟與政治發展狀況不同，每人所得高低不一，因此發展甚為落後的貧窮國家無力耕種，也買不起糧食。賴斐 (Frances M. Lappé) 與柯林斯 (Joseph Collins) 曾指出，飢餓的發生並不在於欠缺足夠的生產資源，也不在於糧食生產不足，而是資源的不當控制（如少數地主掌控大量土地），造成糧食生產與分配不均的現象 (Lappé and Collins, 1987: 9-11)。米勒 (Miller) 也認為，開發中國家往往欠缺良好的儲製運銷系統，以致於糧食生產難以發揮潛能，而農產品也無法運達消費者手中 (Miller, 1988: 245)。

如果要提升全世界的糧食品質，按照已發展國家的食用標準推估，即每日至少吃 30% 至 40% 的動物性食品，則目前世界農產體系只能供應約 25 億人口的糧食之需，還養活不了全球人口的半數。此外，科學家也提出警告，目前只是著重在推動稻米、小麥、玉米的增產，恐怕會使營養失調的情形更為嚴重。再者，全球每人糧產量的增加，未必表示各國之間或一國之內的糧食分配均無差別。儘管自 1970 年代以來，印度的糧食迭有增產，但是仍然約有 40% 的印度人口遭受營養失調之苦；這是因為這些貧民太過窮困，根本買不起或生產足夠糧食以滿足基本需求。而在貧困的家庭當中，1 至 5 歲的幼童及懷孕婦女與育嬰母親，往往是餵食不足的營養失調者，因為食物通常先給需要工作的男性。臺灣在光復前後，這種情形也是時有所聞。然而，貧窮、飢餓、營養失調等情形並不見得只發生在開發中國家，在已開發國家也不免有此異象產生。根據塔福斯大學 (Tufts University) 的研究發現，1991 年，美國至少 2,000 萬人（1,200 萬名孩童與 800 萬名成人）正飽受長期飢餓與營養失調的煎熬。另根據 1997 年美國農業部的研究，每年有 1,100 萬人（扣除 60 萬無家可歸的人）處於飢餓狀態；其中有 200 萬人則深陷極度飢餓的困境之中 (Miller, 2000: 290)。這種情況如未經研究揭發，恐怕世人難以想像富裕國家竟也存在為數不少的飢民。

（四）糧食生產衝擊生態環境

糧食生產過程就是利用土地資源以培育動、植物而創造效益的進程，然因其需用土壤肥力、水資源灌溉，生物多樣性資源，從而對生態環境不免有所衝擊[8]（見表 3-2-9）。舉例而言，農業生產需要抽取地下水灌溉，不僅可能造成含水層下陷，施用肥料、殺蟲劑、除草劑等也會造成地面逕流中農化物質 (agrochemicals) 增加，進而降低水質 (Kahn, 1998)。

以位居中亞乾旱氣候區的鹹海 (Aral Sea) 為例，它原本是世界第四大淡水湖，但是自 1960 年大量取用來灌溉棉花、蔬菜、水果、稻米等作物之後，目前海域範圍縮減 54%，水容量減少 75%，水體鹽化現象加劇。此一生態危機導致該區的農業與水產生產力劇減，產生貧窮與健康的問題。再以卡薩克斯坦 (Kazakhstan) 的農業經營為例，其為南亞地區最大的小麥產地，然自 1980 年以來，因採取掠奪式經營，導致此乾旱的耕地土壤流失達三分之一 (Miller, 2000: 290, 323)。

根據 1993 年生態與農業學家皮曼泰爾 (David Pimentel) 對農業生產肇致的土地劣質化與環境衝擊的研究指出，農業土壤每年流失的速率是回復速率（平均 500 年累積 2.5 公分）的 20 至 100 倍，但因地形、降雨、風速、農耕型態而有所不同。有關每年土壤的流失量，在中國大陸為每公頃 40 公噸，而美國則是每公頃 18 公噸。每年全世界因土壤流失過速、浸水、鹽化以及其他種型態的土壤劣質化，迫使農地休耕的數量達 1,000 萬公頃之多。據 1990 年聯合國的環境方案推估，每年約有 2,000 萬公頃因壤質惡化而不利於農業生產。此外，土壤流失除減低土壤厚度外，也因有機質、土壤水帶縮減而導致土地生產力降低（如：每坵耕地的有機質減少 50%，將使玉米產量減少 25%）。如

[8] 根據聯合國的研究，於 1950 年至 2000 年間，因土地退化已肇致全世界耕地減產 13%，牧草地減產 4% (Miller, 2004: 288)。

表 3-2-9　糧食生產對生態環境的負面影響

環境要素	影響
空氣	溫室栽培因採化石燃料而產生瓦斯等排放物。 採用化石燃料而產生其他空氣污染物質。 噴灑殺蟲劑所致的污染。
土壤	沖蝕；沃度流失；鹽化；浸水；沙漠化。
水	含水層枯竭。 整地栽種作物，導致地面逕流增加與洪氾滋生。 土壤沖蝕導致沉澱物污染。 殺蟲劑逕流導致魚群死亡。 殺蟲劑與肥料逕流導致地面水與地下水污染。 肥料、牲畜排泄物、食品加工廢物等含硝酸鹽與磷酸鹽的逕流排入湖泊與緩流河川中，從而滋生營養過量的問題。
生物多樣性	清除草地、森林與供海水的溼地，致使野生物的棲息地流失與劣質化。 殺蟲劑的逕流導致魚群死亡。 為保護牲畜而濫殺野生的捕食性動物。 以少數的單品種作物取代成千的野生作物品種，導致基因多樣性的流失。
人體	飲用水中含有硝酸鹽。 殺蟲劑殘留在飲用水、食物與空氣之中。 牲畜排泄物帶有病原體，污染飲用水與游泳的水體。 肉類受到細菌入侵的污染。

資料來源：Miller, 2004: 288.

將糧食產量所致的危害成本合計，則美國每年得耗費約 1,500 至 2,000 億美元。如果這種情況不設法改善，則在現代工業化農業與不健全的自給式農業持續經營下，將會對環境造成強大的衝擊。皮曼泰爾估計在 1994 年至 2013 年間，因環境惡化導致農業生產力減低的耕地面積將比印度的國土面積還要大。如果人類不能有此危機意識，慎謀因應對策，恐怕得自食其果而毫無挽回餘地 (Miller, 2000: 291-293, 364)。故如何於增進農業生產的同時兼顧維護、復育環境，實為人類一大考驗，且當農地生產力降低時，如何提高糧食供給亦為重要課題，此將於下節探討。

第三節　糧食供給增加之主要途徑

一般而言，提升穀物供給的主要途徑有二：一為開闢新耕地，加入耕種；另為在現有耕地上，加深耕作集約度。前者在於追求耕地總產量之極致，後者則在追求單位耕地面積產量的最大。然而，無論採取哪種方式，能否達成增產糧食的目標，所採行的技術為關鍵考量。如果在傳統的耕作技術下，得靠擴充新耕地，才有增加糧食的可能；倘能採用進步科技，當可藉助新技術提振單位土地面積或勞動的生產力。通常，技術創新的類型有省力型創新 (labor-saving innovation)、省地型創新 (land-saving innovation) 及中性型創新 (neutral innovation)[9]。如果培育新品種，並增置灌溉排水設施或實施農地重劃，施用化學肥料、農藥等，以提升土地利用集約度，可產生「省地型創新效果」；實施農業機械化則可節省勞力，而產生「省力型創新效果」；至於將生化科技與農耕機械予以並用，自會產生「中性型創新效果」。

人類為求增加糧食供給，除了採取上述的生產途徑外，另可採漁業增產方式，惟須配合哪類技術？在已開發國家與開發中國家有無不同？本節將深入探討此等課題。

一、農作物增產的途徑

（一）開發新耕地

傳統的農業生產多採新闢耕地方式，以求糧食生產。農民通常會衡量新闢耕地的益本做為是否採行的基礎。如果將勞力及其他資源投施在新闢耕地，會比在現有耕地加深集約度可獲得更多收益，將會採取前者。但如果品質較為低劣之耕地的新闢成本較高，利益亦將會減低，就會改採增加集約度。因此，在技術未改變的情況下，農民不論採取哪種方式，其預期的新增收益（邊際產量）都會均等。

根據世界銀行的估計，在 1980 年至 1990 年間，全世界耕地的年擴充率約為 2%，而目前用於農作物生產的耕地所占比率約為 36%。觀察近數十年來，開發中國家（如：非洲、亞洲、拉丁美洲）已持續擴充耕地，可謂是增加糧產的重要方式。然而，在已開發國家或人口較為稠密的地區，耕地擴充卻相對減少 (Stevens and Jabara,1988: 167)。未來，這些開發中國家如要再開發新耕地，是否合乎經濟原則？還是應該另尋其他替代方式？仍須審慎再酌。

現今全世界陸域總面積為 13,387,020 千公頃，如按其可否為人類利用予以分類，約可分為已經使用、潛在使用及無法使用等三大類。其中已經使用者所占比率，耕地為 11%，牧草地為 10%，但是不堪使用或無法使用者所占比率竟高達 51%（參見前表 3-1-1）。以目前土地開發工程技術而言，如將現有赤道森林區予以清除整地，並且在乾旱地區設法增置灌溉設備，或可增加約 14% 的耕地面積。然而，這種開闢新耕地的方式能否順利進行，恐怕仍有諸多肇致危害或限制因素必須斟酌，茲列舉如下。

[9] 所謂「省力型創新」，係指既定勞力投入不變時，可配合新技術耕種更多的土地，以增加勞動生產力；而「省地型創新」係指在既定勞力投入下，可結合新技術耕種較少的土地，以增加土地生產力；或者是在既定的土地下，配合新技術施用更多勞力，以提升土地生產力。而「中性型創新」，則指土地與勞力投入均不變時，施用該類技術均會使要素生產力增加（Upton, 1979: 201-207；顏愛靜，1999c：31-32）。

1. 衝擊生態環境，危害生物多樣性

赤道雨林區約占地球陸域面積的 6%，分布在非洲、南美洲及亞洲地區，以在巴西、印尼、薩伊、祕魯四國境內之面積最廣，大約涵蓋全世界面積的半數。根據 1995 年至 1997 年衛星資料顯示，赤道雨林的砍伐面積大約為比利時面積的兩倍。不過鑑於衛星影像的侷限性，因而有人保守預估，現今每年約以 62,000 平方公里的速率砍伐森林，若再加上零星砍伐、人類聚落入侵等因素所致的外緣效果 (edge effect)，則赤道森林遭到砍伐的速率將增加為每年 308,000 平方公里。無論如何，這種驚人清除赤道林帶的速率，對於生物多樣性的損失及生態環境的危害將是極為巨大的。據生物學家威爾特 (Wilson, 1992) 估計，如果長此以往，約在 2022 年，赤道雨林區的物種至少有 20% 將會消失殆盡，到了 2042 年，該比率將增加為 50%。又根據聯合國糧農組織的估計，如果將位處開發中國家的潛在耕地全數開發，將會減少全世界的森地、林地及永久牧草地的 47%，從而破壞野生物棲息地，危害水土保持，且將因大量砍伐森林而釋放出大量的二氧化碳到大氣層中，加速全球溫暖化 (global warming) (Miller, 2004: 295)。

2. 新闢邊際土地品質低，益不抵虧

世界上潛在可耕的乾旱地主要分布在澳洲與非洲。為能化為可供栽種作物的土地，勢須耗費大量資金興建大規模的灌溉系統，或開闢大型水庫以資因應。然而，水庫興建所需經費浩繁，也得投入大量石化燃料供長距離輸水之需，一般開發中國家恐無力負擔；又此等乾旱地區必須持續灌溉，以避免乾旱區高度蒸發量、土壤鹽化或浸水情形產生。但是，這些大型灌溉設施如須汲取地下水支應，恐會招致地層下陷的惡果。何況這些可能新闢耕地的品質大多不如現耕地，需要更為昂貴的肥料、灌溉用水、能源等投入資源。因而，這些屬於邊際土地的耕地開闢之後，其潛在新增利益恐怕難以抵償現有耕地損失，因為土壤沖蝕、過度放牧、浸水過量、土壤鹽化、開採礦石、都市化與工業化變更用途等因素，使得許多耕地、放牧地已無法使用。

此外，在赤道雨林區，雖降雨量豐富有利農耕，然而許多植物養分供給與地面的植被與樹欉緊密相繫，並不是後者存在土壤之中，故其沃度很低。亞馬遜流域面積的 75%，約占全世界潛在耕地的三分之一，其土壤含酸性很高，且相當貧瘠。根據估計，赤道雨林如經清除，則表土的 5% 至 15% 將會遭受赤道烈燄的酷曬烘烤，形成龜裂硬塊（即所謂的鐵礬土），根本無法耕種。何況非洲的潛在耕地區與其他半乾旱區，出現了 22 種會咬人畜致嚴重酣睡的采采蠅，許多科學家已耗費上億美元研究並採放射線撲殺法去除，但目前成效仍然存疑，因而也無法用來耕種 (Miller, 2004: 294)。由此或許不難理解，若干開發中國家之所以仍有為數眾多的未墾耕地，乃因這些土地多屬不值得開發或不利耕種之故 (Stevens and Jabara,1988: 167)。

根據聯合國的估計，1945 年至 1992 年間，全世界栽種作物及放牧牲畜的土地約

20%，已因土壤侵蝕或沙漠化而導致中度或極度惡化。雖然每公頃農作物產量增加，但因農耕地減少、人口增加，使得全世界每人作物收穫面積已從 1955 年以來持續下降，1985 年至 1995 年間的遞減率更高達 25%。許多分析家相信，在未來的數十年間，要採經濟上有利且環境上得以永續經營的方式來擴充耕地，恐怕是不可能。另據國際糧食政策研究所與聯合國糧農組織的估計，1993 年至 2020 年間，糧食增產有 80% 是單位面積產量增加所致，只有 20% 是源自於耕地擴充。如果這項預估是正確的，則未來全世界每人耕地面積將會持續下降，甚至比 1950 年至 1998 年間驟減 50% 的情形還要嚴重[10] (Miller, 2004: 295)。由此可見，與其奢望新闢耕地以增加糧食供給，不如妥善維護現有耕地並予以集約利用，才是正本清源之道。

（二）提升單位面積產量

在傳統耕作技術下，倘欲提高現有耕地單位面積產量，很容易受到邊際報酬遞減作用而難以竟其功。為扭轉劣勢，有些國家乃投注於研發進步科技。其中，最令人矚目的是「省地型技術創新」的發展，底下將述明其進程與限制之處[11]。

1. 綠色革命的進程

1943 年，在美國洛克菲勒基金會的協助下，墨西哥政府開始展開一項農業研究計畫，研發出一套高產量品種的進步技術，後來將之稱為「綠色革命」(green revolution) (Lappé and Collins, 1987: 102)。自 1950 年以來，全球糧食生產的增加，大致可說是拜綠色革命之賜。在它的進程中，大約包括三步驟：(1) 稻、麥與玉米等主要作物經由基因工程培育成高產量品種，並採單種作物種植；(2) 施用化學肥料、噴灑農藥、灌溉作物，使之提高產量；(3) 提高耕作集約度並增加種植次數。這種「省地型技術創新」讓絕大多數已開發國家的作物產量，在 1950 年至 1970 年間締造了前所未有的佳績，即所謂的「第一次綠色革命」。

接著，在 1967 年，開發中國家展開「第二次綠色革命」，引進適合赤道區熱帶與亞熱帶氣候且快熟的稻、麥品種。如果土壤沃度充足、施用肥料與農藥、灌溉足夠的水，即可生產新品種，其產量比傳統的米、麥品種還要多出 2 到 5 倍[12]。因這些新品種成長快速，農民可在一年內於同一坵塊進行二至三期的複種式 (multiple cropping) 耕作。舉例來說，1970 年至 1992 年間，印度因採高產量穀物品種，其糧食總產量倍增，

[10] 在此期間，每人耕地面積遞減的原因是人口成長速率要比耕地擴充速率快上七倍的緣故。

[11] 本項敘述係參考 Leppé and Collins(1987) 和 Miller(2000: 280-282, 294)。

[12] 舉例來說，在第二次綠色革命中，某高產量的稻穀新品種（稱為 IR-8）係由印尼的 PETA 品種（高莖）與中國大陸的 DGWG 品種雜交繁育而來。這個新品種短莖、硬梗，而可支撐稻穗較為飽滿的頂部，多施用肥料可促進其成長 (Miller, 2004: 282)。

且每人糧食產量增加約 18%。如果沒有綠色革命，印度恐怕要在 1970 年代至 1980 年代間遭逢前所未有的飢荒。

這種省地型的技術創新因無需開闢更多土地，而可保留大量的森林、牧草地、濕地、山脈地帶，進而維護生物的多樣性。根據估計，自 1950 年以來，採高產量品種的農耕方式所節省的土地面積，可達 900 萬至 3,100 萬平方公里。學者艾維瑞 (Dennis Avery) 更指出，如果沒有這兩次綠色革命，全世界恐怕得損失大約同等於美國、歐洲與巴西所合計的土地面積。不過，這種生產方式不僅需要肥沃的土壤，也要有充足的水量，亦須耗費大量的石化燃料，以進行農業機械的運轉、抽取灌溉水、施用肥料、噴灑農藥。自 1950 年至 1990 年以來，農業生產使用石化燃料約增加 4 倍，灌溉用水量增加 2.5 倍，化學肥料用量增加 10 倍，殺蟲劑用量增為 30 倍。總括而言，綠色革命後的農業已使用了 8% 的全球石油產出。

1994 年，農作物學家宣稱已研發出新品種的玉米，其可栽種於乾旱、酸性的土壤區域，產量約可增加 40% 左右。再者，設立於菲律賓的國際稻米研究機構 (International Rice Research Institute) 也致力研發出稻米的新品種，此新品種含有大量的碳水化合物，預計年產量可增加 20%，因此預期在 2025 年時，稻米的產量與需求量之間的差距將可縮減三分之一。

目前，科學家正致力於推動新型綠色革命——即「基因革命」(gene revolution)，希冀藉由基因工程與其他型態的生物科技，來達到農業增產的目標。估計在往後的二十至四十年間，可以培育出高產量的新品種，其既能增強對蟲害與病菌的抵抗力，又可施用少量肥料，使作物有如豆科植物般可自製氮肥。同時，這類作物可栽種在稍帶鹽分的土壤，且能抗旱，也可有效利用太陽能以行光合作用。不過，根據國際先鋒高產公司（Pioneer Hibred International，全世界大型種苗供應商）的研究執行長杜維克 (Donald Duvick) 所稱：「目前還沒見到任何突破性的進展。生物技術固然是進步所必要的，但對於潛在產量並不會產生顯著的向上竄升效果，除非能把作物隔離在某些特定條件之下，否則無以竟其功。」由此可見，綠色革命仍有諸多限制，導致進展難以如預期般快速。

2. 綠色革命的限制

事實上，綠色革命或基因革命的果實要持續散播各地並發揮成效並不容易，幾個限制因素可歸納如下。

(1) 栽種新品種農作物，耗用大量肥料與水資源

綠色革命所研發的「高收成品種」(high-yieding varieties) 必須施用大量肥料與灌溉

用水，否則這些新品種作物的產量就難以提高，有時候甚至會比傳統品種作物的產量還要低。再者，若水量不足、壤質不佳及氣候不良，新基因工程亦無法培育出新品種。另外，要栽種這些基因工程培育的作物品種所費不貲，一般開發中國家的傳統自給式農民勢必無力負擔。事實上，許多開發中國家也沒有足夠的水源、肥沃的土壤、適宜的氣候，來培育新基因工程所研發的新品種。尤其這些「高反應性品種」對水量的反應最為敏感，必須適時適量加以灌溉，為此便須挖掘水井來抽水供應，這對一般的小農戶是能力所不及的，這也說明了何以第二次綠色革命無法擴及到許多半乾旱區或乾旱區（如：非洲）的原因。

(2) 栽種新品種單種作物，抹殺混合種植的益處

在傳統的農業裡，常在一塊田地上栽種數種作物，如玉米與黃豆一起種植，其混合種植（多元栽培）之效果其實與豆科作物和穀物輪作大同小異[13]。這種混合種植的好處很多，例如：同時種植深根與淺深作物能有效吸收壤質的各種營養成分及水分，亦可減少施肥或灌溉用水，而全年栽種作物能避免風雨造成土壤流失，又作物的雜異化也能分散惡劣氣候所帶來的風險，因此這種方式可發揮土地的利用效率，也因作物成熟的先後，方便人力做有效利用。然而，印度經濟學家許娃 (Vandana Shiva) 卻指稱，綠色革命所引進的新品種單項作物種植產量恐怕不如先前所宣稱的結果，因其是以舊品種和新品種採單作種植的每公頃產出做為比較的基準，而不是以混合種植制與單作種植制的每公頃產出來評比。若是以每公頃產量來相較，還是前者比後者高 (Miller, 2004: 292)。

再者，開發中國家（如：印度、印尼）為引進高收成品種的米與麥類作物，乃將傳統種植豆類的農田予以清除並取而代之。原先這些豆科作物能夠將空氣中的氮離子透過葉面吸收，並固定在根瘤菌裡，接著經由分解施放到土壤中，以促進農作物的生長。如今，這類作物已大量減少，不僅使原先提供人體蛋白質的豆類大為欠缺，還需另行施用昂貴的化學肥料，導致生產成本大幅增加。

(3) 栽種新品種農作物，產量年成長率已趨遲緩

誠如前述，在單位面積農地上耕種，起初隨著肥料、用水、農藥等資源投入的增加，農產量亦隨之遞增；但是，在農產量達到最高峰之後，若再增加這些資源的投入，農產量將不升反降，也就是所謂的邊際報酬遞減現象。這些農產量的多寡因地而異，尤其容易受到當地的土壤、水源、日照、溫度等因素的影響。目前，全球各地的單位面積

[13] 約在 1970 年代，墨西哥當地農民建議在同一塊田裡種植玉米和黃豆，但美國的農業專家卻認為這種混合種植的方式是不科學的做法。直到若干年後，他們卻發現「混合種植的收成反而要比單作種植要好得多」。又在奈及利亞北部的某地區，玉米田當中有四分之三種植兩種以上作物，包括：豆類、澱粉根類、球莖和蔬菜，同樣是因應當地人力與土地條件所採的有利經營方式。由此可知，單作式不見得一定比混作式好 (Lappé and Collins, 1987: 124-125)。

穀類產量雖仍在增加，但成長率顯然已趨緩慢。例如：1950 年至 1990 年間，全球的穀類產量年成長率為 2.1%，然於 1990 年至 2000 年間，該比率卻降至 1.1%。凡此當可視為即將出現邊際報酬遞減現象的警訊。究其原因，可能是土壤沖蝕與肥分流失造成土壤鹽化或嚴重浸水、化學肥料中的硝酸鹽與殺蟲劑污染了地底水與地表水、害蟲大量繁殖且對既有的殺蟲劑產生免疫力，從而導致糧食增產有遞減的趨勢 (Miller, 2004: 292)。此外，自 1985 年以後，美國（玉米）、英國（麥）、日本（稻）的每公頃穀物產量，均呈現成長平緩的趨勢。臺灣自民國 80 年以後，每公頃稻穀產量雖已超越 5,000 公斤，每公頃糙米產量亦達 4,000 公斤，但年成長率也有逐漸下降的趨勢（見表 3-3-1）。此意味著農作生產已達相當高的水準，也是生物性成長的極限。

(4) 基因多樣性流失，限制農作持續增產

許多農學家以為，培育基因工程或雜交品種可促使主要作物的產量持續增加，惟因當前工業化農業經營對環境的衝擊已加速生物多樣性的流失，如此恐將限制綠色革命與基因革命所需的基因物質。在印度，原本稻米的品種有 30,000 種，如今卻有 75% 的稻米生產只來自於 10 個品種。在美國，1940 年代猶存的糧食作物品種，迄今約有 97% 都已消失，只有少數的種子仍留在種子銀行或庭院當中，顯示全世界的基因「庫藏」(library) 已經急劇縮減，對於日後的基因重組、雜交配種造成極大的限制。

理論上，世界上大多數重要的植物野生種，可加以蒐集並儲存在基因或種子銀行、農業試驗研究中心、植物園等處，但有限的空間與經費還是會嚴重限制所能保存的種類。許多植物（如：馬鈴薯與蘭花）並不能以種子的型態存放於基因銀行，其他像是停電、失火或其他人為疏失導致種子毀損，也是一種無法回復的損失。再者，儲存的種子未必能夠長久存活，因此必須定期栽種（發芽）並持續蒐集新的種子，否則種子銀行也只是淪為無用種子的堆置所。此外，儲存的種子會停止進化，甚至無法再回栽到原始的植生地 (Miller, 1998: 607-608)。由此可見，基因多樣性的保存不易，恐將會影響未來單位面積的農產量。

3. 綠色革命難以造福窮人

綠色革命與基因革命的成果究竟能否幫助窮人減輕飢餓之苦，還在於其運用方式與過程。在開發中國家，主要的農業可用資源為勞力，如其土地分配較為平均，則以綠色革命技術配合勞力集約利用土地，窮人亦得分享農業增產的成果。然而，這種糧食可送達飢民手中的「糧食安全」(food security) [14]卻未必能夠完全確保。

一般而言，農業專家多鼓勵開發中國家的農民在採用第二次綠色革命技術時，應由

[14] 所謂的「糧食安全」，係指人們為了維生、運行與工作所需的基本數量糧食，能夠確保其實質與經濟可及性 (physical and economic access)。

表 3-3-1　臺灣地區稻作面積與產量

年別（民國）	收穫面積（公頃）	產量（公噸）		每公頃產量（公斤）	
		稻穀	糙米	稻穀	糙米
79	454,266	2,283,670	1,806,596	5,027	3,977
80	428,802	2,311,638	1,818,732	5,391	4,241
81	397,150	2,069,880	1,627,854	5,212	4,099
82	390,927	2,232,933	1,819,774	5,712	4,655
83	365,837	2,061,403	1,678,776	5,635	4,589
84	363,479	2,071,968	1,686,535	5,700	4,640
85	347,762	1,930,897	1,577,289	5,552	4,536
86	364,212	2,041,843	1,662,733	5,606	4,565
87	357,687	1,859,157	1,489,392	5,198	4,164
88	353,065	1,916,305	1,558,594	5,428	4,414
89	339,601	1,906,057	1,540,122	5,613	4,414
90	331,619	1,723,895	1,396,274	5,198	4,210
91	306,840	1,803,187	1,460,670	5,877	4,760
92	272,124	1,648,275	1,338,287	6,057	4,918
93	237,015	1,433,611	1,164,580	6,049	4,914
94	269,023	1,467,138	1,187,596	5,454	4,414
95	263,188	1,558,048	1,261,803	5,920	4,794
96	260,116	1,363,458	1,098,268	5,242	4,222
97	252,292	1,457,175	1,178,178	5,776	4,670
98	254,590	1,578,169	1,276,534	6,199	5,014
99	243,862	1,451,011	1,167,972	5,950	4,789
100	254,255	1,666,273	1,347,767	6,554	5,301
101	260,762	1,700,229	1,368,215	6,520	5,247

資料來源：
1. 行政院農委會，2000，88 年農業統計年報，頁 26-27，http://www.coa.gov.tw/file/10/195/207/1108/026027.xls（搜尋日期：2010 年 3 月 22 日）。
2. 行政院農委會，2012，101 年農業統計年報，http://www.coa.gov.tw/htmlarea_file/web_articles/coa/11501/024.xls（搜尋日期：2013 年 6 月 27 日）。

小規模、勞力集約的自給式農業，轉向大規模、耗用石化燃料的機械化農業，但如此一來，農村窮人購買糧食或栽種農作的能力將隨之降低。其問題癥結在於，綠色革命的絕大部分利益多只有大地主享有，因為他們擁有大量資金或債信而可獲得大額貸款，來購置種子、農藥、肥料、灌溉用水、農業機械設備與燃料。尤有甚者，部分國家（如：印度）因糧食所得歸私人所有，且由政府出錢興修水利、補貼肥料和農業機械，並配合新種子使用，使得「農業經營」吸引不少「新農民階級」（放高利貸者、軍事官員、官僚、城市投機者和外國公司）進駐。在彼此競相購地之下，農地價格急劇上漲，地主因此趁機抬高地租，甚至在契約存續期間進行撤佃。而農業機械化的實施讓農場勞工遭到解僱，小自耕農也因難以取得貸款而無法採用綠色革命技術從事生產，農業經營競爭力隨之降低。

換言之，一般貧民根本沒有足夠的土地、資金，或有能力取得貸款來購買栽種新品種農作所需的生產資材，以致於第二次綠色革命造就了開發中國家逾十億人的貧民。這些小自耕農、農場勞工不得不離開鄉村故居，遷往人口密集、負荷過量的城市，試圖謀求就業機會，但往往徒勞無功，成為都市流民。另外伴隨第二次綠色革命而來的，即是採用機械化、工業化的經營方式，但開發中國家並無能力製作供應各項農業生產的資材，勢須仰賴已開發國家的大型跨國公司進口昂貴的種子、肥料、農藥、農業機械、油料，如此一來，將讓這些開發中國家債臺高築，使其農業與經濟體系更加脆弱。一旦這些農業生產資材價格高漲，將使國內大量資金轉移到支付進口的農業生產資財投入，從而減低其經濟成長率，甚至於導致開發中國家的經濟崩潰，可謂得不償失 (Lappé and Collins,1987: 110-115; Miller, 1998: 610)。

總之，這種進階性的「省地型技術創新」若要使全人類同享其益，各國當須重新思考推行方式與配合措施，以免廣大的農民未蒙其利反受其害。

二、畜牧增產的途徑

提升糧食供給的途徑除穀物增產以外，亦可採畜牧增產方式。目前，放牧用地所占面積高居全世界已使用土地面積的第二位（約占 10%），而全球適合栽種穀物類的耕地中，有 20% 係用來放牧牛、羊。畜牧生產效益有很多，包括：(1) 提供牛、馬、羊、豬、雞、鴨等動物的肉類、乳類、卵等食品；(2) 提供毛皮、皮革、羽毛及其加工製品；(3) 提供畜力，以利耕耘、乘騎、運輸等；(4) 使用動物排泄物調製成有機質肥料，保持土壤肥力，或將動物排泄物轉製成沼氣以利家用等（王光遠，1972：231）。

在這些效益中，最重要的即是肉類或肉品的供應，其為人類攝取高品質之蛋白質的主要來源。這些牲畜吃牧草、穀物等飼料，轉化為動物性蛋白質，這些牲畜每公斤體重所需食用的穀物為：牛肉 7 公斤、豬 4 公斤、雞 2.2 公斤，而漁類只要 2 公斤。

自 1950 年以來，全球的牲畜飼養量大為提升，供應已開發國家及經濟情況看好的開發中國家的肉品消費之需。1950 年至 1996 年間，世界肉類產量增為 4 倍，而每人肉類產量增加 29%。如果觀察近十年來畜牧生產情形，可知產值大約增加 17%，比穀物增產情形（約 10%）較好，其中尤以中國大陸、馬來西亞、越南等國的成長最為快速。而在已開發國家中，加拿大、美國、澳大利亞、紐西蘭向來是畜產供應國，亦有不錯的表現（見表 3-2-2）。目前，全世界約有 12 多億的已開發國家人口，食用大量的肉類或肉品；如果合計這些國家中人畜所需食用的穀物，則已占全球穀物產量的一半以上。另外，亞洲中低所得國家有 37 億多人的所得漸有提升，消費肉品快速提升；但是最貧窮的開發中國家（尤其是非洲）的 10 億多人，仍然以穀物為主食，肉類消費為數極少。

現今，許多已開發國家採取工業化經營方式從事畜牧生產，通常在大型的飼養場有成千萬頭的牲畜，大約四個月後就可宰殺出售；而豬或雞更是養在狹小的豬圈或雞籠中，食用大量的穀物飼料（如：大麥、米糠、玉米、豆類、甘草等），因而若說全世界約有一半耕地是用來生產飼料，也不為過。但是，這種大規模畜牧經營方式，卻對資源使用、環境惡化、公害污染、細菌滋生產生負面影響。例如：1995 年美國的畜牧生產（包括漁類）大約消耗穀物產量的 70%，而灌溉飼料作物與清洗豬、牛畜養場及排泄物所用的水，差不多是全美用水的半數，甚為可觀。此外，在草原上放牧牛、馬、羊不失為一種良好的飼養方式，但如此一來，卻容易造成過牧現象 (overgrazing) 而導致表土流失。此外，在美國約有 14% 的牧草地表土流失嚴重。而全球的乾旱或半乾旱地區因放養太多的牲畜，使得植被更加稀疏，終於導致「沙漠化」(desertification) 現象[15]。根據聯合國的估計，全世界的乾旱牧草地約 70% 幾乎已呈中度沙漠化了[16]。

再者，牛隻會排放 12% 至 15% 的甲烷 (CH_4) 至大氣中，而種植牧草所施用的化學肥料會轉化成氧化氮 (N_2O)，牲畜糞便所含的氨 (NH_3) 也會造成酸性沉積物。以美國的情形為例，牲畜製造的排泄物大約是人類的 21 倍，其中只有部分廢污經循環處土進入土壤中，如不妥為防範，恐會對環境形成極大的衝擊。至於在臺灣地區，畜牧事業對於環境的衝擊約有廢水、廢棄物與臭味等三項。如以污染產量而言，豬隻每頭每天排泄物的生化需氧量約為人類的 2.5 倍。而養雞場則以雞舍臭味、雞糞及死雞廢棄物處理問題最為令人困擾，每年可蒐集雞糞總量達 130 萬公噸，如未經妥善處理而任意棄置，將滋生污染公害的問題（行政院環保署，2001：130）。

[15] 所謂「沙漠化」，是指在乾旱或半乾旱地區的土地生產潛力減低 10% 或更高之過程。這種現象主要肇因於人類行為不當，歸納這些原因有：(1) 在這些地區的牧草地出現過牧現象；(2) 濫伐森林，但沒有造林復育；(3) 在地表開礦但沒有回填；(4) 灌溉技術不當導致土壤流失嚴重；(5) 鹽分累積與土壤鹽化；(6) 在土質或地勢不宜的地方耕種；(7) 農業機械與牲畜踐踏使土壤過於密實。因此，最有效的紓緩方法便是：避免過度放牧、濫伐森林、濫除植被、濫挖礦源，並且應加強造林、維護草原，進而可減輕全球沙漠化的威脅 (Miller, 2000: 356-357)。

[16] 所謂「中度沙漠化」(monderate desertification)，係指乾旱或半乾旱土地生產力減低 10% 至 25%；「嚴重沙漠化」(server desertification)，係指乾旱或半乾旱土地生產力減低 25% 至 50%；「極嚴重沙漠化」(very desertification)，係指乾旱或半乾旱土地生產力減低 50% 以上，已成了峽谷或沙丘 (Miller, 2000: 356)。

表 3-3-2 臺灣地區漁業生產量值

年別（民國）	合計		遠洋漁業		近海漁業		沿岸漁業		海面養殖業		內陸漁撈業		內陸養殖業	
	數量（公噸）	價值（千元）	數量（公噸）	價值（千元）	數量（公噸）	價值（千元）	數量（公噸）	價值（千元）	數量（公噸）	價值（千元）	數量（公噸）	價值（千元）	數量（公噸）	價值（千元）
88	1,363,989	90,440,764	854,667	48,914,010	205,645	13,429,640	39,911	4,284,732	24,035	3,388,202	580	28,558	239,151	20,395,621
89	1,357,351	90,728,516	886,859	47,179,642	169,520	13,065,601	44,016	4,544,135	28,282	3,550,237	557	26,200	228,117	22,362,701
90	1,316,904	90,128,416	795,622	46,659,957	158,969	12,193,237	48,923	4,315,518	26,763	3,343,174	609	30,202	286,018	23,586,328
91	1,405,092	92,562,606	823,534	45,745,524	185,030	12,385,929	49,251	4,551,036	28,729	3,611,131	608	29,929	317,939	26,239,057
92	1,498,983	97,437,860	877,663	47,201,835	192,681	12,628,769	63,430	5,935,759	34,386	4,343,792	475	29,545	330,348	27,298,160
93	1,286,010	99,015,989	706,818	47,452,843	196,820	13,397,416	56,070	6,747,529	37,094	4,269,579	255	14,960	288,952	27,133,662
94	1,312,852	92,811,267	752,118	43,602,060	200,730	12,634,600	52,779	5,295,572	34,746	3,980,526	207	13,538	272,270	27,284,971
95	1,282,279	85,658,209	757,896	41,419,202	154,015	9,679,224	54,226	5,931,433	34,411	4,063,897	155	7,709	281,575	24,556,743
96	1,498,198	94,743,630	984,510	47,818,387	134,619	8,612,292	54,110	5,478,128	34,888	4,587,107	241	14,838	289,829	28,232,877
97	1,339,291	91,843,193	828,427	43,706,858	132,594	9,376,801	47,366	5,069,824	37,765	4,300,366	198	16,123	292,940	29,373,221

資料來源：行政院農委會，2009，97年農業統計年報，頁138、139，http://www.coa.gov.tw/htmlarea_file/web_articles/coa/11504/138.xls（搜尋日期：2013 年 6 月 25 日）。

根據學者布朗 (Lester Brown) 的研究，如果美國人減少肉類消費量 16%，不但可以節省穀物而供給約 9 億饑民之用，也不會滋生豬、牛飼養場污染的問題。不過，由於有些牧草地或放牧地並不種植穀物，而牧草也不能給人食用，何況一些貧窮國家的經濟能力（或援助）不足，在全球糧食配銷體系的限制下，即使以往用在畜產或飼料生產的用地轉換成穀物生產地，對於全世界的饑民仍然沒有多大的幫助 (Miller, 2000: 283-284)。因此，與其全部禁絕，不如增置防治污染設備，儘量減少畜產的負面影響。例如：臺灣於近年來為因應加入「世界貿易組織」(WTO) 所推行的離牧（養豬）措施、環保單位執行飲用水源保護區禁止養豬措施、責令養豬場設置廢水處理設施，皆可說是為減少牧畜業污染水源盡心力（行政院環保署，2001：130）。

三、漁業增產途徑

凡在海洋區域或內陸水體內，從事採捕或養殖具有經濟價值之水生動、植物的事業，便是漁業或稱為水產業。目前，全世界每年的漁獲量中，大約有 70% 來自海洋採捕，其中有 99% 是取自蜉蝣生物豐盈的沿岸水域。其餘的 20% 漁獲量是來自魚池或箱網的水產養殖，另外的 10% 則是得自河、湖的淡水養殖。臺灣地區於民國 97 年的漁獲量中，以遠洋漁業為最大宗 (61.86%)，內陸養殖漁業居次 (21.87%)，近海漁業為第三 (9.9%)（參見表 3-3-2）。

自 1950 年至 1996 年間，全世界的年漁獲量增為 4.9 倍，臺灣地區則增為 10.4 倍，成績斐然。惟因近年來出現過漁現象 (overfishing) 與污染等情形，使得全世界漁產量有遞減之勢。底下將分別就海洋採捕雨水產養殖，探討漁業增產之可能途徑。

（一）海洋捕撈與過漁現象

一般而言，漁類係屬潛在可更新資源，只要年捕獲量不超過次年尚可孕育成長的魚類，並使各類存量不致減低，每年仍可獲得永續性生產量 (sustainable yield)。不過，要決定這種生產量其實很困難，因為水產生物是游動性的，產量的多寡還受到氣候、污染等因素的影響。何況由於食物網的作用，捕獲某魚類恐會嚴重減少他類魚的年存活量，因為整個掠食者－被捕者關係 (perdator-prey relationships) 有了變化，將易遭受外來物種的入侵，從而改變魚群的結構、功能及其生產力，也因此影響整個海洋生態系統。

倘若永續性生產量難以獲得，便是出現了過漁現象。所謂過漁現象，是指許多魚群被捕撈過量，以致產生單位漁獲量逐年減少，即漁獲量大於永續生產量，甚至是魚群存活量減少，或是大魚少、小魚多的危機[17]。如果長此以往，勢必導致「營利性滅種」

[17] 這種「過漁現象」又稱為「海上掠捕行動」(sea grab)，係幾個因素交互作用的結果：(1) 捕魚技術提升，使得高效率且大規模漁船得以在深海作業或從事水產養殖；(2) 要監測並禁絕任何人進入無主的公海領域有其困難；(3) 人類對海產物的需求持續增加；(4) 政府與發展機構的補貼使得過多的漁船仍繼續從事捕撈作業；(5) 消費者對於全球性漁業危機缺乏瞭解，故對水產生態體系與生物多樣性的延續產生有害的影響 (Miller, 2000: 300)。這種情形恐將使原本可更新的自然資本為之枯竭，是為「共用地悲劇」的另一個例子。

(commerical extinction) 的後果，亦即某種魚類已減少到某個數量，使得捕撈牠們不再長期有利。因而，漁船應採捕其他魚類或遷往他區捕漁，以期過度捕撈的魚種得以恢復數量。

不過，聯合國糧農組織指出，全世界 15 個主要海洋捕魚區當中，已有 11 個最具商業價值魚種產生捕魚超過預估最大永續生產量的情形，使得全世界營利性魚群存量大為減少（大魚被捕，只剩下幼魚與小魚）。例如：西大西洋的藍鰭鮪魚在二十年前約有 25 萬尾，目前成魚只有 4 萬尾，然在東京的魚市拍賣，1 尾可賣到 50,000 美元的高價，於是提供了強烈的捕獵誘因。再者，根據美國的國家漁業與野生動物基金會 (National Fish and Wildlife Foundation) 的研究，在該國水域中的 14 種商業魚種已幾近枯竭，得花上二十年才能回復。此外，濕地、河口、珊瑚礁、含鹽沼澤地、紅樹林的銳減和破壞，以及沿岸地區的嚴重污染，都威脅著魚類與甲殼類的生存。只是這樣的威脅恐怕不易紓緩，因為全世界居住在海岸邊的人口（100 公里範圍內），比率已達 64%，而且有攀升之勢；又因許多漁船競爭日益減少的魚群供給，從而引發魚權爭戰（如：冰島與挪威的漁船互爭採捕鱈魚的地盤，以及臺灣漁民遭菲律賓槍殺事件等）。不過，最大的威脅仍是未來的五十至一百年間，全球氣候變遷將使海水溫度升高，使得水生物棲息地惡化、污染與紫外線的影響加劇。凡此等現象均亟待有效措施的實施，以圖力挽狂瀾。

（二）水產養殖

水產養殖包括兩大類，其一為「魚塭經營」(fish farming)，係指在經營管控的環境中，如在水池塭塘進行水產養殖，待其成長至某種程度的大小，再予以捕撈。另一為「漁場經營」(fish ranching)，例如：捕撈珍貴魚類（如：鮭魚）並送往孵化場，再從成熟的雌魚體內取出卵，與雄魚的精子結合後形成受精卵，於岸邊的潟湖或河口設置隔離區或浮動箱網細心飼養成幼魚後，再放回河流，待發育成為成魚游回產卵區，再予以捕撈。

在開發中國家，大多在養漁場從事內陸水產養殖，包括蟹、虱目魚、蚌、牡蠣等；而在已開發國家或某些亞洲國家，則利用河湖養殖普通食用魚或較昂貴的魚貝類，如：鯰魚、蝲蛄、牡蠣、蝦與鮭魚。水產養殖可供應全世界水產市場牡蠣產量的 90%，鮭魚產量的三分之一，蝦類產量的四分之一，可見其舉足輕重的地位。當前水產養殖興隆，其優勢為：(1) 在狹小的水域中，可施用少量燃料，藉助於交配、繁殖基因工程，可從事高效率營運，獲得高產量且利潤豐，不像遠洋漁業得受制於油價的高低而影響利潤的多寡；(2) 水產養殖業宛如「藍色革命」(blue revolution) 般，可使漁民與養殖場享受高科技的利益，預計在未來的十年間，淡水養殖或鹹水養殖之產量均可加倍成長。

然而不可諱言的，水產養殖仍存在一些問題，包括：(1) 水產養殖必須備有養魚場，而需投注大筆土地面積、飼料、水與能源，雖可獲得大量產出，但也製造可觀的廢污；(2) 從事大規模的水產養殖必須備有相當的資本與科學知識，這是在開發中國家極為欠缺的；(3) 在某些開發中國家，為掘塘養殖魚蝦，破壞不少在生態上頗具價值的紅樹林；(4) 養漁場附近的耕地所排出的農藥逕流，恐將使魚塭中的魚死亡，而在人口稠密區，魚群也容易受到細菌或病毒的感染，例如：泰國、中國大陸、印尼、印度、厄瓜多等國，均曾因魚塘病毒廣布而遭受損失；(5) 開發中國家的養蝦場大多沒有辦理登記，欠缺污水處理設施與沉降池設備，也少有做水質檢測，便將廢水直接放流，有礙環境衛生；(6) 利用抽取地下水從事魚產養殖，將導致地層下陷的不良後果，此一情況在臺灣的西部沿海地區尤其嚴重（Miller, 2000: 201-302；行政院環保署，1998：118）。為了降低水產養殖的不利影響，勢須另謀永續性經營的方式。

（三）漁業永續經營的方式

承前所述，目前人們正以非永續性的方式利用潛在可更新的漁業資源，如任其肆意發展，恐將陷入資源耗竭的困境。因此，為求全球漁業的永續發展，或可採取如下的原則：

1. 在領海域與公海區域範圍捕漁獲益的漁業從業者，須先提出具體永續採捕漁類申請書（及營運計畫書），方可核准其漁業經營權。
2. 增置設備並嚴格監控、執行全世界各區域捕漁限量配額，其合計總量應在推估的最大永續漁產量之下。
3. 根據全球與當地可得的最佳科學資訊、地方社區與漁民的投入，因應當地需求與條件，採取公平方式建立並劃分限制採捕漁類的配額。
4. 加強推動對海域生物多樣性與綜合性海洋經營方案，以促進漁業的永續經營與海域生態的健全維繫。
5. 檢討縮減或取消對於全球性遠洋漁船的補貼，鼓勵自由競爭，從事當地較小規模的漁業永續經營，減少過漁現象，使經濟上與生物上瀕臨絕種危機的魚群存量有回復數量的契機。

然而，上述原則要具體推行的先決條件，便是各國的決策者將之納入漁業政策，且消費者願意採取配合行動，「以其購買力投票」，即購買漁品之時，要問漁貨來自何處？如何採捕或養殖？一旦知其不採永續性經營或存量已近枯竭，即要拒買。唯有透過政府與民間的力量，方使永續經營不致淪為口號 (Miller, 2000: 302)。目前，臺灣地區正努力調整遠洋漁業的經營管理方式，以順應國際海洋對跨界、高度迴游魚種的管理之要求。至於養殖漁業則朝向高技術密集及低資源依賴的方向發展，除加強海上箱網養殖及水產種苗業的發展外，並建立養殖漁業產區的配銷資訊網、漁貨直銷體系等，以提升漁業的競爭力。再者，在選定的適當地點投入人工魚礁、放流魚貝介種苗以改良漁場，同時在沿岸漁業養殖區設置水質監測網，以提供污染防治的資訊。此外，為防止超抽地下水讓從事水產養殖的影響繼續惡化，目前亦採地層下陷區土地整復利用與保育措施，冀能稍微紓緩此等危機（行政院環保署，1998：118-119；2000：246-248）。雖然這些措施已朝向漁業永續經營方式邁進，但尚未能有立竿見影之效，仍有賴於政府、業者與消費者的協同努力，以竟其功。

綜合上述，農漁牧業各有增加生產量之途徑，然過去世界各國並不注重環境生態保育，其採用之途徑往往造成生態破壞或環境惡化。因此，未來政府應考量環境生態維護之重要性，進而研擬合宜的農業政策與農地政策。下節將討論農業政策與土地改革之措施與成效。

第四節　農業政策與土地改革

農業政策是國家為確保農產、發展經濟、增進農民或全體國民福利，而對農業發展制定計畫或管制的藍圖。由於各國的經濟狀況、自然條件及農業發展階段不同，是以各國農業政策重點也不相同，因時因地而異。大體來說，可分為三大領域：(1) 以生產要素為對象的農業政策：包括農地政策、資材政策、農業勞動政策、農業金融政策；(2) 以農作物為對象的農業政策：包括糧食政策（如：稻米或養豬政策）、農產價格政策、農產運銷政策等；(3) 按特殊功能為對象的農業政策：包括農民所得政策、農業環境政策、農業教育政策、農產外援政策等（王光遠，1972：542-543；許文富，1999：7-8）。

誠如前述，農業生產深受自然條件的限制、農產品價格變動幅度大，是以經營管理的經濟風險特別大。各國政府為謀糧食穩定供給，大都採取上述領域的不同政策措施，以協助農業經營者紓解所困。本節因篇幅所限，將著重在與糧食供給息息相關的農產價格政策與農地政策的探討，以明瞭各國所採政策的成效。

一、農產價格政策

農產價格的高低不僅關係到農民的收益和購買力，也會影響整體的糧食供給與經濟發展。各國政府在不同的發展階段，通常會採取三種措施：(1) 壓低糧價，使消費者得以購買廉價農產品，但農民的收益恐將大幅縮減；(2) 提供補貼，使農民願意繼續務農，並增加農業生產；(3) 取消價格管制與生產補貼，使市場恢復自由競爭，以決定糧食價格與生產數量。這些政策的利弊得失值得進一步探討。

以往，許多開發中國家採取低糧價政策，主要的理由是基於產業間的投入產出關係，農民既是糧食與工業原料的供給者，也是工業產品的消費者，而一個國家工業的快速發展才能有助於農業生產力與農民購買力的提升。因此，在推動工業化初期，由於農業占國民生產毛額的比率仍大，且糧食支出占家庭開支的極大部分，如採低糧價的價格管制措施，可使這類消費成本、工資維持在較低水準，防止一般物價上漲。有些國家更是刻意壓低城市居民的糧價，以免帶來政治不安。然而，糧價過於偏低卻使農民收入不敷生產成本，在生產了無誘因之下，許多農民紛紛離鄉背井遷往都市謀生。這些流入都市的鄉民因技術能力的限制，未必都能找到工作，從而又提高了失業人口。這種情形在 1960 至 1970 年代屢見不鮮，例如：亞洲的南韓、印度，非洲的奈及利亞、拉丁美洲的智利等國 (Lappé and Collins,1987: 126-127; Miller, 2000: 303; Schultz, 1968: 9-12)。至於在臺灣地區，早年一直採取「以量制價」的方式，使糧價維持在相當低的水準，惟此對於農業與經濟發展卻引發不良的後果，包括：(1) 低糧價降低農業所得，從而減少農業的再投資；(2) 低糧價勢必減少農民對工業品的有效需求，從而阻礙工業化的進展；(3) 低糧價降低農民生產誘因，從而降低農戶擴大經營規模的意願（許文富，1999：96-100）。綜上所論，可知低糧價政策徒使農產品價格遭到嚴重扭曲，減低其效率機能。再者，當經濟發展農業退居次要地位時，這種低糧價政策必須改弦更張，才能扭轉劣勢。

為激勵農業增產，許多已開發國家及部分開發中國家乃採取價格支持政策或其他的補貼措施，以確保農民每年投資都獲得定額的最低報酬。例如：1960 年代，印度除採用綠色革命科技外，更因取消低糧價政策，代之以價格支持政策，使往後的二十年間每人小麥的年產量大為增加。在臺灣地區，鑑於 1970 年代初期發生全球性能源與糧食危機，國際糧價暴漲，為確保糧食安全，乃自民國 63 年起實施保證稻米價格制度[18]，鼓勵農民生產稻米，並於同年 2 月 26 日宣布設置「糧食平準基金」[19]，以調節市場價格，維持合理範圍。

---

[18] 通常所指的價格支持政策，係採取幾種主要措施：(1) 對進口農產品課徵關稅，或對進口農產品採取限量措施；(2) 以收穫的農產品為質押，取得無償性貸款；(3) 在農產品保證價格下有超額供給（剩餘農產品）時，政府對此採取直接收購方式購買；(4) 在農產品的保證價格與自由市場價格產生差額時，則由政府補貼給生產者；(5) 政府為使保證價格維持在均衡價格之上，亦可採取消費者補貼或出口補貼；(6) 除前項貸款方式外，亦可採取供給控制（如：轉作、休耕）以便減產（許文富，1999：164-172）。

[19] 該項基金的設置功能尚有做為辦理稻穀保價收購及免息生產貸款之用。該項稻穀價格係按稻穀生產成本加 20%利潤為基準計算，民國 63 年第一期為每公斤 10 元，在來稻穀 8.5 元；自民國 86 年迄今，每公斤稻穀價格調整為蓬萊種 21 元，在來種、秈稻種各 20 元。再者，在此期間，政府亦對玉米、高粱、大豆等農作物實施保價收購制度，以達增產目的（許文富，1999：184-185）。

根據估計，已開發國家每年花費在農產價格支持與其他的農業補貼之上，已超過3,000 億美元（包括美國的每年 1,000 億美元）。然而，這種政策也有負面影響。倘若政府所採保價措施或補貼過於優惠，且天候佳、災害少，則糧食生產量將超過需求量（生產過剩），進一步引發糧價下跌與農產利潤減低。如圖 3-4-1 所示，假定政府所採保證價格為 Pf（price floor，價格低限），因超過均衡價格 Pe，勢必產生超額供給量 AB，右移至 D'，故收購或補貼總值為□O_dABO_s。如果長期採此補貼方式，雖對維持糧食自給的效果較佳，惟因糧食收購支出以及往後的運輸、倉儲、處理費用增加，恐將使政府財政不堪負荷。假如政府要維持均衡價格 Pe，則不需直接干預市場，只要補貼保證價格與均衡價格的差額即可，即每單位糧食支付 PfPe，故需補貼總值為□PePfBF。雖然政府不需花費糧食收購、儲藏並處理等支出，但是還得補貼上述差額給農民。

政府如欲維持保證價格在均衡水準之上，可分別從減少供給或增加需求著手。減少供給的方法，可採休耕、稻田轉作、限制生產面積、運銷配額等方式。依美國的經驗，在開始實施時採取銷售限量或運銷配額計畫，並訂有罰則迫使農民減產，但效果不彰，故改採面積限制、休耕計畫。惟因農民將其貧瘠土地予以休耕，對於續耕的肥沃土地則增加施用肥料、農藥，使得限制種植面積對減產的效果不大[20]。至於臺灣地區，由於政府實施稻米保價制度，使得稻作產量年年增加，至民國 65 年產量達 271 萬餘公噸，創歷年的最高紀錄。然因當時稻米的國際市場價格低迷，出口無利可圖，致使國內稻米庫存量遽增，加上國人稻米每人消費量逐年減少，乃於 73 年開始實施「稻米生產及稻田轉作六年計畫」，冀採減產的供給控制措施減緩衝擊。惟從民國 73 年至 80 年間的情形來看，稻米收穫面積由 58.6 萬公頃減為 45.4 萬公頃，稻穀產量由 224 萬公噸減為 181 萬公噸，但每公頃稻作產量卻由 3,825 公斤增為 3,977 公斤（除民國 75 年、76 年稍微減產）。由此間或顯示，稻田轉作的效果似乎不如預期般的好，究其主要原因可能是：(1) 兼業農戶比率高，農業經營型態轉變困難；(2) 稻作機械化程度高，如改種其他作物須新購農業機械，成本高昂；(3) 農民習慣種稻，如將稻米售後，尚可供自家食用，若改種玉米則須承擔較多生產風險；(4) 在此階段，政府依舊維持稻米保價制度，顯現兩制並存的矛盾與衝突之處（許文富，1999：184；顏愛靜，1986：78-99）。

若為紓解農產過剩之困，或可將大量的剩餘農產品外銷或援助開發中國家，但此將對世界糧食市場形成巨大的賣壓，使得世界糧價劇跌，連帶衝擊開發中國家的國內糧價。在價格低、利潤誘因欠缺的情況下，農民自是不願提高糧食生產量，使農產進口國或受援國的農民未蒙其利反受其害。再者，有些開發中國家採取農業補貼措施，也產生

[20] 由於 1980 年代美國休耕計畫明訂每個農民一年所領取聯邦補貼不得超過 5 萬美元。但有些富農便將其耕地分割，移轉給符合領取最大補貼額的親朋好友，使得有位德州大地主（稱之為 Crown Prince of Lichtenstein），僅於 1986 年便領取超過 200 萬美元的補貼，可說是一大敗筆 (Miller, 1988: 257-258)。

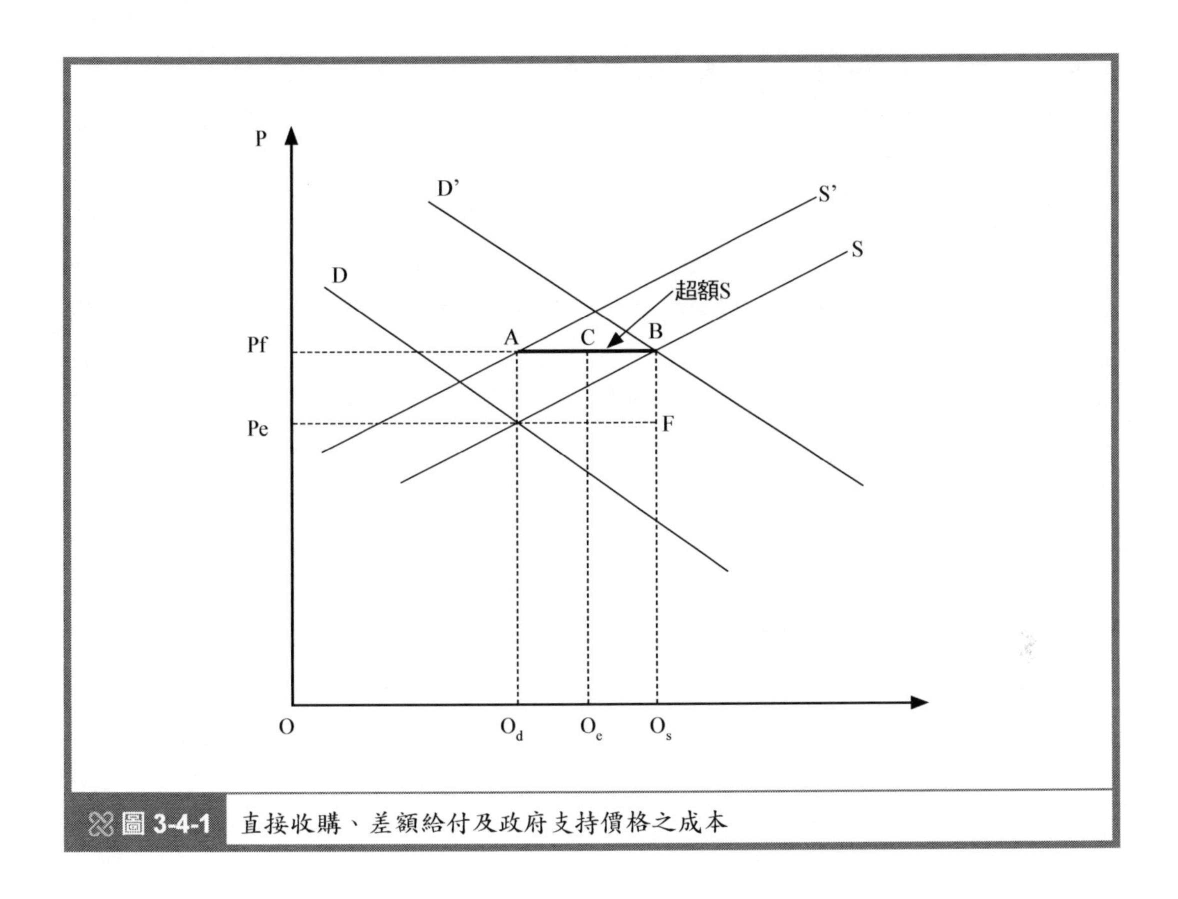

圖 3-4-1　直接收購、差額給付及政府支持價格之成本

若干反效果。例如：印度政府給予農民電價免費的優惠，卻超抽灌溉水，導致土地鹽化及土壤浸水、含水層枯竭的不良後果；又巴西政府給予農民和沒有土地的貧民補貼，卻造成雨林的破壞與土壤劣質化，對於農業增產沒有明顯的效果。

既然價格管制或補貼政策都有缺失，從而有些經濟學家建議應取消這些措施，使市場恢復自由競爭，來決定農產價格與生產數量。他們呼籲，在五至十年之內，應取消所有的政府價格管制與補貼措施，使農民回應市場需求而調整糧產供給，但對因而受糧價上漲影響的中、低收入階級，仍須給予協助使之早日脫離困境。然而，這種決策恐會影響各方的既得利益，實施起來並不容易。以美國為例，1996 年美國國會通過一項農場法案，決議將在往後的七年間取消稻、麥、玉米、棉花等項目的價格支持性補貼（於 1985 年至 1994 年間約花費了 830 億美元），使糧食生產回歸市場的力量。環保人士以為，與其取消所有的補貼，不如獎勵農民從事生態經營，凡屬於保護土壤、保育水源、劣質化土地的造林、復育溼地、保護野生動物等用途，即給予補貼，或能避免制度更動引發巨大的衝擊。此外，衛道人士認為，這些因補貼所致的餘糧可以用來從事國際糧食援助，解決貧窮國家糧食不足、饑民遍處的困境[21]。

反觀臺灣之農產價格政策，政府於民國 58 年頒布農業政策綱要，揭示兩項政策目標：一為提高農業經營效率，增進農業競爭力；另一為增加農家所得，改善農民生活。同時推動之重要方案包括：民國 61 年加速農村建設重要措施、68 年提高農民所得加強農村建設重要方案、71 年加強基層建設提高農民所得方案，以及 74 年改善農業結構提高農民所得方案。其中關於「實施農產價格支持與生產資材補貼措施」，是為維持穩定與合理之農產價格，對稻米、蔗糖、煙草實施保價收購，玉米、大豆、高粱採價差補貼，對夏季蔬菜、畜產與漁產設置價格安定基金，對部分外銷或加工用農產品訂定契約收購價格。另為降低農業生產成本及農民負擔，對部分生產資材如肥料、農業機械、農業用電、漁業用油給予補貼。農產價格支持與資材補貼對穩定農產價格及提高農民收益確有效果，但亦造成政府沉重之財政負擔與資源利用之扭曲。然而隨著貿易自由化，政府必須大幅削減價格支持與資材補貼（吳同權，2005）。

隨後，為因應貿易自由化及維護生活與生態環境、加速農業結構調整、提高農業生產力、謀求農業的永續發展，政府於民國 80 年推動「農業綜合調整方案」，84 年策訂「農業政策白皮書」、87 年起實施「跨世紀農業建設方案」，並自 90 年起推行「邁進二十一世紀農業新方案」。其中關於改變農業支持方式措施，主要係因應貿易自由化而逐漸調整，包括：大幅降低關稅、消除進口限制；削減境內支持，實施直接給付制度；稻米先採限量進口，再改為關稅配額；原採管制進口之農產品在加入世貿組織後，或開放自由進口或改採關稅配額制度。為減少農業部門所遭受的進口自由化衝擊，政府建立農產品受進口損害救助制度，研訂有效之救助方式。此外，亦陸續增加不計入農業境內總支持（aggregate measurement of support，簡稱 AMS）之農業公共投資，推動符合國際規範之農業改革措施（吳同權，2005）。

未來，為因應經貿國際化、自由化的趨勢，各國將朝向上述的第三種措施調整，尤其是臺灣地區已成為世界貿易組織（World Trade Organization，簡稱 WTO）的會員國，價格支持計畫將不復適用，宜以對地補貼給付制度取而代之，並擬妥相應的配合措施，或能發揮顯著的效果（Miller, 2000: 303；許文富，1999：256-264）。

[21] 國際糧食援助是一種人道關懷的表現，意在拯救饑民以免過早死亡。但分析家指出，只是給這些人口成長過速的饑民食物，就長期而言是有害無益的。理由是：(1) 這將使他們生育更多的人，吃掉更多的糧食；(2) 大量的糧食將使受援國的地方糧價降低，糧食減產，迫使村民遷往都市；(3) 受援國的政府將減少投資，並疏於推動糧食增產、農村發展的措施；(4) 受援國的交通網路、倉儲設備嚴重欠缺，使得糧食還未到達饑民手中，早已腐敗不堪食用；(5) 受援國的官員常會偷糧轉售，中飽私囊；(6) 為安全運送糧食，得派遣軍隊支援，使成本大幅提高。上述的批評並不表示全然反對糧援的重要性，而是：(1) 應協助這些國家控制人口成長；(2) 教導這些國家的人民採取永續性方式經營農業，才能自行生產足夠的糧食；(3) 唯有在遭遇天然災害、糧食供給斷絕時，才能給予暫時性的糧援 (Miller, 2000: 304)。

二、農地政策

土地資源為農業生產的要素，必須配合勞力、資本，妥為經營利用才能產生永續性之收益。在傳統社會裡，由於地權分配不均，形成「富者田連阡陌，貧者無立錐之地」，或「地主恣意加租、佃農佃權不保」的懸殊景象。在現代社會中，雖因社經發展、科技進步，農地可予開發、利用、增加集約度等，然對生態環境不免有所危害，尤其是產業競用土地，農地面臨變更使用壓力，對於地用效率的提升、糧食安全的維繫都有負面影響。因此，現今世界各國的農地政策大致包括地權分配與土地利用兩端，以期兼顧農地適當分配與妥善利用，提升農業生產量，增加糧食供給。

以下將分別就攸關臺灣地權分配與地用促進的土地改革措施、農地釋出與農地政策再定位，以及《國土計畫法（草案）》農地管理機制等要目，予以論述之。

（一）土地改革措施

1950 年，有些分析家指出，為解決全世界的貧窮、飢饉、營養不良、環境惡化等問題，實施土地改革是個關鍵因素。於是在聯合國第五次大會中，經提案決議：「不良的土地制度是落後（開發中）國家經濟發展的最大阻力，建議各國推行土地改革。」所謂「土地改革」(land reform)，可從幾方面說明。就狹義而言，係指將土地所有權重新分配，亦即將土地分配給無地的佃農、貧農等，使之擁有自己的田地以從事耕作。就廣義而言，則不僅是指地權制度的改革，有關土地利用、管理制度的變革也涵蓋在內。更有學者認為，舉凡與地權、地用相關的政策措施（如：農業金融、農業工資等）皆應進行根本改正，以促進農業發展，此些均可稱為土地改革。然此一意義涵蓋過廣，宜稱為「農業改革」(agrarain reform)。本項僅就狹義的土地改革予以論述，至於土地利用、管理制度的變革則另項探討。

承前所述，聯合國的該項決議，意指在開發中國家實施土地改革可促進經濟發展，原因在於：(1) 現耕農民取得耕地所有權，耕種收益歸己所有，成為激勵生產的誘因，則不需任何監督費用，農民自會克盡地利；(2) 農民生產意願提高，自可增加農業生產量，提升農業收入，進而有能力儲蓄以累積資本；(3) 農民既可增加儲蓄、形成資本，當可採用新型科技，提升農業生產力，破除貧窮的惡性循環，邁向持續發展的路徑；(4) 農村的就業機會增加，村民可在本地安居樂業，無須離鄉他遷，而引發都市問題。這項建議使得當時所謂的落後國家，如：印度、中國大陸、韓國等，先後實施土地改革，而臺灣也在美國的經濟援助下展開一連串的土地改革，實施成效彰著，頗獲世人矚目。但是，有些國家（如：菲律賓）也因既有的結構性缺陷，而難以竟其功。以下將先說明臺灣的成功案例，其次說明菲律賓的失敗案例。

1. 臺灣地區的土地改革

在臺灣光復以前，耕地租佃制度[22]甚不健全，水田租率約在年收穫量的 40% 至 55% 之間[23]。在佃租過高的情形下，一方面，佃農生活清苦，難以累積資金；另一方面，地主因土地報酬率高，不斷將資金用於購買土地，不僅有礙工業發展，對於農業增產也相當不利。有鑑於此，政府乃展開一連串的農地改革措施，包括：耕地三七五減租、公地放領與耕者有其田，以求振衰起敝。嗣後，則陸續推動以改善農業結構為主軸的第二階段農地改革，以及土地政策由「人地皆管」轉變為「管地不管人」的第三階段農地改革。茲扼要說明如次。

(1) 第一階段土地改革——改善農地所有權結構，促進農業成長

民國 38 年，為減輕佃農的負擔，乃限定耕地地租最高額不得超過全年正產物收穫量的 375%[24]，並一律採用書面契約，租期不得少於六年。由於對地主終止租約的限制非常嚴格，使之幾乎無法收回出租耕地，可說是一項強烈的佃農保護政策。民國 40 年，國有耕地所有權移轉給農民，其放領地價為耕地全年正產物收穫量的 2.5 倍，由承租農民自承領後的十年內攤還[25]。繼而於民國 42 年，辦理徵收地主超額出租耕地（可保留相當於中等水田 3 甲），再按上述地價標準放領給現耕農民。至於地價補償，則以食物土地債券七成、公營事業股票三成搭配發給地主，使現耕農民取得自有耕地，並引導地主投資於工業部門，促其發展。

臺灣實施農地改革後，糧食生產大為增加。以民國 41 年為基準，計算農業產出指數，民國 39 年時為 91，民國 51 年增為 157。同此期間，稻米產出由 91 增為 134，畜

---

[22] 耕地租佃本是農地使用權釋出或取得的有效手段之一，從地主的立場言，可將自營以外的土地出租，以收取租金或分享收益；從佃農的立場言，無須另籌購地資金，而可提高資本運用的靈活度，雖不能享受資本增值利益，然亦可避免資產價值減損的風險，便於擴大農場經營規模，也有利於青年農民參與農業經營。至於地主與佃農之間的租佃條件，理當由雙方當事人本於平等互惠原則藉由市場運作磋商議定，然因當時背景特殊，偏向於地主導向式租佃市場，而由政府介入以求匡正，然爾後實施土地改革所建立的租佃制度又過度保護佃農，從而產生租佃市場流動停滯等政府失靈的現象。

[23] 據民國 16 年的調查，租率以雙季田為最高，平均約近 50%；單季田次之，平均約 43%；普通旱田則不及 30%。參見王益滔，1952，「臺灣之佃租」，《財政經濟月刊》，第 2 卷 2 期，頁 19。

[24] 三七五減租係源自於二五減租之原意，這是因為佃農經營耕地的費用（耕牛、農具、種籽、肥料、水租等）約占全年正產物收穫量的 25%，經扣除這項成本的餘額，再由業佃雙方對分，故佃農繳交給地主的租率便是 375%，在性質上屬於分益租制 (share-rent tenancy)。然自民國 38 年由各縣（市）耕地租佃委員會評估耕地正產物收穫量後，迄今幾乎未再重估，形同定額租制 (fixed-rent tenancy)，對於地主有所不公。再者，最初耕地減租的執行係按民國 38 年 4 月 10 日公布施行的《臺灣省公有耕地租用辦法》，屬行政命令性質，惟因其涉及人民權利與義務之事宜，而有適法性的問題。嗣於民國 40 年 6 月 7 日，政府始公布施行《耕地三七五減租條例》，規定最短租期、強化租約內容、嚴格限制撤佃退耕，並明訂違反規定的罰則，方使耕地租賃實施有法律依據（殷章甫，1984：66-71；顏愛靜，1992：205）。

[25] 所謂「公地放領」，係指公地管理機關及縣（市）政府依據法令規定之實體與程序，准許符合規定之承租農民依照規定程序申請承領，於繳清全部放領地價後，移轉土地所有權之私法上分期付款之買賣行為，其旨在扶植自耕農，實現憲法第 143 條「國家對於土地之分配與整理，應以扶植自耕農及自行使用土地人為原則」之土地政策。臺灣省公地放領工作，大體上可分為民國 65 年以前辦理之早期放領、78 年辦理之專案放領，以及 83 年以後辦理之續辦放領等三階段，其內容及主要成果參見內政部地政司全球資訊網頁，http://www.land.moi.gov.tw/chhtml/newpage.asp?cid=250（搜尋日期：2009 年 8 月 9 日）。

牧產生由 72 增為 215，複種指數比由 93 增為 146，成果豐碩。究其增產的主因，除採用綠色革命的改良品種、增施肥料與灌溉用水、病蟲害防治等之外，亦深受農地改革的影響：(1) 耕地減租實施後，由於佃農的租額負擔減輕，乃努力增產，提升收入，不僅改善生活，亦增加儲蓄；(2) 農民承領公地或經徵收的地主超額出租耕地，所需支付地價低廉，尚可分十年均等攤還，又政府為協助農民增產，亦設置生產貸款基金，提供低利貸款，以利土地改良，並增加糧產；(3) 農地所有權歸農民享有，形成改進生產效率的誘因，從而提高耕地利用的集約度（例如：複種指數比的大幅提高）。

至於促使農地改革成功的因素，則包括：(1) 主事者多為中國大陸遷臺的政治菁英，在臺並無大量土地資產，較易放手推行；(2) 改革方案規劃詳盡，循序漸進，密集宣導，推展順利；(3) 臺灣的地主經過日本總督府的高壓統治，大多養成遵守法紀的習慣，又經歷民國 36 年的二二八事件，眼見本省菁英被大量殺害，遂不敢公然反對；(4) 臺灣的佃農在改革前本是經營者，自備生產資材，仰賴地主不深，一旦承領耕地，仍可自行經營，不致影響既有的農場經營管理秩序；(5) 日本總督府曾建立完整的地籍資料，並興修水利，有利於改革的推動（殷章甫，1984：106-110；黃俊傑，1995：65-69）。

(2) 第二階段農地改革——改善農業經營結構，以利擴大農場規模

然而，自三七五減租實施以來，佃農保護政策對於地主終止租約嚴格限制，幾乎扼阻其收回耕地的機會，影響所及，已使耕地租佃制度僵化，從而有礙農場經營規模的擴大。為提升農場經營效率、減低農業生產成本，行政院乃於民國 71 年核定「第二階段農地改革方案」，包括五項重要措施：(1) 提供擴大農場規模之購地貸款；(2) 推行共同、委託及合作經營；(3) 加速辦理農地重劃；(4) 加速推行農業機械化；(5) 配合檢討修訂有關法令，推行農業區域發展計畫，繼續實施加強基層建設以提高農民所得方案。

該方案推動的主要目的在於改善農業結構、促進農業發展。然因擴大農場規模僅賴購買耕地方式，貸款額度有限，資金籌措不易；而農業機械化的推行則使得委託代耕盛行，便利農戶兼業。如欲推行共同經營，因領導人才難求，成員溝通不易，終致推展困難；而推行委託經營，卻因三七五租佃制仍存，兩制適用規定不明確，農民疑懼猶存，從而影響耕地租佃市場的流動性[26]。再者，農地重劃的施行本欲將坵形不整、水路不及

[26] 該方案有關法令的研修，係於民國72 年 8 月 1 日修正《農業發展條例》，對委託經營的規定做大幅度的修改，賦予租佃之實。依該條例第 3 條第 1 項第 7 款規定：「委託經營：指家庭農場將其自有耕地之部分或全部，委託其他家庭農場、共同經營組織、合作農場或農場服務業者經營。」並於第 5 條規定：「依本條例規定之委託經營，不適用農地三七五減租條例之規定。委託經營應以書面為之。其費用之分擔、收益之分配及委託期間，由委託人與受託人約定；委託期間之修正無約定者，應於一年前通知對方，屆期由委託人無償收回其土地。委託經營之委託人，在委託經營期間，不得購置耕地。」由此可知，委託經營與自由市場的租佃相當接近，理當有助於農場機營規模的擴大，但事實上，效果相當有限（顏愛靜，1986：162-163）。

的耕地坵塊交換分合，並增置必要的灌溉排水設施，以綜合性的改良土地，但因僅侷限於農場結構的調整，並未涵蓋農村社區更新，對於農村整體發展少有助益。至於農業機械化或農業區域發展計畫的推行，亦未能針對時弊加以匡正，因此作用不大。由於該方案實施結果成效不彰，因而自民國 76 年度起，將之檢討且併入「改善農業結構提高農民所得方案」[27]繼續施行。

(3) 第三階段土地改革——放寬農地農有，落實農地農用

臺灣為能加入國際貿易組織，調整農業結構、改善生產條件等政策推動誠為刻不容緩。鑑於以往農地農有農用政策過於僵化，執行效果不佳，政府乃朝向「放寬農地農有，落實農地農用」調適政策方針，冀望在兼顧確保基本糧食安全、維護農業發展及自然生態環境之基本原則下，通盤檢討《農業發展條例》（以下簡稱條例）[28]，修正草案由總統於民國 89 年 1 月 26 日公布施行。就農地利用及管理層面而言，該條例修正案的政策理念及內容要點為：

1) **放寬農地農有，改善農業經營結構**：原則上，任何自然人購買耕地農業用地均不受任何限制，而農民團體、農業企業機構或農業試驗研究機構，均得有條件承購耕地[29]（第 33 條）。此係期望引進資金、技術、人才及現代化經營理念參與農業經營，帶動農業升級。而在放寬農地農有後，強化農地農用機制，以確保糧食安全、持續發展農業及維護自然生態。
2) **落實農地農用，建立適地適作模式**：農地是農業生產的基礎，其利用與管理須先妥為規劃設計，亦即須依據自然環境、社會經濟因素、技術條件及農民意願，配合區域計畫或都市計畫法令之土地使用分區劃定結果，推動農地利用綜合規劃計畫，建立適地適作模式，並定期通盤檢討，以因應經濟情勢及地方農業發展需要（第 8 條）。
3) **採行總量管制方式，有計畫釋出農地**：沿襲總量管制方式，將農業用地之劃定，明定中央主管機關為維護農業發展需要，應配合國土計畫之總體發展原則，擬定農業

[27] 該政策目標為：(1) 提高農民所得，縮短農民與非農民所得差距；(2) 維持農業適度成長,確保糧食供應安全；(3) 改善農村環境，增進農民福利（行政院農委會，1995，附錄：歷年農業施政概況）。

[28] 《農業發展條例》係於民國 62 年頒布，於 69 年修正部分條文，嗣於 72 年大幅修正，希冀推動擴大農場經營規模等措施，又於 75 年配合中央主管機關改制稍加修正，其餘則未做更動。繼為改善農業結構，並配合農地釋出方案，乃調整農地農有農用政策，據以修正草案，於 85 年 8 月提出送立法院審議。惟因多位立法委員主張全面開放農地自由買賣，迫使行政部門讓步，於民國 77 年 2 月與 4 月再將條例修正草案送立法院審議，大幅放寬農地移轉限制。嗣因第三屆立法委員任期屆滿，依立法院職權行使法第 13 條規定，法案之審查採屆期不延續之方式，行政院爰重行彙整該條例修正草案，於民國 88 年 11 月連同相關法案，再送立法院審議。該法案終於民國 89 年 1 月 4 日、6 日及 13 日經立法院相繼三讀通過，大幅轉變土地政策。

[29] 所謂耕地的意義，已較民國 89 年頒布時限縮，據 92 年 2 月 7 日修正頒布的《農業發展條例》第 3 條第 11 款規定，係指依《區域計畫法》劃定為特定農業區、一般農業區、山坡地保育區及森林區之農牧用地。事實上，農企業法人承受耕地以外的農業用地並不需要申請許可。

用地需求總量；並在不影響農業生產環境完整、維護糧食安全、國土保安及生態保育等原則下，評估分期可變更之農地數量，並定期檢討，以便有秩序的釋出農地（第9條）。

4) **建立公共負擔機制，規範農地變更使用**：農業用地數量既採總量管制方式，則於其劃定或變更為非農業使用時，須先徵得主管機關的同意，而所應依循之條件、程序須以法律另定之（第10條）。又農業用地之變更使用，各相關機關應視變更之事業性質，繳交回饋金，並撥交中央主管機關所設置的農業發展基金，專供農業發展及農民福利之用，以充實農業建設（第12條）。

5) **放寬耕地分割限制，減少長年產權糾紛**：明定每宗耕地分割後每人所有面積未達0.25公頃者，不得分割，但有七種例外情形，包括：購置毗鄰耕地而須分割合併者、耕地部分依法變更使用者、修法後所繼承之耕地、修法前之共有耕地、租佃雙方協議分割以終止耕地三七五租約者、非重劃區土地變更為農水路使用者、為執行土地政策與農業政策或配合重大建設所需者，均得分割耕地，且不設面積下限，期使產權單純化，並減少共有地之紛爭（第16條）。

6) **農地有條件興建農舍，規劃高品質農村社區**：於條例修正後取得農業用地之農民，無自用農舍而須興建者，於不影響農業生產環境及農村發展之下，得申請以集村方式或在自有農業用地上興建農舍。而該農業用地應確供農業使用，其上農舍須建滿五年始得移轉，已興建農舍的農業用地不得重複申請。基於維護現有農民之權益，對於修法前已取得農業用地，或修法前屬共有耕地於修法後始分割為單獨所有，而無自用農舍者，仍准依現行相關土地使用管制及建築法令規定，申請興建農舍（第18條）。

7) **活絡耕地租賃市場，便於擴展農場規模**：為便利農地使用權流通及擴大農場經營規模，明定修法後所新訂立之耕地租賃契約，其租期、租金及支付方式等，由出租人與承租人雙方依契約自由原則訂定，不適用耕地三七五減租條例之規定；而於租賃關係終止收回耕地時，亦明文規定出租人無須付給承租人補償金，以扭轉僵化的租佃制度（第20條至第22條）。

8) **強化農地使用稽查，加重違規使用處罰**：為消極避免投機行為滋生，落實農地農用目標，條例明定主管機關應設農地違規使用稽查單位，並建立農地違規使用獎勵制度，以彰顯成效。而為配合農地政策的調整，乃於新修正的都市計畫法與區域計畫法，規定加重都市土地與非都市土地違規使用處罰。凡違規使用者，處以新臺幣6萬元至30萬元罰鍰，並勒令拆除；如不拆除，得按次連續處罰；又違規農地經限期令其恢復原狀而逾期不遵從者，並得移請法院判處六個月以下有期徒刑或拘役（第79條、第21條）。

（二）《農業發展條例》

《農業發展條例》修正後，明確揭示立法宗旨在於確保農業永續發展、因應農業國際化與自由化、促進農地合理利用、調整農業產業結構、穩定農業產銷、增進農民所得及福利、提高農民生活水準，應給予肯定。然而，在該條例修正中，因各黨派理念不同爭議迭起，倉促通過法案後卻面臨不少農地利用、管理與釋出的問題，亟待慎謀對策，以求解決[30]。持平而論，我國採取落實農地農用、提高農地利用效率、確保農地永續經營等政策，並採行「總量管制，開發許可」的機制，配合推動「農地釋出方案」（詳後敘），其基本政策方向並無不妥。惟因過去涵蓋農業用地在內的不同部門之國土資源規劃利用，缺乏整合性、宏觀性的指導原則，且農業法規規範之重點偏向農業之產銷與推廣問題，較忽略農地資源之規劃管理問題，致使優良農地無法獲得有效之保護，農地永續經營之目標自然難以達成，茲檢討相關缺失說明如次（顏愛靜，2003：121-133）。

1. 農地政策與農地轉用機制亟須建立

農地資源為國土資源之主要部分，其為農業使用或轉作他用，理當按國土整體規劃循序利用或開發。但目前農地使用變更係由各目的事業主管機關主導，缺乏整體性與區位性之規劃，致使開發方式與釋出配合之指導原則及法律規範，難以兼顧生產、生活、生態環境之維護。再者，近年來農地釋出已達相當數量，惟因供需區位難以配合，造成政府劃定之工業區使用率不到 50%，住宅區之空屋率偏高，但部分民間業者在農地上零星開發及違規使用到處可見，且一再施壓要求農地釋出或就地合法。由此顯見農地釋出政策亟須調整，以紓解所困。未來，隨著三種國土功能分區之指定（詳後敘），將使現有的 232 萬公頃農業用地之部分移做他用，而有關農地資源分區劃設與調整，以及農業生產地區之發展與管理，均須妥為規劃。因此，如何研訂階段性之農地政策、檢討及建立農地轉用之協調機制，為當前重要之議題。

2. 農地利用管理機制有待強化

農地資源之規劃、利用或管理，需有基本資訊適時提供，然而有關農地之適宜性、地價、分割、違規使用等資訊尚未充實，從而影響施行成效。長久以來，國土開發利用缺乏計畫之引導，農地違規改建工廠或砂石碎解洗選場等情形屢見不鮮，但各目的事業主管機關所擬之輔導方案，並未遵循農業用地分區規劃之使用原則，而採就地合法變更使用之方式，不僅與區域性整體土地利用之政策原則相悖，亦違反社會公平正義原則。此等現象當須予以導正，以免助長投機行為。

[30] 有關《農業發展條例》修正施行成效之檢討，請參見顏愛靜，(1991a)：25-44；顏愛靜、楊振榮，2001年12月。

未來，國土計畫中擬劃定之農業發展地區即為現在農業使用之土地。若農業主管機關未能積極規劃合宜之農業經營型態，並監控農業經營所需用地，難免又淪為被動配合各目的事業主管機關行使農地變更之同意權。因此，如何在農地農用政策目標下，檢討現行之農地管理方式、提供優質之農業經營環境，以協助地區農業發展，實是刻不容緩。

3. 結合三生式農地開發機制仍付之闕如

農地農用是政府既定之政策，凡做農業使用之農業用地，均給予賦稅優惠之配套措施；如農業用地須轉做非農業用途，理應落實農業用地變更使用之審查機制。然因農地釋出之供需區位並不一致，致使許多農業用地雖已依法劃定或變更做住宅區或工業區等非農業使用地目，實際上卻仍維持農業使用，因而要求享有從來之賦稅優惠待遇，此皆難以達成土地變更使用或地盡其利之真正目的。至於採市場機制之許可方式變更者，因相關法制尚在建構階段，往往僅能依循規範或法規命令給予個案核可，不但多屬分散式零星變更，也缺乏規劃性之指導，更遑論維護生產、生活與生態環境。

隨著都會區的發展、交通運輸設施的改進，都市與鄉村之界線漸趨模糊。因此，未來農村地區將不僅以滿足農民之居住需求為限，或將成為提供都會區通勤人口居住之場地。面對此種實質環境之變遷，如何在兼顧維護農業生產、生態環境與促進農村建設之原則下，透過農地資源調整，運用積極性農地開發方式，並整合農村社區資源，輔導產業文化，以創造全民共享之優質三生環境，亟須更為具體之政策規劃。

今後為因應全球經貿情勢之轉變，以及國內社會經濟環境之變化，須在維護農業生產、生態環境與促進農村建設之原則下，建立合宜之轉用協調、使用管理機制，以便合理調整農地資源使用，展現國土資源永續利用之效能。由於上述課題涉及農地變更使用與農地政策定位等問題，將於次項再做探討，此僅考量有關農地利用管理與農地開發機制，其可分為：配合地區農業發展、提升農地資源規劃，以及結合生產、生活與生態功能之農地開發規劃方式等方面[31]。

在配合地區農業發展，提升農地資源規劃方面，可運用之措施包括：

[31] 有關農地利用管理與農地開發機制，係筆者於第五次全國農業會議擔任引言人所提出。又有關農地管理議題之決議，除界定以「農地資源之合理管理與永續利用」為未來農地管理之總體願景目標外，並建議在農地管理方面應採行下列措施：(1) 考量糧食安全與農業經營需要，未來農牧生產土地應維持一定面積。對於可釋出農地，建立制度性的協調轉用機制，並可考量以審議委員會之審查方式予以配合。同時，農地違規項目應有整體性之輔導計畫，不宜循就地合法化方式處理，對劃定或變更為非農業使用但仍繼續做為農業使用者，應依法加強開發利用與管制。(2) 配合未來國土計畫法之制定，政府各部門應協調建立國土功能分區劃設準則，做為農業發展地區劃設之依據。長期而言，藉由農地轉用制度之調整，農地變更應有彈性之配套管理方式，實施分級分區管理。(3) 為平衡農地與非農地發展權益之差異，對擬加強保護之農地，考慮給予適當維持農用之誘因。農業部門宜訂定各項發展區位選擇指標，使農業發展與空間結構相結合，建構優質的農業生產環境（簡俊發，2004b；顏愛靜，2003：122）。

1. **強化農地資源資料庫**：舉凡土地分區使用面積、地價、土地稅、地籍分割等資料，應予以蒐集建檔、與時更新、統計分析。刻正研發之臺灣農地資源資訊系統，應繼續充實訊息內容，並擴大訊息運用效能，以做為各種農業施政決策之參考。
2. **農地規劃政策應採「化被動為主動」之原則**：依國土計畫劃定為農業生產地區之土地，應研提經營管理利用計畫，強化經營利用策略。在管理方面，應檢討與農業經營無關之使用項目，並限定供做「農業使用」為原則，不同意零星點狀的農業用地變更使用，以避免破壞農業生產環境。
3. **研究農業分區之土地分級分區管理措施**：為使農業分區與非農業分區之發展權益趨於平衡，應對於政策上擬加強保護之農業用地，考慮給予適當維持農用之誘因，如：優先由政府進行農業投資、設施興建、產銷輔導，以及農地利用綜合規劃計畫，以提升土地利用的效能。
4. **整體性之輔導計畫**：經劃定為農業使用分區之農業用地，若有違規做為非農業使用之項目，應對不適宜於農業用地進行之開發行為，採取輔導遷至適當使用分區之措施，不宜循就地合法化之方式處理。
5. **訂定發展區位選擇指標**：農業部門發展宜從自然、社會、經濟等層面遴選適當指標，使農業發展與空間結構相配合，以建構優質之地區農業生產環境。

而在有關結合生產、生活與生態功能之農地開發規劃方式上，包括：

1. 農業用地經劃定或變更為非農業使用，但仍繼續做為農業使用者，應依法加強開發利用並管制，不論其是否繼續做農業使用，不宜比照農業使用分區之農業用地享有停徵田賦、不課徵土地增值稅、免徵遺產稅、贈與稅等之賦稅優惠，以符合公平正義原則。
2. 在不影響農業生產環境之原則下，授權地方政府得依據當地農業用地資源規劃與整體農村發展需要，徵詢農業用地所有權人意願，以農村社區土地重劃或區段徵收等方式，規劃辦理農業用地之開發利用。
3. 農漁山村具有豐富的農業特色、景觀資源、生態及文化資產，應將社區資源結合在地人力與訊息，規劃建設休閒農漁業區，輔導設置休閒農場，展現產業文化特色，並發展生態旅遊，以提供農業體驗、文化薰陶、學習自然、品嚐鄉食之在地化服務，彰顯生產、生活與生態三生環境之功能。

是以，為建立合理的農地利用、管理與釋出機制，或可參酌前述建議，擬妥相關配套措施、確切執行，並且與時檢討。例如：在重要農業用地，優先撥給回饋金推動農地利用綜合規劃、辦理農地重劃等經費，增加農業公共投資；且其農地移轉免徵土地增值稅，如由一人繼承得減免田賦（地價稅）、遺產稅與贈與稅，則未來活絡農業生機、維護生態環境、重塑農村風貌，才能發揮立竿見影之效。

（三）農地釋出政策

農地資源為人類從事農作、森林、水產、畜牧等產製銷及休閒之事務，以供應糧食或休憩體驗的基本要素。隨著我國經濟結構的轉型、全球環境世界觀的轉變，如何合理施用勞力、資本並永續利用農地資源，以創造生產、生活、生態之效益，並適時適量調整用途以供非農業部門之需，是為當前面臨的重要課題。有鑑於此，行政院乃於民國 84 年 8 月 3 日核定「農地釋出方案」[32]（民國 86 年 3 月 14 日核定修正），實施迄民國 92 年為止。相關機關業已增修相關法規，調整非都市土地中特定農業區為一般農業區範圍達 6 萬公頃、增（修）訂各目的事業計畫審查規範與建立明確之農業用地變更條件、放寬農業用地變更限制與簡化審查程序，並已釋出農業用地達 3 萬 7,000 多公頃。目前農地釋出作為法令齊備，並已完成階段性之任務。

民國 90 年 8 月 26 日，總統府召開經濟發展諮詢會議（經發會），結論中亦達成「於六個月至一年內研擬加入 WTO 後農業用地之需求總量、可變更農地數量，妥善規劃農地釋出之短、中、長期政策與計畫」之共同意見，且「農地釋出方案」中有關農地變更需求與供給已屆檢討之期，農委會分別於民國 90 年及 91 年委託辦理「研擬我國加入 WTO 後農地需求總量及可變更之數量」及「規劃農地釋出長、中、短期政策與計畫之研究」等政策規劃研究，並邀集經建會、內政部等相關部會及專家學者召開多次開會討論，撰擬「農地釋出短、中長期政策」，於民國 91 年 11 月報行政院核定。案經行政院裁示：「農地釋出方案已完成階段性任務，同意廢止，另以農地釋出短、中、長期政策取代之」，並附帶決議該短、中、長期政策應再提送第五次全國農業會議討論後，修正送行政院核定。

案經農委會於民國 92 年 3 月下旬召開之全國農業會議中，以「農地資源之合理管理與永續利用」議題廣邀學者專家研商，並獲致相關具體結論，爰配合修正納入「農地釋出短、中、長期政策」相關內容，以期在不影響農業生產環境之原則下，落實土地資源合理分配與利用，達成地利共享之目標。農委會並於民國 92 年 12 月 11 日將本案陳報行政院，由行政院交議經建會審議。茲就該方案之施行成效、調整原則，以及新農地政策之定位等說明如次。

[32] 行政院農業委員會研擬「農地釋出方案」，係為因應經濟發展、企業經營及國計民生的用地需求，乃依據民國 82 年 7 月 22 日行政院第 2341 次會議有關「徹底檢討目前農地使用情形，不適用之農業用地應公平而有計畫的釋出」之指示及「振興經濟方案」之執行計畫，並配合國土綜合開發計畫發展許可制精神與當時土地使用管制體系所研訂。

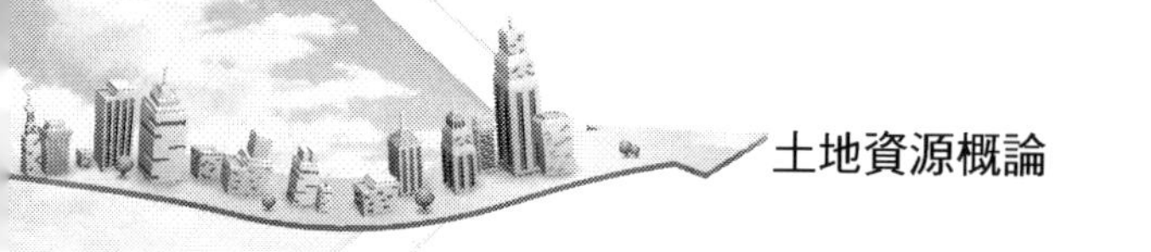

1. 農地釋出方案執行檢討

農地釋出方案執行八年雖已達相當成效，但離農地釋出第一監控量（民國 100 年目標 4 萬 8,000 公頃）及第二監控量（16 萬公頃）仍有一段距離。檢討分析該階段農地釋出問題如下（行政院農委會，2004a：4-5）：

(1) **國土規劃上位法制仍未完整**：國土資源應依據國土整體規劃與原則做有秩序之開發與利用，以達永續發展之目標，惟因《國土計畫法（草案）》尚未完成立法作業，整體國土計畫未能明確，故於農地整體規劃利用與秩序部分缺乏指導性原則。

(2) **農地釋出供需區位不合**：「農地釋出方案」列出位於鄉村區、工業區、風景區及特定專用區內等可優先釋出之農地面積即達 8 萬公頃，足以充分供應非農業部門開發利用所需，但申請開發單位卻仍多選擇農業部門已投資改良之交通方便、區位優良、開發成本較低之農地，造成缺乏整體規劃之零星開發。

(3) **整體用地需求面積與區位缺乏長期規劃**：目前國土利用因缺乏完整及有秩序開發指導計畫，各目的事業亦缺乏產業發展用地與區位需求長期規劃，造成農地變更與開發使用之區位零散分布問題。針對已變更為非農業使用之土地，往往因細部計畫尚未完成及其他因素未能有效開發利用，繼續作農業經營使用，影響整體農業生產環境及國土之有效利用。

2. 政策調整後之農地釋出原則與做法

(1) 農地釋出原則

為因應未來國土管制與計畫體制之變革，兼顧經濟發展、國土保安之目標，未來農地釋出方向應兼顧資源之維護與景觀意象，配合整體《國土計畫法（草案）》立法之行政規劃，採階段性方式辦理，具體項目包括（行政院農委會，2004a：5-6）：

1) 兼顧農業生產資源維護與景觀意象塑造

農地釋出除因應經濟發展需求之外，為區隔已發展地區與農業生產地區、避免不相容使用影響農業生產環境，亦得釋出做為景觀綠廊或開放空間，塑造地區景觀意象及維護生態資源。即未來農地釋出之精神，除得供經濟產業需要外，更結合生產面、景觀面與資源需求面，依循國土永續發展精神，進行土地之開發與資源維護工作。

2) 繼續辦理總量監控

農地釋出之總量自民國 84 年至 91 年已釋出 38,000 餘公頃，惟於《國土計畫法（草案）》未完成立法程序前農地釋出之總量監控，仍以國土綜合開發計畫中之農地變更需求總量約 48,000 公頃為第一監控量。於《國土計畫法（草案）》完成立法程序後，在維持必要農牧生產使用之農地面積前提下，估計至民國 110 年可供非農業部門申請變更使用及移做生態保育、生物科技等非傳統農牧經營使用之農地面積約 25 萬公頃，為第二監控量。惟農地釋出數量之監控仍將配合社會經濟之變遷，適時檢討修正。

(2) 農地釋出做法

由於農地釋出之做法與國土整體發展及《國土計畫法（草案）》之指導原則密切相關，但因《國土計畫法（草案）》目前尚未核定實施，故對於未來農地之釋出將以《國土計畫法（草案）》完成立法程序之時程為劃分標準，並對農地釋出相關作業採階段性方式辦理。即《國土計畫法（草案）》未完成立法程序前，農地釋出仍依據國土綜合開發計畫之指導原則與現行《區域計畫法》、《都市計畫法》所規範之土地使用分區管制體系，有計畫的辦理釋出。此外，為配合未來《國土計畫法（草案）》之推動與執行，預為進行未來國土規劃管理架構下之各項農地規劃與管理措施先期作業，以建構合理農地管理機制，其作業項目包括：研訂合宜之農業發展地區劃設原則及農業發展地區分級分區管理機制、建立地方政府農地資源空間資料庫及農產業設置區位之劃設指標，以為農業施政之空間規劃參考。

於《國土計畫法（草案）》完成立法程序後，依據該法架構下之國土規劃及管理體系，對農地釋出研訂原則性規範，配合辦理國土永續管理作業。其規範項目包括：配合國土功能分區劃設原則，建立合宜之開發許可審查制度；配合農地農用及分級分區管理制度合理管理農地，以避免不當使用導致農村景觀與農業生產環境的破壞；建立全國性農業部門發展計畫及各縣市農業部門發展計畫之供農地空間區位發展之指導策略（行政院農委會，2004a：6-8）。

綜觀上述農地釋出原則與做法，以《國土計畫法（草案）》完成立法程序之時程為劃分標準，並對農地釋出相關作業採階段性方式辦理，其規劃內容與考量層面相當周延且具可行性。例如：先期作業中研訂合宜之農業發展地區劃設原則，以及農業發展地區分級分區管理機制，目的在藉由加強整體農地規劃、建立分級分區管理機制，以及強化農業設施與維持農用之誘因機制，落實農地農用政策，促進國土資源之合理配置與永續利用。惟由於釋出農地之需求面積與使用型態會隨著社經環境變遷而改變，故對於農地釋出方向、做法及農地轉為非農業使用之管理原則等，宜機動、適時檢討調整，方能符合實際所需。

（四）農地政策之再定位

聯合國糧農組織將「永續的農業和農村發展」(sustainable agriculture and rural development) 界定為：「……對於自然資源基礎的管理和保育，並且在某種程度上採取技術取向和制度變遷的方式，能夠確保持續的滿足當代與未來世代所需。這樣的永續發展（在農、林、漁業等部門）可保護土地、水資源、動植物生命和動物基因資源，使之在環境上不退化，技術上很適當，經濟上可實行，且社會上可接受」(N. D. B. C. FAO, 1991)。由此可見，永續發展即是兼顧世代發展的公平性、生態保育的延續性、技術採用的適當性，以及社經條件的可實行性，以在發展與保育之間尋求一個均衡點，相輔相成而不致扞格。因此，農地政策的定位可循這樣的方向來加以思考，並考量我國特殊的現實情況，訂立出一套適宜的政策。而在現今臺灣的農業環境中，永續發展（持續性）、社會公義（公平性）、知識經濟（技術性）三大核心概念核心概念應該綜合考量，方能達成農地資源合理利用之目標。

內政部營建署當初檢討過去國土發展策略與管制之缺失，全面推動新世紀的國土規劃，落實永續發展，係以陳前總統就職演說之「綠色矽島」為國土規劃建設藍圖[33]，並詳細展現於行政院經濟建設委員會「綠色矽島建設藍圖相關政策方案」之內容中[34]。是以新農地政策理念的建構，可配合倡導建設臺灣為「綠色矽島」之願景，擷取「以人文為中心，環境保護及生態保育為上層，知識經濟發展及社會公義為支撐」之架構理念，來規劃農業用地資源。

如圖 3-4-2 所示，新農地政策的設計理念是：在生態永續方面，生產用地以維持國家基本糧食安全為主，並將生態、生活功能之地區視為生產環境之儲備用地，當國家糧食需求增加時，可立即加入生產行列，又可達成農業之永續發展及農地永續經營，確保農業生產環境之完整。

其次，在社會公義方面，首重權益平衡之課題。在農業發展地區與其他功能分區之間，以及農業發展地區各次分區之間，皆能設法使人民的財產權因規劃所產生之損益獲得平衡，俾減少制度實施阻力。另應提供農業發展地區足夠之留農誘因，例如：獎勵或補貼，以利維持分級分區之規劃成果。

最後，追求知識經濟之農地利用，首重農業生產之研發創新，因此，農地於進行次分區劃設時，宜考量劃設生物科技有機農業、觀光休閒農業等專區，或容許該類型農業能於各分區內從事生產。唯有發展高附加價值之農業，方為減少農地擅自變更使用的最佳策略。換言之，與其以處罰的方式取締農業用地的違規使用，不如積極誘使土地所有權人或使用人不違規，故其規劃考量重點應在於如何提升農業產值，以實現「確保農業永續發展、因應農業國際化及自由化、促進農地合理利用、調整農業產業結構」等政策目的。由於農地政策乃農業政策重要的一環，在追求「效率」與「安定」的現代化農

[33] 內政部營建署決定以「綠色矽島」為推動國土規劃建設藍圖，其政策宣示參見網址：http://www.cpami.gov.tw/cpanews1/ot91040（搜尋日期：2010 年 7 月 25 日）。

[34] 行政院經建會，經建計畫，「綠色矽島經濟發展藍圖」，參見網址：http://www.cepd.gov.tw（搜尋日期：2010 年 7 月 25 日）。

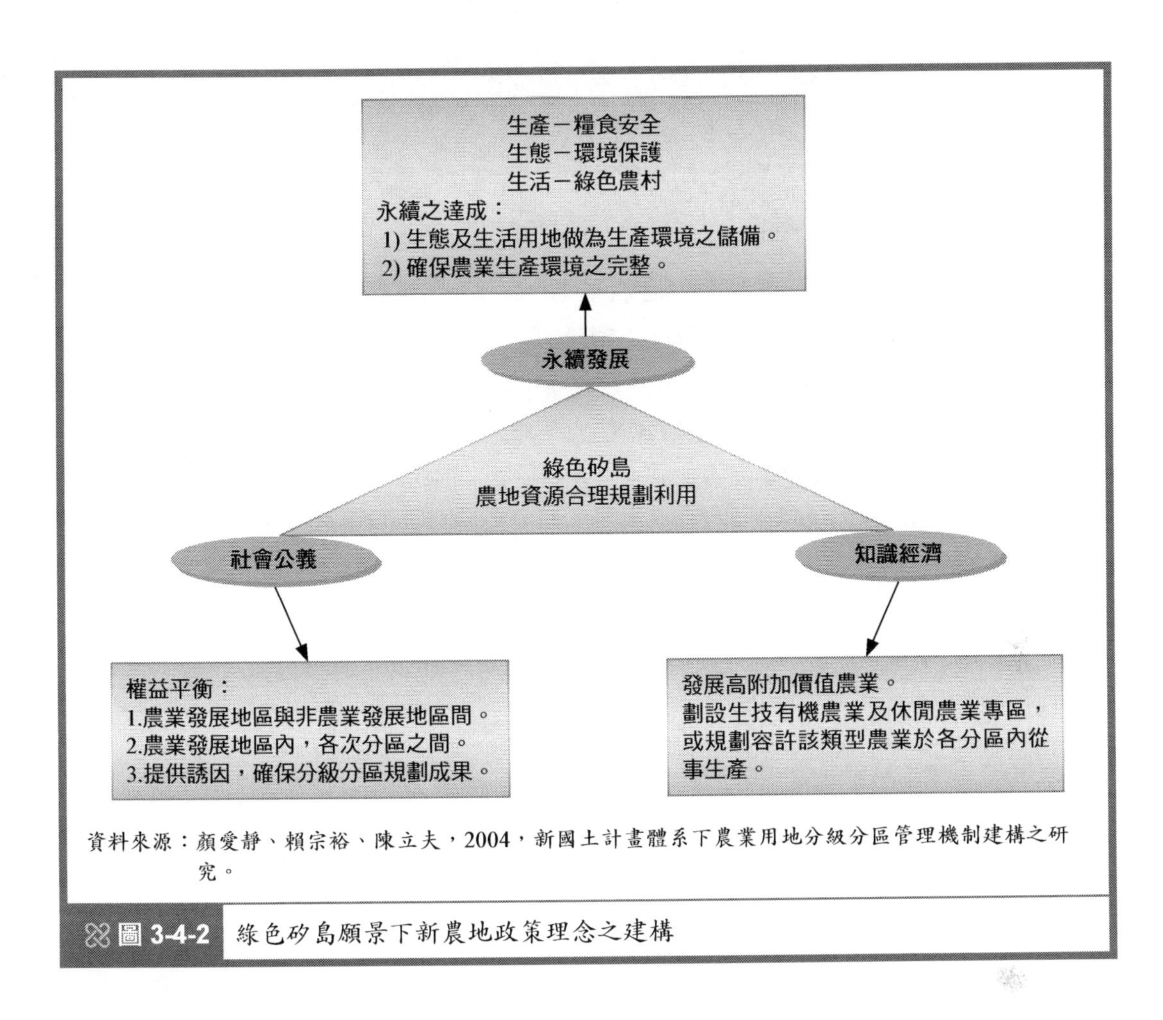

資料來源：顏愛靜、賴宗裕、陳立夫，2004，新國土計畫體系下農業用地分級分區管理機制建構之研究。

圖 3-4-2 綠色矽島願景下新農地政策理念之建構

業、確保農業永續發展的農業政策前提下，未來在新國土計畫體系下之農地政策宜定位為：

1. 保護重要農地，維持基本糧食安全

(1) 加強辦理農地資源特性的基本資料庫建立，採用科學的方法監測土地利用動態、評估土地品質，保護重要農地，並應避免將農地做變更之使用。

(2) 研議成立農地保護專責機構及制定農地保護專法，並訂立相關規範，由政府或非營利組織提供資金，以資金貼補防止農地所有人將土地出售供非農業用途。

(3) 建立誘因和獎勵機制，並加強教育與宣導，以提升民眾對農地重要性之認知，使農民參與農地保護的計畫，並使開發者在選擇開發地點時避開重要農地，以達到保護農地之目的。

(4) 農地釋出之總量應以不妨害維持基本糧食安全為原則，實施監控，並配合社會經濟之變遷，適時檢討修正釋出數量。對於可釋出農地，建立制度性的協調轉用機制，並考量以審議委員會之審查方式予以配合。

(5) 發展農業，建設農村，雖以兼顧維護農業生產、生態環境與促進農村生活為原則，但生產用地以維持國家基本糧食安全為主，規劃做為生態、生活功能之地區可視為生產環境之儲備用地，當國家糧食需求增加時，可立即提供生產使用。

2. 發展高附加價值農業，提升產業之競爭力

(1) 配合國土計畫功能分區及次分區之劃設，進行農地資源之分配調整，以生產力較高的農地做為農業產業調整對策之主要輔導對象，在不妨害基本糧食安全之前提下，鼓勵高附加價值及具競爭力作物之生產。

(2) 加強農地規劃利用計畫與農業產銷班經營、顧問師訓練之結合；建立農業專業技術、經營管理諮詢及資訊服務體系，加強農地利用計畫之整合及建立適地適作經營模式。

(3) 訂定各項發展區位選擇指標，使農業發展與空間結構相結合，建構優質農業生產環境。

(4) 加強農企業法人經營農業之輔導，暢通農企業法人取得農地之管道，引進資金、技術、人才，提升農業競爭力。

3. 平衡農業發展權益差距，建立維持農用誘因機制

(1) 平衡農業區與非農業區之利益，加強農業區內之公共投資及福利措施，研究對地補貼政策之可行性及做法，並落實農地變更使用回饋金用於農業發展及農民福利之理念。

(2) 做農業使用之農業用地，給予賦稅優惠之配套措施。如農業用地轉做住宅區或工業區等非農業用途，卻仍維持農業使用者，應停止賦稅優惠。

(3) 檢討農地稅捐減免制度與適用範圍，檢討與修正農地移轉之土地增值稅優惠措施及農地繼承、贈與之遺產稅、贈與稅之優惠措施。

4. 確保農業生產環境之完整，追求農地永續經營

(1) 農地之釋出應兼顧農業生產資源之維護與景觀意象之塑造，除因應經濟發展需求外，為區隔已發展地區與農業生產地區、避免不相容使用影響農業生產環境，亦得釋出該類農地做為景觀綠廊或開放空間，塑造地區景觀意象及維護生態資源。

(2) 配合國土計畫法之制定，協調建立國土功能分區劃設準則，做為農業發展地區劃設之依據。長期而言，藉由農地轉用制度之調整，農地變更應有彈性的配套管理方式，實施分級分區管理。

(3) 研究及建立農地分區管理及輔導方式，並建立農地資源數量及品質資料庫，蒐集

國內外農業區劃分資料，研擬適合國內情況之農業區劃分標準及方式，對各區之農地及不同產業農民採取不同的輔導管理與資源維護措施。

(4) 強化農地資源之整體空間規劃，以農地規劃指導農地資源合理利用與管制，並以農地分級分區管理為主軸，朝向整體性之分區管制辦理，減縮農業使用分區內之可容許使用項目，將使用項目限制回歸於與農業使用和生態有關之使用。

(5) 利用現有國土調查資料、農地規劃資料與土地使用編定等，建立農業用地基本資料庫，並適度建立評估指標，區分農業用地之等級，提供規劃與管理政策評估之參考。

(6) 因應國土計畫體系之實施，配合檢討與修正農業用地管理相關法令，建立農業發展地區之分區管理架構，以及轉換機制所涉及之法令訂定或配合。

(7) 評估與設計在全國土地管制體系中農業部門應扮演之角色，中央與地方農業主管機關之管理分工與協調，在農業發展地區（包括次分區）之劃設方面，中央與地方之權責劃分。

（五）區域計畫與農地分區管理

於內政部揭櫫之「變更臺灣北、中、南、東部區域計畫（第1次通盤檢討）——因應莫拉克颱風災害檢討土地使用管制」中，訂有特定農業區與一般農業區劃定目的、原則、標準與使用說明可供參考，整理如表3-4-1。

據上所述，可知特定農業區仍屬優良農地分布之地區，係屬經辦竣農地重劃或政府曾經投資建設重大農業改良設施之農業用地，理當加以保護，並避免闢為工商或其他建築用地。然而，為促進經濟發展，這些屬於資源型使用分區的農牧用地，同樣有可能被開發使用。因而，於上開通盤檢討內容中，亦揭示「非都市土地農業用地申請開發使用原則」（內政部，2010：38），如下所示：

(1) 非都市土地農業用地變更為非農業使用，依《農業發展條例》第10條之規定，應先徵得農業主管機關之同意，再依《區域計畫法》及相關法令規定，辦理非都市土地使用分區及使用地變更。

(2) 經辦竣農地重劃之農業用地，應以農業使用為原則，並應維護其良好之農業生產環境及設施，其他農業用地採整體規劃原則申請開發使用。

(3) 特定農業區經辦竣農地重劃之農業用地，若已被建築使用包圍，因灌、排水設施不完整，致無法作農業使用或無生產效益者，或因屬零星夾雜且面積未達10公頃或未超過全區面積十分之一者，於取得農業主管機關同意變更後，基於整體規劃開發利用，經區域計畫委員會審議同意，得申請開發使用。

表 3-4-1　特定農業區與一般農業區劃定條件之比較

劃定條件	特定農業區	一般農業區
劃定目的	優良農地或曾經投資建設重大農業改良設施，經會同農業主管機關認為必須加以特別保護而劃定者。	特定農業區以外供農業使用之土地。
劃定原則	曾經投資建設重大農業改良設施地區，如辦理農地重劃、灌溉、排水等工程地區。 經農田水利會認定供水能力可達者。 大面積完整達 25 公頃以上者。 其他使用分區之變更符合特定農業區之劃定標準地區。	特定農業區以外，供農業使用之土地。 特定農業區內，生產力較低或不適農作生產之地區。 鄰近都市計畫或重大公共建設之農業生產地區。 其他使用分區之變更： 凡特定農業區符合下列標準者，檢討變更為一般農業區： • 生產力較低、都市邊緣、已被建築用地（合法建築用地三面以上）包圍之零星農地及不適農作生產之地區。 • 經政府核定為養殖漁業生產區之土地。 • 遭受風災、水災等重大天然災害致不適劃設特定農業區者。 前項地區最小檢討變更面積應在 10 公頃以上，但屬被建築用地包圍且變更後無影響特定農業區生產環境或條件之零星農地者，其檢討變更面積得小於 10 公頃。 檢討變更為一般農業區者，不得破壞周遭地區原有農田水路之灌溉功能及農業生產環境。
劃定標準	物理條件： 土壤質地為極細砂壤、坋土、壤土、砂質粘壤、粘質壤土。 有機質含量大於 2.5%。 陽離子交換能力 (C.E.C.) 大於 15。 坡度在 15% 以下。 生產力高者。 依據「山坡地土地可利用限度分類標準」為第 1 級至第 3 級之宜農牧地者。	物理條件：同特定農業區劃設標準。 依據「山坡地土地可利用限度分類標準」為 1 至 3 級地之宜農牧地者。 區域生產力較低者：經行政院農業委員會農業試驗所調查劃定為水稻田生產力分級單期田屬第 10 級或雙期田 2 期均屬第 10 級者。 不適農作生產為下列情形之一者： 地勢低窪經常淹水或海水倒灌。 土壤鹽分濃度高。 漂石占地表面積五分之一以上者或石礫占表土 20 公分內體積 50% 以上。 無灌溉水源。

表 3-4-1　特定農業區與一般農業區劃定條件之比較（續）

劃定條件	特定農業區	一般農業區
使用說明	加強農地資源空間規劃，維護農業生產環境，提升區域農業經營效益。 推動農村社區綜合發展規劃，全面改善農村生活環境，融合生產、生活與生態之良性體系，促進農地利用，達成城鄉發展之均衡。 為確保糧食安全、維護優良農業用地，避免使用區內經辦竣農地重劃土地變更為非農業使用。 特定農業區農牧用地應以農業使用為原則，並減少非農業使用項目容許於該區設置，且禁止後續新增容許非農業使用項目。	一般農業區以農業生產、加工、經營為主要使用別。 原有特定農業區經農業主管機關確定符合前述劃定標準者，直轄市、縣（市）政府應配合本次變更區域計畫依法辦理使用分區變更。

資料來源：內政部，2010：15-17。

(4) 農業用地變更為非農業使用，應符合農地資源空間規劃之農地資源利用原則，避免使用特定農業經營地區或農漁業生產專區土地，且不得影響周遭農業生產環境。

上述原則看似比以往之農地變更使用規範較為周延，其實與現行做法並無多大差別。比較特別的是第四項，特別指出應按農地資源空間規劃之農地資源利用原則指引農地利用，而特定農業經營地區或農漁業生產專區土地更需永續維護以發揮生產效率。然而，此處所謂的「特定農業經營地區」或「農漁業生產專區」是從產業觀點加以區分，和從使用的基礎劃分的「特定農業區」未必會相互重合，容易造成一般民眾的辨別困擾，理應設法統合較為妥當。

（六）國土功能區劃與農地管理

臺灣近年來因重要農業生產環境未能確保完整，影響農業經營管理等問題[35]，乃由

[35] 有關國土規劃的其他問題，包括：(1) 未將海岸及海域予以宣示，無法突顯海洋國家特色；(2) 全國及縣（市）土地未做整體使用規劃，欠缺宏觀願景；(3) 未能落實國土保育及保安，造成環境破壞；(4) 水、土、林業務未能整合，缺乏有效管理；(5) 重要農業生產環境未能確保完整，影響農業經營管理；(6) 城鄉地區未能有秩序發展，公共設施缺乏配套規劃；(7) 非都市土地實施開發許可缺乏計畫指導；(8) 都會區域之重大基礎建設缺乏協調機制，影響國際競爭力；(9) 對於發展緩慢及具特殊課題之特定區域，亟待加強規劃；(10) 部門計畫缺乏國土計畫指導，造成無效率之投資（參見內政部，《國土計畫法（草案）》，2009 年 10 月 8 日版本，關於該法草案之立法總說明）。

內政部研擬《國土計畫法（草案）》，其立法意旨在於：「為促進國土資源合理配置，以有效保育自然環境、滿足經濟及社會文化發展之需要，提升生活環境品質，並確保國土永續及均衡發展」，揭示以國土資源永續發展為最高目標。該草案明訂國土範圍、國土計畫之種類與內容、國土計畫間之指導遵循關係、國土四大功能分區劃設與管理、開發許可制、土地使用管制機制，以及權利之保障等原則性規定，其中涉及國土開發與土地使用管制者，主要見諸於第四章至第六章，其規範要點歸納如下：

1. 劃設國土功能分區，以保育國土並促進發展

基於國土保育利用及管理之需要，乃依土地資源特性將全國國土劃分為國土保育地區、農業發展地區、城鄉發展地區及海洋資源地區等四大功能分區，並訂定管理計畫，以指導土地開發及保育[36]。至於四大功能分區規劃之基本原則為：(1) 國土保育地區應以保育及保安為最高指導原則，並限制開發使用，對環境劣化地區應逐漸復育其生態機能；(2) 海洋資源地區之保育、防護，除比照前款規定辦理外，對港口、航道、漁業、觀光、能源、礦藏及其他重要資源，應整體規劃利用並增進其產業效益；(3) 農業發展地區應確保基本糧食安全，積極保護重要農業生產環境及基礎設施，並應避免零星散漫之發展；(4) 城鄉發展地區應以集約發展、成長管理為原則，創造寧適之生活環境及有效率之生產環境，確保完整之配套公共設施（草案第 6 條第 2 款至第 5 款）。

此外，四種國土功能分區之劃設，得視實際需要再予分類、分級，並分別訂定不同層級之管制。有關國土功能分區與其分類、分級之劃設與變更條件，以及與前項不相容使用之性質、用途、規模和項目，相容或相同使用之條件、程序、性質、用途、項目、規模、強度及其他應遵行土地管制事項之規則，由中央主管機關會商直轄市、縣（市）主管機關及有關機關定之（草案第 23 條、第 31 條）。而國土保育地區劃設時，中央主管機關應視管理需要劃分權責管理區，並於全國國土計畫內容之國土保育地區管理計畫中，協調權責管理區內土地利用管理有關機關，擬訂主、協辦機關，納入全國國土計畫報請行政院核定，做為土地使用管制事項依據，以收事權統一之效（草案第 24 條）。海洋資源地區在未完成海域功能區劃前，應以生態保護、保育或國土保安為原則。此外，政府成立海域專責管理機關前，中央主管機關應依海域功能區劃結果，並視管理需要劃分權責管理區，由各該目的事業主管機關進行管理；至於管理範圍重疊者，由中央主管機關會商擬訂主、協辦機關，報請行政院核定（草案第 27 條）。至於農業發展地區及城鄉發展地區的劃設構想，以及其土地使用管制原則之研訂，則相對尊重直轄市、縣（市）主管機關權責，視當地客觀環境各自為之。此等分級分區管理機制係就不同使用區或類型之土地，予以不同程度之使用管制方式，以避免不當的土地開發，有效提升

[36] 國土功能分區之種類，參見內政部，《國土計畫法（草案）》第 23 條規定，2009 年 10 月 8 日版本。

國土之管制效率。

2. 為確保農業用地永續發展，酌情採行輔導或獎勵措施

我國業已加入世界貿易組織 (WTO)，農產品大量開放進口，不免對農地利用產生衝擊，為確保農業用地之永續發展，乃規定如下之輔導或獎勵方式：(1) 劃為農業發展地區者，得依農業發展條例及相關法令規定給予輔導或獎勵；(2) 改劃為國土保育地區者，應改依國土保育地區相關規定辦理；(3) 改劃為城鄉發展地區且可供開發建築者，停止其輔導或獎勵（草案第 25 條）。倘若農業用地劃入農業發展地區以外者，既與農業使用之目的有所不同，理當改變從來輔導或獎勵措施，以符合公平原則。

3. 從事大規模之土地開發，須先申請開發許可獲准方得為之

由於大規模的土地開發涉及國土功能分區之變更，乃明定依國土計畫劃設得申請開發許可區位以外之國土保育地區、農業發展地區、城鄉發展地區及海洋資源地區，禁止開發（草案第 33 條）。至於申請開發許可者，應填具申請書，並檢具開發計畫、開發地區土地與建築物所有權人，以及他項權利人之同意證明文件與其他必要文件，向直轄市、縣（市）主管機關申請；須一併辦理都市計畫之擬訂或變更者，應檢附都市計畫書圖（草案第 35 條）。中央主管機關應依各國土功能分區之特性，就下列項目及原則訂定開發許可審議規範（草案第 36 條）：

(1) 成長管理項目：(A) 都市發展趨勢之關聯影響；(B) 土地使用相容性；(C) 交通及公共設施服務水準；(D) 自然環境及人為設施容受力：(E) 公共建設計畫時程；(F) 自來水、電力、瓦斯、電信等維生系統之完備性。
(2) 農業發展地區應以維護農業生產環境之完整性為原則，避免零星變更，並避免使用特定農業經營地區或曾經投資建設重大農業改良設施之土地。
(3) 對環境保護、自然保育及災害防止為妥適之規劃，並針對計畫範圍內土地，採取彌補或復育該開發使用生態環境損失之有效措施。
(4) 其他必要之審議項目及原則。

申請開發許可之案件，須經審議符合許可條件及成長管理原則，方得准許開發。直轄市、縣（市）主管機關核發開發許可後，如欲變更開發計畫，應依第 34 條至第 40 條規定辦理。但無須變更國土功能分區、分類或分級，且符合一定條件者，例如：不增加建築基地面積及地號、不增加土地使用強度、不變更土地使用性質、不變更原開發許可之主要公共設施及公用事業規定者，為簡政便民，不需再循原核定程序辦理，而得檢附配置計畫書、圖，報請直轄市、縣（市）主管機關備查，免辦理開發許可之變更（草案第 41 條）。

4. 土地使用管制一元化，冀以提升管理效能

為能匡正以往土地使用管制所致之缺失，宜採取逐步調整土地規劃與管理體系，使都市土地與非都市土地之管制一元化。因此，於《國土計畫法》施行後，在直轄市、縣（市）國土計畫公告實施前，其土地使用管制仍依《區域計畫法》、《都市計畫法》及《國家公園法》相關法令規定辦理；直轄市、縣（市）國土計畫公告實施後，直轄市、縣（市）主管機關應依國土功能分區及土地使用管制事項，分別予以不同程度之使用管制；屬實施都市計畫地區及國家公園地區之土地，仍依《都市計畫法》、《國家公園法》及其相關法規實施管制（草案第 30 條）。因此，未來將呈現三種法律適用不同空間範圍管制之情形。

至於實施都市計畫地區及國家公園地區以外之土地及有關設施，與國土功能分區使用性質、用途、規模或項目不相容者，應禁止使用；與國土功能分區之使用性質、用途、規模及項目相同或相容者，依下列規定容許使用（草案第31條）：

(1) 與國土功能分區之使用性質、用途、規模及項目相同，得免申請直轄市、縣（市）主管機關核准，逕為容許使用。

(2) 與國土功能分區之用途、規模或項目不同，使用性質相容，且符合下列情形之一者，應經直轄市、縣（市）主管機關核准者：

1) 於國土保育地區，興闢一定規模以上之公共設施、公用事業及國防設施。
2) 於農業發展地區，興闢一定規模以上之公共設施、公用事業、國防及農業產銷必要設施。
3) 於城鄉發展地區，興闢供居住、經濟、交通、觀光、文教、都市發展及其他特定目的需要之設施。
4) 於海洋資源地區，興闢達一定規模以上之公共設施、公用事業、國防及農業產銷必要設施。
5) 其他情形特殊或未達一定規模，經中央目的事業主管機關會商中央主管機關，專案報行政院核准之設施。

前二款情形，各目的事業主管機關主管法規有特別規定者，並應徵得該目的事業主管機關之同意。

由此可知，相較於大規模的土地開發須先申請開發許可才能進行之情形，如果是興闢一定（小）規模的公共設施，或藉以從事其他使用性質、用途、規模及項目相同或相容之使用者，以及不涉及功能分區之變更，即可逕為容許使用或須申請核准容許使用，以提高分級管制之功效。

5. 既有合法權益予以保障，以利國土管理機制之轉換

為建立公平及效率之國土功能分區轉用機制，直轄市、縣（市）國土計畫依第 57 條一併公告實施之日起二年內，國土保育地區、海洋資源地區及農業發展地區內原依區域計畫法編定之合法使用土地、建築物及設施，與其土地使用管制內容不符者，各主管機關得依第 55 條所定國土永續發展基金之用途，訂定優先次序予以提供獎勵，或以容積移轉方式辦理，使其符合國土保育地區、海洋資源地區及農業發展地區土地使用管制（草案第 45 條）。此外，依國土計畫法管制，其土地、建築物及設施，經直轄市、縣（市）主管機關命其變更使用或拆除時所受之損失，得由第 55 條所定之國土永續發展基金或逐年編列預算，予以適當補償；直轄市、縣（市）主管機關依法補償前，得繼續為原來之合法使用或改為妨礙目的較輕之使用（草案第 46 條）。而於依第 45 條及第 46 條獎勵或補償前，得依原使用分區與使用地及其他法律規定辦理土地使用管制。但為辦理第 24 條第 2 項環境劣化地區之復育計畫，須確保國土保安及生態保育之必要者，仍應依本法管制。政府為國土保安及生態保育之緊急需要，有取得前項國土保育地區、海洋資源地區及農業發展地區之土地、建築物及設施之必要者，得由各目的事業主管機關依其主管法律或土地徵收條例協議價購，協議不成得予徵收；於依法價購或徵收前，得為原來之合法使用（草案第 44 條）。

三、農地政策相關課題與對策

鑑於當前國土開發與土地使用管制體制不夠健全，產生財產權配置、資源使用與發展差距種種衝突。為改弦易張，以確保國土資源永續與均衡發展，乃制訂《國土計畫法（草案）》，冀能建立有效的國土管理機制。惟因其所涉層面廣泛，對於生態永續、社會公義、經濟發展影響甚鉅，值得深入探討規制的缺失或不足之處，列舉其中要項論述如次。

（一）釐訂功能分區劃設準則，以利後續管理工作進行

國土功能分區的劃設，目的在將土地使用性質相容者歸屬同一分區，以提升效能，並減低外部負效益。為達永續發展之目標，未來擬由中央主管機關會商目的事業主管機關，訂定國土功能分區劃設、劃分次分區及變更作業準則，優先劃設國土保育地區、海洋資源地區，其次併同考量城鄉發展地區及農業發展地區之劃設。

然而，值得探討的是此四大功能分區之定義並未加以規範，且彼此之間是否會重疊，以呈現備用地的性質？或各功能分區之次區是否應有緩衝區的劃設，以利調整適

應？特定區域計畫[37]（如：原住民地區）是否涵蓋四大功能分區？或另立法採取其他分區方式加以管理？又如目前位於都市計畫範圍外之鄉村區，一律劃歸城鄉發展區，即使考量成長管理原則，然若未從農村特有景緻、生態資源維護等層面規劃設計，則農村風貌恐怕難以維繫[38]。

以德國的空間規劃法 (Raumordnungsgesetz, ROG) 為例，關於農村規劃之基本原則為（顏愛靜譯，2003：6-7）：

1. 農村地區應發展為自立的居住與經濟地區，促進均衡之人口結構，扶持農村地區中心地以促成區域發展之任務，農村地區之生態功能應基於全境重要性觀點予以維持（草案第 2 條第 2 項第 6 款）。
2. 農村地區生態性機能之保護與利用開發，應考慮其間之相互影響（草案第 2 條第 2 項第 8 款）。
3. 為保護自然資源與維護自然環境與農村地區，應與有效率及永續性之林業部門協同合作。保護地區性特定農業，並維持足量之大面積農業與林業用地。於區域內應致力於達成農業與林業用地之均衡比率（草案第 2 條第 2 項第 10 款）。
4. 提供適於休閒之自然環境、農村地區，留設並保護一定地區以供農業部門之發展，使基於家庭農場之結構得以發展成為有效率與具競爭力之經濟部門（草案第 2 條第 2 項第 14 款）。

因此，儘管城鄉一體規劃開發的理念並無錯誤，但如何避免農村地區過度開發而失卻其原有的田園綠野、文化史蹟、生物多樣性等特色，是未來城鄉發展地區劃分次分區與規劃管理應予釐清與確立原則的重要課題。

此外，雖然《國土計畫法（草案）》已列出國土功能區劃設與管理之原則，但仍須進一步確立劃設準則，以利於後續的管理與執行。以農業發展地區為例，其分級分區管制體系的建構必須考量農地利用的效率與生產型態，維持基本糧食安全的需求；型塑農

[37] 在《國土計畫法（草案）》中，對於全國國土計畫、都會區域計畫，以及直轄市、縣（市）國土計畫之計畫內容應載明事項，分別於第 11 條、第 12 條、第 14 條加以規定，唯獨對於包括原住民地區、河川流域、國家公園或海岸不同性質之特定區域計畫，以其計畫內容性質各異，將由各該中央目的事業主管機關會商中央主管機關加以訂定之緣故，並未明確規範之（內政部，2004：7）。

[38] 這是因為《國土計畫法（草案）》規定城鄉發展地區應以集約發展、成長管理為原則，創造寧適之生活環境及有效率之生產環境，確保完整之配套公共設施（第 6 條第 5 款），而該區分類分級之原則是依據都市化程度、交通可及性及公共設施服務水準等，就已發展、再發展及待發展等型態予以分類，並依成長管理、都市機能及城鄉發展需要予以分級（第 23 條第 3 款）。以上並未提及農村聚落規劃的特色；再者，為利土地使用管制一元化，未來均宜實施都市計畫並依都市計畫法管制。但為考量政府公共設施開闢及擬定都市計畫成本問題，都市計畫以外之鄉村區、工業區、風景區、特定專用區及甲、丙、丁種建築用地、遊憩用地、特定目的事業用地，以及交通用地等以發展為導向之土地，達一定面積以上者應劃設為城鄉發展地區，並應訂定優先順序納入都市計畫管理（第 26 條）。姑且不論前述非以農村發展為導向之地區，儘管未來《都市計畫法》可能修法將農村聚落納入管理，但農村聚落的風貌、綠色資源的維護是否依舊存在，不無疑問。

村地景、地貌，再造農村特色之景觀風貌；適度保護農業資源與環境，創造永續利用的農業生態空間，以達成三生和諧的農業環境。其次，依循國土功能分區及其次功能分區劃分所考慮的使用性質與功能、土地使用現況等因素，該區之劃設應考量適合農業發展之自然條件、從事農業生產之設施條件、農地區塊之完整性、農地周邊土地之使用情形、城鄉發展之關聯性，以及上位計畫之影響情形。在實際操作上，該區之分級分區劃設作業包括：確定農業發展目標、確立分級分區類別、選定劃設指標、確立分級級距、進行分級分區劃設等工作項目（顏愛靜、賴宗裕、陳立夫，2004：292）。

為使劃設成果符合劃設理念與目標，直轄市、縣（市）政府於執行農業發展地區之分級分區劃設作業時，必須依循下列準則（顏愛靜、賴宗裕、陳立夫，2004：293）：

1. 基本準則

(1) 以國土永續發展與生產、生活、生態之三生一體為目標。
(2) 農業發展地區以確保農業永續發展為原則。
(3) 確保農業發展地區內土地使用與分區劃設目標一致。
(4) 計畫引導農業發展地區配置適宜性與法制規範合理之土地使用。
(5) 保持農業發展地區土地利用之彈性與效率。
(6) 農業發展地區之土地、建築物及設施的使用，不得妨礙農業永續經營。
(7) 為維持農業生產用地永續利用，宜鼓勵從事農業經營者擴大農場規模、研究創新生產方式及品種，並給予農業發展地區之土地所有權人合理的獎勵。

2. 相對準則：視農地利用相對條件，包括區塊完整性、生產力等級、農地使用現況、農地重劃、灌排渠道、相鄰土地狀況、是否鄰近都市計畫地區、是否鄰近政府規劃之工業區或科學園區、是否鄰近縣市綜合發展計畫重大公共工程建設之預定地、是否鄰近國家重大建設計畫預定地等條件，以評定農地分級之基本評估指標。

3. 調整準則：依基本準則及相對準則評定農地利用條件後，按評定點數、鄰近條件、分區劃定界線或其他農業主管機關認定得為調整等準則，劃定次分區，並經主管機關複查程序，確定並完成次分區之劃設成果。

4. 複查準則：中央主管機關得會同直轄市或縣（市）政府之主辦單位，對各鄉（鎮、市、區）農業發展地區之土地使用分區劃定結果進行複查，複查時應特別注意各使用分區之界線有無不切實際情形，以及農業發展地區之劃定是否與規定之劃定準則、標準相符。

未來各縣（市）於實際作業時，可就當地之農業生產環境特性、農業發展目標及個別農地宗地條件等考量層面，配合該縣（市）之城鄉發展趨勢與需求總量，分別劃設第一種、第二種、第三種農業區[39]，並予以不同層級之彈性管制規範，以提升管理效能。

（二）導正開發許可制機能，強化按計畫使用效能

在土地開發和使用管制的運作方式上，於城鄉發展地區及農業發展地區從事一定規模以上的開發行為，應檢具開發計畫，向直轄市、縣（市）政府主管機關申請開發許可後為之；從事一定規模以下的開發行為，則視其有否與功能分區之使用性質、用途、規模及項目相通或相容者，准予容許使用。然而，何謂「開發許可」並未在該法草案中加以定義[40]，僅得推敲從事大規模的開發行為或將涉及變更土地使用，進而需將原屬低強度利用的功能分區（農業發展地區），改劃為高強度利用的功能分區（城鄉發展地區）。

以坐落於都市計畫範圍外的農業發展地區為例，只要是面積夠大、區塊完整的農地，就可擬具開發計畫申請開發許可，並檢具都市計畫書、圖，申請一併辦理都市計畫之擬定或變更。其優點是可因應市場動向，彈性調整土地使用，且許可條件已明訂於該區應採整體規劃利用，避免零星變更或使用曾經投資建設重大農業改良設施之土地，以維護重要農業生產環境之完整，因而對於鄰近的農業使用並無影響。但事實上，此舉與該功能分區的劃設目的並不符合，且因其變更使用範圍廣大，或將對區域性土地使用產生重大衝擊，致使既有的直轄市、縣（市）國土計畫已無法發揮指導土地利用與管制之功效。更何況農業發展地區經許可開發及發布實施都市計畫後，視為改劃為城鄉發展地區，無須再辦理個案變更該直轄市、縣（市）國土計畫，這豈不有違開發許可應遵循所在地之各類國土計畫內容的規範？何況該法草案又規定目的事業主管機關興辦性質重要且在一定規模以上部門計畫時，應遵循國土計畫之指導，並應於先期規劃階段徵詢同級主管機關意見；其涉及國土計畫變更者，應依規定辦理變更之[41]。相較之下，不無厚彼

[39] 未來新國土計畫體制之農業發展地區將劃分為三種農業次分區，第一種、第二種農業區皆屬擁有優良生產環境、且具備糧食安全功能之農地，在相關土地使用管制與變更規定上，採較嚴格之規範。其中，第一種農業區由於曾經投資建設重大農業改良設施，乃不得從事變更轉用之行為，而第二種農業區則是必須在嚴格的條件審查下，方能進行變更之行為。至於屬過渡地帶的第三種農業區，透過健全的配套條件即可較具寬鬆彈性地變更為城鄉發展地區（顏愛靜、賴宗裕、陳立夫，2004：289）。

[40] 於該草案第 3 條中，僅對國土計畫、全國國土計畫、都會區域計畫、特定區計畫、直轄市及縣（市）國土計畫、部門綱要計畫、國土功能分區與成長管理加以定義。另外，根據通用環境百科全書 (GEMET 2000) 之解釋，所謂「土地開發」(land development)，係指為促進一定地區範圍內的社會經濟發展，而加以規劃設計基礎設施、服務和工業區。資料來源：http://glossary.eea.eu.int/EEAGlossary/L/land_development（搜尋日期：2010 年 2 月 12 日）。而美國佛羅里達州的奧蘭治郡 (Orange Coumty) 則將「開發」定義為：進行任何建築活動或者採礦操作，使得在使用中的材料產生改變或在土地上出現任何結構物，或是將土地坵塊分割成三塊以上等情形。至於「開發許可」(development permit)，則指任何建築許可、劃訂使用分區許可、細分容許、劃分次分區、核發證明、特別的例外、變動，或地方政府對土地開發許可有所影響的其他的法定行為，均包含之。資料來源：http://www.orangecountyfl.net/dept/growth/planning/planningglossary.htm（搜尋日期：2010 年 2 月 12 日）。換言之，開發許可的內容包羅萬象，誠有需要加以界定清楚其意義為何。

[41] 根據《國土計畫法（草案）》第 19 條規定：「國土計畫公告實施後，原擬訂之機關應視實際發展情況，全國國土計畫每十年通盤檢討一次，其他國土計畫每五年通盤檢討一次。但有下列情事之一者，得適時檢討變更之：一、因戰爭、地震、水災、風災、火災或其他重大事變之發生。二、為避免重大災害之發生。三、政府為興辦重大公共設施或公用事業計畫。四、依第七條第一項或第二項規定辦理審議之建議。五、於直轄市、縣（市）國土計畫中，劃設得申請開發許可之區位申請開發許可。……。」

薄此之疑慮。因此，大規模的土地開發既已涉及變更國土功能分區，理當檢討國土計畫之重新規劃與國土功能分區劃設，而非任由開發者申請變更使用（陳立夫，2004：11-13）。有關開發許可制之規範應即檢討修正或廢除，以回歸按計畫使用之體制，並落實定期通盤檢討與個案變更檢討之規範，方能符合各級國土計畫承上啟下、指導協調之效能（顏愛靜、賴宗裕、陳立夫，2004：16）。

（三）調整土地使用管制方式，以符功能分區劃設目標

國土功能分區的土地使用管制原則，係以按各分區土地資源特性使用為主，其土地、建築物及設施之使用不得妨礙劃設之目的。以坐落於都市計畫範圍外的農業發展地區為例，其區內之土地、建築物及設施，與國土功能分區使用性質、用途、規模及項目相同，固然得免申請逕為容許使用，但興闢達一定規模以上而未達第 31 條所定規模[42]之公共設施、公用事業、國防及農業產銷必要設施，且與國土功能分區使用性質、用途、規模及項目相容者，亦須經核准後方得使用。因此，上述的公益設施即使與供農業使用性質、用途、項目相容，但規模不相同者（超過第 31 條所定規模），則不得在地區內為之。但是，如果興闢上述設施超過第 31 條所謂的一定規模，而與國土功能分區使用性質、用途及項目相容者，則須申請開發許可且獲准後方得為之。不過，如果興闢上述設施低於第 31 條所謂的一定規模，究竟是否亦須經核准後方得容許使用，還是未達經濟規模而不得申請容許使用，並未加以規定，似有缺漏之處[43]。

另外，根據上述的土地使用管制方式，理當可確保各分區之土地、建築物及設施之使用，符合劃設之目的，但事實恐非如此。仍以農業發展地區為例，在直轄市、縣（市）國土計畫公告實施後，如該地區內原依區域計畫法使用編定之土地、建築物及設施，與該地區土地使用管制內容不符者，為保障既有權益，其建築物及設施均准修繕、改建及重建；其屬依該法得建築而未建築之土地，准予新建之；其屬農業使用之土地，准予做原來之合法使用。因此，原依法編定之丁種建築用地未達一定面積者，得無須申請容許使用即可做為加油站及汽車加氣站、公共及公用事業設施、廠房或相關生產設施、社區交通設施；即使是農牧用地，亦得無須申請容許使用即可做為死廢畜禽處理設施、養殖污染防治設施、土石採取、戶外廣告物設施。但這些設施與農業使用並沒有或少有關聯，卻得以無限期存在於農業發展地區，難謂不妨礙此功能分區之劃設目的。

或謂原依《區域計畫法》編定之原來合法使用土地、建築物及設施，如與農業發展

[42] 於此所指之規模，理當屬於中等面積規模，因而較開發許可適用之大面積規模還低。

[43] 按該法草案第 31 條條文之說明，所謂「國土功能分區之使用性質、用途及項目相容之容許使用」，指符合國土功能分區使用性質相容，但屬小面積公共設施、公用事業、國防設施與農業產銷設施，以及行政院專案核准之設施等，應擬具興辦事業計畫，設計直轄市、縣（市）政府簡易核准機制，並以附條件之容許使用辦理土地及建築物使用。據此，當可解釋即使是興闢未達第 31 條所謂的一定規模，仍須申請經核准後，方得容許使用。

地區土地使用管制內容有所不符者，主管機關得訂定優先次序提供種種獎勵，使其符合農業發展地區之土地使用管制。但這種規定還是過於消極，並不能去除現行土地使用管制體制的弊端。較為積極的做法或可參酌《都市計畫法》第 41 條之規定，於直轄市、縣（市）國土計畫公告實施後，其土地、建築物及設施與該地區土地使用管制內容不符者，其建築物及設施除准修繕外，不得改建或重建；當地直轄市、縣（市）認為必要時，得斟酌地方情形限期令其變更使用或遷移；其因變更使用或遷移所受之損害，應給予適當補償。至於屬依該法得建築而未建築之土地，亦得限期令其建築使用，否則按該功能分區之土地使用管制規定予以執法（顏愛靜、賴宗裕、陳立夫，2004：17-18）。唯有如此，方利於國土管理機制之調整與轉換，減低資源使用衝突，達成永續發展的目標。

（四）建立合宜誘因機制，促進農地永續利用

所謂誘因機制，指以能儘量與市場相容的政府直接介入的政策與措施，例如：補助與租稅，誘使非強制行為的出現，以積極產生正面效益，或避免負面損害的滋生。惟此所謂的「誘因」，除前述的正向誘因，並包含違規查緝等負向誘因。以農業用地的管理為例，為確保農業發展地區之完整性，農業用地劃為農業發展地區者，得給予輔導或獎勵。如經劃設為第一種農業區（優良農地），優先由政府進行農業投資、農村建設、產銷輔導，以及農地利用綜合規劃計畫，才能提升土地利用的效能。

因此，未來農業用地經評估檢討後，其分級分區之劃設與管理應給予不同程度的誘因，並依該土地起始所賦予的財產權被限制程度來界定。如表 3-4-2 所示，不劃入農業發展地區之土地經改劃為國土保育地區者，如繼續做農業使用，因與國土保育目的較為相容，不妨繼續給予輔導或獎勵，但應訂定一定之緩衝期限（如：一年）；如不繼續做農業使用，雖應停止輔導或獎勵，但也應考量給予補貼或其他均衡權益之措施。如其改劃為城鄉發展地區且可供開發建築者，原則上應停止其輔導或獎勵。但有鑑於原從事農業生產者，其土地劃入城鄉發展地區後，能否停止農業生產，立即從事土地開發建築，涉及主觀意願及客觀能力、經濟景氣與市場環境條件，因此，劃入城鄉發展地區之土地而繼續做農業使用者，在一定年限內（如：二年）[44]且符合一定條件（例如：該農業使用對於城鄉發展地區具有生態或生活環境價值），則繼續給予輔導或獎勵。上述兩種功能分區之負向誘因，例如：違規使用之懲罰，宜由目的事業主管機關訂定之。

就農業主管機關之立場，其關心重點在於劃設為農業發展地區及其次分區的管理誘因。假設次分區的變更使用可能性，依序為農三大於農二，農二大於農一，則其誘因程度不論是正向或負向，依序應為農一大於農二，農二大於農三。換言之，愈不容易變更

[44] 原本是農業用地被劃為城鄉發展區而繼續作農業使用者，因對該分區功能之妨礙較被劃為國土保育區而繼續作農業使用者小，並考量建地總量之管制，故給予較長（兩年）之緩衝期。

表 3-4-2　農業用地劃設為不同國土功能分區之誘因程度表

國土功能分區		誘因程度	
		正向誘因	負向誘因
農業發展地區	農一	多	重
	農二	較少	較輕
	農三	最少	最輕
國土保育地區	繼續作農業使用	繼續給予輔導或獎勵	由目的事業主管機關訂定
	不繼續作農業使用	停止輔導或獎勵給予補貼或其他均衡權益之措施	
城鄉發展地區	繼續作農業使用	符合一定條件及期限者，繼續給予輔導或獎勵	由目的事業主管機關訂定
	不繼續作農業使用	停止輔導或獎勵	

資料來源：顏愛靜、賴宗裕、陳立夫，2004：202。

使用之農地，給予獎勵應愈多，惟一旦發現違規使用，施以懲罰相對也愈重；反之，愈容易變更使用之農地，給予獎勵應愈少，如有發現違規使用，施以懲罰相對也愈輕。唯有掌握此一原則，才能設計出公平有效的管理誘因機制，增進農地永續利用。

四、結語

國土規劃為開發建設之指針，而國土開發則是各級規劃之體現。為降低土地開發利用的負效益，並提升正效益，有必要對於土地使用施以管制。臺灣地區的國土規劃體制堪稱結構嚴謹、包羅廣泛，惟因計畫法制化未臻健全，執行機關不具備推動計畫之權力或工具，以致縣市綜合發展計畫、區域計畫等高層次規劃難以遂行，衍生經濟增長和公平分享機會之間的「財產權衝突」、介於經濟效用和生態效用之間「資源衝突」，以及介於社會公平和環境保護之間的「發展衝突」，從而影響國土開發之成效。

為求國土資源之永續利用與發展，內政部乃制訂《國土計畫法（草案）》，希冀藉由國土四大功能分區劃設與管理、開發許可制、土地使用管制等機制之建立，指引國土開發，並管制土地使用，避免種種衝突的滋生。本文為集中論述焦點，乃以農地管理機制為要，探討該法的缺失與需要進一步斟酌之處。為有利於國土規劃體制之制度創新，除需考量上述的建制方向之外，其他如相關政策之定位的釐清亦需加以考量。例如，《國土計畫法（草案）》揭示，涉及國土保安及生態敏感之保育地區，土地以維持公有為原則。然而，為顧及原住民族社會發展及其對於土地自然主權之訴求，歸還「原住民族傳統領域」儼然已成為當前原住民保留地政策的方向。據悉，目前調查範圍所涵蓋的面積約達 100 萬公頃，未來如得以劃歸原住民自治區或歸由原住民部落或個人使用，是否會與上揭原則及當前正在研定的國土復育計畫有所扞格不入？在此國土計畫體系即將邁入新紀元之際，上述課題應詳加研析，才能導向永續發展之終極目標。

前述農業政策與土地改革歷程，意味著社會與環境不斷改變，現今更產生以往未曾發生的問題，即全球氣候出現劇烈的改變，如：地球表面溫度升高、極端氣候的出現、暴雨旱災等，嚴重影響靠天吃飯的農民們，因此全球政府無不積極制訂因應未來的農業政策，故下節將探討全球氣候變遷與臺灣農業因應調適策略。

第五節　全球氣候變遷與臺灣農業因應調適策略

現今的氣候變遷讓人們面臨前所少見的環境、社會和經濟之極大威脅，世界各國無不謹慎以對。歐洲聯盟正積極進行一項全球性協議，以控制氣候變遷，並籲請各會員國採取當地行動，以期對大幅度減緩這些衝擊有所貢獻，這也是歐洲制定適應氣候變遷策略之主要原因。

根據聯合國政府間氣候變遷專門委員會 (Intergovernmental Panel on Climate Change, IPCC) 第四次評估報告 (The Fourth Assessment Report, AR4) 的結果表明，自 1850 年以來，地球表面平均溫度已經升高了 0.76°C。過去五十年來，全球氣候暖化極有可能是人類活動造成二氧化碳 (CO_2) 和其他的溫室氣體的排放所致。根據 IPCC 的預測，如果人們不採取行動以減少這些碳排放量，則在本世紀全球平均氣溫可能還要上升 1.8°C 至 4.0°C，在最壞的情況下是高達 6.4°C。即使是採取這個範圍最低端預測，則溫度亦將比工業化之前升高 2°C（門檻值）以上，許多科學家相信這是不可逆的，而災難性的變化將更有可能發生[45]。因此，瞭解氣候變遷的本質及其對農業環境資源的影響，進而探討如何調整因應，將是本節的重點，分述如次。

一、氣候變遷對全球與臺灣農業資源之影響

（一）氣候變遷對全球環境和農業資源之影響

根據歐盟 2009 年揭櫫有關氣候變遷的概要說明書 (Fact Sheet on Climate Change, 2009)，顯示晚近的氣候變遷影響為[46]：

[45] 參見網址：http://ec.europa.eu/environment/climat/home_en.htm（搜尋日期：2010 年 9 月 25 日）。

[46] 參見網址：http://ec.europa.eu/environment/pubs/pdf/factsheets/climate_change.pdf（搜尋日期：2010 年 9 月 25 日）。

1. 極地的冰蓋將逐漸融化，海平面上升，且冰川正在後退。如果格陵蘭冰蓋完全消失，將會使海平面升高高達 7 公尺，並且危及低窪島嶼國家和沿海社區人類的生存。就長期而言，這些融化的冰川將使人們處於洪災的風險之中，並剝奪水資源的使用。
2. 世界各地一些極端天氣的事件，如：洪災、乾旱和熱浪將變得更加頻繁且更為嚴重，處理成本亦將更為昂貴。其影響包括：因農作物產量的減少而危及糧食供給，進而引發糧食爭奪問題。
3. 氣候變遷對人類健康亦有直接的影響。2003 年夏天，歐洲南部的熱浪導致超過 70,000 人過早死亡。全球暖化亦可能會促使熱帶疾病（如：瘧疾和登革熱）向溫帶地區傳播。
4. 全球暖化將改變世界上多數瀕危物種的棲息地。預計約有 25% 的哺乳動物和 12% 的鳥類可能在未來幾十年滅絕。
5. 在長期氣候變遷下，當必需的資源變得更為稀少時，可能因觸發的衝突、飢荒和難民遷移等問題，威脅區域性或全球性的國際安全。

如進一步考察氣候變遷對農業的影響，可知隨著風暴、乾旱和洪水頻率和強度的增加，改變了水文循環和降水的變化，對於未來糧食供需體系產生巨大的影響。其實，人們對於旱作農業和灌溉系統的潛在影響還未詳加理解。長年來，發展中國家已經面臨許多糧食問題，而氣候變遷又帶來一個更重大的挑戰。儘管總體的糧食生產可能還未受到威脅，但那些最難以應付的潛在危機可能會帶來更多額外的不利影響 (WRI, 2005)。

據估計，非洲的物種棲息地可能流失 25% 至 42%，這同時也影響糧食和非糧食作物的生產。而在一些地區，棲息地已經改變，導致物種分布範圍的變化，也改變植物多樣性，其中包括原住民或本土的食品和以植物為基礎的藥材（McClean 等人，2005）。在發展中國家，約有 11% 的耕地可能受到氣候變遷的影響，這包括多達 65 個國家的穀物減產，大約相當於 16% 的農業國內生產總值 (FAO, 2005a)。

海洋環流（如：大西洋傳送帶）模式的變化，可能影響魚類種群和水生食物網的物種尋求適合其生命週期的條件。海洋酸度高（源自於從大氣中吸收二氧化碳）可能影響海洋環境，因為碳酸鈣不足將會危及帶殼類生物體和珊瑚礁的生存。

至於氣候變遷的影響大致可以分為以下的兩大類 (FAO, 2007: 1-2)：

1. 生物物理影響

(1) 對作物、牧場、森林和牲畜的數量與質量產生生理效應。

(2) 改變土地，土壤和水資源的數量與質量。

(3) 增加雜草和害蟲帶來的挑戰。

(4) 在空間和時間的影響分布上產生變化。

(5) 海平面上升造成海水鹽度變化。

(6) 海水溫度上升導致魚類棲息在不同的水域範圍。

2. 社會經濟影響

(1) 產量和生產力下降。

(2) 降低農業的國內生產邊際總值。

(3) 世界市場價格的波動。

(4) 貿易制度在地理分布的變化。

(5) 愈來愈多的人處於飢餓和糧食不安全的危險之中。

(6) 遷移和內亂。

上述這些影響雖有不同模型加以預測，但多指向衝擊是與日俱增的。根據聯合國IPCC 第四次評估報告指出，氣候變遷是未來全球氣候的趨勢，所引致的增溫、降雨改變、極端天氣等異常的氣候現象，將對農地資源產生與以往不同的衝擊，進而擴大農業部門的風險與損失。2010 年 1 月 16 日在德國柏林舉行之國際農業部長高峰會議，與會代表發表共同聲明指出：「全球土地及水等天然資源有限，受到城市化及擴充公共建設的影響，未來農地面積將大幅縮小；另全球暖化雖然可為寒冷地帶創造新的可耕作農地，但卻無法彌補乾旱地區因土地快速沙漠化所流失的優良農地，此亦令人憂心。」因此，農地的流失成為糧食供應安全的一大隱憂，亦是氣候變遷衝擊下各界所關切的重要問題，而更整體的關注則是整個農業部門如何因應衝擊，建立有效的調適策略。

氣候變遷造成的農地資源影響包括：海平面上升對於海岸周邊農地鹽化或淹沒之衝擊、降雨改變衝擊水資源供給所造成的乾旱、溫室氣體濃度與氣溫上升對農地土壤產生之影響、極端天氣加劇自然災害而影響農作生產等問題（詹士樑，2010）。至於氣候變遷對臺灣農業資源將造成何等衝擊，將探討如次。

（二）氣候變遷對臺灣農業資源的可能衝擊及其衝擊程度

在農業資源的衝擊影響方面，氣候變遷不僅導致農業水資源不穩定、作物生長週期改變，亦可能使農業用水需求增加，而水文型態改變所影響的水資源調配，也將造成部分地區可能需要更多水量。研究顯示，在未來三十年和六十年，每期稻作的平均總蒸發散量將分別較目前約增加 2.1% 和 6.8%；另依據農田水利會民國 81 年到 90 年的統計資料，該期間發生乾旱缺水事件之期作次數已由過去每年 2.9 次，上升至每年 4 次。在農地資源部分，由於暖化將導致海平面上升、海岸線退縮，嚴重影響西南部平原之重要農業生產基地，估計影響面積可達 1,246 平方公里。此外，河川感潮帶上升、沿海低窪地區海水倒灌，也將造成土壤鹽化；而暴雨及乾旱等極端天氣亦將造成農地流失、土壤有機質減少、酸化及品質下降等。

1. 農業灌溉用之水質水量安全度降低

依目前氣候變遷之情勢來看，一期作插秧、本田時期，自然降雨之型態似漸漸無法配合農作需求，又適逢全臺的枯水期，競用水資源更加劇烈。二期作如無充沛之颱風雨，易有灌溉用水短缺之危機。陳守泓等人 (2005) 提出在未來的氣候環境下，由於氣溫和日照量皆增高，雖然水稻生育期也相對縮短，然從未來三十年和六十年以觀，臺灣每期農作的平均總蒸發散量仍會分別較目前增加約 2.1% 和 6.8%，這意味著未來每年為保持現有稻作面積之水稻正常生長所需的灌溉水量，並不會因生育期的縮短而減少。

氣候變遷若導致溫度升高，將造成更強烈的降雨及更頻繁的乾旱。自民國 89 年以來，每年侵襲臺灣的颱風次數由過去長期統計之 3.5 次，遽增為 7 次之多，而且降雨強度及降雨量也逐年上升。例如：民國 90 年的桃芝颱風，造成死亡與失蹤人數達 214 人，花蓮大興灌溉工程完全損毀；民國 98 年的莫拉克颱風，南部地區累計降雨量高達 2,800 公釐，造成大量土石沖刷，曾文水庫淤積逾 9,000 萬立方公尺，蓄水總量縮減約六分之一。此外，相關的農田水利設施與構造物更可能遭受極端暴雨所帶來的洪水與土砂沖毀或掩埋，影響設施的輸配水功能，而農田更可能因此遭受淹蓋而無法耕作（虞國興，2010）。

2. 農地面積減少

相關資料顯示，臺灣地區受海平面上升影響的區位以臺灣本島西部及宜蘭地區為主，花東地區受地殼抬升效應而影響不大。據估計，在海平面上升 0.5 及 1.0 公尺且無防護措施之情境下，臺灣本島面積將分別損失約 105.1 和 272.1 平方公里，以西南沿海之臺南縣市、嘉義縣及雲林縣等最為嚴重；若維持現有的防護措施，面積損失則分別約為 4,110 和 5,510 公頃。彰化、雲林、嘉義和臺南是目前臺灣地層下陷的主要地區，因此，位居臺灣重要農業生產基地之西南部平原的農地，未來可能因海平面上升和地層下陷的合併效應，而損失達 5,000 公頃以上（詹士樑，2010）。

3. 農地品質劣化

氣候變遷使得臺灣河川感潮帶內侵，導致灌溉水與地下水鹽化、排水不良，進而造成農地劣化、生產力降低、農民生計受損。且因溫度升高、蒸發量增加，更將加速地表鹽分累積，使沿海地區土壤鹽化情形更為嚴重。尤其因海平面上升與地層下陷造成海岸防風林的損毀，使沿海地區農作物直接遭受強烈東北季風之吹襲，並同時受到夾帶之海水鹽沫的影響，導致有效耕地面積減少。此外，氣候暖化亦會加速土壤中有機質的分

解，為配合高二氧化碳環境下作物生長需求而增加肥料用量，農藥用量為因應增加之而提高，農地生產力則因土壤品質繼續劣化而減損（詹士樑，2010）。

4. 農地環境條件改變

過去十多年來，颶風、洪澇、旱災等極端天氣在世界各地一再發生，而臺灣自民國85年賀伯颱風重創以來，續遭88年的九二一大地震、90年納莉風災等，各地似乎都陷入環境劇烈變化的循環。此種極端天氣出所帶來的破壞性更強，損害亦更大。以民國98年的莫拉克風災為例，根據農業部門統計，農田遭埋沒、流失面積達8,000多公頃，較推估未來氣候變遷導致海平面上升所減少之農地面積5,000公頃來得多，顯示極端天氣的威脅不容小覷，而臺灣更是早就被聯合國列為氣候變遷下的高風險島嶼（Dilley等人，2005；UN/ISDR, 2004）。

再者，極端天氣的頻率與強度日益增強下，特別是颱風暴雨與寒流凍害等問題，將使市場經濟與糧食安全陷入不穩定的狀態。例如：春夏暴雨使農業與水利部門在雨季農地浸水防澇等問題與經費上之負擔更重；而秋冬乾旱缺水與水質劣化現象，使農地利用與規劃產生大幅度變革。另外，夏季高溫導致農業經營困難，助長高山農業發展，形成更多高山地區農地利用之問題；而冬季寒害則增加區域性農地生產力之不確定，以及養殖業之損失，使市場經濟與糧食安全遭受衝擊。

此外，異常氣候造成劇烈災情及嚴重病蟲害，已超出小農可接受的範圍，且風險與成本漸增的農業環境，生產的效益已不如預期，更影響農民的耕作意願；加上農民多可以接受維持農田地力所付出的成本與領取休耕給付金，造成我國休耕面積與日漸增，尤其每年兩個期作均辦理休耕之農地面積達6萬公頃。在全球氣候變遷及國內糧食自給率較低之情況下，如何活化利用休耕地，增加其附加價值，已成為農業永續發展之重大課題（詹士樑，2010）。

二、各國與臺灣因應氣候變遷所採用之農業資源因應調適策略

所謂「適應」(adaptation) 是指對預期氣候變遷的不利影響，採取適當行動，以防止或儘量減少這些不利影響所致的損害。為節省嗣後招致的損害成本，從地方到國際層級的各級政府都該及早採取適應策略。這些適應措施的例子包括：發展抗旱作物、更有效率的利用稀少的水資源，以及修復沿海防洪工事。雖然基礎設施的投資相當昂貴，但比起極端天氣帶來的嚴重風暴或洪水所致的損壞，只是小巫見大巫。例如：2005年的卡崔娜颶風 (Hurricane Katrina)，許多人估計是有史以來最昂貴和最致命的風暴，除了造成數百億美元的損失，未來幾年亦在紐奧爾良區域留下明顯的刻痕。

底下將從各國因應氣候變遷所採策略加以說明，並探悉臺灣順應天候變化應採措施

之可能方向。

（一）各國農業資源之因應調適策略

目前歐、美等國對於有關農業部門在氣候變遷的調適做法，較少單獨針對農地資源，多是以整體農業發展做為調適策略設計的範疇，因此以下對於各國的調適策略整理亦將擴及農業或作物的部分（詹士樑，2010）。

1. 聯合國糧農組織

聯合國糧農組織針對氣候變遷影響提出的農業調適行動，包含：農業生物多樣化、土壤與土地管理、水資源管理、林業、邊緣地區的農業與糧食安全、作物產量預測、畜牧、漁業、農村生計、立法及政策、建設能力與技術轉讓、知識管理等面向。又，世界農糧組織針對農業調適策略之建議為採取低耕 (low tillage) 措施、保育性農業 (conservation agriculture) 與有機農業的耕作方式，配合彈性的土地利用模式，與種植樹籬、植被緩衝帶等強化農作適應乾旱、暴雨與強風等，並且調查受氣候變遷影響最大之農業區，給予優先給支援 (FAO, 2007)。

2. 英國

英國對於氣候變遷與溫室效應之因應相當積極，各項減量與調適策略多已成為世界各國之學習標竿。在減量政策方面，尤其是碳排放權交易市場的設立，成效卓著，已成為歐盟各國的典範。雖然英國成功的將溫室氣體排放減量到預定目標，然而全球氣候變遷的衝擊在未來已是不可避免，因此英國在減量的同時也開始針對衝擊進行調適政策的規劃（蕭代基等人，2008）。

學者羅恩思維爾 (Rounsevell) 等人 (2005) 指出未來農業土地使用取決於供給與需求平衡之農產品，而農產品的供應將受到氣候與技術對農業生產率之影響 (Ewert et al., 2007)，以及農業政策之改變。為適應海平面上升和洪氾之增加，某些主要農業用地可能轉為溼地或洪氾平原（Andrews 等人，2006）。英國農業部門建議著手研發與種植更多抗旱農作物、改變農耕行為、改進儲水方式與使用效率、改變土壤管理等，並增強排水與蓄水能力，以因應降雨強度的改變 (DEFRA, 2000; NFU, 2005)。

3. 德國

德國在 2008 年年底發布「德國因應氣候變遷的調適策略」(German Strategy for Adaptation to Climate Change)，其中包括：檢視境內各區域之農業生產環境、釐清可能的受益或受害地區、透過立法（如：物種保護法案）促進動植物育種創新方案、改善基礎設施與管理技術、推動改善農業結構及海岸保護之綜合政策、監測氣候變化、提高氣候變遷意識與知識傳遞等，以適應氣候變遷的變化。同年年底，德國農業部長與歐盟達成政治協議，針對共同農業政策之農民直接補貼的部分資源，將移轉分配於歐洲農業鄉村發展基金 (European Agricultural Fund for Rural Development, EAFRD)，期於氣候變遷、水資源管理、保護生物多樣性、生質能等層面上有更好的研究發展 (German Federal Cabinet, 2008)。

4. 日本

日本環境省於 2008 年提出「對氣候變遷之聰敏調適」報告，指出聰敏調適之構成要素包括：(1) 促進區域脆弱性評估；(2) 活用監測資訊並導入早期預警系統；(3) 跨部門檢討按時間、空間及場合活用多種策略之組合選項；(4) 兼顧長、短期觀點實施調適策略；(5) 活用觀測結果及導入具備一定餘裕範圍之調適策略；(6) 在既有政策及計畫內納入氣候變遷之考量；(7) 構築對氣候變遷具有彈性對應力之系統；(8) 促進具有相乘效果之調適策略；(9) 活用保險等經濟系統以提升社會整體之調適能力；(10) 構築相關組織之合作體制；(11) 促進在地組織及民眾採取自發性做法；(12) 人才培育。

至於調適政策之選項則包括：(1) 技術及知識面：包括技術開發、監測、預警系統、資料庫建立等；(2) 法令制度及人才培育面：包括法令制度之建立及修正、專家培育及能力提升、決策者及民眾之理解等；(3) 經濟及社會面：包括保險、補助金、稅金及其他獎勵方法、社會對應機制之建構及修正等各項。

此外，日本為因應氣候變遷之衝擊，同時提升糧食自給率、解決農地資源之利用問題，農林水產省於 2010 年 3 月提出新「糧食・農業・農村基本計畫」，其中與農地資源相關之主要措施包括：(1) 確保糧食安定供給措施；(2) 增設農戶別所得補貼制度，包括實施水田活性化政策，有效率的利用水田生產主要糧食作物，對該販售農家之給付標準比照主食米販售農家，並推動稻農戶別補貼試辦方案，創設以銷售價格和生產成本間的差額為基礎之所得補貼；(3) 確保永續經營之農業生產措施；(4) 發展多型態之農業經營體，包括發展新農業經營實體、確實推動新農地制度、致力排除廢耕地發生原因、強化農業生產之基礎建設等。

5. 荷蘭

荷蘭的相關文獻指出該國之農業調適方案可分為四類：(1) 技術的發展；(2) 政府的方案和保險；(3) 農業生產實踐；(4) 農場的財務管理。其中，第一項與第二項主要為政府和農企業負責調適計畫，第三項與第四項則為第一線生產者之自發性的調適 (Smit and Skinner, 2002; Stoorvogel, 2009)。由於未來技術存有不確定性，而且土地利用是一個動態的過程，並易受到空間政策、鄰里互動等影響土地利用方式的改變，因此激發與支持農民調適能力更顯重要 (WRR, 2008)。范・蓋倫 (Van Galen) 與沃斯特根 (Verstegen)

(2008) 針對荷蘭農業創新改造過程之分析顯示，目前有 11% 的農業創新合作改造計畫是農業部門調適能力的最好說明。

由於擬定農地資源的氣候變遷調適策略必須先掌握氣候變遷對農業整體可能帶來的衝擊，而目前氣候模式的模擬結果仍存在不一致性，氣候變遷在農地資源的衝擊尚須更多的研究支持，因此，為避免資本投入的風險，此階段對於氣候變遷的調適因應應以無悔性與機會的創造為主軸，而由上述各國在相關做法上即可見到這樣的思考方向。

（二）臺灣已規劃或已實施因應氣候變遷之農業資源與生態環境調適策略

面對全球性氣候變遷，臺灣農地資源主要面臨面積減少、品質劣化及耕作環境條件改變等威脅，而這些威脅不單來自氣候變遷因素，更有許多來自農地被開發轉用、遭受污染及違規使用之人為因素。此外，尚有大面積的休耕及廢耕地待活化利用，因此，除需藉由產業政策調整、耕作制度改變，以降低氣候變遷衝擊，亦需思考農地政策及執行問題。長期以來，在整體農地資源調適策略上，農業部門已進行如下之措施（詹士樑，2010）：

1. 農地利用面

(1) 因應農業現況及地域特性，分析農產業整體發展，並依據國土功能分區條件，建立農、林、漁、牧產業之農地資源空間分配與利用原則。同時，進行縣境農地總量推估及特定農業經營區之劃設，迄今已完成全國 15 個縣級農地資源空間規劃，後續將納入氣候變遷因素，透過跨縣市合作推動及協助各縣重新檢視農地需求量與確定農業發展適宜區位。

(2) 推動「小地主大佃農」政策，以鼓勵擴大農地經營規模、減少農地休耕閒置、活化農地利用、提高農民經濟收益；建置農業經營專區，以集團化生產利用，實施安全農業，降低農地劣化，並減緩對生態環境的衝擊。

2. 農地管理面

(1) 針對儲水、防洪、滯洪設施之需求進行規劃，以因應降雨量集中之氣候變化。

(2) 訂定農地興建農業設施、農地變更使用等法令規範，有秩序的提供農業經營或非農業產業發展之所需，以管制農地流失，確保農地資源合理使用。

(3) 配合未來《國土計畫法》立法通過，以農地資源空間規劃成果為基礎，研議農地分級分區管理制度，據以執行。

3. 科技研發面

(1) 強化臺灣農地資源資訊系統，整合土地自然條件、產業經營、社經情形等空間資訊，提供農地利用分析及決策支援資料，後續將導入防災預測及情境模擬等功能，以有效推估氣候變遷之影響程度，並研提相關的調適策略。

(2) 進行強化農地資源利用與管理之相關研究，透過研究來檢討農地政策及執行措施。

三、臺灣因應氣候變遷農地資源應強化之原則與關鍵策略

相較其他先進國家，臺灣的糧食自給率仍偏低，因此，面對全球性氣候變遷，首要考量的就是如何確保國內糧食安全。另一方面，長久以來，農業與非農業產生嚴重之土地競用、農地管理措施未能落實農用政策，以及農地管制未能有效執行等問題，皆使得農地資源保護受到嚴重挑戰。然而，糧食生產需要使用大量的農地，臺灣應維持多少農地面積、哪些農地應該優先被保護，以及如何有效利用及管理，才能使稀少之農地資源不再減損與劣化，是為當務之急。再者，如何從調適策略秉持之無悔原則，設法提高土地利用效率，引導農民合理使用，亦已迫在眉睫。本項將針對上述課題，研擬亟需強化之原則及關鍵策略方向如下（詹士樑，2010）：

（一）農地資源合理規劃並確保優良農地

在國土空間發展策略原則下，農地資源宜有明確定位，對於維繫糧食安全用地及邊際土地或環境敏感地，當有合理之規劃利用。又，針對平衡農業與非農業產業之用地需求，避免優良農地被任意轉用開發，同時確保農地資源之有效使用，應對農地總量與區位保留有更明確之政策方向及控管機制。

（二）促進農地之保存利用

從創造機會的方向思考，藉由調適氣候變遷的衝擊，可討論建立彈性的土地利用管理模式或耕作制度，做為保育農地之手段。同時，活化休耕農地、推動有機農業、適度調整國內稻米生產目標、維護休耕農地多元利用、實施綠色補貼制度、鼓勵農地進行大面積集團經營以提升生產效率，並就農地維護生態環境與保育自然資源的經濟效益給予適當補貼，都是提供農民自願性維護農地之誘因機制。

（三）健全農地之合理管制

目前，有不少農地利用行為造成農地碎裂化、污染或劣化的景象，例如：農地上零星興建農舍或非農業使用設施氾濫、農地變更使用侵蝕優良農地等問題不斷滋生，對此應即刻檢討現行政策及法令並做合理調整，同時亦可考量善用民間組織力量，以協助監

督進而達到管制效果。

（四）掌控農地資源之衝擊並即刻因應

基於風險管理概念，對於氣候變遷對農地資源之衝擊及影響程度，當需隨時掌控，故應藉助科技工具預先模擬，並進行相關因應能力之評估，以擬定有效的執行策略，俾達到防災及避災之效。

（五）推行農地資源因應之關鍵策略

為立即掌握調適原則，進一步說明農地資源調適氣候變遷之應採策略如次（行政院農委會，2010b）：

1. **依風險程度建構糧食安全體系**：除考慮糧食安全存量外，尚需依糧食安全風險分高、中、低三級，規劃不同糧食生產結構及供應機制，並建立區域糧食安全儲備體系。
2. **整合科技以提升產業抗逆境之能力**：研發抗旱、耐熱、耐鹽等抗逆境品種，應用氣象及資訊等跨領域科技於產業經營，並維護生物多樣性。
3. **推動低碳農業**：發揮在地生產優勢，鼓勵在地消費，發展低碳足跡農產品；同時，建立農業碳排放量盤查制度。
4. **發揮邊際土地的生態及滯洪功能**：規劃易淹水地區做為濕地或洪氾發生的緩衝帶；研擬受氣候變遷影響的財產權保障，提供必要的輔導及補償。
5. **強化農村自主防災體系**：連結全國防災體系與整合資通科技，建立農村風險管理體系，提升農村自主防災能力。於原住民地區，應強化自主防災體系，以發揮即時防救災之效能。
6. **開創低耗能、低碳排的綠金新商機**：發展節能、低碳排之新農業經營模式及健康安全的綠金農業。
7. **建立生物多樣性風險管理策略**：擴大生態及海洋保護區，建構多元種原保存機制，設立生物多樣性資訊中心，追蹤物種變遷，維護生物多樣性。

本節就農業部門對氣候變遷的調整和適應原則及策略加以說明，然而，為適應氣候變遷尚須同時建立相互關聯框架，包括 (FAO, 2007: 6-7)：

1. **法律和制度要素**：如制定相關法律與制度、界定產權或所有權，進行管理和協調安排。
2. **政策和規劃要素**：建構風險評估和監測與分析，制定策略及部門施行的措施。

3. **生活要素**：維繫糧食安全、減緩飢餓與貧困，促進無差別待遇的使用資源之權利。
4. **農耕、畜牧、林業、漁業和綜合農作系統要素**：慎選適宜栽種作物、進行牲畜飼料和放牧管理、水產養殖與水資源管理。
5. **生態系統要素**：包括多樣物種的組成、生物多樣性的維繫、調適的恢復力，提供生態系統產品和服務。銜接氣候變遷的適應過程和技術，以促進碳吸收，替代化石燃料，促進使用生物能源。

上述這些要素皆需在建立農地與農業資源調適框架時綜合考量，方能減緩可能的衝擊，強化因應氣候變遷的能力。

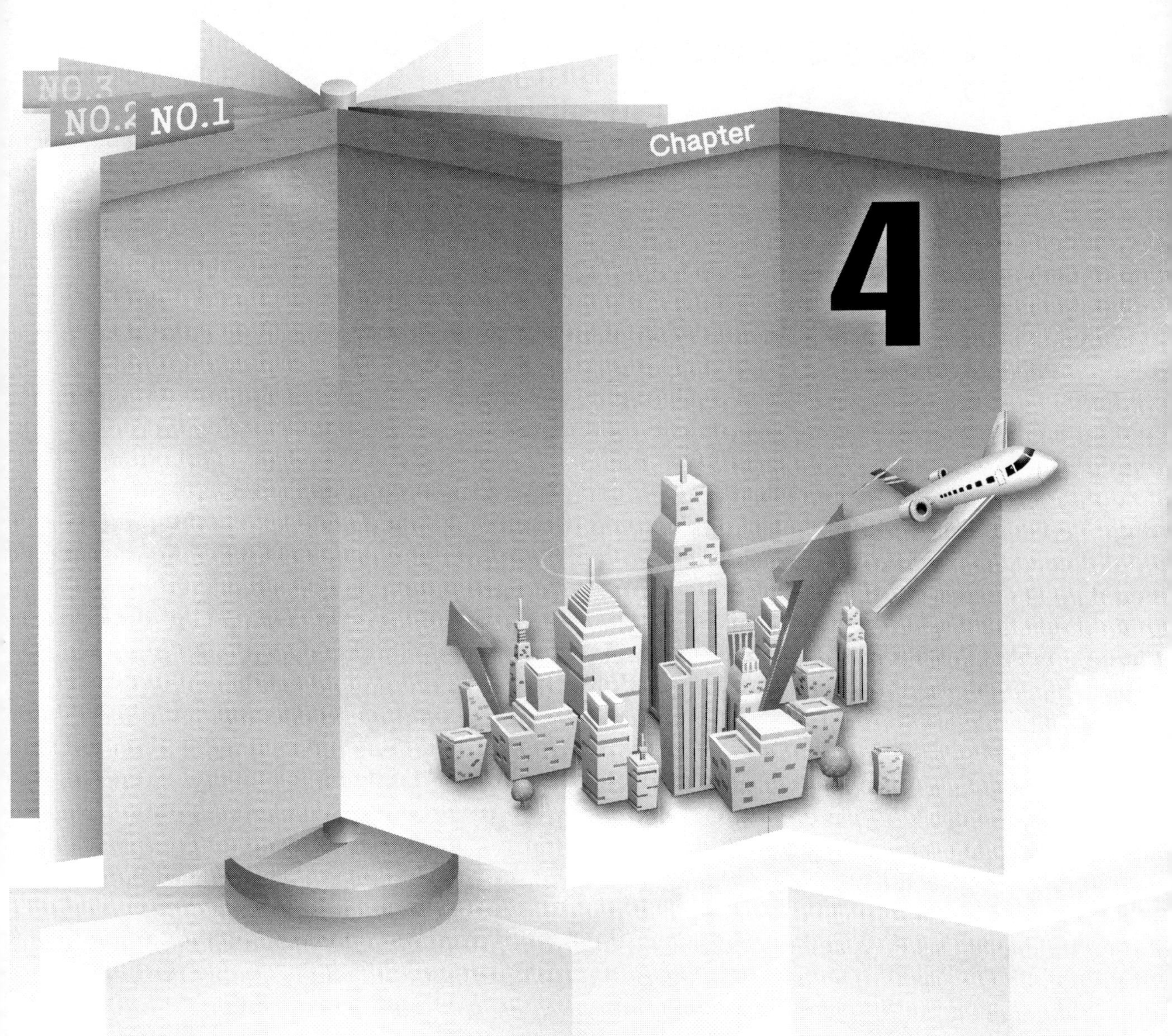

Chapter 4

山坡地資源之利用與保育

第一節　山坡地定義與分級之概述
第二節　山坡地供農業使用之限制與因應
第三節　山坡地供住宅社區使用之限制與因應
第四節　山坡地保育及超限利用之處理

土地資源因其地形、地勢或坐落區位之不同，可供使用的性質或類別也有所差異。有些位處陡峻斜坡或海陸交界的土地資源，或具有特殊多樣的生態價值，或屬地質脆弱、易遭人為破壞地區，通常被視為不適宜開發的邊際地帶 (marginal land)[1]，或者是環境敏感地區 (environmental sensitive areas, ESA)[2]，理當妥為保育維護，以避免滋生土地不當利用的負效益。然而，人類為了追求經濟發展，往往肆意開發這種資源，以致於破壞野生物棲息地，導致資源耗竭，環境品質惡化，於今亟需研擬因應措施，以圖扭轉劣勢，尋求新契機。

傳統上稱之為邊際土地資源者，可以山坡地與海岸地區為代表，是以本章將以山坡地為對象，下章則以海岸地區為對象，論述其開發利用與生態保育之重要性。本章首先說明山坡地之定義與分級，次為說明山坡地工農業與非農業使用的限制與因應，最後則說明山坡地保育及超限利用處理的措施。

第一節 山坡地定義與分級之概述

一、山坡地之意義與特徵[3]

（一）山坡地之意義

從地理學的觀點言，所謂「山坡地」係指山區內具有高程而傾斜的土地，通常可從標高與傾斜度加以衡量。由於地球的表面是由凹凸不平的地面所組成，其上的任何一點都與海平面的垂直距離不同，故可以此海拔高度來測量地面上各個點的「標高」。至於坡度的緩陡，概有三種不同的計算方式，分述如下。

1. 角度法

角度法係以地形圖上兩點的垂直距離（高度差）與水平距離之比，如圖 4-1-1 所示，依反切三角函數 tan-1 求出坡度角，亦即：

[1] 從土地經濟學的觀點言，所謂「邊際土地」，係指經濟地租為零（指能獲得一般利潤，並無超額利潤可言）的土地資源，惟本章則指生產能力相對較低、區位較為偏遠、遭受天然災害較多，通常不會被列為首選的利用對象。

[2] 所謂「環境敏感地區」，係指凡具有特殊價值或潛在災害之地區，極易因不當之人為活動導致環境負效果。這類地區包括：山坡地、洪水平原、優良農田、自然保護區、沿海地區、水源保護區（水庫集水區、地下水補注區）、林地、濕地、國家公園、地表水等（行政院經建會都市及住宅發展處，1988：3-5），本章因篇幅所限，僅就其中兩項加以析論。

[3] 本項的敘述主要係參考陳政雄，1992：5，14-15；王光遠，1972：37，45-52；殷章甫，1983，上課講義。

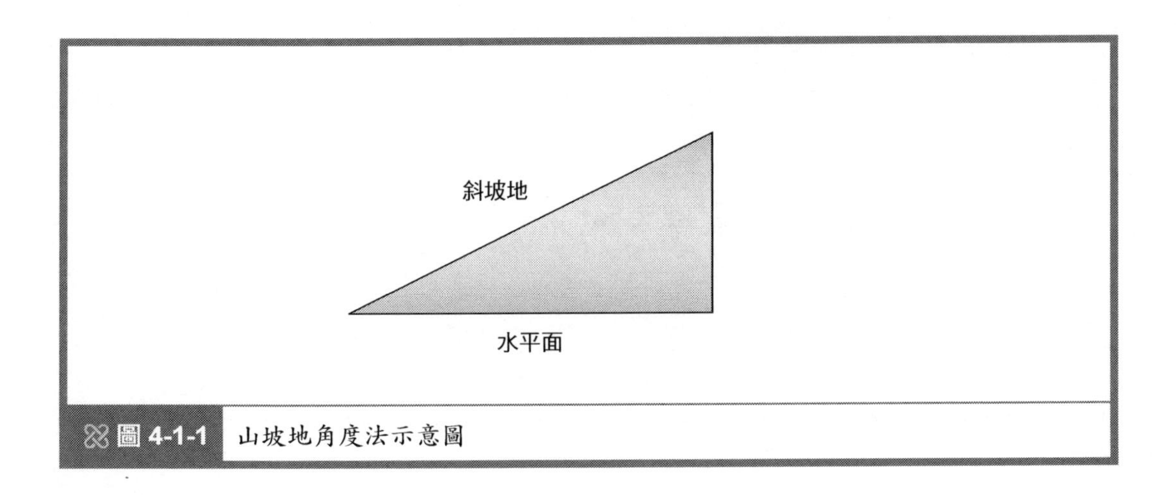

圖 4-1-1　山坡地角度法示意圖

$$坡度° = \tan^{-1}（垂直距離／水平距離）$$

其中，垂直距離表示地形圖上兩點之等高線的高度差，水平距離表示以比例尺量出地形圖上兩點的水平長度。例如：地面上兩個點的高度差為 10 公尺，水平距離為 100 公尺，則其坡度夾角 x° 為：57.3×10/100=5.73°[4]。

2. 比例法

比例法係以地形圖上兩點的垂直距離與水平距離之比（如圖 4-1-2 所示），可直接讀出坡度比或比例，亦即：

坡度比=垂直距離／水平距離=1/x；或垂直距離：水平距離=1：x

其中，垂直距離與水平距離的表示方式同上所述；如以分數表示，分子必須簡化為 1，且分子與分母的單位必須相同。例如：地面上兩個點的高度差為 10 公尺，水平距離為 100 公尺，則坡度比=10/100=1/10，或坡度比例為 1：10。

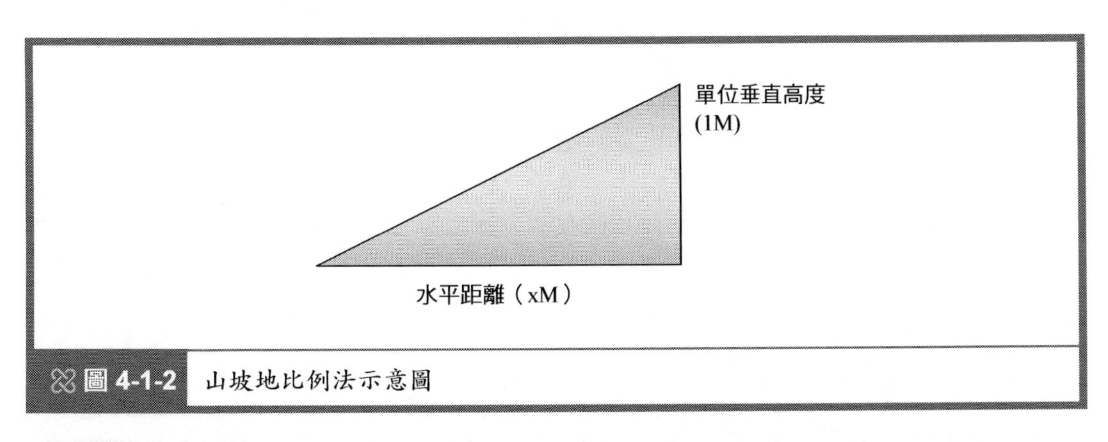

圖 4-1-2　山坡地比例法示意圖

4　由於坡度小於 20° 時，$\tan^{-1} \fallingdotseq 57.3$，誤差極小，故可直接以此數值帶入（陳政雄，1992：15）。

3. 百分比法

百分比法係以地形圖上兩點的垂直距離與水平距離之百分比，表示地形的坡度率(x%)，如圖 4-1-3 所示，亦即：

坡度率=垂直距離／水平距離*100%=x%

其中，垂直距離與水平距離的表示方式同上所述。又舉例來說，地面上兩個點的高度差為 10 公尺，水平距離為 100 公尺，則坡度率=10/100×100%=10%。

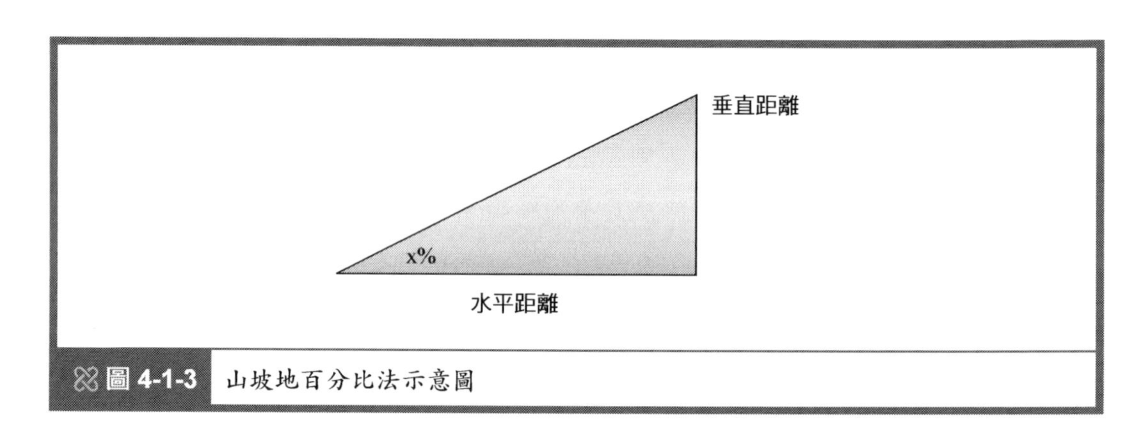

圖 4-1-3 山坡地百分比法示意圖

以上三種坡度緩陡表示方法之對照，如表 4-1-1 所示。紐西蘭將山坡地按坡度的高低，劃分為：(A) 0° 至 4° 為平坦稍微起伏地 (flat to gentle undulating)；(B) 5° 至 7° 為起伏地 (undulating)；(C) 8° 至 15° 為緩坡地 (rolling)；(D) 16° 至 20° 為中坡地 (strongly rolling)；(E) 21° 至 26° 為陡坡地 (moderately steep)；(F) 27° 至 35° 為陡峻坡地 (steep)；(G) 大於 35° 為極陡坡地 (very steep) 等七級[5]。日本則將之劃分為六級：(A) 0° 至 3° 為平坦稍微起伏地；(B) 3° 至 8° 為起伏地；(C) 8° 至 15° 為緩坡地；(D) 15° 至 20° 為中坡地；(E) 20° 至 30° 為陡峻坡地；(F) 大於 30° 為極陡坡地[6]。據此推知，坡度率在 5°（或 5%）以下，可視為平地；5° 至 15°（或 5% 至 30%）之間，可視為緩坡地；15° 至 30°（或 30% 至 55%）之間，可視為陡坡地；而 30°（或 55%）以上者，當為陡峻坡地。

於臺閩地區，根據現行的《山坡地保育利用條例》（民國 91 年 6 月 12 日修正公布，簡稱《山保條例》）第 3 條對山坡地之定義為：

「係指國有林事業區、試驗用林地及保安林地以外，經中央或直轄市主管機關參照自然形勢、行政區域或保育、利用之需要，就合於下列情形之一者劃定範圍，報請行政

[5] 參見表 4-1-6。資料來源：Manaaki Whenua - Landcare Research，http://www.landcareresearch.co.nz/research/biodiversity/greentoolbox/landresources.asp#ShortListLongList（搜尋日期：2006 年 3 月 1 日）。

[6] 參見日本總務省統計局 (2006)，日本的統計表 1-8 都道府縣、地形、傾斜度別面積，http://www.stat.go.jp/data/nenkan/zuhyou/y0108000.xls（搜尋日期：2006 年 6 月 8 日）。

表 4-1-1　坡度緩陡之三種表示方法

角度法	比例法	百分比法
1°	1：57.29	1.746%
5°	1：11.43	8.749%
10°	1：5.67	17.633%
15°	1：3.73	26.795%
20°	1：2.75	36.397%
30°	1：1.73	57.735%
40°	1：1.19	83.910%
45°	1：1	100.000%

院核定之公、私有土地：

1. 標高在 100 公尺以上者。
2. 標高未滿 100 公尺，而其平均坡度在 5% 以上者。」

另按《水土保持法》（民國 92 年 12 月 17 日修正公布，簡稱《水保法》）第 3 條第 3 款亦有相同規定，故知，兩法所界定的山坡地定義係兼採標高與百分比法。惟須留意者，乃《水保法》所定山坡地範圍要較《山保條例》來得廣泛。如表 4-1-2 所示，按前者規定之山坡地總面積為 2,640,302 公頃，按後者規定之山坡地總面積為 981,012 公頃，前者約為後者之 2.7 倍。若從《水保法》定義之山坡地面積來看，則以花蓮縣的 412,520 公頃最高，南投縣的 390,180 公頃居次，臺東縣的 329,290 公頃再次；如以《水保法》定義之山坡地面積占該縣土地面積之比率來看，則超過九成以上的基隆市、臺東縣堪稱為「山城」或「山縣」。

此外，農業統計年報將臺灣地區的土地，依地形地勢劃分為平原、山坡、高山等三個地區。其中，「平原地區」係指低海拔之平坦土地，包括平原、盆地、沖積扇、縱谷及部分臺地；「高山地區」係指國有林事業區、試驗用林地及保安林地等，位於較高海拔，專供林業經營、國土保安及林業試驗所必需之土地；至於「山坡地區」，主要包括標高在 100 公尺以上、1,000 公尺以下之丘陵地，或標高未滿 100 公尺，而其平均坡度在 5% 以上之坡地，亦即依照《山保條例》劃定公布。上述各類土地的面積與所占比率，如表 4-1-3 所示。若將全島山坡地區與高山地區視為廣義的山坡地，則其面積約占總面積的四分之三；而臺北市的坡地較平地略少，至於高雄市的坡地僅約占一成五左右，其餘均為平坦地。其他各縣市，除澎湖縣近乎全屬平地外，坡地面積所占比率依次

表 4-1-2 民國100年臺灣地區山坡地面積統計表 單位：公頃

省市及縣市別	(1)土地總面積	(2)《山保條例》山坡地	《山保條例》山坡地(%) (2)/(1)	有山坡地之鄉鎮區	(3)國有林＋保安林＋試驗林	(4)《水保法》山坡地 (2)+(3)	《水保法》山坡地(%) (4)/(1)
宜蘭縣	214,363	33,291	16%	8	141,876	175,167	82%
基隆市	13,276	10,400	78%	7	2,108	12,508	94%
新竹縣	142,754	65,433	46%	14	58,144	123,577	87%
新竹市	10,415	4,077	39%	3	99	4,176	40%
苗栗縣	182,031	86,886	48%	19	72,449	159,335	88%
南投縣	410,644	127,822	31%	13	262,358	390,180	95%
彰化縣	107,440	10,020	9%	8	3,180	13,200	12%
雲林縣	129,083	8,150	6%	3	5,590	13,740	11%
嘉義縣	190,364	42,720	22%	9	66,596	109,316	57%
嘉義市	6,003	394	7%	1	289	683	11%
屏東縣	277,560	90,278	33%	18	91,573	181,851	66%
臺東縣	351,525	97,540	28%	16	231,750	329,290	94%
花蓮縣	462,857	77,208	17%	12	335,312	412,520	89%
澎湖縣	12,686	-	-	-	520	520	4%
臺灣省小計	2,511,001	654,219	26%	131	1,271,844	1,926,063	77%
新北市	205,257	110,585	54%	25	70,319	180,904	88%
臺北市	27,180	15,004	55%	9	2,349	17,353	64%
桃園縣	122,095	31,519	26%	8	24,344	55,863	46%
臺中市	221,490	56,301	25%	21	103,033	159,334	72%
臺南市	219,165	50,609	23%	14	31,807	82,416	38%
高雄市	294,627	62,775	21%	24	155,594	218,369	74%
金門縣	15,166	-	-	-	-	-	-
連江縣	2,880	-	-	-	-	-	-
合計	3,618,861	981,012	27%	232	1,659,290	2,640,302	73%

資料來源：水土保持局全球資訊網，http://www.swcb.gov.tw/class2/index.asp?ct=statisitics3_1&Ty=2011&m1=15&m2=273（搜尋日期：2012年7月15日）。

註：1. 截至100年12月底統計資料（小數點第一位四捨五入）。
2. 林班地、保安林、試驗林等資料錄自農委會統計年報或林務局、臺北市政府、高雄市政府提供。
3. 《山坡地保育利用條例》（簡稱《山保條例》）所稱山坡地，係指一般公私有地其坡度大於5%或標高100公尺以上，未含國有林事業區、保安林地、試驗林地。
4. 土地總面積依據內政部100年7月底統計資料（小數點第一位四捨五入）。
5. 桃園縣自100年1月1日起為準直轄市。

表 4-1-3　民國 97 年臺灣地區土地面積——按地形分

地區別	合計		平原地區 標高約100公尺以下		山坡地區 標高約100至1,000公尺		高山地區 標高約1,000公尺以上	
	面積（公頃）	百分比 (%)	面積（公頃）	百分比 (%)	面積（公頃）	百分比 (%)	面積（公頃）	百分比 (%)
臺北市	27,180	100	15,019	55.26	12,161	44.74	-	-
高雄市	15,359	100	13,027	84.82	1,566	10.2	766	4.99
臺灣省	3,558,079	100	919,255	25.84	983,163	27.63	1,655,661	46.53
臺北縣	205,257	100	21,550	10.50	113,388	55.24	70,319	34.26
南投縣	410,644	100	24,651	6.00	123,629	30.11	262,364	63.89
臺東縣	351,525	100	17,644	5.02	102,131	29.05	231,750	65.93
澎湖縣	12,686	100	12,686	100.00	-	-	-	-
基隆市	13,276	100	675	5.08	10,493	79.04	2,108	15.88
臺南市	17,565	100	17,565	100.00	-	-	-	-
合計	3,600,618	100	947,301	26.31	996,890	27.69	1,656,427	46.00

資料來源：
1.總計：內政部。
2.山坡地區：行政院農業委員會水土保持局。
3.高山地區：行政院農業委員會林務局。
4.行政院農委會，2009，97 年農業統計年報，頁178， http://www.coa.gov.tw/htmlarea_file/web_articles/coa/11508/178.xls（搜尋日期：2013 年 7 月 15 日）。
註：土地係以地形地勢劃分為平原地區、山坡地區及高山地區三部分（宜蘭縣自民國 86 年起增加釣魚臺面積 616.36 公頃）。

為南投縣 (95.01%)、基隆市 (94.21%)、臺東縣 (93.67%)、花蓮縣 (89.12%)（行政院農委會水土保持局，2011）。

（二）山坡地之特徵

有關山坡地的特徵，可從氣象、地形、地質與區位等幾個方面予以說明。

1. 氣象

影響某個山坡地區的氣象因素，包括平均氣溫與平均降水量。通常，氣溫會隨著地勢增高而遞減，其遞減率 (lapse rate) 為平均每升高 100 公尺，溫度降低 0.2°C 至 1.0°C，形成溫度垂直梯度 (vertical temperature gradient)（Jones 等人，1990；1998：224）。早年，在熱帶或亞熱帶的高山栽培溫帶果樹或種植蔬菜，便是利用這種特性從事農耕。又森林地區亦因山地地勢高低與氣溫的不同，而在熱帶高山分布有溫帶、寒帶的樹種。

一般而言，山區降雨量大於平地降雨量，迎風坡降雨量又大於背風坡降雨量。以臺灣為例，平均年雨量達 2,500 公釐，山區更高達 3,000 公釐以上，而陽明山的鞍部地區可達 5,000 公釐以上。又全島的降雨量受季風與地形的影響甚大，東部地區多山，其降雨量大於西部地區（行政院環保署，1997：15）。

2. 地形

一般而言，坡度率在 5°（或 5%）以下的平地，溫度、水分、肥沃度的分布較為均勻，雨水的沖刷侵蝕也較輕微，故從事農耕或施工建築均較為便利。在 10° 至 15°（或 20% 至 30%）之間的緩坡地，如無作物覆蓋地面，容易產生大量逕流，沖刷坡面，故須實施等高線栽培，適度保護水土。在 15° 至 30°（或 30% 至 55%）之間的陡坡地，需做平臺階段等水土保持措施，以避免土壤流失，並維護地力。而 30°（或 55%）以上的陡峻坡地，亦即高達 1,000 公尺以上的高山，只適合造林、涵養水土，並不宜任意開墾或開發建設（王光遠，1972：48）。然對於地質較為脆弱之地區而言，上述的標準理當更為嚴格，以減少土壤沖蝕，維持土地永續利用。

3. 地質

山坡地因傾斜地形、土質鬆軟、氣溫、降水等自然條件限制，最易滋生地滑、崩塌及土石流等地質災害。例如：在坡向與岩層傾向相同的順向坡地區，往往因降雨而有大量雨水入滲，降低土壤與岩層間的抗剪力，從而產生地滑；或因坡地開發而切挖岩層基腳，使得坡面失去支柱，從而產生崩塌的現象（行政院經建會都住處，1985：20-23）。更甚者，植被稀疏的斜坡地區因遇大雨，而將地表土壤、岩石碎屑轉變為飽含水分的黏滯物質，在重力作用下迅速向下坡移動，產生土石流，而這種現象經常伴隨崩塌、地滑而生[7]。以臺灣為例，地處歐亞板塊與菲律賓板塊接觸帶上，地質狀態相當複雜且難以掌握，經常發生上述種種的地質災害，造成人們生命與財產的損失（黃書禮，2000：178-183），是以如何妥為防範因應，乃為當務之急。

4. 區位

山坡地多位處海拔較高地區，為集水區的中上游地帶，不僅地點偏遠、交通不便，又離消費市場（如：城市）較遠，使得肥料、農藥等生產資材與農產品的運送甚為困難且所費不貲。惟在地狹人稠的國家或地區裡，迫於客觀事實之需，在平地農業或都市建築用地漸趨飽和的狀態下，往往須將農業生產，甚或住宅、商店、工廠等非農耕使用往

[7] 陳信雄 (1997: 284-287) 認為，土石流通常是由於水的輸送力所搬運的土砂量極多所呈現的土砂集體搬運現象，可區分為兩類，即土砂流 (debris flow; earth flow) 與泥流 (mudflow)；Jones 等人 (1990; 1998: 118, 258-259) 以為，土砂流為局部飽和土壤和岩屑的快速下滑運動，泥流則是飽含水的土壤和岩屑在重力作用下迅速向下坡流動。

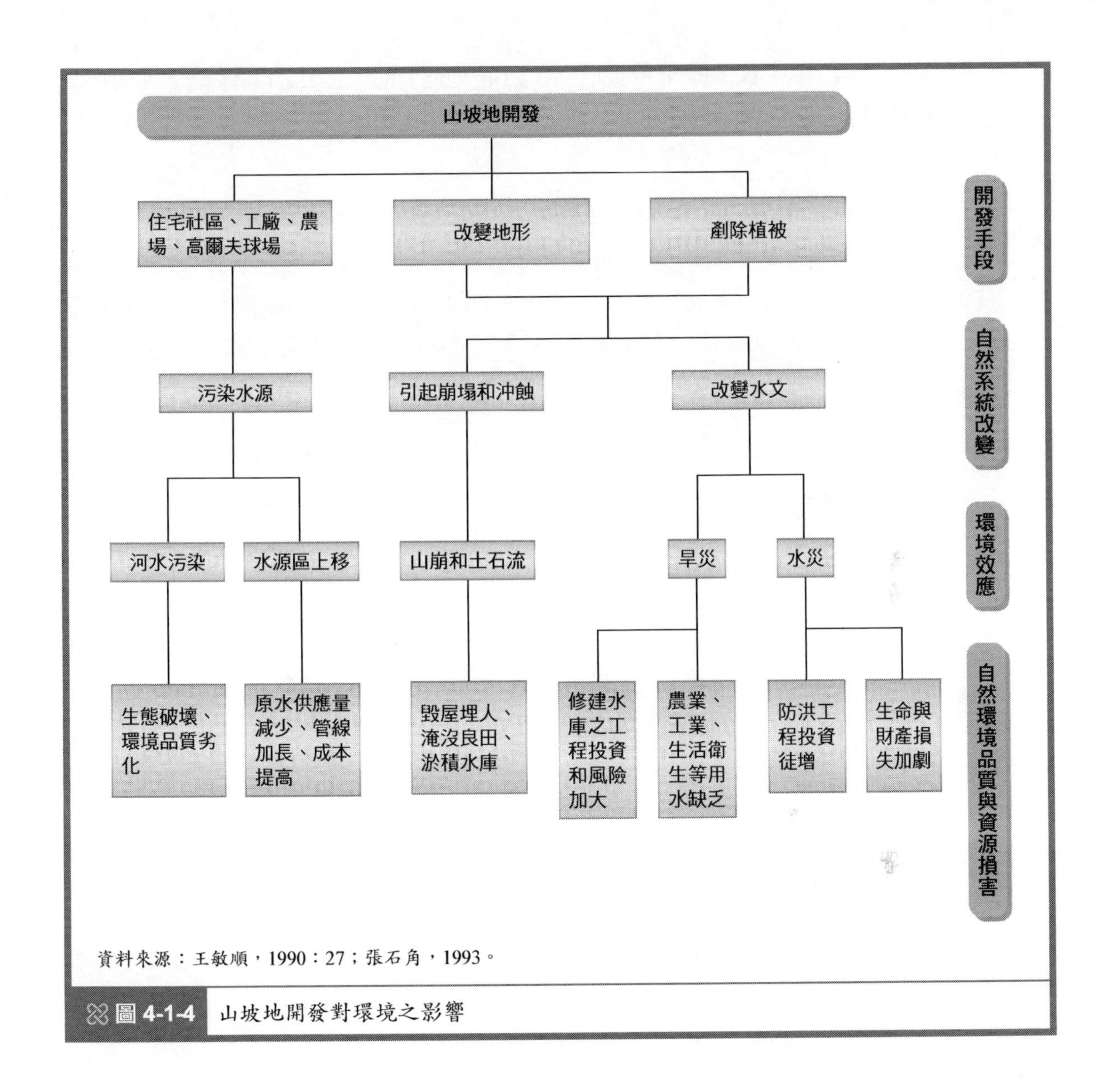

資料來源：王敏順，1990：27；張石角，1993。

圖 4-1-4　山坡地開發對環境之影響

丘陵地帶擴充。但若能預先妥為規劃，避免潛在地質災害區，選擇具有經濟效益或適合人居之處，予以開發利用並配置必要設施，按生態工法施工，當能營造有利的區位條件，促進坡地的合理利用。

由於位處偏遠山區的山坡地具有氣溫較低、降雨量高、地形陡峭、易生地質災害等特性，故於開發利用時往往對環境產生負面影響。如圖 4-1-4 所示，於山坡地興闢住宅社區、工廠、高爾夫球場、農場，或開發道路、施作工程等用途初始，必先剷除植被、改變地形，如此一來勢將改變自然水文系統，容易引發崩塌和土壤沖蝕，一旦遇上暴雨或乾旱，必將造成生命與財產的損失。又坡地開發不僅會污染水源、破壞環境品質，也

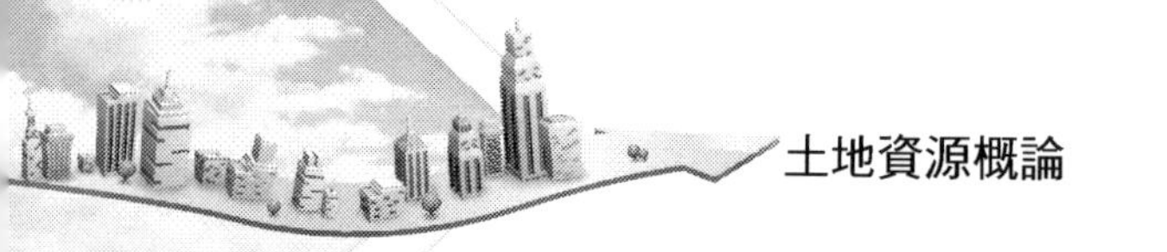

使得供水管線加長、成本提升，因此在進行山坡地開發前，必須審慎評估，務求對自然環境品質與資源損害減到最低。

二、山坡地利用限度之分級

山坡地因屬環境敏感地，故須依其地形、地勢、地質條件、植生狀況、生態與資源保育、可利用限度等因素，提供合宜的用途。通常，人們可以根據經驗法則，就坡地植生的外觀來判斷地力的高低，如：樹木的外形粗壯而高大，大致可推斷其地力較高；反之，草木稀疏處則可判斷其地力較低（見表 4-1-4）。

表 4-1-4 山坡地地力簡易鑑別法（經驗法則）

植物分類	植生外觀	土地肥沃度
木本植物	樹幹粗高	地力肥沃
	樹葉密生而樹身低矮	地力低
	樹幹粗低	地力低（有效土層淺，下層有石礫）
草本植物	草莖粗高而茂盛	地力肥沃
	草莖低矮	地力低
	草葉疏生	地力低

資料來源：般章甫，1983。

早年，在日本曾採取指標法來鑑別山坡地的地力。這些指標包括：坡度、有效土層、土壤性質、礫石層（按每 0.1 公頃一日完成清除碎石的人工數計）等。此外，亦可藉最低等位法（以各個指標中最低等位者為判斷基準）、平均等位法（將四個指標的等位計其算術平均數以為判斷基準）來研判地力的高下（參見表 4-1-5）。這種方式雖然簡略，但亦標明山坡地地力分級的基準，有助於地力之鑑定。

表 4-1-5 日本山坡地地力鑑別指標

等級	坡度	有效土層	土壤性質	礫石層（清除 0.1 公頃石礫所需人工數）
1	3° 以下	100 公分以上	壤土	—
2	3° 至 8°	70 至 100 公分	黏質壤土、砂質壤土	10 人以下
3	8° 至 15°	40 至 70 公分	砂土、黏土	10 至 30 人
4	15° 以上	40 公分以下	粗砂土、重黏土	30 人以上

資料來源：般章甫，1983。

紐西蘭土地資源存量詳錄 (New Zealand Land Resource Inventory, NZLRI) 是包含空間訊息的資料庫，其中約有 100,000 個地圖單位，每宗土地均詳載其五種特性（岩石、土壤、坡度、沖蝕、植被），並輔以衛星影像來鑑別植被組成部分的變化，是土地管理、資源使用規劃與環境分析之最佳工具。在土地資源存量資訊所涵蓋的圖幅（或試算表）中，對土地使用能量評估之實質指標與特徵如表 4-1-6 所示。

表 4-1-6　紐西蘭土地使用能量評估之實質指標與特徵表

指標類別	特徵或劃設標準
岩石類型	基於與土壤保持和土地使用規劃相關的共通實質特徵加以分類。
土壤質地	根據土地看管研究組織公開土壤調查的訊息，區分宗地所含土壤組成，包括：黏土、石礫、沙土、粘沙土（淤泥）、壤土、泥煤、泥炭塊>30 厘米及泥炭塊< 30 厘米。
坡度與土壤沖蝕情形	坡度分為七級，A 級地為 0° 至 4°、B 級地為 5° 至 7°、C 級地為 8° 至 15°、D 級地為 16° 至 20°、E 級地為 21° 至 26°、F 級地為 27° 至 35°，G 級地為坡度大於 35° 者。 將土壤沖蝕情形分為十四種，包括：岩屑崩落 (debris avalanche)、坍方 (earthflow)、地滑 (earth slip)、泥流 (mudflow)、土壤滑動 (soil slip)、沉澱物 (deposition)、沖溝 (gully)、小溪 (rill)、河岸 (streambank)、陷落 (slump)、隧道沖溝 (tunnel gully)、岩屑堆 (scree)、薄片 (sheet)、風蝕 (wind erosion) 等。 兩者綜合嚴格評估，分為 0 至 5 個等級。
植被	細分為五種主要類型，包括：耕地、牧場、森林、灌木欉、雜作地等。

資料來源：Manaaki Whenua - Landcare Research, http://www.landcareresearch.co.nz/databases/nzlri.asp; http://www.landcareresearch.co.nz/research/biodiversity/greentoolbox/landresources.asp#ShortListLongList.（搜尋日期：2006 年 3 月 2 日）

為利於山坡地供做農林業使用，臺灣早在民國 53 年即根據「臺灣省農林邊際土地宜農、宜牧、宜林劃分標準」區分宜農、宜牧、宜林等用途，嗣於民國 65 年頒布《山保條例》，規定應實施土地可利用限度之分類[8]，並完成宜農、牧地、宜林地、加強保育地之查定。為利於土地可利用限度的查定，並爰訂定「山坡地土地可利用限度分類標準」[9]，根據土地坡度、土壤有效深度、土壤沖蝕程度、母岩性質等因素，將坡地分成

[8] 該條例於民國 65 年 4 月 29 日公布，其中第 35 條規定：「本條例施行細則及土地可利用限度分類標準，與水土保持、處理、維護之方法，由中央主管機關定之。」該條例繼於民國 75 年 1 月 10 日修正公布，其中第 16 條規定：「山坡地供農業使用者，應實施土地可利用限度分類，並由省（市）主管機關完成宜農、牧地、宜林地、加強保育地查定。土地經營人或使用人，不得超限利用。」

[9] 根據《山坡地保育利用條例施行細則》（民國 92 年 2 月 27 日修正）第 12 條規定：「中央、直轄市主管機關應依……山坡地土地可利用限度分類標準，完成宜農、牧地、宜林地、加強保育地查定。……」該項標準列為本細則之附件（山坡地土地可利用限度分類標準，於民國 76 年 6 月 30 日修正，民國 88 年 5 月 31 日再度頒布修正），本文即據以說明之。

六個等級，一至四等級為宜農、牧地，五等級為宜林地，六等級為加強保育地。究其分類標準，相當接近前述之指標法。茲就山坡地可利用限度分類分級查定基準、山坡地可利用限度分類標準之規定，分項述明如次。

（一）山坡地土地可利用限度之分類分級查定基準

坡度係指一坵塊土地之平均傾斜比，以百分比表示之，其分級如表 4-1-7 所示。

表 4-1-7 坡度之分級

坡度級別	分級範圍
一級坡	坡度在 5% 以下
二級坡	坡度超過 5% 至 15%
三級坡	坡度超過 15% 至 30%
四級坡	坡度超過 30% 至 40%
五級坡	坡度超過 40% 至 55%
六級坡	坡度超過 55% 以上

土壤有效深度係指從土地表面至有礙植物根系伸展之土層深度，以公分表示之，其分級如表 4-1-8 所示。

表 4-1-8 土壤有效深度之分級

有效深度級別	分級範圍
甚深層	深度超過 90 公分
深層	深度超過 50 公分至 90 公分
淺層	深度超過 20 公分至 50 公分
甚淺層	深度在 20 公分以下

土壤沖蝕程度係依土地表面所呈現之沖蝕徵狀與土壤流失量決定之，其分級如表 4-1-9 所示。

母岩性質係依土壤下接母岩之性質對植物根系伸展及農機具施工難易決定之，其分類如表 4-1-10 所示。

表 4-1-9　土壤沖蝕程度之分級

沖蝕程度級別	土地沖蝕徵狀及土壤流失量
輕微	地面無小沖蝕溝跡象，表土流失量在 25% 以下。
中等	地面有蝕溝系統之跡象，礫石、碎石含量在 20% 以下，表土流失量超過 25% 至 75%。
嚴重	地面蝕溝甚多，片狀沖蝕活躍，土壤顏色鮮明，礫石、碎石含量超過 20% 至 40%，底土流失量在 50% 以下。
極嚴重	掌狀蝕溝分歧交錯，含石量超過 40%，底土流失量超過 50%，甚至母岩裸露，有局部崩塌現象。

表 4-1-10　母岩性質之類別

母岩性質類別	母岩特性
軟質母岩	母岩鬆軟或呈碎礫狀，部分植物根系可伸入其間，農機具施工無大礙者。
硬質母岩	母岩堅固連接，植物根系無法伸入其間，農機具施工有礙者。

（二）山坡地土地之可利用限度分類標準

根據前述之分類分級查定各類基準，予以綜合如表 4-1-11 所示。

山坡地有下列情事之一者，中央或直轄市主管機關得查定為宜林地，不受前二點規定之限制：

1. 必須依賴森林或林木以預防災害，保育水土資源，維護公共安全之土地或林業試驗用地，以及重要母樹或紀念性林木生育之土地。
2. 保護自然文化景觀、生態環境、名勝、古蹟、公共衛生之用地。
3. 水庫集水區或河川保護地帶。
4. 區域計畫擬定機關配合山坡地多目標發展之保育利用，所擬整體發展計畫之地區。

根據上述分類標準，臺灣地區山坡地分級情形如表 4-1-12 所示。全臺灣地區依可利用限度查定的山坡地面積計 981,012 公頃，其中屬於宜農、牧地[10]者面積最多，計

[10] 坡度在 55% 以下的山坡地大多屬於宜農、牧地，可提供農牧使用。參見水土保持局全球資訊網，http://www.swcb.gov.tw/class2/index.asp?ct=statistics3_1&Ty=2012&m1=15&m2=273（搜尋日期：2012 年 7 月 15 日）。

表 4-1-11 山坡地土地之可利用限度分類標準

土地可利用限度類別	土地等級	土地特性	備註
宜農牧地	一級地	甚深層之一級坡。 深層之一級坡。	依中央主管機關規定之水土保持技術規範實施水土保持
	二級地	甚深層之二、三級坡。 深層之二級坡。 淺層之一級坡。	同上
	三級地	甚深層之四級坡。 深層之三級坡。 淺層之二級坡。	同上
	四級地 1	甚深層之五級坡。 深層之四、五級坡。 淺層之三、四級坡。 甚淺層之一、二、三級坡。	同上
	四級地 2	淺層之五級坡。 甚淺層之四級坡。	土地利用僅限於種植常年地面覆蓋不需全面擾動土壤之多年生果樹或牧草。 如必須栽種勤耕作物，應由主管機關指定其水土保持設施。
宜林地	五級地	甚深層、深層、淺層之六級坡。 甚淺層之五、六級坡。 淺層之五級坡，土壤沖蝕嚴重者。 甚淺層之四級坡，土壤沖蝕嚴重或下接硬質母岩者。	應行造林或維持自然林木或植生覆蓋，不宜農耕之土地，初期造林有沖蝕嚴重現象時，應配合必要之水土保持。
加強保育地	六級地	沖蝕極嚴重、崩坍、地滑、脆弱母岩裸露等，應加強保育處理，減免災害發生之土地。	依主管機關指定方式實施水土保持。

414,750 公頃，占 42.27%；宜林地[11]面積計 351,005 公頃，占坡地總面積的 35.77%，分布亦廣，應做林業經營或維持自然植生覆蓋，不宜做農耕使用，以免「超限利用」而危及生態環境。另有加強保育地[12]，面積為 5,043 公頃，比率僅占 0.5%，然因其容易產生土壤沖蝕嚴重、崩塌、地滑或呈現脆弱母岩裸露，因此均屬國土保安用地，應加強保

[11] 坡度在 55% 以上的山坡地都屬於宜林地，不可從事農牧使用，應維持自然林或是進行造林，以維護地表植生覆蓋。參見臺南縣政府農業處水土保持課資訊網，http://web.tainan.gov.tw/agr/cp/11828/soil_4_01.aspx（搜尋日期：2012 年 7 月 15 日）。

[12] 參見臺南縣政府農業處水土保持課資訊網，http://web.tainan.gov.tw/agr/cp/11828/soil_4_01.aspx（搜尋日期：2012 年 7 月 15 日）。

表 4-1-12　民國 101 年臺灣地區《山坡地保育利用條例》所稱之山坡地範圍土地可利用限度查定成果統計

縣市別	山坡地面積（公頃）	已查定面積（公頃）					未查定面積（公頃）
		宜農牧地	宜林地	加強保育地	不屬查定範圍土地	合計	
宜蘭縣	33,291	9,010	18,945	21	1,639	29,615	3,676
基隆市	10,400	2,298	3,406	-	1,323	7,027	3,373
新竹縣	65,433	23,994	25,943	-	2,244	52,181	13,252
新竹市	4,077	1,797	480	-	336	2,613	1,464
苗栗縣	86,886	42,728	23,156	1,033	3,331	70,248	16,638
南投縣	127,822	53,331	53,974	1,900	3,539	112,744	15,078
彰化縣	10,020	6,198	1,095	10	623	7,926	2,094
雲林縣	8,150	4,919	1,701	537	408	7,565	585
嘉義縣	42,720	23,953	10,733	314	2,951	37,951	4,769
嘉義市	394	196	21	-	108	325	69
屏東縣	90,278	25,480	46,065	327	6,028	77,900	12,378
臺東縣	97,540	41,850	41,047	52	8,355	91,304	6,236
花蓮縣	77,208	32,382	33,412	65	6,265	72,124	5,084
臺灣省小計 (1)	654,219	268,136	259,978	4,259	37,150	569,523	84,696
新北市	110,585	46,358	40,853	140	12,056	99,407	11,178
臺北市	15,004	-	499	50	-	549	14,455
桃園縣	31,519	12,892	11,281	30	2,653	26,856	4,663
臺中市	56,301	29,888	10,823	158	4,395	45,264	11,037
臺南市	50,609	29,054	8,683	63	6,208	44,008	6,601
高雄市	62,775	28,422	18,888	343	4,171	51,824	10,951
直轄市小計 (2)	326,793	146,614	91,027	784	29,483	267,908	58,885
合計 (1)+(2)	981,012	414,750	351,005	5,043	66,633	837,431	143,581

資料來源：水土保持局全球資訊網，http://www.swcb.gov.tw/class2/index.asp?ct=statistics3_1&Ty=2012&m1=15&m2=273（搜尋日期：2012 年 7 月 15 日）。

備註：

1. 截至民國 101 年 12 月底之統計資料（小數點第一位四捨五入）。
2. 本表為《山坡地保育利用條例》所稱山坡地之查定成果資料。
3. 本表資料提供本局網站查詢應用。

育處理，以避免災害發生。另按各縣市分，其中南投縣的 127,822 公頃最多，占全部的 13.02%，新北市的 110,585 公頃居次，占全部的 11.27%。

從上表可知，依據《山保條例》所定義之山坡地範圍，實已超過臺灣本島 70% 的土地面積，對於地狹人稠的臺灣而言，正面臨相當大的山坡地開發壓力，如：開發供農業使用以生產糧食，或做建築住宅以供居住等非農業使用。然而，由於山坡地本身的特性，使其開發使用受到相當的限制，而需要特別的因應方法，因此將於下節討論山坡地工、農業使用之限制與因應。

第二節　山坡地供農業使用之限制與因應

人類的生活與經濟活動，本有因應山區地形地勢限制而為之特性。近世紀以來，為提供良好的生產、居住，以及安全、防災的環境，乃對於山坡地供農業與非農業使用加以管制。因此，本節擬以山坡地供做農業使用為例，以及下節擬以住宅社區使用為例，予以說明。

一、山坡地供農業使用之限制條件

一般而言，山坡地具有地形起伏較大、地質脆弱與區位偏遠等多項特徵，使得從事農業經營有較多困難或不便，其原因如下：

1. 在山坡地上以耕犁進行翻土，由於地心引力作用，僅適於由上坡翻轉而下的單向操作，若要逆向操作，則須耗費較大體力，有較多困難。
2. 山坡地的坡度高、地勢起伏大，在坡面上移動或從事耕種，作業較為困難。
3. 山坡地因坡陡而平坦坵形狹小，零細不方整，即使同為宜農地，但土層深淺不一、坡向各異，不利於中、大型機械耕作。
4. 山坡地的土壤有效深度相對較淺，貧瘠磽薄，而山區多雨，容易產生土壤沖刷，降低地力，導致農作物發育不良。所以，在陡峻的坡地，只適合長期作物栽培，不宜種植勤耕作物。
5. 山坡地因具有傾斜度，地面通風良好、土壤底層排水通透性較平地容易，並不適宜栽種需水性作物（如：水稻），故在緩坡地尚可種植梅、李、梨、桃等果樹，然坡度在 55% 以上的陡坡地多數僅能造林，以保育水土。
6. 在山坡地的迎風坡處風力甚大，容易造成農作物吹倒或斷落等機械性損傷，故只能在背風坡種植。

7. 山坡地農路設備並不完善，影響農場作業及農產品運輸，故為發展坡地經濟，當須依山勢地形適度增闢產業道路。惟因山坡地開闢道路，對於生態環境亦會產生負面影響，故需審慎為之。
8. 高山地區因地形起伏、坡度變化之關係，使得交通不便，水源供應有限且難以普及，故公共設施之興建費用相對昂貴。

二、山坡地供農耕使用限制條件之因應

山坡地供農業使用應按土地可利用限度之分類標準，順應其限制條件為之，並加強水土保持之處理與維護[13]，適當興闢產業道路，故通常採取的使用方式為：

1. 選種節省耕耘整地、農場作業之作物，例如：栽種多年生的牧草、果樹、竹林等。
2. 選種（或生產）便於運輸之農產品，例如：可從事養蠶製絲、養蜂產蜜，栽種茶樹、發展畜牧業。
3. 生產經濟價值高的農產品。除第 2 項所述農產品外，可選種高冷地蔬菜或果樹（如：水蜜桃、水梨）。
4. 配合林業生產種植特殊產品，如：香菇。
5. 發展休閒農業。依據前述地區的農業經營特色、特殊的景觀資源或自然生態、農村文化資產，規劃為休閒農業區，或設置休閒農場，以提供國民休閒，增進國民對農業及農村之體驗。有關此一發展趨勢，因涉及山坡地供農業使用與非農業使用，容後敘述。

惟上述方式僅就地利條件而言，實際上仍須因應國內外市場脈動、客觀情勢而慎選為之。根據林國慶 (2005a) 的統計，民國 93 年山坡地的農業產值為 50,014,764 元，以中低海拔（500 至 1,500 公尺與 100 至 500 公尺）山區生產者為大宗，約占 93%，其餘 7% 則是來自於高海拔（1,500 公尺以上）山區所生產者。至於栽種作物的種類，以果樹為最多，其次為檳榔、雜作、水稻、茶（參見表 4-2-1）。然而，如從歷次的山坡地土地利用現況調查以觀，可知做農業使用之面積大幅減少約二分之一，草地或因移作他用而使面積減為既有的五分之一，只有林木使用之面積增加。此間或顯示出，國內農產收益漸減而退耕，而林業政策亦從經濟林採收轉為森林保育之方向。再者，其他土地的面積亦增加原來的半數左右，其中不乏做為非農林使用之道路、建築、軍用等，對於山坡地的保育利用難免有不良的影響（參見表 4-2-2）[14]。

[13] 根據現行《水保法》第 3 條第 1 款規定，水土保持之處理與維護係指應用工程、農藝或植生方法，以保育水土資源、維護自然生態景觀及防治沖蝕、崩塌、地滑、土石流等災害之措施。有關水土保持措施，容於本節最後再述。

[14] 由於欠缺新近資料，故以歷次的山坡地土地利用現況調查概況予以說明。

表 4-2-1 山坡地與超限利用地之農作物結構（民國 85 年至 87 年）

作物別	山坡地（公頃）	超限利用地（公頃）	山坡地 (%)	超限利用地 (%)
果樹	95,985.65	13,151.31	47.31	51.48
檳榔	40,377.01	7,196.46	19.90	28.17
茶	11,675.47	2,032.17	5.75	7.95
蔬菜	—	1,037.10	—	—
水稻	17,156.28	—	8.46	0.00
雜作	37,709.72	—	18.58	0.00
其他	—	2,130.59	—	—
總計	202,904.10	25,547.63	100.00	100.00

資料來源：林國慶，2005b。

表 4-2-2 臺灣山坡地土地利用變遷統計表　單位：公頃

土地利用＼調查期間	第一次調查（42 至 47 年）	第二次調查（63 至 66年）	第三次調查（72 至 75 年）	第四次調查（85 至 87 年）
農業使用	482,634.00	335,494.00	271.660.41	202,904.13
草地	161,841.00	43,316.00	44,897.54	32,960.82
竹類	761,531.00	95,268.00	111,910.02	71,126.75
林木		406,779.00	458,970.24	465,051.88
其他土地	91,879.00	92,873.00	105,272.53	134,185.94
合計	1,497,855.00	973,730.00	992,710.74	906,229.52

資料來源：林國慶，2005b。原始資料來自臺灣省政府研究發展考核委員會 (1980)、林務局農林航空測量所 (1988) 及水土保持局 (1999)。

註：其他土地包括水面（水庫、水池、湖泊、魚池）、崩塌地、荒地、公園、道路、墓地、河川地（河流、水圳、野溪）、軍用地、建築區、開墾區、景觀區、伐木地、雞豬舍寮等。

事實上，有關山地農業是否該持續經營，引起各界的熱烈討論。然而，山地農業經營原是人類依山傍水營生的方式之一，若能順應自然、避免災害，似無全面禁止農耕之必要。2006 年 4 月 25 日，歐洲共同體委員會於布魯賽爾召開會議，簽署「阿爾卑斯山高山農業經營議定書」(the Protocol on Mountain Farming attached to the Alpine Convention)[15]，其中第1條規定，在阿爾卑斯山區域內，於永續發展的目標下，應確保

[15] Commission of the European Communities, 2006, Proposal for a COUNCIL DECISION on the conclusion, on behalf of the European Community, of the Protocol on Mountain Farming attached to the Alpine Convention, http://ec.europa.eu/agriculture/com170_en.pdf (2010/09/17).

並且促進適當和環境親善的農業，以便對人們居住地和永續的經濟發展有所貢獻。這包括生產典型的優質農產品、保護自然環境、文化遺產、防止自然危害，並且保存美麗和有價值的地景。其相關措施包括：鼓勵山地農業經營，以及改善其生活條件、土地使用、親善自然的農業經營，其促進與行銷林業之相關措施應與歐盟農業立法和政策，以及當今的發展相互一致。

有關鼓勵山地農業經營的措施，係於該議定書第 7 條規定：應視當地自然條件及其障礙之處因地制宜，對於處於邊際區位之農場，應確保其最低限度的農業活動。山地農業經營對於維護自然和鄉間地區、避免自然危害等普遍利益所為之貢獻，於超越一般義務之外，應當給予適當的彌補 (appropriate compensation)。另於第 8 條規定，於自然和鄉間地區，須在規劃、土地使用分區，以及土地使用重組和改進的脈絡下，考慮山區的特殊條件。為完成其多種任務，山地農業經營必須適合當地條件並與環境相容，且對鄉間地區的樹籬、灌木叢、低產量牧場等傳統組成部分予以保育或復育。又傳統農場建築和鄉村建築樣式的保存，以及傳統建築材料和方法的進一步使用，須採特別的措施以展現成效。

由此可見，山地農業經營的課題並不在於該不該，而是在於該怎麼做，方能兼顧農業生產、農民生活與環境維護。以歐盟為例，保護阿爾卑斯山是所有會員國面臨的主要挑戰，這是因為跨國境的阿爾卑斯山自然地區仍有居民分布，對於長年遭遇的高山經濟、社會和生態問題須予以解決。例如：須採自然親善的農業經營方法，生產當地典型的農產品，並因應當地條件、基因多樣性需求，從事畜牧業經營。各國的農環當局亦須協助農民於產地銷售安全、優質的農產品，並使之在全國與國際市場具有競爭力。而農林業亦可採保護、生產與遊憩等方式互相搭配經營，同時維護環境與生物多樣性之功能，以開創農民的其他收入來源。又為改善山地居住與工作條件，除需設法創造當地就業機會外，也該與其他鄰近地區的就業管道銜接，使山區居民生活無虞；而村民建築農宅或住宅，亦須給予技術或裝備上的協助。再者，為能落實這些措施，則有賴於進一步的研究與觀察，並對當地居民進行培訓，提供相關訊息，告知參與這些方案的權利與義務，而有關當局亦須對措施之執行成效提出報告，由歐盟的當地委員會檢視評估。

臺灣的情形雖與歐盟國家高山地區的經濟、社會和生態背景條件不同，但衡酌自身山地農業的限制條件，並採擷他國優良的體制加以更革，或可尋求較佳的調整因應之道。

三、山坡地發展休閒農業之新趨勢

由於我國業已加入世界貿易組織 (WTO)，外國農產品大舉進口，勢必對國內農產品之競爭力產生極大衝擊，因此農地利用當調整順應，以創新機。由於山坡地位處偏遠，不僅坡地初期投資金額龐大，且坡地作業辛勞，加上農村人口外移，導致勞力不足；此外，生產資材並不便宜，農產運銷費用高，亦使收益偏低。如今由於國民所得提高、休閒旅遊需求增加，都市居民對於田園景觀、自然生態多所嚮往，故在坡地發展休閒農業是可採行之方向。

據統計，至民國 93 年，已有 85 家農業經營體驗型農場准予籌設，41 家大型綜合型農場取得籌設許可，並由政府劃定有 36 處休閒農業區，協助134個鄉鎮型休閒農漁園區[16]辦理公共設施的興建[17]。如計至民國 94 年 11 月下旬止，取得許可登記證之休閒農場達 49 家，而取得核准籌設之休閒農場則增為 254 家[18]。其中值得留意的是，按《山保條例》定義的山坡地面積分布最廣的南投縣，其休閒農場家數多達 100 家，對於山坡地的利用不無影響。另外，依據陳昭郎與段兆麟 (2004) 之調查，臺灣地區農業經營以農業及農村體驗為內容，經營休閒農業的場家共有 1,102 場；若按縣市分，以宜蘭縣 128 場居首位，占 11.6%；南投縣 100 場居次，占 9.1%。二縣共占 20.7%。桃園縣 94 場為第三，占 8.5%；臺北市 91 場為第四，占 8.3%；臺中縣 74 場為第五，占 6.8%；苗栗縣 70 場為第六，占 6.4%。以上六縣市合計共占 50.6%，達全臺休閒農業場家數之半。臺灣地區有 368 個鄉鎮市區單位，平均而言，每個鄉鎮市區約有 3.0 個休閒農場。各縣市休閒農場密度（平均鄉鎮市區的休閒農場數）依次為：宜蘭縣 10.7 個、臺北市 10.1 個、桃園縣 7.8 個、南投縣 7.7 個、花蓮縣 3.8 個、臺東縣 3.8 個，以及臺中縣 3.5 個。

另外，根據林國慶和楊振榮 (2003) 的研究，大型休閒農場（包含專案輔導與新設農場）位於山坡地保育區者多達 21 家，面積為 488 公頃，約占該類型農場總面積（892 公頃）的半數，影響山坡地的利用層面不小；而簡易型農場位於山坡地保育區者達 12 家，面積為 27 公頃，約占該類型農場總面積（148 公頃）的 18%，影響層面較小。林琬菁 (2004) 的研究亦指出截至民國 93 年 3 月 29 日為止，農委會同意籌設的 117 家休閒農場中，以山坡地保育區、特定農業區及一般農業區為主要土地利用型態，其中位

[16] 為因應加入世界貿易組織以後，農業及農村將面臨貿易自由化之極大衝擊，因此需要協助農民利用既有的農業產業、農村產業文化與自然景觀等資源，轉型經營休閒農業服務業，故規劃「休閒農漁園區計畫」，以推動永續農村綜合發展規劃及建設，改善營農與生活環境、輔導發展休閒農業、推動休閒農漁園區，進一步活絡農村經濟，達成城鄉均衡發展目標。參見行政院農業委員會，2003，「推動一鄉一休閒農漁園區計畫」書面查核報告，http://www.rdec.gov.tw/public/Attachment/572913262971.pdf（搜尋日期：2006 年 2 月 14 日）。

[17] 就廣義而言，休閒農業大約可分為休閒農業與休閒漁業兩種。在休閒漁業方面，因偏重於由政府主動辦理，故由漁業署主政管理，而休閒漁業場家之申請案亦較少。另一部分為休閒農業，又可區分為休閒農漁園區、休閒農業區與休閒農場等，至於市民農園等大部分可納入簡易型經營體驗型休閒農場範圍，為簡化起見，本節將著重在休閒農漁園區、休閒農業區與休閒農場之討論。資料來源，參見簡俊發，2004a：35-39。

[18] 預告修正《休閒農業輔導管理辦法》部分條文草案，資料來源：行政院農業委員會，http://www.coa.gov.tw/show_index.php（搜尋日期：2008 年 2 月 3 日）。

於山坡地保育區者面積（562 公頃）所占比率，達該類型農場總面積（1,079 公頃）的 52%，因而必須妥為處理山坡地之水土保持，以避免產生負面影響。為全盤瞭解休閒農業之整體發展，底下擬就其基本特性、相關規範、遭遇問題與未來展望加以論述，並儘量以位於山坡地者為例來說明。

（一）休閒農業之定義、特色與功能

1. 休閒農業之定義

農業本是鄉村地區重要的產業，惟在工業化、都市化之後，為因應農業結構的轉變與農村經濟的轉型，如何於傳統農業部門之外尋求新的就業機會，成為當務之急。而能夠保護鄉村環境、維繫小型企業，並且提供收入及就業機會的農業旅遊 (agrotourism) 或鄉村旅遊 (rural tourism)，就被認為是有價值的選擇。所謂農業旅遊，可指任何一種在農場從事旅遊或休憩的事業，或是一種農村旅遊的型態， 客人只要付錢即能體會農業經營的生活，成為農場的留宿客人或白天參觀者，可說是農業社會裡新的收入來源 (Busby and Rendle, 2000; Dernol, 1983)。農業旅遊的範疇包括：戶外遊憩服務（狩獵、捕魚等）、教育性經驗（品酒、烹飪課程）、娛樂（參加節慶活動等）、殷勤款待服務（停留在農場）、農場直接銷售行為（親自挑選式經營和路邊兜售）、租地種樹行動（Nevin 等人，2004：475-476）。從上述的性質觀之，農業旅遊的內涵與近年在臺灣興起之休閒農業 (leisure farming) 的特徵相近，亦想達成保護耕地、鄉村地景，創造多樣化的農村發展模式，提供農產品行銷的機會，以加速傳統農業的轉型。

臺灣早期的農業經營著重在糧食生產，於 1980 年代經濟發展之後，農業結構卻呈現僵化窘境，不得不尋求轉型以為因應，而休閒農業即為農業發展可循的方向之一。於 民國 78 年臺灣大學所舉辦的「發展休閒農業」研討會中，產官學各界對於「休閒農業」為臺灣農業轉型、改善農村生活的一帖良藥獲得共識，自此休閒農業即成為農業發展政策的重要一環。嗣於民國 81 年年底政府頒布實施《休閒農業區設置管理辦法》，以休閒農業區的概念推動休閒農業輔導工作，為整體休閒農業發展奠定穩固的基礎。85 年年底，進一步將休閒農業區與休閒農場視為不同主體而加以區隔，法規名稱亦修正為《休閒農業輔導管理辦法》，規範由地方政府主導規劃休閒農業區，並輔導區內休閒農場之設置與經營管理（陳昭郎，2004）。爾後數年間，為使休閒農業發展環境更臻完善，《休閒農業輔導管理辦法》乃分別在 88 年、89 年、91 年、93 年、95 年、98 年、100 年等多次修正頒布。在此期間，《農業發展條例》自 89 年 1 月 26 日修正頒行後，對於休閒農業始有較為完整的規範。

根據現行《農業發展條例》第 3 條第 1 款之規定：「農業係指利用自然資源、農用資材及科技，從事農作、森林、水產、畜牧等產製銷及休閒之事業。」第 5 款將「休閒農業」界定為：「利用田園景觀、自然生態及環境資源，結合農林漁牧生產、農業經營活動、農村文化及農家生活，提供國民休閒，增進國民對農業及農村之體驗為目的之農業經營」。第 6 款將「休閒農場」界定為：「經營休閒農業之場地。」在管轄權責方面，第 63 條第 1 項與第 2 項規定：「直轄市、縣（市）主管機關應依據各地區農業特色、景觀資源、生態及文化資產，規劃休閒農業區，報請中央主管機關劃定。休閒農場之設置，應報經直轄市或縣（市）主管機關核轉中央主管機關許可。」

2. 休閒農業之特色

從前述定義可知，休閒農業有別於一般農業經營，並強調資源、產業、人文、景觀之妥善集結與運用，其特色概可歸納如下（Nevin 等人，2004：475-476；陳昭郎，2002；簡俊發，2004a：35-39）：

(1) 活用自然與文化資源，建立觀光潛力

農村綠野遍處，佳景天成，尤其是位居山坡地的景緻別具特色，因此可將自然資源、農村聚落與農業經營連結以發展休閒農業。以新竹縣尖石鄉為例，泰雅族特有的狩獵文化、祖靈祭及織布為該鄉重要的文化資產；而秀巒溫泉、司馬庫斯與鎮西堡神木、大霸尖山與桃山、鐵嶺等雪霸公園風景線，都吸引不少遊客進入觀光旅遊；又原住民種植各種蔬菜及水蜜桃、梨等溫帶水果，結合休閒農業與文化旅遊，亦為該鄉帶來新的發展契機。因此，農村的自然資源、田園與文化資源，經有計畫的開發、靈活運用巧思，可經營為知性與感性兼容、鄉土與草根並蓄的休閒農業園區。

(2) 改善農業生產結構，推展產業多樣化

休閒農業將農業由初級產業導向二級、三級產業發展，強調農產品品質的提升，並將農產品直接售予消費者，不僅解決部分農產運銷問題，更可避免運銷商的中間剝削；此外，農民也可從提供遊憩服務中，獲取合理報酬，增加收入。

休閒農業是結合地方資源、利用地區農業特色，以從事農業產銷、農產加工及遊憩服務，可說是集生產、生活、生態於一體的產業，也是具有初級產業、二級產業及三級產業特性的農企業。這種展現產業多樣功能的農企業經營，自然有別於傳統營運方式，而需要增添與善用專業的服務智能（王俊豪，1993：47-64；江榮吉等，1994：27-37）。又因休閒農業有別於傳統以生產為主的經營方式，故其收入來源較多，從而有助於農家生活的改善。根據「休閒農業場家全面性調查計畫」之調查統計，休閒農業每年創造的經濟產值約達 45 億元，為農業經營轉型樹立良好的典範（陳昭郎、段兆麟，2004：4）。

(3) 維繫自然與農業空間，提供市民觀光體驗機會

隨著工業化與都市化時代的來臨，市民的休閒時間增加，居住與活動空間相對侷促，而工作繁忙容易使人倍感疲憊煩躁，亟需休閒活動場所以紓解所困。農村因有豐富的自然與人文資源及寬廣的開闊空間，可以發展休閒農業，提供人們遊憩觀光之用，也能建立都市和鄉村居民之間的社會和經濟關係、搭起城鄉溝通的橋梁，並可藉由農業體驗以教育都市民眾，使其瞭解農業對生活品質的維護與經濟發展所做出的貢獻（Nevin 等人，2004：475-476）。例如：臺北縣金山鄉的金蕃薯休閒園區，設有蔬果、花卉 DIY 園，提供遊客體驗農產品生產及收穫之樂趣（臺北縣政府，2001：6、11-15）。南投縣鹿谷鄉則是臺灣最早的茶葉生產區，所產之凍頂烏龍茶頗富盛名，轄區內之自然景觀資源包括：聞名遐邇的溪頭森林遊樂區、杉林溪遊樂區、麒麟潭茶葉發源地凍頂山、北勢溪河川魚蝦保育區、全國最大孟宗竹林地等，皆各具特色。此外，鹿谷鄉公所及農會更結合鄉內各團體，將茶、竹與藝術融合在一起，推出「茶與音樂對話」、「茶藝體驗」、「茶香竹韻」、「茶鄉文化之旅」等休閒及藝文活動（南投縣政府，2001：1）。因此，休閒農業係將農業生產、自然環境和休閒遊憩活動相結合，是為親近自然、體驗自然的活動。

(4) 擴展農村就業機會，增加農家營收來源

休閒農業因屬多功能產業，須投施多項生產要素，以提供遊客農業體驗、住宿休憩的多項服務，從而增加農村就業機會，並改善農家所得。根據「休閒農業場家全面性調查計畫」統計，臺灣地區投入休閒農業的土地總面積為 6,590 公頃，平均每場 6.0 公頃；其所創造的農業休閒服務業，有 6,711 個常年性的工作機會，以及 11,387 個臨時性的工作機會，合計提供 18,098 個工作機會。又平均每場投資金額為 1,164 萬元，合計休閒農業產業的總投資金額（不含土地價值）達到 128 億元。休閒農業全年吸引遊客的人數，旺季每月約 589 萬人，淡季每月約 230 萬人，合計全年的遊客人數約為 4,913 萬人。其營運收入來源，包括：門票收入、住宿收入、在場銷售收入、體驗活動等其他收入，平均每場營收從 140 萬元至 589 萬元不等（陳昭郎、段兆麟，2004：3-4）。雖然經營休閒農場的業者未必全是農民，然而藉由各種基層農業推廣組織、農村全民參與，尤其是婦女在以家庭農場為經營基礎的活動中，藉由提供服務亦可增加其營收來源，進而提升農家所得、促進農村繁榮（Garcia-Ramon 等人，1995：269）。

(5) 促進農村社會發展，縮短城鄉差距

經由增加農村就業機會，提高農家所得，體認農村的自然景觀、產業與文化的珍貴等，可激發農村內部的動力，愛護農村、維護其產業與文化。另一方面，藉由都市人民的旅遊交流，縮短城鄉差距、提高生活品質、充實生活內涵，讓青年農民更願意留在農村服務。

3. 休閒農業之功能

綜合上述定義與特色，休閒農業係一種結合農業與服務業的農企業，其發展係基於多目標的功能，具體而言，它具有下列七種功能（陳昭郎，2002）：

(1) **遊憩功能**：為帶動農村產業生機、重振農業活力，並發展休閒遊憩之附加價值，休閒農業提供民眾享受鄉野風光及大自然的樂趣，並兼顧休閒遊憩功能。

(2) **教育功能**：提供民眾瞭解農產品製造及生產過程，並回歸自然、體驗農村生活。其中，教育農園係結合教育功能、農業生產與體驗農業活動的一種農業經營型態。

(3) **社會功能**：提供開放空間以增進民眾相互間的接觸，拓展農村居民的人際關係，縮短城鄉差距，提升農村生活品質。

(4) **文化功能**：農村特有的生活文化及許多民俗技藝，因休閒農業的發展而得以延續與傳承。

(5) **經濟功能**：休閒農業的生產及行銷方式改變，有助於改善農民所得，提高農家收益，增加農村就業機會，改善農村經濟。

(6) **環保功能**：藉由教育解說服務，使民眾瞭解環境保護與生態保育的重要性，進而從自身做起來提升環境品質，共同維護自然生態的均衡。近年提倡的有機農業即是回歸自然的典型，其強調不使用農藥及化學肥料來進行農產栽種的方式，深具環保功能。

(7) **醫療功能**：休閒農業提供民眾休閒活動場所，可解除工作及生活上的壓力，達到舒暢身心的作用。

（二）休閒農業之相關規範

為利於休閒農業的發展，理當對於休閒農業區之規劃、休閒農場及其有關設施之設置、土地使用分區、經營輔導等事項加以規範，農委會乃訂定《休閒農業輔導管理辦法》[19]（以下簡稱《休農辦法》），以利遵循。其中，休閒農業區除可由當地直轄市或縣（市）主管機關擬具規劃書，報請中央主管機關劃定，亦可由當地居民、休閒農場業者、農民團體或鄉（鎮、市、區）公所擬具規劃建議書，報請當地主管機關規劃，其面積規模較大；至於籌設休閒農場應向當地直轄市或縣（市）主管機關申請，其面積規模則較小。有關經營休閒農業之必備條件，進一步說明如下。

[19] 該法於民國 81 年 12 月 30 日發布，民國 100 年 3 月 24 日修正公布。

1. 休閒農業區之規劃及輔導

(1) 基本條件與面積限制

依《休農辦法》第 4 條規定，規劃為休閒農業區者，需具備下列條件：①具地區農業特色；②具豐富景觀資源；③具豐富生態及保存價值之文化資產。至於申請劃定為休閒農業區之面積限制為：①土地全部屬非都市土地者，面積應在 50 公頃以上、600 公頃以下；②土地全部屬都市土地者，面積應在 10 公頃以上、100 公頃以下；③部分屬都市土地，部分屬非都市土地者，面積應在 25 公頃以上、300 公頃以下[20]（該條文第二、三項則分別規定，基於自然形勢或地方產業發展需要，得酌予放寬）。

(2) 規劃（建議）書之內容

依《休農辦法》第 5 條規定，休閒農業區規劃書或規劃建議書，其內容應包括：①名稱及規劃目的。②範圍說明：位置圖（五千分之一最新像片基本圖並繪出休閒農業區範圍）、範圍圖（五千分之一以下之地籍藍晒縮圖）、地籍清冊、都市土地檢附土地使用分區統計表；非都市土地檢附土地使用分區及用地編定統計表。③限制開發利用事項。④休閒農業核心資源。⑤整體發展規劃。⑥營運模式及推動組織。⑦既有設施之改善、環境與設施規劃及管理維護情形。⑧預期效益。⑨其他有關休閒農業區事項。

(3) 農舍經營民宿服務之提供

依《休農辦法》第 7 條規定，經中央主管機關劃定之休閒農業區內依《民宿管理辦法》規定核准經營民宿者，得提供農特產品零售及餐飲服務。而民宿之使用，應依《民宿管理辦法》規定申請。

(4) 供公共使用休閒農業設施之類別

依《休農辦法》第 8 條規定，於休閒農業區，得規劃設置供公共使用之休閒農業設施，包括：安全防護設施、平面停車場、涼亭（棚）設施、眺望設施、標示解說設施、衛生設施、休閒步道、水土保持設施、環境保護設施、景觀設施，以及其他經直轄市或縣（市）主管機關核准之休閒農業設施。

---

[20] 據悉，民國 93 年 2 月 27 日頒布之《休農辦法》規定，其設置上限為土地全部屬非都市土地者，面積為 300 公頃；部分屬都市土地，部分屬非都市土地者，面積應在 200 公頃。惟當局考量，非都市之山坡地地區村里多者上千公頃，若全村欲均衡發展休閒農業，則需劃定多處；同時，立法院中小企業發展促進會亦建議基於本條文規定之「自然形勢需要」，應就村落、社區加以通盤規劃考量，為符合實際需求，放寬劃定休閒農業區面積之限制，爰修正第 2 項第 1 款將面積上限由 300 公頃放寬至 600 公頃；修正第 2 項第 3 款面積上限由 200 公頃放寬至 300 公頃。該法於民國 100 年修正時，亦沿用該條文規定，並適用相關規定。

2. 休閒農場之申請設置與設施

(1) 土地使用用途及營業條件

依《休農辦法》第 16 條規定，遊客休憩分區之土地，做為住宿、餐飲、自產農產品加工（釀造）廠、農產品與農村文物展示（售），以及教育解說中心等相關休閒農業設施之用。又此等相關設施及營業項目，依法令應辦理許可、登記者，於辦妥許可、登記後始得營業。另依《休農辦法》第 17 條第 2 項規定，申請設置休閒農場，其已依經營計畫書內容設置完成且場內既有設施均已取得合法使用證明文件者，得檢具申請書、經營計畫書、土地使用清冊及相關證明文件，報請直轄市或縣（市）主管機關勘驗，經勘驗合格且符合經營內容者，核發同意籌設文件，並轉報中央主管機關核發許可登記證。

(2) 面積限制

《休農辦法》第 10 條規定，設置休閒農場之土地應完整，並不得分散，其土地面積不得小於 0.5 公頃。此等土地除依法得容許使用者外，以做為農業經營體驗分區之使用為限。又，依同法第 19 條第 2 項規定，休閒農場土地，除依法得容許使用外，農業用地面積符合下列規定者，得設置第 19 條第 1 項第 1 款至第 4 款之設施，並依規定辦理土地變更或核准使用：①位於非山坡地土地面積在 1 公頃以上[21]；②位於山坡地之都市土地在 1 公頃以上或非都市土地面積達 10 公頃以上。

(3) 休閒農業設施之類別

依《休農辦法》第 19 條規定，休閒農場得設置之休閒農業設施[22]，包括：住宿設施、餐飲設施、自產農產品加工（釀造）廠、農產品與農村文物展示（售）與教育解說中心、門票收費設施、警衛設施、涼亭（棚）設施、眺望設施、衛生設施、農業體驗設施、生態體驗設施、安全防護設施、平面停車場、標示解說設施、露營設施、休閒步道、水土保持設施、環境保護設施、農路，以及其他經直轄市或縣（市）主管機關核准之休閒農業設施。

其中，住宿設施、餐飲設施、自產農產品加工（釀造）廠、農產品與農村文物展示（售），以及教育解說中心等設施，應設置於遊客休憩分區，除現況土地使用編定依法得容許使用者外，其總面積不得超過休閒農場面積之 10%，並以 2 公頃為限；休閒農場總面積超過 200 公頃者，得以 5 公頃為限。位於非都市土地者，得依相關規定辦理非都

[21] 補充說明，於民國 93 年 2 月 27 日頒布之《休農辦法》規定，其設置門檻為位於非山坡地土地面積，或位於山坡地之都市土地均需在 3 公頃以上，當局認為以其標準較高，致常以違規方式經營，但究其本質並非以單獨經營住宿或餐飲為目的，故將申請設置遊客休憩分區之面積限制由 3 公頃降低為 1 公頃，以有效輔導業者合法經營。

[22] 根據農業用地容許作農業設施使用審查辦法之規定，休閒農業設施為農業設施種類之一。

市土地變更編定。其餘設施，位於非都市土地者，應依相關規定辦理非都市土地容許使用，其總面積不得超過休閒農場面積之 10%，但水土保持設施、環境保護設施及農路等設施面積不列入計算。申請休閒農業設施容許使用之審查事項，由中央主管機關定之。

3. 休閒農場之管理及監督

依《休農辦法》第 14、16、21 條規定，休閒農場申請人得依經營計畫書分期分區於休閒農業設施（或涉及用地變更之建築設施）興建完竣後，報請直轄市或縣（市）主管機關勘驗，經勘驗合格後，轉報中央主管機關核（換）發休閒農場許可登記證；此等設施屬建築法規定之建築物者，應取得建築物使用執照。違反以上規定者，中央或直轄市、縣（市）主管機關應廢止其籌設同意文件，應一併廢止其許可登記證。但其已取得許可登記證部分如符合休閒農場條件，得依第 14 條第 1 項規定，向直轄市、縣（市）主管機關申請變更經營計畫書，經重行審查通過後，核發許可登記證。

另《農發條例》第 70、71 條規定，未經許可擅自設置休閒農場經營休閒農業者，以及休閒農場未經主管機關許可而自行變更用途或變更經營計畫書者，處新臺幣 6 萬元以上、30 萬元以下罰鍰，並限期改正；屆期不改正者，按次分別處罰；情節重大者，並得廢止其許可登記證。

按修正前的《休農辦法》原規定，已存續並列為專案輔導的休閒農場，應於民國 94 年年底前完成合法化登記，惟成效欠佳，故修訂為修正施行前已依規定列入專案輔導之休閒農場，於民國 94 年 12 月 31 日尚未完成合法登記，經當地直轄市、縣（市）主管機關認定仍有輔導之需要者，得繼續辦理審查，並得申請中央主管機關邀同相關目的事業主管機關組成專案輔導小組協助之。

民國 95 年 4 月 6 日修正施行前已列入專案輔導，尚未完成合法登記且未經廢止其籌設同意之休閒農場，得依下列方式辦理：(1) 申請變更經營計畫書，以分期興建方式者，依第 21 條規定辦理；(2) 籌設期限已屆滿者，如需繼續籌設，應於本辦法 98 年 5 月 21 日修正發布後三個月內，依第 16 條第 2 項規定申請展延；(3) 籌設期限未屆滿者，應依第 16 條第 2 項規定辦理。直轄市、縣（市）主管機關並得申請中央主管機關邀同相關目的事業主管機關組成專案輔導小組協助之，避免已申請籌設之業者因專案輔導期限屆滿而須重新辦理相關手續，造成申請程序延宕，以協助儘快取得休閒農場許可登記證。

綜上所述，可知現行規範主要分成「休閒農業區之規劃及輔導」、「休閒農場之申請設置與設施」、「休閒農場之管理及監督」三大類，其主要的區別在於：休閒農業區由政府主動劃定、面積規模較大、屬總體或主要規劃之性質、給予公共建設之協助與輔導；休閒農場則由民間業者申請設置、面積規模較小、屬個體或細部規劃之性質、政府得予協助貸款或經營管理之輔導。然而，這些規範是否足以將休閒農業之管理導向正途？底下將進一步分析。

（三）休閒農業之管理問題

依據簡俊發 (2004a) 的研究，目前休閒農場之經營出現幾個不合宜的景象：各區域經營特色區分並不顯著、合法與違規休閒農場區分不易、場區內實質違規情況普遍、單打獨鬥特性顯著。底下將藉法令規範與調查實況，進一步檢討其要如次。

1.「休閒農業區」規劃與「休閒農場」設置之課題

從《休農辦法》規範內容來看，休閒農業區多半由政府主動規劃大範圍地區，意圖從整體發展的觀點，塑造有序發展的意象，故投入大量經費協助公共建設；而休閒農場則是由民間業者以個別場地方式申請設置，再由政府個案審查以監督管理，促使其合法經營（表 4-2-3）。然而，兩者之間有無核心資源與發展特色之區別，則難以查知。再者，得設置「遊客休憩分區」之面積門檻，位於非山坡地土地或山坡地之都市土地者，面積為 1 公頃，但位於山坡地之非都市土地者則須 10 公頃，差距過大，且都市土地比非都市土地之設置標準來得寬鬆，其理由實屬牽強。

其次，休閒農業區之規劃，理當配置適當用地，發展休閒農業。根據陳昭郎和段兆麟 (2004) 執行之「休閒農業場家全面性調查計畫」調查顯示，於調查對象中，約有三分之一的休閒農場位於休閒農業區內（表 4-2-4），惟此等農場如准許設置於休閒農業區內，卻又採取個別管理的方式，恐怕難以符合整體規劃之目標[23]。又為符合村落、社區因應自然形勢實際需求，通盤規劃考量，乃將劃定休閒農業區面積之限制放寬為非都市土地為 600 公頃，如兼屬都市土地、非都市土地者則放寬為 300 公頃；然若僅止於放寬劃設面積上限，而不在於整合或輔導區內休閒農場朝整體規劃之目標邁進，恐怕效果仍然有限。如比較表 4-2-4 與表 4-2-5，可知坐落於休閒農業區或休閒農漁園區輔導景點的休閒農場，仍有不少屬於尚未申請籌設或已申請籌設但未獲通過者，或可窺其端倪。

[23] 根據休閒農業區規劃（規劃建議）書格式，包括「(1) 劃定依據及規劃目的；(2) 範圍說明（休閒農業區位置圖、休閒農業區範圍圖及面積、地籍清冊、土地使用分區編定統計表）；(3) 限制開發利用事項（非都市土地使用分區編定類別或都市計畫使用分區及其管制內容、國家公園分區及其管制內容、其他相關法令管制內容、相關因應規劃對策）；(4) 休閒農業核心資源（現況說明、自然環境、人口與聚落、現有土地使用情形、農業與環境資源、地區農業特色、景觀資源、生態資源、文化資源、區內現有休閒農業概況等）；(5) 整體發展規劃（規劃願景、創意開發、行銷推廣的各項規劃、交通及導覽系統）；(6) 營運模式及推動組織（休閒農業區規劃籌劃經過、區內推動組織運作情形及持續運作與經費籌措構想、區內休閒農場經營輔導計畫；(7) 既有設施改善及本區域是否辦理類似休閒農業相關的規劃或建設情形（現有公共設施及維護情形、閒置空間利用改善情形、區域休閒農業規劃、建設情形）；(8) 發展潛力分析與預期效益；(9) 休閒農業區籌備推動組織成員名冊及歷次籌備會議紀錄。」然而，涉及實質規劃與用地或設施配置部分，個別農場如何配合整體規劃目標予以管理維護，並未規範如何進行，恐會淪為各個地方政府為爭取興設公共建設而勤於提案，但疏於管理監督之後果。參見《休閒農業區劃定審查作業要點》（民國 96 年 4 月 26 日修正）附件一之規定。另簡俊發 (2004a) 認為，休閒農業區與休閒農場兩種經營型態的規範雖有不同，惟偏向於個別農場之管理或審查，並未隨其行政目的不同而採取個別之管制方向，因而整體性休閒農業區與個別休閒農場之休閒農業特性規劃有待加強。

表 4-2-3　休閒農業區與休閒農場比較表

項　目	休閒農業區	休閒農場
發展理念	農村發展	企業發展
發展目的	促進鄉村發展	促進產業發展
經營主體	由地方政府規劃整合地區休閒農場建構休閒農業示範帶，以社區共同營運與維護方式共同經營休閒農業帶	個別農民、農民團體、農企業機構
發展重點	型塑農村風貌	促進農產品銷售與推動農業遊憩市場
規劃依據	政府施政目標	企業政策或目標
執行單位	政府機關為主	私人企業或農企業
經費來源	政府補助公共建設經費	自籌經費或貸款
經濟發展角度	公經濟	私經濟
空間型態	開放式、大區域	封閉式、單一據點
設置面積	土地全部屬非都市土地：面積應在 50 公頃以上、600 公頃以下。 土地全部屬都市土地：面積應在 10 公頃以上、100 公頃以下。 部分都市土地，部分非都市土地：面積應在 25 公頃以上、300 公頃以下。	土地面積最小 0.5 公頃。 位於非山坡地土地面積在1公頃以上者。 位於山坡地之都市土地在1公頃以上或非都市土地面積達10公頃以上者。 《休農條例》第 19 條第 1 項第 1 款至第 4 款之休閒農業設施應設置於遊客休憩分區，除現況土地使用編定依法得容許使用者外，其總面積不得超過休閒農場面積 10%，並以 2 公頃為限；休閒農場總面積超過 200 公頃者，得以 5 公頃為限。位於非都市土地者，得依相關規定辦理非都市土地變更編定。 《休農條例》第 19 條第 1 項第 5 款至第 20 款之休閒農業設施，位於非都市土地者，應依相關規定辦理非都市土地容許使用，其總面積不得超過休閒農場面積 10%，但水土保持設施、環境保護設施及農路等設施面積不列入計算。
輔導策略	政府協助興建區內公共建設以促其發展	協助貸款或經營管理輔導
貸款額度	—	體驗型：上限 600 萬元 綜合型：上限 2,000 萬元

資料來源：本文修正整理自鄭健雄，1999；《花蓮區農情月刊》編輯室，2001；林琬菁，2004：34-35。

表 4-2-4 休閒農場位於休閒農業區內之情形

是否位於休閒農業區	場數	百分比
劃入休閒農業區	368	33.4%
休閒農漁園區輔導的景點	297	27.0%
以上皆非	437	39.6%
合計	1102	100.0%

資料來源：陳昭郎、段兆麟，2004：14。

表 4-2-5 休閒農場申請籌設比例

申請籌設	場數	百分比
尚未提出	699	63.5%
已提出且已通過	254	23.0%
已提出但尚未通過	149	13.5%
合計	1102	100.0%

資料來源：陳昭郎、段兆麟，2004：14。

再者，休閒農業區中由政府投資興建之「非生財性」公共建設，係由何等機關管理卻不得而知。又既已規劃休閒農業區，又何須獎勵休閒農漁園區之設置，不免有疊床架屋之憾。另者，以政府資源有限的境遇而言，如在具發展備用地性質之都市土地又規劃休閒農業區，且於區內投資興建供公用之農業設施，恐會造成農業投資之浪費，須審慎為之。

2.「簡易型」與「綜合型」休閒農場規劃之課題

所謂簡易型休閒農場，係指僅設置「農業經營體驗區」，而綜合型休閒農場則另外包含「遊客休憩區」。根據《休農辦法》規定，如果面積過小，僅得設置簡易型休閒農場，並依《都市計畫法規》從事農業經營，或依相關規定辦理非都市土地容許使用；倘面積夠大，則可設置綜合型休閒農場，但因其涉及住宿、餐飲等建築設施，應辦理非都市土地使用地變更編定，或需辦理使用分區變更（面積大於 2 公頃者）。

根據陳昭郎和段兆麟 (2004) 的調查顯示，於調查對象中，休閒農場土地面積以在 0.5 公頃以上至未滿 3 公頃者最多，有 589 場，占 53.5%，其可申請設置農業體驗型休閒農場。面積 3 公頃以上、未滿 10 公頃者，有 249 場家，占 22.6%，如其位在非山坡地或是都市土地的山坡地，皆可申請綜合型休閒農場。而面積在 10 公頃以上者有 115

場家，占 10.4%，如其位在非都市地區，則可申請綜合型休閒農場（表 4-2-6）。然而，這兩種休閒農場規劃的區別實益何在？如根據陳昭郎 (2004) 的研究，其間的差別似乎僅有簡易型休閒農場所需設施只需申請容許使用，而綜合型休閒農場所需設施則涉及用地變更或使用分區之變更。至於如何避免遊客休憩性質超越農業經營體驗的特質，則有待釐清。

又由實際容許使用項目觀之，如生態教育設施，究竟可否以建物型態經營，其相關規定均付諸闕如，因此業者乃以申請容許使用項目方式從事規劃（如：以生態教育設施設置博物館，觀光地區附近業者更以休閒農業容許使用項目設置停車場收費），以致於產生休閒農場型態與特色不明確之問題（簡俊發，2004a）。再者，根據陳昭郎和段兆麟 (2004) 的調查顯示，於調查對象中，有 67% 的農業場家面積在 3 公頃以下（表 4-2-6），依規定不得設置餐飲設施[24]，然其設有餐飲設施者卻多達 57%（表 4-2-7），違規使用的情形可見一斑。今將得設置遊客休憩區的面積門檻由原先的位於非山坡地土地或位於山坡地之都市土地的 3 公頃降為 1 公頃，或可紓解部分違規使用之困，但如此放寬規定只為輔導業者合法經營，卻未有相應之配合措施，對於農業經營環境恐產生不良影響。

表 4-2-6　休閒農業場家土地面積

土地面積	場數（公頃）	百分比
未滿 0.5 公頃	149	13.5%
0.5 公頃至未滿 3 公頃	589	53.5%
3 公頃至未滿 10 公頃	249	22.6%
10 公頃以上至未滿 20 公頃	56	5.1%
20 公頃以上、未滿 30 公頃	19	1.7%
30 公頃以上、未滿 40 公頃	9	0.8%
40 公頃以上、未滿 50 公頃	9	0.8%
50 公頃以上、未滿 100 公頃	13	1.2%
100 公頃以上	9	0.8%
合計	1,102	100.0%

資料來源：陳昭郎、段兆麟，2004：16。

[24] 該調查進行時，依民國 93 年 2 月 27 日頒布之《休農辦法》第10 條規定，得為遊客休憩分區之使用者，其設置門檻為位於非山坡地土地面積或位於山坡地之都市土地均需在 3 公頃以上，方得設置住宿、餐飲等設施。

表 4-2-7　休閒農業場家是否具有餐飲設施

餐飲設施	場數	百分比
是	631	57.3%
否	471	42.7%
合計	1102	100.0%

資料來源：陳昭郎、段兆麟，2004：14。

3. 休閒農場違規使用與經營計畫書查核不實之課題

在陳昭郎和段兆麟 (2004) 的調查統計中，顯示當時尚未申請籌設的休閒農場申請籌設及登記之農場多達六成（表 4-2-5），其中部分很可能是經營面積未達 0.5 公頃者不在少數（表 4-2-6）所致，如欲輔導使之合法化恐有困難。再者，該項調查雖為區分調查對象是否位於山坡地，然從有設置登山及健行步道者約達三成（表 4-2-8），概可推知其係位於山坡地區，而依規定，休閒農場位於山坡地者須設置水土保持設施，惟此等休閒農場（包括山坡地與非山坡地）中設置水土保持設施者僅占 17.6%（表 4-2-9），對於環境敏感地區的維護將有不良的影響，因此應思考休閒農場密度過高，且位於山坡地或影響環保的地區，宜否啟動總量管制機制予以特別輔導。

再者，陳昭郎 (2003) 曾指出，當時已推動之休閒農漁園區計畫，因業者紛紛投入住宿與餐飲經營，無形中提高土地違規使用。相關問題包括（夏聰仁，2005：1-2；陳昭郎，2004）：

(1) 於土地使用方面，以「遭遇土地使用分區限制」（其中以位於山坡地保育區者為最多）、「農場土地分散或連接不全」等問題居多。

(2) 於營建管理方面，以「既有建築物或設施需補辦容許使用」、「既有建築物或設施涉及違規使用」等問題居多。

表 4-2-8　休閒農業場家是否設置登山及健行步道

登山及健行步道	場數	百分比
是	316	28.7%
否	786	71.3%
合計	1,102	100.0%

資料來源：陳昭郎、段兆麟，2004：32。

註：休閒農場設置登山及健行步道者之材質依次如下：泥土面（86 場）、草地（76 場）、水泥（70 場）、石板（56 場）、磚塊（22 場）、木竹（23 場）、植草磚（13 場）及其他材質。

表 4-2-9　休閒農業場家是否設置水土保持設施

水土保持設施	場數	百分比
是	194	17.6%
否	908	82.4%
合計	1,102	100.0%

資料來源：陳昭郎、段兆麟，2004：32。
註：休閒農場（包括山坡地與非山坡地）設置水土保持設施者，主要的設施有：擋土牆（77 場）、山邊溝（58 場）、植草（35 場）、駁坎（28 場）及敷蓋、平臺堦段等。

(3) 在水土保持方面，以「辦理水土保持計畫的內容過於繁複，且花費過於昂貴」、「農場涉及山坡地開發而須辦理變更編定」等問題居多。

(4) 於申請書件方面，以「相關文件難備齊」、「不知如何填寫申請書與經營計畫書」等問題居多；至於申請合法化過程中，最常遭遇「縣市政府承辦過程過於冗長而耗時」、「於申請過程中不知至何處尋求諮詢與輔導」等問題。

(5) 於農業經營體驗型（簡易型）休閒農場辦理容許使用方面，以「申請容許使用的設施項目不符合法令規定」、「辦理容許使用時檢附文件未能備齊」等問題居多；至於綜合型休閒農場提出土地使用變更編定的問題中，以「申請變更編定時檢附文件未能備齊」、「設施用地於辦理變更編定前已擅自違法使用」等問題居多。

休閒農場的籌設雖需附經營計畫書，但嗣後因客觀環境改變致經營實況與計畫內容不符，地方政府並未主動要求應辦理計畫變更之申請，造成經營者面對違規者競爭下，只因應經濟考量，而不依計畫使用。目前休閒農場已形成普遍違規經營之型態，而有關當局卻未能提出有效的管理措施，實有未妥。

4. 農舍提供餐飲服務之課題

為發展農業經濟、增加農民就業機會，乃規定休閒農業區內依法興建之農舍經營民宿者，得提供農特產品零售及餐飲服務，以既有農舍經營民宿方式，並配合農村特色，提供具地方特色之農特產品及鄉村料理。此一規定並未明訂該農舍應位於休閒農業區內的「遊客休憩區」，因此如係位於「農業經營體驗區」的農舍，亦可提供農特產品零售及餐飲服務。但倘若是位於休閒農場依法興建之農舍經營民宿者，能否提供供農特產品零售及餐飲服務？

根據《民宿管理辦法》之規定，經農業主管機關核發經營許可登記證之休閒農場，或經農業主管機關劃定之休閒農業區，得設置民宿，並須符合相關土地使用管制之法令規定。惟按非都市土地使用管制規則規定，於農牧、林業、養殖、鹽業等用地得興建農舍，供農家住宅、農舍附屬設施、農產品之零售、農作物生產資材及日用品零售，如係經營民宿則需按目的事業主管機關、使用地主管機關及有關機關許可使用細目使用，但相關規定並未明示包含餐飲服務。倘若依法興建之農舍經營民宿者提供農特產品零售及餐飲服務，不致於影響農業經營環境與管理維護，則前述規定理當擴及一般休閒農場，否則將有欠公允。

5. 休閒農場課徵賦稅課題

休閒農業雖屬農業之一環，然而就經營性質言，係涵蓋農業生產、製造加工與服務提供等類型，營業收入除農業體驗之外，尚包括住宿、餐飲、農產加工、農產品展售等，比較接近一般企業經營。休閒農場得設置之休閒農業設施，概可區分為設置於「遊客休憩區」須依規定辦理土地變更者，以及設置於「農業經營體驗區」須依規定辦理容許使用者。於實施區域計畫地區依規定取得農業主管機關籌設許可之休閒農場內所編定之農牧用地、林業用地、養殖用地，陳昭郎 (2004) 認為，宜將「休閒農業」的使用納入「農業用地」與「農業使用」之定義中，以利其發展。

（四）休閒農業之管理策略

休閒農業的發展與土地資源有效、合理的利用息息相關，惟以往採取個別核可方式往往未能從整體發展之效益著手，致使個別農場各自營運，難以凸顯地方特色，是以未來的管理策略宜朝下列方向改進（陳昭郎，2004：39-40；陳昭郎、段兆麟，2004：53-54；簡俊發，2004a：37-39）：

1.「休閒農業區」之規劃應能指引區內「休閒農場」之設置

「休閒農業區」之規劃，旨在建構以地方之農特產品、景觀資源、生態資源、文化資源等核心資源為特色之整體發展理想，故其設置與管理宜以大規模、功能分區方式來規劃，而區內休閒農場之設立與經營應符合該區之規劃特色，以發揮同業集中聚集經濟之效果。至於休閒農漁園區之設置，雖為推動永續農村綜合發展規劃及建設、改善營農之生活環境、輔導發展休閒農業，然因其係屬點狀景觀的展現，欠缺整體規劃，因此未來應積極輔導轉型為休閒農業區，便於整體管理。

現階段或可在不違反生態保育、環境景觀之原則下，適度規範農牧、林業、養殖等用地供休閒農業設施之許可使用細目、興建面積與高度之條件，未來於新國土計畫法制下，宜在農業發展地區的第二種次分區或第三種次分區中規劃休閒農業區，其內容應說明容許使用組別包括休閒農業設施組，並明示其容許使用項目（尤其是各個休閒農業設施之設置細項），俾利於規劃者與審查者有所依循，並維繫土地使用之效益。

2.「休閒農業區」內外休閒農場之設置，其審核標準宜有差別規範

誠如前述調查顯示，休閒農業場家中，面積在 0.5 公頃以下者為數不少，面積在 3 公頃以下者多達 67%（表 4-2-6），由於現行《休農辦法》規定，設置休閒農場之土地應完整並不得分散，面積低限為 0.5 公頃，故農場中若有小型農水路經過，受到公有道路與水溝地目之分割，即認定土地分散不完整而不得申請籌設，也因此不少農場無法轉型為休閒農場。

為利於休閒農業區整體土地之利用，宜考量區內休閒農場之土地面積未滿 0.5 公頃而屬同一地段或毗鄰地段者，得合併申請；而坐落於區外有類似情形之休閒農場，僅准予毗鄰宗地者，方能合併申請。另者，無論位於休閒農業區內或區外之休閒農場，如已闢建道路或水路得以維持既有功能但不妨礙其整體經營者，當可視為土地完整，以利其轉型為合法經營；惟坐落於區外之休閒農場，其土地完整性之審查可採較嚴格之標準為之。

3. 休閒農場「遊客休憩分區」之設置，其面積下限合理性應予考量

依休閒農場得設置「遊客休憩分區」之標準，若是位於非山坡地土地或山坡地之都市土地者，面積為 1 公頃，但若是位於山坡地之非都市土地者，則需 10 公頃。上述位於非山坡地土地或山坡地之都市土地申請設置遊客休憩分區之面積限制原規定為 3 公頃，但當局認為業者並非以單獨經營住宿或餐飲為目的，只因該標準較高，常以違規方式經營，故應降低為 1 公頃，以有效輔導合法經營。然若位於此等地區的業者是如此作為，則位於山坡地之非都市土地業者難道不是出自此因？

於非都市土地面積達 10 公頃以上者，始得設置「遊客休憩分區」，此一規定適與非都市土地使用管制規則有關「申請人擬具之興辦事業計畫土地位屬山坡地範圍內者，其面積不得少於 10 公頃」之規定（第 52 條之 1）相似，惟上開條文亦規定如有「屬地方需要並經中央農業主管機關專案輔導設置之公用性農業產銷設施者」，或「申請開發遊樂設施之土地面積達5公頃以上者」等情形，則不受 10 公頃面積門檻之限制[25]。

事實上，僅因休閒農場坐落區位是否為都市土地，而有近乎 10 倍的門檻面積差

---

[25] 按民國 100 年 5 月 2 日修正之《非都市土地使用管制規則》第 52-1 條規定：「申請人擬具之興辦事業計畫土地位屬山坡地範圍內者，其面積不得少於 10 公頃，但有下列情形之一者，不在此限：
一、依第 6 條規定容許使用者。
二、依第 31 條至第 40 條、第 42-1 條、第 45 條及第 46 條規定辦理。
三、興闢公共設施、公用事業、慈善、社會福利、醫療保健、教育文化事業或其他公共建設所必要之建築物，經直轄市或縣（市）政府依中央目的事業主管機關訂定之審議規範核准者。
四、屬地方需要並經中央農業主管機關專案輔導設置之公用性農業產銷設施者。
五、申請開發遊樂設施之土地面積達 5 公頃以上。
六、風景區內土地供遊憩設施使用，經中央目的事業主管機關基於觀光產業發展需要，會商有關機關研擬方案報奉行政院核定者。
七、辦理農村社區土地重劃者。
八、依其他法律規定得為建築使用者。」

距，並未真正顧及其是否為山坡地之特殊性質，而要求最低之發展規模。有鑑於臺灣平均農場面積狹小，且休閒農場面積在 10 公頃以下者占多數（表 4-2-6），其中更不乏位於非都市土地之山坡地保育區者，為能兼顧土地利用合理性、發揮經濟規模效益與輔導休閒農場合法使用，或可研析比照開發遊樂設施之標準，將門檻面積減為 5 公頃之可行性，以利後續之管理[26]。

大型休閒農場或是簡易型休閒農場，在申請休閒農場合法化的過程中所遭遇的土地使用問題，以土地使用分區限制為最，其中又以山坡地保育區之土地較多，顯示位於山坡地之休閒農場開發與山坡地環保問題間之衝突仍有待克服。

（五）休閒農業之未來展望

展望未來臺灣休閒農業的發展，擬歸納十二個策略如下（段兆麟，2007）：

1. 特色化——善用資源，結合農村文化，塑造農場特色

休閒農場的資源可大致分為：自然資源、景觀資源、產業資源、文化資源，以及人的資源等。而農場經營者是否能夠發掘其優勢資源，發揮農村及農業資源特有的生物性、季節性、實用性，以營造農場的特色，將是休閒農場能否贏在起跑線的關鍵。

2. 體驗化——重視遊客參與，設計體驗活動

臺灣的體驗經濟已經起跑，而休閒農業便是體驗經濟在農業上的實踐，如將優勢資源設計成知識性、趣味性、人性化的體驗活動，讓遊客融入情境，感動其視、聽、嗅、味、觸覺的五種感官，產生美好的感覺，難忘的回憶。藉由各國休閒農業發展事跡的驗證，這是未來休閒農場致勝的關鍵。

3. 知識化——知性探索，結合導覽解說提供自然教育的機會

對自然生物界知性的探索，往往可喚起群體遊客的興趣。教育部在2000年9月頒布的「國民中小學九年一貫課程暫行綱要」中，更將「農場」視為「自然與生活科技」學習領域實施自然教育的場地之一。為因應自然教育的需求，教育農園型態是休閒農場未來值得考慮發展的方向。

4. 生態化——維護自然環境，提供生態旅遊

自然生態資源是休閒農業的珍寶，因此生態旅遊成為休閒農業的獨門特色。自民國 90 年行政院經建會提出的「國內旅遊發展方案」及交通部觀光局提出的「21 世紀臺灣發展觀光新戰略」，均提倡生態旅遊，因而參觀休閒農場成為國內旅遊的新趨勢。爰

[26] 於陳昭郎 (2004) 的研究中，雖亦提及大型（綜合型）休閒農場申請面積山坡地應由 10 公頃以上，降低為 5 公頃以上，以符合農場登記面積規定及照顧多數農民之政策；惟並未詳予說明此一推論源由。

此，休閒農場應珍惜「自然資本」，在休閒旅遊與生態保育之間取得平衡，以奠定永續發展的根本。

5. 健康化——發揮養生功能，促進健康

休閒農業的基本功能，就是提供一個減壓解勞、養生保健的場地。都市人經年累月都在住宅與辦公室這兩個小空間之間不斷流動，休閒農場成為市民暫時脫離家庭與工作束縛的「第三空間」。因此，休閒農場經營者應致力維護環境，提供新鮮的空氣、潔淨的水、無毒的蔬果，設計養生餐飲及健身運動，並營造和善而富有人情味的社會情感，以利遊客維護身心靈的健康。

6. 合法化——遵守法令規章，合法營運

臺灣設置休閒農場須經許可登記，所以休閒農場辦理登記後，方為合法化經營。由於休閒農場是提供遊客休閒旅遊的公共場所，所以其土地利用、設施營建行為、環境維護、餐飲衛生、場地安全等均須檢驗合格，以維護消費者的權益。休閒農場是否合法登記，常是遊客考慮的重要條件。因此，合法登記的休閒農場具有行銷的優勢。截至民國 95 年 8 月，通過籌設者 285 場，登記者 75 場，比例尚低，所以未來合法化是休閒農場經營必走的路。

7. 區域化——以地區為範圍，發揮集聚經濟的優勢

個別休閒農場通常資源有限，無法滿足遊客所有的遊憩需求，因此地區性或社區型的休閒農業發展型態可在劃定的區域內，進行整體規劃，讓遊客體驗不同的特色，互相支援資源與營運，並共同行銷，提供遊客全套的服務，藉此提高滿意度。農委會之所以鼓勵具有休閒農業優勢的地區規劃發展「休閒農業區」，用意即在此。本於休閒農業區劃定之目的與宗旨，未來應積極規劃發展以發揮集聚經濟的效益。

8. 精緻化——提高服務品質，精緻化經營

隨著遊客對旅遊品質的重視，休閒農場的服務品質益趨重要。休閒農場的服務種類主要包含「體驗與一般服務」、「餐飲服務」及「住宿服務」三類。農委會近年委託臺灣休閒農業學會評鑑休閒農場的服務品質，給予評等並編印行銷手冊，希望藉此引起業者對改善服務品質的重視。惟服務品質的提升是無止境的，所以未來應繼續努力。

9. 效率化——導入現代化管理系統，提高經營績效

休閒農業是屬於新興的農企業型態，亦由於休閒農業講求投資報酬，市場反應靈敏，應用商業技能多，所以不論其經營主體是家庭或公司企業，都要運用現代化的經營管理方法。現代化的管理系統最需要應用在休閒農場的行銷管理、財務管理、人力資源

管理、策略聯盟、餐飲管理、住宿管理、經營診斷等方面。休閒農場經營績效好，經營者才有信心永續經營，政府農業轉型的政策方能獲得效果。因此，結合現代化管理系統是未來休閒農業發展的重要方向。

10. 渡假化——開發長宿休閒市場，提供深刻的農村體驗

有鑑於歐洲渡假農場已成為旅遊產業的特色商品，因此臺灣休閒農業可加以借鏡並開發長宿休閒 (long stay) 市場。有錢有閒的退休族有時會想要暫時離家在國內或國外找一個寧靜安適，又具有人情味的地方渡假，體驗當地的自然及風土人文，而臺灣優美的自然環境及濃厚的人情味，即為發展渡假農場的優勢條件，所以政府可輔導符合條件的休閒農業區或休閒農場經營接受長宿休閒旅客的渡假農莊。這將會是臺灣休閒農業未來的一種新型態。

11. 融合化——秉持鄉村的主體性，促進城鄉交流

目前臺灣休閒農業多提供採果、垂釣、餐飲、住宿等遊憩活動，以追求經濟利益。但思考未來的發展方向，臺灣應學習先進國家的做法，重新建構新的價值觀，並檢討農業的角色與功能。今後的觀光休閒將不再追求提供遊客吃喝等較低層面的享受，而應該轉為讓遊客關注並學習農村生活及農業優點，強調農家與都市居民相互扶持的重要性，以進行持續性的城鄉交流。城鄉居民共同尋找真正的富裕，深入體會豐富且具特色的農村環境，並永續發展農村的觀光價值，將成為未來農業體驗的目的。

12. 國際化——擴大視野，邁向國際旅遊市場

民國 102 年 12 月 3 日《工商時報》報導，民國 101 年觀光遊客人數為 1,500 萬人次。以臺灣 2,300 萬的總人口數言，要繼續增加旅遊人數，勢必得吸收國際觀光客（包括中國大陸觀光客）。為此，農委會近幾年輔導休閒農場參加國際旅展，向全世界行銷臺灣休閒農業之美，以更廣的視野設計農村及農業體驗，提高服務品質，進而吸引國際觀光客的關注。

綜上所述，鄉村地區人口多以農業為生，山坡地開發多做為農業使用，近年來臺灣積極推展休閒農業區與休閒農場，已獲相當成果。相較於此，都市地區人口密集，市中心土地開發已近飽和，人口逐漸朝郊區或近郊山區擴散，故鄰近都市之山坡地範圍面臨極大的住宅開發壓力，許多土地紛紛開發做為住宅社區使用，因此下節將探討山坡地供住宅社區使用之限制與因應。

第三節　山坡地供住宅社區使用之限制與因應

由於土地資源有限，在產業發展及人口壓力下，山坡地轉變為非農業使用之情況愈趨嚴重，尤以開築道路[27]、興建坡地住宅社區、殯葬設施用地、高爾夫球場、休閒遊憩區、廢棄土堆置所、廢棄物掩埋場及礦場或土石採取等影響最甚，且因面積日益擴大而對於山坡地環境的維護造成諸多負面影響。茲以山坡地供做住宅社區為例，說明其限制條件與因應之道。

一、山坡地供做住宅社區之限制條件

1. 山坡地住宅社區通常距離市中心區較遠，道路配置往往不甚齊全，前往工作、就學地點或大型購物中心較為不便。
2. 山坡地的坡度較為陡峻，地質較為鬆軟，一旦選在有斷層之虞的地方興建房舍，建物易受山坡地滑動而裂開，從而影響生命、財產之安全。
3. 山坡地因地處較為偏遠地區，闢建住宅之土地取得成本較低，然開挖整地的費用卻相對較高，致使開發初期利潤較低，除非有雄厚資金者投資開發，否則不易竟其功。
4. 山坡地開發做住宅社區之面積如果過小，則無法達到經濟規模，從而使各類公共設施之配備難以齊全，例如：垃圾處理、消防設備、醫院設置不足，則對環境衛生、災害防範、疾病救治等較不便利。
5. 山坡地供做住宅社區往往採低密度開發方式，所涉空間範圍相對較大，僅賴制式的治安系統，難以維繫社區安全。

二、山坡地供做住宅社區不利條件之因應

（一）住宅社區位置宜接近城市，且有便捷的聯外交通

為能便於聯絡，位置宜接近城市，且有便捷的聯外交通。例如：坐落於臺北市東南區 140 高地的萬芳社區，因公車、捷運系統經過，交通方便，近年已吸引大量人口進

[27] 關於山坡地開闢道路而造成嚴重的破壞，張景森 (2006) 曾嚴厲批評如下：臺灣山區的道路網由產業道路、農路及林道等道路系統組成，其綿密程度超乎一般人的想像。按照民國 93 年的統計資料，臺灣山區 4 公尺寬以上的產業道路與農路總長度達到 8,550 公里，相當 22 條中山高速公路的長度，這 22 條粗製濫造的道路是中央及地政客合作的產物，用來收買偏遠地區的選票，它們綿綿密密侵入山林，帶來臺灣山區的生態浩劫。

駐。又位於臺北縣新店的大學詩鄉及大臺北華城等山坡地景觀別墅，均以良好的社區管理、視野開闊及青翠怡人的山林取勝；此外，還有社區巴士接駁民眾至捷運站，以及北二高與快速道路等便捷交通，亦是吸引民眾進駐的主因之一。

（二）山坡地危險區應避免規劃做住宅社區使用

為顧及山坡地建築之安全，理應避免於下列地區規劃做住宅社區使用：(1) 坡度陡峭者，如坡度超過 30% 以上；(2) 地質結構不良、地層破碎、活動斷層或順向坡[28]有滑動之虞者；(3) 現有礦場、廢土堆、坑道及其周圍有危害安全之虞者；(4) 河岸侵蝕或向源侵蝕有危及基地安全者；(5) 有崩塌或洪患之虞者[29]；(6) 依其他法律規定不得建築。凡此規範，均係為防災於未然。

（三）山坡地規劃做住宅社區使用應力求對自然環境損壞最小

於山坡地開發住宅社區，當可依循如下原則[30]，力求對自然環境損壞最小：

1. 基地之開發以儘量利用原有之地形、地貌，維持自然度及既有之生態機能為原則。
2. 整地工程之挖填應求最小及平衡，且整地之挖填平均深度應在 2 公尺以下為原則。
3. 開發區整地前後坵塊圖之平均坡度改變量不得大於 15%。
4. 整地工程應採分區分期方式規劃，且應於下游之沉沙池、滯洪池等防災工程完成後始得進行。第一期工程必須位於整地範圍之最下游側，其面積不得大於總整地面積之 30%，且應於影響區之間規劃足夠的緩衝綠帶。第一期完工後方得進行後續工程。
5. 整地應維持原有水路之集、排水功能，並避免破壞湖泊、埤塘等水體生態系統之完整性。如必須變更原有水路，則應以對地形、地貌影響最小之方式做合理之規劃，且需評估該項水路變更對開發區上、下游之水文改變量所致生之環境效應，並提出

[28] 山坡地內之地層層面，或具規律而延續性的不連續面，傾斜方向與地形表面傾斜方向一致，即稱為「順向坡」。順向坡滑動係指在順向坡之地層結構內，因其層面或不連續面發生位移之破壞現象。順向坡之坡趾處因開挖關係，必須移除原已存在之岩層，使得潛在之滑動面裸露於外，坡體容易沿著潛在之滑動面產生向下之運動。資料請參見：水土保持小百科，網址：http://www.dortp.gov.tw/wld/wbimg/w8.htm（搜尋日期：2011 年 4 月 26 日）。

[29] 參照民國 100 年 5 月 2 日修正之《非都市土地使用管制規則》第 49-1條之規定。又，為利於山坡地建築開發，於現行《非都市土地開發審議作業規範》總篇第 14 條規定，基地土地形狀應完整連接，如位於山坡地該連接部分最小寬度不得少於 50 公尺，位於平地不得小於 30 公尺，以利整體規劃開發及水土保持計畫。再者，申請開發之基地位於山坡地者，其保育區面積不得小於扣除不可開發區面積後之剩餘基地面積的 40%。保育區面積之 70% 以上應維持原始之地形面貌，不得開發。基地內之原始地形在坵塊圖上之平均坡度在 30% 以下之土地面積，應占全區總面積 30% 以上或 3 公頃以上（專篇、住宅社區篇，第 2、3 條）。

[30] 參見住宅社區開發環境影響評估審議規範（民國 89 年 9 月 14 日環署綜字第 0053004 號修正公告）第 30 條之規定。資料來源：http://www.epa.gov.tw/attachment_file/ 住宅社區條文 890909.doc（搜尋日期：2006 年 8 月 9 日）。

因應對策。原有水路之整治計畫並須徵得各該主管機關同意。

6. 整地坡面之綠覆率應於整地工程完成後一年內達 95% 以上。

7. 開發完成後之森林綠覆率（含原有保留及新植者）至少應達總基地面積之 50%。

（四）住宅社區配置完善公共設施

從事一定規模開發，以便形成社區，並配置完善公共設施，便利生活之需。現行《非都市土地使用管制規則》規定，申請人擬具之興辦事業計畫土地位屬山坡地範圍內者，其面積不得少於 10 公頃，原是考量最低之經濟規模；然而，亦有不少例外規定，此或是因應當地地形、地貌之權宜措施，然為維持住宅社區應有品質，仍應有最低規模之基本要求，例如：辦理坡地農村社區土地重劃之最小面積不得低於 5 公頃，方對環境衛生、災害防範、疾病救治、聯外交通等發揮應有的作用。

（五）住宅社區應實施水土保持，注意防災安全

山坡地因地處環境敏感地區，除需實施水土保持，興建排水系統、擋土牆，以保生命與財產安全之外，當以既有山坡地社區為主軸，從坡地社區著手進行防災監測預警、自主性安全檢查、安全防災示範計畫，以及安全社區標章制度，以增進基層防災之技能及共識。

三、山坡地開發住宅社區趨於保守

於臺灣地區，闢做住宅社區為山坡地主要的使用方式之一。根據統計，非都市土地 10 公頃以上使用分區及使用地變更案，大多以申請辦理變更為山坡地住宅社區、高爾夫球場、大專院校、遊樂區、特定目的事業、工業區等為主，其中不乏以坐落在山坡地者（表 4-3-1）。以變更為山坡地住宅社區為例，早年對於這類案件的審議規範較不嚴格，因而在民國 81 年至 86 年間，核准變更面積多達千餘公頃。然於 86 年 6 月發生汐止林肯大郡的災變後，為防止山坡地的不當開發，內政部乃於 87 年 9 月修正《非都市土地開發審議作業規範》，調降山坡地開發坡度上限為 30%，逾越該標準者嚴格禁止開發，從而影響次年土地變更案的面積，創下歷年來的最低[31]。此舉也隱約透露，山坡地建築應朝向低密度、高品質的發展方式。

民國 90 年 7 月底桃芝颱風來襲，土石流災害重創臺灣，使民眾深切體認過度開發山坡地的結果，加速了大自然的反撲，也突顯出國土保安的重要性。為此，經建會研提

[31] 有關汐止山坡地開發的概況，參見胡朝進，2004。

表 4-3-1　臺灣地區非都市土地 10 公頃以上用地變更面積統計表　單位：公頃

年別（民國）	合計	山坡地住宅社區	高爾夫球場	大專院校	遊樂區	交通	特定目的事業	工業區	其他
81	848.94	70.24	276.95	11.75	47.59	-	423.58	-	18.82
82	513.53	237.38	-	18.77	135.68	-	-	-	121.69
83	302.53	262.35	-	15.57	24.60	-	-	-	-
84	1,279.95	101.81	-	40.00	11.70	-	18.44	1,108.00	-
85	1,477.06	159.45	96.00	103.45	37.90	-	31.66	1,048.60	-
86	1,895.38	311.81	465.33	21.60	222.87	-	-	846.58	27.19
87	921.03	10.59	268.41	160.79	57.78	-	116.13	33.60	273.74
88	1,582.28	126.96	67.13	108.80	42.89	-	57.83	1,178.67	-
89	1,669.17	321.44	320.42	117.66	10.17	-	185.61	695.00	18.87
90	1,225.28	33.28	0.07	151.82	91.64	-	105.12	843.35	-
91	1,554.88	83.79	138.99	71.22	155.32	-	560.60	494.50	50.46
92	1,835.46	59.85	-	148.42	597.69	-	584.11	396.10	49.28
93	1,157.11	-	85.46	172.77	286.96	-	53.21	513.06	45.65
94	584.10	39.17	28.40	48.39	53.12	-	130.86	245.80	38.37
95	442.44	-	-	26.14	11.34	23.30	119.00	250.78	11.79
96	151.42	59.89	-	21.65	4.94	59.05	-	5.88	-
97	636.77	-	-	26.14	-	44.48	0.37	513.23	52.55

資料來源：內政部營建署，2009。

「國土保安計畫——解決土石流災害具體執行計畫」[32]，希冀根本解決土石流的災害問題。應辦事項之一為全面調查潛在危險地區及安全地區，並更新與整合現有資料，其中與山坡地建築相關者，包括：(1) 積極辦理「山坡地丙種建築用地安全及開發利用監測計畫」，全面調查丙建區位之環境特性、敏感度，並進行居住安全評估，以保障人民生命、財產之安全；(2) 進行「原住民居住環境潛在災害調查」，繼續辦理潛在災害危險村落及可能避難所之調查；(3) 辦理大型山坡地住宅社區安全複檢作業，將大型山坡地社區重新檢測與分級，以加強輔導山坡地住宅社區之安全管理。自此之後，有關當局對於山坡地開發做建築使用的態度漸趨審慎，也促使大規模用地變更為山坡地住宅社區的核准面積逐漸減少。

[32] 行政院，2002 年 1 月 9 日，經第 2768 次院會核定國土保安計畫——解決土石流災害具體執行計畫，其內容參見經建會網站：http://www.cepd.gov.tw/business/business_sec3.jsp?businessID=166&parentLinkID=7&linkid=99（搜尋日期：2006 年 6 月 9 日）。

四、山坡地開發住宅社區個案

從前文可知，因山坡地開發住宅社區容易招致天然災害與人為破壞，故有關當局對於核准山坡地變更使用的態度已漸趨保守。茲以「桃園縣山坡地住宅社區開發計畫案」為例，扼要說明如次。

（一）背景說明

由於桃園縣住宅社區之開發案例多位於「山坡地保育區」，而山坡地保育區農牧用地開發之案件尚涉及水土保持及環境影響評估等作業，近年來因颱風災害，使得山坡地開發議題再度引起重視。本案開發區域內五級坡（平均坡度 40% 以上）的面積即占開發面積之 48.85%，且開發區內存有斷層帶，因此本案變更對於農地具備之自然生態保育、自然景觀維護及水土保持、水分涵養等外部效益，即自然環境保育功能，所產生的影響值得探討。

桃園縣素以工商大縣、國際機場所在地為大家熟知，又鄰近新北市、臺北市所管轄之各都市計畫區，近年已逐漸成為僅次大臺北地區的重要都心城市。惟龜山鄉附近未能享受相同的成果，發展較為遲緩，故本案引進住宅社區，做為附近都會區民眾購屋的另一項選擇，並藉此吸引外來人口以繁榮地方。按《非都市土地開發審議作業規範》專篇第 1 條規定：「社區開發應遵循該區域計畫指定之定地區人口及住宅用地之總量管制。」截至民國 91 年年底，桃園生活之人口總量（179 萬人）已超過臺灣省北部區域計畫第一次通盤檢討推估截至民國 94 年止之人口總量（162 萬人），而住宅用地總量（約 8,064 公頃）卻未達截至民國民國 94 年止之管制總量（約 9,026 公頃），顯示桃園生活圈對住宅用地尚有需求，因此進行本案之開發。茲將本案基地資料、基地開發範圍圖整理如表 4-3-2 及圖 4-3-1（游貞蓮，2006）。

（二）案例分析

本案開發之主要目的，係透過創造附近都會區民眾購屋時另一項選擇，藉由吸引外來人口以繁榮地方，並促進生產力較低之山坡地土地的有效利用。惟由本案基地資料分析表內容看來，本開發案全區均位於山坡地保育區內，區內用地以林業用地及農牧用地居大宗，合計占總面積之 94.1%。本案雖係依據《山坡地建築管理辦法》、《非都市土地使用管制規則》及「臺灣省北部區域計畫」之土地分區使用管制規則計畫等相關規定辦理，並已經內政部許可開發，然其基地不但位於陡坡及水邊旁，且區內五級坡（平均坡度 40% 以上）以上面積達 6.0823 公頃，占開發面積之 48.85%，加上開發區域內尚有斷層帶，因而於內政部區域計畫委員會歷經多次審查。

表 4-3-2 桃園縣山坡地住宅社區開發計畫案背景說明表

項目	計畫要項
開發位置	龜山鄉
開發面積	12.4530 公頃
計畫性質	山坡地住宅社區
土地權屬	本基地內大多屬於私有地，面積為 12.1605 公頃，占總面積之 97.65%；國有土地面積僅 2.925 公頃，占總面積之 2.35%。
現況土地使用分區及使用地編定	土地使用分區均屬山坡地保育區，用地編定包括：農牧用地、林業用地，面積分別為 25,242 平方公尺與 91,940 平方公尺 ，各占 20.27% 及 73.83%，其餘用地尚有丙種建築用地、窯業用地及暫未編定土地，總面積計 124,530 平方公尺。
土地使用現況	本基地位於桃園縣龜山鄉與臺北縣鶯歌鎮、樹林鎮 三個鄉鎮交界處之山坡地保育區，基地內土地使用現況主要為草地。
基地地形	基地整體地形最高點位於東南邊，較平坦之區位多位於基地西側及北側；其中，位於基地東南端與中段位置高程約在 140 至 200 公尺之區位，整體高度由東南向西北遞減，其地形坡度較為陡峭部分對基地未來之開發將造成規劃上之限制。
主要聯絡道路	主要聯絡道路為基地北側之鄉道桃 8 線（大同路），往西連接省道臺 1 線（萬壽路），或接茶專路往北亦可接省道臺 1 線（萬壽路），再沿臺 1 省道通往臺北縣市或桃園市。 次要聯絡道路為自鄉道桃 8 線，連接大棟山路，再連接臺 1 甲線，或由大棟山路於觀音禪寺附近接北 75 鄉道往山佳、樹林地區。

資料來源：營建署核准之開發許可案例；游貞蓮，2006。

由表 4-3-2 分析可知，本案對於建築基地高低差、道路通行、斷層帶周邊之建築行為，以及開發區內潛在災害之發生仍有諸多之規範及疑慮，雖經申請人補正說明，並配合修正住宅區設置位置、加強規劃聯外道路設置或增加防災演練等，但因開發區內之五級坡占開發面積約 50%，且山坡地保育區畢竟屬於環境敏感地區，有其潛在災害。區內土地開發後擬變更為乙種建築用地面積為 2.0773 公頃（占 16.68%）；變更為國土保安用地面積為 8.6716 公頃（占 69.63%），可見以本區之整體環境而言，實以編定為國土保安用地為宜，若透過人為開發行為引進住宅社區，不但對環境造成破壞，亦可能使人身安全陷入危險中。近年來，臺北地區部分山坡地住宅社區即因颱風而造成土石流侵入社區，此等潛在災害似已非透過環境影響評估或災害演練即可有效預防。

由本案開發基地範圍（圖 4-3-1）可知，本案開發後總面積保留近 70% 劃分為鄉村區國土保安用地，惟建築用地係包夾於國土保安用地中，此兩種用地於使用用途上極

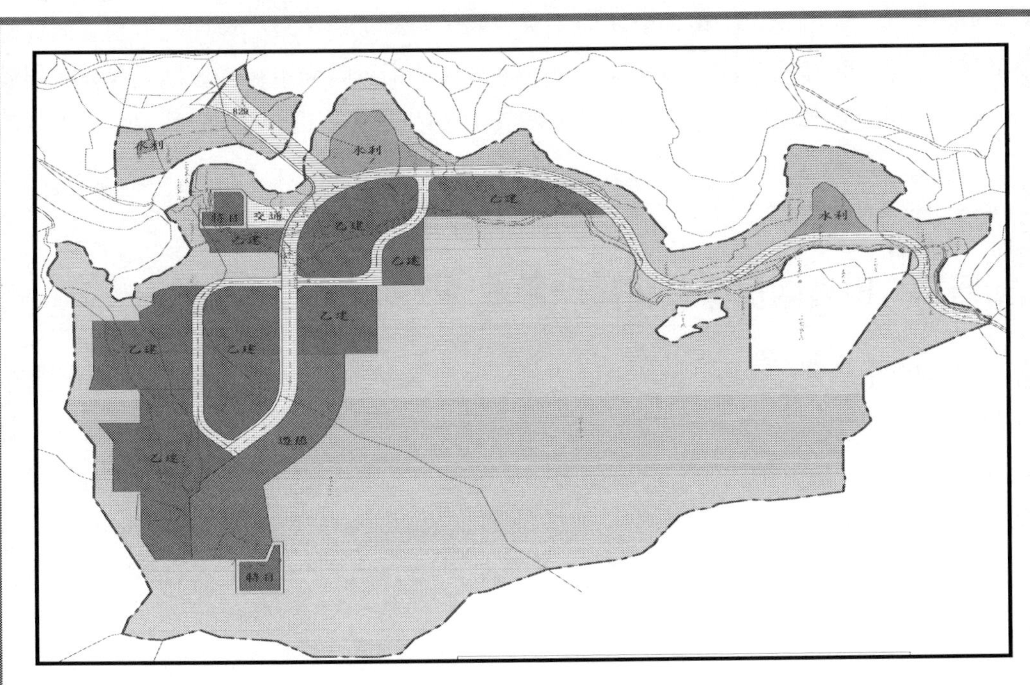

變更前				變更後							
土地使用編定		面積(㎡)	百分比(%)	土地使用編定		圖例	面　積(㎡)	百分比(%)	容積率(%)	建蔽率(%)
山坡地保育區	暫未編定	3073	2.47	鄉村區	國土保安用地		86716	69.63	0	0
	農牧用地	25242	20.27		乙種建築用地		20773	16.68	120	40
	林業用地	91940	73.83		遊憩用地		5000	4.02	0	0
	丙種建築用地	682	0.55		交通用地		8207	6.79	0	0
	窯業用地	3593	2.88		水利用地		2479	1.99	0	0
					特定目的事業用地		1355	1.09	160	60
合計		124530	100.00	合計			124530	100.00	—	—

1.依「非都市土地使用管制規則」全區變更為鄉村區之乙種建築用地、交通用地、國土保安用地、水利用地及特定目的事業用地等。
2.變更為乙種建築用地面積：2.0773 公頃（占 16.68%）。
3.變更為國土保安用地面積：8.6716 公頃（占 69.63%）。

資料來源：營建署核准之開發許可案例；游貞蓮，2006。

圖 4-3-1　桃園縣山坡地住宅社區開發計畫案基地範圍圖

為不相容，且開發區內 50% 均為陡坡，若住宅區設置其中，安全性堪慮。因此在選擇開發基地時，即應避開此類山坡地，而非透過事後補救或防災措施方式，來尋求解決之道。山坡地保育區農牧用地及林業用地之劃分有自然生態保育、自然景觀維護及水土保持、水分涵養等外部效益，重要性不容忽視，應如何於商業開發利益與環境保育中達到平衡，實為當前重要的課題（游貞蓮，2006）。

近年來，天災肆虐，山坡地屢屢傳出嚴重的土石流災情，故山坡地是否適宜居住備受爭議，故政府已不再鼓勵山坡地開發供住宅社區使用，轉而重視山坡地之保育，對於山坡地過度開發或超限利用亦嚴加取締。關於山坡地的保育策略與超限利用處理方式將於下節進行探討。

第四節　山坡地保育及超限利用處理

傳統的耕種方式係採直接挖掘整地的犁耕方式，若加上水流與風吹，將會加劇表土的崩解，導致土壤流失 (soil erosion)[33]，尤其是山坡地的土地退化 (land degradation) 現象[34]最為顯著。為能紓解所困，乃採取土壤保持或水土保持的措施，例如：保育的耕種方式 (conservation-tillage farming)[35]、梯田 (terracing)、等高線栽種 (contour farming)、條栽 (strip cropping)、畦栽 (alley cropping) 或農林並植 (agroforestry)、栽種防風林或防風林帶 (windbreaks or shelterbelt) 等，以減少土壤流失。至於土壤沃度的改良，則可利用輪作、施用有機肥料（如：動物糞肥、綠肥、堆肥）等方式，先進國家則多採用無機肥料，以便於運輸、儲存、施用，惟對環境亦會引發土壤污染的問題。此外，為減少人為活動對於山坡地維護的負面影響，亦須對超限利用的情況有所處置，是以本節將就山坡地保育及超限利用與處理方式分別敘明如次。

一、山坡地保育利用之意義與方法

山坡地因地形起伏、地質脆弱，最需予以保育，並維持低度利用。根據我國《山坡地保育利用條例》第 5 條規定：「……所稱山坡地保育、利用，係指依自然特徵、應用工程、農藝或植生方法，以防治沖蝕、崩坍、地滑[36]、土石流失等災害，保護自然生態景觀，涵養水源等水土保持處理與維護，並為經濟有效之利用。」故知，山坡地保育方

[33] 土壤流失通常係因風吹、水流或兩者兼有，而導致土壤質地從一處移至另一處，其中尤以表土移動的情形為甚。這種自然現象會因為人類將植被自表土移除而愈益加劇。參見 Miller (2005) 第 14 章的課程摘要，網址為：http://www.brookscole.com/cgi-wadsworth/course_products_wp.pl?fid=M20bI&product_isbn_issn=0534997295&discipline_number=22（搜尋日期：2009 年 6 月 24 日）。

[34] 所謂土地退化，係指於自然或人類行為導致土地未來支撐作物、圈養牲畜、維繫野生物種的能力減低的過程中所產生的現象。資料來源，同前註。

[35] 於種植作物，採取最少擾動土壤耕種方式 (minimum-tillage farming) 或完全不擾動土壤耕種 (no-till farming)，以減少土壤沖蝕、減低勞力成本，並且節省能源。資料來源，同前註。

[36] 山坡地地層滑動之運動現象，是指坡體上的地質材料因重力作用的關係，使其坡體的下滑力大於阻抗力，而產生一種向下塊體運動的破壞方式。地層會順著地形的傾斜坡度，向下坡發生平面型滑動、楔型滑動與圓弧滑動等不同類型之崩滑，一般稱為「地層滑動」，簡稱「地滑」。資料來源：水土保持小百科，http://www.dortp.gov.tw/wld/wbimg/w8.htm（搜尋日期：2006 年 5 月 14 日）。

法主要有工程、農藝或植生等三種[37]，藉由此等水土保持處理與維護措施，以達防治自然或人為災害、維護景觀，促進經濟有效利用之目的。

所謂水土保持農藝方法，係為配合農藝作物或園藝作物之栽培所採用之方法，主要目的在於提高作物的產量、防止水土流失，以確保農地之永續利用。一般所採方法包括：等高耕犁、等高栽植、等高條作等方法，亦即在栽培主要作物時，採取與等高線平行之耕作方式，藉耕犁所成之犁溝，與作物橫列於山坡斜面上，不僅可以阻截沿坡面流下之地表逕流或流失之土壤，並可增加水分滲透，達到水土保持之目的。

所稱水土保持植生方法，係以草類、林木或殘株等植物性材料為主，將之覆蓋於裸露之地表上，以保護土壤免受雨滴打擊或逕流沖蝕，並由此等植生材料提供有機質，以改善土壤物理性質，使土壤具有良好之滲透性與飽水性，充分達到涵蓄水資源之功能與防止土壤流失之效果。一般植生方法有採用活植物之覆蓋方式，如：地表種植草類、林木等，稱之為覆蓋 (cover)；亦有用死植物之覆蓋方式，如：稻草、割刈下之草莖、枯枝落葉等，此種方式則稱為敷蓋 (mulch)。另如以塑膠布等非植物性材料覆蓋地表，以保護土壤者，亦稱為敷蓋，惟此等非植物性材料之敷蓋方式僅能保護土壤、避免雨滴打擊，而無法改善土壤之性質。基本上，森林覆蓋為水土保持之最佳植生方法。

水土保持工程方法係指以機具與人工構造物改變地形或抑制土砂運動，並有效阻滯水流、涵蓄水資源之各種工法。例如：將斜面構築成平臺階段之地形改變工法，或在溪谷中築設防砂壩以攔阻土砂流出之工法等均屬之。一般水土保持工程方法係在農藝方法與植生方法均無法有效發揮水土保持功效，或無法以農藝方法與植生方法來控制水土流失之情況下，不得不採取之對策。由於工程方法大多以人工構造物直接施設於水土災害嚴重地區，往往與自然環境景觀不調和，在當前重視生態環境保育之意識下，常被大眾所詬病，但此等工程方法能及時發揮水土保持之功效，乃不爭的事實。同時， 在土砂災害嚴重地區，水土保持工程方法亦是無可替代的方法。因此，若能在進行水土保持工程之規劃、設計時，亦同時兼顧生態環境，則水土保持工程之施設非但不是生態環境之破壞者，反倒是生態環境復育與景觀力求變化之施惠者。有關這三種方法之列舉及其說明，參見表 4-4-1 所示。

臺北市北投貴子坑（水土保持教室）屬於臺北地區最古老的地層（五指山層），含有質佳的高嶺土，可為陶瓷工業原料。由於久經濫採，地表已遭嚴重破壞，臺北市政府乃於民國 68 年展開整治工程，在區內東北角坡面以植生客土包鋪設，並間植桂花、馬櫻丹等綠化植物；在西北角的崩塌地，設置一道防落石欄柵，其下另設擋土牆，裸露坡

[37] 有關水土保持方法，係參閱水土保持手冊加以撰寫。資料來源：水土保持電子書，網址：http://water.nchu.edu.tw/main/SWC_EBOOK.HTM；http://river.nchu.edu.tw/homenews/homenews.html（搜尋日期：2006 年 5 月 14 日）。

表 4-4-1　山坡地保育之主要方法

類別	名稱	方法概述
農藝方法	1.等高耕作	將耕犁、作畦、栽培改按等高方向實施，不僅可截留雨水、減低逕流流速以利作物蓄水，更能大量減少水土流失，使耕作省時省力，是坡地耕作最基本的重要方法。
	2.密植	鳳梨、茶及若干果樹若增加單位面積的種植株數，即可增加覆蓋率，降低土壤沖蝕情形。
	3.橫條間栽	將田地沿等高線分為條帶，每隔一條種植密生作物（如：牧草、穀類），其間則種植一條疏植作物（如：棉花、玉米），並使之方向與等高線平行，如此一來將可使行栽作物帶被移動的土壤，截淤到密生作物帶上。這是大面積緩坡農場需生產草類時才採用，為美國的主要方法之一，並不適用於臺灣。
	4.輪作	將深根或淺根作物輪栽，以充分利用土壤中之養分，並調節作物所需水量。保土輪作制度是按當地降雨的分布而設計，主要在使雨季有較好的地面覆蓋，抑制沖蝕。
	5.間作	在主作物行間選擇適當的作物間作，也是調節地面覆蓋的方法，一般可增加收益。
	6.殘株利用	作物收穫後的剩餘部分多被遺棄火焚，是相當大的浪費或損失，因此應該儘量利做為敷蓋或淺敷土中，不但可以防止沖蝕，也可維持並增進土壤生產力。
	7.敷蓋	利用作物殘株或其他材料敷蓋地面，以大幅降低水土流失的顯著方法。
	8.綠肥	其大多屬於豆科植物，根部有根瘤菌寄生，可以固定吸收空中的氮，供給作物營養；它也是有機質的來源，稍加耕翻可使土壤疏鬆，空氣水分容易透過，增加土壤蓄水作物，於栽培期間也可覆蓋地面。
	9.覆蓋作物	又稱草生栽培，是用來覆蓋地面的作物，如種類適當，可將水土流失抑制到微量，並有多方面的效益。在果園種植，更可節省中耕除草工。其種類主要包括：豌豆、紫雲英、田菁、苜蓿等。
	10.排水溝植草	一般的坡地排水溝因流速大，每多用砌磚石或混凝土構築，若用草類做溝面的被護襯料，將不會發生沖蝕現象，是最經濟的排水方法。
植生方法	1.草帶法	在坡面上以帶狀種植強莖密生草類，使移動的土壤截於帶上。
	2.噴植法	種子混合肥料、黏著劑、加水充分攪拌後，利用強力壓縮機噴植於坡面，目的在大面積施工利用植生覆蓋、保護坡面、防止沖刷、綠化邊坡、美化環境。
	3.植生帶法	利用纖維、稻草、棉織等材料黏附草種及肥料鋪植於坡面，以保護邊坡之方法。
	4.植草苗法	種植草苗覆蓋邊坡之方法。
	5.打樁編柵法	使用萌芽或不萌芽之竹、木樁或其他材料製造之樁，依適當距離打入土中，並以竹片或其他材料編柵之方法。

表 4-4-1　山坡地保育之主要方法（續）

類別	名稱	方法概述
工程方法	1. 平臺階段	又稱梯田，在坡面上每隔適當垂距，沿等高方向所築或多條連續之水平或微斜階段。目的在於抑制逕流，防止土壤沖刷，並適應坡地耕作需要，達成安全土地利用。
	2. 寬壟階段	橫跨坡面、每隔適當距離所構築的寬底土埂和淺溝。當農藝方法在坡面上實施，逕流匯積將要造成沖蝕時，階段就可將逕流截阻而安全排除。這也是緩坡大農場的重要方法，為美國所普遍應用，臺灣的適用範圍則相對有限。
	3. 山邊溝	在坡面上每隔適當距離，沿等高方向所構築的淺三角形溝。目的在於減短坡長，分段排除地面逕流以防止沖蝕，並提供田間作業道路。
	4. 防砂壩	為攔蓄河道泥砂輸送、穩定河床與兩岸崩塌、防止侵蝕所構築 5 公尺以上之橫向構造物（5 公尺以下謂潛壩）。
	5. 石牆法	在多石的土地上，因耕作需要清除的石塊，砌在平臺階段的位置上，也可由土的淤高而形成平臺階段。
	6. 截洩溝	沿近似等高方向橫跨在被保護的土地或保護物的上方，用來攔截逕流，將其導至安全處加以排除的溝渠。
	7. 排水溝	排除逕流的溝渠，坡地上流速大，必須植草、磚石等砌襯做保護，或用預先鑄造的混凝土製品裝置。
	8. 跌水	溝渠坡度較陡，水流流速過快，就會發生溝底沖蝕現象，若在適當地點建造構造物以加大垂直落差，則可減緩流速，安定渠道。

資料來源：修改自環境復育研究室資料，網址：http://water.nchu.edu.tw/main/ler_ebook/soilwater1/swmethod.htm#3（搜尋日期：2000 年 5 月 9 日）。

面則種植十餘種喬木、灌木與草花；至於野溪整治則採階段式陡槽加齒坡、淨水池，以降低水流量的整流工程。

水土保持為一耳熟能詳的名詞，尤其每當颱風豪雨帶來土砂災害，民眾都會同聲譴責水土保持沒做好，似乎大家都把水土保持與災害視同一體。事實上，水土保持的意義係指人類在利用土地之同時，為使土地能達到永續利用，而以人為方法或技術，將地面上的水資源或土壤資源予以有效保育的綜合技術，以減少土壤侵蝕、防止土壤養分耗竭，並恢復已經失去的養分。其所採用之方法不外乎利用農藝作物的栽培技術於保護土壤避免沖蝕的同時，並可獲取作物生產之成果。除此之外，還可以配合植生方法與工程方法，對不同的土地利用型態予以保護水與土資源的流失。

二、山坡地之超限利用及其處理

山坡地供農業使用者，應由主管機關按土地可利用限度分類標準，完成宜農、牧地、宜林地、加強保育地的查定，而土地經營人或使用人當須依其分類分級基準使用，不得超限利用。所稱「山坡地超限利用」，根據《水保法施行細則》第 26 條之規定，係指在《山坡地保育利用條例》所規定查定為宜林地或加強保育地內，從事農、漁、牧業之墾殖、經營或使用者[38]。山坡地超限利用將會破壞地表覆蓋，加速土壤沖蝕，降低土地生產力，衝擊生態環境；增加崩塌、地滑及土石流發生機會，威脅人民生命與財產安全；甚至降低水源涵養功能，提高洪峰流量，衍生水資源問題。故需妥為處理，以減緩其所帶來的衝擊。

根據民國 87 年農林航測所調查，山坡地超限利用面積計有 25,547 公頃，其中以種植多年生果樹面積為最多，其次為檳榔樹，再次為茶樹（見表 4-2-1）。而自民國 81 年度起，行政院農委會補助水土保持局及各縣市政府全面清查山坡地超限利用情形，截至 88 年度為止，清查完竣臺灣省山坡地屬宜林地及加強保育地總面積達 365,907 公頃，其中屬超限利用面積為 32,043 公頃，比率占 8.8%（吳輝龍，2002）。山坡地超限利用複查計畫於 91 年度開始辦理，預定於三年內完成全省 28,416 公頃超限利用土地之複查工作，91 年度辦理 6,234 公頃，92 年度辦理 12,096 公頃，93 年度辦理 10,086 公頃，計分三年完成本項計畫工作。據民國 93 年統計，臺灣超限利用面積 24,079 公頃，較 88 年完成之超限利用調查面積 32,042 公頃，已減少 7,963 公頃。臺灣地區超限利用共 47,000 筆，面積 32,042 公頃，經積極宣導造林及鼓勵放棄農耕恢復自然植生，至 93 年底止，已有 6,654 公頃恢復合理使用（行政院農委會水土保持局，2004）。

按行政院農業委員會水土保持局統計，民國 84 年山坡地違規使用查報與取締案件，高達 1,934 件，面積有 1,526 公頃，民國 89 年為案件最多時，案件數高達 2,509 件，面積有 1,090 公頃，而後逐漸下降。至民國 101 年減少至 1,532 件，面積為 435.04 公頃（如表 4-4-2 所示）。

三、國土復育方案

臺灣的地質原本脆弱，天然災害相當頻繁，歷經民國 88 年九二一大地震，以及 93 年敏督利颱風肆虐所引發之七二水災等嚴重災變後，政府深自省思，以往過度開發利用致使國土自然資源承受難以復原損傷的劣勢必須加以導正，乃擬具「國土復育策略方案暨行動計畫」（民國 94 年行政院第 2924 次院會核定通過）以及《國土復育條例（草

[38] 凡是在宜林地或加強保育地的山坡地上，從事農、漁、牧業的墾殖、經營或使用，都屬於超限利用。其他濫建、濫葬及開挖整地等開發使用，則是違規行為，雖然不屬於「山坡地超限利用」的範疇，但是仍應依《水土保持法》及相關法規處罰。參見網站：http://www.swcb.gov.tw/Newpage/swcb05/（搜尋日期：2005 年 12 月 18 日）。再者，根據《水保法施行細則》第 27 條規定，山坡地經依《山坡地保育利用條例》規定查定為宜農牧地者，其水土保持處理與維護之實施，得以造林或維持自然林木方式為之，並沒有「降低利用」之虞。

表 4-4-2　山坡地違規使用查報與取締案件

年別（民國）	查報取締案件		處罰案件		移送司法偵辦案件（件）
	件數（件）	面積（公頃）	件數（件）	金額（千元）	
84	1,934	1,526	1,861	49,629	157
85	1,578	1,208	1,602	53,109	147
86	1,788	1,241	1,766	83,053	188
87	1,366	631	1,330	86,606	152
88	1,462	761	1,527	119,466	209
89	2,509	1,090	2,305	179,614	328
90	1,331	741	1,274	97,830	122
91	1,226	491	1,161	97,375	101
92	1,128	434	1,032	85,190	88
93	1,026	315	926	83,352	65
94	948	303	877	69,310	40
95	967	296	867	65,613	41
96	1,160	443	1,022	75,120	32
97	1,282	383	1,159	88,435	47
98	1,328	275.61	1,175	88,630	69
99	1,341	407.24	1,072	77,410	83
100	1,276	467.39	1,074	77,815	84
101	1,532	435.04	1,324	99,424	67

資料來源：水土保持局全球資訊網，http://www.swcb.gov.tw/class2/index.asp?ct=statistics3_1&Ty=2012&m1=15&m2=273（搜尋日期：2013 年 7 月 15 日）。

案）》，以推動國土復育工作，期能恢復過度開發地區的生態體系，降低環境敏感地區的開發程度，有效保育水土和生物資源，降低自然危害風險，減少人民生命與財產的損失，並為後代保存健全的綠色資本，建立國土永續發展之機制。儘管「國土復育策略方案暨行動計畫」之執行，業經行政院同意回歸各部會現行法規辦理[39]，且被評為過度嚴格，然而該方案對國土復育之考量較為嚴謹，其內涵仍值得引介。該方案的實施範圍包括：山坡地、河川區域、海岸地區、嚴重地層下陷區，以及離島地區等五大區。惟本章因篇幅所限，將側重在山坡地的論述，以下分項說明如次。

（一）彰顯國土保育新思維

七二水災的損害乃是自然對人為過度開發的警訊，政府應深切體認唯有降低開發，

[39] 見行政院民國 97 年 9 月 22 日院臺農字第 0970041407 號函。

才能減少災害損失。未來，人類在山區的活動應再重新審視，尤其是環境較為敏感或易發生災害地區的開發行為，應嚴加管理，不宜再以工程為主來試圖阻擋及消除災害，以避免開發所得不敷社會整體的支出。基於上述新思維，「國土復育策略方案暨行動計畫」及《國土復育條例（草案）》的基本原則為：(1) 順應自然、尊重自然、不對抗自然；(2) 有效管理國土利用；(3) 規劃完整配套，並從優補償；(4) 政府決心、人民支持、自然力量。因而，今後應該重塑保育的長期利益大於開發的短期利益之新思維（參見表 4-4-3），以順應自然、尊重自然及原住民族生活與文化為出發點，對已受災害破壞嚴重之地區積極推動復育。另對已過度開發之環境敏感地區，逐漸降低開發強度，減少人為的侵擾，進行自然保育，如此將可為後代累積健全的綠色資本，保存永續發展不可或缺的自然資源。

（二）山坡地範圍分級分區管理

「國土復育策略方案暨行動計畫」及《國土復育條例（草案）》針對山坡地範圍（即指依《水土保持法》第 3 條第 1 項第 3 款劃定公告之地區）進行分區分級管理機制，整理如表 4-4-4。

在上述措施中，值得進一步就國土復育收回業務之辦理加以探討。該業務之目的為復育長期遭受人為破壞與天然災害衝擊之國土，以及解決公有出租林地現有超限利用或違約使用情形，此類違規使用問題可藉臺大實驗林為例予以探究（顏愛靜，2010）。

臺大實驗林橫跨南投信義、鹿谷、水里等鄉鎮，面積約 6,301 公頃，其中約有 3,000 餘公頃為林農向臺大實驗林承租之契約林地，可分為保管竹林、保育竹林及合作造林等三種契約類型，各有訂約緣由與管理辦法。長久以來因經濟誘因強大，林農多有

表 4-4-3 新舊思維比較表

基本要素	舊思維	新思維
人與自然的關係	人定勝天	尊重及順應自然
政策考量	當前性	永續性
經濟發展	不考慮環境及生態資源成本	綠色經濟
資源利用	無限制開發利用	依環境特性，規範開發及保育措施
國土規劃	劃設保護區，開發≧保育	劃設環境敏感區，開發≦保育
區域環境管理	片斷式，各機關各自為政	整體性，自然區域考量
工程理念	重型硬式工程，「阻」、「擋」	輕軟性生態工法，「疏」、「導」
天然災害處理	強化工程，反覆修設	還地於自然，管理重於治理

資料來源：行政院經建會，2005 年，國土復育策略方案暨行動計畫。

表 4-4-4　山坡地地區分級劃設及其管理機制

山區之分級	原則規定	例外規定	徵收補償規定
高海拔山區（海拔 1,500 公尺以上或依《文化資產保存法》、《野生動物保育法》、《國家公園法》及《森林法》劃設之保護區域）	應永久保留自然健康狀態，除原住民部落之自給農耕外，禁止農耕、砍伐林木，既有作物應限期廢耕，並進行復育。	除下列各款經中央目的事業主管機關許可者外，禁止各項新開發，既有建物、設施應限期拆除，未經徵收之既有合法建物、設施及作物若經限期拆除或廢耕，應就其所受損失給予補償： 1. 原住民部落或聚居達30戶之其他既有聚落。 2. 生態保育或研究有關之設施。 3. 生態旅遊有關之設施。 4. 經中央目的事業主管機關認定具歷史價值建物之保存及修繕。 5. 原住民族之文化遺址、傳承文化及永續發展所需設施。 6. 林業保育必要之復育及疏伐作業。 7. 必要之水土保持設施。 8. 國防設施。 9. 公共設施及公用事業設施。	目的事業主管機關為高海拔山區之資源復育及因農耕及各項開發之限制，得徵收區內私有土地及合法土地改良物。被徵收之土地所有權人得依同樣條件優先承租或承購平地之公有耕地。 終止租約之已出租或放租之公有土地，以及被徵收已出租之私有土地，除依法辦理補償外，得對有需要之原承租戶給予補償或協助承租平地之公有耕地。
中海拔山區（海拔 500 公尺以上非屬高海拔山區之山坡地）	應以保育為主，禁止新農耕及其他各項新開發。	本方案施行前原有合法使用之土地、建物及設施，得為原來之使用，有下列各款情形之一者，並經中央目的事業主管機關許可，不在此限： 1. 符合前述第 3 項經中央目的事業主管機關同意者。 2. 原住民部落之自給農耕。 3. 既有都市計畫地區。 4. 本方案施行前原有合法使用之土地、建物及設施，得為原來之使用。 5. 依《水利法》管理之河川區域。 6. 依《促進民間參與公共建設法》辦理之觀光遊憩重大設施。 7. 依本方案辦理之安置。	目的事業主管機關為辦理中海拔山區之資源復育及因開發之限制，得徵收區內私有土地及合法土地改良物。被徵收之土地所有權人，得依同樣條件優先承租或承購平地之公有耕地。

表4-4-4 山坡地地區分級劃設及其管理機制（續）

山區之分級	原則規定	例外規定	徵收補償規定
低海拔山區（低於海拔 500 公尺之山坡地）	應以永續發展為原則，中央目的事業主管機關、直轄市、縣（市）政府之各項土地使用計畫及容許使用項目應限期檢討，並報請中央土地主管機關許可。	－	－

資料來源：行政院經建會，2005，國土復育策略方案暨行動計畫。

將契約林地做為農業使用，如：栽種茶樹、檳榔、咖啡、葡萄及溫室蔬果等，若使用面積超過法定或契約所載之範圍，即為超限或違規使用，因此透過國土保育收回，希冀以政府的力量復育超限或違規使用之土地。然而，國土復育收回之辦理乃由承租人主動提出申請，經林管處派員現勘位置，確認無誤後即可收回，申請案件並無所謂優先收回順序之考量。目前收回之契約林地多屬使用頻率或交通可及性較低者，且自民國 98 年起國土復育行動計畫已回歸各部會自行辦理，而臺大實驗林亦自民國 99 年起因經費短絀而停止辦理。然基於國土保安精神之重要性，國土復育收回是否仍有繼續辦理之必要，值得深思。

依「國土復育策略方案暨行動計畫」策略第 1.1.12 點：「高海拔山區或國土復育促進地區之公有土地，應立即終止租約，收回造林或自然復育。高海拔山區、中海拔山區、低海拔山區、海岸地區及嚴重地層下陷地區之公有土地，不得新辦出租或放租。但若供下列各項用途，則不受前述限制，惟土地已辦理出租或放租者，如有超限利用或違約利用情形，應立即終止租約，限期收回造林或自然復育：(1) 生態保育或研究有關之設施；(2) 國防設施；(3) 公共設施及公用事業設施；(4) 依本方案辦理之安置。」根據上開計畫策略之內容，臺大實驗林區內位於高海拔或國土復育促進地區之契約林地，如有超限利用或違規利用情形者，應立即終止租約，限期收回造林或自然復育。

據上開計畫，行政院爰於民國 97 年核定公布「國土保育範圍內現有超限利用、濫墾、濫建限期拆除、廢耕執行計畫」[40]，以明確指導各辦理機關[41]之執行，企望遏止土地超限利用的問題，而臺大實驗林管理處乃為辦理機關之一。依該計畫之內容，現有

[40] 行政院經濟建設委員會，2008，國土保育範圍內現有超限利用、濫墾 、濫建限期拆除、廢耕執行計畫，http://tpweb.cpami.gov.tw/c.htm（搜尋日期：2011 年 3 月 22 日）。該計畫經行政院核定，2009 年起更名為「排除國有土地濫墾、濫建及拆除老舊國有房屋執行計畫」。

[41] 包括行政院農委會（農糧署、林務局、水土保持局、林業試驗所）、財政部國有財產局、行政院原住民族委員會、教育部（國立臺灣大學生物資源暨農學院實驗林管理處、國立中興大學農業暨自然資源學院實驗林管理處）、內政部（營建署）。

非法占用臺灣大學實驗林區內林地之濫墾及濫建、限期廢耕及拆除之執行程序，包括：占用調查、土地登記、鑑界測量、移送法辦、民事訴訟以及強制執行，最後辦理林地收回。然對於未移送訴訟處理前，願意積極配合拆除及廢耕者則給予適當救助，降低因土地被收回而損失收益，避免其運用各種手段加以阻撓抗拒，使林地順利收回，減少訴訟處理。

行政院爰依據「國土復育策略方案暨行動計畫」策略第 4.7.2 點：「對違法濫墾、濫建者加重刑罰，但為鼓勵願意積極配合拆除及廢耕者，給予適當之救助」，訂定「違法濫墾、濫建地區鼓勵人民配合返還林地拆除濫墾、濫建執行計畫」[42]，執行程序包括：查定收回範圍、公告收回範圍、各林管處辦理收回程序，以及林地收回後之管理，希冀透過救助金給付方式給予補償，避免民眾於配合拆除或廢耕後，短時間內導致生計問題。其查定收回範圍乃依照各林管處所報非法占用分年處理期程，優先辦理行政院等機關指定地區及高海拔地區、土石流潛勢區、水庫集水區、河川兩側等影響公共安全區域範圍，並以林班別及區塊狀方式為處理單元。而救助金之核發，係以最低基本工資之 100% 為計算基礎，每月 15,840 元，一年約 190,080 元，爰以 20 萬元為基準，1 公頃核發 20 萬元，超過 1 公頃者，每公頃核發 5 萬元，最多以 3 公頃為限。不足者皆按面積比例核發。換言之在訴訟前，占用人積極配合廢耕者，每戶最高支付救助金 30 萬元。另經市、鄉、鎮（區）公所複核查明屬低收入戶者[43]，另核給每戶 10 萬元特別救助金。

依據此計畫之內容，筆者曾訪問臺大實驗林區內之契約林地承租戶，對於國土保育收回政策承租戶反應以下幾點看法，值得深思。

1. 收回與否取決於承租戶之主觀意願

多數承租戶雖認同國土保育收回可使山坡地受到更嚴密的保護，以達水土保持之目的，且多數已荒廢使用之林地可透過政府收回後造林，提高土地利用效率，但國土保育收回政策本身亦有諸多缺失，例如：收回與否乃是取決於承租戶之主觀意願，收回之理由包括：因契約林地之交通可及性低或者坡度太高，在使用上有高度困難，或家中已無人力耕種或經營林地，因此申請國土保育收回，而非依「違法濫墾濫建地區鼓勵人民配合返還林地拆除濫墾、濫建執行計畫」中所具特殊地理環境條件之林地（如：土石流潛

[42] 行政院經濟建設委員會，2008，違法濫墾濫建地區鼓勵人民配合返還林地拆除濫墾、濫建執行計畫，http://tpweb.cpami.gov.tw/c.htm（搜尋日期：2011 年 3 月 22 日）。

[43] 現行審查標準低收入戶者為：
(1) 家庭總收入平均未達當年度每人每月最低生活費（例如：臺灣省民國 95 年度每人每月最低生活費為 9,210 元）。
(2) 全家人口之所有存款本金及有價證券合計未超過平均每人每月 55,000 元。
(3) 全家人口之所有土地及房屋價值按公告現值計算合計未超過 260 萬元。

勢區、水庫集水區、河川兩側等）採優先辦理。此顯示國土復育收回係僅就形式要件予以審查，並未嚴格依上開計畫所擬之地區先後順序辦理。

2. 以海拔為山坡地利用標準並不恰當

對於復育策略方案暨行動計畫乃是依海拔高度為山坡地利用標準，如：1,500 公尺以上高海拔地區應以造林為主，不得農耕；現有建物亦應限期拆除；居民須遷移等規定，有認為以海拔為標準並不恰當，應以坡度為審查標準較為妥適，因為些許山坡地雖位於高海拔地區，但因坡度平坦，應可予以種植作物，而保育收回的山坡地應是坡度較高的危險地區。

3. 救助金額低且收回後造林成效低

國土復育收回救助金 1 公頃發予 30 萬元，超過 1 公頃者，救助金遞減，最多以 3 公頃為限，造成有其他承租戶將契約轉讓予他人，以人頭方式取得更多救助金，實為國土復育計畫之漏洞。對於臺大實驗林管理處辦理國土保育收回後之保育方式，更有承租戶認為臺大實驗林本身的造林成果不佳，臺大實驗林收回後，不少林地皆因造林失敗後再焚燒林木，再次造林，對國土的傷害力更為強大，因此承租戶主張其多年來所累積的在地知識，才能使林地獲得更好的照顧。況且承租戶不願參與之原因，大部分乃是救助金額過低，對於墾植高經濟果菜之承租戶來說誘因不足；亦有部分因其占墾之土地屬無案土地，救助金額較有案土地低，因此救助金上之誘因不足，乃是承租戶不願參與收回的主要原因。

依財政部國有財產局針對民國 98 年度收回國土保育範圍內超限利用、濫墾、濫建之國有土地所完成績效衡量及達成情形之分析，該政策原訂 97 年（588 公頃）及 98 年（144 公頃）總計目標值為 732 公頃，而 97 年度已收回 1,011 公頃、98 年度已收回 219 公頃，累計已收回 1,230 公頃，達成度 168%，顯示已達原訂之目標（財政部國有財產局，2010）。若就臺大實驗林契約林地來看，如表 4-4-5 所示，於 97 年及 98 年分別收回約 178 及 283 公頃，兩年共 461 公頃，均超過預計收回之面積。

因此，若為達到有效保育水土和生物資源、降低自然危害風險、減少人民生命與財產損失、為後代保存健全的綠色資本、建立國土永續發展之機制等目標，未來應有繼續辦理之必要性。惟林農對國土復育收回之部分內容仍存有疑義，建議可朝以下方向修正：

1. 優先收回環境敏感區域

針對土石流潛勢溪流、嚴重崩塌地區、山坡地查定為加強保育地、活動斷層兩側一定範圍、特定水土保持區、河川區域、自然保留區等使用地類別，經重新編定為水利用

表 4-4-5　民國 97 年至 98 年臺大實驗林辦理契約林地國土保育收回筆數暨面積統計

年度	97 年度收回		98 年度收回	
收回數額	筆數	面積（公頃）	筆數	面積（公頃）
溪頭	10	5.6325	20	9.7357
清水溝	32	33.7118	93	97.3706
水里	42	68.8823	28	39.9872
內茅埔	12	31.3525	32	73.1613
和社	33	35.0003	51	58.3826
對高岳	4	3.1344	4	4.66
合計	133	177.7138	228	283.2974

資料來源：臺大實驗林管理處提供。

地、生態保護地、國土保安地者等區域為優先，鼓勵承租人將林地繳回。

2. 嚴密的林地分級管制

以海拔為坡地利用標準並不完備，山坡地的利用行為對於林地、甚至整體生態均有影響，而相同海拔的林地其特性更不盡相同，不可一視同仁，因此可鼓勵參與收回之承租戶提供收回林地之在地知識，如：土壤、地質、氣候等相關特性，亦可參考山坡地可利用限度查定之做法，並加以彙整，提供更為嚴密的林地分級管制。

3. 提高國土復育收回救助金

筆者認為應適度提高國土保育收回救助金，以增加承租戶配合辦理之誘因。此外，收回面積以 3 公頃為限，原是為了避免違規使用面積愈大、收回救助金愈高之不合理現象，但卻造成林地收回前，承租戶為獲得更多補助金，而轉讓部分承租面積之情況，因此應增加收回前之一定期間內，不得轉讓租約，否則無法申請收回林地之規定，以避免承租人利用條文漏洞獲取私益。

四、區域計畫與山坡地管制

（一）山坡地保育區

民國 99 年內政部揭櫫之「變更臺灣北、中、南、東部區域計畫（第 1 次通盤檢討）——因應莫拉克颱風災害檢討土地使用管制」，為保護自然生態資源、景觀、環境，防治沖蝕、崩塌、地滑、土石流失等地質災害及涵養水源等水土保育，依有關法令會同相關機關劃定「山坡地保育區」。以下說明其劃定原則、標準及使用說明。

1. 劃定原則

(1) 崩塌、土壤沖蝕嚴重地區。
(2) 潛在地質災害地區。
(3) 為進行水土保持及國土保安之地區。

2. 劃定標準

屬於《山坡地保育利用條例》或《水保法》第 3 條規定之山坡地，並具以下情形之一者：

(1) 坡度大於 30% 或坡度在 5% 至 30%，但仍須加以保育之地區。
(2) 斷層、邊坡不穩定地區。
(3) 土壤沖蝕嚴重、崩坍、地滑、脆弱母岩裸露等山坡地地質災害地區。
(4) 依「山坡地土地可利用限度分類標準」為第 6 級之加強保育地。
(5) 其他基於水土保持、國土保安之需要，並經農業主管機關會同勘定之地區。

3.使用說明

(1) 山坡地保育區仍秉持以保育為目標，任何使用均不得妨礙水土保持、國土保安與資源保育為原則；另本區之土地使用因限於環境敏感之特質，應依本計畫之相關管制原則辦理。
(2) 山坡地保育區容許做為國土保安、生態保護、古蹟保存等使用；另依《山坡地保育利用條例》規定，經農業主管機關審核認可，得為林業使用。
(3) 山坡地保育區之土地變更，其開發計畫及水土保持計畫之審查，應落實以集水區整體保育觀點辦理，不得影響國土保安。
(4) 山坡地保育區 25 公頃以上，或毗鄰森林區之營林土地，仍應檢討變更為森林區。
(5) 為加強國土保育，應重新檢討山坡地保育區之農牧用地及林業用地之容許使用項目。

（二）森林區

除山坡地保育區外，亦有部分山坡地為森林地區，為保育利用森林資源，並維護生態平衡及涵養水源，依《森林法》等有關法令會同有關機關劃定為「森林區」。以下說明其劃定原則、標準及使用說明。

1. 劃定原則

(1) 依《森林法》等相關法令劃定者。

(2) 其他使用分區之變更：

A. 現有山坡地保育區或一般農業區，經依《森林法》公告之保安林且面積在 5 公頃以上，變更為森林區。

B. 現有特定農業區或一般農業區，依「山坡地土地可利用限度分類標準」重新查定後，土地等級為 4 級地，且面積在 5 公頃以上有保育利用森林資源者，變更為森林區。

C. 山坡地保育區之林業用地集中且其中夾雜其他使用地未達 20%，變更為森林區。

D. 前項變更地區土地面積不得小於 25 公頃。

E. 依《文化資產保存法》指定為自然保留區之林地、《野生動物保育法》劃定為野生動物保護區與野生動物重要棲息環境之林地，以及《森林法》劃設之國有林地與保安林地等區域。

2. 劃定標準

(1) 國有林地。

(2) 大專院校之實驗林地。

(3) 林業試驗林地。

(4) 保安林地。

(5) 其他山坡地形成營林區域之公私有林地。

(6) 依《文化資產保存法》、《野生動物保育法》及《森林法》之相關規定劃設。

(7) 依「山坡地土地可利用限度分類標準」為第 5 級地之宜林地。

3. 使用說明

(1) 為兼顧資源永續發展、國土保安與水土保持，區內土地使用應以維持其永續性為原則，區內森林遊樂區之發展與經營管理，應以自然教育功能為主。

(2) 為加強森林涵養水源功能，森林經營應配合集水區之保護與管理；凡現有興建或規劃中之水庫，均應擬定水庫集水區治理計畫，以利土地使用管制。另為避免水源保護地區過度開發，影響生態環境，應以水源保護為前提，訂定績效管制標準，規範該地區之土地使用限度。

(3) 為加強國土保育，應重新檢討森林區之農牧用地及林業用地之容許使用項目。

於上述使用說明中，皆提及「為加強國土保育，應重新檢討山坡地保育區之農牧用地及林業用地之容許使用項目」，然而究應如何檢討，則欠缺詳盡說明。為能釐清可行方向為何，或可藉顏愛靜和丁福致 (2008) 對於國土保育範圍非都市土地容許使用項目檢討之研究予以解析。

由於高海拔山區，屬自然環境敏感地區，除國防與國家重大建設外，或因生活環境品質與安全之考量，理應不允許做非保育目的之發展及任何開發行為，亦即應禁止農耕使用，不得劃定農牧用地，而林業用地應限制其容許使用項目與細目。於中海拔山區，雖仍為國土保育維護區之概念，可劃定林業用地，但應可允許低度開發行為，部分劃定農牧用地，惟須限制其許可細目之使用。低海拔山區因環境敏感程度較低，可允許劃定農牧用地、林業用地，並容許使用項目可略微寬鬆。因此，可依據高、中、低海拔山區之特性，分別給予不同程度之管制。至於農牧用地及林業用地之容許使用項目與細目，可參見表 4-4-6 與表 4-4-7（顏愛靜、丁福致，2008）。

實施非都市土地使用管制後，原有使用或原有建築物不合土地使用分區規定者，按《非都市土地使用管制規則》第8條規定，在政府令其變更使用或拆除建築物前，得為從來之使用；原有建築物除准修繕外，不得增建或改建；而前項土地或建築物，對公眾安全、衛生及福利有重大妨礙者，地方政府應限期令其變更或停止使用、遷移、拆除或改建，所受損害應予適當補償，方為妥適。

五、結語

土地資源因其地形、地勢或坐落區位之不同，可供使用的性質或類別也有所差異。有些位處陡峻斜坡或海陸交界的土地資源，或具有特殊多樣的生態價值，或屬地質脆弱、易遭人為破壞地區，亦通常被視為不適宜開發的邊際地帶，或者是環境敏感地區，理當妥為保育維護，以避免土地不當利用的負效益滋生。其中，山坡地乃屬邊際土地資源之一，具有開發利用與生態保育之重要性。

從地理學的觀點言，所謂「山坡地」係指山區內具有高程而傾斜的土地，通常可從標高與傾斜度加以衡量。若以法規來規範其範圍，則可由現行的《山坡地保育利用條例》及《水保法》計之，兩法所界定的山坡地定義，係兼採標高與百分比法。惟須留意者，乃《水保法》所定山坡地範圍要較《山坡地保育利用條例》所定者來得廣。

由於位處偏遠山區的山坡地具有氣溫較低、降水量高、地形陡峭、易生地質災害等等特性，故於開發利用時往往對環境產生負面影響。而山坡地因屬環境敏感地，故須依地形地勢、地質條件、植生狀況、生態與資源保育、可利用限度等因素，提供合宜的用途。為利於土地可利用限度的查定，爰訂定「山坡地土地可利用限度分類標準」，根據土地坡度、土壤有效深度、土壤沖蝕程度、母岩性質等因素，將坡地分成六個等級，一至四等級為宜農牧地，五等級為宜林地，六等級為加強保育地，分別施以不同強度之管制。

因應山區地形地勢限制而為之特性，為提供良好的生產、居住，以及安全、防災

表 4-4-6　林業用地之容許使用項目與細目整合表

用地別	容許使用項目	許可使用細目
高海拔山區林業用地	林業使用及其設施	造林、苗圃、造林設施、林產物採運設施、水土保持設施
	生態體系保護設施	自然生態保護設施（需許可）、野生物保護設施（需許可）、生態試驗研究站及圍籬設施（需許可）、經中央主管機關核定之生態體系保護設施（需許可）
	水源保護設施及水土保持設施	保育水土所採之保育設施（需許可）、保護水源之職工辦公室及宿舍（需許可）、水庫及與水庫有關的構造物及設施（需許可）、水文觀測設施（需許可）、其他水源保護及水土保持設施（需許可）
	戶外遊樂設施	登山設施、野外健身訓練設施
	觀光遊憩管理服務設施	風景區管理服務設施（管理處所、遊客中心、眺望臺、公廁）
	森林遊樂設施	水土保持設施、環境保護設施、資源保育維護設施、安全防護設施、營林設施、標示解說設施、步道設施
	公用事業設施	纜線附掛桿、電線桿、抽水站、自來水加壓站及配水池、檢查哨、航空助航設施、水管設施
中海拔山區林業用地	林業使用及其設施	造林、苗圃、造林設施、林產物採運設施、水土保持設施
	生態體系保護設施	自然生態保護設施（需許可）、野生物保護設施（需許可）、生態試驗研究站及圍籬設施（需許可）、經中央主管機關核定之生態體系保護設施（需許可）
	水源保護設施及水土保持設施	保育水土所採之保育設施（需許可）、保護水源之職工辦公室及宿舍（需許可）、自來水取水處理、管理及配送設施（需許可）、水庫及與水庫有關的構造物及設施（需許可）、水文觀測設施（需許可）、其他水源保護及水土保持設施（需許可）
	戶外遊樂設施	登山設施、野外健身訓練設施
	觀光遊憩管理服務設施	風景區管理服務設施（管理處所、遊客中心、眺望臺、公廁）
	森林遊樂設施	水土保持設施、環境保護設施、資源保育維護設施、安全防護設施、營林設施、標示解說設施、步道設施
	公用事業設施	纜線附掛桿、電線桿、抽水站、自來水加壓站及配水池、檢查哨、航空助航設施、水管設施

表 4-4-6　林業用地之容許使用項目與細目整合表（續）

用地別	容許使用項目	許可使用細目
低海拔山區林業用地	林業使用及其設施	造林、苗圃、造林設施、林產物採運設施、水土保持設施、營林用辦公處所之單身員工宿舍及工寮（需許可）、其他林業上必要設施（需許可）
	生態體系保護設施	自然生態保護設施（需許可）、野生物保護設施（需許可）、生態試驗研究站及圍籬設施（需許可）、經中央主管機關核定之生態體系保護設施（需許可）
	水源保護設施及水土保持設施	保育水土所採之保育設施（需許可）、保護水源之職工辦公室及宿舍（需許可）、自來水取水處理、管理及配送設施（需許可）、水庫及與水庫有關的構造物及設施（需許可）、水文觀測設施（需許可）、其他水源保護及水土保持設施（需許可）
	戶外遊樂設施	公園、露營野餐設施、滑雪設施、登山設施、纜車及附帶設施、馬場、滑翔設施、野外健身訓練設施、海水浴場、園藝設施、垂釣設施、噴水池、小型遊憩船艇停泊設施、超輕型載具起降場、其他戶外遊樂設施、其他戶外運動設施
	觀光遊憩管理服務設施	國際觀光旅館、觀光旅館、一般旅館、餐飲住宿設施、風景區管理服務設施（管理處所、遊客中心、展示陳列設施、門票、收費站、停車場、眺望臺、公廁）、水族館、文物展示中心、汽車客運業設施、觀光零售服務站、涼亭、游泳池、花棚花架、藝品特產店、其他遊憩服務及管理設施
	森林遊樂設施	管制、收費設施、管理及服務展示設施、平面停車場及相關設施、水土保持設施、環境保護設施、資源保育維護設施、安全防護設施、營林設施、標示解說設施、步道設施、住宿、餐飲設施、其他森林遊樂設施
	公用事業設施	電信監測站、纜線附掛桿、衛星地面站、輸配電鐵塔、電線桿、配電臺及開關站、抽水站、自來水加壓站及配水池、檢查哨、航空助航設施、輸送電信電力設施、輸送油管水管設施、有線電視管線設施、其他管線設施

資料來源：顏愛靜、丁福致，2008。

表 4-4-7　農牧用地之容許使用項目與細目整合表

用地別	容許使用項目	許可使用細目
中海拔山區農牧用地	農業設施	菇類栽培設施、堆肥舍（場）、灌溉或排水用抽水設施、農路
	水源保護及水土保持設施	保育水土所採之保育設施（需許可）、保護水源之職工辦公室及宿舍（需許可）、自來水取水處理（需許可）、管理及配送設施（需許可）、水庫及與水庫有關的構造物及設施（需許可）、水文觀測設施（需許可）、其他水源保護及水土保持設施（需許可）
	林業使用	造林、苗圃、造林設施、水土保持設施
	私設通路	私設通路
低海拔山區農牧用地	農作使用	農作使用
	農業設施	育苗作業室、菇類栽培設施、溫室、作物栽培及培養設施、堆肥舍（場）、農機具室、灌溉或排水用抽水設施、零售場（站）、農路
	水源保護及水土保持設施（需經許可）	保育水土所採之保育設施（需許可）、保護水源之職工辦公室及宿舍（需許可）、自來水取水處理（需許可）、管理及配送設施（需許可）、水庫及與水庫有關的構造物及設施（需許可）、水文觀測設施（需許可）、其他水源保護及水土保持設施（需許可）
	林業使用	造林、苗圃、造林設施、林產物採運設施、水土保持設施、其他林業上必要設施（需許可）
	私設通路	私設通路

資料來源：顏愛靜、丁福致，2008。

的環境之故，乃對於山坡地供農業與非農業使用加以管制。在農業使用方面，由於山坡地的地形起伏較大、地質脆弱與區位偏遠多項特徵，使得從事農業經營有較多困難或不便。因此，除應適地選種栽植外，休閒農業更是不容小覷的新趨勢，且已獲得相當成果。然最重要的是，須採自然親善的農業經營方法，因應當地條件、基因多樣性需求經營。各相關農業與環境部門亦須協助農民於產地銷售安全、優質農產品，並使之在全國與國際市場具有競爭力。

山坡地轉變為非農業使用之情況近年來愈趨嚴重，尤以開築道路、興建坡地住宅社區、殯葬設施用地、高爾夫球場、休閒遊憩區、廢棄土堆置、廢棄物掩埋場及礦場或土石採取等面積日益擴大，對於山坡地環境的維護產生負面影響。其中，山坡地供做住宅社區更面臨種種限制，因此應注意相關區位與設施，例如：社區位置宜接近城市，且有便捷的聯外交通；危險區應避免規劃做住宅社區使用，若是規劃做住宅社區，應力求對自然環境損壞達最小限度，並配置完善公共設施及實施水土保持。

山坡地因其地形起伏、地質脆弱，最需予以保育，並維持低度利用。根據我國《山坡地保育利用條例》之規定，山坡地保育方法主要有工程、農藝與植生等三種，亦即利用農藝作物的栽培技術，在保護土壤、避免沖蝕的同時，獲取作物生產之成果。此外，配合植生方法與工程方法，對不同的土地利用型態給予水土保持處理與維護措施，以達防治自然或人為災害、維護景觀、促進經濟有效之利用的目的。然近年來山坡地超限利用情形頻傳，破壞地表覆蓋，加速土壤沖蝕，降低土地生產力，衝擊生態環境，增加崩塌、地滑及土石流發生機會，威脅人民生命與財產安全，甚至降低水源涵養功能，故需妥為處理，以減緩其所帶來的衝擊。

政府因應過度開發利用致使國土自然資源承受難以復原損傷的劣勢，於民國 94 年擬具「國土復育策略方案暨行動計畫」及《國土復育條例（草案）》，以推動國土復育工作，期能恢復過度開發地區的生態體系。計畫內容將山坡地分級分區管理，並包括收回違規使用之國有林地，雖此收回機制仍存有部分疑義，惟保存健全的綠色資本並達國土復育的目標，當局應重視其有再次推行的必要性。民國 99 年內政部更揭櫫「變更臺灣北、中、南、東部區域計畫（第 1 次通盤檢討）——因應莫拉克颱風災害檢討土地使用管制」，為保護自然生態資源、景觀、環境，以及防治沖蝕、崩塌、地滑、土石流失等地質災害與涵養水源等水土保育，依有關法令會同相關機關劃定「山坡地保育區」與「森林區」，各有其畫定標準與使用說明，期能更嚴密的指導並更正當前山坡地違規使用問題的困境。

臺灣山坡地面積廣大，占全臺面積 70% 以上，且多位於邊際地帶與環境敏感區，對於臺灣整體生態環境與健康的影響舉足輕重。近來人類為了追求經濟發展，往往肆意開發資源，以致破壞野生物棲息地，導致資源耗竭，環境品質惡化，亟需因地制宜地研擬因應措施，以圖扭轉劣勢，尋求新契機。

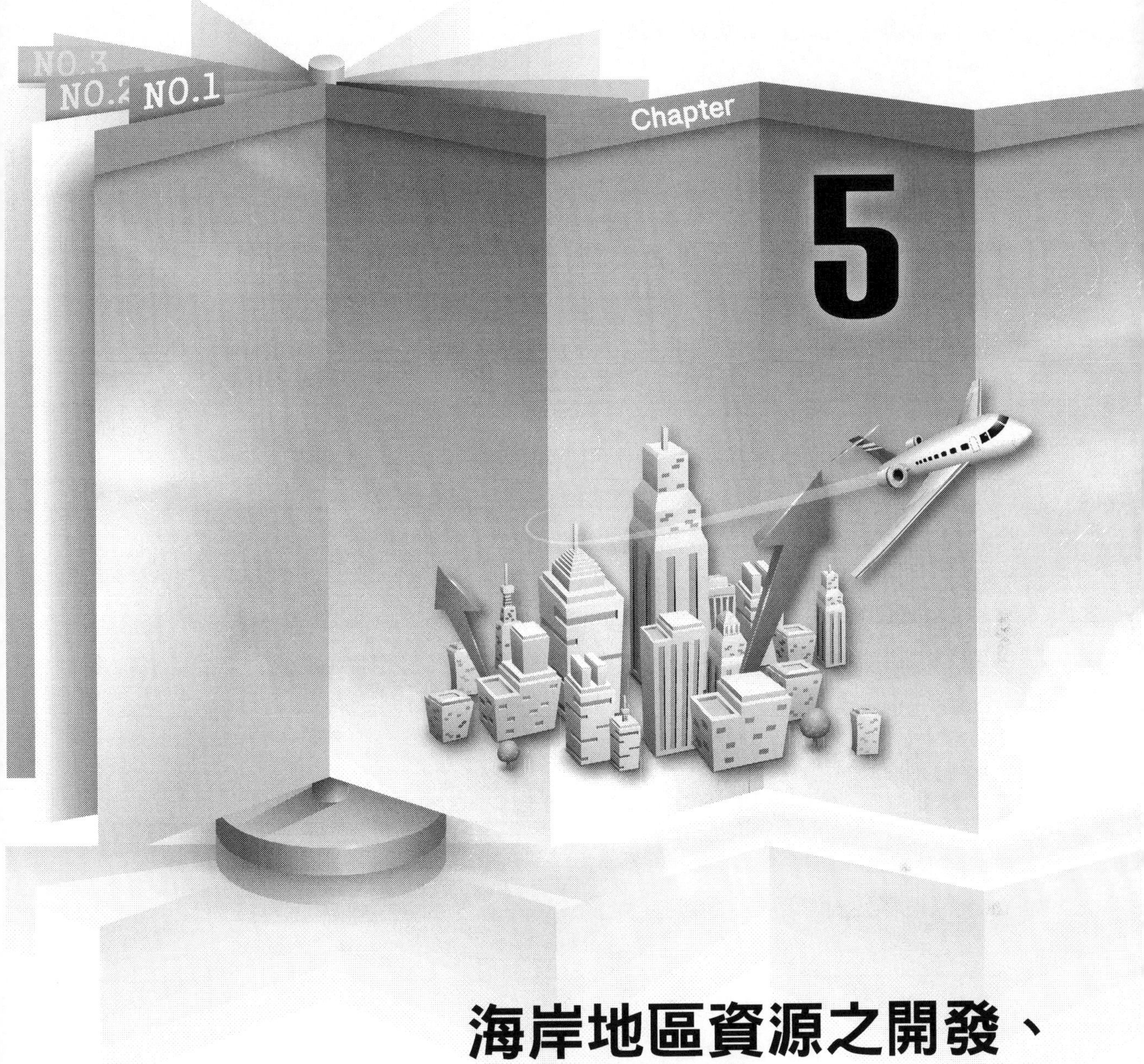

海岸地區資源之開發、利用與保育

第一節　海岸地區之活動特性與管理概述
第二節　臺灣海岸地區之開發與保育概況
第三節　臺灣海岸地區開發之原則與政策
第四節　臺灣海岸地區開發管理之展望

地球的表面雖有超過 70% 面積為海洋所覆蓋，但海陸交界處的海岸地帶因便於人們取用，故具有舉足輕重之地位。近數十年來，海岸地區被視為兼具海陸生態體系的特殊區域，且在氣候變遷和永續管理理念的發展下，也引發各國愈來愈多的關注，我國當不能自外於此。臺灣地區四面環海，海岸線長約 1,139 公里，擁有廣大面積之海岸土地。近年來，隨著社會、經濟、人口之快速成長，海岸地區已成為我國國土開發中不可或缺的新開發空間。惟海岸地區之土地利用有其全面性與不可逆性，何況現今處於全球氣候與環境變遷之際，海岸地帶環境脆弱且不穩定，其土地之保育、防護與開發需有新的環境思維與倫理，以建立正確之判斷及綜合性之觀點，始能兼顧三者之平衡性，進而研擬適切的行動策略（中華民國都市計畫學會，2010：53；內政部營建署，2008b）。又海埔地雖屬海岸地區之一環，但早年為紓解人口成長壓力，曾經研擬開發計畫；然在永續發展理念漸興，氣候變遷快速之情況下，這樣的開發行為已趨保守，惟仍值得加以探究。

本章將先說明海岸地區活動之特性與綜合管理規劃之概要，再探討臺灣目前海岸地區之開發與保育概況，並檢討過去與當前臺灣海岸地區開發原則與政策，最後展望未來海岸地區開發與管理的方向。

第一節　海岸地區之活動特性與管理概述

一、海岸地區及海埔地之定義

海岸地區，包括大型內陸湖泊，是水陸交界的地理實體，深受陸地和海洋環境的生物和物理過程所影響。由於多數的世界人口居住在這些區域，使得海岸地區正因海洋和陸地動態的相互作用而不斷改變。沿海的風浪經常侵蝕岩石並沉積泥沙，並在暴風雨時帶來龐大的能量，使得海岸地區容易遭受自然災害的侵襲，故各國無不妥為因應治理。然在探究治理之道前，需先對海岸地區有所界定。

海岸地區的功能和形式呈現多樣且動態的變化，難以嚴格的空間界線來定義。相較於一般的流域，海岸地區並沒有確切的自然界線可供界定。然而，為了管理之目的，各種向陸和向海的界線，從比較狹窄而精確者，到更加廣泛和模糊者，已經在世界各地普遍利用。而實用的管理界線，在地理上受到生物物理、經濟、社會、制度和組織方面的變化而不同。因此，海岸地區的邊界會因管理目標的變化而隨之改變，這是因為要面對的問題變得更加廣泛和複雜，需要更深遠的解決方案[1]。

[1] Food and Agricultural Organization of the United Nation, http://www.fao.org/forestry/icam/4302/en/.（搜尋日期：2011 年 9 月 1 日）

有關海岸地區的範圍究竟為何，按我國內政部所擬之《海岸法案（草案）》，海岸地區係位屬海域與陸域交接之帶狀區域，其定義為（內政部營建署，2008）：

「海岸地區：指中央主管機關依環境特性、生態完整性及管理需要，就合於下列情形之一者，劃定公告之土地、地下水域、水域與水域下之海床及底土：

（一）濱海陸地：以平均高潮線至第一條省道、濱海主要公路或山脊線之陸域為界所劃定之土地及地下水域。

（二）近岸海域：以平均高潮線往海洋延伸至 30 公尺等深線，或平均高潮線向海6公里所涵蓋之海域，取其距離較長者為界，並不超過領海範圍之海域與其海床及底土。

（三）離島海岸地區得視其環境特性及實際管理需要劃定，於不超過領海範圍內，不受前二目劃定原則之限制。」

據上所述，海岸地區劃定原則如圖 5-1-1 所示。

在上述海岸地區界定的範圍中，位於近岸海域的海埔地是人類最早與海爭地之所。所謂「海埔地」，全稱為「海埔新生地」，概念上是延伸於潮間帶的淤積裸露平坦泥

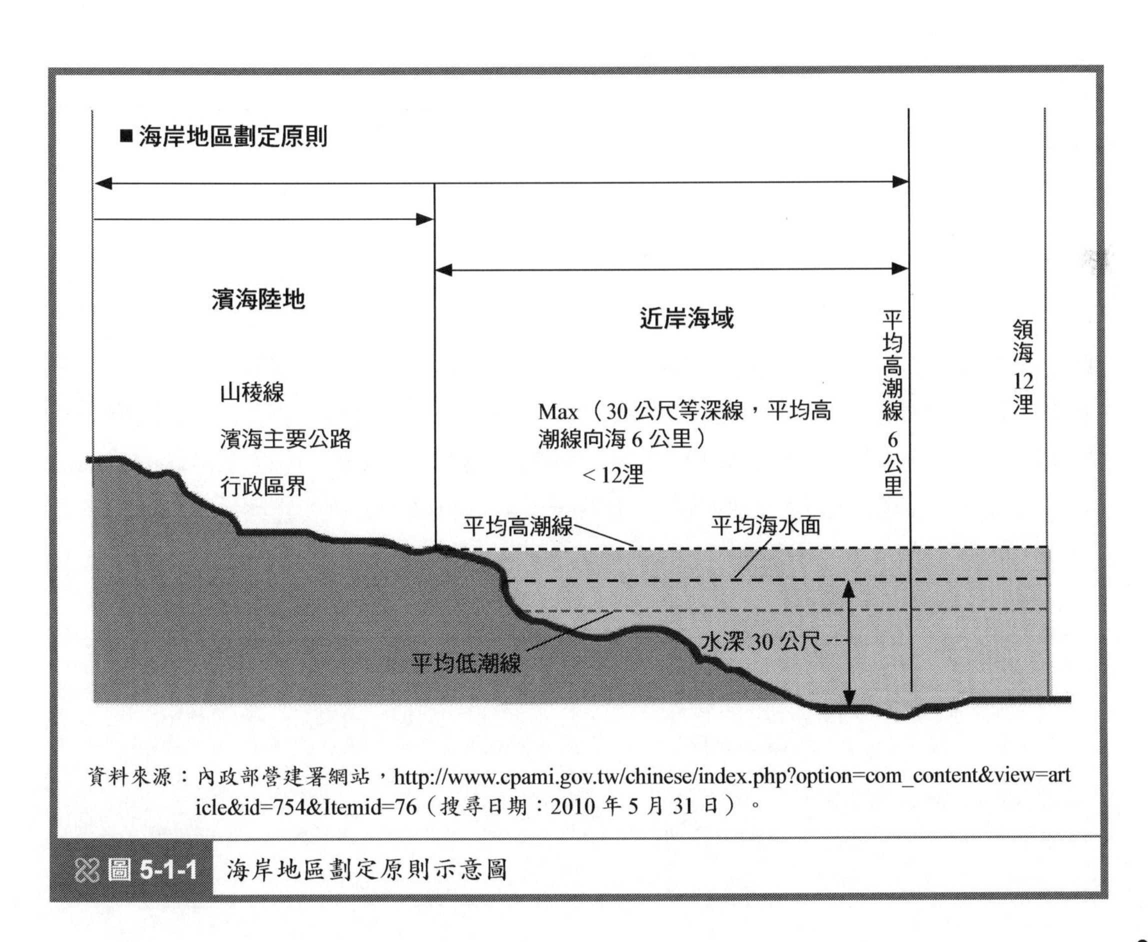

資料來源：內政部營建署網站，http://www.cpami.gov.tw/chinese/index.php?option=com_content&view=article&id=754&Itemid=76（搜尋日期：2010 年 5 月 31 日）。

圖 5-1-1　海岸地區劃定原則示意圖

地，係指漲潮時被海水淹沒、退潮時露出水面之灘地 (Jackson, 1997)。海埔地在學術上宜另稱為「潮埔」，定義為大潮平均高潮位起至小潮平均低潮位置[2]，其間之前灘地。依我國《海埔地開發管理辦法》第 3 條定義：「……海埔地：指海岸地區經自然沉積或施工築堤涸出之土地。……造地開發：指在海岸地區築堤排水填土造成陸地之行為。」事實上，海埔地也是海灘的一種，乃濱海的堆積面，只是其組成粒子很細，多為粉砂及黏土（粒徑小於 1/16 公釐），因此也是一種泥灘，與沙灘、礫灘有別；不過海埔地這種泥灘範圍甚大，以連綿者居多[3]。

海埔地是離水堆積海岸處的常見地形，高潮時為海水所淹，低潮時則大片出露，其寬廣程度視附近河川輸沙的多寡、潮差的大小，以及原地勢的陡緩等因素而定。依其型態則有面向大海的開放型、外側有濱外沙洲的洲潟型，以及封閉起來的潟湖型等三類。美國墨西哥灣沿岸、俄羅斯黑海沿岸、荷蘭北海沿岸及日本本州西岸，均有著名的海埔地；中國江蘇省沿海和臺灣西岸，海埔地也很寬廣。這些新生土地因為地勢平衍、土壤肥沃，只要克服工程上之困難，興築海堤杜絕高潮時為海水所淹，並解決排水、洗鹽及供水等問題，即可大肆開墾，因此常成為土地利用開發覬覦的對象，例如：臺灣的臺中港、彰濱工業區、雲林麥寮的六輕工業區，都是在海埔地上進行填海造陸工程開發而來。若是情況稍差者，亦可闢為魚塭或鹽田，有助於經濟發展[4]。

海岸地區的各項活動和人類發展息息相關，究竟涵蓋哪些特性？綜合管理規劃能夠發揮什麼作用？其主要的經濟效益為何？將敘述如次。

二、海岸活動之特性

世界上大約有 25% 的人口居住在海岸地區，多數人口最密集的城市亦位在海岸地區。未來二十至三十年裡，海岸地區的城市人口預計將會加倍，若政府和沿海資源使用者不採取合理措施，人口壓力及相關的經濟活動將進一步加劇沿海資源的過度開發，並帶來許多沿海地區環境惡化的問題。在許多開發中國家，極端貧困和失業問題的普遍使此一趨勢更加嚴峻；何況資源的使用具有競爭或對抗現象，當新的經濟活動排斥沿海資源的傳統用戶時，衝突亦將不時發生 (FAO, 2005b)。

[2] 潮差 (tidal range) 係指滿潮（高潮，high water）與乾潮（低潮，low water）間水位高度之差距。潮汐現象受海底地形等之影響，各地海岸之潮高及發生時間並不一致。除非月亮之位置在赤道上（16 日），否則同一天內之低潮差異甚大。大潮即潮汐之幅度大者；小潮即其幅度小者。大潮 (spring tide) 係指朔望時（新月與滿月；農曆 2 至 3 日與 16 至 17 日）之潮汐，水位自平均海面升漲最大，亦降落最多，此現象持續二日或三日，即潮差最大。小潮 (neap tide) 係指上下弦（農曆 7 至 8 日與 23 至 34 日）之潮汐，小潮幅度通常較平均潮差少 10% 至 30%。大潮高潮位係指以許多年（如五至十年）每月兩次大潮高潮位計其平均值。小潮低潮位係指以許多年（如五至十年）每月兩次小潮低潮位計其平均值。

[3] 參見中華百科全書，自然科學，海埔地，http://ap6.pccu.edu.tw/encyclopedia_media/main-s.asp?id=4267（搜尋日期：2011 年 8 月 28 日）。

[4] 同前註。

事實上，這樣的情形不只發生在開發中國家，即使是已開發國家也是如此。由於海岸地區鄰近陸地，是人們長年活動之處，故在社會、經濟、生態、文化等層面之影響甚鉅。以歐洲大陸為例，其位於波羅的海、北海、東北大西洋、地中海和黑海之邊界，大型和重要的海洋經濟活動對歐洲的沿海和內陸社區的影響範圍廣大且多樣化，如表 5-1-1 所示。

綜上所述，海岸地區活動可發揮的作用大致可分為經濟與環境作用層面 (European Commission, 2010; FAO, 1998)，分述如下。

（一）經濟作用

海岸地區是一個各種活動聚集的地帶，全世界有許多大城市都位於海岸地區，而大部分的經濟活動（除農業之外）都集中在這些城市，例如：主要港口的航運，以及源自於國內和主要工業設備的廢棄物清運等。因此，傳統以資源為基礎的活動，如：沿海漁業、水產養殖、林業、農業、工業、航運和旅遊等活動，經常是並存於海岸地區。此外，擁有潛在經濟機會的沿海城市，往往吸引經濟不景氣之農村地區居民移往此處。

表 5-1-1　當前歐洲海域之海上活動

海上活動	
傾倒區	傾倒疏浚物
漁業	漁業和水產養殖
海洋聚集物	砂石開採、砂石運輸
海運服務	研究與發展、分類和檢查、供油、船舶供應
海上工程	船舶疏浚和沉船拆解
航海電纜和管道	運輸石油和天然氣、電信
海軍和海岸警衛隊	防禦和救援
近岸活動	海洋石油和天然氣的探勘活動和生產、地震研究、碳匯和儲存 (carbon capture and storage, CCS)
近岸供應	施工平臺、海上相關的運輸
休閒划船	娛樂性航行、小船航行許可與租賃、遊艇碼頭
海上旅遊	潛水、帆船航行、休閒漁業、郵輪旅遊
環境和文化方面	
海岸保護	建設堤防、淤灘、沙丘恢復，保護海岸以因應氣候變化
海洋保護區	永續利用海洋資源和保護生物多樣性的地區
生活品質	保護文化遺產、保護環境

資料來源：政策研究公司 (Policy Research Corporation)，引自 European Commission, 2010: 9。

未來可以預見的是，開發中國家將有更多年輕的人口聚集在海岸地區，而這些居民需要就業、住房、能源、食品、水、其他財貨和服務，也因此使海岸地區面臨長期發展的挑戰。

由於沿海資源可以支持重要的經濟活動，世界上許多最富生產力的農業區都位於河流三角洲和沿海平原，所以在面對人口與活動增加的壓力時，如何能確保當前和未來世代的社會和經濟福利，是極為重要的考量。目前大多數開發中國家的經濟，非常依賴自然資源做為基礎，以供農業、漁業、林業、 採礦、石油與天然氣開採，以及發展海洋旅遊和海洋運輸。值得一提的是，三角洲的糧食生產力往往超過當地消費需求，這種過度生產情形對三角洲之整體環境帶來相當大的干擾，其所承受的經濟衝擊遠超出三角洲的範圍，而使國家經濟處於嚴重的風險中。

雖然開發中國家的海岸地區已呈現城市化、工業化的發展趨勢，但對沿海資源的依賴依舊至深且巨。工業的發展往往需要加工處理農業、漁業和林業產品，加上煉油和紡織品生產，這些多元化的經濟活動經常依賴沿海資源。當經濟不斷趨向於多樣化，將發展出更多相互依存的產業，這對自然資源和環境的永續維護勢必會產生衝突。

若將視角延伸到已開發國家，可發現在過去的數十年間，歐陸的海上活動皆大幅增長。除漁業、航運、旅遊等外，也有傾倒疏浚物、砂石開採和運輸、石油和天然氣開採、運送等活動（表 5-1-1）。儘管這些活動彼此間會產生綜合效果 (synergistic effect) 或互補效果 (complementarities)，但也會有相互競爭作用(competitive interaction)或敵對性作用 (antagonistic interaction)（表 5-1-2）。這些作用對海域環境品質和海洋生物多樣性，都會產生巨大的壓力。為紓解所困，歐洲聯盟乃劃定海洋保護區，實施管制和管理，例如：設立「禁捕區」使魚類資源恢復，以保護海洋的自然資產，詳情參見後敘說明，於此將不贅述。

（二）環境作用

由於海岸地區提供許多環境資源和服務，因此生態環境的維繫相當重要。沿海特殊環境在短期的天氣、長期的氣候，以及世代間海平面和潮汐的變化等主要作用力之下，使得陸地和海洋系統之間的物質、能量和生物有機體，可以透過交互作用或轉換，因而具有動態的特質。來自陸地和海洋上湧現的營養素流量，使地表水含有豐富的營養，對於海洋、河口及濱海濕地等地區享有特別高的生物性生產力。此外，海岸地區經常包含重要的陸地和水生物棲息地，熱帶地區更是如此。這些棲息地共同構成獨特的沿海生態體系，支持著豐富的生物多樣性，並含有珍貴的天然資源。這些棲息地，例如：河口地區、珊瑚礁、沿海紅樹林和其他濕地、灘塗和海草床等，也為許多海岸和海洋水生物種提供必要的繁殖和飼養地區。

表 5-1-2　經濟活動之間基本的互動關係

互動關係	說　明
協同性	當兩個或更多的活動彼此互動而增進經濟活動（或福祉）或環境的效益，大於個體之和的結果時，可說是產生協同作用。例如：在清理的土地上保育樹木以從事農業，不僅提供木材和非木材產品、穩定的土壤和生產農產品，而且還可更合理與完善的利用地力和能源，提高物種之間的協同關係，開創多樣化的經濟機會。
互補性	當兩個活動共享相同的資源或設施而沒有衝突，且一個活動的產出可以投入另一個活動時，則彼此之間便存在互補性。例如：林業供應木材給造船業，或提供燻魚的木材，或當農業副產品用於餵養養殖魚類時，此可謂具有互補性。
互競性	當兩個或更多的活動共享有限資源時，經常會導致衝突。這種競爭性的相互影響可能是交互的或單向的。交互競爭的例子像是當農民和城市居民都依靠同一地下水來源，若過度使用將使每個人飽受用水短缺或鹽度增加之苦。而單向相互作用的例子如在上游地區抽水用於灌溉，將影響下游之水流量，並損害魚群棲息地。實際的案例如俄羅斯聯邦和伊朗伊斯蘭共和國的引水分流，結果破壞裡海 (Caspian Sea) 鱘魚產卵的棲息地。
敵對性	當某一個活動的產出致使資源退化，或以損害其他活動的方式改變環境，便是產生敵對的相互作用。例如：都市、工業或農業活動所造成的污染將會影響漁業（殺死魚、破壞魚類的棲息地，以及魚類感染危險物質而危害人體健康）。拮抗作用，如同競爭性的作用，可能是單向或交互性質。當一種活動對可再生資源的過度開發，導致其枯竭的程度超過其他經濟活動的收穫水準，就產生相互對立的關係。

資料來源：FAO, 1998, http://www.fao.org/docrep/w8440e/W8440e02.htm#P22_5255.（搜尋日期：2009 年 3 月 22 日）

根據估計，全世界有 90% 的魚類生產源自海岸地區。這些地區維繫大量遷徙和非遷徙的水禽、濱鳥，以及瀕臨滅絕的爬行動物（如：海龜和鱷魚等）的生存，已被公認為具有保持生物多樣性的優點。沿海生態系統的物理特性，如：珊瑚礁和紅樹林地帶，對於減輕自然災害，例如：風暴浪潮、海岸線後退或洪水等，有至關重要的影響。這些功能也對自然演化的過程發揮重要的作用，如：海埔地的增加有助於控制海岸侵蝕，以及其他因風和海浪所產生的損害。

在許多國家，即使海岸地區缺乏獨特的生物性生態系統，其位在海陸介面仍有遊憩和美學價值，而可發展寶貴的旅遊活動。隨著收入的不斷增加，濱海旅遊的發展需求也日益增長。獨特而吸引人的景觀、充滿細沙或岩石的海灘、清澈湛藍的海水、濕地和沿海森林，以及野生動物、珊瑚礁和多種休閒活動，使海岸地區成為重要的旅遊景點。

然而，海洋和海水擁有高度複雜的生態系統，其影響往往跨越行政邊界。過去的經驗顯示，開發海洋資源主要採部門性的探究方法，無法促成長期、均衡和負責任的發展。某一個國家在自身最大利益下所做的單方面決定，有時因為沒有考慮到對鄰近國家產生的影響，往往引發爭議 (Schaefer and Barale, 2011)。如表 5-1-1 所示，諸多的海上活動中，不乏對海岸環境有負面影響者，如：傾倒疏浚物、開採石油、建置運輸管線等，往往會跨越區域或國家邊界。而全世界的海洋和內海都是相通的，在某一個海域採取的行動，不論有意或無意，都將對同一地區或鄰近地區的活動產生影響。在各國海事部門日益密集利用海洋之下，已對海洋環境施加壓力。又全球化的挑戰，如：貿易、全球貨物的運輸，特別是為了因應氣候變化，謀求跨部門和跨邊界的管理方法實為當務之急。

三、海岸地區之綜合管理與規劃

（一）海岸地區之綜合管理[5]

早在 1990 年代，聯合國的農糧組織即提出藉由多面向的辦法來管理沿海資源，稱之為海岸綜合管理 (integrated coastal management, ICM)、海岸帶綜合管理 (integrated coastal zone management, ICZM)，或者海岸地區綜合管理 (integrated coastal area management, ICAM)。Pernetta 與 Elder (1993) 將之形容為「將海岸地區裡涉及各種人力、物理和生物面向的環節，整合在一個管理框架的過程」。然而，他們認為更適合採用「整體海岸管理」(holistic coastal management) 一詞，來強調「同時認真的規劃和管理所有部門的活動，將會比追求相互獨立部門發展計畫帶來更大的整體利益」。有關 ICM 的主要內容請參見表 5-1-3。

由表 5-1-3 可知，海岸帶綜合管理 (ICM) 旨在以跨部門、跨學科及永續的方式，管理陸地和海洋之間的過渡地區。所謂「永續發展」，涉及經濟、生態、社會等自然變化，並關注其所支持的生態體系和生活方式，以在不同的時空中進行並存、互動的管理。各級政府之間必須建立協調、統一的機制，共同運用科技輔助監測系統，以產生預期效果。沿海資源管理有很多種，包括：透過法律、行政和制度的執行，落實土地利用規劃；在地面上劃設分區並確實檢查是否遵守決定；解決土地使用權和水權問題；核發動植物與礦產（如：木材和非木材產品、漁業資源、狩獵、泥炭）的開採權，並保障不同利益群體（如：原住民、婦女）的權利。

由於沿海區的管理過於複雜，無法透過傳統的部門規劃和管理加以處理，故沿海地區綜合管理 (ICAM) 規劃部門之間必須協調執行制度，才能發揮成效。從均衡管理的角度看，需要完全理解相關部門間的關係、權衡認可和預期之差距、嚴格評估效益和替代品，以確定相應的管理措施和執行狀況，以及必要的制度和組織安排是否確實有效，此即 ICAM 的本質。至於 ICAM 的目標為何，或可從聯合國環境與發展會議 (United

[5] 本項論述主要參考如下資訊撰寫：FAO, 1998, Integrated coastal area management and agriculture, forestry and fisheries, FAO GUIDELINES, http://www.fao.org/forestry/icam/4302/en/（搜尋日期：2011 年 9 月 19 日）。

表 5-1-3　ICM 的指導方針

ICM 的宗旨	以永續生態方式指導海岸地區開發工作。
原則	ICM 遵照里約原則 (Rio Principles)，特別強調代際公平原則、預防性原則和污染者賠償原則。ICM 實質上強調整體性及多學科整合，尤其是科學與政策之重要性。
功能	ICM 加強並協調海岸地區各部門之管理，維護並保護海岸地區生態系統的生產力和生物多樣性，保持其寧適愉悅之價值。ICM 促進沿海和海洋資源的合理經濟發展和永續利用，並促使海岸地區的衝突得以化解。
空間整合	ICM 計畫涵蓋全部的沿海和高地地區，這些地區的利用會影響沿海水域及其資源，並延伸到部分沿海海洋，因為這些海洋會影響海岸地區的土地。ICM 計畫還可能包括國家管轄的整個海域（專屬經濟區域），按《海洋法公約》(Law of the Sea Convention) 和聯合國環境與發展會議決議，由各國政府行使其管轄權。
縱向整合與橫向整合	ICM 的首要目標之一，就是克服現在沿海管理工作中存在的各部門和各級政府之間的分割現象。因此，在海岸地區活動的各部門之間，以及在海岸地區運作的各級政府之間，建立有效的協調制度，對加強和順暢沿海管理過程至為關鍵。在眾多備選方案中，協調和統一機制必須適應每個國家政府具體情況的獨特性。
科學應用	鑑於海岸地區存在諸多複雜問題和不確定性因素，ICM 必須運用最先進的科學（自然和社會科學），並酌情把各種技術，例如：風險評估、經濟評價、脆弱性評估、資源會計、效益成本分析和結果監測等，納入 ICM 過程。

資料來源：Cicin-Sain, B., et al, 1995, Growth capacity for integrated coastal management since UNCED: an international perspective. Ocean Coastal Management, 29(1-3): 93-123.

Nations Conference on Environment and Development, UNCED) 所揭示的內容加以瞭解。

1992年召開的環境與發展會議極支持 ICAM，其於 21 世紀議程第 17 章提及「保護各種海洋，包括封閉和半封閉海域、沿海區，並保護合理利用和其生物資源的發展」，勾勒出由沿海各國「綜合管理和永續發展的承諾，以促進沿海地區和在其國家管轄之海洋環境的發展」。在第 17 章 A 計畫第 17.5 段規定 ICAM 的目標為：

1. 提供一個統一的政策和決策過程，以涵括相容且平衡的用途。
2. 確定沿海地區中的既有及預計用途，以及彼此之間的相互作用。
3. 聚焦在明確界定的問題。
4. 在規劃和實施過程中，採用預防與避免的探究方法。
5. 海洋和沿海地區的價值受到衝擊，包括：污染、海洋侵蝕、資源使用和棲息地破壞造成的損失，應深化足以反映這些現象的方法，以利其保育與發展。

6. 儘可能使相關的個人、團體和組織可以取得並使用相關訊息，並在適當的規劃層級中賦予參與決策和諮詢的機會。

然而，這樣的理想目標並非一蹴可幾，需要沿海區域或各國透過充分的溝通、協調與合作，並採有計畫的方式予以推行，方有落實之可能。底下將列舉歐盟國家所推展的海岸地區空間規劃，以進一步探知其概要。

（二）海岸地區之空間規劃

近年來，歐盟國家循上述觀念，認為沿海國家如能共同管理海洋區域，並考慮到自身的跨境影響，則可避免相互競爭的利益衝突，有利於協調有限空間和資源的利用，使各國獲取更大的效益，並促成降低缺乏協調時所衍生之經濟成本此一最終目的。為此，歐盟委員會提出海洋空間規劃 (maritime spatial planning, MSP)，藉以提供簡化核發許可程序之依據，以及降低監管和行政程序的成本，並建構一個透明、可靠的規劃框架[6]。

海洋空間規劃 (maritime spatial planning, MSP) 是一種可以改善決策品質的工具，也提供一個框架，以生態體系調查為首要原則，來調解人類活動之間的競爭，並協助管理其對歐盟成員國海洋區範圍內的海洋環境衝擊。MSP 的目標是平衡部門間之利益、實現海洋資源的永續利用，以符合歐盟永續發展戰略 (EU Sustainable Development Strategy)，並根據海洋戰略框架指導方針 (Marine Strategy Framework Directive)，以保持良好的環境狀況。藉由 MSP 的應用，可以建構人類對生態體系影響的知識基礎，並加強適當的混合活動，以便長期維繫生態體系的可持續性。因此，MSP 的行動雖是劃定海洋保護區，以便保護鳥類、魚類或其他動物棲息地，但也考慮到捕撈業的利益。

進一步言，MSP 是綜合決策和管理海域空間使用的概念。人類活動始終處於某種規劃的情境中（如：風力發電廠的區位計畫、英吉利海峽等繁忙地區的航道管制），而 MSP 係以集體行動為基礎，以便在指定的區域進行某些活動，其目標是為了有效創造並管理人類的海上活動。為了使活動具有合理性，需要廣泛獲取相關資料和知識，包括：該地區的地質特性為何？與其他地區的活動相比，在此地區從事活動的強度將對環境產生什麼影響？如此方能有利於進行規劃。

但是，歐洲各國所屬的海域有極大的不同，除了地質條件外，各國管理單位的知識基礎、經濟發展、環境狀況、文化元素等亦皆各異。由於這些差異極大，以單一的方式組織 MSP 是不夠的，因而歐盟委員會建立了一個海洋空間規劃路線圖 (Roadmap on MSP)。在這個路線圖之下，該委員會提供十項工具（主要原則），以適當的組織

[6] 本項以下所述之海洋空間規劃之內涵及原則、經濟和非經濟效益，主要係參酌歐洲委員會 (European Commission) 於 2010 年完成之「海洋空間規劃對經濟的影響效果之研究」的結案報告 (Study on the economic effects of Maritime Spatial Planning Final report)，希冀擷取其精要，以供我國相關政策研訂之參酌。

MSP。茲概述這十個關鍵的原則如次：

1. **根據各地區和類型的活動使用MSP**：強調就整個海域提供詳細的 MSP 可能沒有必要，只在人口稠密使用或脆弱地區才有此一需求。此外，它意味著適當的 MSP 應包含三種區域：海床、水柱、地表。
2. **界定目標以引導MSP**：MSP 應建立在明確的策略和具體目標之上，以調解可能滋生的利益衝突。
3. **以透明的方式制定 MSP**：為了能獲得大眾的贊同，發展 MSP 所遵循的步驟應該使所有權益關係人都能容易理解。
4. **鼓勵權益關係人的參與**：MSP 的品質和可接受性，相當大程度決定了其能否成功的應用。因此，必須鼓勵權益關係人參與 MSP 的過程。
5. **在會員國內協調並簡化決策過程**：為避免會員國內的協調機制可能對海上活動或環境方案造成顯著障礙，MSP 應促成整合、簡化，並加速程序的運作。
6. **確保國家 MSP 的法律效力**：要能有效執行，MSP 必須具有法律約束力。
7. **實現跨國合作與協商**：海上活動的發生會跨越會員國的海域疆界，因此應確保會員國之間的生態系統計畫具有連貫性。
8. **在規劃過程中納入監測和評價體系**：知識的積累和靈活性是防止每一個計畫過度剛性的關鍵要素。因此，需要在規劃過程中納入監測和評價體系，以便保留計畫調整的彈性。
9. **落實海陸之間的空間規劃連貫性，重視其與海岸地區綜合管理 (ICZM) 之間的關係**：成功的 MSP 應與其他規劃機制密切關聯，以防止不兼容或不一致。
10. **創建一個強大的資料和知識庫**：為使每一個計畫成功，健全的知識庫至關重要。因此，最後一項原則強調需要對 MSP 的必要性和預期影響有全面性的瞭解。

如詳細分析 MSP 的關鍵原則，可揭示這十項原則不同的基本特色。這三種類型的原則可分為：(1) 投入、(2) 過程和 (3) 效果原則（參見圖 5-1-2）。在投入端，有三項原則必須納入：(1) 根據地區和類型區分的 MSP；(2) 確定目標；以及 (3) 資料和知識。這三項原則相當大程度決定了 MSP 的範圍，亦即掌握了可以哪一方面如何實現 MSP。「過程原則」關心的是 MSP 計畫的組織可採取什麼方式來達成目標。至於「效果原則」旨在幫助確定的目標得以經由 MSP 獲得實現，其目標包括：(1) 簡化決策過程；(2) 建立一個法律框架；(3) 跨境合作；以及 (4) 與其他規劃系統相連貫。效果原則可進一步說明如次。

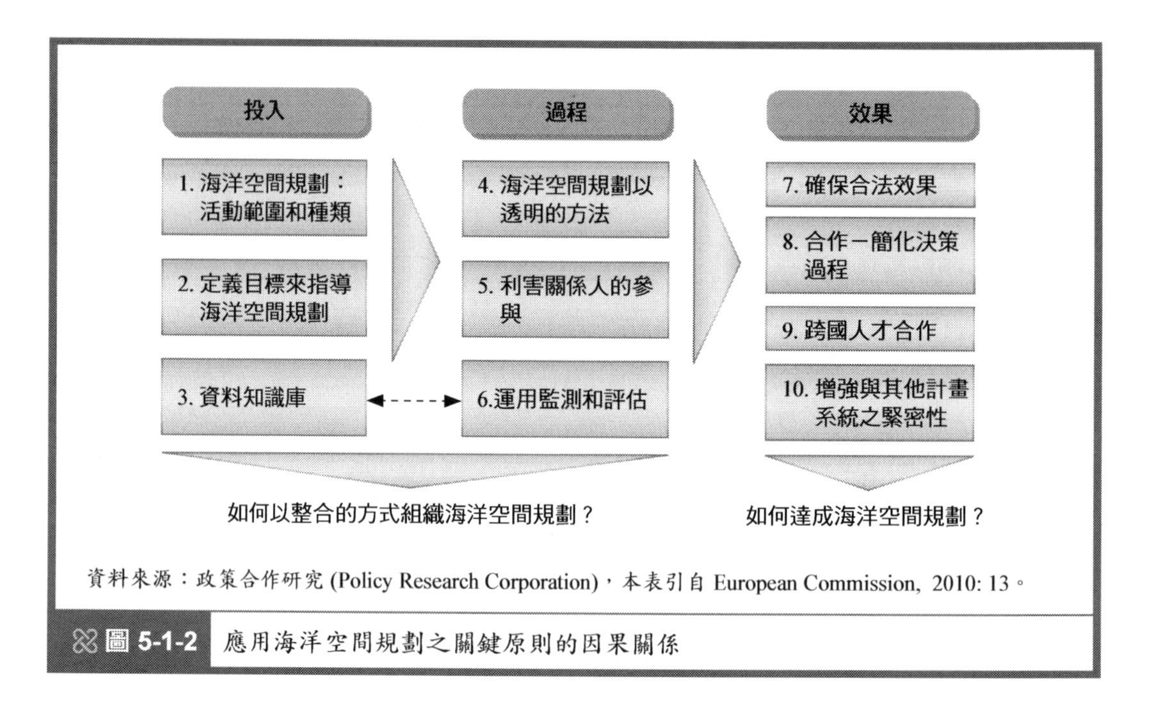

資料來源：政策合作研究 (Policy Research Corporation)，本表引自 European Commission, 2010: 13。

圖 5-1-2 應用海洋空間規劃之關鍵原則的因果關係

1. 法律框架的建構

落實 MSP 的重點之一是建立一個適當的法律框架，明確規範海上活動的地點及允許的活動類別等，以使所有的行為者參與共享清晰明確的法律權利。

2. 協調

對於經濟體而言，建立一套可行、適應性強、具體有效的協調機制，是至關重要的。在 MSP 的案例裡，協調機制是事件與程序管理鏈的重要一環，攸關海上活動決策及核發許可證的適切性。如果缺乏相互協調，將導致審核程序冗長的高行政成本，或是造成有瑕疵的決定，終將癱瘓經濟活動的進行。一個有效的協調體系，其事件管理鏈應有共同商定的目標，並透過可信的單一來源取得資料，以做為判斷與協調的資訊基礎。而建立一個適當的法律框架，即為使協調系統有效運作的先決條件。

3. 應與 ICZM 協調一致

為使 MSP 發揮作用，理應配合海岸地區綜合管理 (ICZM)。與 ICZM 連貫的先決條件是一個有效的協調機制、透明的 MSP 過程，以及向權益關係人進行諮詢。

4. 跨界合作

最佳 MSP 的制訂應是基於海洋區域，而不是針對特定國家的海域。由於歐洲的海洋地區跨越多個會員國的邊界，故 MSP 應以跨界的方式來制訂。

以上四個有效原則可提供有關「要以 MSP 實現什麼」此一問題的答案。整合行政與政策目標以創造一個簡化的決策過程，並與其他規劃體系，以及環境和經濟問題，進行跨界合作以相互協調一致。若能在「經濟與環境爭議」之間找到平衡，開創造一個全面的觀點，將能導向可預期的確定效果。從經濟的角度來看，這些元素是極其寶貴的。

以往欠缺整體性規劃與管理時，可能導致各自為政、資訊不對稱，滋生不少問題；然在 MSP 之下，得以整合政府行政管轄程序，並提高可預測性和確定性，使海上活動和歐盟政府獲致經濟效應。圖 5-1-3 顯示提高確定性和可預見性對於提升政府組織的合作效率、降低交易成本，以及改善投資環境等三方面所帶來的直接影響。

1. 提高政府組織的協調效率

MSP 可以藉整合和調整政府的程序以加強系統的協調性，而降低不協調所產生的成本。一個明顯提高協調效率的方式，是採用一應俱全的單一工作站模式 (one-stop-shop model)。這種模式如果設置和治理妥當，可將程序整合到一個單一處理部門，使海上活動透過單一窗口來獲取相關資訊、辦理許可證和補貼的申請等。此外，也可以簡化程序，並降低政府機構在海域事務的行政、就業等經常性成本。然而，政府應該意識到，在第一階段建立和實施 MSP 的過程可能需要投入相對較高的成本，尤其是設立單一窗口辦公室所需的資源。

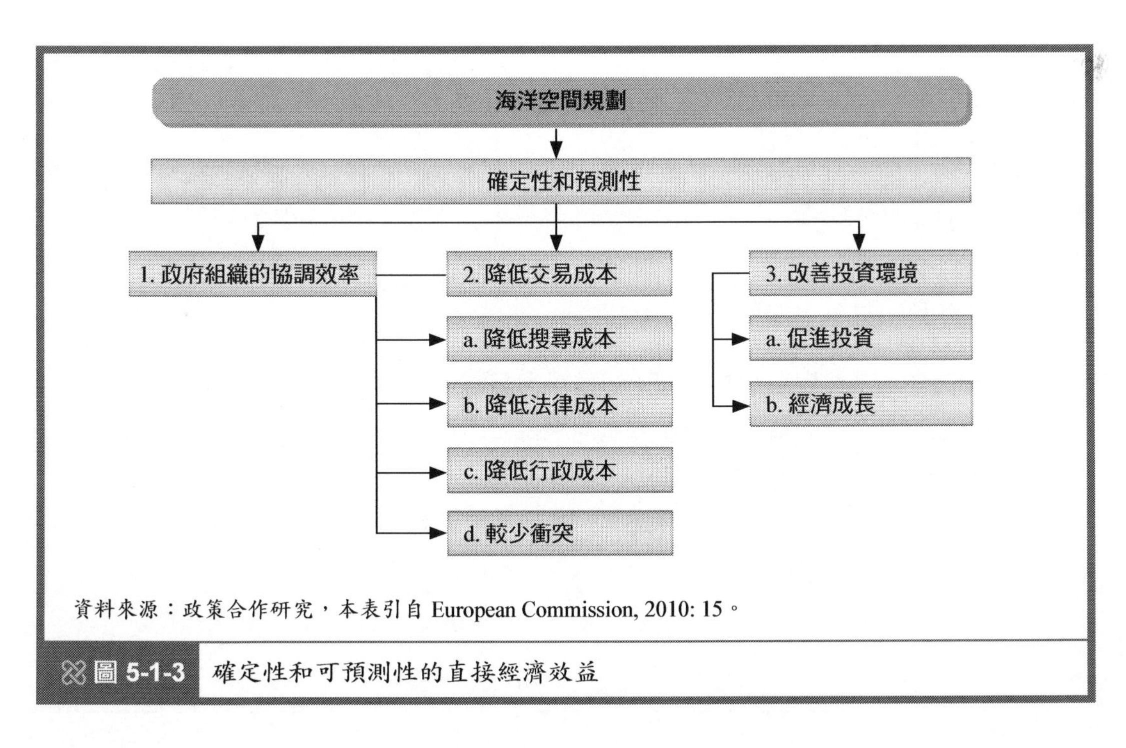

資料來源：政策合作研究，本表引自 European Commission, 2010: 15。

圖 5-1-3　確定性和可預測性的直接經濟效益

2. 降低海上活動場域的交易成本

應用 MSP 之主要原則有利於海上活動的進行，因為其規則的清晰度和確定性可降低歐洲海域活動的交易成本。交易成本包括事前安排訂約和事後監督契約所需的成本，以及經濟體系本身的運行成本，除可分為資訊、談判、監督及執行成本，又可分為下列四種內涵：

搜尋成本：指一個企業為尋找所需的適合元素（如：區位、人力資本等）而必須耗費的成本。如果適當應用 MSP 的主要原則，則可建立一個共同的知識基礎以供集體應用。其中包含以下訊息：

(1) 海域特性（地質特徵，如：深度、水流、風向、可用性天然資源等）。
(2) 海域內既有海上活動的特性（活動數量及強度等）。
(3) 任何在該地區規劃建設所需的資訊（潮汐、波浪、風力、人工島等）。
(4) 當前和計畫的活動對環境的衝擊與影響（廢氣、噪音、振動等）。

藉由將這些資料集中在一個知識庫，即可大幅節省搜尋成本。例如，荷蘭公開開發海上風力能源活動的相關資訊，未來相關之研究便可減少許多搜尋成本，便於相關風力發電能源的投資開發。

法律成本：包括確定企業行動是否合法，以及建立和遵守有關協議（如：契約）的成本。一個強有力的法律框架，伴隨治理和適當的制裁，將有利於經濟活動。如果公司需要花費很多時間尋求法律援助，以對抗投機者，則所需的法律成本就會相對提高。由於 MSP 的目標是建立明確的法律規範，將可減少預期的法律成本。

行政成本：包括許可證或執照的認證與核發的成本。例如：營運水產養殖場影響層面廣泛，因此需要向不同的管理機構申請許可（如：位置許可、環境許可證、營業執照等）。由於 MSP 整合了相關程序，將可使申請和審核程序保持協調，不僅降低行政程序的時間與不確定性，也大幅減少行政成本。

解決衝突的成本：海上活動，如：海上風力發電廠、波浪和潮汐能源裝置，以及沙卵石提取，都可能在同一區域形成使用上的競爭，而導致衝突。例如：水產養殖場的設置可能造成附近海洋保護區環境的惡化，砂石開採活動也會對漁業產生影響。而 MSP 的關鍵目標之一便是促進永續的經濟發展，並使政府能夠在事前納入各種權益關係人的利益考量，防止海上活動產生難以排解的衝突。

3. 改善投資環境

經濟學家普遍認同「確定性」的程度，會對一國的投資環境產生正相關的影響。MSP 原則的應用可以強化海上活動的確定性與可預測性，並因此帶動經濟活動的增長與發展。對於須經政府核准的經濟活動，應用 MSP 原則的價值將更為明顯。最佳程序、法律確定性的提高，以及交易成本的降低，都可能加速投資。例如：再生能源產業的發展目標雖已確定，然若存在訊息、法律和行政上的障礙，將減緩投資的腳步。若能透過 MSP 的應用，指定發展再生能源的區位，並設法防止其對養殖業的負面影響，將有助於減少搜尋成本，而有利於發展。又 MSP 的關鍵原則（即正確設置目標、簡化決策程序、保證法律效力）及完整的環境資訊，皆載於海洋策略框架指導原則中，亦有助於加速再生能源之投資。

除了上述的經濟效益外，MSP 旨在建立能與生態系統協調一致的方式，以達到永續成長的目的。這意味人類不應該以超過生態系統可負荷或恢復的方式進行海岸活動，以免肇致無法復原的後果。反之，若能配合生態系統進行海域活動，將能創造可觀的環境效益（如：永續的捕撈活動、提高生物多樣性等）。由於 MSP 強調應用生態系統方法為首要原則，以此平衡經濟利益和環境效益，而實施 MSP 亦可將明確界定的活動指定在某些場域進行，因此將可大幅減少經濟活動對重要環境所產生之負面影響。再者，MSP 透過維護重要的環境地區，亦將對經濟產生正面影響。例如：不斷成長的生態旅遊市場，強調海域不應遭到經濟活動的摧毀或破壞，而 MSP 的應用即可維護重要的地區環境資源，並對海岸地區整體環境帶來無可限量的效益。

經由上述，可探知國際對 ICZM 之發展趨勢。四面環海、面積較小的臺灣是否也能朝此方向發展，以顧及海域資源開發和海洋生態系統之維護？下一節將針對臺灣海岸地區之開發與保育概況，做進一步的討論與分析。

第二節　臺灣海岸地區之開發與保育概況

一、臺灣海岸地區之開發概況

臺灣地區四面環海，擁有廣大之海岸土地，天然海岸線全長約 1,000 多公里，沿海地區蘊藏豐富之生物與景觀資源，也是人口密集與各類活動最頻繁之處。東部岸邊多懸崖峭壁，距岸不遠處即為深海。至於西部海岸平原，海灘坡度平緩，主要河川皆向西流入臺灣海峽，挾帶大量泥砂堆積於近海地區，助長海灘向外伸展。為因應海岸各種經濟活動之需，乃進行海埔地的開發利用，並築港及興建各種海岸構造物（表 5-2-1），

表 5-2-1 臺灣天然海岸比

年別（民國）	天然海岸總長（公里）	人工設施長度（公里）	天然海岸比(%)
77	1059.980	506.359	67.67
78	1046.971	519.368	66.84
79	1034.562	531.777	66.05
80	1,029.160	537.179	65.70
81	1,020.793	545.546	65.17
82	1,013.788	552.551	64.72
83	997.981	568.358	63.71
84	990.236	576.103	63.22
85	986.138	580.201	62.96
86	1,190.797	375.542	76.02
87	1,178.471	387.868	75.24
88	1,164.322	402.017	74.33
89	1,156.983	409.356	73.87
90	1,142.244	424.095	72.92
91	1,120.145	446.194	71.51
92	1,114.719	451.620	71.17
93	941.047	790.577	54.34
94	927.608	796.727	53.80
95	878.264	847.647	50.89
96	856.687	828.082	50.85
97	1,101.609	859.120	56.18
98	1,101.380	859.857	56.16
99	1,101.333	862.570	56.08

資料來源：內政部營建署，引自行政院國家永續發展委員會，2011，2010 永續發展指標評量報告書，頁 71，http://sta.epa.gov.tw/NSDN/CH/DEVELOPMENT/2010_1109_99all.pdf（搜尋日期：2012 年 3 月 30 日）。

註：天然海岸比＝自然海岸線全長／海岸線全長。

然此舉卻改變了沿岸泥砂移動的條件，常造成相鄰海岸的失衡，更導致海岸侵蝕情況惡化[7]。

詳究影響我國海岸地區環境的因素，概可分為自然與人為兩大因素[8]。就自然因素言，海岸本身的岩性組成和地質構造是海岸環境的基調，而受到海水的波浪、潮汐與海流的侵蝕作用，以及河川中、上游沖刷下來的物質所形成的侵蝕、搬運與堆積作用，慢慢塑造出多樣的海岸地形。目前我國針對氣候變遷下的海岸土地保護之政策綱領中指出，以海平面上升 1 公尺為例，將明顯對海岸侵蝕或海岸國土消失產生劇烈作用，而海平面上升也會強化海岸侵蝕的活動力。其他如：波浪與潮流之長期作用、天然地形之阻絕、飛砂、颱風，以及暴潮侵襲等自然因素，都直接影響著臺灣海岸地區環境的侵蝕狀況。

就人為因素言，我國近年因工、商、農、漁業及經濟發展的需求，在可供開發利用的陸地不足或邊際土地利用成本相對較低的狀況下，海岸地區乃成為開發與利用的對象。各類漁港、工商港、遊憩港、濱海工業區、電廠、廢棄物處理廠，乃至於農舍、住宅、聚落等，林立於海岸地區，已對海岸地形的變化及生態環境造成顯著之影響。影響海岸環境的重要人為因素概可歸納如下：

1. 為興建港灣防波堤、開發海埔地與濱海工業區而加以圍堤，並於沿海進行抽砂造陸工程及設置大型海岸結構物，攔阻了漂砂的自然流動。
2. 於山區施做水土保育設施、興建水庫與攔河堰，而過度開採河川砂石，導致輸砂來源減少。
3. 沿海之養殖漁業超抽地下水，造成地層下陷，並導致海岸線後退。
4. 海堤興建的斷面設計不佳、堤線布置不良與堤頂高度不足等，對於使用、景觀造成負面影響。
5. 海岸地區土地利用不當、過度與不合法的開發，或是建設項目不適於環境等，都對海岸環境造成巨大衝擊。

在上述多種人為因素中，尤以工業區的設置影響最為深遠。海岸地區之所以成為重要工業區之開發場地，係因濱海地區具有下列特性：(1) 土地取得較為容易；(2) 接近港口，原料輸入及產品輸出較為方便；以及 (3) 靠近海邊，便於工業廢水的排放等。因此，臺灣大型工業區的設置，從早期的高雄臨海工業區、安平工業區、林園工業區、臺中港工業區、大園工業區等，到近期的彰化濱海工業區、雲林麥寮六輕工業區等，都

---

7 相關資訊可進一步參考經濟部水利署全球資訊網，http://www.wra.gov.tw/ct.asp?xItem=12592&CtNode=3133（搜尋日期：2011 年 4 月 28 日）；以及內政部營建署「永續海岸整體發展方案（核定本）」，http://www.cpami.gov.tw/chinese/index.php?option=com_content&view=article&id=10185&Itemid=53（搜尋日期：2011 年 4 月 28 日）。

8 本文有關影響海岸地區環境變遷的因素，係參酌中華民國都市計畫學會，2010：53-54 之內容修改。

是利用造陸填海形成。截至民國 89 年左右，規劃或開發中的新興工業區，包括觀音擴大、彰濱、雲林離島式、鰲鼓、東石綜合、七股、臺南安順科技工業區等七大工業區，占地面積約 38,000 公頃，都是位在海埔地或濕地上（參見圖 5-2-1 與表 5-2-2），對於海岸地形的變化及生態環境均產生巨大的衝擊（蔡慧敏、江進富，2002）。

臺灣海岸地區的開發多集中於西部沿海，且均是開發海埔地以供公共設施或經濟產業使用，如：工業區、水力發電廠、核電廠、垃圾場等，但這些使用或生產活動將產生污染性物質，且各種開發計畫或工程，如工業區開發、海埔地開發、港灣興建、遊憩區開發或填海工程等，也都對海岸地區的地形、水質、生態等產生負面影響。海岸地區之土地及資源具高度敏感性與脆弱性，空間利用有其全面性與不可逆性，土地之保護、防護與開發需搭配正確的判斷與綜合性之觀點，始能確保海岸土地之永續利用。

二、臺灣海岸地區之保育概況

依據營建署市鄉規劃局於民國 94 年修訂的「臺灣沿海地區自然環境保護計畫（第一次通盤檢討）草案」，共劃設 15 處海岸保護區計畫，包括：淡水河口、新竹海岸、苗栗海岸、臺中海岸、彰雲嘉海岸、臺南海岸、琉球嶼海岸、尖山海岸、九棚海岸、花東海岸、蘇花海岸、蘭陽海岸、東北角海岸、北海岸、澎湖海岸等，涵蓋的陸域有 55,989 公頃，海域 818,460 公頃，合計 874,449 公頃。其中資源重要程度高者為自然保護區，共有 50 處，計 198,405 公頃，其餘地區為一般保護區，計 676,044 公頃，詳見圖 5-2-2 及表 5-2-3。

目前，據「臺灣沿海地區自然環境保護計畫（第一次通盤檢討）」草案成果，係將海岸保護地區由原核定 15 處擴增為 23 處，增列部分離島及臺灣沿海重要資源地區，實施範圍包含海岸自然保護區 67 處及海岸一般保護區 23 處，面積由 24 萬公頃增加至 133 萬公頃。民國 99 年 11 月召開兩次研商會議，針對草案檢討劃設範圍之合理性、海岸土地使用檢討原則，以及分工等事項進行研商討論，未來將先就原計畫更新圖資提報行政院核定後公告，並依與會單位意見補正後，送各目的事業主管機關及縣（市）政府表示意見後再續行研商[9]。

由上述資料可知，臺灣海岸地區已完成開發、開發中或規劃中之開發案多達 60 處，僅近年來規劃或開發中的新興工業區即占地面積約 38,000 公頃，其中尚未計入其他工業區或開發案之面積，便已超過海岸保護區陸域面積 55,989 公頃之半數，因此如何使海岸地區之開發利用不危及生態環境，實為重要課題。下節將討論臺灣海岸地區開發之原則與政策。

[9] 中華民國 100 年，內政概要—營建篇，http://www.moi.gov.tw/outline/ch_08.html（搜尋日期：2012 年 3 月 25 日）。

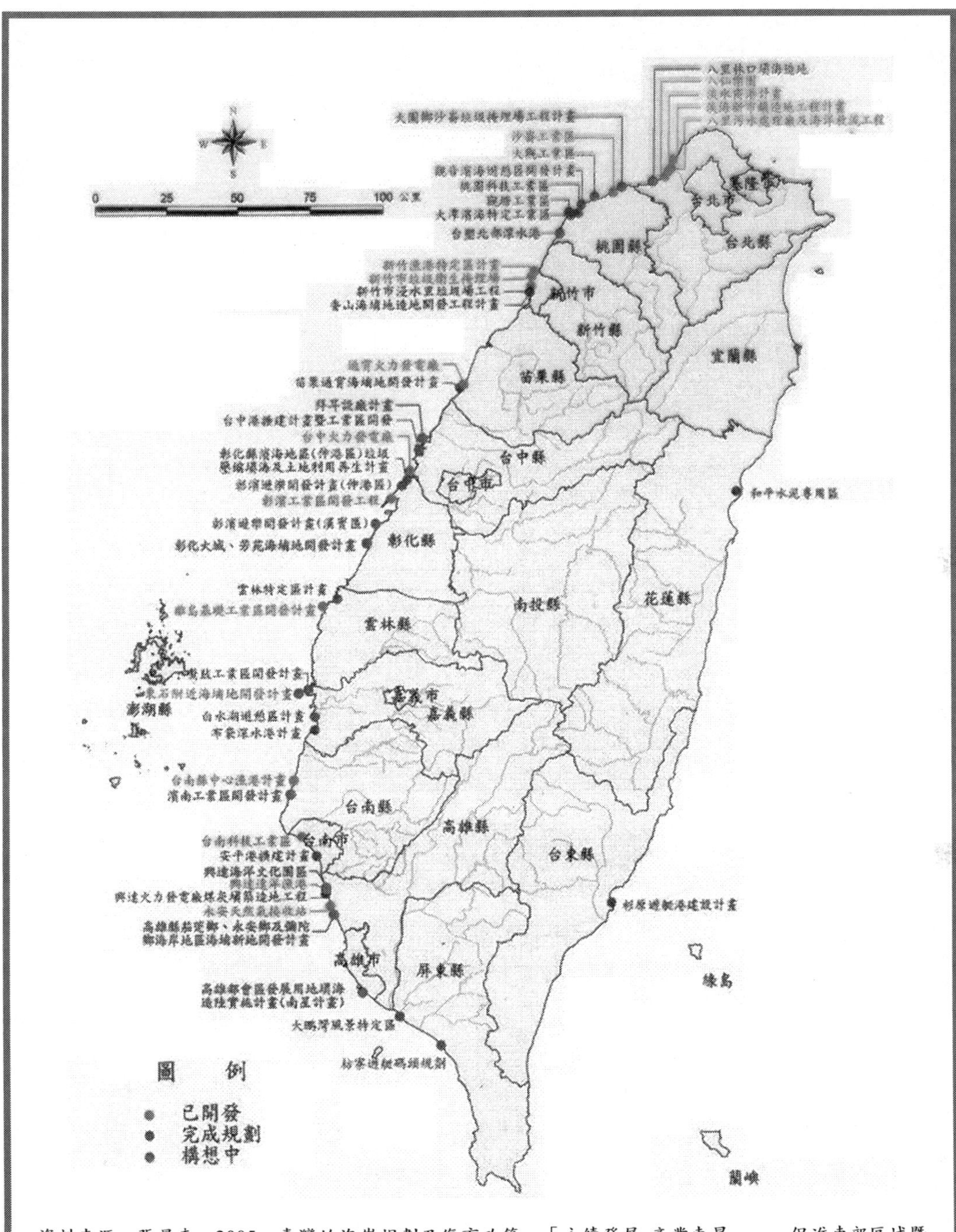

資料來源：張景森，2005，臺灣的海岸規劃及復育政策，「永續發展 產業東昇」— 促進東部區域暨2010花蓮邁向永續發展研討會專題演講，http://tpweb.cpami.gov.tw/all%20files/p_6_2/1-1%E5%B0%88%E9%A1%8C%E6%BC%94%E8%AC%9B--%E5%8F%B0%E7%81%A3%E7%9A%84%E6%B5%B7%E5%B2%B8%E8%A6%8F%E5%8A%83%E8%88%87%E5%BE%A9%E8%82%B2%E6%94%BF%E7%AD%96.pdf（搜尋日期：2009 年 2 月 22 日）。

圖 5-2-1　臺灣海岸地區開發計畫分布圖

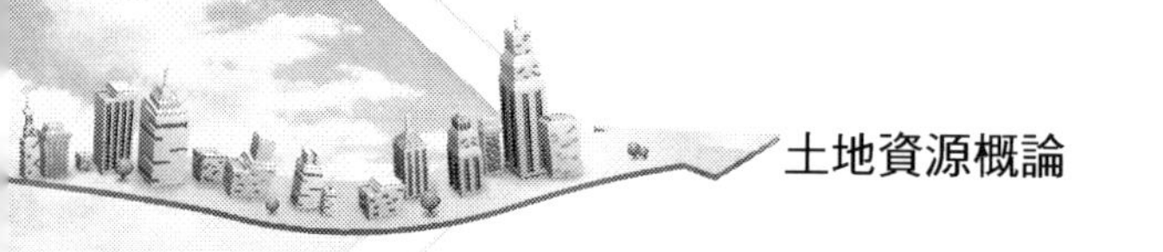

表 5-2-2 臺灣海岸地區之重大開發計畫

開發計畫名稱	所在縣市	開發面積	開發進度	備註
北部海岸				
海洋科技博物館	基隆市		完成規劃	
核一廠	臺北縣	239 公頃	已開發	
核二廠	臺北縣	216 公頃	已開發	
核四廠	臺北縣	480 公頃	已開發	
八里污水處理廠及海洋放流工程	臺北縣	843 公頃	已開發	
淡海新市鎮造地工程計畫	臺北縣	1765.86 公頃	已開發	民國 84 年綜合示範社區開發工程築堤造地工程計畫經區委會同意
臺北港開發計畫	臺北縣		已開發	
八仙樂園	臺北縣	近百 公頃	已開發	
大臺北地區工程剩餘土方填海計畫	臺北縣	380 公頃	已提出開發計畫書	民國 91 年已核發開發許可
林口發電廠第二期灰塘工程	臺北縣	約21 公頃	已開發	民國 90 年已核發開發許可，民國 91 年同意核發造地施工許可
沙崙工業區	桃園縣	106.3 公頃	已開發	
大觀工業區	桃園縣		完成規劃	
觀音濱海遊憩區開發計畫	桃園縣	60 公頃	完成規劃	
桃園科技工業區	桃園縣		完成規劃	
觀塘工業區	桃園縣		完成規劃	
大潭濱海特定工業區及第二期計畫	桃園縣	海域333 公頃 陸域190 公頃	完成規劃	民國 96 年至 97 年（第二期）開發計畫暨可行性規劃經區委會同意
臺塑北部深水港	桃園縣		構想中	
新竹漁港特定區計畫	新竹市	659.91 公頃	已開發	
新竹市垃圾衛生掩埋場	新竹市	15 公頃	已開發	
新竹市浸水里垃圾場工程	新竹市	35 公頃	完成規劃	
客雅溪污水處理廠用地填築海埔地開發計畫	新竹市	陸域1.2 公頃 海域16 公頃 合計17.2 公頃	完成規劃	民國 91 年已核發開發許可、94 年同意核發造地施工許可
中部海岸				
通宵火力發電廠	苗栗縣	46 公頃	已開發	
通宵南區海埔地造地開發計畫	苗栗縣	166 公頃	完成規劃	民國 98 年廢止開發許可

表 5-2-2　臺灣海岸地區之重大開發計畫（續）

開發計畫名稱	所在縣市	開發面積	開發進度	備註
臺中港擴建計畫暨工業區開發	臺中縣	560 公頃	完成規劃	
臺中火力發電廠	臺中縣	281 公頃	已開發	
彰化縣濱海地區（伸港區）垃圾壓縮填海及土地利用再生計畫	彰化縣	300 公頃	完成規劃	
彰濱遊樂開發計畫（伸港區）	彰化縣	804 公頃	完成規劃	
彰濱工業區開發工程	彰化縣	3,643 公頃	已開發	
彰濱遊樂開發計畫（漢寶區）	彰化縣	2,040 公頃	完成規劃	
彰化大城、芳苑海埔地開發計畫	彰化縣	2,003 公頃	構想中	
雲林特定區計畫	雲林縣		完成規劃	
臺塑六輕石化廠雲林離島工業區	雲林縣	15,680 公頃	已開發	
鰲鼓工業區開發計畫	嘉義縣	1,031 公頃	完成規劃	
東石經貿特定區開發計畫	嘉義縣		構想中	
白水湖遊憩區計畫	嘉義縣		完成規劃	
布袋深水港計畫	嘉義縣		完成規劃	
南部海岸				
臺南縣中心漁港計畫	臺南縣		已開發	
濱南工業區開發計畫	臺南縣		構想中	民國 98 年遭內政部退回
臺南科技工業區	臺南市	495.77 公頃	已開發	
安平港擴建計畫	臺南市		完成規劃	
興達海洋文化園區	高雄縣		構想中	
興達遠洋漁港	高雄縣		已開發	
興達火力發電廠煤灰填築造地計畫	高雄縣	135 公頃	完成規劃	民國 84 年已核發開發許可
永安天然氣接收站	高雄縣	75 公頃	已開發	
高雄縣永安鄉海岸地區海埔新生地開發計畫	高雄縣	陸域約 203.84 公頃 海域約 35.87 公頃 合計約 239.71 公頃	已提出開發計畫書	民國 92 年已核發許可
高雄中區污水處理廠提升二級處理海埔地開發計畫工程	高雄市	約 26.49 公頃	已提出開發計畫書	民國 94 年已核發許可
林園工業區	高雄縣	388 公頃	已開發	

表 5-2-2 臺灣海岸地區之重大開發計畫（續）

開發計畫名稱	所在縣市	開發面積	開發進度	備註
高雄都會區發展用地填海造陸實施計畫（南星計畫）	高雄市	陸域 50 公頃 海域 136 公頃 合計 186 公頃	完成規劃	民國 84 年已核發開發許可
大鵬灣風景特定區	屏東縣	1,438.4 公頃	完成規劃	
枋寮遊艇碼頭規劃	屏東縣		完成規劃	
國立海洋生物博物館	屏東縣		已開發	
核三廠	屏東縣	338 公頃	已開發	
後壁湖遊艇碼頭建設計畫	屏東縣		已開發	
東部海岸				
杉原遊艇港建設計畫	臺東縣		完成規劃	
光華工業區	花蓮縣	104.29 公頃	已開發	
和平水泥專業區	花蓮縣	322.68 公頃	完成規劃	
利澤工業區	宜蘭縣	290 公頃	已開發	
龍德工業區	宜蘭縣	291 公頃	已開發	
花蓮海洋公園	花蓮縣	約 50 公頃	已開發	

資料來源：

1. 行政院研究發展考核委員會，2001，《海洋白皮書》，頁 73。
2. 經濟部工業局臺灣工業用地供給與服務資訊網，http://idb.management.org.tw/top/index2.asp（搜尋日期：2011 年 3 月 22 日）。
3. 葉榮椿、唐高永，1995，《海岸地區整體規劃之研究》，頁 7-36 至 7-76。
4. 蔡慧敏、江進富，2002，「海洋管理政策的永續性」，收錄於葉俊榮等，2002，《永續臺灣的評量系統》（第四年度報告），行政院國家科學委員會專題研究計畫，http://homepage.ntu.edu.tw/~chchu/taiwansdi/section02_3s.htm（搜尋日期：2011 年 3 月 22 日）。
5. 張景森，2005，「臺灣的海岸規劃及復育政策」，《「永續發展 產業東昇」—促進東部區域暨 2010 花蓮邁向永續發展研討會》專題演講，http://tpweb.cpami.gov.tw/news.asp（搜尋日期：2009 年 2 月 22 日）。
6. 內政部營建署，(2009b)，歷年海埔地開發計畫，http://www.cpami.gov.tw/chinese/index.php?option=com_content&view=article&id=10177&Itemid=53（搜尋日期：2012 年 3 月 28 日）。

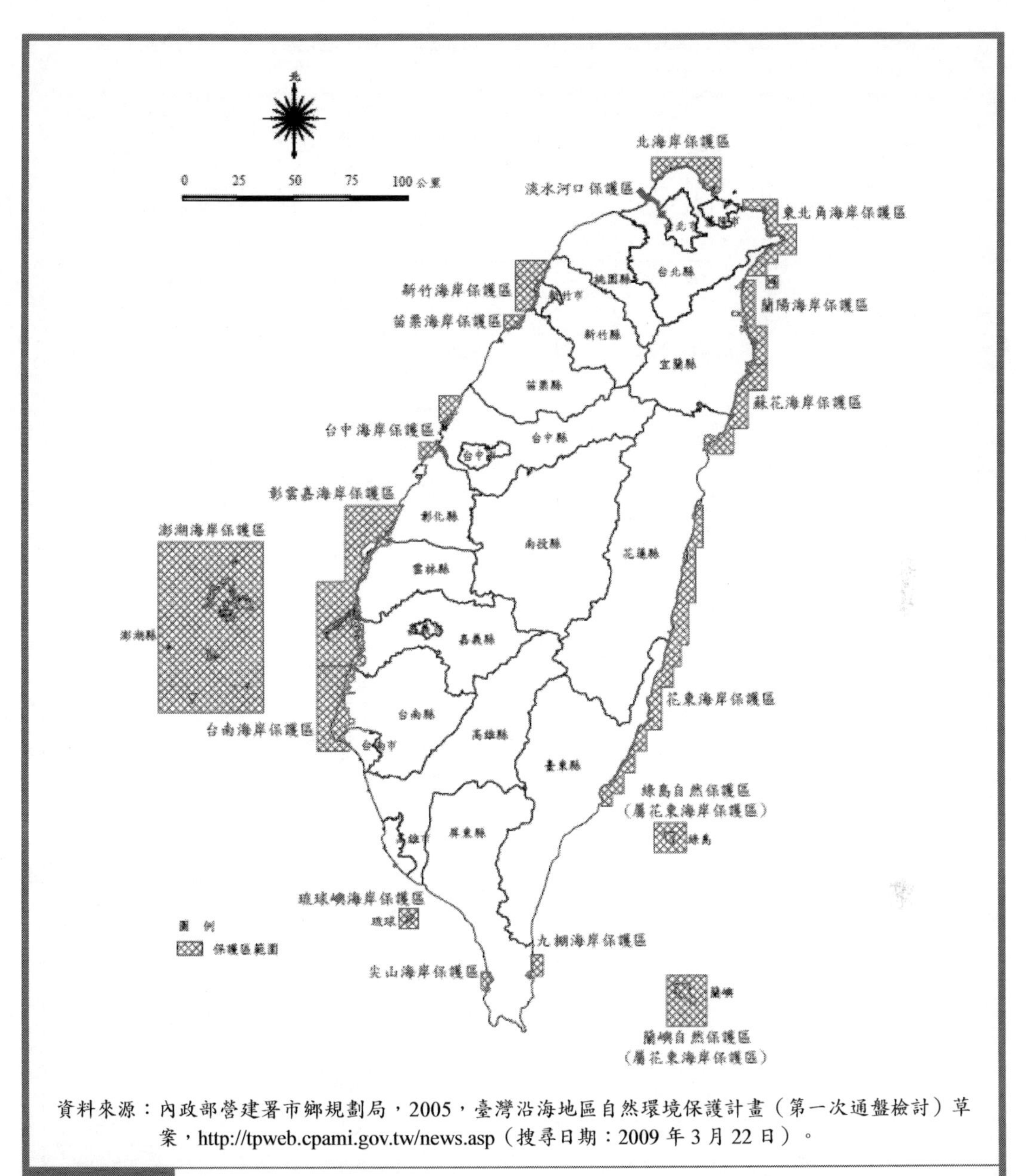

資料來源：內政部營建署市鄉規劃局，2005，臺灣沿海地區自然環境保護計畫（第一次通盤檢討）草案，http://tpweb.cpami.gov.tw/news.asp（搜尋日期：2009 年 3 月 22 日）。

圖 5-2-2　臺灣海岸保護區分布圖

表 5-2-3　臺灣海岸保護區分布面積彙整表

計畫別	項目		原計畫面積（公頃）	本次檢討後面積（公頃）		
				陸域	海域	總面積
淡水河口保護區計畫	自然保護區	挖子尾紅樹林	53	28	48	76
		竹圍紅樹林	73	83	67	150
		關渡草澤	36	50	27	77
		小計	162	161	142	303
	一般保護區		2,198	254	2,483	2,737
	合計		2,360	415	2,625	3,040
新竹海岸保護區計畫	自然保護區	新豐	—	103	212	315
		香山	—	1,375	1,923	3,298
		小計	—	1,478	2,135	3,613
	一般保護區		—	1,786	19,306	21,092
	合計		—	3,264	21,441	24,705
苗栗海岸保護區計畫	自然保護區	竹南	—	316	1,321	1,637
	一般保護區		—	522	2,534	3,056
	合計		—	838	3,855	4,693
臺中海岸保護區計畫	自然保護區	高美	—	922	2,764	3,686
		大肚溪口	—	1,279	1,019	2,298
		小計	—	2,201	3,783	5,984
	一般保護區		—	389	8,319	8,708
	合計		—	2,590	12,102	14,692
彰雲嘉海岸保護區計畫	自然保護區	濁水溪口	—	3,490	3,090	6,580
		外傘頂洲	108	26	24,717	24,743
		好美寮	778	1,020	1,093	2,113
		小計	886	4,536	28,900	33,436
	一般保護區		93,609	9,874	78,849	88,723
	合計		94,495	14,410	107,749	122,159
臺南海岸保護區計畫	自然保護區	王爺港沙洲	794	1,423	1,467	2,890
		曾文溪口	—	3,552	5,343	8,895
		小計	794	4,975	6,810	11,785
	一般保護區		16,717	8,217	30,368	38,585
	合計		17,511	13,192	37,178	50,370
琉球嶼海岸保護區計畫	自然保護區	小琉球	—	108	7,181	7,289
	一般保護區		—	255	0	255
	合計		—	363	7,181	7,544

表 5-2-3　臺灣海岸保護區分布面積彙整表（續）

計畫別	項目		原計畫面積（公頃）	本次檢討後面積（公頃）		
				陸域	海域	總面積
尖山海岸保護區計畫	自然保護區	海口	919	251	1,511	1,762
	一般保護區		1,386	414	1,335	1,749
	合計		2,305	665	2,846	3,511
九棚海岸保護區計畫	自然保護區	九棚沙丘	517	505	779	1,284
	一般保護區		833	93	3,969	4,062
	合計		1,350	598	4,748	5,346
花東海岸保護區計畫	自然保護區	花蓮溪口	56	235	282	517
		臺灣海棗	—	69	319	388
		水璉磯琦	440	609	4,052	4,661
		石門	237	33	458	491
		石梯坪	—	36	402	438
		秀姑巒溪	—	106	257	363
		膽曼	—	58	324	382
		石雨傘	36	29	399	428
		三仙臺	506	156	1,531	1,687
		杉原	—	37	532	569
		小野柳	—	152	531	683
		綠島	—	1,306	16,032	17,338
		蘭嶼	—	4,460	38,087	42,547
		小計	1,275	7,286	63,206	70,492
	一般保護區		64,029	1,688	68,380	70,068
	合計		65,304	8,974	131,586	140,560
蘇花海岸保護區計畫	自然保護區	烏石鼻	453	504	1,624	2,128
		觀音	316	300	1,126	1,426
		清水斷崖	2,123	2,107	2,106	4,213
		小計	2,892	2,911	4,856	7,767
	一般保護區		4,377	1,127	26,824	27,951
	合計		7,269	4,038	31,680	35,718
蘭陽海岸保護區計畫	自然保護區	山島	701	269	2,533	2,802
		蘭陽溪口	—	737	188	925
		無尾港	—	138	406	544
		小計	701	1,144	3,127	4,271
	一般保護區		2,872	3,174	20,160	23,334
	合計		3,573	4,318	23,287	27,605

表 5-2-3 臺灣海岸保護區分布面積彙整表（續）

計畫別	項目		原計畫面積（公頃）	本次檢討後面積（公頃）		
				陸域	海域	總面積
東北角海岸保護區計畫	自然保護區	鼻頭角	131	161	2,499	2,660
		福隆	31	92	450	542
		三貂角	99	154	3,471	3,625
		小計	261	407	6,420	6,827
	一般保護區		13,824	69	25,007	25,076
	合計		14,085	476	31,427	31,903
北海岸海岸保護區計畫	自然保護區	麟山鼻	27	37	349	386
		富貴角	42	61	332	393
		磺港獅頭山	—	25	197	222
		野柳	130	47	572	619
		小計	199	170	1,450	1,620
	一般保護區		9,473	436	24,177	24,613
	合計		9,672	606	25,627	26,233
澎湖海岸保護區計畫	自然保護區	吉貝嶼	—	286	5,769	6,055
		姑婆嶼	—	50	1,203	1,253
		鳥嶼	—	136	8,774	8,910
		小門嶼	—	70	538	608
		馬公	—	172	4,064	4,236
		望安	—	367	11,719	12,086
		貓嶼	—	23	2,805	2,828
		七美嶼	—	138	4,221	4,359
		小計	—	1,242	39,093	40,335
	一般保護區		—	0	336,035	336,035
	合計		—	1,242	375,128	376,370

資料來源：原載內政部營建署市鄉規劃局，2005，臺灣沿海地區自然環境保護計畫（第一次通盤檢討）草案，頁 12-14，http://tpweb.cpami.gov.tw/all%20files/p_6_2/1-102%E6%88%90%E6%9E%9C%E5%A0%B1%E5%91%8A--%E5%8F%B0%E7%81%A3%E6%B2%BF%E6%B5%B7%E5%9C%B0%E5%8D%80%E8%87%AA%E7%84%B6%E7%92%B0%E5%A2%83%E4%BF%9D%E8%AD%B7.pdf（搜尋日期：2009 年 3 月 22 日）。

第三節　臺灣海岸地區開發之原則與政策

一、海岸地區之開發原則

（一）實現土地政策之目標——地盡其利，不竭其力

海埔地開發係以填海造陸方式增加土地供給，但宜嚴守以下可供使用性質：

1. 農地（耕地）宜選擇土質佳、氣候好、養分多、淡水豐之地區開發。
2. 宅地宜選擇交通便利、環境良好、設施健全（包括水、電力、安全、休閒、教育等公共設施）之地區開發。
3. 工業用地宜選擇交通便利、勞力充足、原料豐富、設施健全（包括水、電力、金融、電信、郵政、安全、環保等公共設施）之地區開發。
4. 商業用地宜選擇交通便利、人潮眾多、鄰近住宅區或交通易達性高之地區開發。
5. 機場宜選擇交通便利，尤與其他大眾運輸系統連接性佳之地區開發，如：日本大阪關西機場。

另依據《海埔地開發管理辦法》第 4 條規定，中央主管機關應依國家土地政策，擬具海埔地整體計畫，報請行政院核定。因此，海埔地開發之用途應配合地方需要、國家政策，考慮整體利用，妥為規劃開發，方能竟事功。

（二）開發與環保兼顧

海埔地位於海陸交接地帶，為環境敏感地區，各種海岸地區開發行為皆會經由其生物群落所產生之採掘、破壞、海岸沖蝕 (Erosion) 和淤積 (Sedimentation) 作用，以及因淡水逕流量改變、污染等而影響生態系統與自然景觀。海岸地區開發行為之影響，亦將造成海岸沖淤、棲地改變、海岸地區洪患、各種污染物之排放與擴散等現象（張石角，1997）。依朱雲鵬等人 (1993) 之研究，臺灣地區海岸之土地利用與環境普遍面臨地層下陷，或地下水鹽化、工程破壞、廢污水污染、垃圾污染、破壞生態資源或體系等問題（參見表 5-3-1）。另外，天然海岸是海洋生物的棲息地及生育地，因此天然棲地的比例愈高，生態系的穩定性就愈高。但海岸地區開發將導致天然海岸減少，而衝擊此處的環境，如：防波堤等突堤常使堤岸向流面積沙、背流面加速侵蝕，而改變海岸漂沙活動。以東北角和美港之興建為例，其吸走了南側原海濱浴場的海沙而形成礫灘，致使港中堆滿淤沙。又填海造陸等活動使海岸地形產生不可逆之改變，海底抽沙填陸、設堤或

表 5-3-1　臺灣地區海岸之土地利用與環境問題

分區＼環境問題		地層下陷或地下水鹽化	破壞生態資源或體系							垃圾污染		
			工程破壞				工業廢污水任意排放	農牧業	採礦、抽砂	住宅區	風景區	河口污染
			海埔地	港口	開路	遊憩設施						
1	桃園觀音→宜蘭三貂角		*1	✓	✓	✓	✓	✓	✓	✓	✓	✓
2	三貂角→頭城	✓			✓	✓						
3	頭城→北方澳	✓			✓		✓	✓	✓			✓
4	北方澳→花蓮 臺東→出風鼻			✓	✓		✓	✓	✓			✓
5	花蓮→臺東			✓	✓	✓					✓	✓
6	出風鼻→楓港				✓						*5	
7	楓港→林園	✓			✓	*2					*6	*7
8	林園→曾文溪口	✓	✓	✓	✓		✓		*4			✓
9	曾文溪口→大肚溪口	✓	✓	✓	✓	*3	✓	✓		✓		✓
10	大肚溪口→觀音	✓	✓	✓	✓		✓		✓			✓

資料來源：朱雲鵬、林俊全、紀駿傑、劉小如、蔣本基、蕭新煌等，1993，《臺灣 2000 年》，臺北：天下文化，頁 36。

註：*1 如：淡海新市鎮、觀音濱海遊憩區的闢建。
*2 如：枋寮遊艇港碼頭闢建計畫、後碧湖遊艇碼頭等。
*3 如：彰濱遊樂開發計畫、白水湖遊憩區計畫。
*4 臺南安平海濱曾爆發抽砂弊案。
*5 如：墾丁國家公園。
*6 如：國立海洋生物博物館、大鵬灣風景特定區。
*7 高屏溪為南臺灣嚴重污染之河川。

造陸、沿岸養殖等均加速海岸之侵蝕（西南海岸多為侵蝕區）。此外，非天然海岸大量破壞自然濕地與生物棲地，使生物資源銳減，損害近岸漁業資源；且非天然海岸引導的海岸開發活動，亦造成近岸海洋之污染（蔡慧敏、江進富，2002）。因此，應本諸開發與保育並重原則開發海岸地區，否則將使嚴重影響海洋生物的繁殖及近岸漁業的發展。

（三）採分期分區實施

按《海埔地開發管理辦法》第 16 條規定，施工期間，開發人應依施工進度分期分區紀錄並拍照備查，於申報完工認可時一併送請主管機關審查。

臺灣海埔地主要分布在臺西海岸，海岸線長 282 公里，各地之地理條件、自然條件有異。因此，海埔地宜視其穩定程度、地方需要、經濟效益予以分期分區開發。

（四）採工期短、範圍大、成本低、品質佳之方式

由於海埔地開發難度較高，氣候、範圍、海浪、風速等條件將影響工程能否施工，因此應儘量選擇於風平浪靜時期興工，避免颱風季節或東北季風季節。以臺灣為例，即為每年 4 至 6 月，考量可施工時期較短，應一氣呵成，以生抗潮、防風之效。另外，在有限的資金預算與施工成本下，儘可能大範圍開發，因開發規模愈大，單位開發成本愈低。同時，按《海埔地開發管理辦法》第 16 條規定，該主管機關應會同各有關機關隨時抽查，發現有不合格引起公害之原因者，應依契約規定令其限期改善或停工。

（五）採開發許可制，以利計畫執行並確保品質

按《海埔地開發管理辦法》第 6 條規定，海埔地之開發，應由開發人向當地直轄市或縣（市）主管機關申請，但開發地區跨越兩個以上的縣（市）或省（市）行政區域時，應向中央主管機關申請。另依據第 7 條至第 13 條規定，無論政府機關或民間單位開發海埔地，皆須採開發許可制，依法定程序提出開發計畫、審核、准駁之許可、按計畫開發、追蹤檢查等。

另按《海埔地開發管理辦法》第 9 條規定，開發申請案經審查符合下列各款條件，得許可開發：

1. 於國土利用係屬適當而合理者。
2. 不違反國家或地方公共團體基於法律所為之土地利用或環境保護計畫者。
3. 對環境保護、自然保育及災害防止為完全之考慮者。
4. 與水源供應或鄰近之道路交通、排水系統、電力、電信及垃圾處理等公共設施與公用設備服務能相互配合者。
5. 造地開發完成後得依法取得土地所有權或租用權者。
6. 造地開發完成後之土地分配比例、處理方法及其預定對價計算係屬適當而合理者。
7. 申請人具有完成開發之財力及信用者。

二、海岸地區之政策沿革

過去五十餘年來，海岸地區發展大致可歸納為四個階段（蔡慧敏、江進富，2002），分述如下。

（一）民國 38 年至 69 年：海埔地開發期

此一階段是臺灣社會由農業轉為工業之時期，一切以開發建設、厚植資本為主。在土地的利用態度上，則是向海爭地、擴張與防災並進。因此，海岸土地利用初期皆以海埔地開發為重點，並由設立之海埔地規劃開發委員會全面推動。向海擴張之土地除農、牧發展外，並闢建港灣、開設工業區、設置大型能源設施、興建大型機場等，天然海岸面貌因此巨變。另一方面，在與海爭地的同時，須大量築海堤以保護新增的海埔地，導致加速輸沙量的變化及海岸侵蝕等問題也逐漸浮現。沿海土地利用則主要是輔導沿海養殖漁業，但大量普及與超抽地下水卻導致地層下陷與土地鹽化。在內陸的建設上，為了民生用水、灌溉等用途，開始闢建水庫，這段期間所興建的水庫包括霧社水庫與石門水庫的興建完工，而水庫之截水影響河口海岸之堆積作用，與海埔地之擴張，恰為相反的作用。

（二）民國 69 年至 79 年：海岸保育萌芽期

自從民國 65 年民間保育人士發起淡水紅樹林保育運動，喚醒對於濕地保育的重視後，「大地反撲」、「我們只有一個臺灣」的呼聲在媒體與民間社會響起，使政府相關部門與民間在 1980 年代皆開始朝向保育工作努力。在海岸保護上，包括：設立海洋型國家公園（墾丁）、海岸型國家風景區（東北角等）、陸續通過 15 處沿海自然保護區計畫、劃設關渡濕地與華江燕鴨保護區、訂定「環境保護政策綱領」與《野生動物保育法》等。行政院經建會及內政部自民國 71 年起即委請學術界進行一系列海岸保育計畫之研究，並研提兼顧海岸保育與開發管理的《海岸法》草案。

（三）民國 79 年至 89 年：工業區開發與保育衝突期

民國 76 年解除戒嚴，海岸之戒嚴也隨之解除，海岸土地因土地取得較容易及港灣運輸較便利等誘因，成為大型新興工業區及海岸拓展最想爭取之用地。例如：民國 79 年的「南星計畫」標榜利用廢棄土再造海岸、80 年「雲林離島式基礎工業區」興建計畫及「彰化濱海工業區」開發、81 年「新竹香山區海埔地造地開發計畫」，82 年則有「淡海新市鎮的開發」及「濱南工業區」開發案。這些密集進行的開發計畫多利用填海造地的方式，而且開闢面積廣大，對於海岸生態破壞巨大。

行政院在民國 80 年雖曾函請內政部修正《海埔地開發管理辦法》，以兼顧沿海自然環境保護、景觀維護、遊憩設施、工業區用地、保安林、交通等用途，但在 82 年修法完成之前，臺灣省政府於 81 年仍繼續實施「臺灣加速推動海埔地開發計畫」，其開發目標係以高價值之使用方式為優先。此一開發計畫的內容，除觀光養殖區外，主要仍是工業用地、住宅區、機場遷建預定地、商業綜合區、遊憩區等，以及垃圾壓縮填海、水庫污泥堆置等用途，對海岸生態環境造成重大影響。位於新竹香山濕地的「新竹香山區海埔地造地開發計畫」便屬其中之一，結果導致新竹至高雄沿海一帶臺灣最珍貴的濕地海岸再度遭受嚴重破壞。

然而，民間保育意識已逐漸抬頭，當許多新興工業區之選址對生態價值及重要濕地產生威脅時，開發與保育之間的衝突或抗爭開始迭有所起，並促成進一步的觀念轉型。例如：民國 85 年花東的臺十一線拓寬工程，因影響海岸景觀而引起保育團體之抗爭；而 88 年雪霸國家公園為改善櫻花鉤吻鮭的棲息環境，從善如流拆除七家灣溪的攔砂壩，對過去於河川廣建攔砂壩、攔河堰的觀念是一大突破。

海岸管理一向是開發與保育的衝突點。此一時期內政部依兼顧保育與開發之需求，再次擬定《海岸法》，期能為海岸之整體經營管理訂定法制化之基礎，但送入立法部門後歷經數年，仍無進展。

（四）民國 89 年以後：法制化邁向永續發展

民國 88 年擬定「臺灣地區海岸管理計畫」後，89 年 2 月行政院再次審定通過《海岸法（草案）》並送立法審議。同年，《離島建設條例》及《海洋污染防制法》通過，而 90 年行政院研考會又制訂「海洋白皮書」，提出海岸政策目標，並於 93 年公布「國家海洋政策綱領」，做為我國海洋事務推展執行之最高指導原則。同年亦通過「海洋事務政策發展規劃方案」，提出各項海洋事務建構分工合作的組織機制。由於海洋事務涵蓋甚廣，民國 93 年年初行政院成立政策統合之「行政院海洋事務推動委員會」，著手強化海洋事務之推動以及部會與相關機關之整合，同時劃分海洋策略、海域安全、海洋資源、海洋產業、海洋文化和海洋科技等六個組別，以利相關事務的推動。民國 95 年，行政院研考會出版「海洋政策白皮書」，行政院於隔年核定「永續海岸整體發展方案」。當「海洋臺灣」或「海島臺灣」意識已漸深入民間，且「永續發展」一詞已人人漸耳熟能詳，或能讓政府與民間對於海岸資源的保護與整體管理，有進一步合理的法制化行動，惟仍有待努力。

三、當前海岸地區之相關政策

（一）現行海岸地區管理的行政體制

長久以來，臺灣資源環境管理的體制可說是「重陸輕海」。例如：《水污染防治法》規定，「水體」包括河川、溪流、湖泊、地下水和海洋。然而，直到《海洋污染防治法》、《中華民國領海及鄰接區法》和《中華民國專屬經濟海域及大陸礁層法》制訂前，相關行政權限幾乎僅止於海。傳統思維中，海洋與水體一向被認為是屏障、是藩籬，是行政邊陲和廢污棄置場所，而不是一項「資源」。這種謬誤的觀念導致法規體制偏促陸政，海洋與其他水體的重要性被忽視，海域利用體制分歧，海岸成為三不管地帶，因而問題叢生，海洋資源與環境日漸耗蝕及破壞。

內政部草擬《海岸法（草案）》時，即敘述了長期以來臺灣海岸的主要問題，包括：(1) 管理組織分歧，權責時有重疊或不足，缺乏一全面性且綜合性之專責機關管理；(2) 土地競用、誤用、濫用之情形普遍，缺乏全面性之發展構想與規劃；(3) 地層下陷嚴重，海岸災害發生頻繁，缺乏海岸保全事業的規劃；(4) 缺乏全面性、經常性之財務規劃；以及 (5) 管理方法寬嚴不一，缺乏全面性與有效性之管理手段等。民國 90 年 1 月間發生「阿瑪斯號」(MV Amorgos) 貨輪擱淺溢油事件後，雖然海洋污染防治的經費、設備和應變計畫已有改善，但主管機關環保署依然人力有限，執法上仍須完全仰賴行政院海岸巡防署。然而，海巡署僅僅為執行機關，主要工作在於防制走私、偷渡，尚不足以成為海洋專責機關。

由此顯示，我國海洋與海岸的整體有效管理，仍有很大的改善空間。國內推動海岸保育或海洋事務管理的組織分歧、單位眾多，雖各有執掌與專長，但權屬眾多也讓綜合性海洋事務難以協調、執行與管理。民國 95 年，海洋相關主管機關之權責劃分如表 5-3-2 所示。未來中央政府應朝專法專管方向努力，設置海岸地區規劃事務的統籌領導機關，彙整並協調各機關、甚而各地方政府單位之海岸開發相關計畫，以積極管理海岸資源，並建立良好可行之分工執行架構（邱文彥，2006：98-101）。

（二）當前海岸地區管理的相關法令與政策

1.《海埔地開發管理辦法》

為開發及管理海埔地，促進土地及天然資源之保育利用，內政部於民國 82 年間發布《海埔地開發管理辦法》，嗣後並訂定《海埔地開發許可審議規範》，期望以開發許可制度使海岸有秩序的開發，隨後並將之納入「非都市土地管制」規範中，海域部分亦正逐步納入此一系統中（邱文彥，2006：93-94）。以下說明該辦法之要項[10]。

(1) **海埔地開發程序**：採開發許可制，由開發人檢附申請書、開發地區及開發工程實施地區示意圖、造地開發計畫書圖、使用開發計畫書圖、財務計畫書、環境影響說明書或環境影響評估報告書、土地處理方法與預定對價計畫書、其他必要文件等，向縣市政府申請。而縣市政府將其計畫書圖在土地所在地鄉市公所公開展覽

[10] 澎湖縣政府地政局網站，http://www.penghu.gov.tw/03land/03effort/view.asp?bull_id=5046（搜尋日期：2010 年 6 月 22 日）。

表 5-3-2　主管機關於海岸地區之主要權責

項目	機關	權責
海洋策略	行政院研究發展考核委員會	海洋白皮書修訂 海洋重大計畫管制考核
	行政院經濟建設委員會	海洋經建計畫審議
	行政院新聞局	海洋政策與施政宣導
	外交部	涉外海洋事務、經濟海域重疊協商、與相關鄰國就重疊海域進行劃界諮商
	行政院大陸委員會	協調各主管機關處理涉兩岸之海洋事務
	農委會漁業署	全球及區域性漁業養護及管理事務之參與
	內政部	負責海疆劃界與勘測、領海基線及外界線規劃與勘測、國家海域基礎資料庫建制與管理、海底電纜管道路線劃定之許可、海域基本圖測製
	財政部	1. 海洋國有非公用土地管理 2. 辦理國有非公用海岸土地放租供觀光、浴場、造林及養殖使用
海洋安全	行政院海岸巡防署	1. 海岸管制區之管制及安全維護事項 2. 入出港船舶或其他水上運輸工具之安全檢查事項 3. 海域、海岸、河口與非通商口岸之查緝走私、防止非法入出國、執行通商口岸人員之安全檢查及其他犯罪調查事項 4. 執行海洋污染防治法、維護海洋秩序之管制與維護、海上救難、海洋災害救護、海上糾紛處理、漁業與漁業資源維護，以及海洋環境保護保育等事項
	國防部	負責國家軍事防衛之制海作戰政策制定及相關海上作戰指導、負責臺灣四周海域水深探勘、水文蒐整，以及海圖製作、海岸管制區
	財政部	海關緝私
海洋環境與資源	行政院農業委員會	1. 海埔地之水土保持 2. 野生動物及生態保育、自然保護及珍貴稀有動植物等自然文化資產之維護、保育及管理 3. 保安林、造林之管理 4. 劃定沿海保護區，保育水產資源 5. 自然文化景觀之維護、保育、宣揚及管理機關之監督 6. 漁業資源維護、海洋漁業發展、漁業巡護與糾察及處理、漁事糾紛處理、遠洋漁業涉外事務輔導與交涉、取締非法捕魚 7. 海岸地圖繪測、航空照片拍攝
	行政院環境保護署	1. 管理海域及海岸地區水體污染防治、海岸清潔維護及廢棄物之清理 2. 制訂海洋污染之基本措施；防止陸上污染源、海域工程、海上處理廢棄物及船舶對海洋之污染；規範船舶對海域污染產生之損害賠償責任 3. 制訂重大海洋油污染緊急應變計畫，以安全、即時、有效、協調應變作業 4. 海域水體特質規範適用性質及其相關環境標準之制定 5. 重大開發計畫對海域環境衝擊之評估、審查及管理

表 5-3-2 主管機關於海岸地區之主要權責（續）

項目	機關	權責
海洋環境與資源	內政部	臺灣海岸地區自然環境保護計畫、研訂《海岸法》、臺灣地區海岸管理計畫、海埔地開發管理、研修都市及區域計畫法相關子法、籌設海洋國家公園（東沙）
	經濟部	1. 河川水資源利用及水道防護等管理事項 2. 劃定地下水管制區，防止地層下陷及海水入侵 3. 海堤興建、海堤區域管理（水利署） 4. 近海水文監測
海洋產業	交通部	1. 海洋觀光、近岸海域遊憩活動管理 2. 風景特定區之規劃、開發、管理與維護 3. 商港內海域油污、有毒物質、垃圾及船舶油污等污染之防治 4. 海岸公路之整建、興築、拓寬工程 5. 制訂海運與港埠政策、發展航運與管理、外國船舶無害通過中華民國領海管理、海難救護、外國船舶停靠我國港灣管理、危險物品入港檢查與管理
	行政院農業委員會	海洋漁業發展、漁業巡護、漁事糾紛處理、遠洋漁業涉外事務輔導與交涉、取締非法捕魚
	經濟部	1. 海砂開發、海礦資源管理、海洋石油、天然氣、礦產等資源之探勘、利用及管理；其他海洋非生物資源探採、利用及管理；海水淡化 2. 國營事業利用海洋之管理 3. 設置倉儲轉運專區（加工出口區管理處）
海洋文化、教育與科研	行政院文化建設委員會	推動海洋文化、水下文化遺產之保存、研究、展示、教育等相關工作
	行政院國科會	海洋基礎科學研究推動
	經濟部	調查研究國土與周邊海域地質實態、海域地質與資源調查
	行政院人事行政局	海洋專業人才之晉用
	中央研究院	海洋生態、文化、環境、資源之基礎調查研究
	教育部	1. 古物與民族藝術之保存、維護、宣揚、全力移轉及保管機構之指定 2. 海洋教育、海事人員、海洋專業人才培育
海洋事務地方執行	直轄市政府 縣（市）政府	1. 限制河口地之使用，以及辦理河川新生地之整體規劃、開發 2. 土地使用分區之劃定為保護區、保存區等，限制建築使用，以維護自然資源 3. 管理地下水管制區之鑿井引水行為 4. 管理海堤區域內申請農、漁、遊憩等行為之許可；防汛搶險及一般性海堤之巡防 5. 核准私人申請海埔地之開發許可，管理造地施工及其土地使用 6. 依中央主管機關之授權，執行地區內文化資產之保存及管理工作

資料來源：邱文彥，2006：98-101。

30日，呈報中央主管機關審查，後將審查結果以書面通知申請人，並公告30日。

(2) **造地施工管理**：開發人取得開發許可後，一年內檢具造地施工計畫、施工設計書圖向中央主管機關申請造地施工許可，若符合規定，中央主管機關將通知開發人簽訂開發契約，並發給造地施工許可。待開發人完成造地開發，應報請主管機關勘驗，合格者發給完工認可證明。

(3) **土地使用管理**：開發人依法辦理地籍測量及土地第一次登記，依使用開發計畫辦理土地使用編定、變更編定，或循都市計畫程序辦理使用地變更。至於公共設施用地所有權，依法登記為國有或縣市有。

(4) **海埔地開發完成後土地分配比例**：開發人依其經許可之土地分配比例，取得土地所有權或租用權。前項土地分配比例，指依開發成本抵算之等值土地面積；該等值土地面積之區位，開發人有依其開發計畫優先選擇之權。扣除開發人所有土地及公共設施土地後之剩餘土地面積，以不低於造地開發總面積之 30% 為原則，其坵塊以能維持最低經濟規模之使用開發原則。剩餘土地面積所有權依法辦理登記為國有或縣市有。

2.《海洋污染防制法》

民國 84 年，行政院環境保護署修正《水污染防治法》之規定，將「海洋」納入地面水體的一部分，加強管理，以維護海洋環境品質。除訂定較嚴格的海洋放流水標準外，該法第 14 條與第 22 條並規定，事業或污水下水道系統採海洋放流者，應依規定申請許可及申報。為防治海洋污染、保護海洋環境、維護海洋生態、確保國民健康及永續利用海洋資源，民國 89 年政府公告《海洋污染防治法》。隔年，墾丁地區發生阿瑪斯號油污染事件，讓政府全面檢視相關海洋法規，修正《商港法》、《海水污染管理規則》等，全面保護海洋品質（邱文彥，2006：93-94）。《海洋污染防治法》規定要點如下（宋浚泙、楊海寧，2001）：

(1) **整合相關規定，符合國際公約**：對於陸源污染管制部分，一般區域廢水排放於海域應符合《水污染防治法》之規定。對於特殊保護海域，除應符合《水污染防治法》之規定外，尚應符合《海洋污染防治法》不同意排放之較嚴格規定。在海拋物質之管制方面，除應符合《廢棄物清理法》之規定外，尚應遵守國際公約，並符合《海洋污染防治法》之嚴格限制。對於船舶污染設備管理，應符合《船舶法》、《商港法》之規定，而船舶對海洋污染行為之管制，亦應符合《海洋污染防治法》之規定，以達相輔相成之效。

(2) **配合國際海洋污染防治立法趨勢，並宣示我國保護海洋環境之決心**：透過民國 87 年 1 月 21 日公布施行的《中華民國領海及鄰接區法》及《中華民國專屬經濟海域及大陸礁層法》，宣示我國領海主權、鄰接區、專屬經濟海域及大陸礁層的權利。該法適用於中華民國管轄的潮間帶、內水、領海、專屬經濟海域及大陸礁層上覆水域，並擴張適用範圍至對我國管轄海域造成污染損害者，使我國對外來污染能有求償權。

(3) **強化執行海洋污染之管制，保護海洋生態**：為使該法有效執行，配合民國 89 年 1 月 26 日公布施行的《海岸巡防法》，規定巡防機關執行海洋環境保護及保育事項，將由新成立的海岸巡防署執行取締、蒐證及移送事項。並訂定海域環境分類及海洋環境品質標準，依海域環境分類、海洋環境品質標準及海域環境特質，劃定海洋管制區、訂定海洋環境管制標準、擬定分區執行計畫及污染管制措施，以利管制海洋污染。各級主管機關依海域環境分類，就所轄海域設置海域環境監測站，定期公布監測結果，並採取適當的防治措施；必要時，各目的事業主管機關可以限制海域的使用，以保護國民健康。

(4) **加強海洋污染事件之應變，並提升污染處理能力**：在海洋油污染緊急事件的處理，由環保署擬定海洋油污染緊急應變計畫，包括：分工、通報系統、監測系統、訓練、設施、處理措施及其他相關事項。在行政院設海洋污染防治專案小組，處理重大海洋油污染事件；在環保署設跨部會的海洋污染事件處理工作小組，處理一般海洋污染事件，並藉助企業互助之精神協助解決。

(5) **加嚴海上處理廢棄物管制，落實污染者付費原則**：在管制海上處理廢棄物污染方面，從事海洋棄置或海上焚化作業均須申請許可，且只能在指定的區域內實施海洋棄置或海上焚化作業，環保署並將依棄置物質對海洋環境的影響，公告為甲類、乙類或丙類物質來加以管制。違反上述規定，棄置甲類物質於海洋並嚴重污染海域者，參酌《中華民國專屬經濟海域及大陸礁層法》第 17 條之刑度，處以刑法之重罰，至於未遂犯亦將受到處罰。另對於以海洋為污染物最終處置場所者，環保署將依所處置的質與量徵收海洋處置費。

(6) **削減污染源，維護海域環境**：海域污染有七成來自陸源，三成來自海上。為減少陸源污染，公私場所非經環保署的許可，不得排放廢（污）水於海域或與海域相鄰接的區域，如：自然保留區、生態保育區，國家公園的生態保護區、特別景觀區、遊憩區，野生動物保護區，水產資源保育區，以及其他經中央主管機關公告需特別加以保護的區域。違反此一規定者，將處負責人有期徒刑、拘役或併科罰金。

(7) **管制船舶污染排放，減少廢油污水危害**：要求船舶應設置防止污染設備，其對海洋環境有造成污染之虞者，港口管理機關可以禁止其航行或開航。船舶之廢（污）水、油、廢棄物或其他污染物質，應留存船上或排洩於岸上收受設施，各類港口管理機關亦應設置前述之污染物收受設施，並可收取必要之處理費用。

(8) **考量環境現況，積極推動污染改善**：為配合環境現況，給予調適的緩衝期間，對於該法施行前已從事海洋放流、海岸放流、廢棄物堆置處理、海域工程、海洋棄置、海上焚化的公私場所或航行的船舶，其有不符合本法規定者，應自該法施行起半年內申請核定改善期限，改善期限未屆滿前免予處罰。但對造成的污染損害，仍應負賠償責任。

3. 臺灣海岸地區自然環境保護計畫

我國政府於民國 76 年間發布了「現階段環境保護政策綱領」，對於海岸資源與環境訂定初步的保育策略。內政部為保護海岸地區，另於 73 年及 76 年間二度公告「臺灣沿海地區自然環境保護計畫」，共 15 處保護區，並為配合行政院國家永續發展委員會之「生物多樣性推動方案」，於民國 94 年研擬「臺灣沿海地區自然環境保護計畫」之通盤檢討草案。這些措施可以說是我國對於海洋與海岸資源環境較明確的保護主張（邱文彥，2006：93-94）。

依據「臺灣沿海地區自然環境保護計畫（第一次通盤檢討）草案」（內政部營建署市鄉規劃局，2005），考量海岸地區係為生態脆弱、敏感之地區，應將具有保育價值之環境資源予以劃設進行保護。為兼顧海岸土地之保護、保育與開發管理，防止資源之誤用、濫用與競用，避免海岸環境遭到無法回復的破壞，訂定海岸保護區劃設的整體目標如下：(1) 達成生物多樣性保育；(2) 維持最多樣化的棲地環境；(3) 達成自然永續發展。

對於未來的展望，今後海岸地區的管理原則應以保育自然動植物棲息地及其生態系環境為主，降低歷年來開發行為所造成之生態環境衝擊，使自然環境與生態資源能永續利用，並讓海岸地區發展教育、科技研發、保育、遊憩及旅遊等多元功能。

4. 國家海洋政策綱領

臺灣四面環海，東臨世界最大洋區，處西太平洋海上交通門戶，扼東亞南北往來樞紐，因此生態、歷史、文化、政治、經濟莫不與海洋息息相關。既是海洋國家，自當喚起國民海洋意識，振作國家海洋權益，積極保護海洋生態，為子孫建立永續家園。為創造健康的海洋環境、安全的海洋活動與繁榮的海洋產業，進而邁向優質海洋國家，行政院海洋事務推動委員會爰於民國 93 年訂定「海洋政策綱領」做為政府施政根基，並以「生態、安全、繁榮的海洋國家」為願景目標。此政策主張如下：

(1) 確認我國是海洋國家，海洋是我國的資產，體認國家的生存發展依賴海洋。
(2) 享有與履行國際海洋法賦予國家在海洋上的權利與義務，並響應國際社會倡議之永續發展理念。

(3) 重新認識國家發展中之海洋元素，尊重原住民族海洋經驗與智慧，並建立符合國家權益之海洋觀。

(4) 調查國家海洋資產，瞭解社會對海洋之需求，掌握海洋活動本質，規劃國家海洋發展。

(5) 採行永續海洋生態及世代正義的觀點，建立海洋環境保護、海洋生物資源養護及合理利用海洋之管理體制。

(6) 強化海洋執法量能，以創造穩定之海洋法律秩序與安全之海洋環境。

(7) 創造有利之政策與實務環境，實質鼓勵海洋事業發展。

(8) 推動以國家發展為導向之海洋科學研究，引導各級水產、海事、海洋教育發展，以利海洋人才之培育。

(9) 提供安全、穩定之海洋環境，鼓勵民眾親近海洋，培養海洋意識與文化。

5. 國土復育策略方案暨行動計畫

行政院經濟建設委員會於民國 94 年 1 月 19 日研擬「國土復育策略方案暨行動計畫」，並經行政院核定通過。考量國土復育為長期計畫，其間甚多工作除依本策略方案持續推動外，其中如：土地使用管制、徵收、補償、生活照顧、原住民特許經營、財源籌措等有關人民權益及政府新設權責部分，更需有特定的法源依據，故未來將訂定《國土復育條例（草案）》特別法，以為執行之依據，惟該法案至今尚未經立法院三讀通過。「國土復育策略方案暨行動計畫」中與海岸地區相關措施或規範整理如下：

(1) 海岸地區係指平均高潮線至第一條省道、濱海主要公路或山脊線之陸域，以及平均高潮線往海洋延伸至 30 公尺等深線，或平均高潮線向海 6 公里所涵蓋之海域，取其距離較長者為界，並不超過領海範圍之海域及其海床與底土。

(2) 海岸地區應以永續發展為原則，中央目的事業主管機關、直轄市、縣（市）政府之各項土地使用計畫及容許使用項目應限期檢討，並報中央土地主管機關許可。

(3) 海岸地區應評估其重要性，為重要水產資源地區、珍貴稀有動植物地區、特殊景觀資源地區、重要文化資產地區、重要河口生態地區、其他依法律規定應予保護之地區者，中央目的事業主管機關得劃設海岸保護地帶，加以保護管理，並禁止開發。

(4) 海岸保護地帶應以保育為主，除必要之改善措施外，應維持其自然狀態，禁止一切開發、漁撈、採集、廢污傾棄排放等行為。但有下列各款情形之一，經中央目的事業主管機關許可者，不在此限：(A) 既有原住民部落或聚居達 30 戶之既有聚落；(B) 國家重大建設計畫；(C) 海岸保護有關之基礎建設；(D) 生態保育或研究有關之設施；(E) 生態旅遊有關之設施；(F) 經中央目的事業主管機關認定具歷史價值建物之保存及修繕；(G) 國防設施 ；(H) 公共設施及公用事業設施。

(5) 海岸地區及嚴重地層下陷地區之公有土地應優先做為保育用途，禁止放領，且除辦理公共設施與公用事業設施及本方案之遷居安置事宜外，禁止處分。

(6) 海岸地區及嚴重地層下陷地區之公有土地，不得新辦出租或放租。高海拔山區或國土復育促進地區之公有土地，應立即終止租約，收回造林或自然復育。但若供生態保育或研究有關之設施、國防設施、公共設施及公用事業設施、依本方案辦理之安置等各項用途，則不受前述限制，惟土地已辦理出租或放租者，如有超限利用或違約利用情形，應立即終止租約，限期收回造林或自然復育。

(7) 推動「海岸溼地復育計畫」，預計完成 2,000 公頃之滯洪溼地或人工湖之復育工作。對地盤低於海平面之地層下陷地區，應停止公共投資。下陷地區復育計畫統由政府整體規劃辦理推動復育計畫，除部分養殖區輔導改為海水養殖及休養外，規劃建置滯洪池、自然溼地、人工湖。

6. 海洋政策白皮書

行政院研究發展考核委員會繼民國 90 年 3 月出版「海洋白皮書」後，依 93 年研提的「國家海洋政策綱領」修訂為「海洋政策白皮書」，並於 94 年 12 月 19 日奉行政院核定。其係以整體海洋臺灣為思考基模，強化部門在海洋議題的協調與解決機能，建立後續海洋事務完善的組織工作架構，有助於民眾對臺灣海洋深入與整體的瞭解，讓民眾意識到過往的文化對於海洋國家的發展限制，激發民眾以實際行動協力推動海洋之永續發展，達到全民海洋運動的實質意涵。同時也以國際宏觀角度，與世界潮流接軌，以具體落實海洋臺灣的大尺度理念，期逐步帶領臺灣走向生態、安全、繁榮海洋國家的目標。以下就幾個主題分述（行政院研究發展考核委員會，2006）。

(1) 維護海洋權益、確保國家發展

海洋最終的保護管理，還是要仰賴政府行之有效和整合的制度。過去臺灣海洋事務權屬分散，尤其水陸分治，海港或都會各自為政，衝突不免，績效有限，宜整體規劃。未來臺灣要有效管理海洋與海岸事務，應該在海事權責上重新思考，建構從中央到地方具有實權的海洋機關，籌設海洋事務專責機關，讓臺灣與海共生。同時，在海洋總體策略上，未來海洋事務之推動應以國家海洋權益為優先。依照「聯合國海洋法公約」的規定和精神，在國際法的基礎上按照公平互惠原則，積極爭取國家權益，並在權益相關或發生衝突時，與鄰國或他國進行協商或談判。

(2) 強化海域執法、維護海上安全

基於歷史的教訓、地緣戰略的重要性、臺海政治的複雜性，以及海上運輸經濟的依存性，必須強力維護我國在海洋上的生存空間，加強海上防衛能力，以遏止海上威脅，確保國家安全。為匯集國力、維護海洋權益、達成海上防衛國家安全，我國應以「確立海洋戰略指導」、「建立區域性海上防衛力量」、「充實海域維安能量」為主要目標。並且，為維護海洋法律秩序、防止不法事件及確保海上交通及人命財產安全，我國未來將以「強化海域執法功能」、「健全海域交通秩序」、「提升海事安全服務」為主要目標。

(3) 健全經營環境、發展海洋事業

海洋的開發利用必須建立合理的政策。對於海洋資源的利用及海洋產業的發展，應研擬永續性策略。海洋高深的技術研究與發展攸關海洋產業之發展。臺灣因地理條件特殊、海域資源豐富，未來在漁業發展、海洋養殖、海水淡化、海洋能源、海洋深層水和海洋生物技術方面，必須進行有潛力之新興產業的評估，逐步建立完善的管理輔導機制。另為有效推動海洋與海岸之整合管理，將以流域和整體之觀點進行海域功能區劃，完備海域使用管理法令，並進一步整合水利與相關主管機關，促成河海與岸海共治。

(4) 保護海洋環境、厚植海域資源

在海洋資源的保育利用方面，臺灣應以保存自然海岸和棲息環境為優先，廣為劃設海洋保護區；同時依據海洋生態環境之承載能力，加強污染源控制，進行長期性、有計畫之海洋污染調查監測。海洋環境保護工作以預防為主，配合使用者或污染者付費原則，強化海洋環境保護法規體系的建立和環境影響評估之審議，並促進海洋產業的協調發展。另鑑於暴潮、海嘯、地震、海岸侵蝕、颱風等海洋災害，必須進行主要海洋災害之研究分析，儘速建立災害觀測和預報系統，並鼓勵運用生態工法或軟性工法，協助海洋減災體系發揮功效。此外，為利海洋與海岸整合管理制度的建立，應推動海洋功能區劃，加強海洋開發和保護，以及海域使用的科學管理、海洋資源開發和海洋環境保護。

(5) 培育海洋人才、深耕海洋科研

在發展海洋科學技術和教育方面，政府亦將逐年編定穩定之經費，積極培養海洋開發與保護的科技人才；同時普及海洋知識，提升全民的海洋意識，並與世界各國共同努力，以各種可行方式加強參與國際合作研究計畫和相關組織，與國際間海洋領域的合作與交流，以分攤地球村一員的職責，並促成共同之利益。

(6) 深耕海洋文化、型塑民族特質

海洋民族的性格，是以靈活、開朗、冒險、犯難、團結、合作和勇於開拓為特質，海洋管理更與國際涉外事務密切相關，臺灣應更進一步擁抱海洋，落實臺灣海洋立國的意義，同時開展海洋新視野、新思維，開拓新局。過去四百年來，臺灣經歷多種勢力的激盪洗禮，也成就了層層疊疊的多元文化。延續這些有形和無形的文化資產，以維持臺灣恆久魅力，振興親海愛海的海洋文化，將保護海洋的觀念深入人心，讓海洋與民眾生活結合在一起。將來政府並應設計相應的制度，不斷發掘、重新詮釋和持續培養海洋文化，以發展「愛海、親海」的新倫理和新文化，使臺灣成為一個真正的「海洋國家」。

7. 永續海岸整體發展方案

海岸地區之保護始自民國 73 年行政院核定實施之「臺灣沿海地區自然環境保護計畫」，隨後相關部會依法公告劃設「自然保留區」、「野生動物保護區」、「國有林自然保護區」及「漁業資源保育區」，並成立國家公園、國家風景區等積極推動相關保護措施。惟擬做為海岸地區管理之基本法案——《海岸法（草案）》遲遲未能完成立法程序，致臺灣地區之海岸線始終未能有效管理。因此，為確保臺灣自然海岸線不再損失、避免不當設海岸工程衝擊自然環境平衡，同時順應國際趨勢確保海岸永續發展，並以回復海岸自然風貌為願景，內政部研提之「永續海岸整體發展方案」已經行政院於民國 96 年 7 月 30 日核定，其中短期發展策略為自然海岸線零損失，長期發展策略則以擬定「永續海岸行動方針」做為海岸使用活動的指導（財團法人國土規劃及不動產資訊中心，2008：20），說明如次（內政部，2007）。

(1) 短期發展策略——自然海岸線零損失

臺灣海岸線長達千餘公里，從北部大屯山系火山形成的奇岩灣澳、東部歐亞板塊與菲律賓板塊碰撞交會的斷崖縱谷、南臺灣珊瑚礁形成的墾丁半島，以至西海岸平直沙灘和多樣化濕地，原本的自然海岸景緻幽美多變。但數十年來不斷的開發海岸填海造地、闢建漁港碼頭，或拋置消波塊及興建堤防進行海岸侵蝕防護，已經使臺灣海岸逐漸人工化、水泥化，自然海岸線快速消失，不僅海岸景觀遭致破壞、自然動力過程受到干擾或阻滯，生物繁衍也缺乏安適場所。為避免不當設海岸工程衝擊自然環境平衡，研訂實施策略如下：

1) 宣告海岸保育基本政策

海岸地區以保育為原則，除行政院專案核准之重大計畫外，不再受理設施型海埔地及海域之開發申請計畫。海岸地區應以維護海岸自然環境、保障公共通行與公共水域使用權、提升親近海洋權益、增進公共福祉，或配合行政院核定興建國家重大設施為優先。

2) 調查劃定自然海岸區位

內政部應依據遙測影像資料，並經現地複查後，確定海岸地區尚存之自然海岸線分布區位，做為禁止破壞之依據。未來並將視需要，進一步依據各區段自然海岸之生態環境敏感程度與自然人文資源珍稀現況，進行分級分區，並研擬對應之保護準則，以強化保護管理。

在執行策略上，運用衛星或航照之影像資料，針對這些重要的自然海岸進行定期性（每年兩次）之海岸影像監控，以研判是否有填海、施工或傾棄等破壞情形。前述自然海岸線應比照「臺灣沿海地區自然環境保護計畫」，納入各審查機制之「敏感區位查詢表」中，俾供審議之參考。

3) 嚴格審議海岸重大計畫

未來海岸開發計畫應在《國土計畫法（草案）》或《海岸法（草案）》中，建立「預審」機制。各目的事業主管機關興辦性質重要且在一定規模以上之重大建設計畫，應於先期規劃階段與國土規劃主管機關妥予協調，並得送區域計畫委員會討論及提供諮詢意見。對於符合國家未來長程國土規劃之各部門計畫，土地使用計畫應積極配合該計畫之推動，並確保土地使用之穩定性及永續性。未來將在《海岸法（草案）》架構下，擬定整體海岸管理計畫規劃基本利用事項，強化海岸管理使用之指導基礎。

而在上開二法未完成立法程序前，可研究推動直轄市、縣市擬定區域計畫，落實土地使用管理指導機制，強化各目的事業計畫之整合與引導功能；並檢討修訂《區域計畫法》、《都市計畫法》、《國家公園法》及《環境影響評估法》等法令中，有關土地利用、開發行為審議基準事宜，俾供內政部區域計畫委員會、都市計畫委員會、國家公園計畫委員會，以及行政院環境保護署環境影響評估委員會審查作業之依循。重大公共工程實施計畫在申請核定時，亦應同時檢具開發基地數值資料，做為海岸監測參據。

4) 建立地方巡守查報機制

由於上述機制多側重於重大計畫之審議，或定期之影像監測，對於小型開發案件或運用國營事業回饋金、補助款之計畫可能難以即時監測。因此，參考「河川巡守隊」之概念，結合當地海巡單位、漁村社區、非政府組織 (NGOs) 或在地學校等適宜組織，就近巡邏海岸，負起「舉報」之責，再由地方警力或主管機關依法處理，以促成臺灣海岸「協力管理」和「夥伴關係」之目標。

(2) 長期發展策略 ── 永續海岸行動方針

為保存臺灣重要海洋環境及海洋資源，根據臺灣海岸現況及各類型海岸保育準則，以下提出十點永續海岸行動方針的指導原則及其對應之理念與策略：

1) **保護重要海岸資源**：積極調查研究、分類分級，並優先保存與保護重要海岸資源。
2) **合理利用海岸資源**：尊重生態環境承載量，整體規劃，以合理利用海岸各項資源。

3) **復育劣化生態資源**：評選劣化之重要海岸，並採取近自然方式，回復海岸生機。
4) **整建改善海岸景觀**：充分納入專家與民眾意見，逐步帶動海岸景觀改善風潮與新思維。
5) **加強海岸災害防護**：關切海岸安全，整合思考海岸防護之必要設施與措施。
6) **合理發展海洋產業**：建立合理經營環境，兼顧環境保護之需求，均衡發展海洋產業。
7) **建構海岸資訊系統**：統合相關資訊，建構完善與公開使用之資訊系統。
8) **完備海岸管理體制**：順應國際潮流和國家發展需要，整合改進海洋與海岸管理體制。
9) **加強海洋教育訓練**：採取有效之鼓勵措施，普及海洋教育和專業訓練。
10) **強化公私夥伴關係**：積極鼓勵民眾參與和加強國際合作，建構海岸管理之夥伴機制。

8.《海岸法（草案）》

近年來隨著社會、經濟、人口之快速成長，海岸地區已成為我國國土開發中不可或缺之新開發空間，惟海岸地區之土地利用有其全面性與不可逆性，其土地之保護、防護與開發，須有正確之判斷及綜合性之觀點，始能兼顧三者之和諧。綜觀我國現有海岸地區土地競用、誤用、濫用之情形普遍，地層下陷嚴重，海岸災害發生頻繁。此外，海岸地區之管理，因管理組織紛歧，權責時有重疊或不足，且管理方法寬嚴不一，缺乏全面性及有效性之管理手段。為促進海岸地區土地之合理利用、健全海岸管理，爰針對國內現有管理癥結，並參酌國外管理制度，內政部自民國 80 年即開始著手研擬《海岸法（草案）》，曾於 86 年、89 年、91 年、97 年、98 年數度函送立法院審議，均未能完成立法作業，後於民國 99 年依 97 年 5 月 5 日送請立法院審議之《海岸法（草案）》第 35 條規定授權草擬《海岸法施行細則草案》。該法草案內容主要包括：界定海岸地區範圍、擬訂整體海岸管理計畫、進行資源保護與海岸防護（海岸保護區、防護區之劃設及計畫擬訂）、規範海岸地區之利用管理等四項，其特色包括[11]：

(1) **整合海岸地區管理機制**：以整體海岸觀點，由海岸主管機關做為海岸地區相關機關管理之整合平臺，並透過整體海岸管理計畫之訂定，落實由上而下之指導。
(2) **以計畫做為管制保（防）護地區**：有別於其他保護區相關法令剛性管制方式，本

[11] 內政部營建署，2008b，海岸法草案總說明，http://zh.wildatheart.org.tw/archives/970505 海岸法草案.doc（搜尋日期：2010 年 6 月 22 日）；內政部營建署，2008a，海岸法草案推動辦理情形，http://www.cpami.gov.tw/chinese/index.php?option=com_content&view=article&id=754&Itemid=76（搜尋日期：2010 年 6 月 22 日）；內政部，(2009b)，國土計畫法（草案）及海岸法（草案）已函送立法院審議，並列為優先法案，政府將協調儘速完成立法程序，http://www.moi.gov.tw/pda/news_detail.aspx?type_code=01&sn=3628&pages=0（搜尋日期：2010 年 6 月 22 日）。

法以計畫做為管制保（防）護地區，對於所劃設之海岸保（防）護區需擬訂海岸保（防）護計畫，並規範禁止使用及相容使用事項，以彈性因應不同保（防）護標的及地理環境特性管理經營之需。

(3) **以整體觀點經營之海岸防護體系**：針對海岸潛勢災害地區，劃設海岸防護區。除以傳統工程方式建設防災措施外，並考量環境容受力、承載力及防（救）災疏散需要，進一步整備土地利用管制強度及空間配置限制，以因應整體防護規劃需求。

(4) **海岸開發利用衝擊彌補機制的建立**：基於本法保護、防護及整體利用意旨，對於海岸地區之重大開發利用行為，規定應先徵得海岸主管機關同意，並對海岸生態衝擊採取彌補機制，以健全開發利用之管理，減輕開發利用行為對海岸之衝擊。

9. 海岸保育及復育方案（草案）

內政部業於民國 89 年 1 月完成「臺灣地區海岸管理計畫」（草案），俟《海岸法（草案）》完成立法程序後，將可據以實施。惟《海岸法（草案）》至今未通過立法程序，此計畫無法執行，故行政院國家永續發展委員會秘書處研擬「海岸保育及復育方案（草案）」，並已奉行政院院長核定於民國 99 年 2 月 24 日由行政院院長主持之本委員會第 23 次委員會議中報告，後續將循提報院會程序通過後據以實施。該方案係基於「尊崇自然、多元價值、綜合治理、再造利基」原則，期以更全盤性之思維，針對當前急迫之海岸破壞問題，由相關部會通力合作分別擬定具體改善計畫，並結合擴大內需相關計畫或實施構想，於民國 98 年至 103 年間分年分期推動，期使臺灣海岸生態回復生機、增益多元利用價值和提升國民福祉，其中包括十二項重點工作，說明如下（行政院國家永續發展委員會秘書處，2009）。

(1) **海岸保安林再造計畫**：工作項目將包括海岸林相與土地使用調查、林區生物調查、更新復育、苗木補助、長期維護管理等。其推動方式將由農委會林務局統籌策劃，同時結合地方政府、社區志工或保育團體進行海岸林再造計畫。

(2) **河口保育及揚塵改善計畫**：工作內容將包括揚塵河床熱點調查、揚塵河床耕作與承租普查、河床承租契約檢討與改進、短中長期揚塵抑制工法研究、民眾參與協力管理機制研究等。其推動方式將由經濟部水利署與行政院環境保護署共同策劃，結合縣市政府、當地就業勞工、河床承租戶與學術機構擬定短中長期計畫，賡續進行。

(3) **自然與景觀河川保護計畫**：將完成中央管河川之情勢調查、建立河川生態基本資料庫，分享於各機關及非政府組織團體，並完成流域管理計畫，以符合加速河川整體營造之期望。

(4) **地層下陷地區防治計畫**：短期完成示範區之相關排水防洪工程、平地造林及遊客中心興建等措施，重塑示範區新風貌；中、長期研擬管制地下水使用、產業調整及觀光休閒產業推廣等措施，以有效減緩示範區之地層下陷。

(5) **海岸侵蝕及鹽化防護計畫**：短期完成侵蝕海岸調查與監測調查、現有人工結構物檢討改善、海岸不當開發改善復育等工作；中、長期辦理軟性工法研發應用、海岸穩定長期監測、海岸地區開發建築規範。

(6) **沿海濕地劃設與保護計畫**：強化「濕地法定保護區」之保育、明智利用「國家重要濕地」、建構濕地永續行政法制、整合及提升濕地科學、參與國際濕地保育等。

(7) **自然海岸保全及海岸環境營造計畫**：經由自然海岸線分布監測，持續掌握自然海岸之變動情形，並透過補助地方政府研議自然海岸保全巡守策略，以及運用海岸地區之開發利用變更非都市土地達一定規模者，應檢具海岸管理措施說明書等方式，達到自然海岸「零損失」之目標。同時，透過海岸景觀改善復育之示範計畫，選定合適之海岸完成海岸景觀改善及復育海岸生態，並依示範計畫之經驗持續推動海岸環境營造計畫。

(8) **海洋污染防治計畫**：執行陸源性污染管制之相關措施，落實《海洋污染防治法》、《商港法》等執法措施及有效執行「重大海洋油污染緊急應變計畫」等工作，達成海洋污染防治之目的。

(9) **漁港轉型發展計畫**：整建漁港安全及休閒設施；推動旗艦級與示範級遊艇港區，以及漁港碼頭休憩親水空間；全臺漁港淤沙清除，以提升漁港之基本機能，保障漁民作業安全；整建漁港港區及周邊整體環境景觀，建設漁港朝向兼具漁業與海域休閒等功能發展，達到活化漁港及海上觀光休閒、共享港灣資源。

(10) **臺灣海岸地區水下文化資產普查計畫**：水下文化資產普查工作需仰賴人力、氣候、海流等因素配合，每年可進行工作之時程並不長，因此需有詳盡之工作規劃，非一蹴可幾，如能爭取到行政院永續發展委員會之經費補助，則行政院文化建設委員會、行政院環境保護署、內政部營建署將以目前面臨開發及歷史調查研究資料最為豐富的臺灣西南海域水下文化資產普查為主要重點調查工作。其他海域視相關計畫進行之需要，依其進度另行調查。

(11) **原住民傳統用海調查計畫**：未來行政院原住民族委員會將調查原住民族傳統用海及海洋文化，依據《原住民族基本法》完成原住民族土地之劃設，涉及海域部分將配合納入海域功能區劃，與國土計畫整合，研擬保育示範計畫，俾透過「海洋資源地區」規範之。

(12) **港灣整體規劃計畫**：未來內政部、交通部、經濟部等將積極整體規劃高雄港、臺北港、臺中港、安平港等周邊地區，並推動基隆海洋科技與休閒園區、臺江國家公園事務。

10.《國土計畫法（草案）》

考量目前臺灣地區土地經由區域計畫、都市計畫及國家公園計畫等體系進行土地使用管制，未將海岸及海域予以宣示，無法突顯海洋國家特色，因而於民國 98 年 10 月 8 日研擬的《國土計畫法（草案）》中，特劃分海洋資源地區為國土功能分區之一，並得依實際需要再予分類、分級。其中關於海洋資源地區規定要點整理如下：

(1) 針對海洋資源地區之保育、防護，應以保育及保安為最高指導原則，並限制開發使用。對環境劣化地區應逐漸復育其生態機能，且對港口、航道、漁業、觀光、能源、礦藏及其他重要資源，進行整體規劃並增進其產業效益。

(2) 海洋資源地區應依據內水與領海之現況及未來發展之多元需要，就港口航道、漁業資源利用、礦業資源利用、觀光旅遊、海岸工程、海洋保護、特殊用途及其他使用等類別，進行海域功能區劃，並依其環境資源特性及離岸距離與海水深度之不同，會商有關中央目的事業主管機關予以分級。

(3) 海洋資源地區在未完成海域功能區劃前，應以生態保護、保育或國土保安為原則。政府成立海域專責管理機關前，中央主管機關應依海域功能區劃結果，並視管理需要劃分權責管理區，由各該目的事業主管機關進行管理；若管理範圍重疊者，由中央主管機關會商擬訂主、協辦機關，報行政院核定。

(4) 為尊重原住民族之生活型態與居住需求，原住民族土地及海域之經營管理符合國土計畫內容規定者，得依《原住民族基本法》及相關法規辦理。

(5) 實施都市計畫地區及國家公園地區以外之土地及有關設施，與國土功能分區使用性質、用途、規模或項目不相容者，應禁止使用。與國土功能分區之使用性質、用途、規模及項目相同者，得免直轄市、縣（市）主管機關核准，逕為容許使用。若與國土功能分區之用途、規模或項目不同，但使用性質相容，且於海洋資源地區，興闢達一定規模以上之公共設施、公用事業、國防及農業產銷必要設施者，應經直轄市、縣（市）主管機關核准。

(6) 依國土計畫劃設得申請開發許可區位以外之海洋資源地區，禁止開發。依國土計畫規定，於得申請開發許可之區位，從事一定規模以上或性質特殊之土地使用，須變更國土功能分區及其分類、分級，或於同一種國土功能分區下變更分類或分級者，應依此法規定申請開發許可。

(7) 政府為國土保安及生態保育之緊急需要，有取得海洋資源地區及農業發展地區之土地、建築物及設施之必要者，得由各目的事業主管機關依其主管法律或《土地徵收條例》協議價購，協議不成得予以徵收；於依法價購或徵收前，得為原來之合法使用。

(8) 原依《區域計畫法》編定之合法使用土地、建築物及設施，與海洋資源地區土地使用管制內容不符者，各主管機關得依第 55 條所定國土永續發展基金之用途，訂定優先次序予以提供獎勵，或以容積移轉方式辦理，使其符合海洋資源地區之土地使用管制。

(9) 原依《區域計畫法》編定之合法使用土地、建築物及設施，與海洋資源地區土地使用管制內容不符者，應依第 57 條規定，一併公告實施屆滿二年之日起，變更使用或拆除其土地、建築物及設施。經直轄市、縣（市）主管機關命其變更使用或拆除時所受之損失，得由第 55 條所定國土永續發展基金或逐年編列預算予以適當補償。直轄市、縣（市）主管機關依法補償前，得繼續為原來之合法使用或改為妨礙目的較輕之使用。

11. 區域計畫

於內政部 (2010) 揭櫫之「變更臺灣北、中、南、東部區域計畫（第 1 次通盤檢討）——因應莫拉克颱風災害檢討土地使用管制」中，為促進海域永續發展，保護、利用，以及管理海域之資源與土地，防治海域災害及環境破壞，將劃定「海域區」，其劃定原則、標準及使用說明如下。

(1) 劃定原則

本島：潮間帶、內水、領海範圍及海岸地區未登記土地。

離島：依國防部公告限制、禁止水域界線之海域範圍。

(2) 劃定標準

本島：自已登記土地外圍之地籍線起至領海外界線範圍間未登記者。

離島：自已登記土地外圍之地籍線起至國防部民國 93 年 6 月 7 日猛獅字第 0930001493 號公告修正「臺灣、澎湖、東沙、金門、東碇、烏坵、馬祖、東引、亮島、南沙地區限制、禁止水域範圍及事項」所示該地區限制、禁止水域界線之海域範圍。

(3) 使用說明

1) 海域區應依現況及未來發展之需要，就港口航道、漁業資源利用、礦業資源利用、觀光旅遊、海岸工程、海洋保護、原住民族傳統使用、特殊用途及其他使用等類別，進行海域功能區劃，做為後續擬訂土地使用管制之參據。在未完成海域功能區劃前，以生態保護或保育為原則；已依《區域計畫法》取得土地使用變更許可，或已依各目的事業主管法令合法取得設立許可或行為許可者，仍從其原計畫之使用。

2) 為達成行政院核定「永續海岸整體發展方案」中所設定「回復海岸自然風貌，維持自然海岸線比例不再降低」之永續海岸基本理念，海岸地區的利用管理應以減量、復育為原則，並以符合「資源保護」與「災害防治」者為優先考量。

3) 申請土地使用變更許可計畫，應提出自然海岸零損失與生態補償之具體措施，以保育及復育已遭破壞的海洋與海岸資源或重要棲息環境，並應以確保公共通行權及公共水域之使用權為原則。

4) 除行政院專案核准之重大計畫或中央目的事業主管機關核准興辦之電信、能源等公共設施、公用設備及公用事業，不再受理海埔地之開發申請計畫。

5) 內政部應檢討修訂「非都市土地開發審議作業規範」，俾利「海域區」開發計畫之申請人及審查單位有所遵循。

另外，針對海岸保護地區之使用管制，區分為沿海自然保護區及沿海一般保護區，各有不同的土地利用管理原則及土地分區管制，說明如下。

(1) 土地利用管理原則

1) 沿海自然保護區

A. **自然海岸零損失原則**：應維護保育地區生態環境之完整，自然海岸不再降低，且不得任意破壞保護標的。

B. **海岸生態工程補償原則**：進行有關生態復育、環境教育及研究、海岸防護及防災、生態旅遊及體驗、親水（海）活動等計畫，經目的事業主管機關審慎會同相關單位審查通過者，不在此限。但工程有破壞自然海岸之地形地貌者，則應提出適當生態補償之具體措施。

C. **海岸景觀保全原則**：為維護特殊海岸地質、地形景觀，區內建築開發或公共工程應提地方政府都市設計（或景觀建築設計）審議組織審查通過，始得核發建築執照或施工。

D. **原住民保障原則**：原住民傳統用海行為依《原住民族基本法》予以充分保障。土地開發利用涉及原住民傳統用海地區者，應諮詢原住民族同意，建立自然海岸共同管理機制。

2) 沿海一般保護區

A. **海岸多樣性生態棲地原則**：海岸工程應妥適規劃，避免破壞原有之自然生態環境，並兼具營造多樣性生態棲地之功能。

B. **海岸設施減量原則**：經許可之開發案應配合當地環境特色，避免過多人工設施。

表 5-3-3　臺灣海岸地區管理之重要政策

策略與措施	重要內容	績效與檢討
推動《海岸法》之立法	為促進海岸地區土地之合理利用、健全海岸管理，內政部業研擬完成《海岸法（草案）》及相關配套機制之研究，以做為未來海岸地區資源保護、海岸災害防護以及海岸地區利用管理之法源依據。	《海岸法（草案）》攸關海岸管理制度的建立，該法草案業經行政院民國 97 年 5 月 5 日函送立法院審議，並依該院審查意見召開公聽會及跨部會協商會議完竣，草案內容初步達成各界共識。惟因規範內容龐雜，迄今仍未能完成立法。
推動實施「永續海岸整體發展方案」（民國 96 年 7 月 30 日核定，98 年 10 月 21 日修正）	該方案以回復海岸自然風貌、維持自然海岸線比例不再降低做為海岸永續發展之基本理念，並以不再新（擴）建漁港、限縮海岸道路建設、停止無防災需要之海堤興建、減少觀光遊憩不當設施、嚴格審查海埔地開發及海岸調查規劃等六項做為優先實施項目。	依該方案執行，以減少海岸不必要之建設項目外，內政部營建署運用衛星監測臺灣本島自然海岸線比例約 44%，並逐年持續監控，以有效遏阻非法破壞海岸環境行為，維持自然海岸線比例不再降低。
補助辦理「海岸復育及景觀改善示範計畫」（民國 97 年 7 月 24 日核定）	自民國 98 年至 103 年間，逐年編列 1 億元經費，透過競爭型評比方式，補助縣（市）政府辦理海岸地區減量、復育及環境整理工作，以保育自然海岸及復育近自然海岸。	民國 99 年度核列 9,220 萬元補助 13 縣（市）22 項計畫，包括：雲林縣、金門縣、連江縣永續海岸整體規劃，促進縣（市）海岸土地合理利用與管理；新竹縣海岸環境資料庫建置延續計畫、生態性海岸社區再生整合計畫，建立海岸基本資料庫並營造當地海岸環境關懷力量；辦理新北市八里區及林口區、桃園縣新屋鄉、澎湖縣小池角池西村、宜蘭縣蘇澳鎮內埤風景區、屏東縣枋山鄉莿桐腳濱海遊憩區等人工化海岸減量改造工程，提供民眾親海休憩空間，提升海岸環境品質。
透過衛星監測系統監控海岸線變異點	內政部辦理國土利用監測計畫，利用衛星影像資料監測海岸地區人工變異點，一旦發現海岸線有人工構造物施設或變異情形，立即請地方政府查報回復，以隨時監控自然海岸之變化。	

資料來源：行政院環保署，2011：227-229。

(2) 土地分區管制

海岸保育地區範圍內之土地應依下列規定管制：

1) 沿海自然保護區

A. 陸域

a. 位於非都市土地者，仍維持原使用分區，其土地以編定為國土保安用地或生態保護用地為原則。

b. 位於都市土地者，應檢討變更為生態保護區、特別景觀保護區或其他相關保護區，並檢討修訂土地使用分區管制內容，加強資源保護。

c. 位於國家公園者，應配合調整土地使用分區及管制內容，加強資源保護。

B. 海域

a. 位於非都市土地者，區內使用以生態保護或保育為原則。

b. 位於都市土地者，應檢討變更為生態保護區、特別景觀保護區或其他相關保護區，並檢討修訂土地使用分區管制內容，加強資源保護。

c. 位於國家公園者，應配合調整土地使用分區及管制內容，加強資源保護。

2) 沿海一般保護區

A. 陸域

a. 位於非都市土地者，以維持原使用分區及使用地編定為原則。

b. 位於都市土地者，應檢討修訂土地使用分區管制內容（如：適度降低使用強度、限縮使用項目、納入都市設計審查等）。

c. 位於國家公園者，應配合調整土地使用分區及管制內容。

B. 海域

a. 位於非都市土地者，區內使用以生態保護或保育為原則。

b. 位於都市土地者，應檢討修訂土地使用分區管制內容（如：適度限縮使用項目）。

c. 位於國家公園者，應配合調整土地使用分區及管制內容。

總體而言，海岸地區之開發原則與政策，無不以保護海洋生態環境為優先考量，其次為確保國家發展、發展海洋事業、深耕海洋文化、培育海洋人才等。此外，近年政府亦逐漸關注原住民傳統海域與海洋文化，並將之納入政策考量中。下節將討論臺灣海岸地區開發管理之展望。

第四節　臺灣海岸地區開發管理之展望

數百年滄海桑田的演變，以及近半世紀快速的發展，臺灣海岸的生態與環境面臨日益增加的威脅和挑戰，海岸侵蝕、地層下陷、林帶破壞、棲地減少、濕地陸化、環境污染等情況屢見不鮮。另一方面，我國海岸管理的權責頗為分歧，海岸立法在內政部營建署、海岸林管理歸農委會林務局、海堤興建禦潮為經濟部水利署、海岸未登陸土地管理屬財政部國有財產局、走私偷渡防制則為海岸巡防署等，致使海岸似若三不管的邊陲地帶，是故強化「整合管理」實有必要。針對當前海岸地區的主要課題與展望將於下文概述（行政院國家永續發展委員會秘書處，2009）。

1. 海岸地區造林受損，應積極更新維護海岸林

海岸林為內陸之屏障，可穩定海岸線，對於微氣候有一定之貢獻，能提供無數生物之棲息場所，對沿海居民之生命與財產安全及農、漁業設施之維護，均有直接關係。惟海岸地區之地理環境與氣候條件特殊，造林成果維持不易，造林木常因強風鹽霧吹襲、颱風災害或遭風砂掩埋而受損或生長衰退，亟需更妥善之經營管理，並定期實施調查及成果檢討，方能發揮應有的防風保安功能。

2. 河口揚塵影響空氣品質，應設法減少並保育河口生態

由於氣候變遷、水資源調配和河川地墾殖開發等原因，臺灣部分河川（如濁水溪）基流量銳減，乾旱河床面積甚大，不但影響溪流生物存續與生態平衡，也經常遇風而衍生揚塵問題，嚴重影響周邊城鎮之空氣品質，引發地方民眾高度關切。未來河口保育如何兼顧生態、環境、景觀和民生，必須審慎看待，研提具體的整合計畫。

3. 保育流域自然與維護景觀

河川匯流入海，扮演自然的水文與生態廊道的功能。我國《水利法》側重防洪禦潮，過去治水也慣用硬性工法，缺乏自然為上的觀念，致使沿河生物動線阻滯、景觀僵硬與自然消失的情況。但流域與海岸相互連結，生態與環境品質息息相關，因此諸多國家海岸地區的劃設均以流域為「濱海陸域」的範圍，期使流域和海岸之管理併同思考。此外，美國在 1968 年著手建立「國家自然與景觀河川系統」，並通過《自然與景觀河川保護法》，迄今全國有 38 個州、166 條（共長 11,000 英里）具有自然、文化和景觀的河川獲得保護。因此，海岸管理不應侷限於「海埔地」，未來應力行海岸保育基本政策，確保臺灣自然海岸線不再損失，故於海岸地區當以保育為原則，俾維護海岸自然環境、保障公共通行與公共水域使用權、提升親近海洋權益、增進公共福祉。從生態、環

境和美質，以及與海岸共生的角度，將河川流域內美質、自然度的維護、生態保育，和民眾休憩品質併同重視，並致力改善。

4. 減緩沿海地層下陷

臺灣沿海部分地區因超抽地下水，導致地層下陷，颱風豪雨或海水倒灌時，容易發生溢淹情形，且常積水不退，其中以雲、嘉、南、屏等縣分尤其嚴重，地方受害民眾深以為苦，亟待政府積極的改善措施。

5. 改善海岸侵蝕及水土鹽化問題

海岸侵蝕是全球普遍面臨的問題，而海平面上升、河川建壩興堰、海岸人工設施增加都將使侵蝕狀況更加惡化。估計臺灣一半以上的海岸均面臨侵蝕問題，如果無法有效改善，對於民眾的生命與財產安全影響至鉅。過去國內多採用硬性工法，可能產生以鄰為壑的結果，未必能徹底解決問題，因此有必要思考與持續研發新的工法（如：人工岬灣）或規範（如：退縮建築）。另一方面，由於地下淡水補注日少，海水及淡水介面內縮，加上海岸侵蝕，使海岸土地及地下水鹽化的情況日漸嚴重，而防風林枯萎更連帶影響海岸生物的棲息，因此採取有效之應對措施刻不容緩。

6. 推動濕地保護措施

濕地是生產力最高的生態系之一，且是無數生物的棲地，其在溫室氣體減量過程中亦扮演「碳匯」功能的重要角色。聯合國於 1973 年制訂了「拉姆薩公約」，企圖積極保護國際的重要濕地。臺灣四面環海，擁有各種類型之濕地，但長久以來面臨法源缺乏、主管權責不清、圍墾填埋、生態干擾等問題。過去相關機關雖公布實施若干計畫或方案，並對於濕地保育提出構想，但相關法令和體制對濕地保護仍欠缺具體機制與作為，對於私部門之參與也沒有積極的鼓勵措施，將來仍難以周全的保護臺灣沿海的濕地，因此應儘速研議和推動相關的保育措施。

7. 保護自然海岸與改造景觀

臺灣海岸風貌獨特多變，北部為大屯山火山系統形成的岩岸灣澳，東部為歐亞板塊與菲律賓板塊交接的陡峭斷崖海岸，南部為珊瑚礁形成的墾丁半島，西南為沙洲、潟湖、河口錯綜的重要海岸濕地，西部則為平直沙岸，因此被葡萄牙水手譽為「福爾摩沙」－美麗之島。但這些自然海岸景致逐漸遭到破壞，不當開發與過度人工化，使自然風味逐漸消失。尤其，隨著海岸地區快速發展，臺灣超過 50% 的自然海岸線已經水泥化。由於突堤、消波塊和堤防等人工結構物造成地形與流場改變，對於許多海洋及海岸生物的活動和生命循環造成阻隔效果，影響到生物繁衍和生態系的平衡。鑑於自然海岸在生態保育、景觀品質、海岸穩定和親水活動等功能上都具有重要意義，內政部過去數年來積極推動海岸景觀改善計畫已有若干成果，未來仍應持續評選，逐步減少硬體建設，以改善與回復海岸美景，維繫生態平衡，並提升民眾的生活品質。此外，行政院於 2006 年通過的「永續海岸整體發展方案」，其主張「自然海岸零損失」的保全政策，允宜持續推動與落實，進而建立「生態環境彌補」(mitigation) 之機制措施。

8. 防止海洋污染

海洋污染主要包括陸源性污染和海域活動所產生的污染。如臨接河川之市鎮廢水、港區內工商業活動所產生之廢污水、船舶廢油污水及廢棄物、港區疏濬等作業，都會影響海洋水質。雖然各機關已研訂多項措施來改善海洋之污染，惟海洋污染來源廣泛、多元且複雜，因此亟需整合漁民、漁村和漁港，進行總體規劃和具體改善，以持續改善海洋污染問題。

9. 推動漁港轉型利用

臺灣目前有 225 個漁港，隨著國際和社經情勢的轉變，有些漁港的營運績效已大不如前。225 個漁港中，177 處僅初具外廓，規劃供做鄉里小型漁業使用，其中有 27 處僅有單條堤防或拖曳道設施，規模普遍偏小。受東北季風、颱風及沿岸漂沙等作用，許多漁港之港口及航道常有淤積的問題，因此有必要定期辦理疏浚，以加強漁業作業及船筏進出的安全。

隨著政府推動海岸地區的觀光休閒，目前已開放 20 處漁港供遊艇停泊。部分漁港的地理區位優良，為提倡海岸及海域休閒活動，漁港發展應朝向活化及現代化之運用。故宜檢討現有法令，研擬優先推動在鄰近大臺北都會區附近之縣市，選擇規模較大、設施較完善，且有多餘空間可釋出的漁港，增設遊艇停靠席位與釣魚區，並加強岸上服務設施（例如：多功能漁業服務大樓），做為國人從事優質濱海休閒活動的空間。隨著國際和社經情勢的轉變，有些漁港營運績效大不如前，未來這些漁港是否轉型他用，甚至多元使用，維護管理又如何改善或轉換隸屬單位，應進行評估研究。漁港應該與漁民、漁村、當地民間團體和中小學結合，並參考國內外較佳模式，推動具體的轉型發展計畫。

10. 整合港都發展

港都應有鮮明的海洋及門戶意象，例如：澳洲雪梨港區與歌劇院，其色彩、造型和規劃簡明流暢，海洋意涵強烈，故成觀光重鎮。「愛臺十二項建設」中對於「高雄海洋新樂園」及基隆市的西三、西四碼頭建設均有所著墨，雖給地方注入活水，但港灣周邊的相關計畫缺乏整合，例如：基隆港區的更新計畫若能延伸到九分、金瓜石，整合成為海洋、港灣、科研、休閒的「海洋科技與休閒園區」，則更能促成港都的永續發展。臺北港營運後，淡水河口相關的新市鎮、新遊憩區和遊艇港等周邊計畫應可做進一步的整合，勢必能提升其價值和發展潛力。因此，高雄港、基隆港、臺北港、臺中港、花蓮港和安平港等宜有因應新局，促進整體地區有秩序之規劃發展，以提升由海入臺時「門戶印象」的品質。

11. 保存海洋文化

海岸、河口與港埠地區，資源豐富、經濟活絡，衍生出許多城市與地區的高度文明，保護海洋文化與水下文化資產已經成為國際間的重要事務。例如：聯合國教科文組織擬定了「保護水下文化資產公約」，歐盟和一些先進國家也紛紛制訂相關法規以保護這些珍貴資產。過去數百年來，臺灣歷經西、荷、英、法、日、明、清等多元文化的洗禮，成就了「一府、二鹿、三艋舺」之海岸港埠的盛世風華，周邊海域因為海象與海域戰爭也擁有豐富的沉船遺址，海洋文化資產十分豐富，對於建構先民來臺或古代東亞地區航海之歷史圖像更具意義。此外，國內許多原住民部落（如：蘭嶼的達悟族）對於海域永續利用的傳統智慧，亦彌足珍貴。這些海洋文化如何維繫，以及水下文化資產如何強化保護，也面臨重大挑戰。

12. 整合海洋政策與管理機關

我國目前海洋事務的權責機關相當分散，以海岸管理為例，內政部負責海岸立法與海域兩法（《中華民國專屬經濟海域及大陸礁層法》、《中華民國領海及臨接區法》）、環保署負責海洋污染防治、海巡署負責走私偷渡與海域執法、農委會負責漁業管理、經濟部水利署與部分目的事業機關負責海岸災害防護，其他相關機關尚包括農委會林務局（保安林）、經濟部工業局（海岸工業區）、財政部國有財產局（未登陸土地）等，權責至為分歧。行政院雖然於民國 95 年通過「永續海岸整體發展方案」，追求「自然海岸零損失」之目標，但此一精神似未獲得中央與地方的重視，海岸保育政策仍然不夠明確。從空間規劃而言，近岸海域研究調查有限，潮間帶有待界定保護，各種使用也尚未完成詳實規劃，海岸的綜合治理仍有待努力。此外，將來如何整合海洋與海岸管理，都有必要進行深入研究與策劃，海岸保育及復育才有明確之依據。

13. 嚴格審查海埔地開發計畫

海埔地開發勢必影響海洋生態環境，未來應趨於保守，範圍以目前已申請者為限，不再受理設施型海埔地及海域之開發申請計畫。至於海埔地開發已申請案，應嚴格審查計畫內容，要求廣植防風林，或種植定砂防潮保安林或植物，增加綠化面積、降低開發強度，儘量符合保育的需求。此外，應監控海埔地開發已申請案之施工造地過程，完工之後亦需運用衛星或航照之影像資料，針對這些重要的自然海岸進行定期性（每年兩次）之海岸影像監控，以研判是否有填海、施工或傾棄等破壞情形。

14. 促進與地方社區或組織協力管理

參考「河川巡守隊」之概念，結合當地海巡單位、漁村社區、民間團體或在地學校等適宜組織，就近巡邏海岸，負起「舉報」之責，再由地方警力或主管機關依法處理，以促成臺灣海岸「協力管理」和「夥伴關係」之目標。

15. 強化海洋與海岸的資源觀

臺灣沿岸可以開發的海埔地（潮間帶部分），僅約 54,000 公頃而已。已開發者占 10,000 公頃左右，開發中或規劃中者約達 30,000 公頃。與山坡地相較，擁有自然海灘的海埔地可以說是少之又少的珍稀資源。如果持續開發海埔地，則臺灣的自然海灘勢必近乎絕滅。不但海埔地如此，沿岸陸域的濫行養殖與大量抽取地下水所導致的地盤下陷區面積，事實上已超過了所有海埔地面積。由此，充分說明我們對於珍稀資源的保護，觀念甚為薄弱。不但已有的陸域資源未能妥當維護，更輕忽的想吞下所有的海埔地。如欲兼顧開發與保育，則海域資源的觀念必須在「環境教育」中予以強調、重視，並付諸實施（邱文彥，1993）。

16. 建立海岸地區資料庫

海岸工程建設與土地利用端賴詳實的資訊，才能進行合理的規劃與設計，因此必須整合目前零散的資訊來源（如：中央氣象局、臺電、臺鹽、省水利局及各港務局等），主管機關（內政部營建署及行政院環保署等）也應長期支持相關的調查工作，以建立海岸地區完整之海象、土地使用及海域品質監測的資料庫，配合地理資訊系統，供規劃管理應用（邱文彥，1993）。

17. 加強海岸科技與保育之教育研究

臺灣海岸地區在問題迭起後，已引起各方關切。然而海岸管理牽涉的學門頗多，因此教育研究工作是不容忽視的一環。由於已往海岸管理問題不受重視，短時間內不易結集相當人力，故須善用目前學界擁有的專業知識，逐步建立架構，並從此積極培訓相關人才，推廣保育宣導工作，才能保護珍貴海岸資源，避免災害發生，而達永續利用之目標（邱文彥，1993）。

為因應海平面上升的衝擊，調適策略應包括對臨海國土進行保護，如自然緩衝區的調整、現有河海堤的檢討與改善、臨海工業區與都會區的評估、離島的防治措施，以及加強災害預警、災害防救體系等。易淹水地區與各項防洪設施的設計標準應進行檢討與改善。衝擊評估方面，則加強對臨海低窪區與易淹水地區之脆弱性分析與衝擊評估，臨

海都會區、工業區、離島、港灣、河海堤與臨海交通幹線受氣候變遷衝擊之影響，也需進行評量（柳中明等，2009：31）。海岸土地保護調適策略綜合上述各面向之分析，針對海岸地帶的土地保護策略，提出以下七項策略建議：

1. 加強海岸後退的國土保護

由於海水面上升，對海岸地帶的沖蝕作用增加。針對海岸後退嚴重區域，監測變遷，並以生態保護思維的各項工程保護措施。調查訂立海岸地區侵蝕後退的（安全）範圍.完成訂定不同等級海岸侵蝕危險區域、訂定減緩地層下陷地區面積的策略、訂定保育河口地區及改善揚塵進度、海岸土地鹽化因應策略方法與進度、逐年提升與維護海岸保安林防災功能、逐年檢視維修既有的人工海堤。

2. 重視海岸棲地與濕地的保育與復育

由於海水面上升，海岸濕地的面積與規模變化，積極進行海岸棲地的保育，尤其是濕地等的保育，將成為國土保護的緩衝區，可避免海水上升快速造成土地以及地下水的鹽化問題。逐年完成海岸地區特殊物種調查、建立海岸地區特殊物種棲地保護策略、提升海岸棲地復育之比例、擬定天然海岸防護策略與措施、訂定天然海岸復育的時程與計畫。

3. 加強海岸聚落景觀的基礎調查與維護管理策略

推動海岸都市、城鄉聚落維生體系的維護與防災策略思考，尤其是文化資產的保護與公共維生體系的防災政策。調查建立海岸聚落具有文化與歷史價值的景觀資料庫、建置海岸地區聚落（含都市）受災風險潛勢分析、逐年擬定海岸聚落的保護計畫與作業準則、逐年擬定既有港灣符合氣候變遷的管理規劃、具體落實永續海岸整體發展方案、擬定不同主管機關海岸區地景觀管理維護計畫。

4. 提升海岸污染防制與監測之能力積極建置海岸國土資訊

海水面上升造成沿岸工業區以及工廠、港口等設施及海岸城鄉聚落區域，發生各種潛在的污染機會，必須規劃進行監測以及污染防制模擬與防治策略。檢討建置海岸地區污染防治作業準則、檢討建置海岸地區污染監測機制及其可行性，並逐年規劃陸地上的各種海岸污染源之改善。

5. 具體落實建全全民海岸環境識覺與相關法規

以保護海岸景觀為出發的保護區策略，是社會發展與生活品質的基石。同時建置各種海岸管理機關與地方社區的互動機制、建立海岸社區共同監督海岸環境的協同關係與做法。

6. 建置海岸地區開發的環境影響評估與土地開發許可作業的準則

積極進行各項環境影響評估的再評估與新思維之建構，以做為未來新準則下的環境影響評估之參考。所有海岸開發計畫應納入海水面上升 1 公尺的考量。尤其是極端氣候狀況的評估。同時檢討建立專屬海岸區域開發的環境影響評估作業準則之可行性，並檢討建立專屬海岸區域開發的土地開發許可作業準則之可行性。

7. 加強海岸地區管理的事權機構與部會之橫向與縱向整合

與海岸土地有關的海岸立法、海岸林管理、海堤興建維護、未登錄土地管理與沿海地區工業區等問題，有必要加強海岸土地規劃、管理、保護等事務之協調，完成建立相關部會的橫向與縱向聯繫網絡、建立海岸相關機關之間協調作業總目標，確保海岸環境的永續發展。

原住民族土地制度、資源利用與部落經濟發展

土地為原住民命脈相繫、力田營生之處，也是文化傳承、種族繁衍之所。由於原住民悠游自在的天性，長年生活於廣闊山區，使他們對於土地的傳統概念，與平地漢人視土地為應登記之資產、市場商品、借貸抵押品等觀念，有天壤之別。日治時期，為行統治之便，臺灣總督府創立了高砂族保留地制度；迨至臺灣光復之後，為節約治理成本，乃沿襲舊制，建構原住民保留地制度。由於他們習慣以物易物、分享所獲，和平地漢人的金錢交換方式顯得格格不入，於是當平地商品經濟逐漸進駐位處邊陲的山地後，原住民社會受到極大的衝擊。在漢人提供資金技術、甚至是威脅利誘之下，原住民紛紛將土地私下轉租讓售，於是土地流失的苦情悲劇便接二連三的上演。

就形式上言，所謂「原住民保留地」是就原住民傳統使用的公有土地之一部分予以劃設，這些地區不僅地處陡坡，可供農耕者不多，亦不乏位在國家公園水庫集水區、水源水量保護區或保安林範圍，因此被嚴格限制開發利用，對於原住民的發展與生計之影響不可謂不大。復因近年來原住民對持有土地權利意識漸趨強烈，因此要求政府歸還其曾居住或使用之土地所有權，政府爰擬議以增加劃設原住民保留地的方式解決（顏愛靜，2000）。然而，這種策略是否真能解決由來已久的問題，值得關注。

按原住民土地制度隨時間而變遷的過程，本章將先說明原住民傳統之土地制度，如：共同體土地所有型態、傳統土地共有制度及傳統土地制度變遷；再說明日治時期高砂族保留地制度之建構，包括：制度形成過程與配置之分析；進一步則是探討臺灣光復後原住民保留地制度之形成、演變與現況，次再檢討原住民保留地之管理利用與經濟發展當前面臨之課題，據此研擬未來之解決對策與政策展望。此外，山地農業對於原住民族的維生至關緊要，卻往往被指責為生態殺手，究竟如何在兼顧農業營收與生態保育之需，發展對環境較為友善的有機農業，亦為重要議題，故本章將在最後加以論述，以謀求山地農業發展之利基。

第一節　原住民傳統之土地制度

一、原始社會共同體土地之所有型態

在原始社會的共同體，因賴漁獵、採集維生，並無私有財產，各種生產成果歸氏族共有。迨自導入農耕生產方式後，土地所有型態乃逐漸產生變化，亦即由「共同體的土地所有型態」，轉變為「共同體的土地所有」與「小自由民（小農）的土地所有」之結合型態。根據日本學者大塚久雄 (1967) 所著之《共同體之基礎理論》，其將原始社會共同體土地的所有型態分為三種，即亞洲型、希臘羅馬型與日耳曼型三類[1]。

[1] 有關原始社會共同體土地所有型態之分析，除參考大塚久雄之原著外，另參考林英彥 (1991) 所著《土地經濟學通論》一書（頁 200-221）。

（一）亞洲型

這種類型的共同體約在西元前二千五百多年前，最先出現在亞洲近東 (Near East) 的美索布達米雅河谷 (Mesopotamia Valley) 等肥沃地區。詳究最初始的亞洲型共同體之土地所有或經營型態之特徵，可歸納為：

1. 土地主要係由種族或血緣團體共同所有。
2. 共同體成員得占有部分土地從事耕作，然因小自由民（個人）土地所有尚未形成，故土地私有尚不明顯。
3. 採取集體勞動方式。
4. 個人行為受到共同體嚴格的約束。

亞洲型雖以原始共同體之土地所有型態（共同所有）為基礎，然亦有其特殊性質：由個別自立的小型共同體結合演化為大型共同體集團，其最高層的領袖即成為新的、統一的共同土地所有人，而小型共同體的領導人則成為次級的土地占有人。這是因為人類文明已進入農業生產階段，而亞洲地區有廣大的河域分布，如何引水灌溉、排水防澇是為確保農業生產、繁衍種族的要務，因此繁複的灌溉制度、跨越各小共同體範圍的灌溉組織，就有存在之必要。若有人得以統合這些共同體，掌控河流、沼澤管理權，將可擴張勢力範圍，逐漸形成專制君主政體。這些專制君主及貴族等享有支配權的階級，即為象徵的土地所有人，而個別農民不過是既有共同體之成員，只占有受分配之土地從事耕作而已。因此，在這種共同體下，掌有支配權的專制君主及貴族階級，不僅是名義上的土地所有人，也是實質上掌控土地分配、利用權之人；個人則隱沒於團體之內，人格身分受到相當的限制，只能配合統治階級受配利用土地，經濟力甚為薄弱。由於個別農民雖得占耕限量的受配土地，但土地利用方式仍受統治階級掌控，且財產權的排他性質尚不明顯，以致於生產力呈現長期停滯成長的現象（顏愛靜、楊國柱，2004）。

（二）希臘羅馬型

此一類型的共同體約莫出現在西元前三世紀至西元五世紀，此時土地所有的型態逐漸開始分化，小自由民（個人）土地所有（個別所有）制度漸次形成，而成為與共同體所有（共同所有）並存之型態。

由於古代的希臘、羅馬為城市國家，為求爭取地盤、繁衍種族，對外征戰與防禦城堡安全成為共同體最主要之任務，使得戰士的地位日趨重要。因此，戰士常以「先占」方式取得原屬共同體所有的土地，稱之為「戰士持分」。這種近似私有財產的分額，日後即演變為私人土地所有的型態，並由其家族從事小規模經營，或由佃農為其耕種以事生產。

若將希臘羅馬型共同體與亞洲型共同體相較，可歸納其相異之處，包括（顏愛靜、楊國柱，2004）：

1. 亞洲型係以血緣團體為共同體之形成基礎，而羅馬型則是以戰士與貴族階級為共同體之主體，係以地緣關係為基礎，未必具有親族關係。
2. 亞洲型共同體的個人行動受到相當的束縛，地位卑微，土地私有尚不明顯，僅得受命從事耕作；而羅馬型共同體的戰士與貴族階級，地位較為崇高，均得公然占有土地，且成為「個人所有」之型態，由蓄養的奴隸從事耕種。
3. 亞洲型共同體的統治階級雖掌有支配權，但土地原則上仍屬共同體所有；而羅馬型共同體的戰士與貴族階級，不但享有先占進而私有的土地實質支配權，且與共同體共同所有型態相互抗衡，成為兼容並存的局面。是以小規模土地所有的型態已然形成，且具有絕對的、排他的私有特質。

然而，隨著戰爭日熾，擁地的小農參戰者愈多，但也日趨貧窮，飽受貴族階級高利貸的剝削，致使小農的所有地因負債而為貴族階級所奪取，逐漸演變成大土地所有者壟斷之局面。於此之際，原來的共同體所有與小規模所有者並存的型態已逐漸式微，個人土地所有制逐漸取代了共同體所有制 (North, 1981 :104)。

（三）日耳曼型

這種類型的共同體最普遍存在於中古世紀歐洲的封建社會，其中尤以日耳曼民族的「馬克共同體」最為典型，故而得名。這類共同體係以集體定居的地緣關係為基礎，因此又名為「村落共同體」或「農業共同體」。其自村落中心至外圍地區可劃分為三大圈域[2]，基本模式如下（顏愛靜、楊國柱，2004）：

1. **第一大圈域為村落中心**：有數個部落聚居，而於各個部落之內，村民可保有自己的「農宅」(haus) 及「庭園」(hof)。
2. **第二大圈域為共同耕地**：可劃分為 30 至 60 個「耕作區」，各區可再細分為 0.5 英畝至 1 英畝的地條，而村落的居民可分配保有一至數塊地條。各個耕作區為進行農耕之基本單位，嗣因施行三圃制 (three-field system)，才將耕作區進一步劃分為春耕區、秋耕區及休耕區，逐年輪替耕作。在此種耕作制之下，村民所耕作的土地交錯分散，不能依己之意自由耕作，而必須遵循村落共同體成員之管理規則。至於兩

[2] 根據大塚久雄之原著，係將該共同體繪製成五大圈域，本文為便於說明起見，乃參酌原著之區分，將之簡化為三大圈域。參見林英彥，1991，頁 205-207。

至三年輪替一次的休耕地，則成為村民豢養家畜的共同放牧地，直到再次為人耕種時，才由耕作者占用；作物收割之後，該地又恢復為共同使用。

3. **第三大圈域為村落共用地**：有廣大的林地與牧草地，供村民共同利用，通稱為「共用地」(allmende; common land)。起初，這種共用地任由村民砍伐樹木、蒐集落葉、牲畜放牧，卻造成濫伐、濫墾、濫用致土壤嚴重流失的不良惡果。嗣後乃由共同體規定團體規約，約束村民僅得按保有耕地面積比率高低來利用共用地，形同具有一定持分的共有型態，因此又稱為「總有」型態。

通常，村落共同體的每戶村民皆可配得上述三類土地，合稱為一單位「赫夫」(hufe)。每單位赫夫的大小，係按一家戶標準人口數的生活所需來衡量配給。只要是具有村民資格或身分，即對該共同體的土地享有使用、收益等經濟權能；但土地的處分、管理等支配權能，則歸屬村民組成之「共同管理人」(gesamtperson)，從而形成所有權分割的型態。因此，村民共組之管理團體具有「上級所有權」（obereigentum，即管理所有權），而各個村民則擁有「下級所有權」（untereigentum，即利用所有權）。

表面上言，共同體的村民得按戶均等分配這三類土地之面積，並得依耕地沃度肥瘠、位置優劣等條件而做調整；但實質上，因各戶人口數量不一，故僅得齊頭式公平而已。不過，如與前述的亞洲型土地制度相較，日耳曼型共同體將所有權分割為上級的支配權能與下級的經濟權能，並經由界定相當數量的財產權（如：限定伐木數量、放牧牲畜數量等），使之具有排他性，反而較能提升土地之利用效率。

對於古代日耳曼社會土地總有制的興衰與影響，德、法學者的見解素有不同。德國學者毛爾 (Maurer)、伊納瑪 (Inama) 等人，認為「總有制」在古代的日耳曼社會施行，爾後因村落自由民持續占耕而逐漸成為小地主，其中有些特權階級（君王、將軍等）將無主地加以接收，進而兼併自由民的土地，而成為大地主，封建的土地所有制於焉建立。法國學者福斯特 (Fustel) 則強調封建的土地所有制（莊園制），並非起源於日耳曼共同體制，而是從羅馬村社 (villa) 制直接演化而來。

不論封建土地所有制之起源為何，領主階層或支配階級均對「領有」之土地具有「領主權」，不僅包括賦役、納貢及軍事、制裁等經濟與非經濟權能，也包含土地的支配管理權能；至於為其耕作的農民則只能「保有」經營之土地（宅地與庭園、共用耕地、林牧共用地等類型）。此一上、下層級疊合的支配隸屬關係頗為類似「日耳曼型共同體」的「分割所有權」範型。隨著封建地租型態由勞動地租轉為實物地租、貨幣地租，農民的經濟能力增強，使得領主與農民間的土地權能關係產生消長變化，強勁的「下級所有權」終於逐漸取代趨弱的「上級所有權」（甲斐道太郎，1982：12-14）。

綜上所述，可知三類共同體之基本特徵雖不盡相同（見表 6-1-1），然漸有由共同所有型態逐漸轉化為兼容個人所有的趨向。臺灣原住民在原始社會的土地制度，是否也

表 6-1-1　原始社會共同體土地所有之型態

類型	形成基礎	所有型態	特質
亞洲型	血緣關係	統治階級所有	君主與貴族等統治階級，享有土地支配權。 佃民身分受限，須聽命利用土地。
希臘羅馬型	地緣關係	個人所有與共同所有並存	貴族與戰士等特權階級先占土地，實質支配土地，爾後形成排他性私有權，致使共同體所有與個人所有並存。 特權階級個人所有地，通常由奴隸事耕。
日耳曼型	地緣關係	質的分層所有（共同所有）	村落共同管理人享有「支配權能」（上級所有權）。 村民成員享有「經濟權能」（下級所有權）。

資料來源：顏愛靜、楊國柱，2004：15。

有上述共同體型態之基本特徵？抑或別樹一格？下一節將進一步析論之。

二、臺灣原住民傳統土地共有制度

原始社會的生產活動概以農耕、採集、漁獵為主，土地利用型態亦與之息息相關。一般來說，未開化民族係屬同一血族的氏族，在共同領域範圍內一起進行生產活動。又為共同營生，乃以血統、語言、宗教、地域或習俗為基礎，形成各種生產團體或社會團體。這些不同的團體組織因利用土地從事農耕、漁獵等活動，久而久之便成為土地所有者，而其組織成員則享有使用土地之權能。上述情形在臺灣原住民各族之間均曾有此現象產生，茲就幾種主要的土地利用類型予以說明。

一般而言，原住民各族（包括高山族與平埔族）的土地利用主要類型，有各部族之族眾聚集成社的社地、從事農耕的耕作地與休耕地（合稱農地）、共同狩獵的獵場，以及集體捕撈的漁場等。有關原住民各類用地之特質，將先以高山族為對象分述如下，再以平埔族為對象綜合析述之（顏愛靜、楊國柱，2004）。

（一）社地

自荷西、明鄭時期以來，臺灣的原住民均依其居住區域或種族，認定為「社」之團體（臺灣總督府臨時舊慣調查會，1910/1990：512）。習稱的「番社」即是原住民部落，有的是數十戶的集村，也有三五成群散布各處，再由小部落組成大部落。原則上，以一部落為一小社，或集數個部落為一大社；各社各有領域，然亦有二、三社共同擁有統治領域。而各社的專有領域，或數社共同領有境域範圍內的土地，即是社地（臺灣總督府臨時舊慣調查會，1915/1996：232-233）。在社地範圍內，族眾可自由行獵、開墾山林原野、開闢道路、採伐竹木、採取可供交換的天然物產，或自行建築住宅（東嘉生，1944/1985：5）。

（二）農地

原住民各族通常以焚墾輪休之山田農業為主要的生產方式，僅有阿美族在近世紀以來有較為進步之水田定耕式。山田（或旱田）多在坡地、叢林擇定「墾區」以事燒墾。由於不懂施肥，故連作三、四年後，地力用盡不適耕作，就放棄休耕，任茅茨雜木茂生，以待地力恢復（臺灣總督府臨時舊慣調查會，1915/1996：102）。因此，農地有「現耕地」與「休耕地」之別；至於未墾地因尚未墾殖，未能成「田」。由於作物栽種為地點較固定[3]、勞力較集約的生產方式，故耕種期間常由某個家族或家庭私用；一旦地力殆盡、棄耕拋荒，則休耕地又歸屬族眾、氏族或世系群所共有。這種耕種方式或稱之為「游耕」。為能明晰土地所有型態，當以「農地」合稱利用或拋荒之耕地，較為妥當（顏愛靜、楊國柱，2004）。

（三）獵場

狩獵是追逐野獸、生擒射殺，相當耗費體力的生產活動。然而，前述的農耕方式，從劃出墾區、除草隔火、掘取樹根、聚集焚燒，再整田、播種、中耕，以待收穫，整個耕作期間亦勞苦異常。故相較之下，狩獵仍屬「勞力粗放」，甚至是帶娛樂性質之生產方式。通常，狩獵有單獨或集體為之，然具有社會組織上意義者，則是組成狩獵團體（獵團）共同狩獵。狩獵經常是在各社或各部族的獵場內，由族眾自由單獨或集體進行，其範圍有者與各社專有領域，或數社共同領有境域之範圍相互一致（臺灣省文獻委員會，1995：378）。由於獵場的場界常與各社或部落的疆界相互一致，故獵團成員亦同屬戰鬥團體之人員（衛惠林，1965：71-87）。在一獵場內，亦有不同獵區之劃分，而由氏族、部落或特殊團體共同所有；且各個獵區通常有既定範圍，彼此不得相互侵犯。狩獵所獲的獵肉除分配給射殺有功的射手、獵犬主人外，剩餘部分則分給獵團內的族眾（如：泰雅族、賽夏族、布農族、鄒族等），頗符合「社會公平」（或「地利共享」）之理想（顏愛靜、楊國柱，2004）。

[3] 此處所指「地點固定」，係指「作物栽種」相較於「漁撈、狩獵」，仍屬生產地點較為固定的方式。惟因傳統的旱田墾耕方式並不施用肥料，連作日久必因地力減退而棄之，故須另闢地以代之，故仍屬「游耕農業」性質。

（四）漁場

漁撈是就溪流築堰捕取，或以線網張捕魚類，與狩獵同屬耗用體力的生產活動。捕魚通常是在山地的溪流或海上的漁域進行，統稱為「漁場」。原則上，各社或各部族在山溪捕魚有一定之領域（漁區），彼此不得相互侵犯。捕魚除施放魚藤麻醉魚類，且由一個或數個團體（漁團）共同進行外，亦可單獨進行。個人捕得之漁獲可歸個人所有，但共同捕得之漁獲須平均分配給族眾（如：泰雅族）。至於在海域捕魚，以雅美族為例，其係將海域依離海之遠近劃分為五級，一級近海區為平時捕魚區，三級近海區則是在飛魚汛期的漁區（臺灣省文獻委員會，1995：870-871）。各個村落各組船隊（漁團），在各自劃分的漁區內捕魚，相互尊重，少有糾紛（顏愛靜、楊國柱，2004）。

（五）宅地

原住民各族在選擇居住地點上雖有不同的考慮，惟可能有類似之處。以泰雅族為例，其居住地必須：(1) 便於農耕；(2) 適於防禦；(3) 合於衛生；(4) 卜為吉地。家屋通常離墳墓有一段距離，若家中已埋葬家長、家屬多位或有人橫死，則會遺棄現住房屋，遷移他處。另外，如有龜殼花等毒蛇出現屋內、接連發生病傷等不祥事端，或因耕作、防禦之需，也會他遷（臺灣總督府臨時舊慣調查會，1915/1996：65-66）。布農族則是經聚落人士允許，即可建屋居住；如有成員死亡而埋於屋內（屬傳統埋葬方式），則該地成為家庭私產，可為後代繼承（黃應貴，1992：380-381）。其他各族的宅地亦形同家族私產，可由子嗣繼承；但魯凱、排灣等族於建屋時須徵得貴族（或團主）同意，並納貢品（臺灣省文獻委員會，1995：572、623）。惟可推知，在所謂共同體經濟時代，宅地選擇理當不會離生產用地（如：耕地、獵場、漁場等）太遠，以方便農事或漁獵的進行（顏愛靜、楊國柱，2004）。

平埔族的土地利用類型原則上與高山族相當近似；其於漢人未至或尚未大量移入之前，屬於非固定性的聚落。根據《諸羅縣志》〈雜俗篇〉載：

「番社歲久或以為不利，則更擇地而立新社以居。移社先除草栽竹開附近草地為田園，竹既茂，乃伐木誅茅。室成而徙，卒舞而歌，互相勞苦，……。」

這裡所稱歲久陳舊或因病癘而認為不利，理當不是主因，為開闢草地成田園，以便栽種粟黍之類，可能才是主要因素。惟因平埔族之原始生產方式並不會利用犁耕與施肥，故地力減退及棄耕，另闢他地取代，如此易地多次的游耕結果便是距原住村落懸遠，往來不便，於是棄舊屋而在現耕地附近伐木建屋以居（洪敏麟，1972：14）。又於十七世紀之前，平埔族社會尚屬封閉獨立狀態，在生產經濟上，鏢漁獵鹿的重要性超乎農業；學者潘英海認為，這是因為漁獵採集生活先於農耕生活，經驗累積使技術進步，而旱田游耕需要頻繁易地，占用廣大空間，故其生產效率仍相當低落之故（臺灣省文獻委員會，1995：1041）。惟如以單位面積產值的觀念來看，游耕的生產力可能還是優於漁獵。漁獵與游耕皆由族長統一指揮，屬於團體行動，但是否另組各種生產組織，則無法得知（臺灣省文獻委員會，1995：1002-1003、1041）。

三、臺灣原住民傳統土地制度之變遷

大約在距今七千至五千年間，原住民的祖先陸續移入臺灣，展開史前的原住民文化。從石器時代到邁入金屬器時代，臺灣大致仍處於封閉的原始社會，少受外力的侵擾與衝擊；而原住民各族攸關於生產與生活的土地制度，就在這樣的環境下緩慢變化。由於年代久遠，且原住民各族沒有文字，欠缺詳實的記載，僅得藉助前人研究及考古資料，綜合研判這數千年來地制的變遷趨向及其內在影響力，分述如下（顏愛靜、楊國柱，2004）。

（一）生產結構由漁獵為首轉向墾耕並重，排他性共有權雛型初具

從歷史演化過程觀察，在農耕尚未出現以前，原始社會可能僅靠動物漁獵或植物採集共同為生，其活動領域遍及原始林地或漁域獵場，皆是族眾「共有財產」，但不具明顯排他性。嗣後，人口繼續增殖，以往生產方式已無法獲得充分食物，於是焚墾輪耕的技術應運而生，然而深山墾田異常辛苦，在耕種期間必須定居料理、集約勞動，故常由某家族占用，形成「排他性的共有財產」；如經族人認同，長期占管使用者就形同「私有財產」，可由子嗣繼承，從而提高使用效率。

就財產權觀點言，經濟學者咸認，在原始社會的狩獵、採集活動下，所有人均能自由使用土地資源，故會產生無效率的利用。相較之下，農業因在較小範圍進行，較易監督或約束成員活動不至於過度使用共同資源，故可建立較具排他性的財產權，生產效率相對較高 (North, 1981: 81-82)。然而，由臺灣原住民的祖型文化來看，其於遷徙來臺時，仍以漁獵為主，即使已知焚耕，也是技術粗劣。起初，人口緩慢成長，仍有相當的空間可供狩獵、漁撈與少量焚墾輪耕。嗣後，人口成長速度加快，漁獵仍是重要的生產方式，惟墾耕的比重逐漸加大。漁獵係由族眾自行獵捕，屬共有財之資源，可能會有動物存量瀕臨絕種之虞，而游耕是在限定範圍內占墾一段時間，現耕家族可獨享使用收益，又能累積經驗使技術改進，因而山田農業的生產效率高於漁獵和採集。不過，由於原住民各部族或各社或數社間常有劃定獵區、漁區，且分屬不同的獵團、漁團，彼此不得相互侵犯，這種略帶有排他性的財產權界定多少亦可避免資源耗竭，從而減低其利用

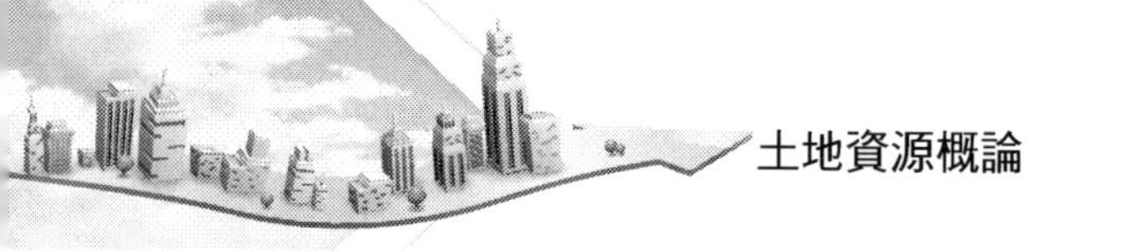

效率的不良後果（顏愛靜、楊國柱，2004）。

（二）社經組織逐漸形成，影響地用與地權結構

當原住民社會的生產結構由漁獵為主轉向墾耕比重趨增時，其與土地利用的關係漸趨密切，已不復以往的移動生活方式，而是定居在一定範圍內，逐漸形成聚落組織；亦即在農耕生產型態的基礎之上，形成所謂「村落」、「部落」或「番社」（東嘉生，1944/1985：10）。在這些部落或番社之下，因血緣、地域或風俗習慣等不同，會形成各種「親族組織」、「祭祀團體」、「狩獵團體」、「漁撈團體」及「攻守聯盟」，共用土地，共同營生。日積月累，相習成風後，形成不同的地用與地權結構。

一般而言，由團體狩獵與捕魚的獵獲物，除須特別歸屬有功人士外，其餘部分則均分給團體內的族眾，故漁獵方面的所得分配大致平均。然而，漁獵與天然採集所獲食物難以因應漸增的人口，乃不得不藉助山田焚墾的產物（如：穀類、藷類等）以彌補食物的不足。惟因這種農耕方式屬於勞力集約型，需占墾一段時期，收穫糧食由家族成員自行分享，無須分給其他族眾共食；也因此，家族將會量能墾耕，亦即在自行「管有」的「私有財產」範圍內，儘量提高土地利用效率。然現耕地連作一段期間，地力殆盡即須放棄耕作，休耕地則由族眾共有，成為「公有財產」，故地權往往不易為某個家族持續掌握支配。換言之，耕種家族僅得「限期」享有「經濟權能」，但無法掌有「支配權能」，而使地用效率無法提升至極致。

黃應貴 (1986) 曾指出，不同類型的社會團體，對於地權支配的持續性、穩定性亦有所差別。儘管其對各團體土地所有的型態，或各類用地為「公有」或「私有」的情況未加深入研析，然間或指出「土地制度變遷」的影響因素，縱然與單系或非單系的血族親屬制度息息相關，但社會組織結構係著重「層級分明」或側重「能人出頭」的體制，才是關鍵所在。因此，採「首領制」的魯凱及排灣兩族的貴族階級，傾向於長期領有統治範圍內的土地；但採「菁英制」而著重個人能力與貢獻的布農族，則因能人不斷出現，幾經易主而不易長期掌控地權（黃應貴，1986：4-19）。此處所指之「地權掌控」，當係獵場、漁區或農地之「支配權能」，而掌權的久暫自然也會影響共同體成員「經濟權能」的體現。依此推論，在傳統社會裡，著重「階級平等」、「強人崢嶸」的族群，常因內部不時存在對立不安之局面，而影響土地「支配權能」的取得，導致共同體成員地用「經濟權能」不易發揮至極致。相較之下，側重「階級分立」、「領袖統治」的族群因為有既定體制，可維繫長治久安，較能掌控土地「支配權能」，有利共同體成員發揮「經濟權能」，提升地用效率。

以上從原始社會共同體的型態，即可推論臺灣原住民（高山族）傳統社會的土地共有型態，稍具亞洲型或日耳曼型之特徵，然皆不致於偏離「分割所有權」之範型。約莫

在十七世紀以前，國家組織尚未形成，仍處於閉鎖式共同經濟體系，各族群在大小部落或社的體制下，組成各種團體，進行土地利用，故其地制變遷之大致趨向為：生產型態由漁獵為首轉向墾耕並重、排他性共有權之雛型初具、社經組織逐漸形成並影響地用與地權結構。雖然本文所論係以「高山族」原住民傳統地制為對象，僅以少量篇幅論及「平埔族」傳統地制之情形，惟從極為有限的文獻判斷，平埔族本質上與高山各族的基本類型應不致相去太遠，例如：巴宰海族的土地屬部落共有制，其農作型態亦屬旱田游耕燒墾及漁獵方式（陳秋坤，1994：69-72）。而自荷蘭、明鄭時期以降，隨著外來勢力的介入，打破了以往均衡的地用與地權結構，使得臺灣原住民（尤其是平埔族）的生存領域起了巨大變化，也影響其地制迅速變遷（如圖 6-1-1 所示）（顏愛靜、楊國柱，2004）。

綜合上述，臺灣原住民傳統的土地制度雖然與現代土地權利制度有所區別，然而隨著時空的改變、社會的變遷，原住民傳統地權及地用結構已逐漸朝向商品經濟、資本主義轉變，趨近於現代地權及地用結構，尤其日治時期建立高砂族保留地制度之後，此種改變愈趨明顯。下節將討論日治時期高砂族保留地制度之建構。

第二節　日治時期高砂族保留地制度之建構

清光緒 21 年（1895 年），日本與滿清政府媾和簽訂「馬關條約」而占領臺、澎及

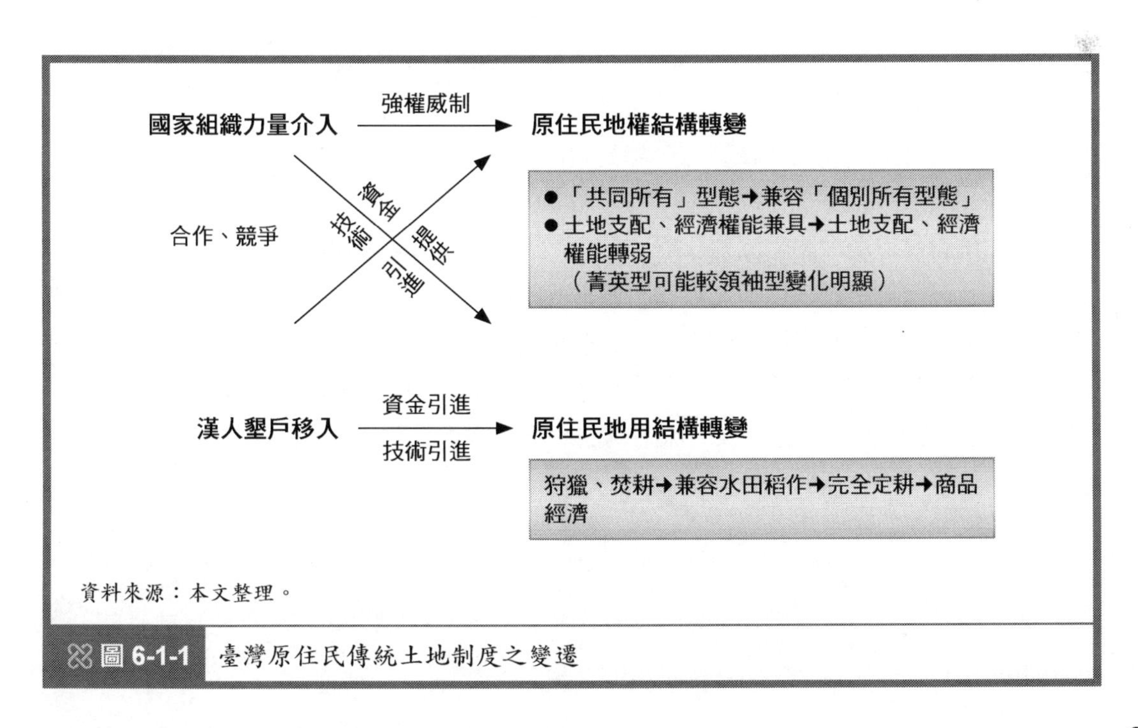

資料來源：本文整理。

圖 6-1-1　臺灣原住民傳統土地制度之變遷

相關島嶼，自此日本實現了從明治維新以來覬覦臺灣的野心[4]。日治時期將原住民分為居住於平原地帶一般行政區域的「歸化原住民」（又稱「熟番」或「平埔番」），以及居住於山地行政區的「未歸化原住民」（又稱「生番」或「高山番」）。這種區分係著眼於原住民的開化程度，例如：當時的官方出版書籍所稱之「生番」，係指未服教化、未納番餉或未服公役者；反之，則稱之為「熟番」。由於歸化原住民居住於一般行政區域，開化程度較高，因此他們的地權制度皆類同於混居之漢人社會。至於未歸化原住民則留居山地，漢化程度低，日本政府對其地權採取不同的處理方式，本文底下將針對未歸化原住民說明之。

一、高砂族保留地制度之形成與配置分析

日本統治臺灣後，殖民政府為推展治臺政策，在山地方面更進一步實施有別於平地人的理番政策。首先透過界定「山地」的範圍來侷限未歸化原住民的居住活動區域，其次則否定其對土地的權能資格。

有關山地範圍之界定，一向有三種見解：其一為《臨時臺灣舊慣調查會第一部報告書》所載「山地與非山地之界線在於隘勇線，一旦越過隘勇線外，則宛如進入敵國，生命及財產均無法受到保障」；其二為樟腦專賣局長主張「以原住民會出草殺人之危險地區」；其三為總督府決議「依從來經於山地附近之漢人慣稱為山地之地區」（臺灣省文獻會，1998：241-242）。由於本文在探討日治時期原住民土地制度之變遷機制與過程時，涉及總督府治理原住民之政策措施，故採總督府對於山地之分法。

上述漢人慣稱為「山地」之範圍，乃本書所要瞭解之未歸化原住民的土地，其面積規模依文獻記載[5]，屬於原住民之土地面積為 1,633,930 甲，占全臺總面積 3,703,983 甲之 44.1%；若加上原住民居住接近山地之邊緣谷地，則總面積為 1,664,068 甲，占全臺總面積之 44.9%。

殖民政府界定了未歸化原住民居住的山地範圍後，即將這些山地區域劃為特殊行政區，並設置撫墾署專責「理番」事務（藤井志津枝，1997：21），以有別於漢人居住的普通行政區。再者，殖民政府顧慮強取上述「生番」地時，會落人「政府侵占民產」之口實，故乃藉口否定未歸化原住民對於「山地」古來之所有權利（岩城龜彥，1936：108），再透過國家制定法令，以法治為由而全面侵占「生番」的活動領域，達到殖民

4 日本於 1871 年至 1874 年藉口臺灣原住民殺害琉球漂流至屏東附近海域之難民，而出兵攻臺時，即有染指臺灣之野心。有關上述的歷史事件，藤井志津枝 (1997) 在《日本軍國主義的原型－剖析 1871-1874 年臺灣事件》一書中有詳細敘述。

5 本資料引自韓西庵 (1951)，但日人山邊健太郎 (1971) 著作所載之原住民土地總面積則有 1,681,482 甲（頁 498），而日人岩城龜彥 (1936) 的著作中記載為 1.088 方里，占全臺總面積 2,332 方里之 46.6%。雖然所引數據不盡一致，但有關原住民的地權概況不會相去太遠。

政府開拓山地資源的目標。

總之，由於殖民政府在意識型態上已將未歸化原住民視為禽獸，且否定其享有山地資源之人格，故明治 28 年（1895 年）11 月殖民政府以日令第 26 號頒布《官有林野及樟腦製造業取締規則》。綜合該規則之內容要旨有三：其一，殖民政府將廣大山林原野透過第1條規定之要件而轉換成官有地；其二，殖民政府以前清政府核發之執照為憑管制平地人入山伐木、開墾及製腦，以排除平地人入山侵奪官有之山林資源；其三，殖民政府透過重新申報程序，以充分掌握山林經營者之動向（林瓊華，1997：134-135）。藉由《官有林野及樟腦製造業取締規則》將清政府勢力未及之化外「山地」全數歸屬國有，形式上係屬坦然正當，但也就此種下往後未歸化原住民與殖民政府衝突不斷的禍源。

大正 14 年（1925 年），殖民政府繼官有林野整理事業之後，由總督府殖產局進行十五年森林計畫事業，其主要目的除治權之改良、國土之保安及林產供需之調節外，更企圖藉此深入山地以進行詳細的調查。依明治 13 年（1938 年）10 月總督府殖產局第 3523 號文「蕃人使用保留地面積標準有關要件」，特別將「臺灣森林計畫事業規程」中的官有林野區分調查所劃定出來的準要存置林野，特稱為「高砂族保留地」。根據該號文之內容，殖民政府設置高砂族保留地之理由，在於保護未歸化原住民的生產權益，故特別在官有林野中劃出一塊土地，供其生活上的各項需求，所保留的範圍屬於準要存置林野的部分，於森林計畫事業報告書中記載為「高砂族所要地」。

準要存置林野的劃定標準，係依照昭和 13 年（1938 年）第 81 號訓令頒布之《森林計畫事業規程》第 8 條規定符合下列各項者：

1. 因軍事上或公共安全上有必要保留為官有者。
2. 因未歸化原住民生活上需要保留者。
3. 因「理番」上為獎勵未歸化原住民移居需要特別保留者。
4. 上述原因外，將要成為存置林野者。

上揭準要存置林野項目中，涉及關於未歸化原住民生存空間者，為第二項與第三項。這些提供未歸化原住民生存使用之土地總面積，係以平均每人所需之土地面積標準來計算。而每人所需土地面積標準為：

1. 定住地：平均每人 0.2 公頃。
2. 耕作地：平均每人 1.8 公頃。
3. 用材燃料採取共同地：平均每人 0.5 公頃。
4. 畜牧、其他產業增進用地及災害預備地：平均每人 0.5 公頃。

依照上述每人用地需求面積標準計算出「未歸化原住民需要之高砂族保留地約為26萬甲（即24萬公頃）」（林佳陵，1996：61；林瓊華，1997：176-177）。

從殖民政府透過保留地劃定面積之計算方式，可以理解統治者所提供未歸化原住民生活上各項需求之目的，其實就是要改變他們原始狩獵燒墾的生產型態，朝向定耕農業的生產型態進行。同時在規劃保留地面積時，也一併考慮獎勵未歸化原住民移居所需準備的土地，可見統治當局已預先規劃集團移住的治理策略，並與保留地規劃結合在一起，埋下日後未歸化原住民集團移住之種子。嚴格而言，殖民政府透過森林計畫事業設置未歸化原住民保留地，真正的意圖是方便「理番」，並改變未歸化原住民的生產型態，為奠定山地經濟資本化工程而鋪路。

此外，殖民政府劃設高砂族保留地之措施，亦成為未歸化原住民地權流失的關鍵。日治初期，殖民政府認定屬於未歸化原住民生存活動的領域大約有1,664,068.9甲，但是在昭和3年（1928年）總督府劃設「準要存置林野」，計算出未歸化原住民需要之高砂族保留地約為26萬甲（即24萬公頃）。換言之，在殖民政府劃設高砂族保留地後，未歸化原住民的地權領域已從166萬甲大量流失減為26萬甲。這種劇烈的地權流失，實係殖民政府運用強大的國家力量迫使未歸化原住民的土地領域限縮而致（參見圖6-2-1）（顏愛靜、楊國柱，2004）。

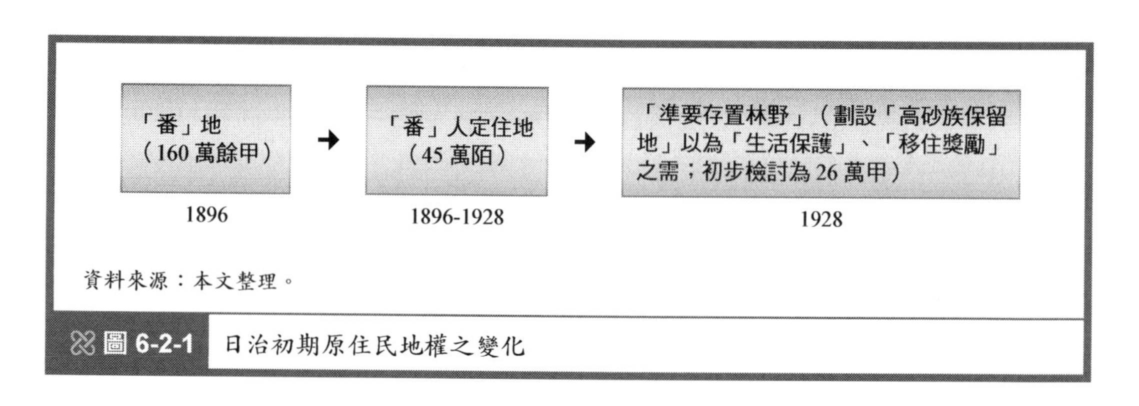

圖6-2-1 日治初期原住民地權之變化

二、高砂族保留地制度之形成過程

日本政府實施高砂族保留地制度，限縮原住民的生活空間及推動水田定耕，企圖以增加農業產量來降低原住民在經濟因素上對狩獵之需求。然高砂族保留地的劃設，理當按前述文件之規定標準予以執行；但在實際上因欠缺考量，倉促行事，滋生不少糾紛。概要言之，有如下兩點（顏愛靜、楊國柱，2004）：

（一）僅以地形圖就部落與現耕地分布劃設，並未考量傳統輪耕之休耕地，以致於越界墾殖問題層出不窮

總督府殖產局在劃設保留地時，並未按照上開標準編定；且區分時係以原住民居住部落為中心，在五萬分之一的地形圖面予以劃定保留地範圍，並未經過實地勘測。其中，陡坡、峭壁、斷崖、溪澗等不能耕種的土地，均一併劃入。藤井隆 (1930) 批評這是以「地勢急峻、處處是斷崖與崩塌地」的地區做為準要存置林野（頁 108-109）。

再者，原住民傳統上係採「輪耕法」耕種，亦即先砍伐、焚燒地物，做為肥料。待耕種二、三年，地力消耗殆盡時，便休耕另覓他處再以同樣方式開墾，而休耕年數短則四、五年，長亦達十年、二十年（岩城龜彥，1936：92-93）。惟因殖產局係依森林計畫調查結果劃設保留地，並未蒐集詳實資訊（如：查訪原住民，瞭解其耕作習性）調整劃設程序，因此限定原住民只能在保留地內從事生計活動之規定，並未發揮實質的約束作用。故當主管理「番」事務的警務局展開「番地開發調查」時，往往發現原住民並不侷限在準要存置林野之土地上耕作，反而在要存置林野之土地上，不但種有陸稻及粟等輪作或旱田作物，甚至有永久性的水田及埤圳等工作物存在（李敏慧，1997：33；岩城龜彥，1936：37），由此顯示殖產局在區分調查時只是規模粗略，事後亦未有嚴禁「越界耕作」之處置措施，導致日後紛擾不斷（顏愛靜、楊國柱，2004）。

（二）限量土地按人均分配方式，難以因應實際生活所需

保留地的劃設係採按人核計之限量分配方法，表面上看起來十分公平，然因每戶人口數逐年增加，除非從速劃設與確認，否則以限量土地來因應原住民遞增的人口，自會產生不敷實際生活所需的困難。以昭和 9 年（1934 年）為例，山地「番」人數為 93,598 人，但依據殖產局森林調查後之調整劃設面積 243,924 陌按人均分配，只能配給 84,544 人，且每人配地面積不過 2.885 陌，其餘的 9,054 人必須遷往其他適合居住與農耕之地（岩城龜彥，1936：301-302）。換言之，保留地劃設之後，部落傳統的生活領域被強制限縮，導致土地的贍養力不足，埋下日後不得不採「集團移住」之根源。

於高砂族保留地劃設之後，經日本第 58 回帝國會議通過「番地開發調查事業」，其中一項即為「番人所要地調查」，自昭和 5 年至昭和 14 年（1930 年至 1939 年）間分三階段辦理。第一階段為昭和 5 年至昭和 9 年（1930 年至 1934 年）間，主要調查未歸化原住民所要地及集團移住地（包括全部移往之番社及部分移往之番社）。第二階段為昭和 10 年至昭和 12 年（1935 年至 1937 年），主要調查未歸化原住民應移住部落的移住適地，並進行移住適地之水田開墾、圳路開鑿等設計。第三階段為昭和 13 年至昭和 14 年（1938 年至 1939 年），主要調查未歸化原住民所要地境界及每人使用地情

況。此調查工作係繼林野調查事業、官有林野整理事業及森林計畫事業之調查成果後，更細緻的調查未歸化原住民所要地及集團移住地。

本項調查係由總督府警務署職員執行，根據每一調查區內未歸化原住民之戶數、人口及生活狀況計算所要地面積。倘若調查區內之土地狀況不適宜做未歸化原住民所要地，則另於其他調查區查定之。至於未歸化原住民所要地之地域區位，原則上先選擇官有林野中已區分為準要存置林野之山地，其次為山地中之官有林野或普通行政區域內之官有林野。

雖然岩城龜彥 (1936: 14) 認為「生番」開發調查的目的在確立未歸化原住民的生活安定，但是從本項調查實施方法要綱規定之內容觀之，殖民政府利用警察權調查未歸化原住民部落關於個人擁有、利用土地的情形及生活概況，無疑在掌握未歸化原住民社會的土地利用資料，為日本企業家進入未歸化原住民生息領域尋找企業發展的可能根據地（吳密察，1993：210-211）。

暨「番人所要地調查」之後，昭和 11 年（1936 年）至昭和 14 年（1939 年）間，總督府進行為期四年的「山地開發現狀調查」，其用意與上述各類調查事業不盡相同，完全是一種經濟利益為目的之調查工作，從下述《山地開發調查要綱》記載之內容即可知其梗概。該調查要綱說明調查之目的有：

1. 在山地尋求農林業及牧畜業之富源。
2. 開發山地金屬礦物、石灰、石油等礦業資源。
3. 開發山地水電資源。
4. 擴張山地新耕地，解決臺灣本島普通行政區域耕地不足之問題。
5. 以山地生產之蔬果、牛乳、乳製品提供本地住民並開拓南洋市場。

「山地開發現狀調查」係基於經濟因素，重新檢討依森林計畫事業劃做高砂族保留地之準要存置林野部分，意欲將之解除移供栽植企業地域，或招徠日本內地移民，而非為了保障原住民之生活，其目的完全與「番人所要地」調查不同。何況，如將這些準要存置林野面積移做事業地等用途，恐將減少高砂族保留地面積，不利原住民之生存發展。雖然總督府藉由劃設高砂族保留地來安撫原住民因傳統活動、生息領域被侵奪之不滿，但是在考量其經濟利益的前提下，仍不免透過解編保留地之方式，以達扶植企業家開發山地利源的目標。這其中不無在獎勵區域由企業家指導原住民進行企業栽植之化育或習技功能，惟其目的係在利用當地原住民，來解決企業家因企業栽植所需之勞力需求，並非基於增進原住民福祉之意圖。

在「番人所要地調查」、「山地開發現狀調查」完成後，總督府重新調整各地的配置保留地。按臺灣總督府警務局 (1942) 做成之「高砂族所要地調查書」資料，經過總督府詳細調查後，總計原住民族生活需求之保留地面積達 277,314 甲，平均每戶 12.8 甲，平均每人 2.3 甲，仍低於森林計畫事業計算保留地面積之標準（每人 3 陌為限，合約 3.093 甲）。各州廳需求的保留地面積，除臺南州配置給每個原住民的保留地達到計算標準外，其餘各州配置給每人的平均面積均少於標準面積，尤以高雄州（1.5 甲）及花蓮港廳（1.6 甲）最少，甚至少於森林計畫事業劃設之每人平均面積。究其原因，在於部分原劃設之高砂族保留地被總督府指定為企業栽植預定地，因而遭致削減。再者，所要地總面積多於森林計畫事業劃設之高砂族保留地總面積達 65,000 餘甲[6]，其原因在於前者係依據實際調查之原住民族人口數[7]及生活所需土地為計算基礎[8]，後者僅按辦理森林計畫事業時，居住於「番地」區域之原住民族人數設算，且只在圖面上圈劃所需面積而已，故兩者有相當之差距（參見圖 6-2-2）（顏愛靜、楊國柱，2004）。

於日治時期，日本總督府建立高砂族保留地制度，執行定耕、集團移住等政策，務求完全控制原住民族，亦使原住民族所能使用之土地受到限制。土地制度的改變嚴重影響其生活、文化、經濟與社會發展之情形，而臺灣光復後更延續此保留地制度，使原住民族無法克服面臨的困境，而深陷泥淖。下節將討論臺灣光復後原住民保留地制度之形成與演變。

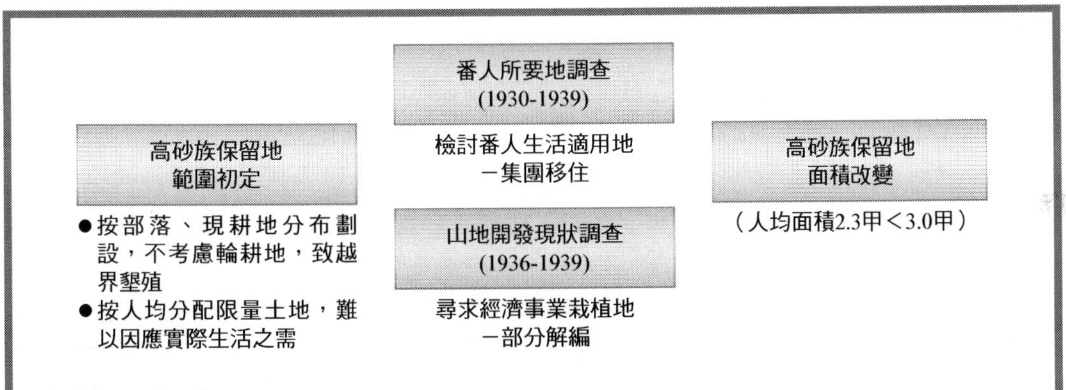

高砂族保留地
範圍初定

- 按部落、現耕地分布劃設，不考慮輪耕地，致越界墾殖
- 按人均分配限量土地，難以因應實際生活之需

番人所要地調查
(1930-1939)

檢討番人生活適用地
－集團移住

山地開發現狀調查
(1936-1939)

尋求經濟事業栽植地
－部分解編

高砂族保留地
面積改變

（人均面積2.3甲＜3.0甲）

資料來源：本文整理。

圖 6-2-2　日治時期高砂族保留地範圍之變化

[6] 森林計畫事業劃設之高砂族保留地及前已劃定之保留地計有 205,192.40 陌，合約 211,553.36 甲。

[7] 於「番人所要地調查」中，所計算之番人數及番人所要地時，已包含居住平地行政區域之原住民族人數，例如：臺東廳或花蓮港廳。

[8] 各州廳配置（或決定）番人所要地面積之年期並不相同，大約在 1930 年至 1939 年間完成；嗣後亦追加配置，惟其數量不多。本表所呈現數字，為總督府警務局理番課於 1942 年的資料，為截至 1939 年為止之累計數值。

第三節　臺灣光復後原住民保留地制度之形成與演變

一、原住民保留地制度之形成

日治時期於 1928 年依《森林事業計畫規程》劃設之「高砂族保留地」，雖因殖民政府開發山地資源之需而迭有更動，整體上仍屬原住民生活、使用之空間。二次世界大戰後，臺灣於民國 34 年重歸我政府統轄，在光復後由臺灣省行政長官公署綜理山地行政，仍承襲舊制且仍屬於國有土地。觀察臺灣省行政長官公署時期之「臺灣地政統計」，上載番地為特殊行政區域，而平地為普通行政區域，而公有土地中包含「高山族保留地」、學校演習林地、其他山林原野及未登錄之地道溪河等（臺灣省行政長官公署民政處地政局，1947：19、37），可見當時仍將番地列為特殊行政區域，且將日治時期之「高砂族保留地」改稱「高山族保留地」。

民國 36 年臺灣省政府成立，鑑於山地社會仍處於文化落後、生活艱困的狀態，認為應在三民主義扶助弱小民族的基本國策下，重建山地社會，給予原住民有力之保護與扶植，俾改善其生活，提高其地位（宜蘭縣政府，1980：10）。臺灣省政府爰組成專案小組，幾經研究，決定將承襲日治時期「準要存置林野」之土地重新命名為「山地保留地」，專供維護原住民生計及推行山地行政之用，並訂定《臺灣省各縣山地保留地管理辦法（草案）》做為管理與開發山地保留地之依據，呈奉行政院核准，於民國 37 年 7 月 15 日發布施行。當時，保留地尚未經測量登記，除少數地區因實際需要與其他國有林班地交換劃編調整外，大體上仍維持日治時期「高砂族保留地」之範圍，奠定了今日原住民保留地制度之基礎（洪泉湖，1992：153；張奮前，1962：20）。

《臺灣省各縣山地保留地管理辦法》第 2 條規定：「本辦法所稱山地保留地，係指日治時代因維護山地人民生計及推行山地行政，所保留之國有土地及其地上產物而言。」換言之，光復後留設之「山地保留地」係承襲日治時期所劃設專供原住民使用之土地。至於其政策意義，依同辦法第 1 條規定，乃在於安定山地人民生活、發展山地經濟，係基於三民主義扶助弱小民族的基本國策，似與日治時期基於開發山地經濟的理「番」政策目標截然不同。至於這些保留地的權屬為何，依據《臺灣省土地權利清理辦法》第 8 條規定：「經前臺灣總督府依據土地調查及林野清理之結果歸公有之土地概不發還。」理當視為國有土地，故於上述管理辦法第 2 條指稱「山地保留地」為國有土地（顏愛靜、楊國柱，2004）（參見圖 6-3-1）。

高砂族保留地	訂頒《臺灣省各縣山地保留地管理辦法》	山地保留地
1945	安定山地人民生活、發展山地經濟	1948

資料來源：本文整理。

圖 6-3-1　光復初期山地保留地之變遷

二、原住民保留地制度之演變

雖然各山地鄉公所曾依上開管理辦法第 19 條規定，調查區分山地保留地為居住地、耕作地及牧畜兼其他產業增進地等用途，但礙於人力、財力不足，故一直沒有進行實地勘測作業。迄於民國 47 年，政府始展開全島 30 個山地鄉及 6 個平地鄉的保留地測量工作，直到 55 年辦理完成，前後歷經九年。民國 55 年所進行之土地調查，目的有四：(1) 調查土地性質，編查為宜農、宜林、宜牧等三種用地；(2) 合理調整分配土地；(3) 確定保留地與其他公有土地之界線；(4) 以為賦予原住民土地所有權之依據（內政部，1996：33-34）。

爾後，省政府乃在民國 55 年辦理保留地調查工作，當年同時修正實施《臺灣省山地保留地管理辦法》第 8 條，明定地籍測量完竣地區之原住民對其所使用之山地保留地依規定取得土地權利：(1) 農地於登記耕作權後繼續耕作滿十年，無償取得土地所有權；(2) 建築用地登記地上權繼續無償使用，於上述農地移轉時，隨同一併無償移轉（管理辦法，第 7 條）。此外，並明定原住民使用山地保留地之面積標準，按人口訂定每人使用土地面積之最高限額為：(1) 田地目為 0.2 至 0.4 公頃；(2) 旱地目為 0.4 至 0.8 公頃；(3) 林地 1 公頃。

全省的山地保留地經調查測量後，於民國 55 年，共得山地保留地總面積為 240,634.2819 公頃（合約 248,093.9446 甲），其中山地原住民保留地有 228,656.8639 公頃（占 95.02%，合約 235,745.2267 甲），平地原住民保留地有 11,977.4180 公頃（占 4.98%，合約 12,348.7180 甲）。如以縣別來看，以屏東縣保留地面積最大；如以鄉別來看，則以南投縣仁愛鄉的保留地面積最大。而臺北縣的烏來鄉（現新北市烏來區）保留地，為山地原住民保留地中面積最小者；新竹縣的橫山鄉保留地，則為平地原住民保留地中面積最小者。若按土地利用類別區分，宜農地的比率占 19.24%，宜林地的比率占 73.68%，宜牧地的比率占 1.20%，其他保留地也只占 5.88%。

後於民國 79 年，臺灣省民政廳山地行政處升格為「臺灣省山胞行政局」，配合修正《山胞保留地開發管理辦法》，提高位階由行政院發布，將「山地保留地」改稱「山胞保留地」。及至民國 83 年，歷經十年原運團體爭取的「原住民」正名運動終於成功，政府修改憲法增修條文，將「山胞」改稱「原住民」，於 84 年訂定《原住民保留地開發管理辦法》，將「山胞保留地」改為「原住民保留地」。

自光復以來，由於原住民人口日益成長，而保留地限於地理區位，可供開發使用之土地極其有限；加上隨著臺灣的整體經濟發展，平地人民不斷湧入山地社會尋求發展機會，或合法租用保留地，或非法占用、讓售保留地，更使原本就人地不均的山地社會愈感土地不足。因此，原住民社會於民國 77 年、78 年、82 年先後三次發起「還我土地運動」，訴求政府返還原住民自日治時期喪失的土地產權。

在劃編保留地方面，按民國 78 年年底行政院核定《臺灣省山胞原居住使用公有土地劃編山胞保留地要點》（後改稱《臺灣省原住民原居住使用公有土地劃編原住民保留地要點》，現稱《公有土地劃編原住民保留地要點》），處理平地原住民取得承租權後仍無法取得土地所權之訴求。於民國 79 年至 81 年間，經由原住民申報，由鄉鎮市區公所查勘、審核，而將原住民原居住使用公有土地劃編為保留地者，計有基隆市、屏東縣、臺東縣、花蓮縣、桃園縣等地之面積共 284.4619 公頃，其中經辦妥移交土地之面積為 117.0254 公頃。這些劃編妥當之保留地將由各縣市政府督同鄉鎮公所輔導原住民取得土地權利並賦予所有權，以滿足所需。

由於三次大型的原住民社會運動引起臺灣社會極大的震撼，甚至衍生不同於「省籍情結」的族群衝突，政府為妥善解決用地不足的問題，乃依據「臺灣省山胞社會發展方案」（民國 83 年修正為「臺灣省原住民社會發展方案」）策劃保留地增編業務，並研訂《山胞使用山地保留地以外公有土地及預定增編山地保留地會勘處理原則》（現改稱《原住民使用原住民保留地以外公有土地增編為原住民保留地會勘處理原則》），經相關單位就縣市、鄉鎮建議增編土地，辦理會勘、研商，核認符合該原則者，報經行政院核定後，分二階段辦理增編作業。第一期（民國 80 年至 82 年）計畫增編保留地 13,221 公頃，第二期（民國 83 年至 84 年度）計畫追加增編保留地 3,294 公頃；而於民國 84 年至 87 年間申請漏報增編之保留地，94 年第一批核定者有 4,026 公頃，合計 20,541 公頃。自民國 56 年確定總面積為 240,634 公頃起，原住民保留地範圍經過多次增劃編，截至 94 年原住民保留地總計有 261,459 公頃（行政院原住民族委員會，2006b：96）（參見圖 6-3-2）。

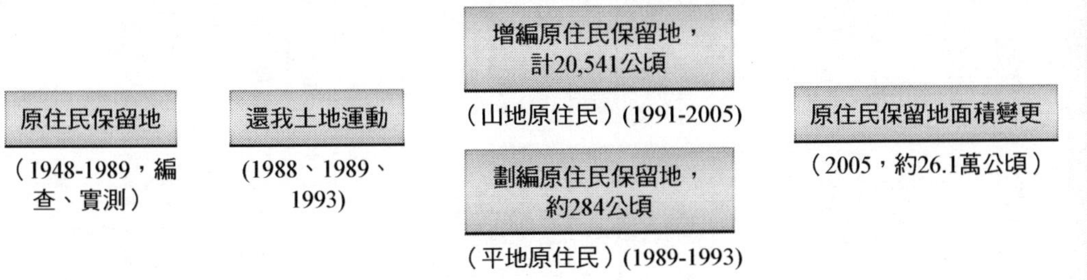

原住民保留地
（1948-1989，編查、實測）

還我土地運動
（1988、1989、1993）

增編原住民保留地，計20,541公頃
（山地原住民）(1991-2005)

劃編原住民保留地，約284公頃
（平地原住民）(1989-1993)

原住民保留地面積變更
（2005，約26.1萬公頃）

資料來源：本文整理。

圖 6-3-2　原住民保留地增劃編過程

三、原住民保留地之分布現況

（一）原住民已取得或設定之權利分配

按行政院原民會 (2009b) 統計，迄民國 98 年止，原住民取得原住民保留地之所有權者有 97,488.088 公頃，計 271,558 筆；原住民取得地上權者有 25,422.416 公頃，計 47,221 筆；原住民取得耕作權者有 9,215.705 公頃，計 35,532 筆。總計原住民取得原住民保留地之權利者共 132,126.209 公頃，計 354,311 筆，已分配人數有 106,158 人。然而，全臺原住民保留地共有 279,590.33 公頃，計 470,469 筆，以面積計之，原住民取得原住民保留地之權利者僅 47%，未及半數。

從縣市觀之，屏東縣擁有全臺約 24% 的原住民保留地最多，有 67,009.067 公頃，104,619 筆。其中，原住民取得原住民保留地之權利者共 36,053.588 公頃，計 82,809 筆，已分配人數有 25,319 人；臺東縣次之，有 57,883.827 公頃，計 62,345 筆，其中原住民取得原住民保留地之權利者共 17,924.432 公頃，計 43,224 筆，已分配人數有 16,336 人。最少者為基隆市，僅 3.359 公頃，計 45 筆，其中原住民取得原住民保留地之權利者共 0.436 公頃，計 312 筆，已分配人數有 101 人。參見表 6-3-1。

另外，按行政院原民會民國 101 年 9 月原住民保留地非都市土地統計結果，合計為 259,946.562 公頃，379,222 筆。各類用地編定為：(1) 林業用地最多，面積計 172,710.137 公頃，126,363 筆，占全臺 66.44%；(2) 農牧用地次之，面積計 73,411.841 公頃，169,986 筆，占全臺 28.24%；(3) 建築用地則有 1,366.372 公頃，45,590 筆，占全臺 0.53%，參見表 6-3-2。

表 6-3-1 原住民保留地權屬統計表

縣市名	所有權部						他項權利部						原住民權利合計		
	中華民國		原住民		小計		地上權		耕作權		小計				
	面積（公頃）	筆數	面積（公頃）A	筆數 A1	面積（公頃）	筆數	面積（公頃）	筆數	面積（公頃）	筆數	面積（公頃）B	筆數 B1	面積（公頃）A+B	筆數 A1+B1	已分配人數
基隆市	3.359	45	0	0	3.359	45	0.436	312	0	0	0.436	312	0.436	312	101
臺北縣	1,603.559	4,660	637.424	3,205	2,240.983	7,865	450.266	2,001	19.804	572	470.07	2,573	1,107.494	5,778	1,251
宜蘭縣	9,801.464	12,777	5,061.350	17,700	14,862.814	30,477	1,234.029	1,714	527.384	1,913	1,761.413	3,627	6,822.763	21,327	5,822
桃園縣	9,482.609	19,870	2,976.326	14,666	12,458.935	34,536	2,107.250	5,386	482.595	4,628	2,589.845	10,014	5,566.171	24,680	6,242
新竹縣	8,515.352	12,933	11,428.59	25,646	19,943.942	38,579	2,705.862	4,296	526.679	2,535	3,232.541	6,831	14,661.131	32,477	7,919
苗栗縣	3,926.657	6,509	4,689.999	14,791	8,616.656	21,300	542.500	1,207	187.162	1,033	729.662	2,240	5,419.661	17,031	3,374
臺中縣	6,027.916	13,351	730.188	3,638	6,758.104	16,989	206.225	732	566.986	3,202	773.211	3,934	1,503.399	7,572	3,634
南投縣	2,4862.25	29,158	8,148.848	25,218	33,011.098	54,376	3,183.773	5,219	1,911.416	7,299	5,095.189	12,518	13,244.037	37,736	12,572
嘉義縣	2,796.281	2,630	4,218.947	7,575	7,015.228	10,205	1,530.756	1,763	618.716	1,014	2,149.472	2,777	6,368.419	10,352	2,290
高雄縣	10,380.147	8,102	6,685.438	13,705	17,065.585	21,807	2,195.946	3,088	431.407	1,073	2,627.353	4,161	9,312.791	17,866	4,739
屏東縣	39,226.318	39,000	27,782.749	65,619	67,009.067	104,619	6,587.192	12,380	1,683.647	4,810	8,270.839	17,190	36,053.588	82,809	25,319
花蓮縣	21,458.497	21,781	11,262.235	45,545	32,720.732	67,326	1,973.702	4,475	905.95	3,127	2,879.652	7,602	14,141.887	53,147	16,559
臺東縣	44,017.833	28,095	13,865.994	34,250	57,883.827	62,345	2,704.479	4,648	1,353.959	4,326	4,058.438	8,974	17,924.432	43,224	16,336
全省總計	182,102.242	198,911	97,488.088	271,558	279,590.330	470,469	25,422.416	47,221	9,215.705	35,532	34,638.121	82,753	132,126.209	354,311	106,158

資料來源：行政院原住民族委員會，2009b，全國原住民保留地權屬統計表。

表 6-3-2　原住民保留地非都市土地編定使用類別統計表　　面積單位：公頃

用地別		全省總計	用地別		全省總計
甲種建築用地	面積	47.08	生態保護用地	面積	1.408
	筆數	1,586		筆數	11
乙種建築用地	面積	799.127	國土保安用地	面積	2,588.492
	筆數	30,053		筆數	1,754
丙種建築用地	面積	496.479	墳墓用地	面積	221.015
	筆數	13,880		筆數	574
丁種建築用地	面積	23.686	特定目的事業用地	面積	1,394.975
	筆數	71		筆數	5,189
農牧用地	面積	73,411.841	鹽業用地	面積	0
	筆數	169,986		筆數	0
礦業用地	面積	383.617	窯業用地	面積	0
	筆數	499		筆數	0
交通用地	面積	1,497.068	林業用地	面積	172,710.137
	筆數	19,021		筆數	126,363
水利用地	面積	632.747	養殖用地	面積	5.267
	筆數	3,305		筆數	40
遊憩用地	面積	375.333	暫未編定	面積	5,358.29
	筆數	910		筆數	5,980
古蹟保存用地	面積	0	合計	面積	259,946.562
	筆數	0		筆數	379,222

資料來源：行政院原住民族委員會，2012，全國原住民保留地非都市土地編定使用類別統計表。

（二）保留地違規使用之情形

按行政院原民會 (2009a) 於民國 98 年 11 月所進行的原住民保留地平地人使用情形統計結果，可知現由平地人使用者達 21,231.505 公頃，占全臺原住民保留地面積之 8%，其中原住民保留地違規使用面積達 15,001.835 公頃，占平地人使用之保留地面積 70.66%，占全臺保留地面積 5.7%，其中林業用地有 7,751.83 公頃，6,824 筆，農業用地有 6,059.847 公頃，11,102 筆，建築用地有 97.48 公頃，2,133 筆，其他用地有 1,092.678 公頃，4,100 筆（參見表 6-3-3）。

從縣市觀之，原住民保留地違規使用情形比例最高為南投縣，達 4,168.94 公頃，占全臺違規使用之保留地面積 27.79%；臺東縣次之，達 2,543.657 公頃，占全臺違規使用之保留地面積 16.97%；屏東縣第三，達 2,300.771 公頃，占全臺違規使用之保留地面積 15.34%。

表 6-3-3 原住民保留地平地人使用情形統計表

縣市名	總面積	平地人使用面積	林業用地				農業用地				建築用地				其他用地			
			已承租		非法使用		已承租		非法使用		已承租		非法使用		已承租		非法使用	
			面積	筆數	面積	筆數	面積	筆數	面積	筆數	面積	筆數	面積	筆數	面積	筆數	面積	筆數
基隆市	3.452	0	0	0	0	0	0	0	0	0	0	0	0	0	0	0	0	0
新北市	2,095.266	11.988	0.05	2	0.03	2	0	0	0	0	0.15	40	0.052	8	1.91	71	9.796	72
宜蘭縣	14,786.777	681.588	58.04	101	158.943	278	113.31	315	241.962	608	19.54	171	7.019	94	6	73	76.774	638
桃園縣	12,152.757	1031.83	119.21	206	271.779	308	23.44	174	520.871	653	1.38	107	3.331	81	27.28	371	64.539	441
新竹縣	18,185.109	88.858	9.83	19	34.126	40	0.73	14	39.028	62	1.23	70	1.122	55	2.46	66	0.332	26
苗栗縣	8,591.135	815.502	191.48	241	370.995	524	64.34	181	175.414	465	2.4	54	6.451	99	0.13	4	4.292	43
臺中縣	6,446.32	3,038.787	313.4	432	889.297	1,150	585.12	1,326	1,049.048	2,541	8.24	418	12.12	400	48.2	356	133.362	921
南投縣	32,023.538	5,805.550	734.27	754	2,687.367	2,164	643.94	1,092	1,368.173	2,551	10.97	288	32.871	604	247.43	300	80.529	370
嘉義縣	6,640.308	227.152	19.93	16	55.612	33	18.03	21	104.192	135	0.39	11	0.275	13	1.52	34	27.203	232
高雄縣	16,778.858	298.734	17.71	33	111.773	79	49.85	212	102.764	366	2.38	49	3.7	81	3.61	13	6.947	25
屏東縣	66,470.833	3,435.741	556.05	538	1312.979	730	377.89	670	691.867	1,073	0.95	38	10.444	176	200.08	32	285.481	333
花蓮縣	30,021.665	1,815.108	132.55	114	721.229	713	163.66	279	641.59	875	3.02	57	8.63	201	10.56	133	133.869	402
臺東縣	49,232.134	3,980.667	526.77	371	1,137.700	803	887.94	1,178	1,124.938	1,773	9.8	363	11.465	321	12.5	42	269.554	597
全省總計	263,428.152	21,231.505	2,679.29	2,827	7,751.830	6,824	2,928.25	5,462	6,059.847	11,102	60.45	1,666	97.48	2,133	561.68	1,495	1,092.678	4,100

資料來源：行政院原住民族委員會，2009a，全國原住民保留地平地人使用情形統計表。

（三）保留地超限利用之情形

基於《山坡地保育利用條例》第16條授權，民國50年設定「臺灣省農林邊際土地宜農宜牧宜林分類標準」，逐筆區分查定土地可利用限度，放租或放領給原墾民，以解決濫墾問題。此標準經多次修訂而成為現今的「山坡地土地可利用限度分類標準」，其將每塊土地依坡地、土壤深度、土壤沖蝕程度、母岩性質等，區分一至四級地為宜農牧地，五級為宜林地，六級為加強保育地，責成耕作者依土地區分等級使用，並特別規定水庫集水區或河川保護地帶得查定為宜林地，不受前規定之限制。依據《水土保持法施行細則》第26條及《山坡地保育利用條例》第35條規定，所謂山坡地超限利用，即指宜林地或加強保育地內，從事農、漁、牧業之墾殖、經營或使用者；山坡地超限利用者，由直轄市或縣（市）主管機關通知經營人、使用人或所有人限期改正，屆期不改正者，處新臺幣6萬元以上、30萬元以下罰鍰。

按行政院原民會(2007b)統計（參見表6-3-4），保留地超限利用總面積為6,688.725公頃，占林業用地總面積174,514.213公頃的4.38%。觀察各縣保留地超限利用面積之情形，南投縣的3,590.059公頃為最大，包含信義鄉、仁愛鄉、水里鄉，占全部保留地超限利用面積之53.67%，占全部林業用地之2.06%；臺中市的903.162公頃

表6-3-4　原住民保留地超限利用面積統計表

縣市名	林業用地		超限利用		非超限利用
	面積（公頃）A	筆數	面積（公頃）B	筆數	面積（公頃）C=A-B
新北市	38.836	69	0	0	38.836
宜蘭縣	10,266.051	8,002	17.244	30	10,248.807
桃園縣	8,577.848	11,119	267.851	608	8,309.997
新竹縣	13,487.143	13,471	100.901	122	13,386.242
苗栗縣	5,630.813	6,194	148.649	255	5,482.164
臺中市	2,892.794	3,435	903.162	1,435	1,989.632
南投縣	21,899.679	15,617	3,590.059	4,385	18,309.62
嘉義縣	3,126.938	1,555	181.145	153	2,945.793
高雄市	11,240.628	6,008	659.637	428	10,580.991
屏東縣	46,724.21	35,827	459.984	845	46,264.226
臺東縣	33,448.252	13,758	296.195	308	33,152.057
花蓮縣	17,244.021	14,885	63.898	94	17,180.123
全省總計	174,574.213	129,940	6,688.725	8,663	167,885.488

資料來源：行政院原民會，2007，全國原住民保留地超限利用面積統計表。

次之，包含新社區、和平區，占全部保留地超限利用面積之 13.5%，占全部林業用地之 0.52%；高雄市的 659.637 公頃居第三，包含桃源區、三民區、茂林區，占全部保留地超限利用面積之 9.86%，占全部林業用地之 0.37%。

四、原住民保留地利用之收益

按行政院原民會 (2007a) 於民國 95 年進行之臺灣原住民經濟狀況調查結果發現，整體原住民家庭年平均收入為 51.0 萬元／戶，收入來源以薪資（受僱人員報酬及產業主所得）收入為主，比重占 91.5%（平均金額為 46.6 萬元／戶）。原住民家庭其餘收入來源依序為經常移轉收入（政府津貼補助、各種保險）占 4.4%（平均金額為 2.2 萬元／戶）、雜項收入占 2.4%（平均金額為 1.2 萬元／戶）、財產所得（房屋、土地出租租金）占 1.1%（平均金額為 0.6 萬元／戶），自有住宅設算租金收入比例最低，僅占 0.6%（見表 6-3-5）。

分析原住民家庭的收入來源結構發現，原住民家庭倚賴薪資收入的程度非常重，比例達 91.5%，遠高於我國全體家庭 (73.2%)；但在政府津貼補助與各種保險收入的經常移轉收入方面，原住民家庭 (4.4%) 明顯低於我國全體家庭平均狀況 (16.6%)。此外，原住民家庭經由財產所得或是自用住宅租金的收入比例，也較我國全體家庭平均狀況來得低。由此顯見，原住民家庭比較無法從工作以外的方式（保險、投資、租金等）獲得家庭收入。當經濟戶長或其他家計負責成員發生就業困難，甚至陷入失業窘境時，將對原住民家庭的家計生活造成嚴重的影響（行政院原住民族委員會，2007a）。

綜合上述，原住民保留地為原住民族所擁有之土地、賴以維生之資本，更是原住民

表 6-3-5 民國 95 年原住民家庭收入與我國全體家庭收入之比較

項目	原住民家庭 (A)		我國全體家庭 (B)		比較 (A / B)
	元	%	元	%	
受僱人員報酬及產業主所得	466,144	91.5	792,409	73.2	
經常移轉收入	22,401	4.4	179,313	16.6	
財產所得收入	5,856	1.1	46,789	4.3	
自用住宅設算租金收入	2,992	0.6	63,480	5.9	
雜項收入	12,319	2.4	177	0.0	
民國 95 年總收入 (D)	509,712	100.0	1,082,168	100.0	0.471

資料來源：
1.行政院主計處，2001、2005，家庭收支調查報告（民國 90、94 年）。
2.行政院原民會，2006a，中華民國 95 年臺灣原住民經濟狀況調查。

地區經濟發展之生產要素或資源。然而，保留地管理之法令制度能否有利於或促進原住民族之經濟發展，引發諸多質疑。因此，下節將探討原住民保留地管理利用與經濟發展之相關課題，以釐清此疑問。

第四節　原住民保留地資源利用之管理與經濟發展

一、基本理念之說明

（一）高報償投入模型

依現代化理論 (Modernization Theory) 的觀點，一個社會之所以「落後」或「低度發展」，主要是因為這個社會所擁有之國民性格和價值觀等不符合西方「先進」國家的標準，亦即不具有「現代化」的動力。因此，落後地區要追求現代化或發展，必須由先進的西方國家輸入文化與資本，並加強彼此間的聯繫（洪泉湖，1992：79）。

舒爾次 (Schultz, 1964) 則提出「高報償投入模型」(high-payoff input model)，認為貧窮國家的農業發展必須將重點集中於兩個中心問題：(1) 如何創造及提供農民具體表現於資本設備及其他投入的較高報償技術；(2) 如何增加勞力之生產力 (Stevens and Jabara, 1988: 132)。如圖 6-4-1 所示，傳統技術生產函數表現於曲線 I，產出增加須仰賴較多的生產因素投入，例如：肥料等。假若資源被成功的投入創造較有生產力的技術，其生產函數曲線為 II，例如：較高產出的種子 (high-yielding seeds)，則以相同的投入 F1 可獲得較高的產出 Q1。

此外，圖 6-4-1 亦顯示另外兩個重點。首先是使用肥料至 F1 在技術 I 的相同產出水準，可於技術 II 的 m 點以較少的肥料投入 F2 達成。在誘發創新模型中，其強調重點是採用較有生產力技術以使 k 點移至 m 點，亦即只要較少的資源即可達到相同的產出。第二，假如生產技術 II 的下半段呈現虛線 U 形狀，表示在低水準的投入時，新技術不一定會比傳統的技術更有生產力，則農民繼續使用傳統的技術I可能較有利。

（二）農業誘發性技術及制度創新理論

哈亞米與拉坦 (Haymi and Ruttan, 1971) 提出「農業中的誘發性技術及制度創新的理論」(Theory of Induced Technological and Institutional Innovation in Agriculture)，提供吾人農業發展達成更進一步的經濟瞭解。他們認為技術改變會引起資源秉賦、制度和文化變數之改變，進而影響農業發展，而其誘發機能 (inducement mechanism) 在於技術創新可以用較少的資源，來生產與傳統技術相同的產量 (Stevens and Jabara, 1988: 134-137)。

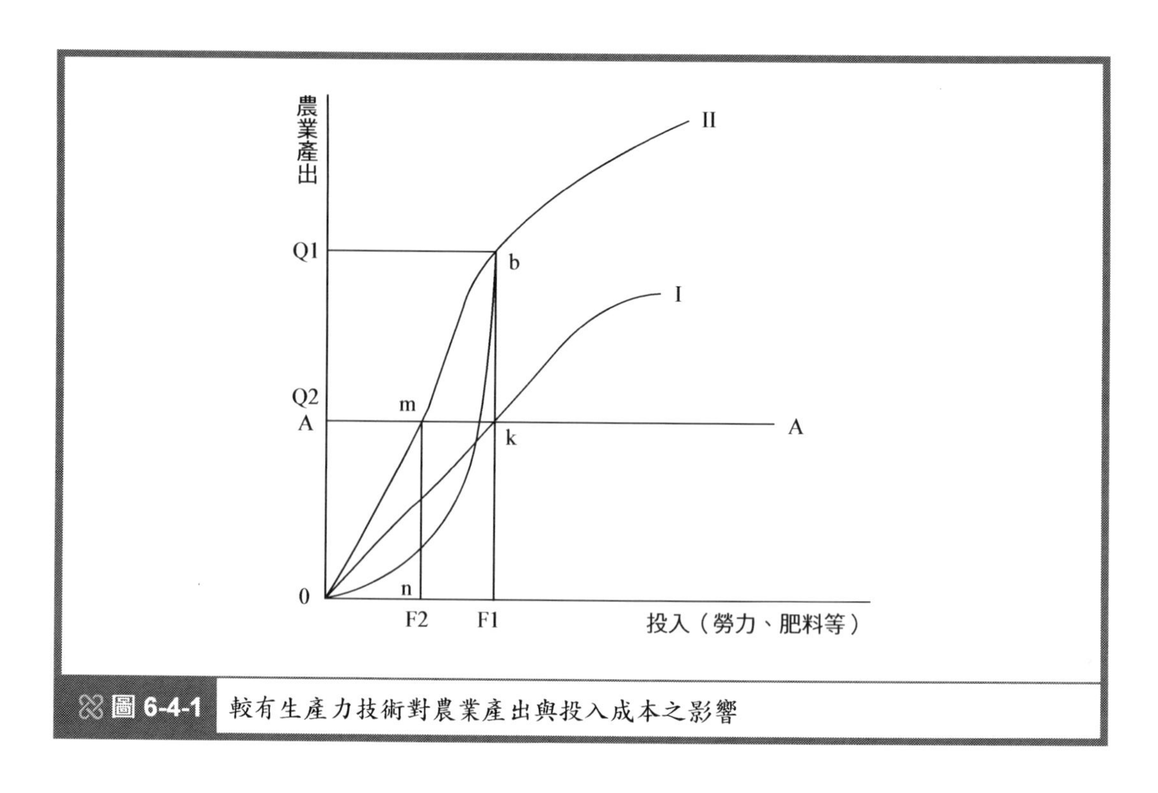

圖 6-4-1 較有生產力技術對農業產出與投入成本之影響

進言之，哈亞米與拉坦 (1985: 94-114) 的模型（參見圖 6-4-2）亦是社會體系中相互關聯之發展模型，是由「文化秉賦－制度」次體系與「資源秉賦、技術」次體系所構成，其中包含四個要素：資源秉賦、文化秉賦、技術及制度，並藉由瞭解要素之間的一般均衡關係，來分析制度變遷供給與需求的網狀關聯。

1. **資源秉賦 (resource endowments)**：此指某項產品投入與產出的要素資源，如：土地、人口、水、森林、農產品、礦產等。
2. **技術 (technology)**：此指將相對豐富的要素替換為相對稀少的要素，所發展出來的促進替換方式，如：灌溉系統、稻米品種改良、製糖、農耕等。另在本文中亦指出某項制度政策實施所需要的工具，如：土地政策實施所需的土地登記、土地測量、電腦資訊工具等。
3. **文化秉賦 (cultural endowments)**：此指當事物與事件被認為是在與人類有機體相關的背景脈絡中時，它們會構成人類的行為；而且當它們與另一件事物、事件相關時，即變成文化，如：教育、社會科學知識、宗教、儀式、利益團體的權力結構、社會經濟關係等，或指其他非正式制度，如：傳統慣俗、內在規範、意識型態、禁忌、價值觀、道德禮貌等。文化秉賦可視為將以往轉換為現今的影響因素，因此現階段在資源秉賦、技術及制度上的變遷，可說是文化秉賦改變所形成的結果。

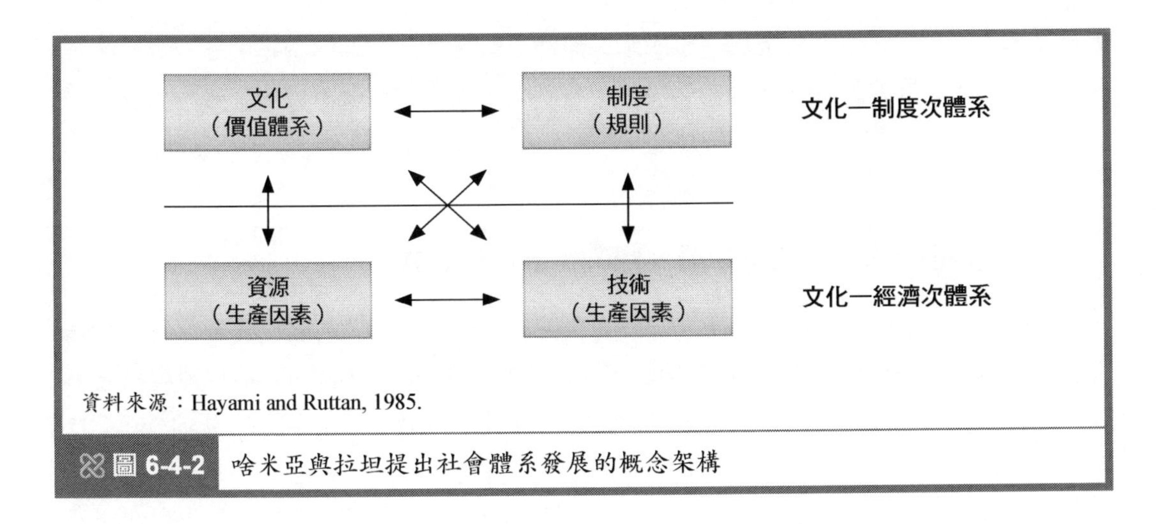

資料來源：Hayami and Ruttan, 1985.

圖 6-4-2　哈米亞與拉坦提出社會體系發展的概念架構

4. **制度 (institutions)**：此指組織或社會的規則，其可建立人際間的協調，幫助人們形成合理的預期，以處理與他人相關的事物，包含正式與非正式制度。但為與文化秉賦有所區隔，本文特指除非正式制度以外的正式制度，如：法令規章、政策計畫、財產權等。

二、當前面臨之課題

保留地劃設之濫觴雖可遠溯至明清之際原住民所生產、生活之所，然依現制其係就公有土地資源予以劃設，在未移轉所有權給原住民之前，仍屬國家境內之公有土地，理當依從國土經營管理政策、公有土地政策，制訂保留地管理措施。惟自從保留地承續日治時代舊制予以劃設後，或因其地處山區、位置偏遠，為弱勢族群長久散居之處，相關管理措施與國家整體土地政策之規範多所脫節，彷如境內特區，從而衍生不少問題。茲舉其犖犖大者，說明如下（顏愛靜、楊國柱，2004）。

（一）保留地管理以政令規範，適法性尚有存疑

就形式上言，保留地係屬公有土地之重要一環，也是全體國民共同所有的資產，故其處分、設定負擔或為長期租賃，理當以法律規範。然在民國 79 年之前，其管理辦法均未有法律授權，而現行管理制度係按《山坡地保育利用條例》第 37 條及《農業發展條例》第 17 條第 2 項之規定[9]，授權訂定法規命令，規定原住民對於保留地之使用與無償取得所有權，以及相關之權利與義務。但因規範內容涉及原住民之土地權利與義務，

[9] 《農業發展條例》業於民國 89 年 1 月 4 日經立法院三讀修正通過，刪除該條文第 17 條「……山地保留地輔導開發辦法，由行政院定之」規定。故現行管理辦法之法源理當僅依《山坡地保育利用條例》第 37 條之規定，只是有關當局尚未來得及修正。

尤其是懲處科罰，仍應參酌美國、紐西蘭、澳洲等國之做法，改以法律定之，方具備合法性。再者，大多數原住民仍屬弱勢團體，有關其土地權益與經濟事業之發展，誠須透過相關法案予以規範，明確界定應享有之權利及相對責任，研定有效的扶助發展策略，以早日脫離經濟的困境（顏愛靜、楊國柱，2004）。

（二）保留地權籍利用難以掌握，減低土地管理績效

保留地妥善管理的前提要件，乃是掌握正確的權籍資料，隨時辦理異動更新。有關保留地的全面調查係於民國 47 年開始展開，自該年以來迄 74 年間，為清理違規租售事件，亦曾舉辦六次局部性清查工作。期間較為全面性清理者，多集中於民國 71 年與 72 年。然在延宕十二年之後，方於民國 84 年辦理保留地土地資源利用清查。至於地籍測量與土地利用調查工作，直到民國 55 年才辦理完竣，此後僅就新增劃編部分辦理局部性測量。至於坡度較陡之山區，則因地籍測量、分割測量與分配作業困難，迄今尚無法完成土地登記，以致於影響產權的明確性[10]。以保留地兩期增編的結果為例，未完成登記土地所占比例竟分別達 35% 與 87%，從而影響後續的土地權益分配，因此招致原住民的不滿。

然而，以往歷次保留地於全面清理後，由於承辦人員非屬地政專業，並未辦理異動更新，以致與時況頗不一致；復因土地使用管制執行不力，肇致非原住民非法占用濫墾者劇增，嚴重影響保留地之管理績效。民國 84 年舉辦的清查計畫，對於建立保留地的管理資訊、保障原住民並兼顧非原住民之土地權益，當能發揮一定的效果，但因清查表之設計不理想，不少項目靠目測研判，不免與事實有所出入。因此，唯有全面清理土地使用權籍、建立正確的保留地資訊系統或資料庫，才能健全保留地之管理制度（顏愛靜、楊國柱，2004）。

（三）保留地違規租售滋生，潛藏族群衝突危機

從保留地管理辦法歷次研修之內容，可知非原住民使用或租用保留地、嚴禁事項與罰則早已明文規定；其間雖經多次修訂，有關非原住民使用或租用保留地之限制也漸趨放寬，但非原住民嚴禁承受保留地之規定則大致類同。儘管如此，違規事件卻滋擾不斷。究其原因，一方面是入山經營的平地人為節省覓地的交易成本，另方面是欠缺資金

[10] 根據筆者曾經走訪臺東、屏東等縣山地鄉之鄉公所查詢之有關資料，竟然發現僅存民國 72 年之土地使用資料，尚有測量偏誤致地籍圖上呈現空白一片。此係因以往測量人員之素質、技術較為落後，精度低、誤差大，甚至未到現場實測，僅在地籍圖上作業，才會致使圖上有空白處。由此不禁令人憂心，在土地資訊不全的情況下，如何能夠掌握實況，進行管理。由此推斷，保留地於全面清理後，並未辦理異動更新，以致與時況頗不一致，復因土地使用管制執行不力，肇致非原住民非法占用濫墾者劇增。參見顏愛靜之研究，民國 86 年 5 月 18 日、5 月 19 日前往屏東縣瑪家鄉民眾服務社座談、鄉公所訪談資料（顏愛靜，1997b：137、139）。

的原住民為降低告貸時日滋生的交易費用，加上政府查緝不力，無形中降低了土地被強制收回的交易成本，使原住民鋌而走險，擅自租售保留地。

不過，即使平地人是透過非法讓售轉讓取得保留地，基本上仍須支付一定之價金。惟格於法令限制，至多僅能維持承租關係，無法登記持有土地所有權。如逢原住民不承認買賣關係或不願配合辦理續租申請，則平地人往往需再支付額外之價金，以謀求原住民之合作，也因此演變成平地人組成「平地人權利促進會」（平權會），強烈要求政府解編保留地，俾求合法登記土地所有權。但此舉顯然與「原權會」的主張大相逕庭，如不慎謀解決，恐有引發不同族群之間衝突之虞（顏愛靜、楊國柱，2004）。

（四）保留地區位欠佳使用受限，影響原住民生計

原住民所使用之保留地，不僅受限於區位偏僻、自然條件欠佳，亦因法律制度變遷，使得用途備受限制。既有劃設者多位在坡度大且地質脆弱、壤層淺薄之山區，適宜農耕的比例不及總面積的四分之一；而新增劃編者又多位在水庫集水區上游之陡坡地，使用限制相當嚴格，無怪乎原住民認為幾無受惠。頃據報載，行政院環保署業已完成第一批飲用水水源水質保護區之規劃，包括所有水質未受污染的甲類水體、18 座水庫集水區等 42 處，約 60 萬公頃，並於民國 87 年 3 月底前正式公告，嚴禁污染與開發行為。這些保護區的劃設範圍涵蓋 24 個保留所在鄉[11]，幾達保留地所在鄉總數（39 個）的三分之二，對於原住民社會在土地使用、生活家計上的衝擊，不可謂不大。

除上述限制之外，於國家公園範圍內，尚不乏原住民居住的聚落及其賴以為生的保留地。雖然這些為數約 2,931 公頃的面積，占保留地總面積之比例 (12%) 並不算大，惟因國家公園側重生態保育所制定之嚴禁開發、限制使用規範，與原住民傳統的營生方式不免扞格不入，從而影響原住民的生計。雖然目前國家公園管理處基於園區內保留地之使用限制，而核撥經費給當地鄉公所，以資改善原住民聚落環境、提供就業及保存傳統文化，但此種所謂的「回饋」措施並不是直接償付給土地權益受限或受損的當事人，因此經費遭到挪用的情事時有所聞。今當顧及公平慎謀解決，才能減少民怨（顏愛靜、楊國柱，2004）。

[11] 這些保留地所在鄉，包括：臺北縣——烏來鄉（1 個），桃園縣——復興鄉（1 個），新竹縣——橫山鄉、尖石鄉、五峰鄉（3 個），苗栗縣——南庄鄉、獅潭鄉（2 個），臺中縣——和平鄉（1 個），南投縣——仁愛鄉、信義鄉（2 個），嘉義縣——阿里山鄉（1 個），高雄縣——茂林鄉、桃源鄉、三民鄉、六龜鄉（4 個），屏東縣——霧臺鄉、三地門鄉、瑪家鄉、牡丹鄉（4 個），臺東縣——海端鄉、延平鄉、達仁鄉、太麻里鄉、卑南鄉（5 個）等 24 個鄉。參見中央日報，1997 年 11 月 12 日，第八版，綜合新聞之報導。

（五）保留地營運資源缺乏，仰賴平地資金技術甚深

一般而言，農業生產需要有充分的資金與技術，方能期待農產收益之增加，而所需資金通常可分為自有資金與借貸資金。農業資金之貸放管道，除部分來自體制上之借貸者 (institutional lenders)，亦有來自非體制上之借貸者。前者係指農戶借貸對象為農會、政府所屬行庫等；後者則指個人（如：親朋好友）、非正式團體（如：民間互助會）、商人等借貸對象 (Stevens and Jabara, 1988：252)。根據世界糧農組織之資訊，臺灣、韓國、巴基斯坦、菲律賓、泰國等國的農民，多傾向於採取非正式的借貸管道，以節省借貸過程所需之搜尋、往返奔波、等待准駁時間等交易成本 (Esman and Uphoff, 1984: 10)。這種情形亦有可能發生在臺灣的原住民社會中。

在臺灣的原住民社會裡，農業資金貸放管道本就有限，保留地權利之移轉讓售對象又備受限制，使得原住民取得經營資金相對困難。依《原住民保留地開發管理辦法》第15條、第17條第1項規定：「原住民取得原住民保留地之耕作權、地上權、承租權或無償使用權，除繼承或贈與於得為繼承之原住民、原受配戶內之原住民或三親等內之原住民外，不得轉讓或出租。」次查現行《山保條例》第37條及現行管理辦法第17條規定：「原住民取得原住民保留地所有權後，其移轉之承受人以原住民為限。」由於土地權利移轉對象受到限制，加上原住民的償債能力有限，一般公民營銀行多不願意提供貸款，以致於原住民取得資金的管道益形狹窄。而傳統的口授相傳之農作技術已不敷營生所需，不得不依賴平地的資金與技術，進而遭到平地人的管控。久而久之，欠缺自立經營能力的原住民，乃對流入的平地資金與技術依賴更深[12]（顏愛靜、楊國柱，2004）。

（六）建築使用保留地不足，原住民部落居住環境不良

原住民部落多坐落在山區，由於地形、地勢之限制，可供建築的用地相當有限，又於1950、1960年代政府整理地籍時，係依據當時約20萬名原住民之數量予以銓定「建」地目土地，惟今人口已大幅增加，從而發生建地不足之現象；加上現有居住環境、醫療保健、公共衛生、聯外交通等公共設施欠缺，已嚴重影響生活品質。在原鄉居住空間不足、產業不振的情況下，原住民只好離鄉另尋經濟機會。根據統計，現有建築用保留地約1,390公頃，部分為平地人所用，有部分則因民國88年遭逢九二一大地震災變，造成不堪居住使用之村落，如：南投縣信義鄉及仁愛鄉、臺中縣和平鄉、嘉義縣阿里山鄉及苗栗縣泰安鄉等，都亟需覓地以遷村重建。

以往，前省原住民事務委員會曾根據《臺灣省特殊地區非都市土地使用管制要點》

[12] 作者於民國85年10月28日、11月14日實地訪談時，烏來鄉福山國小陳校長、行政院原民會夏錦春主任祕書（內政部前原住民行政科科長）等人均持相同看法（顏愛靜，1997b：111、115-119）。

第 6 點規定，就原住民集中遷建或遷村所需用地，於部落四周或 6 公尺以上道路兩側 50 公尺範圍內統一規劃，但僅完成南投縣信義鄉東埔村一鄰，以及高雄縣桃源鄉梅蘭等少數部落之規劃。目前，有關原住民保留地地區申請變更編定為適當用地或建築用地，悉依《非都市土地使用管制規則》辦理；而個案申請部分，則依現行管制規則第 45 條規定，申請人限於已取得保留地所有權之原住民。至民國 90 年原住民已取得所有權之保留地面積僅 5 萬餘公頃[13]，且必須具有自理能力，如行政機關未派人員協助，諒必難以順利申請，此由既往申請之案件數寥寥無幾可見一斑。

至於整體規劃申請部分，行政院原民會為協助轄有原住民保留地之山地鄉申請開發規劃建築用地，特訂定《原住民保留地建築用地統一規劃作業須知》。惟據瞭解，該作業須知自民國 88 年訂定以來，迄至 92 年 11 月止，已完成規劃並報請行政院原民會核定中之案件，僅有嘉義縣阿里山鄉，以及屏東縣三地鄉與泰武鄉共 3 件；而規劃中者僅有屏東縣獅子鄉、苗栗縣泰安鄉及花蓮縣秀林鄉共 3 件。究其原因，可能是山地鄉公所專業人員匱乏，又礙於經費所限，誠難以成立具有技術性之規劃團隊，致使規劃的任務達成困難。是以，當即思索如何突破困境，並著手進行保留地所在縣鄉建築用地之規劃、開發，方能提升原住民之生活環境品質（顏愛靜、楊國柱，2004）。

（七）違規使用層出不窮，查報取締成效不彰

保留地位處山坡地區理當依法查定山坡地可利用限度之類別，就宜農牧地做好水土保持之處理與維護，就宜林地實施造林，以保育水土。倘有依法查定為宜林地或加強保育地，卻從事農、漁、牧業之墾殖、經營或使用者之超限利用行為，或出現未依規定使用土地或實施水土保持之濫墾、濫伐行為，當由地方主管機關會同有關機關通知限期改正。屆期不改正或不符規定者，則對保留地產權仍屬公有者，管制設定或撤銷其耕作權（地上權）、終止承租權；如保留地已移轉私有，責令停止開發[14]。

政府為促進保留地之合理利用，爰自民國 82 年度起，依「臺灣省加強山坡地保育利用管理方案」，配合《臺灣省山坡地保育利用管理查報與取締要點》，訂定「強化原住民保留地保育利用違規使用查報與取締工作注意事項」，由鄉鎮公所成立查報與取締小組，設置巡查人員，以加強查報違法（規）使用。針對此等措施，有部分原住民表示，其族人自早期過著火墾刀耕的游耕狩獵生活以來，即懂得依傳統利用土地的自然哲學觀從事保留地之耕作。惟自平地人挾其雄厚的資金與開發技術湧入保留地，或向原住

[13] 據行政院原住民委員會提供有關原住民保留地之統計，除新增、劃編者外，民國 90 年 12 月的總面積為 251,081 公頃，其中已取得土地所有權者為 29,230 公頃，比率占 11.4%；惟另據該委員會提供之民國 91 年 12 月之資料，原住民已取得土地所有權者已多達 50,660 公頃，約占原住民保留地總面積的 20%；如果不是 90 年年底至 91 年年底的土地所有權取得面積驟增，就是有前後不一致之疑慮，此有待該委員會進一步查證。

[14] 參見《水土保持法》第 22 條規定及《水土保持法施行細則》第 26 條規定。

民租地，或暗中買地，嗣保留地取得後，即進行高利潤經濟作物之種植，才使得山坡地上超限利用，甚至濫建、濫葬的情形到處可見[15]。原住民所述種種雖不無可能，也尚待釐清，然而只要是違法行為，當即嚴格懲處以昭公信。

截至民國 85 年度為止，其辦理制止、查報、取締違規開發使用保留地 776 件，面積 800.3063 公頃，處罰 670 件，罰鍰為新臺幣 14,528,600 元。其中，以「濫墾、濫伐、濫挖及超限利用」為最多[16]。惟查民國 86 年，臺灣省保留地超限利用的筆數達 24,067 筆，面積為 15,122 公頃；而保留地超限利用最為嚴重的山地鄉則是南投縣的仁愛鄉與信義鄉，合計多達 8,222 筆、5,808 公頃[17]，顯然要較上述四個年度取締案件、面積之總數為多。由此可見，儘管現行法令對於違反水土保持或坡地保育利用之行為已明文規定嚴格禁止，但實際查處者不及其 7%。究其原因，可能在於執行人力不足、人情壓力或關說、暴力、財團介入，而相關事業主管單位又未能配合查緝，以致影響查報取締績效。然而，如任令公權力無法伸張，則個人違規使用情形勢必更趨嚴重，徒使社會成本劇增，終將得不償失（顏愛靜、楊國柱，2004）。

（八）保留地賦予個別所有權，應再慎酌利弊得失

保留地的設置係為保障原住民開發利用土地之權益，而按現行制度之設計，係先設定他項權利五年後，即可無償取得個別土地所有權。但是，這種方式可能衍生之影響值得深思（顏愛靜、楊國柱，2004）。

1. 恐會引發「平地原住民」與「山地原住民」對保留地劃設、土地所有權取得問題之爭議。
2. 按人核計、按戶限量之分配方法，僅能取得短暫、平頭式的公平。因為欠缺地力之肥瘠、區位之優劣、地價之高低等因素之考量，將造成有限的土地難以應戶內人口增加之需。
3. 以往保留地個別所有權的取得，並無法證實其與土地生產力提升或每人所得差距減低有何關聯。
4. 儘管保留地移轉承受人僅限於原住民，但因政府執行不力，致其私下轉售非原住民之情形頻繁，造成「土地流失」之惡果。
5. 現階段原住民對平地資金技術之依賴仍深，在正式貸款管道不夠通暢之情況下，只

[15] 參見作者於民國 85 年 11 月 14 日及 1997 年 5 月 18 日實地訪談時，內政部前原住民行政科夏錦春科長（現職為行政院原民會主任祕書）、屏東縣三地門鄉張前主席等人均持相同看法。如果查看該縣平地漢人非法占用的保留地面積，多達 3,081 公頃，為全省各縣之冠，就不難理解何以原住民們會責怪這些土地超現利用現象多是漢人所為（顏愛靜，1997b：116、137）。

[16] 行政院原住民委員會提供資料。

[17] 臺灣省原住民事務委員會提供資料。

有轉向非正式途徑，造成保留地私下賣斷求現，以節省交易成本。

6. 原住民取得個別土地所有權後，即使離鄉轉業，鄉公所亦不能收回改配，此對原鄉的文化傳承、經濟促進及土地之有效使用，恐有不利影響。

有關上述原住民保留地當前所面臨的管理問題，下節將針對保留地管理制度進一步提擬改進原則與策略。

第五節　原住民保留地管理制度之改進對策

保留地雖屬無償賦予原住民使用權、所有權之特殊類型，但仍屬全國土地之重要一環，理當在國土經營管理制度之下，妥為管理權籍、促進地用。近聞有關保留地之管理規範，業已由有關當局制訂《原住民保留地開發管理辦法》，以符《中華民國憲法增修條文》第 10 條有關「國家應依民族意願……保障原住民族之地位……並對其……經濟土地及社會福利事業予以保障扶助並促其發展。其辦法另以法律定之……」之規定。此舉對於原住民土地權益之保障、經濟事業之促進，自有相當之助益，惟其對於前述列舉之保留地管理問題之解決，尚有未及之處。底下擬就前揭課題，試提解決策略或方針，以供參酌。

（一）原住民族土地管理法案，應即重新審慎研擬

《中華民國憲法增修條文》第 10 條指明，國家肯定多元文化，並積極維護發展原住民族語言及文化，並應依民族意願，保障原住民族之地位及政治參與，且對其教育文化、交通水利、衛生醫療、經濟土地及社會福利事業予以保障扶助並促其發展，以達保障原住民權利之意旨。基於此，民國 94 年 2 月 5 日，政府為顯尊重原住民之傳統慣俗與權利、保障原住民族之基本權利、促進原住民族之生存發展、建立共存共榮之族群關係，參考聯合國原住民權利宣言之內容，頒布《原住民族基本法》。該法明訂原住民族地區與部落之定義，且界定原住民族土地包括原住民族的傳統領域土地與既有的原住民保留地，並確定了原住民土地權利保障的指導原則，此為原住民土地制度之一大進展，也是制度變革的一大指標。

《原住民族基本法》第 20 條規定：「政府承認原住民族土地及自然資源權利。政府為辦理原住民族土地之調查及處理，應設置原住民族土地調查及處理委員會；其組織及相關事務，另以法律定之。原住民族或原住民所有、使用之土地、海域，其回復、取得、處分、計畫、管理及利用等事項，另以法律定之。」在此法授權下，於民國 96 年 11 月 22 日行政院審查通過原住民土地權利子法——《原住民族土地及海域法草案》，

以落實《原住民族基本法》保障原住民族土地及海域權利之精神、規劃原住民族土地之合理利用、保育原住民族地區之自然環境、促進原住民之生存發展。惟《原住民族土地及海域法草案》未臻完善，許多制度細節仍待研議。

如傳統領域土地管理議題，原住民族社會有感於保留地大量流失，加以政府劃定供原住民族使用之保留地配置與區位分布無法符合生存所需，曾經發起三次「還我土地運動」，強烈主張政府應返還日治時期以來流失的土地產權，認為傳統領域範圍為其傳統祭典、祖靈聖地或舊部落及周邊耕墾之領域，政府應尊重各族群或部落各自擁有之土地自然主權。故本文認為，為因應原住民族社會要求政府歸還原住民族傳統領域土地之訴求，應採取如下之處理方式（顏愛靜、楊國柱，2004）：

1. 原住民族傳統領域土地應限於公有非公用之土地。
2. 傳統祭典、祖靈聖地或舊部落及其周邊耕墾之傳統領域範圍應嚴謹界定，不宜以原住民族社會自行繪製之部落地圖為主要依據。
3. 經公有土地管理機關同意後，始得劃定為原住民族傳統領域土地；如公有土地管理機關不同意，中央主管機關應邀集生態保育、地理、民族學者及行政機關代表協商解決，並報請行政院核定。
4. 需有爭議處理機制處理傳統領域範圍。
5. 原住民族傳統領域土地不再分配給原住民個人。

（二）保留地管理人力資訊當即增置以利施政

保留地的基本資訊如能確切掌握，則對於政府施政、日常管理必定有極大的助益。自民國 55 年以後，保留地大抵未再辦理地籍圖再度測驗，致使其與實際權籍未必相符。此係因以往測量人員之素質、技術較為落後，精度低、誤差大，甚至未到現場實測，僅在地籍圖上作業，才會產生圖上有空白處[18]。其次，根據多次訪查知悉，原住民私下違法轉租讓售的情形相當普遍，要比省原民會所調查的結果（約 11,376 公頃）多出數倍[19]。足見若要徹底解決問題，勢必得全面清理土地使用權籍、釐正財產權籍並明瞭使用現況，並且與時辦理異動、更新，鍵入電腦列檔管理，配合地理資訊系統之運用，建立正確的保留地資訊系統或資料庫，掌握土地靜態、動態資料，強化管理與利用績效，才能健全保留地之管理工作。由於定期清查作業需要耗費大量人力、物力，可考慮將部分清查業務委託民間專責機構辦理，以提升辦理績效。

[18] 參見作者主持研究於民國 86 年 5 月 18 日實地訪談資料，屏東縣瑪家鄉民眾服務社座談、鄉公所訪談資料（顏愛靜，1997b：134-139）。

[19] 參見作者主持研究於民國 85 年 12 月 15 日實地訪談資料，南投縣埔里鎮，卓文華會長（原住民權利促進會）甚至表示，這種違規轉租讓售面積高達保留地之半數。其他的受訪者也表示情況嚴重，理當不只 1 萬多公頃而已，甚至於有人認為已超過 6 萬公頃了（顏愛靜，1997b：120-122）。

此外，大部分早期劃設保留地之地籍圖不夠正確，當須運用衛星定位技術辦理控制點及戶地測量，以利土地複丈分割作業；而保留地多位處山坡，其可利用限度查定，亦需儘速重新檢討辦理，方可奏效。上述有關技術性、非機密性業務，則可考慮委託民間專業機構辦理，以爭取時效。再者，為使保留地之基本資訊可提供施政參考，理當編輯「原住民保留地統計年報」，呈現歷年來保留地之權籍、分配、利用、增劃編、移轉、土地開發等重要資訊。

總之，唯有確實掌握保留地之基本資訊，方使有關當局制定決策，鄉公所辦理分配、執行收回有所準據，也才能減少政府的行政成本（顏愛靜、楊國柱，2004）。

（三）保留地劃設解編全盤考量，增進原漢族群共榮

保留地既有劃設與新增劃編所引發的問題，由來已久；兼以違規租售案件並未依規定處置，以致於糾紛不斷，甚至有激發族群衝突之虞。為謀求保留地租售問題之解決，或可以保留地總登記之日期（民國 59 年 12 月 31 日）為基準時間點，就平地人租用保留地之行為採取不同的處理模式。

保留地總登記前，非原住民已入山墾殖定居，嗣因行政區調整而將原墾地劃入保留地範圍，使用至今仍設有戶籍者，得由中央主管機關訂定解編辦法予以解編，其後再回歸一般國有土地，並比照公有土地放領以民國 79 年公告土地現值放領給使用者，其價金歸入原住民綜合發展基金。

保留地總登記以後，保留地已由非原住民合法租用者，得予以續租；如係非法占用者，屬違規行為，當由鄉公所收回。至於違規買賣者，因涉及私權爭議，宜由當事人協議解決，否則訴請法院裁定之。惟上述違規買賣事件的處理必須限期由當事人解決，逾期由地方強制買回，以收嚇阻作用。

而「國土綜合開發計畫」雖已揭示保留地之劃設、解編原則，但僅只為行動之基本綱領，而既有的保留地增劃編勘選原則又不盡理想，在新增編將近 1 萬 7,000 公頃的保留地中，絕大多數屬交通不便之國有林班地，其經濟意義遠低於政治意義。雖然這是原住民基於歷史情懷與靠山吃山之習俗而期盼增編之範圍，但如何在保障其財產權之基礎下，兼顧土地利用與保育、獲致永續收益以維持生計、自立發展，才是保留地增劃編之真義。因此，今後除需審慎考量該原則（如：增劃編之面積應較為集中，或藉由公地交換方式使之集中）外，對於保留地劃設之最適總量宜進行估計，以為增劃設或解編之參據；達此水準後，不宜再擴增，以免影響土地資源之整體規劃與有序利用。

從長程策略而言，為使宜林保留地之原住民樂於造林並維護林相，建議增列條文明定政府鼓勵保留地造林，並依造林、成林及成材等階段補助原住民，且給予維護森林之回饋，此將有助於合理利用保留地，避免保留地流失，且落實環境生態之保育。

另外，不論是一般原住民或原住民菁英，均從經濟性功能的理由表達無需嚴格執行保留地不得出租平地漢人之禁止規定，但在平地漢人優勢的技術與資金催化下，難保出租的保留地不會流失。因此，建議政府在保留地的利用政策上，允宜參酌澳洲保留地的信託制度[20]，將原住民無法自耕、自用之保留地，以村落、部落或特定組織為主體，將土地信託給技術與資金充足的平地漢人開發經營。這種借重平地漢人技術與資金的土地信託方式，不僅可確保原住民的土地產權，並能切合原住民對於保留地經濟性功能的需求。惟保留地信託制度的設計需周詳規範信託管理、信託契約及信託利益分配等事項，方能發揮預期效益（顏愛靜、楊國柱，2004）。

（四）保留地使用受限受損，應予合理救濟補償

「受益課稅，損失補償」是規範土地使用「公平」與「正義」的原則。是故，於保留地劃設後，因政府計畫施行致土地權益受損者，理當給予適當之補償。根據澳洲之土地法例，對於占有或使用原住民土地係非為原住民權益之目的（如：國家公園之設置）時，應支付租金給原住民。我國《水土保持法》規定，因實施水土保持處理與維護交換土地或遷移而蒙受損失者，由政府酌予補助或救濟。此外，國家公園、水源水質保護區、保育地區等範圍內之保留地，因環境保護或生態保育之需而限制原住民使用土地之權利，從「公平」與「正義」觀點，宜斟酌土地所有人損失程度給予補償或救濟，以彌補原住民權益之受損。

惟目前各級機關採取所謂的「回饋措施」，係就使用受限的保留地所在鄉鎮撥款贊助，無法直接彌補受損之特定人，並不符合公平原則。今後，或可重新檢討使用限制之強度、類別，並考慮由政府對上述受限用地已為私有者，予以長期承租或設定地上權，並僱用原住民來進行造林並管理；仍為公有者，則獎勵造林、僱用原住民維護管理。總之，當需擬妥使用受限之補償或救濟措施，以臻公平。

行政院院會業已於民國 98 年 10 月 8 日通過《國土計畫法（草案）》，並送交立法院審查。倘獲通過，未來可擬定國土利用政策，以「山坡地應限制開發，保育地區土地應以維持公有」為原則，明定特定區域計畫內容。依其計畫性質，包括原住民地區等，由中央目的事業主管機關會商中央主管機關定之。國土保育地區（如：國家公園）應於受益付費、財源穩健、維護公共利益，以及資源有效規劃整合原則下，由中央主管機關成立國土永續發展基金，予以適度之獎勵或救助，落實國土之保育（顏愛靜、楊國柱，2004）。

[20] 澳洲原住民土地權法規定原住民需將保留地信託處理，不但是保留地管理之準繩，且充分維護原住民的生存空間。詳細內容請參閱內政部譯印 (1993)，澳洲原住民政策概況及法案輯要。

（五）保留地資源輔導取得，增進開發利用實益

由歷次的經濟調查顯示，無論就農戶每人所得或每公頃耕畜收入來看，原住民要比一般農家的經營實績偏低很多。究其原因，很有可能是資金技術不足所致。因此，為扶助發展相對遲緩的保留地所在地區，現階段宜由政府依據當地發展、利用特性，訂定細部的開發、利用、保育計畫，以原住民為主力，透過共同合作及委託經營，來培育原住民之生產技能、機械操作、管理專業等能力。其所需資金、技術原則上由政府優先貸放協助，並於不影響原住民地權之情況下，引進非原住民之資金與技術，以提升保留地之經營效率，增加原住民所得。

此外，亦可考量劃設特定區域，例如：在未來的農業發展地區或城鄉發展地區劃設產業發展區，允許非原住民長期租用或設定地上權使用保留地，投資經營各種產業，並酌採租稅減免方式，適度獎勵平地企業在山區經營並創造就業機會[21]。換言之，由非原住民提供資金及技術，原住民提供保留地，訂定原漢合資經營規則，製作合夥經營的定型化契約、規定土地與資金作價投資計算方式、平地人經營權比率高限，以及技術移轉之辦法等，選就自然條件適合設置農業生產專區、休閒農業區，或山村聚落之特殊天然景緻，規劃設置原住民文化園區，以便共同開發、利用保留地，冀能逐漸提升原住民社會的經濟自主能力，間或解決保留地私下租售的問題，以縮短原住民社會與平地社會之間的發展差距。

另者，針對保留地轉移對象受限制而影響原住民取得土地融資之情事，除須健全金融市場外，許多原住民社會意見領袖認為，政府應該設置「原住民農業生產循環基金」，提供低利貸款。目前，行政院原民會業已設置「原住民族綜合發展基金」，以提供原住民經濟產業貸款或青年創業貸款的資金來源，進而提升原住民之經濟競爭力。惟因可供貸款融資金額及償還方式涉及原住民的償債能力，借款戶須提供十足擔保品，或借款人應覓具妥實連帶保證人二人，而原住民的經濟條件仍處劣勢，未必有能力提供擔保品或找到保證人。再者，貸款對象如為公司行號，其合夥人或股東須皆為原住民；如為合作社，其社員應 80% 以上（包括負責人或法定代理人）具有原住民身分，申請貸款者未必完全符合此條件（參見原住民族綜合發展基金貸款須知），因而貸款情形並不踴躍。是故，未來在貸款擔保方式或貸款對象可考慮酌予放寬（例如：已設定地上權且自營達二年以上者，即可申請抵押貸款），且須妥慎規劃才能有助於提升原住民的經濟

[21] 有原住民菁英主張，不妨妥善規劃保留地的租賃制度以吸引平地資金、技術或管理體制入山，才能奠定原住民社會的經濟發展基礎，再逐步移轉給原住民自行管理。亦即立法准許財團資金或技術進入保留地開發利用，租期規定為二十年，期滿後無條件回歸原住民經營。本項建議立意甚佳，但是仍須培訓原住民經營人才，並健全原住民金融體系，才能在租期屆滿後由原住民順利接手繼續營運。參見作者主持研究於民國 85 年 5 月 18 日、5 月 19 日實地訪談資料，屏東縣瑪家鄉民眾服務社座談、鄉公所訪談意見（顏愛靜，1997b：132-139）。

條件，並增進保留地的開發與利用（顏愛靜、楊國柱，2004）。

（六）開發利用建築保留地，提升部落生活環境品質

目前位於都市計畫區或非都市土地鄉村區內之保留地，一般皆屬山地鄉原住民集居地，交通設施、公共服務水準及水、電、瓦斯、電信等維生系統較為完備，故此等地區宜做整體性開發，將區內部分農牧用地或林業用地規劃為建築用地及其他適當用地。其開發方式因考量原住民經濟能力，並因應山地鄉特殊地理環境之需要，故應由行政院原民會以全額經費補助整體規劃方式為之，而其主辦機關應由山地鄉公所改為縣政府，以落實政策施行績效。換言之，對於上述地區之土地變更為建築用地，宜採整體規劃大坵塊變更方式，不應准其零星個案變更，以符合城鄉有計畫發展之目標。

至於位於上述地區以外之保留地皆位於非都市土地其他使用分區，其土地使用類別絕大部分屬於林業用地。為因應山地鄉原住民建築用地不足之課題，應准予個案申請變更為建築用地，且其建蔽率為 30%，建築高度不得超過二層樓[22]。但申請大面積土地開發許可者，仍應禁止之。

另者，《農村社區土地重劃條例》業於民國 89 年 1 月經總統公布，規定原住民聚落得辦理農村社區土地重劃，以促進土地合理利用，改善生活環境。同此期間，《九二一震災重建暫行條例》亦經公布，規定原住民聚落重建應配合其風貌與居民意願，得以土地重劃方式辦理。因此，為能提供住宅、交通、排水、醫療衛生，以及其他現代化生活機能所需之公共設施，並兼顧農業發展、古民俗文物維護、自然生態保育及社區整體建設之需，或可考量選擇適當地區辦理部落社區之土地重劃，以提升原住民之居住環境品質，防止人口繼續外流（顏愛靜、楊國柱，2004）。

（七）落實獎懲管制策略，有效化解違規使用

按照現行山坡地土地使用管制制度，基本上係採獎懲並行措施，尤其自民國 85 年 8 月賀伯颱風釀成巨災後，有關當局乃決定，保留地經調查屬超限利用者，除應依《水土保持法》等規定限期改正及處罰鍰外，並需將該等土地優先納列「全民造林運動綱領暨實施計畫」，分年輔導造林。倘此等保留地再不造林，其因應方式為：(1) 由原住民使用者，管制其設定地上權或撤銷其地上權，並對所有權之移轉嚴予列管；(2) 由非原住民租（使）用者，管制其續租或訴請法院收回土地；(3) 由非原住民非法使用者，一律訴請法院收回土地；(4) 已由原住民取得林地所有權者，嚴行累罰，並加強宣導溝通。另者，為促進山坡地之保育利用，乃規範可發展平均坡度由 55% 降為 40%，以期抑制坡地濫墾、濫建、濫葬等非法使用。然因此一決定對原住民使用土地之影響重大，

[22] 此係比照在國家公園區之土地使用管制，依規定其建蔽率為 30%，建築高度為 7 公尺（二層樓高）。

爰自民國 86 年度起，將造林獎勵金由每公頃六年獎助 15 萬元，提高為二十年獎助 53 萬元。嗣於 97 年 9 月行政院農業委員會與行政院原住民族委員會共同會銜訂定發布施行「獎勵輔導造林辦法」，獎勵期限亦為 20 年並提高獎勵金為每公頃 60 萬元。惟此等措施之成效如何，尚待觀察。

按現行《水土保持法》第 27 條之規定，主管機關於執行緊急水土保持處理及取締工作時，得行使警察權；又於該法細則第 38 條與第 39 條規定，縣市主管機關應經常派員巡視檢查水土保持之處理與維護情形，如有違規者，迅即查報、制止、取締；且對執行該項工作人員亦有獎勵與懲處之規定。據此規定，理當對於違規使用的查報與取締有相當的幫助；惟如前所述，顯然執行效果不彰。為期展現績效，除須加強執行上述的超限利用因應措施外，或可考量下列獎懲辦法。

據原住民表示，目前保留地造林獎勵金之每公頃額度，僅較以往提升3萬元，且以河川兩側一定距離為限，不僅幾無盈餘且效果有限。由於集水區之保育理應以整體水系為範圍，為求周延起見，當重新界定造林獎勵之範圍，且可視其造林績效，有限度調整發給金額。

保留地如屬必須加強保育地，並為公有者，宜優先僱用原住民造林管理。已由原住民取得所有權者，可基於國土保安、維護公益，考慮由有關當局與保留地所有權人協議設定地上權（權利價值可按為期五十年之租賃價值計算），嚴禁擅自採伐；並優先僱用原住民造林管理，以增強管理效果。

中央水土保持主管機關（行政院農委會）應寬籌違規使用的查報與取締經費，責成有關當局督導各縣府加強辦理。惟可考量加重鄉公所直接查報與取締之權責，充實其巡查執行人力、裝備，或另行籌組保育警察隊，設置出入山區之檢查崗哨，以彰績效。

森林因具有國土保安、維護公益之公共財性質，當以國有為原則（按《森林法》第 3 條之規定），而不宜私有；但已取得林地所有權者，准其私有。倘原住民已取得林地所有權但有違規使用行為者，應通知限期改正；如屆期不改正，或不符水土保持技術規範者，應責成保留地所轄鄉公所強制買回（以其係無償取得，理應僅得就地上物請求發放補償金），並限制原所有權人重新申請保留地之權益，以求公平。

總之，占地甚廣的保留地宜林地，即將直接賦予原住民個別所有權，而基於個人追求最大私益之自利心理，所有權人或將不欲維持具有公共財性質之正常林業經營，甚至於違規使用；故應審慎在斟酌以免弊端頻現時，已難亡羊補牢。又為抑制不良行為滋長，除需落實獎懲措施外，尚須運用各種傳播媒體、集會，加強水土保持教育、技術傳授等宣導工作，才能往下紮根，避免再度發生嚴重災害（顏愛靜、楊國柱，2004）。

（八）保留地增劃編、傳統領域地區，改賦原住民族共有權

自民國 55 年修訂《保留地管理辦法》後，保留地的產權賦予走向個別私有制，然因欠缺有效的誘因引導與管制懲處的機制，以致於滋生許多弊端。如果任由這種制度變遷的「路徑依賴」繼續演化下去，恐將肇致原住民社會的發展停滯不前，因而確有必要採取制度變革。惟因強制性制度變遷 (imposed institutional change) 如採取激進的方式進行，亦將引發既得利益者的抗爭，帶來大量的衝突成本。本文以為，或可在新增劃編之保留地試行原住民村落總有制（或集體所有制），建立社會經濟與文化共同體，方有振衰起弊之契機。這種想法在最近的一次調查中[23]，亦已獲得七成以上原漢學者專家的贊同，均認為可將保留地賦予原住民部落或由氏族共有。

再從保留地的政策定位來看，為維護原住民生計、傳承文化與資源保育利用，究其性質係屬「封閉獲取的共用資源」(the closed-access common pool resources [CPR])，由界定完善的原住民團體對共用的保留地擁有財產權，也就是存在著共有財產權。但由於這些制度安排所產生的誘因特質，人們常會引用哈定 (Hardin, 1968) 的「共有地悲劇」(the tragedy of commons)，指出共用資源必將陷於過度使用的危險中。過去學者普遍認為此時有兩種解決方式，即原住民保留地完全私人所有或絕對國家集體所有，卻可能面臨政府失靈與市場失靈的困境。因此，近來歐斯特羅姆 (Ostrom, 1990) 運用賽局理論分析這些理論所隱含的賽局結構，並指出政府與市場之外的第三條路，即共用資源之自主治理，其藉由設計一套能夠處理占用、提供、監督、執行、解決衝突與管理活動的制度架構，來影響誘因結構，使占用者自願遵守這些操作規則，監督各自對規則遵循的情形，並將這種共用資源制度代代相傳下去 (Ostrom, 1990: 58)。

如同日耳曼型的土地所有權制（土地總有制），早期臺灣高山原住民部落即以「互利共生」的小規模共同體型態存在，在廣大的山谷溪流四周共同狩獵、採集、燒墾、漁撈，故整個山區土地就是他們的「共有財產」（中村勝，1996）。由於從事燒墾式輪休農耕，原住民發展出屬於氏族或家族的「農作區制度」；又因狩獵、漁撈的採行，也建立「獵區」、「漁區」的制度；家族之間對於任何收穫彼此分享，以求生計之自給自足

[23] 本文所採學者專家問卷資料，係引自國科會補助之「原住民保留地與公有土地制度之研究 (III)」，該專題計畫由顏愛靜主持，吳樹欉助理教授、楊鴻謙、楊國柱兩位博士協同研究。該研究係遴選並商請 40 位原漢專家學者，就相關政策措施執行與新方向予以評估，回收有效問卷為 38 份，在填答的受訪者當中，21 位為原住民，17 位為漢人，其意見反應係經歸納整理，並據實呈現。下表呈現保留地所有權賦予原住民部落或氏族等團體共有之類型，以及原漢專家之態度意向。

態度意向	合計		原住民		漢人	
	實數	%	實數	%	實數	%
原住民尚未取得土地所有權之保留地（含新增劃編）	10	39	5	39	5	39
未來新劃編或增劃編之保留地	9	34	3	22	6	46
其 他	7	27	5	39	2	15
總 計	26	100	13	100	13	100

（浦忠成，1997：77）。由此間或推知，原住民傳統的部落土地共有制度，在家族農耕區或獵區、漁區等使用權的劃分之下，可使土地資源獲得妥善利用，以生互利共生的效果。

事實上，保留地之劃設，除確保原住民的土地權益、促進社經發展外，尚有積極維護發展原住民文化之意義。然而，如果繼續依循現制，完全賦予原住民個別土地所有權，在山地社會又對平地資金與技術依賴甚深，原住民仍欠缺自立經營能力之情況下，難免步入前述「土地流失」的悲情輪迴。其基本構想為：

1. 原住民傳統領域或保留地新增劃編時，以部落（村落）為單元改賦「原住民族共有權」。原則上，保留地採村落共有制（總有制），並於新增劃編之保留地試行，其土地所有權登記為土地所在地之原住民村落所有，在前項原住民村落有戶籍之任何原住民得使用保留地，其使用管理辦法另定之。
2. 給在鄉設籍定居一段時間者基本使用權，其地權結構可考慮類同於土地總有權，個人並不享有一定之持分。同一鄉鎮或村落之個別原住民對保留地僅有使用、收益等經濟權能，而無管理、處分等支配權能，其支配權完全歸屬於該共同體。基於此，個別原住民對於保留地並無應有部分，也無權請求分割。
3. 由村落的原住民菁英組成保留地管理委員會，制訂規章，掌理有關保留地開發、利用或經營、租用，甚至是土地信託等事宜。惟在初期必須由政府機關予以輔導，增其成效。
4. 政府有關農業經營或造林之補助、獎勵經費，均撥給共同體管理委員會所成立之基金（應受有關當局之監督），統籌管理支配運用。
5. 建立文化經濟共同體，例如：與原住民文化園區之設置相結合，以發掘自我優勢，維護獨特文化，營造山地經濟榮景之根基。

現有體制係採賦予個別所有權方式，如要全盤改弦更張將有所困難。因而，或可在新增劃編的保留地上試行此制，並將個別原住民成員集結起來，使成員從學習中創造與傳遞土地、文化、社會與經濟等方面的訊息與知識，並凝聚共識、發揮群體力量、爭取對外談判之優勢，以充分掌握機會、節省交易成本，俾達成增進原住民整體福祉之目標（North, 1981/1994: 89-98；顏愛靜、楊國柱，2004）。

綜上所述，良好的保留地劃設制度可對原住民土地權益之保障與經濟事業的促進，發揮一定的成效。惟以往因土地權籍清理不夠確實，權籍使用難以掌握，以致保留地管理弊端層出不窮。原本因故而允許非原住民有限度的租用與使用保留地，竟演變成保留地違法轉租讓售給非原住民之嚴重問題；而保留地的增劃編，亦因遷就行政便宜，未能顧及非原住民的權益。何況部分設置區為陡坡峭壁，不利營農作林，而若將宜林地賦與原住民個別所有權，亦有違規轉用或超限利用之虞，對於公共財供應恐有不良影響。

為便於保留地之管理，清查資源權籍、利用狀況，建立完整資訊，有其必要。而保留地違法買賣事件的處理，必須限期由當事人解決，逾期由地方政府強制買回，以收嚇阻作用。又保留地劃設之最適總量宜予估計，以為增劃設或解編之參據，達此水準後，不宜再擴增。另保留地宜農地之分配方法宜參酌地利、區位等影響使用價值因素，不宜按人均等核計。至於宜林地因備有國土保安、水源涵養之公共財特性，不宜全面賦予個別所有權，惟原住民仍可取得使用之權益。然而，已取得林地所有權者，當准其私有，但得視國土保安之需，禁止伐木，並優先僱用原住民造林，以增管理之效。

總之，原住民土地權益之保障，固為憲法賦予之權利，惟仍需要在國土經營管理制度之下，專就原住民族之特殊需要予以全盤考量。畢竟，保留地所有權的賦予雖可望保障原住民的生計，但在資金與技術缺乏的情況下，無法確保地盡其利。長遠之計，當思量如何善用保留地資源，發展別緻、優勢的山地經濟，才能真正顧及全體原住民的福祉。

然而，如欲發展山地經濟，還需思考採取何種經營方式，以兼顧農業營收與環境友善之需。由前述資料可知，原住民保留地多為非都市土地，除林業用地外，以農牧用地為多，占全臺保留地面積之 28.30%。但因保留地區位欠佳，土地利用受到諸多法令限制，不利農地耕作；且原住民欠缺資金或技術，不利農業經營，故難以依賴保留地維持其生計。農業是原住民族傳統產業，尤其是居住於高山地區之原住民，更以農業為主要經濟產業。近年來，國際上友善環境或環境保育意識日益彰顯，農業耕作型態亦逐漸轉變，各國政府紛紛鼓勵有機農業之發展，而臺灣原住民地區受此趨勢之影響，已有部分原住民部落轉型為有機農業，新竹縣尖石鄉石磊部落即為一例。因此，本章最後一節將以石磊部落為例，討論原住民地區有機農業之發展契機。

第六節　原住民地區有機農業之發展

塔庫爾與夏爾馬 (Thakur and Sharma, 2005) 指出，所謂有機或生物農業 (organic or biological farming) 或有機農業系統 (organic farming system, OFS)，是一種透過農場內部和家庭來生產成本低、使用天然有機之生物性投入的耕種方法，可以替代化學或無機農業系統 (inorganic farming system, IFS) 的無機或化學投入，而增加農業生產。這種農業經營方式可形成生態親善且無污染、平衡的生態微環境，適於土壤、動植物及人類的健康和生長 (Fukuoka, 1985; Thakur, 1997; Weerakkody, 1999; Youngberg and Buttel, 1985)。當面臨高成本、環境污染、需要改善公眾健康、食品的品質和安全等農業問題時，OFS

已成為重要和必要的手段 (Dahama, 1997; Parr et al., 1985; Singh, 2002; Veeresh, 1999; Vidal, 1998)。而達恩霍福爾 (Darnhofer, 2005) 則認為，就農業與農村的關聯而言，倘若能使慣行農業轉型為有機農業，當可促進農村發展。

另一方面，觀察國內原住民的農業發展情況，可知原住民農家的收入長期偏低，政府乃於近年來選定重點部落投入不少資源，擬協助他們發展有機農業，或增闢其他發展人文及生態深度旅遊等管道，以求農村經濟自主[24]。此外，一些民間團體或企業等外部資源的投入，使得若干原住民族部落因自覺及環境意識的抬頭，將在地文化特色與生態保育概念融入在地觀光業，帶給部落一絲發展的契機。本節將先探討有機農業之經營方式與土地倫理之關聯，其次以新竹縣尖石鄉石磊部落為例，進一步說明原住民地區發展有機農業的過程與內涵，並檢視土地倫理、權力結構、土地利用及土地健康之關聯性，以對原住民地區發展有機農業提出可行的方略（顏愛靜等，2011：67-97）。

一、土地倫理與有機農業之理論探究

原住民利用土地的傳統知識，是數百年來生活經驗的學習、累積與傳承，它蘊含了與大地共容共處的哲學，被科學界一致認為是當今生物多樣性、資源永續性、文化多元性及土地利用倫理等重要環境議題的最高指導原則（郭華仁，2005）。惟客觀環境改變後，此最高指導原則被逐漸棄守，甚而背道而馳，採取剝奪地力的方式從事生產，對於部落的發展相當不利。近年來，有些部落的原住民開始反思何謂「健康」的農業經營，並試圖尋回往日的土地觀，改採對環境親善的操作方式。這樣的土地觀實和李奧波 (Aldo Leopold) 所倡導的「土地倫理」精髓極為相近。

李奧波 (1887-1948) 建構的土地倫理觀念，是將「群落」的概念擴大，使之包含土壤、水、植物與動物，個人只是這個群落的成員之一，而所有的個人都必須體認到與群落其他成員相互尊重的重要性。李奧波主張人是自然的一部分，而不是和自然遠離。沃克與斯壯 (Walck and Strong, 2001) 基於上述的土地倫理觀，探索其與權利關係對於土地利用所產生之影響，以及土地利用和土地健康的反饋關係。本文將就該模型說明其要，以為本研究之指引，並本於李奧波的土地倫理觀從永續發展的角度，論述有機農業在原住民社區的可行性與未來發展。

[24] 在 2000 年代，社區總體營造的風潮也傳遞到原住民地區，舉凡民國 94 年的六星計畫、資源池 (resource pool) 計畫，讓許多原住民部落開始投入社區發展工作，冀望藉由實施社區工作促使在地的觀光發展。然而，多數原住民部落執行後的效益並不顯著，反而因為外部資源的進入，引發主事者分配不均問題而造成族群分裂。於是在民國 96 年至 97 年的部落重點計畫，改採選定一些具特色又有發展性的農村為重點社區，惟成效如何，尚待觀察。

（一）土地倫理規範與土地資源利用

美國的生態保育之父李奧波 (1949: 998) 認為我們尚未有處理人和土地的關係，以及處理人和土地上動植物關係的倫理規範。土地對人類而言，依然只是一種財產，人和土地的關係是經濟性的，土地使用的倫理規範完全由經濟上的利己主義所主導，其中僅包含特權，卻不包含義務。人類可以為了經濟的需求，恣意的消耗資源，可以本於利己主義，決定什麼是有價值的，並將其視為無價值的物種消滅，而不去思考該物種對穩定整個生態體系所具有的意涵。

李奧波 (1949: 998) 主張倫理規範的前提，乃個人是成員相互依賴的群落分子之一；而土地倫理規範不過是擴展了群落的界限，使其納入了統稱為土地的土壤、水、動物及植物。因此，人類與土地的關係，就如朋友或手足，是對等並相互依存的。土地的倫理規範，使智人 (Homo sapiens)[25] 從土地－群落的征服者，變成土地－群落的一般成員和公民。也因 李奧波喚起物種的「生物權利」，以及人類遵守、服從生態系統的法則與定律，使得環境倫理學產生了整體性之「生態中心倫理」的反省思索方向（鐘丁茂、徐雪麗，2005）。然而 李奧波所倡導的土地倫理，並不是要阻止自然資源的改變及停止任何對自然資源的管理及利用，因為此種自我更新能力是有機體一個最重要的特徵。

土地健康是指土地資源自我更新的能力，保護自然資源則是人們對於瞭解和保存這項能力所做的努力。是以自然資源的改變，如依循「物競天擇」的演替，將因它的改變緩慢而輕微，對於整個群落環境不致產生變異過大的衝擊。群落中的物種對環境的適應性愈強，則該群落之自我更新能力愈佳，土地亦維持得愈健康。然而，隨著經濟型態的改變，快速獲利的思維盛行，促使人類發明開發土地的工具，除對生態環境造成大規模而劇烈的衝擊與干擾外，群落中的物種也將因其穩定性的崩解及完整性的欠缺，而破壞自我更新的能力，終使土壤失去肥力，水系發生不尋常的氾濫或枯竭。

沃克與斯壯 (2001) 為瞭解讀景觀的歷史，同時考慮未來永續利用的可能性，在李奧波土地倫理所包含的群落、合作及責任等三個原則的概念基礎下，引用地理學家巴特伯瑞 (Batterburg) 與貝賓頓 (Rebbington) 的政治生態觀點，以及環境管理專家安德魯・金 (Andrew King) 土地利用的歷史調查，補充了「權力關係」與「土地利用」兩個新觀點，建構土地倫理及權力關係對土地健康的影響模式，參見圖 6-6-1。

在土地倫理及權利關係對土地健康的影響架構下，土地健康與土地利用之間存在著

[25]「Homo sapiens」是現代人的學名。Homo 在拉丁文就是「人」的意思，sapiens 是有智慧的意思。艾多李奧波在土地倫理「群落」的概念中，以人類的生物學名「Homo sapiens」，而不用「human」（人類），更突顯人在生態群落中物種的特性，並呼應其所主張的「以生態學的角度來詮釋歷史，人類事實上只是一個生物群的一員」。

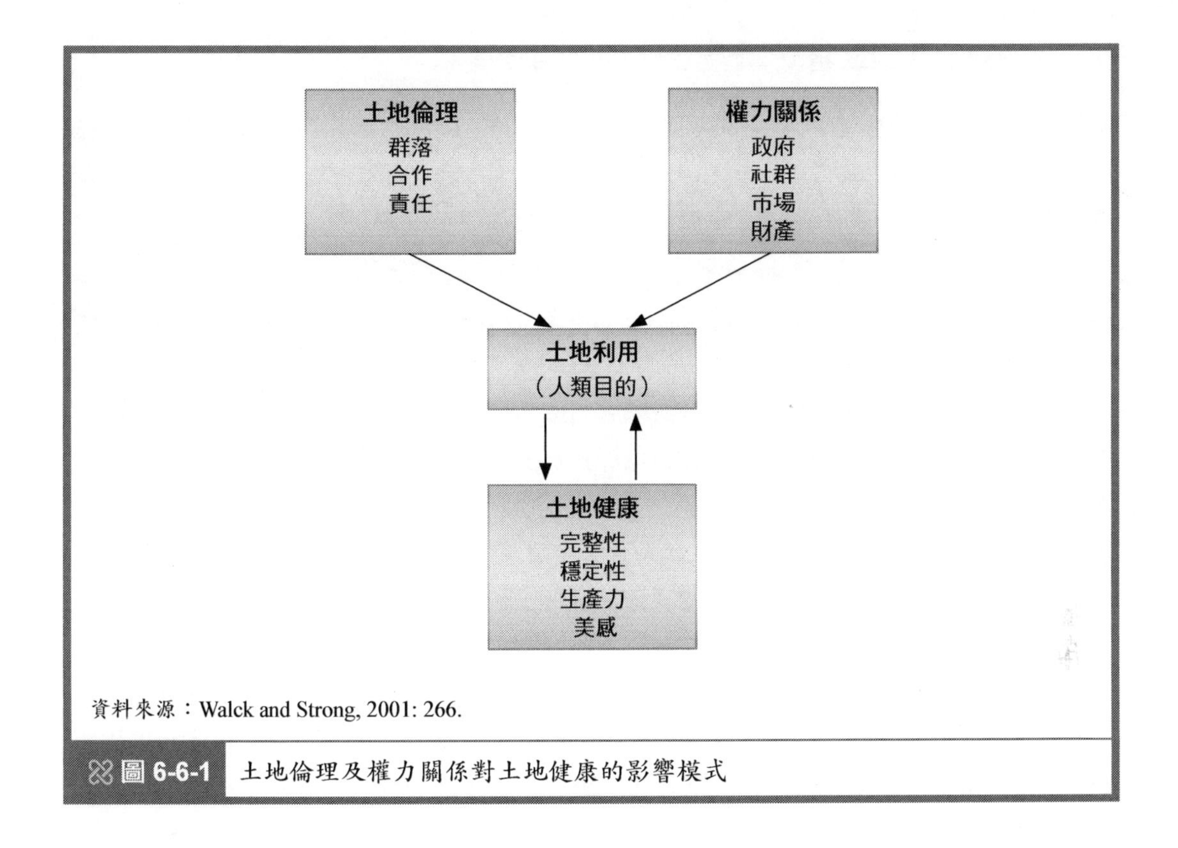

資料來源：Walck and Strong, 2001: 266.

圖 6-6-1　土地倫理及權力關係對土地健康的影響模式

互動關係：土地利用影響土地健康，受損後的土地健康反過來影響土地利用的產量。因此，土地永續利用的基礎是土地健康，土地健康才能使土地具備利用的可能性。而土地利用又往往受到權力關係、分配土地所有權和資源取用權之社會與制度的力量，以及土地倫理的觀念所影響。這些權力之間的交叉關係，以及共善 (common good) 的觀念如何形成，將決定土地倫理是否能以維持土地健康的方式影響土地利用 (Walck and Strong, 2001)。學者康斯坦察 (Contanza, 1992) 從生態系統出發定義健康生態系統，指出健康是「生態內穩定的現象、沒有疾病、存在多樣性或複雜性、具有穩定性或可恢復性、是有活力或增長的空間，也是系統要素間的平衡」。上述健康生態系統的概念，亦是土地健康的概念。

李奧波 (1949: 998) 將土地倫理描述為社會演化的產物，每個地區因為有不同的環境特色，並在不同的歷史文化及社會背景下所養成之行為模式，是以對於環境的評估和採取的行為模式無法自單一個體及特定的時空辨識出，尚須經由歷史架構觀察這些行為的長期演變。本文為將土地永續利用的架構應用至原住民地區的農業發展實境，當須進入該特定的環境脈絡與歷史縱深，觀察群落的組成、資源取用的情形、權力關係的變化，以及內部、外部因素的干擾與影響，以建構符合在地發展需求、促進資源永續利用的土地倫理規範（顏愛靜等，2011）。

（二）永續農業的意涵及實踐土地倫理的有機農業

康斯坦察 (1992) 認為，永續發展是在動態的人類經濟體系和較大的動態生態系統之間建立關係。在此關係中，人類生命可無限延續，個人得以繁榮興盛，且人類文化得以發展。但人類活動的影響必須加以適當的限制，以免破壞生態的多樣性、複雜性和功能性。儘管有此主張，但經濟發展所產生的酸雨、森林砍伐、汽車煙霧排放、土壤退化、臭氧層耗竭，以及工業部門排放有毒物質流入河流和海洋環境等問題 (Ghimire, 2002)，卻往往與人類生命永續發展背道而馳。

近年來，為了反省過去人類因經濟發展所造成環境退化的問題，永續的議題不斷被提及。就農業面向觀之，因農業具有確保糧食安全、減輕貧困和提供重要天然資源的功能，因而聯合國糧農組織定義永續農業 (sustainable agriculture) 必須具有五項特性：資源（土地、水、植物和遺傳資源）上可保存、環境上非退化、技術上很適當、經濟和社會上可接受 (Lee, 2005)。這個理念涵蓋了農業生產對環境的影響、社會大眾的接受與否，以及經濟的盈利性。過去農業經營利用化學肥料與農藥來達到增產的目的，卻引起土壤土質與生物群落遭到破壞、病蟲害增加等環境問題，恐將使後代子孫無適當的可耕地使用，也對農業永續經營造成不利的影響。因此，亟須建立一個可以替代當今以化學資材為主的農業生產體系，才能使農業永續經營下去，而有機農業就在這樣的需求驅使下應運而生。

所謂「有機農業」(organic farming)，是「遵守自然資源循環永續利用原則，不允許使用合成化學物質，強調水土資源保育與生態平衡之管理系統，並達到生產自然安全農產品目標之農業」[26]，強調使土壤生命、植物、動物和人類相互依存的生態群落能保持健康，而讓生產與生活達到和諧的境界，以符合土地倫理規範的生態平衡之必要性（林銘洲，2005）。換言之，有機農業即是尊重以土壤為所有生物生命泉源之生態系，並以土壤關係為中心之農業。

有機農業源起於德國人魯道夫・斯坦納博士 (Dr. Rudolf Steiner) 在 1924 年提倡的農作物有機栽培法，其希望以耕作技術來取代化學物質的使用。另外，日本岡田茂吉先生亦於 1935 年倡導自然農法，亦即本於尊重土壤基本元素，倡導永續性的農業生產體系（林銘洲，2005）。惟其與當時全球農業為能提高生量、追求工業化與商品化發展的趨勢不同，而未受到重視。第二次世界大戰後，飽受戰爭蹂躪的國家為了增加生產和糧食安全，使得大量使用無機肥料和農藥，以及機械化耕作的化學農法備受鼓舞，並以種植單一作物來提高生產效率。其結果雖然緩和了人口增加所導致之糧食需求壓力，卻也擾

[26] 行政院農業委員會臺中區農業改良場，有機農業之定義，http://tdares.coa.gov.tw/view.php?catid=201（搜尋日期：2010 年 7 月 22 日）。

動了地球自然生態體系的運行，肇致自然資源過度使用而逐漸枯竭。至 1970 年代發生能源危機，各國才逐漸意識到地球資源有限，而環境的污染不僅破壞生態環境，也導致農業生產力衰退，故如何維護環境品質、生活水準及確保後代永續生存空間，逐漸受到世界各國的重視。再者，消費者對農產品的消費型態逐漸轉向多樣化、精緻化，也特別關注農產品的健康與安全性，故近年來永續農業、生態農業或有機農業蓬勃發展，並成為世界各國農業發展之新趨勢[27]。

安那那塔士・米雷 (Ananata Ghimire, 2002) 認為「有機農業」這個術語，可用來描述兩個替代性農業 (alternative agriculture) 特點：以有機肥料替代化肥，以及利用生物性蟲害控制來替代化學性蟲害控制。就生態環境而言，有機農業可減少環境污染，並使農業廢棄物成為可回收利用的再生資源。透過建立良好之耕作制度，可改善土壤的物理與化學結構，並使用有機質來提高土壤滲透力及保水力，而能有效防止土壤沖蝕、恢復地力、減少病蟲害發生之機率，並有助於改善空氣品質等[28]。

自然農業 (natural agriculture) 乃為採行自然農法的農業。根據中華民國有機農業產銷經營協會 (C.O.A.A.) 對自然農法之定義為：「依有機實施準則，完全不使用化學肥料和農藥，且必須完全使用未受污染之有機肥料，並採行自然方式防治病蟲害」。自然農法並非只是把化學肥料改為有機肥料、化學農藥變為天然農藥而已，最重要的是進行環境保護和生態維持[29]。自然農法源自於日本，由岡田茂吉先生所創立（倪禮豐，2008），之後該農作模式傳播到韓國，並在種植方式上出現巨大的轉變及創新的觀念。在日本，自然農法堅持不施肥，強調「不耕地、無肥料、無農藥、無除草劑」等四大原則，係以自然方式發揮土壤的肥力；在韓國則是為土壤添加營養劑，強調施用於土壤的營養劑必須採用當地的植材，亦即漢方的營養劑，且順應該地區氣候和環境做出適當的改變，而不是固定不變的技能。

自然農法的技術既複雜又講究精確，強調在正確的時間，施用對的資材及分量，並鼓勵組成農作物與牲畜的綜合農場，藉由交互利用農產副產品做為動物的飼料，並將畜產副產品做為農作物的天然肥料，強調農牧一體的自然循環利用及善用地域特性的資材利用。自然農法完全不使用農藥，當有助於受損生態系的復原；而在一個已復原且平衡的生態系中，害蟲及病害自然比較少。自然農法也不用機械耕種，而是利用蚯蚓、微生物與小型動物來滋養土壤（倪禮豐，2008）。如同人類體內存有抗體及免疫系統，來對

---

[27] 有機農業全球資訊網，http://info.organic.org.tw/supergood/front/bin/ptlist.phtml?Category=100982（搜尋日期：2009 年 11 月 28 日）。

[28] 有機農業全球資訊網，http://info.organic.org.tw/supergood/front/bin/ptdetail.phtml?Part=q10&PreView=1（搜尋日期：2009 年 11 月 28 日）。

[29] 綠房子有機生活農場，http://works.firstwalker.com.tw/homegreen/homegreen.htm（搜尋日期：2009 年 11 月 28 日）。

抗入侵身體的病毒一般，土地也是個有機體，自有其對抗天敵的能力，是以只要保持該有機體的自然運行，儘可能減少人為干預，即可產生養力以孕育萬物。

當生產主義強調最大化商品生產，依賴高投入化學肥料及合成農藥等合成資材，並以大型農機與種植單一作物來提高生產效率，致使自然資源過度使用而逐漸枯竭之時，有機農業對於人地關係的對待，皆以異於生產主義的科技控制，秉持「人地和諧共存」的耕作哲學，遵循自然的生態法則，尊重土地倫理以維護生物多樣性。人類的經濟活動不能恣意破壞生態環境系統的平衡，故土地使用應受到限制以維護生態永續性。有機農業謹守健康 (health)、生態 (ecology)、公平 (fairness)、謹慎 (care)四大原則，接近土地倫理的基本要求。唯有本於土地倫理的合作與競爭，運用保存生物群落完整的經營方式，方能使一個高度組織化的系統運行穩定，保有健康的土地，成為發展永續農業的基礎。

嚴格來說，有機農法或自然農法並非新的農作技術，只是回歸過去不以化肥及農藥來增加土壤養力的耕作方式，其更接近原住民與自然和諧共處的資源利用之傳統。對於原住民社區而言，它非但是傳統知識的再現，更隱含著對居住環境、文化傳承及經濟發展的助力。在環境面向上，高山原住民部落社區因地處中高海拔地區，且農地分布方式不若平地農田分布方式集中，是以在獨立隔絕的山地部落受到經濟發展所產生之污染少、鄰田威脅低（余馥君，2009），於當地推廣該等農業技術更具利基。再者，高山農業向被指為引起山坡土石崩塌之禍源，如位於集水區，則沖刷下之泥土易造成下游水庫淤積。是以原住民高山農業若能以此方式耕作，透過有機質的增加來幫助土壤復育，以增加土壤的滲透力及保水力，有效防止土壤沖蝕。此外，亦可避免河川、湖泊、水庫農藥累積或優養化現象，確保水源品質，並減少對環境的負擔[30]。在文化傳承上，過去因機械化的耕作，導致社區年輕人口外移，逐漸產生家庭解構、情感疏離的現象，對社區整體發展自有不利的影響。有機農業的施作強調不以機械化的方式為之，藉由產業人力需求的增加，或可減緩人口外移的情形，有助於原住民社區文化的傳承，並解決部落失業問題。就經濟發展言，自然農法強調其施放於土地之營養劑，係利用在地資材及農業廢棄物回收再生資源，一方面以「在地消費」為社區開源，另一方面以「回收再利用」為社區節流，有效降低社區產業的成本負擔，對於交通不便、資源不足、勞力外流以及受土地開發限制的原住民社區，自可發展出獨立自主的經濟體系（顏愛靜等，2011）。

二、石磊部落有機農業發展之歷程與內涵

臺灣地區氣候溫暖潮溼，土壤易受淋洗而導致養分流失，土壤中的有機質分解快，是以農作物栽植需仰賴大量的肥料以補充養分。長期施用化學肥料的結果，不僅造成土

[30] 有機農業全球資訊網， http://info.organic.org.tw/supergood/front/bin/ptlist.phtml?Category=100985（搜尋日期：2009 年 11 月 28 日）。

壤微生物相的改變，更使養分失衡、土壤劣化、地利降低（李蒼郎，2005）。隨著臺灣經濟發展，人們追求綠色消費及健康觀念日益普及，也因提升農產品質及安全性，並兼顧環境維護與生態平衡，而帶動有機農業的發展。

新竹縣尖石鄉玉峰村的石磊部落為泰雅族原住民社區，地處偏遠的馬里光流域右岸山腹的山坡地，亦是在石門水庫集水區範圍內。玉峰村民都屬於泰雅族賽考列克亞族的馬里光群，村人的祖先在三百多年前從南投縣仁愛鄉北港溪源頭力行村翠巒社，輾轉爬山涉水北上，最後在大漢溪最上游的山區建立多達十幾座的大小部落[31]。

「石磊部落」(Qalang Quri) 的地理區位相當偏遠，地處深山的馬里闊丸溪流域範圍，也同屬尖石鄉後山地區與石門水庫集水區之範圍[32]。實際居住在部落的人口數約有 100 人，多為中老年人及小孩，以務農為主要的經濟收入來源。但因居住在水庫集水區上游，現行法令限制族人從事耕作，造成有些族人因此離開部落。一般人慣稱的石磊部落包括了 9 鄰、10 鄰兩個部落，但實際上 10 鄰稱為石磊 (Quri)[33] 部落，而 9 鄰則稱否耐 (B'nay)[34] 部落。本研究對象則是一般人慣稱的「石磊部落」，也就是玉峰村的 9 鄰、10 鄰，其實際居住的人口數各約 65 人及 35 人。另外，當指稱「石磊社區」時，其涵蓋的部落範圍則包括了 9 鄰到 13 鄰部落，其地理位置如圖 6-6-2 所示。底下將就該社區不同的歷史時期，說明農業發展之人地關係變化及其對土地健康的衝擊，並針對部落最近從事有機農業的歷程及其於社區永續發展的可能性予以深入分析（顏愛靜等，2011）。

（一）游耕時期

傳統的山田燒墾（slash-and-burn，又稱遊墾 (swidden cultivation)），係用火燒墾林地，栽培時不使用獸力和肥料，只靠人工及掘杖。短期的耕作後需長期休耕（即土地耕作年數少於休耕年數）。焚林所得之灰燼是天然最好的肥料，並因土壤的理性受到改良，提高 pH 值與地溫，因而消除和減少病蟲害（顏愛靜、楊國柱，2004）。格瑞茲 (Geertz, 1963) 從生態學的觀點來看，山田燒墾的農業並無耕作，除了少有的勞力之外，無其他栽培方法。但最主要的是，它可整合並支持人類尚未侵入前的那種平衡生態系統結構，也就是說，這種農業對原有的生態系統只是單純的適應，或是模擬原有之生態系統，而不是創造另一種新的脈絡與動力的生態系統。於休耕期間，族人在土地上種植赤

[31] 行政院原住民委員會 / 臺灣原住民族資訊資源網，石磊部落詳細介紹， http://www.tipp.org.tw/formosan/tribe/tribe_detail3.jspx?id=20071210000016（搜尋日期：2010 年 7 月 22 日）。

[32] 詳細交通，可行車從竹東接 120 號縣道至內灣、尖石，進入山區，前往玉峰村，經過宇老啞口後下坡，再經過玉峰橋沿著玉峰溪邊的產業道路，約 10 分鐘左右便可抵達石磊部落。

[33] 泰雅語「谷立」(Quri)，族語意為白髮、智慧，是指山谷、風口處。

[34] 泰雅語「否奈」(B'nay)，意指族人居住的地方原先種植滿山的金桔，而金桔的泰雅語為 B'nay，故部落取名 B'nay。

資料來源：顏愛靜等，2012。

圖 6-6-2 石磊部落 9 鄰、10 鄰與周邊部落的相對位置圖

楊木和其他當地植被，以促進休耕地力的恢復。這種保持土地健康的生產方式，相當符合土地倫理的要求 (Walck and Strong, 2001)。

在權力關係上，此時期並無國家政策的介入，其資源利用模式係依循 Gaga[35] 的傳統社會規範。Gaga是對祖靈的信仰，也是整合社會的重要機制，一旦觸犯了 Gaga，可能會受到神靈的懲罰。這種信仰因在經濟上得到支持，而具有維持社會秩序的支配性價值。此時期的社會封閉，生產活動目的為自給自足，交易的進行僅限於部落內的物物交換，尚無須考慮市場的需求。

此時期土地利用模式受泰雅Gaga傳統規範所制約，財產為部落共有、共用、共治。再者，生產目的為求自給自足，不需呼應市場需求之經濟價值，亦無國家政策的介入，對於原有生態系統只是單純適應，故得以保有生態系統的完整性及穩定性，符合土地倫理特徵，有助於產業的永續發展（顏愛靜等，2011）。

（二）水田定耕時期

日治殖民時期，殖民者為了山林治理及開發山地資源以增加經濟利益，將原住民限

[35] 由共同的信仰與社會規範組成的「Gaga」團體同時具備了宗教、地域、單系親屬群的社會功能。這個共同遵守「祖訓」的儀式團體，代替一般單系親族群，發揮規範行為、促進共勞合作、同負罪責的功能。此種集體的道德與信仰更因具備經濟或農業技術上的支持而愈形加強。

制在居住和耕作的地區（亦即今日原住民保留地的前身），並推行「水田定耕」。因殖民者配給土地，可耕地減少，原住民土地私有觀念逐漸形成。光復後，國民政府實施「山地人民生活改造運動」、「育苗造林運動」、「定耕農業運動」，原住民在國家指導下發展經濟，並於賦予原住民擁有耕地所有權後，徹底改變傳統游耕型態。農業定耕的結果，使勞力或資本的重要性取代土地的生態價值，耕地集約生產帶來糧食增加，足以應付人口增加之需求，聚落也不再遷徙，並隨著與外界互動的加強，過去物物交換方式轉變為現金交易方式，自給型農業逐漸過渡到商品經濟，原住民開始懂得學習平地人依市場需求種植高經濟作物，產業活動逐漸被吸納為市場貨幣經濟的一環。在環境面向上，因水稻耕作必須將山坡地開墾成農田，並建造水圳溝渠引水至田地進行灌溉，對原本的山林生態也產生了影響（顏愛靜、楊國柱，2004）。此時期耕地雖集約生產，惟當地力耗盡時仍會進行休耕，以待地力恢復；且尚無大規模機械耕作，農作技術仍稱原始。是以原鄉的地景雖自游耕、定耕至商品經濟化而有所改變，惟仍能保有對於土地健康的完整性及穩定性。

此時期之土地利用模式受國家政策指導，另因所有權的形成，社群關係較弱。由於與外界的互動加強，產品漸趨商業化，並依市場經濟價值的需求決定農作的生產。惟因農作模式對於生態環境的改變尚屬輕微，是以仍能保有生態系統的完整性及穩定性，尚稱具備土地倫理之特徵，並使農業得以永續發展（顏愛靜等，2011）。

（三）慣行農業時期

1960 年代全球遭逢糧食危機，為解決飢荒問題，科學家透過品種改良，致力於研發高產量作物，即所謂的「綠色革命」。此時期的農業耕作方式，實施單一作物大規模的種植、灌溉，採用機械化耕作及大量使用化學肥料、農藥，以提高作物產量。當平地農業的投資報酬率比不上工業生產，政府為增加農民的收益，乃提倡「農業上山」政策，開放國有林地及保留地供平地資本及個人開墾，並鼓勵原住民種植溫帶蔬果和茶樹等高經濟作物。當地的產業完全依附於臺灣整體經濟環境，採取經濟導向的生產模式，何者有利市場銷售即種植何種作物。然而，長期使用化學肥料的耕地除引起土壤酸化、退化外，大規模使用殺蟲劑更毒害環境和人體，並在食物鏈中積累，背離土地倫理。惟在經濟價值的考量下，慣行農業的耕作方式帶來高產量的成就，仍讓原住民投入此一種植方式。

以石磊社區為例，當地居民在民國 67 年至 77 年間經營慣行農業時，社區成員偏愛種植青椒及高麗菜，此乃因這兩種作物的種植技術並不困難，部落農民只需要噴灑農藥和施肥，即可等待收穫。當地有機農業的施行者在分享其自慣行農業轉為有機農業之心路歷程時，述說到：過去許多從事農業的原住民因為缺乏知識，農藥噴得很多，年紀輕輕便因肝硬化去世的案例不勝枚舉，而他自己也因噴灑農藥，得了皮膚炎，社區居民亦有多人得皮膚病。因此，大家開始有所警覺，逐漸減少噴灑農藥的劑量，甚至聘請別人來作業。他與妻子並不喝酒，也無抽煙的習慣，但他的妻子卻仍罹患三種癌症（肝癌、大腸癌和胰腺癌），一度瀕臨死亡。此時，他才開始深刻的意識到，在慣行農業的施作過程中，農藥對人體會產生深遠的影響。由於社區成員幾乎都有相同的經歷，使他深自反省慣行農業造成的惡果，並開始學習有機栽培的耕作方式。某位族人就說：

「我不想再用農藥，對土地、對我們都不好，說真的如果土地不好，水蜜桃以後可能也長不好，我相信為健康、為土地、為人，要好好經營自己的田地。」

有機農業的施行者希望將他的努力成果加以推廣，帶領石磊社區和附近的社區邁向實施有機農業之路。

此時期在原住民土地利用的模式上，政府及市場占有絕對的優勢，而平地的資金及技術進入山地，更使其產業完全受經濟價值所牽引，只種植有市場價值的高經濟作物。又為能提高單位面積產量，大規模機械耕作及施灑化肥，阻斷能量的循環，破壞土地健康之完整性及穩定性，背離土地倫理，嚴重衝擊長遠的農業發展（顏愛靜等，2011）。

（四）有機農業時期

雖然石磊社區居民從慣行農業轉為有機農業的初衷，並非知曉土地倫理的規範與責任，而是意識到農民非但是施藥者，也是消費者，而大量使用農藥已經對人體產生重大的影響，惟農業仍是社區主要的產業活動，故為謀社區的永續發展，農業經營應改採對人體無害的方式。有鑑於此，社區裡實施有機農業的先行者羅傳道，開始向泰雅族的長者學習有關傳統農耕的知識，以傳統的堆肥取代化肥，並善用過去族人游耕燒墾的經驗，透過燃燒稻桿來製造農作物所需要的磷與鉀，同時利用覆蓋作物來保留環境裡的微生物，甚至營造出適合微生物生存的環境。傳統知識的運用以及尊重土壤的農業經營方式，因為不再刻意擾動土地的生態系統，讓已經遭受傷害的土地有了活化的生機，也在不自覺中負起土地倫理責任，並實踐了環境正義。

然而，有機農業的施行者憶及其推廣有機農業初期，當地社區居民曾提出質疑，尤其在市場經濟的考量上，他們認為並沒有很多人想要購買有機食品；而既無市場，其經營又如何能成功？他回憶道：

「過程中，很累，心裡很難過，但是只要每次想到過去的經驗，我就很害怕，甘願繼續努力。因為沒有市場，我把種的有機蔬菜乾脆送到一般的果菜市場賣，……所以部落的人常常笑我，種有機蔬菜還要賣到傳統市場。前六年的時間，市場在哪裡一直是困擾我最大的問題。」

直到此有機農場生產的蔬菜賣到主婦聯盟環境保護基金會(Homemakers Union and Foundation)的生活消費合作社，其他社區的居民才開始羨慕起他，也漸漸有人願意學習有機農業的經營。當然，對於長久以來以噴灑殺蟲劑或除草劑之慣行農業施行者而言，要他們立刻改變觀念及原有的習慣是非常困難的。

為了能順利推廣有機農業，他們藉由宗教的傳布，向信徒教導有機農業的知識，並請信徒中已學習有機農業者來分享成果，之後信徒也成功的加入了主婦聯盟環境保護基金會生活消費合作社的生產系統。此一成功的案例也吸引了在外失業的信徒回到家鄉從事有機農業，並逐漸推廣至其他社區。有機農業的施行者回憶說：

「大概在民國 87 年，我被教會（石磊教會）派到抬耀教會去傳福音，那個時候我還是教會的長老⋯⋯。剛開始教會沒有什麼人參加聚會，只有二、三位人參加聚會⋯⋯。他們的生活都很困苦，生活都過不好了，我想他們又怎麼會來教會，所以我就教他們有機農業，慢慢的把他們帶起來。其中一位長老林志忠在四年後，因我的關係順利的進入主婦聯盟，慢慢的他們的產業生活被帶起來，現在他們有二十多人參加聚會了。所以傳福音也是要有方法的，飯都吃不飽了，信徒又怎麼會有心參加聚會呢？」

鑑於有機農業已在當地數個社區實施多年，石磊部落的羅傳道乃向臺灣世界展望會(WVT)提出五年計畫，並於2005年建立「谷立社區有機農場」，期待有機農業能在石磊生根。這對促進社區農業的發展是一個很好的契機。這主要是透過石磊部落協會（谷立部落文化觀光生態產業發展協會）來承接計畫，由協會的理事長同時接任農場負責人的工作，結合部落族人的共耕、共享的土地觀，以共同經營方式，協助部落族人供應更安全的蔬果，以便與慣行農業市場相區隔，俾利部落未來的自主發展。然而，短短不到三個月，農場內部就因為主事者資源分配不均，逐漸將世界展望會補助的資源納入各自家族中，導致內部紛爭不斷，部分族人憤而離開農場。石磊部落有機農場或因發展的時間較短，尚待觀察其後續發展，但也透露出原住民部落集體發展有機農業的可能性。

另一方面，此一時期臺灣市場上有機產品真偽混亂，是以消費者對於有機農產品尚有存疑；又因有機產品價格高於非有機產品，因此市場仍然有限。但縱有市場，該社區也尚未建立穩定的行銷管道。因有機農業無法量產，經營規模狹小，成本高於慣行農業，是以在高投資、高風險的情境下，社區居民對於投入有機農業多抱持觀望的態度。社區裡有機農業推廣者在談到推廣有機農業時，感嘆的表示：

「⋯⋯我找到市場後，開始在部落推廣有機農業，但是在我們自己的部落沒有人願意做有機工作，大家覺得不會賺錢，反而被人笑，所以我們部落沒有人跟我學有機農業。部落人不跟我學有機農業其實也有一些原因，你看⋯⋯最實際的問題，沒有市場，他們又怎麼會跟我學呢？……我會一直想要部落的人跟我一樣……去推廣有機農業，只是希望我們部落的人不要再噴農藥，對土地不好，對身體也不好。大家雖然都知道農藥不好，但是沒有人願意嘗試看看。」

由此可見，在推行有機農業的過程，並不是一片坦途，如何讓有機農業找到新利基，並讓部落族人看見希望，是必要解決的問題。此時期的土地利用模式可視為對土地倫理的反思，同時經由Gaga重建傳統生態知識的人地和諧關係。惟要使社區居民將原慣行農業轉變為有機農業，有無穩定的銷售市場是主要的考量因素。土地健康雖可持續為作物的種植，但如無法尋求穩定的銷售市場，將農作轉為實際的經濟利益，則農業生產環境雖較具永續性，但社區發展的永續卻未必盡然（顏愛靜等，2011）。

（五）自然農法時期

有機農業所施用的有機肥，須賴土壤中的微生物分解之後，才能被植物吸收，且分解時會有臭味並滋生蚊蠅。加上有機肥料或有機營養劑還是會殘留低量的農藥，對於人體健康仍有危害之虞。因此，為替有機種植找尋更好的營養來源，石磊社區的若干部族長老前往韓國學習自然農法。

韓國的自然農法強調以漢方的營養劑取代有機肥料，材料來自當地的植物，並因應該地區的氣候和環境做出適當的改變。因此，當石磊社區的居民從韓國學成回鄉之後，便以當地的資材搭配節氣及環境，同時結合泰雅族的農業和生態農業知識，製作出適合當地農作物的酵素，並調配出適當的劑量。

前往韓國學習自然農法的施行者在談論他的自然農法所用的酵素和韓國的差異時，說道：

「我跟趙博士學的東西只有五種，……其他都是我自己後來利用方法去做的。……我隔年4月去韓國學養雞。……我在那邊學微生物的採集方法，但是……真的很初淺，我回來後，才慢慢的從過程中學到新的知識。才二年多的時間，我們自己的農場現在已經研發十幾種的東西。很多東西，像紅豆杉等都是他沒有的。而且我們的東西可以治病。」

其農場亦以農作物與牲畜的綜合型態組成，利用農產副產品為動物的飼料，而以畜產副產品為作物的天然肥料。自然農法的施行者說：

「在這裡我完全不使用外面的有機肥料、營養劑。你看我們的基礎肥就是最頂級的雞糞，經過我們用微生物處理，變成很棒的肥料。其他的堆肥我就是用漢方跟酵素。」

現在，有部分社區農民已完成學習，並開始著手自然農法的實施。其他山地社區亦有愈來愈多人加入學習的行列，他們希望自然農法不僅可以在石磊社區實踐，也能在其他社區推廣。自然農法的施行者自信的表示：

「因為看到一些成果，像是農作物長得很漂亮、好吃等等，所以我們自己的部落大概就有十幾戶跟我學了。……從 2008 年 10 月至今，學習的總人數大約已經超過 300 人了。……我們的推廣對象還是以原住民教會的信徒為主。」

於該社區推廣自然農法比先前的有機農業推廣較為順暢之主要原因，除施行自然農法的農產品質佳外，還強調施用漢方或酵素，利用在地資材及農業廢棄物回收再生資源，降低農民的成本負擔。一位接受推廣而從事自然農法的抬耀部落族人說道：

「剛開始我以為轉作自然農業成本要花很多，可是我發現自然農法的成本其實很低，總體來講，它比化學還要便宜。我剛開始也覺得有一些疑問，想說自然農業成本應該比較貴。但是以一年來計算的話，自然農業比較省成本。比起我過去種化學跟有機還要便宜。成本便宜，人又賺到健康，感謝主。

我們部落是靠農業，種菜對我們部落很重要，我們靠賣菜過生活。還好自然農法的成本比較低，我以為成本很多，做了之後才知道成本真的比化學還要便宜。像我之前種化學的時候，動不動就要花錢買農藥。做了自然農法前面要先花一些成本，之後就不用再花錢。」

雖然實施自然農法可降低農民的生產成本，並有益於土地及人體的健康，但缺乏穩定的產銷管道仍是實施自然農法者的隱憂，如當地族人所言：

「大家都一樣，市場真的很重要。如果沒有市場，我們用自然農法種的菜就不知道送去哪裡……我不知道可不可以繼續種下去。」

由上可知，社區居民從有機農業到自然農法的施行，已漸漸悟出遵循土地倫理方能獲得健康土地的回饋，並能使農業永續經營及發展。然而，缺乏穩定的市場銷售管道或為推廣上的最大阻力（顏愛靜等人，2011）。在產銷的管道上，與部落農業經營關係最密切的組織應該就是當地的農會，因農會設立之宗旨，除了保障農民的權益，尚需提高農民的知識技能，以增加生產收益，改善農民生活。又因農會的任務執行除了自有收入外，亦接受政府對於農業推廣事業的補助，而這些費用的資源分配將會影響原住民對於資源利用之「進用權」(accessing rights)，並可能影響部落居民是否採取具土地倫理價值觀的資源利用方式。但除了農民可將農產品運送至農會代為銷售外，農會對於部落實施自然農法的知識學習，甚或是技術的推廣，並沒有提供任何協助，恐對部落的農業發展

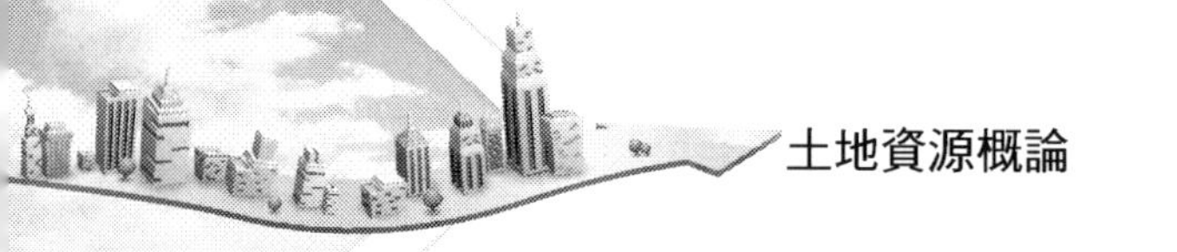

有不利影響，當須改弦更張，以扭轉局勢。

三、石磊社區有機農業與土地倫理、權力關係對土地健康的影響

承前所述，石磊社區在不同農業時期，因採行不同的農作方式，對農業生產環境的土地健康有不同的影響及結果，摘述如下。

（一）游耕時期

除了少有的勞力之外，並無其他栽培方法。在短期耕作後進行長期休耕，並在土地上種植赤楊木和其他當地植被，以促進休耕地力的恢復。此種對原有生態系統只是單純適應的農作方式，使部落農業生產環境的生態系統，得以保有完整性及穩定性，輪耕的方式亦得保有土地的生產力，維持原始地景的美感。

（二）水田定耕時期

因可耕地減少，原住民土地私有觀念逐漸形成，且耕地實行集約耕作，使糧食增加，並隨著與外界互動的加強，自給型農業逐漸過渡到商品經濟，懂得學習平地人依市場需求種植高經濟作物，並建造水圳溝渠引水至田地進行灌溉。此時期在土地健康的呈現上，雖採集約耕作，但簡易的農作方式對農業生產環境變異小，故仍保有生態系統的穩定性及完整性，生產力也得以增加，原鄉特色仍存美感。惟值得注意的是，居民對資源的利用與生態系統間已漸呈競爭的關係。

（三）慣行農業時期

對土地健康而言，這時期可說是變異最大的階段。為能提高經濟作物的產量，農作上採單一作物生產方式，並開始在農作上使用化肥、農藥、殺蟲劑和除草劑，以消除病蟲害。這種農作方式與生態系統的競爭關係非常明顯，使得農業生產環境的完整性及穩定性受到嚴重破壞，土壤漸呈酸化及退化的貧瘠現象。農作瘦弱，加上堅硬且塊狀的土質，使土層表面易遭沖刷，美感漸失。但為保有高生產力，只能再加重化肥的使用。此種惡性循環的結果，已危及部落農業發展的永續。

（四）有機農法與自然農法時期

進入有機農業時期後，為改變慣行農業的農作方式，以傳統肥料取代化肥，並利用覆蓋作物，營造出適合微生物生存的環境。此種注意生態系統群落間合作關係的農業經營方式，使當地農業生產環境的生態系統完整性及穩定性提高；而遭受傷害的土地，因回復生機，土壤沃度增加，固有生產力也逐漸恢復。原鄉農村的風貌，在不同形式的生物多樣性下美感漸生。

自然農法時期更進一步的以當地的資材，配合節氣及環境，結合泰雅族農業和生態知識，製作出適合培植當地農作物的酵素，此種方式更貼合當地生態系統及重視群落關係和諧的農業經營方式。這種方式無疑也使農業生產環境的生態系統完整性及穩定性更為提高，並因土質結構更趨完整，農作物生長茂盛且品質優良。

經由上述的說明，該社區在權力關係影響下，其土地利用形式所呈現之土地倫理及對土地健康的影響，可彙整如表 6-6-1。

表 6-6-1　石磊社區各時期的土地利用、土地倫理、權力關係與土地健康內涵

時期	土地倫理	權力關係	土地利用	土地健康
游耕時期	土地倫理強 群落關係強 高度合作 傳統生態知識賦予其維護生態資源的責任	資源為部落共有、共用、共治，傳統規範為一切部落土地資源利用及產權分配依循 無政府政策的介入、缺乏市場	土地利用為供基本物質需求 生產活動目的為自給自足	土地健康良好 高完整性、高穩定性 不特別要求高生產力，「夠用」就好 保有原始風貌的美感
小結	在此時期，土地利用模式受泰雅 Gaga 傳統規範所制約，財產為部落共有、共用、共治。其生產目的為求自給自足，不需呼應市場需求之經濟價值，亦無國家政策的介入，對於原有生態系統只是單純適應，並因人力可及的耕作面積不大，符合地理破碎、錯雜的生態特質。廢棄的耕地在自然演替的復育過程中形成複雜多樣的生態層次（楊長鎮，2000），故得保有生態系統的完整性及穩定性，符合土地倫理特徵明顯，有助於產業的永續發展。			
水田定耕時期	土地倫理尚適中 與群落關係漸受經濟利益主導 與生態系統漸呈競爭關係 經濟價值之取捨重於對土地及其棲息者的責任	政府政策及市場占優勢 政策改變其耕作方式 受市場供需支配 勞力或資本取代土地，所有權觀念逐漸形成	土地利用漸趨經濟價值取向	尚存土地健康的條件 變異小故完整性及穩定性仍具備 足夠的生產力 原鄉特色雖有變異，惟仍存美感
小結	在此時期，土地利用模式受國家政策指導，另因所有權的形成，社群關係較弱。由於與外界的互動加強，產品漸趨商業化，並依市場經濟價值的需求決定農作的生產。惟因農作模式，對於生態環境改變尚屬輕微，是以仍能保有生態系統的完整性及穩定性，尚稱具備土地倫理之特徵。			
慣行農業時期	土地倫理弱 群落關係弱 受市場經濟利益之牽引 與生態系統為競爭關係 一切以經濟利益做為決定物種存在的價值	資產及市場占優勢 政府政策提倡農業上山，平地資本及技術流入山地 受市場條件支配程度大	以經濟價值為土地利用的考量	土地健康很差 低完整性、低穩定性 高生產力，惟非源於土地固有的生產力 土質呈堅硬、塊狀及酸化的貧瘠現象，因滲透力不佳種植農作瘦弱；土層表面遭沖刷，覆蓋不完全，生物相改變，缺乏美感

表 6-6-1 石磊社區各時期的土地利用、土地倫理、權力關係與土地健康內涵（續）

時期	土地倫理	權力關係	土地利用	土地健康
小結	此時期原住民土地利用的模式，資產及市場占絕對的優勢，政府的農業上山政策導致平地的資金及技術進入山地，更使其產業完全受經濟價值所牽引，只種植有市場價值的高經濟作物。又為能提高單位面積產量，實施機械耕作及施灑化肥。長此以往，造成土地呈現結塊及酸化的現象，種植的農作物品質不佳，背離土地倫理，嚴重衝擊長遠的農業發展。			
有機農業時期	土地倫理適中 社群間發覺問題所在，開始注意群落的合作以傳統生態知識回復負起維護生態資源的責任	權力關係趨向平衡 政府推廣有機農業，社區居民自覺的將之引進，惟高風險、高投資的市場因素讓社區居民不敢貿然投入	農地耕作方式改變 部分農地採有機耕作方式，不噴灑農藥及使用化肥	土地健康獲得改善 完整性及穩定性提高 塊狀而黃褐的土質轉為鬆軟、黑褐的土壤，沃度增加，固有生產力逐漸恢復 以不同形式的生物多樣性恢復美感
小結	此時期的土地利用模式可視為對土地倫理的反思，經由 Gaga 重建傳統生態知識的人地和諧關係。惟社區居民要將原慣行農業轉變為有機農業，有無穩定的銷售市場成為主要的考量因素。土地健康雖可持續為作物的種植，惟如無法尋求穩定的銷售市場，將農作轉為實際經濟利益，則農業生產環境雖較具永續性，但社區發展的永續卻未必盡然。			
自然農法時期	土地倫理強 遵循大自然運行法則，重視群落關係的和諧 高度的合作意識 族人以傳統生態知識負起維護生態資源的責任	權力關係平衡 政府推廣有機農業並制訂驗證標準及法規依據 社群間意識到永續發展的需求 市場對於影響土地利用模式的因素，非因該產品於市場的價值高低，而係有無穩定的銷售管道	農地耕作方式改變 以當地的資材為酵素，並交互利用農產副產品為動物的飼料，而畜產副產品為作物的天然肥料，增加資源回收利用	土地健康強 完整性高、穩定性高 土質結構完整富含農作物生長所需之氮、磷、鉀，並因微生物的作用使土質疏鬆，農作物生長茂盛品質優良，生產力恢復 表土覆蓋完整並以生物多樣性保有美感
小結	社區居民從有機農業到自然農法的施行，已漸漸悟出遵循土地倫理方能獲得健康土地的回饋，並能使其農業永續經營及發展。然而，無穩定的市場銷售管道是推廣上的最大阻力。			

資料來源：顏愛靜、傅小芝、何欣芳，2011：88-90。

本文利用沃克與斯壯的理論架構，檢視石磊部落居民在不同時期農業發展的土地利用上，何種權力關係對居民產生影響，以及其土地利用型態對部落生產環境使之趨向穩定或趨向枯竭，藉以衡量當地居民是否具有土地倫理的價值觀。經由上述的分析發現，本案例之部落居民有關土地倫理價值觀的強弱，確實影響部落農業生產環境的土地健康，而其土地倫理的價值觀可能是受到政府政策的影響，也可能是基於市場經濟的考量，或是受社群的改變，故沃克與斯壯 (2001) 的理論架構在此案例中明顯看出其適用性。另外，個人價值觀的建立當具有遞延的特性。亦即，一旦居民存有土地倫理的價值觀，此種價值觀必能遞延至其他產業的土地利用。是以此種架構的檢視，不僅適用於部落的農業發展，對其他產業的土地利用型態亦有其適用性。

四、原住民社區有機農業發展之展望

土地對原住民而言是生命、生存及生活的基礎，族人與土地的關係密不可分，對土地關係就像對待自己的生命一樣，失去土地就是失去生命。所以，若能保護土地，就足以供應生活的一切所需。是以為使生命得以延續、生活有所依靠，與土地的關係更形重要，並表現於原住民傳統生態知識上，以和諧及敬畏的態度與山林共存，此即為土地倫理的寫照。

石磊社區亦如其他高山的原住民部落，其土地利用因受國家統治力的干預，限縮傳統的生活空間及領域，並因國家政策指導經濟發展，致使部落對傳統土地利用模式逐漸改變。石磊社區因其他產業不甚發達，農業成為重要的土地利用型態，是以該社區的土地利用模式與土地能否健康，將是導引農業未來得否永續發展的關鍵。社區現今所實施的自然農法企圖以最少的變動，來維持土壤中的多樣物種，以保持一種動態的平衡。當土地健康，自然就具有生產力，可以為永續的農業發展奠下良好的基礎。

然而，負擔土地健康之責以促進社區產業的整體發展，並非一、二人即可達成。社區產業的環境是社區的共用資源，因此在自主治理模式中，為了社群間共善或公共利益的推動，不可避免會遇到集體行動的困境。當社區中某些人的農地上實施自然農法，而某些人卻仍以慣行農業為農作技術，前者最終仍會受到後者的污染，對於該社區農業的永續發展仍有不利的影響。因此，為謀求石磊社區的整體利益，集體行動中的個人選擇理當受到正式或非正式規範所制約，較可奏效（孫稚堤，2007）。在石磊社區究竟是什麼規範及因素，使該社區居民決定選擇以自然農法，做為農作技術？在我們的觀察及訪談中發現二項重要的影響因素，分述如下。

（一）Gaga（傳統規範）——傳統生態知識的反思

「傳統生態知識 」(traditional environmental knowledge, TEK)是一種知識、實踐與信仰的累積體，這種生態知識源於其歷史悠久的適應軌跡，經由先祖經驗積累的傳承而內化為生活的一部分。其內容是關於生物（包含人類）彼此之間、生物和環境之間的關係，亦即與生態環境密切相關的知識。泰雅族傳統的土地使用有其基本的社會與空間單元，運作方式也是泰雅族 Gaga 傳統的一環，是生物多樣性的保有和人地和諧共存。因此，在封閉的社會時期，其土地利用模式展現出明顯的土地倫理特性。惟隨著國家政體及資本主義價值經濟觀的進入，大幅改變了其生活型態及產業模式，人地關係改由經濟議題主導，生態資源為利己主義所掌控，原本與群落間其他物種的合作模式變成相互競爭的關係，土地倫理逐漸式微，Gaga 下的傳統生態知識漸被忽視。就如石磊社區農業發展的歷程，在慣行農業的時期，為獲取價高的經濟利益，悖離其承受自先祖的傳統生態知識，不重視環境生態的平衡，導致資源基底逐漸被侵蝕。

然而，潛藏在原住民生態意識下的傳統知識，終究在面臨因對環境破壞而嘗到惡果後再度甦醒，並以土地倫理的思維，轉化為對生態環境的關懷，以友善環境的有機農業、自然農業逐漸取代破壞生態系統的慣行農業。此一轉變並非考量實施有機農業或自然農業在市場上比較有利可圖，而是知曉一旦經濟資源基底崩塌，則社區將無法永續發展。如此的反思驅動社區居民將慣行農業轉為有機或自然農業，並在該社區的傳統規範制約下，建立社區產業環境合作的關係，併共同肩負起土地健康的責任。

（二）土地倫理與宗教教義的結合——先行者的領導方式

石磊社區的居民雖本於傳統生態知識而反思人地應和諧共存，惟在有機農業高風險及高成本的考量下，並非全部的居民都能接受。因此，先行者人格特質及領導方式亦將影響居民轉換其農作方式的因素。民國 77 年，該社區的先行者下定決心栽種有機蔬菜，然而一開始卻無處學習相關技術，農會亦無法提供協助，且在實行、運用過程中，出現現實與理論的落差。在初期的自行摸索、累積實務經驗，並在自己農地上有了初步的成果之後，基於善的觀念傳導，無對價的將自己所學、所知在自己的社區或其他社區加以推廣。亦因該先行者將自己的經驗全部傳授予其他學習者，是以這些學習者無須經歷嘗試錯誤的階段，即可逕為施作，減少成本的負擔。先行者為了能有效傳導該善的觀念，因此將土地倫理的觀念，融合泰雅族人傳統 Gaga 的社會規範與其宗教的教義，經由教義的闡述，信徒們對該農法具有高度認同感，再加以 Gaga 宗族的凝聚力，自然農法的實施很快的在社區間擴散施行，並擴及其他社區。

目前石磊社區皆已實施自然農法，藉由土地倫理觀念的傳輸，恢復了土地的健康，使得社區生活環境展現生態多樣性之美感；而土壤的復育也提高了覆蓋面、滲透力及保水力，避免雨水直接沖刷，而可減緩集水區高山農業施作上土壤的沖蝕，確保河川水源品質，減少對環境的負擔。此外，自然農法的施行也強化了社區居民意識的凝聚，在共善的觀念下，為社區永續發展做出集體貢獻。過去因為 Gaga 傳統規範的式微，造成社區間因資源分配不均所產生的衝突矛盾，也在重拾傳統規範下化解。處於經濟弱勢的原住民，以自然農法為基礎利用在地資材及農業廢棄物回收的再生資源，降低社區產業的成本負擔。

對於交通不便、資源不足、勞力外流，以及受土地開發限制的原住民社區，自主的經濟體系當可助其社區之永續發展。是以針對原住民社區永續農業發展，將就上述的觀察及分析提出以下的建議：

（一）重建原住民土地倫理的傳統生態知識

生態環境的永續是世界各國關切的議題，而在全球暖化造成氣候異常及生物棲息地改變的今日，環境保護的需求更為殷切，原住民傳統生態知識在自然資源管理上的價值也因而被廣泛認可。過去因國家統治力的支配，使得傳統生態知識隱沒於經濟價值的需求下，如今社區產業已回歸自主治理，為促進原住民社區發展永續農業，謀求可世代流傳的資源基礎，應以土地倫理的規範重新建立傳統生態知識，方能使產業環境恢復生機，讓土地恢復健康。

（二）社區集體意識的凝聚

原住民社區的居民具有相同血緣、地緣關係，在同質性高的情況下，對社區的認同感與歸屬感高，而有利於社區意識的凝聚。但若有外力介入，將造成居民間缺乏互信，而削弱社區居民的集體意識，導致傳統社會規範或集體效率下降。因此，政府或其他非營利組織投入資源於社區時，應考量如何保持社區自主治理下的權力平衡關係。永續農業的發展係屬社區共同面對的問題，而社區共同的事務應在社區自主治理下減少外力的干預，以免破壞互信的關係。此外，促進住民經濟的發展亦有賴於整體產業環境的改善及集體永續意識的凝聚。

（三）以積極的政策輔導替代消極的行政推廣

高山原住民的土地利用因受土地使用分區的管制規範，其制度上的耕作條件即本受限制，且有機或自然農業的實作技術較慣行農業更為複雜，更對原住民農業形成門檻。另一方面，原住民在資產的權力關係面向上，無論是財務能力或技術資訊的接收均相對弱勢，是以雖知慣行農業不利土地健康，但因較為熟悉慣行農作的方式，且轉作的投資報酬未能預知，故仍繼續施作慣行農業。如欲推廣有機農業以落實農業生產環境的永續，政策思維上應因地制宜訂定積極輔導的機制，建立促進土地倫理實踐的誘因，並提供居民技術輔導及正確的知識規範，導正過去背馳土地倫理的偏差，以利於原住民社區改變慣行農業的生產技術。

（四）市場的銷售通路開拓

從對石磊社區居民的訪談中，「市場」代表的是「經濟收入」。對轉為自然農法的

居民而言，最擔憂的是農產品缺乏穩定的銷售管道；沒有穩定的銷售管道，也代表著沒有穩定的經濟收入。原住民產業在市場競爭上的弱勢，亦可能是造成他們不敢貿然改變農作方式的主因。因此，實施初期的政策應藉由農會既有的通路協助銷售，幫助其獲得經濟獨立，同時輔以行銷策略，使產品能漸進並穩定的在市場上銷售，如此方能鼓勵社區居民改變慣行農法的耕作方式，使原住民社區的農業能在符合土地倫理的生產環境下，達成永續發展的目標。

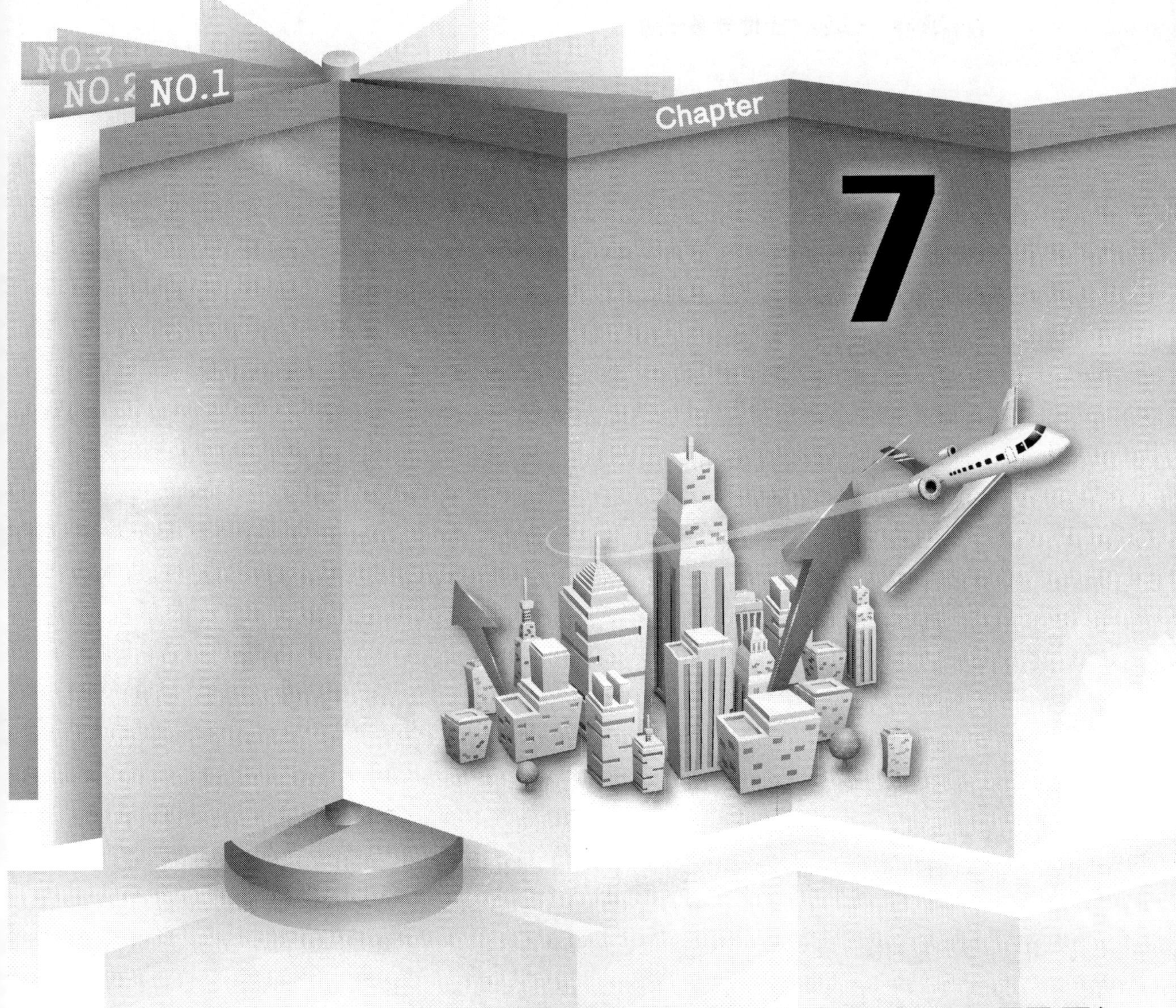

人口都市化與市地資源開發

第一節　人口都市化趨向與都市空間結構理論
第二節　都市的資源與環境課題
第三節　都市交通運輸規劃
第四節　都市土地之使用規劃與管制
第五節　開創永續和適居的生態都市

在以傳統農業為生產主軸的時代，農業為經濟成長的動力，經濟發展規劃不外乎是增進農業生產以供工業發展之需。迨至進入後工業化時代，都市躍升為社會經濟之核心。都市的空間結構系統可視為由人口、產業活動、土地使用與交通路網等系統所組成。隨著人口成長與往都市集中的趨勢，產生都市化與都市成長的現象，進而導致都市的擴張或蔓延，並帶來都市環境的課題。

以都市發展而言，無論在時間或空間面向，都市擴張是透過道路系統的建設與土地開發，來達成促進發展的目的；而都市運輸路網是由許多道路系統組成，也是重要的交通實體設施，其提供居民移動的管道，直接影響出入和對外聯絡的可及性。近年來，都市交通路網的結構、特性，以及其與空間部門相互影響的結果，已成為規劃者密切關注的課題。規劃者往往透過掌握都市土地使用及交通路網的規劃，決定未來都市的空間發展。由此可見，都市空間的土地使用依然藉著路網來完成居住、生產等活動，因此交通對於都市發展的重要性非一般設施所能比擬（潘雪玲，2007：1-1）。

本章將先探討人口都市化與都市空間結構之理論與概況，再檢討因人口都市化與都市蔓延導致的都市環境課題，並說明都市交通運輸系統的規劃，進而瞭解規劃與管制都市土地使用的工具與策略，最後則期望透過生態都市的規劃方法，開創永續和適居的生態都市。

第一節　人口都市化趨向與都市空間結構理論

近世紀以來，世界人口幾乎有半數生活在城市地區，另外的半數居住在高山和農村地區，人口都市化的現象十分普遍。但這是何種力量造成的呢？未來的發展趨勢是否依舊如此？人口都市化的現象又在空間上形成何種發展模式？凡此皆值得進一步探究。底下將分項加以說明與討論。

一、城市與都市之定義

城市 (cities) 通常是指眾多人口聚居的地方，其在人類社會中的相對重要性往往更甚於城鎮 (town) 或村莊 (village)[1]。城市是人類文明開展的起源地，從古希臘城邦的興起迄今，大約已超過六千多年。城市的特質不但表現在商業雲集、交流頻繁、技術發達、教育昌盛等層面，往往也是宗教聖地及政治權勢核心，更是社會進步快速的象徵。但另一方面，城市也是人口擁擠、交通壅塞、污染嚴重、病菌傳播的場所。近代城市

[1] http://www.merriam-webster.com/dictionary/city（搜尋日期：2010 年 5 月 14 日）。

的急遽擴張大約是在工業革命以後。工商業的快速成長與人們前往城市尋找工作機會互為因果。詳究城市就業機會集中的原因，可歸結為三：(1) 在比較利益 (comparative advantage) 的基礎上，使地區之間的貿易更為有利可圖，進而促進商業城市的發展；(2) 內部規模經濟 (internal scale economics) 的高生產力使工廠產品生產的效率要比個人來得高，從而促進工業城市的發展；(3) 在生產和市場銷售產品上具有聚集經濟 (agglomerative economics)，使得企業聚集在城市，進而促成大城市的發展 (Sullivan, 1990: 13)。

有關都市 (urban) 的定義，地理學者與社會學者的見解不同。社會學者路易斯・渥思 (Louis Wirth, 1938: 12) 認為，都市或都市特性 (urbanism) 是指都市環境中的人際關係，並具有若干特點，例如：稍縱即逝 (transiency)、注重表面性 (superficiality) 和匿名性 (anonymity) 等。一般地理學者則認為都市是一個位置適宜的地方，包括：(1) 其居民密度遠高於一般人口密度；(2) 居民主要從事非農活動，非一般的一級產業活動；(3) 是周圍地區的文化、政治、經濟中心。因此，都市一詞在此主要指稱「以人口集居與活動集聚為主」。

在操作性定義上，美國的人口普查局稱都市或城鎮 (urban place) 為人口集居超過 2,500 人的小型地理區，而都市化地區 (urbanized area) 是指大型中心城市及其周圍人口密度在每平方英里 1,000 人以上的地區，其總人口至少在 50,000 人以上。至於都市人口 (urban population)，則指所有居住在都市化地區的人口，加上居住在都市化以外地區的城鎮人口。根據 1990 年的調查，全美國約有 75% 的人口居住在都市地區 (O'Sullivan, 2003: 6)。相對的，農村地區 (rural area) 當指人口集居少於 2,500 人之處，其往往包含一些由農戶組成的村莊，風俗習慣與文化豐厚，為家族聚居的場所，周圍亦有農地或其他自然資源分布，以生產糧食、提供燃料及滿足其他基本需求。都市雖然有大量人口聚居並從事多樣的專業職務，但往往依賴村莊等其他地區供應資源以符合生活所需 (Miller, 2004: 661)。

誠如前述，城市通常是指人口、商業、文化中心，或是具有顯著規模和重要性的城鎮，但這種定義往往被認為過於模糊。另一種定義是指美國的組合自治市，係由國家的章程授予一定的法定權力界限[2]。因此，法定的「市界」之內就是城市，如臺北市區，具有社會公認的特性，報章雜誌或電視廣播通常以此稱之。民國 101 年，臺灣人口密度最高的城市為臺北市，平均每平方公里居住 9,835.28 人；其次為嘉義市，平均每平方公里居住 4,518.41 人；第三為新竹市，平均每平方公里居住 4,081.23 人（參見表 7-1-1）。

[2] http://www.answers.com/topic/city（搜尋日期：2010 年 5 月 14 日）。

表 7-1-1 民國 101 年臺灣人口密度每平方公里超過 1,000人 的縣市一覽表（五都升格後）

縣市別	土地面積（平方公里）	人口數（人）	人口密度（人／平方公里）
新北市	2,052.57	3,939,305	1,919.21
桃園縣	1,220.95	2,030,101	1,662.77
彰化縣	1,074.40	1,299,868	1,209.86
基隆市	132.76	377,153	2,840.89
新竹市	104.15	425,071	4,102.30
臺中市	2,214.90	2,684,893	1,212.20
嘉義市	60.03	271,220	4,518.41
臺北市	271.80	2,673,226	9,835.28

資料來源：中華民國統計資訊網，http://ebas1.ebas.gov.tw/pxweb/Dialog/Saveshow.asp（搜尋日期：2013 年 7 月 18 日）。

另依我國內政部統計，截至民國 102 年 6 月 30 日止，全國五個直轄市之人口數排序如下：新北市 3,939,305 人（男 1,946,607 人，女 1,992,698 人）、高雄市 2,778,659 人（男 1,387,931 人，女 1,390,728 人）、臺中市 2,684,893 人（男 1,333,194 人，女 1,351,699 人）、臺北市 2,673,226 人（男 1,285,361 人，女 1,387,865 人）、臺南市 1,881,645 人（男 945,004 人，女 936,641 人）。這五個直轄市的人口數合計為 13,957,728 人（男6,898,097 人，女 7,059,631 人），占全國總人口數 23,315,822 人之 59.86%[3]。

再者，依據我國《都市計畫法》第 11 條規定：「左列各地方應擬定鄉街計畫：一、鄉公所所在地。二、人口集居五年前已達三千，而在最近五年內已增加三分之一以上之地區。三、人口集居達三千，而其中工商業人口占就業總人口百分之五十以上之地區。四、其他經縣（局）政府指定應依本法擬定鄉街計畫之地區。」換言之，若人口集居五年前已達 3,000 人，而在最近五年內已增加三分之一以上之地區，或人口集居達 3,000 人，而其中工商業人口占就業總人口 50% 以上之地區，即應擬定都市計畫，是為都市地區。

又按我國營建署的統計，臺閩地區都市計畫實施概況，截至民國 100 年年底止，已實施都市計畫地區達 441 處，面積約 4,759.14 平方公里，涵蓋人口數約 2,512 萬人，人口密度達每平方公里 5,277 人。其中臺灣省為 280 處，面積約 1,613.81 平方公里，涵蓋人口數約 8,493 萬人，人口密度達每平方公里 5,262 人。臺北市已全部實施都市計畫，面積約 271.8 平方公里，人口數約 341 萬人，人口密度達每平方公里 12,561 人。高雄市

[3] 內政部統計查詢網，http://statis.moi.gov.tw/micst/stmain.jsp?sys=100（搜尋日期：2013 年 7 月 18 日）。

33 處，面積約 417.26 平方公里，現況人口數約 376 萬人，人口密度達每平方公里 9,019 人。又福建省（金門縣及連江縣）包括特定區計畫 6 處，面積 187.27 平方公里，現況人口數約 9.5 萬人，人口密度達每平方公里 505 人（參見表 7-1-2 與 表 7-1-3）。

二、人口都市化的推力與拉力

在探討人口與勞力遷移的理論中，不均衡模型 (disequilibrium modes) 指出，影響遷移的主要原因在於工資與就業機會的差異性。當人口或勞力在地區間移動，或由鄉村移向都市時，通常是「推與拉效果」(push and pull effects) 所致。想要遷移的人會在都市地區（目標區）高工資、多樣工作機會的拉力，以及鄉村地區（原居區）的低工資、缺少就業機會的推力綜合考量下採取行動。根據研究顯示，「拉」的因素比「推」的因素更強烈的左右居民對區位的選擇，且美國的就業市場開放，比工資差異性更能吸引移民。

表 7-1-2　民國 100 年臺閩地區都市計畫區數與面積

地區別	總計		市鎮計畫		鄉街計畫		特定區計畫	
	處	平方公里	處	平方公里	處	平方公里	處	平方公里
合計	441	4,759.14	126	174,530.52	191	65,068.47	121	236,314.65
臺灣省	280	1,613.81	78	67,515.00	134	35,859.03	68	58,006.64
臺北市	1	271.80	1	27,179.97	—	—	—	—
高雄市	33	417.26	5	18,684.53	16	12,716.44	12	10,325.39
福建省	6	187.27	—	—	—	—	6	18,726.93

資料來源：營建署統計年報，http://w3.cpami.gov.tw（搜尋日期：2013 年 7 月 18 日）。

表 7-1-3　民國 100 年臺閩地區都市計畫人口數與人口密度

地區別	都市計畫區人口數（人）		都市計畫區人口密度（人／平方公里）		都市計畫土地面積（平方公里）
	計畫人口數	現況人口數	計畫人口密度	現況人口密度	
合計	25,115,087	18,729,545	5,277.23	3,935.49	4,759.14
臺灣省	8,493,184	5,731,347	5,262.83	3,551.45	1,613.81
臺北市	3,414,000	2,650,968	12,560.71	9,753.28	271.80
高雄市	3,763,307	2,520,708	9,019.02	6,041.04	3,763,307.00
福建省	94,550	114,552	504.90	611.71	187.27

資料來源：內政統計年報，http://sowf.moi.gov.tw/stat/year/list.htm（搜尋日期：2013 年 7 月 18 日）。

據估計，每年在地區創造兩個淨就業機會，就會吸引一個移民。這種創造工作機會的拉力在經濟擴張時會增強，於經濟衰退期會減弱，此或可顯示景氣良好時，人們還是願意移向都會區，以爭取較好的經濟機會。

雖然人口或勞力傾向於遷往高工資或就業成長區，但事實上，非工資因素也會影響遷移。例如：打算遷移的人不僅要考慮工資，還需衡酌整個補償配套措施 (total compensation package)，以及所需的生活費用。如果由鄉村移向都市後，生活品質可以提高，則稍低的工資仍可接受。其他如對未來加薪與升遷的期望、配偶的工作機會、子女受教育機會等，也經常被納入考量。除了區位遷移的利益之外，可能產生遷移的貨幣成本，包括：是否出售房子、可能的交易費用，以及非貨幣成本，如：離開家鄉的親友、生活方式的改變等，都會讓潛在遷移者深入考慮。這些因為遷移或不遷移而可能產生的成本利益，可參見表 7-1-4。其中，遷移的拉力因素可定義為：「打算遷往的都市因具有潛在利益而導致遷移」，而遷移的成本因素同樣在評估之中。如果遷移的新增利益大於因此增加的成本，則人口遷移的現象必定會產生。

綜前所述，可知都市化和都市擴展現象的出現，是推的因素 (push factors) 迫使居民

表 7-1-4　遷移因素所致本益矩陣分析表

決策	潛在成本	潛在利益
遷移	**遷移的成本因素：** 移往新住處的交通條件 找工作的不確定性 找工作時的住所 找工作時的飲食 就業的適當衣著 欠缺社會地位 住在陌生的地方 需要講另一種語言，改進會話的能力 需要改變穿著、行為、日常習慣	**遷移的拉力因素：** 高薪資率 選擇工作或偏好 自己或子女能受較好的教育 更好的社區服務制度 更有趣、振奮的社會生活 更好的種族、族群、社會狀況
不遷移	**遷移的推力因素：** 當地找到工作的困難度高 當地欠缺適當的遊憩設施 家庭過度的掌控 對當地社會關係不滿意 對當地制度不滿意 對種族、族群、政治條件不滿意	**遷移的交互影響：** 已擁有不昂貴的住宅 食物不昂貴 每天可與家人聯絡 每天可與老朋友、同儕聯絡 住在周圍熟悉的地方 確保維持社會地位 繼續傳統的語言、衣著、習慣 保障工作（對某些人而言）

資料來源：Bogue, 1977: 169.

離開農村地區而遷移到城市，其中主要包括：貧窮、沒有土地、農場工作機會減少（例如：農業機械化或低糧價政策導致生產無利可圖）、飢荒或戰爭等困境。而拉的因素 (pull factors) 則喚起農村居民前往都市尋找更好的工作和都市生活的希望，具體的期待如：都市地區較好的工作機會、食物較為充足，能夠享受更好的生活、住宅、更好的教育和健康服務，以及娛樂、宗教的自由等，甚至是透過人口集中而能幫助保護生物多樣性。

以美國為例，其居住於城市人口的比例，已由 1800 年的 5% 增至近年的 79%。這種轉變的發生可分為四個階段：首先，人們從農村遷移到大型中心都市；然後，人們從大型中心城市遷移到郊區／小都市；接下來，人們從北部和東部遷徙到南部和西部；然於都市過度發展後，最終有些人從市區遷回農村，而主要原因就在於老舊都市的服務惡化和基礎設施老化等問題造成的推力 (Miller, 2004: 661; Miller and Spoolman, 2012: 587)。

儘管都市地區很少能夠自我維持或自給自足，開發的結果也危及生物多樣性，使生態系統遭到破壞和損毀。加上污染和噪音的情況惡化、傳染病蔓延，有些開發中國家的都市甚至集貧窮、犯罪和恐怖主義於一身。但總體來說，拉的力量往往仍勝過推的力量，使得都市化的現象仍然持續發生 (Miller, 2004: 661; Miller and Spoolman, 2012: 587)。

三、人口都市化與都市成長之趨勢

所謂人口都市化 (urbanization)，通常表示人口不斷向都市集中、湧入之現象與過程。都市化程度 (degree of urbanization)是指都市地區人口占總人口之比率。都市成長 (urban growth) 代表的是都市人口成長情形，並常以都市人口的年成長率為代表，其計算公式為：

$$\text{都市人口年成長率}=\frac{（\text{第 t 年都市計畫人口數}-\text{第 t-1 年都市計畫人口數}）}{\text{第 t-1 年都市計畫人口數}}\times 100\%$$

從表 7-1-5 可知，自民國 80 年至 100 年，居住於臺灣都市計畫區中的人口總數由 1,571 萬人逐年增加至 1,872 萬人，都市人口成長了 19.15%；人口密度則由每平方公里 3,586 人逐年增加至 3,935 人，成長 9.7%。都市人口占總人口比例由 76.26% 增加至 80.64%，增加 4.38%；而都市人口年成長率則每年各有消長，最低為民國 99 年的 -1.04%，最高則為 96 年的 1.82%。整體而言，都市人口仍呈現成長趨勢。

至於全球都市人口的成長情形，可從聯合國 2009 年全球都市化展望報告 (World Urbanization Prospects: The 2009 Revision Population Database) 查知。如表 7-1-6 所示，

表 7-1-5 歷年臺灣都市化程度與都市成長情形

年別（民國）	都市計畫區現況人口數（人）	都市計畫區現況人口密度（人／平方公里）	全國人口數（人）	都市人口比率(%)	都市人口年成長率(%)
80	15,713,827	3,586	20,605,831	76.26%	0.80%
85	16,565,631	3,758	21,525,433	76.96%	1.57%
90	17,535,604	3,771	22,405,568	78.26%	0.96%
91	17,661,073	3,769	22,520,776	78.42%	0.72%
92	17,641,680	3,766	22,604,550	78.04%	-0.11%
93	17,746,845	3,779	22,689,122	78.22%	0.60%
94	17,954,490	3,819	22,770,383	78.85%	1.17%
95	17,965,977	3,822	22,876,527	78.53%	0.06%
96	18,293,219	3,889	22,958,360	79.68%	1.82%
97	18,301,313	3,888	23,037,031	79.44%	0.04%
98	18,599,581	3,915	23,119,772	80.45%	1.63%
99	18,407,736	3,875	23,162,123	79.47%	-1.04%
100	18,729,545	3,935	23,224,912	80.64%	1.72%

資料來源：

1. 內政統計年報，http://sowf.moi.gov.tw/stat/year/list.htm（搜尋日期：2013 年 7 月 18 日）。
2. 91 年營建統計年報，http://w3.cpami.gov.tw/kch/statisty/91_pdf/02_urban/t04.pdf（搜尋日期：2013 年 7 月 18 日）。
3. 87 年營建統計年報分析，http://wwwvideo.cpami.gov.tw/chinese/filesys/file/chinese/publication/statistic/87year.pdf（搜尋日期：2013 年 7 月 18 日）。
4. 87 至 100 年營建統計年報，http://www.cpami.gov.tw/chinese/index.php?option=com_content&view=article&id=7302&Itemid=102（搜尋日期：2013 年 7 月 18 日）。

1950 年的全球總人口有 25 億人，都市人口有 7.3 億人，比例約占 28.8%。高度開發區域的總人口有 8.1 億人，都市人口有 4.3 億人，比例約占 52.6%。中度開發區域總人口為 17 億人，都市人口有 3 億人，比例約占 17.6%。低度開發國家總人口有 2 億人，都市人口有 1.47 千萬人，比例約占 7.3%。由此發現，人口都市化的現象會因國家開發程度而有不同。國家開發程度愈高，都市人口比例愈高，都市化程度也愈高；而低度開發區域之都市化率雖較中、高度開發區域來得低，但人口總數較為龐大。

從全球各國人口的成長趨勢來看，不論開發程度如何，其總人口、都市人口與都市人口比例皆持續成長。至 2010 年，全球總人口有 69.1 億人，都市人口有 34.9 億人，都市人口比例約占 50.5%。在高度開發、中度開發及低度開發國家中，較為開發區域之都市人口比例，分別約占 75.2%、45.1%、29.2%。由此可推論，國家開發程度愈低，因其基年（1950 年）都市人口總數和所占比率低，故其都市化成長速度相對愈高。

表 7-1-6　全球都市化程度推估表

年別	全球			高度開發區域			中度開發區域			低度開發國家		
	總人口（千人）	都市人口（千人）	都市人口比例(%)	總人口（千人）	都市人口（千人）	都市人口比例(%)	總人口（千人）	都市人口（千人）	都市人口比例(%)	總人口（千人）	都市人口（千人）	都市人口比例(%)
1950	2,529,346	729,317	28.8	812,026	426,930	52.6	1,717,320	302,387	17.6	200,607	14,684	7.3
1955	2,763,453	852,570	30.9	862,810	480,067	55.6	1,900,643	372,503	19.6	221,827	18,464	8.3
1960	3,023,358	997,571	33.0	914,618	537,834	58.8	2,108,740	459,737	21.8	247,464	23,476	9.5
1965	3,331,670	1,163,594	34.9	965,620	596,619	61.8	2,366,050	566,975	24.0	277,982	30,832	11.1
1970	3,685,777	1,329,983	36.1	1,007,477	651,786	64.7	2,678,300	678,197	25.3	315,080	41,361	13.1
1975	4,061,317	1,511,414	37.2	1,046,894	697,885	66.7	3,014,422	813,529	27.0	357,691	52,694	14.7
1980	4,437,609	1,727,237	38.9	1,081,847	739,139	68.3	3,355,762	988,098	29.4	406,136	70,233	17.3
1985	4,846,247	1,976,417	40.8	1,113,543	774,029	69.5	3,732,705	1,202,388	32.2	461,406	88,248	19.1
1990	5,290,452	2,254,592	42.6	1,147,345	811,748	70.8	4,143,107	1,442,845	34.8	525,118	110,185	21.0
1995	5,713,073	2,539,470	44.5	1,174,680	843,280	71.8	4,538,393	1,696,190	37.4	599,496	136,869	22.8
2000	6,115,367	2,837,431	46.4	1,194,967	869,233	72.7	4,920,400	1,968,198	40.0	677,368	167,181	24.7
2005	6,512,276	3,166,711	48.6	1,216,550	898,926	73.9	5,295,726	2,267,786	42.8	762,324	204,513	26.8
2009	6,829,360	3,421,110	50.1	1,233,282	923,677	74.9	5,596,079	2,497,433	44.6	835,991	239,765	28.7
2010	6,908,688	3,486,326	50.5	1,237,228	929,851	75.2	5,671,460	2,556,475	45.1	855,209	249,442	29.2
2015	7,302,186	3,824,073	52.4	1,254,845	959,934	76.5	6,047,341	2,864,138	47.4	955,470	303,260	31.7
2020	7,674,833	4,176,234	54.4	1,268,343	988,130	77.9	6,406,489	3,188,104	49.8	1,060,067	366,150	34.5
2025	8,011,533	4,535,925	56.6	1,277,113	1,013,700	79.4	6,734,421	3,522,225	52.3	1,166,101	438,242	37.6
2030	8,308,895	4,899,858	59.0	1,281,628	1,036,550	80.9	7,027,267	3,863,308	55.0	1,272,279	519,537	40.8
2035	8,570,570	5,263,115	61.4	1,283,007	1,056,587	82.4	7,287,563	4,206,528	57.7	1,377,235	608,985	44.2
2040	8,801,196	5,619,628	63.9	1,282,277	1,073,747	83.7	7,518,920	4,545,881	60.5	1,480,086	705,510	47.7
2045	8,996,344	5,963,274	66.3	1,279,588	1,088,040	85.0	7,716,757	4,875,234	63.2	1,579,413	807,935	51.2
2050	9,149,984	6,285,881	68.7	1,275,243	1,099,730	86.2	7,874,742	5,186,151	65.9	1,673,116	914,370	54.7

資料來源：Population Division of the Department of Economic and Social Affairs of the United Nations Secretariat, World Population Prospects: The 2008 Revision and World Urbanization Prospects: The 2009 Revision, http://esa.un.org/wup2009/unup/（搜尋日期：2012 年 6 月 4 日）。

註：1. 指定為「較發展」和「較不發展」區域是為了統計方便，並不一定表示判定某個國家或地區在發展進程已達到的階段。所謂「國家」，係指適當的領土或地區。
2. 較發展（高度）區域：包括所有歐洲以及北美、澳大利亞／紐西蘭和日本等區域。
3. 較不（中度）發展區域：包括所有的非洲、亞洲（不包括日本）、拉丁美洲和加勒比地區，以及美拉尼西亞、密克羅尼西亞和波利尼西亞（見定義的地區）等區域。
4. 最不較（低度）發展國家：本組的定義，係按 2007 年聯合國大會的決議（59/209、59/210 和 60/33 號決議），其成員包括 49 個國家，其中 33 個在非洲，10 個在亞洲，1 個在拉丁美洲和加勒比一帶，5 個在大洋洲。

依照這種人口成長與都市化程度日益提高的趨勢，聯合國預估至 2050 年時，全球總人口將達到 91.5 億人，都市人口有 62.9 億人，都市人口比例約為 68.7%。而在高度開發、中度開發及低度開發國家中，較為開發區域之都市人口比例，分別約占 86.2%、65.9% 與 54.7%。亦即，全球有五至八成的人口集中於都市地區，都市化程度皆已超過 50%。

同時，聯合國 2009 年全球都市化展望報告亦指出，都市化與經濟發展水平密切相關。每人平均收入高、經濟和政治穩定的國家，都市化程度較高；每人平均收入低、經濟和政治不穩定的國家，都市化程度較低。而投資、工業生產和服務業的集中，也推動了都市化。全球 80% 的國民生產總值來自都市，且都市化也帶來了創新、技術和生產率的提高。因此，都市化是經濟發展的必要條件。

另外，按聯合國 2009 年全球都市化展望報告推估全球都市成長情形（參見表 7-1-7），1950 年至 1955 年間，全球總人口年成長率為 1.77%，都市人口年成長率為 3.12%。其中，高度開發國家總人口年成長率有 1.21%，都市人口年成長率為 2.35%；中度開發國家總人口年成長率有 2.03%，都市人口年成長率為 4.17%；低度開發國家總人口年成長率有 2.01%，都市人口年成長率為 4.58%。由此可見，國家開發程度愈低，都市人口年成長率愈高，大致是總人口年成長率的兩倍，亦即都市人口成長速度遠高過全球人口成長速度。

然而，不論是全球、高度開發國家、中度開發國家或低度開發國家，其總人口及都市人口年成長率均日益下降。2005 年至 2010 年間，都市人口年成長率分別降至 1.92%、0.68%、2.40% 與 3.97%。預估 2045 年至 2050 年間，此一比率將下降至更低，分別為 1.05%、0.21%、1.24% 與 2.48%，換言之，全球都市成長速度趨緩，高度開發國家的都市甚至接近零成長。

當都市化持續擴張，將形成都會區 (metropolitan)。「都會區」是指都市的聚合體 (agglomerations)，由至少一主要大城市 (prime city) 及其他地理位置 (geography) 相連、經濟 (economics) 相依的次要或近郊城市所構成 (Hamilton, 1999: 5)。然而，當都會區不斷擴張、延伸，數個都會區將連結成大都市叢集區，即「巨大都會區」（亦稱為都會帶 (megalopolis)）。美國東北部的波士頓－華盛頓特區」(Bowash) 是世界上第一個出現，也是世界最大的巨大都會區[4]。

根據美國聯邦政府管理與預算局 (Office of Management and Budget)的定義：「都會區域 (metropolitan area) 是一個人口統計的區域，包括一個中心城市和相鄰地區與社

[4] 這個巨大都會帶包括：波士頓、紐約、春田、費城、巴爾的摩等都會區。資料來源：James M. Rubenstein, 1999, *An Introduction to Human Geography*, Prentice-Hall；地理教育電子報 35 期，2008 年 1 月號，http://gis.tcgs.tc.edu.tw/news/200801/#c1（搜尋日期：2010 年 6 月 4 日）。

表 7-1-7 全球都市成長情形推估表

年間	全球		高度開發國家		中度開發國家		低度開發國家	
	都市人口年成長率 (%)	總人口年成長率 (%)	都市人口年成長率 (%)	總人口年成長率 (%)	都市人口年成長率 (%)	總人口年成長率 (%)	都市人口年成長率 (%)	總人口年成長率 (%)
1950-1955	3.12	1.77	2.35	1.21	4.17	2.03	4.58	2.01
1955-1960	3.14	1.80	2.27	1.17	4.21	2.08	4.80	2.19
1960-1965	3.08	1.94	2.07	1.09	4.19	2.30	5.45	2.33
1965-1970	2.67	2.02	1.77	0.85	3.58	2.48	5.88	2.51
1970-1975	2.56	1.94	1.37	0.77	3.64	2.36	4.84	2.54
1975-1980	2.67	1.77	1.15	0.66	3.89	2.15	5.75	2.54
1980-1985	2.70	1.76	0.92	0.58	3.93	2.13	4.57	2.55
1985-1990	2.63	1.75	0.95	0.60	3.65	2.09	4.44	2.59
1990-1995	2.38	1.54	0.76	0.47	3.24	1.82	4.34	2.65
1995-2000	2.22	1.36	0.61	0.34	2.97	1.62	4.00	2.44
2000-2005	2.20	1.26	0.67	0.36	2.83	1.47	4.03	2.36
2005-2010	1.92	1.18	0.68	0.34	2.40	1.37	3.97	2.30
2010-2015	1.85	1.11	0.64	0.28	2.27	1.28	3.91	2.22
2015-2020	1.76	1.00	0.58	0.21	2.14	1.15	3.77	2.08
2020-2025	1.65	0.86	0.51	0.14	1.99	1.00	3.59	1.91
2025-2030	1.54	0.73	0.45	0.07	1.85	0.85	3.40	1.74
2030-2035	1.43	0.62	0.38	0.02	1.70	0.73	3.18	1.59
2035-2040	1.31	0.53	0.32	-0.01	1.55	0.63	2.94	1.44
2040-2045	1.19	0.44	0.26	-0.04	1.40	0.52	2.71	1.30
2045-2050	1.05	0.34	0.21	-0.07	1.24	0.41	2.48	1.15

資料來源：Population Division of the Department of Economic and Social Affairs of the United Nations Secretariat, World Population Prospects: The 2008 Revision and World Urbanization Prospects: The 2009 Revision, http://esa.un.org/wup2009/unup/.（搜尋日期：2012 年 6 月 4 日）

區」，由這樣的定義所統計出來的前五十大美國都會（人口）區域，在 1999 年時，竟有 2,120 萬人（紐約洲長島 (New York-N. NJ-Long Island)）至不到 100 萬人（維吉尼亞洲的里士滿堅彼得堡 (Richmond-Petersburg, VA)）的差距。這種以人口做為統計的辨識方式有其缺憾，因為人口會隨著工作和居住地點的集中與分散而移動。根據比爾利希與吉奧科 (Ehrlich and Gyourko, 2000) 對於美國都會區域在 20 世紀的演變觀察，二戰前人口聚集而形成的大型都會地區（人口最多的前 10% 統計地區），在戰後只呈現穩定的成長，但原先較小型的城市聚落也沒有因此增加更多的人口規模。主要的原因是，戰後大增的人口多分布在大都會的外圍地區，形成許多郊區聚落 (suburban)。由此可見，人口遷移會造成以人口為基準來界定「都會區域」此一方式的結果不甚準確（何東波、謝宏昌，2006）。

另依我國行政院主計處編纂之「中華民國統計地區標準分類」，都會區係指「在同一區域內，由一個或一個以上之中心都市為核心，連結與此中心都市在社會、經濟上合為一體之市、鎮、鄉（稱為衛星市鎮）所共同組成之地區，且其區內人口總數達 30 萬人以上。」其中，都會區內之中心都市須具備下列三項條件：(1) 人口數達 20 萬人以上；(2) 居民 70% 以上居住在都市化地區內；(3) 就業居民 70% 以上是在本市、鎮、鄉工作。又主計處係以都會區、區域、都市化地區分類等方式來劃分國內縣市都市區域。其中，依都會區分類可劃分為五大都會區：臺北基隆大都會區、高雄大都會區、臺中彰化大都會區、桃園中壢大都會區、臺南大都會區。惟鑑於國際上並無通用之統計地區標準分類，且各機關習慣以行政區域發布統計資料，加以編修作業不符成本效益，故自民國 99 年 12 月 25 日起即停止適用該標準分類[5]。

四、都市土地之使用模式

明瞭影響都市形成的推、拉力量，以及都市人口成長之趨勢後，可進一步藉由都市發展的空間模式，探究都市空間的結構理論。底下將依土地使用之一般模式和都市空間之結構模型分別說明之。

（一）土地使用之一般模式[6]

都市土地使用著重在區位的選擇，各個區位的土地使用呈現出最高額地租所對應的用途，此可藉屠龍 (Von Thünen) 的區位理論予以說明。該理論是基於運送農產品到中心市場運輸成本的多寡，而形成同心圓的模式。其中，每個圈域均專業生產某種類型的農產品。如果以「一般可及性」來取代「運輸成本」，就可將屠龍的區位理論應用到都市地區。為便於說明，茲假定：(1) 有兩個都市商業與住宅的使用者；(2) 所有的都市使用者寧可選擇靠近市中心的位置，因為該處的可及性較好；(3) 商業使用者可向住宅使用者開價購買中心商業區 (CBD) 的位置；(4) 運輸路線與地形的差異暫不考慮。因此，都市土地的使用結構如圖 7-1-1 所示，O 點表示單核心都市的市中心，和市中心的距離大小代表區位的優劣。R1、R2、R3、R4 等斜線各代表商業、住宅、工業、農業等土地的地租線，其中商業用地地租線較陡，住宅用地地租線較緩，兩者相交點 E1 之垂直投影

[5] 2010 年 5 月 18 日行政院主計處新聞稿，http://www.stat.gov.tw/public/Attachment/051910361871.pdf（搜尋日期：2010 年 5 月 16 日）。

[6] 有關本項的論述主要係參酌 Harvey, 1996: 215-223。

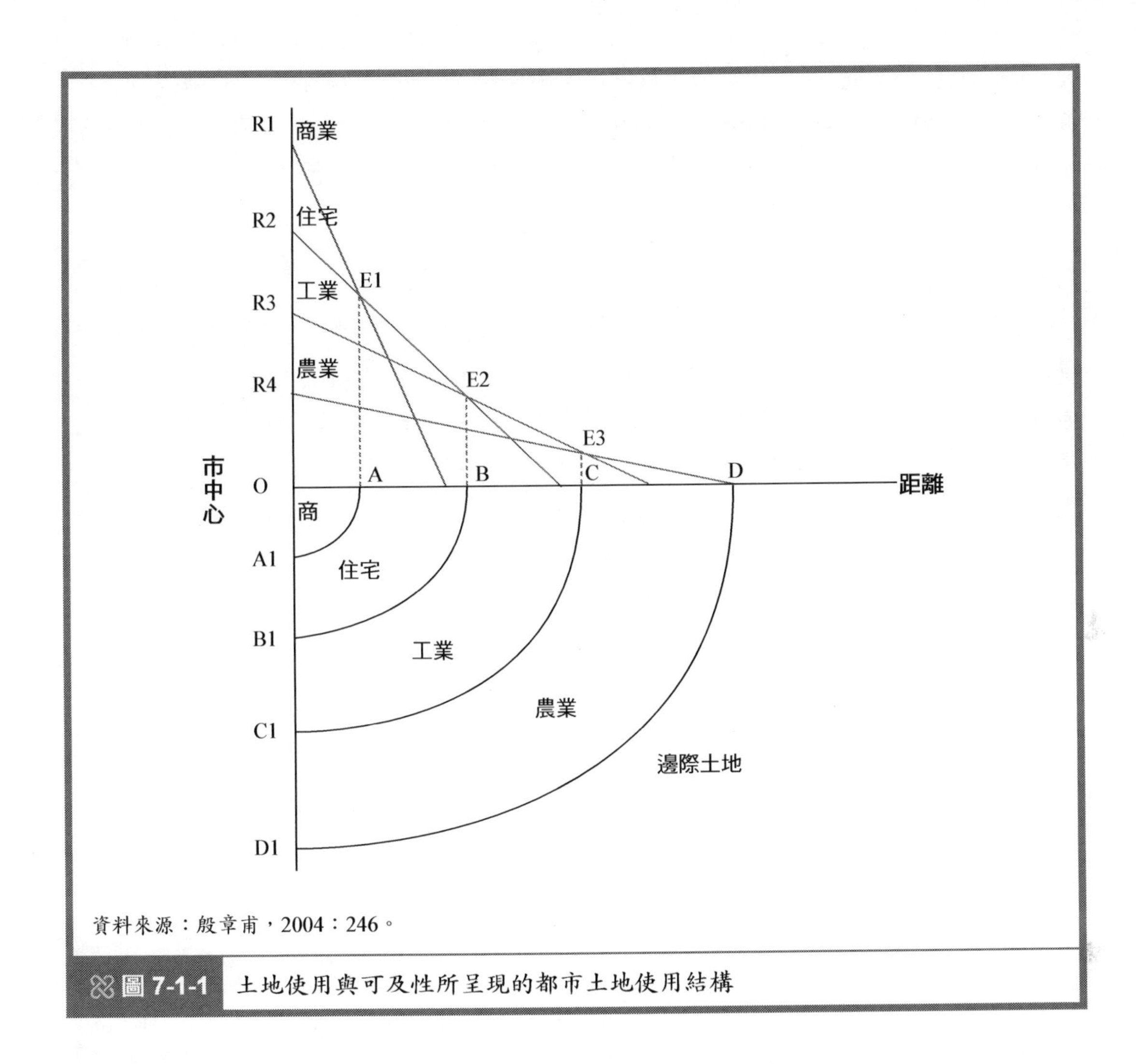

資料來源：殷章甫，2004：246。

圖 7-1-1　土地使用與可及性所呈現的都市土地使用結構

處，即可決定以 OA 為半徑的商業區圈域，而其外圍即是住宅區。R1-E1-E2-E3-D 線表示離市中心各地點的最高競租值，也反映出該地點的基地使用從可及性優勢所能獲得的最大報酬。如果將用途擴展到其他類型，將可形成如同心圓般的圈域。由此推知，屠龍模型主要在解釋都市土地的使用模式，其地租隨著距市中心愈遠而愈低，又因人口與經濟成長，當各圈域向外擴充時，將促使工作與居住地點分離。

不過，都市的土地使用模式並非一成不變，當前的型態多是因應客觀環境的變化而不斷加以修正，這些影響因素包括：(1) 都市人口的規模與組成；(2) 所得水準與分配；(3) 技術的改變，如：道路運輸設施之興建或訊息傳遞之技術等；(4) 與社區生活（通勤、購物）相關的社經結構；(5) 政府政策，如：設置綠帶、保護優良農地；(6) 都市地區的成長等。隨著這些因素的不斷變化，土地使用也逐漸改變，例如：(1) 將大型住宅改建公寓大廈，或變更為辦公用途；(2) 將房子拆除重建；(3) 從都市邊緣向外擴充；(4) 郊區住宅的發展，如沿著火車站一帶闢建房屋，形成分散的核心，甚至在都市擴張後成為其中的一部分 (Harvey, 2004/2008: 311-313)。在現實上，上述的土地使用型態或許呈現出不規則的同心圓，但是大概可簡化成幾種分區，如圖 7-1-2 所示 (Harvey, 2004/2008: 313-316)。

1. 中心商業區

儘管廠商或住戶在考慮區位選擇時可能另有特殊因素，不過，一般的業者還是會挑選市中心的位置，因為中心商業區（central business district，以下簡稱 CBD）的可及性最大，顧客人潮多，但相對也需有較高的付租能力。因 CBD 的空間稀少，許多廠家競相爭取良好的區位，造成該地區的地租或地價持續上漲。一般而言，銷售珠寶、服飾、數位相機等商家因須極力爭取顧客來源，故多設在可及性最高的 CBD 地面樓層。而員工數量大的辦公大樓，因為較高樓層的位置可用電梯通達，所以又比需要用地面積較大的工廠、倉儲廠房等，更容易爭取到 CBD 的位置。

由於 CBD 的可及性最高，通常成為商店、商業與服務業集中的最適區位。但因為都市的人口與經濟活動不斷擴充，在相互競用有限空間之下，使得地價或地租不斷高

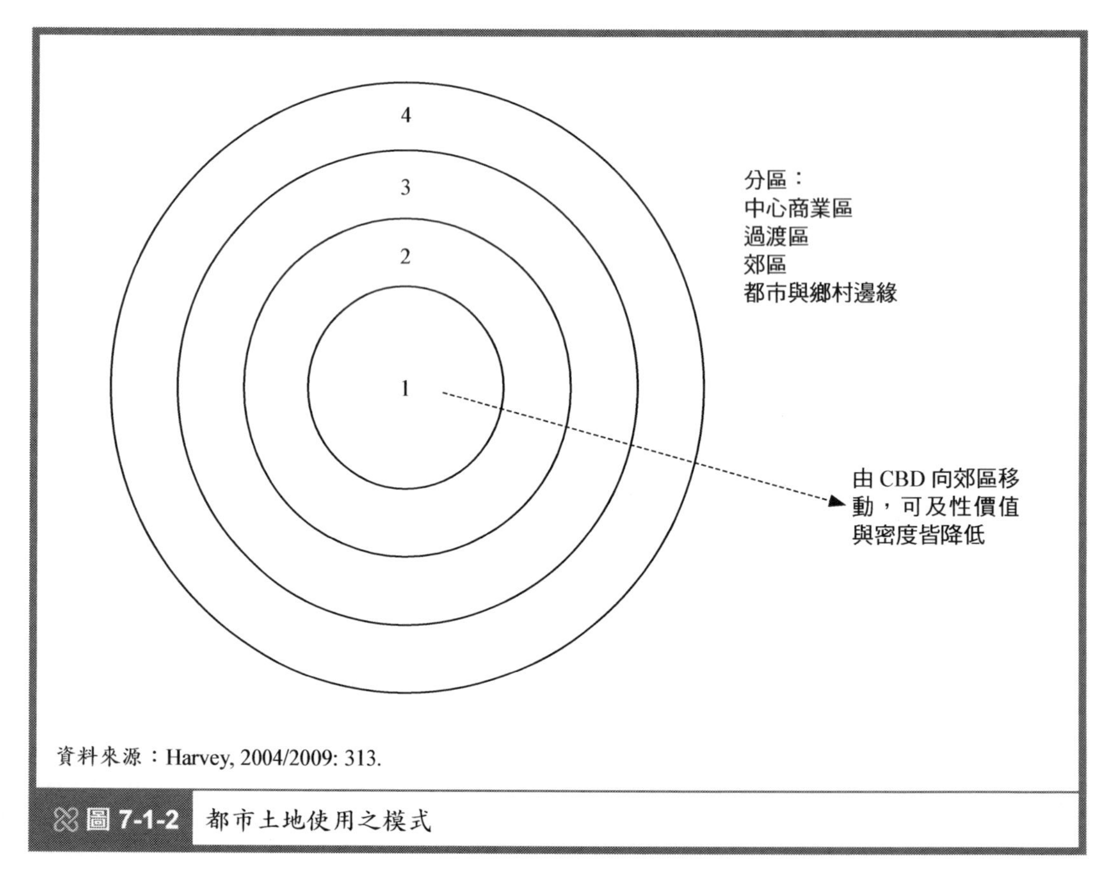

資料來源：Harvey, 2004/2009: 313.

圖 7-1-2 都市土地使用之模式

漲，進而導致 CBD 的擴展。起初，高密度的高層建築不斷興建；接著，原本供做住宅用途者逐漸改為商店、辦公室與小型工廠。這時的 CBD 因兼納輕工業或住宅使用，界線並不明顯。爾後，該地區的功能取向愈趨明顯，零售業與辦公用途逐漸分離，某些大城市則出現娛樂業與商店、辦公室區隔的狀態。至於政府機關、中央圖書館、郵政總局、技術學院等，為了要滿足公共服務的需求，也會在此設置。

2. 過渡區

此區混合著多種土地使用，大多為 1900 年代以前的都市住宅區，包括：大面積的中上階級住宅及低收入戶的住宅，同時也有一些小型工業，如：倉儲、批發、印刷、成衣、職業介紹所等，以勞力密集的產業居多，可提供就業機會，並成為 CBD 的辦公／零售核心與外緣住宅區的連接區。然而，隨著人口成長，輕型的製造業搬遷至都市邊緣地區，房屋則改建為公寓或出租房等；但因預期再開發的心理，使得人們只願花費少量房屋維護成本，做低度使用，最後導致該區衰敗與沒落，形成窳陋地區。

3. 郊區

由於電氣化火車、汽車的普及，都市多沿著主要道路發展，而鐵公路沿線或附近則出現群居現象，住宅主要為中低密度。開放空間，如：公園、高爾夫球場、墓地等，多位於放射形道路之間。部分公共設施，如：學校、醫療中心、教堂等，也因此呈現分散的現象。今日，許多郊區有其開發型態，隨都市化規模日增，許多大型公共設施（如：醫院與大學）多移往都市外緣與運輸的焦點；而工廠則選擇郊區的良好地點設置，既擁有交通運輸至都市市場之便，又享有較低的地租與擴張的空間，甚至因為辦公空間的開發增加，而形成衛星商業中心。

4. 都市與鄉村邊緣

都市對土地使用的影響遠遠超出其興建的地區。即使人們居住於鄉村，仍願意從市郊通勤至都市工作，以依靠都市維生。而農業則對都市的影響有所回應，市場導向的園藝作物與自採的農產品仍非常普遍。

（二）都市空間之結構模型[7]

一般都市活動區位的決定，係基於企業為追求最大利潤，而住戶則是追求最大效用的假定，但影響這些利潤或效用的因素究竟為何？此概可歸結於「可及性」這個要素，也就是關係到特別活動區位的動線、便捷與寧適。早年，屠龍雖然並未考慮各個區位的

[7] 本項的論述主要係參酌陳伯中，1983：191-206；Miller, 2000: 725-727, 2004: 666-667；Harvey, 1996: 202-228, 2000: 241-245。

付租能力，但已提及運費多寡的課題。運費的考量其實早已納入廣義的可及性概念，包括節省金錢、時間等移動成本，以及可賺取收益的能力。所以廠商得顧及要接近生產要素（尤其是勞力）或市場的可及性，而住戶得斟酌要靠近就業機會、商店，還是學校、遊憩場所的可及性。由於可及性主要還是取決於運輸設施是否便捷，所以可利用屠龍的農業區位模型來論析都市土地利用的空間結構模式。以下分別說明同心圓理論、扇形理論、多核心理論等三種都市空間結構模型，雖然未必符合各個都市發展型態，但仍可簡要歸納以往都市發展的一般型態。

1. 同心圓理論 (Concentric Zone Theory)

都市土地利用的同心圓模式其實是根據屠龍的分析邏輯而來，但這個模式直到二十世紀針對土地利用的研究時才被提出來探討。伯吉斯 (E. W. Burgess, 1925/1967) 在觀察1980 年代美國芝加哥城的發展史後，提出了同心圓理論。不過，如與屠龍的探究法相比，伯吉斯的理論充其量只能說是描述性的，而不是分析性的。

一般說明城市土地利用多從經濟因素著眼，柏吉斯卻用生態因素 (ecological factors) 來解釋城市的空間差異。生態學著重生物和環境的相互關係。植物學上解釋植物的分布，即看其入侵 (invasion)、競爭 (competition) 和據有其地 (succession) 的能力。柏吉斯將植物換成人類，為城市某一時間的結構提供綜合具體的模型，並說明生態過程 (ecological process) 如何影響這個結構。他認為這種同心圓理論可以應用到當時美國的其他城市，雖然與實際狀況有所出入，亦無傷大雅。柏吉斯的理論假定可歸納成九點如下：

(1) 市內人口有文化和社會上（如：種族、語言、風俗、習慣等）的差異。
(2) 城市以工商業為經濟基礎。
(3) 財產私有，土地利用依經濟原則競爭。
(4) 城市面積和人口可以擴大。
(5) 內運輸難易、速度和運費，不論到任何方向和地點都是一致。
(6) 城市中心是就業的主要中心，土地有限，空間競爭劇烈，因此地價最高，市郊周圍則正好相反。
(7) 形相當一致，不致影響地區好壞。
(8) 市內沒有重工業的集中區。
(9) 沒有任何早期的土地利用模式會遺留下來而影響後來的模式。

上述的環境條件具備之後，城市各區便相當於植物生態學上的一個「自然地區」。首先是挑戰團體「對自然地區的入侵」(invasion of natural areas)，入侵者和被侵者相互競爭 (competition)，入侵者如能宰制 (dominance) 該地，便能據有該地 (succession)。在城市之中，人的「團體與地理環境關係」與植物生態學的自然地區相同，其發生經過便是「都市生態過程」(urban ecological processes)。柏吉斯模型中這種過程的進行，是都市外的人口移入都市中心，造成一股人口壓力，於是居住都市內圈的人便被迫入侵貼近的外圈，終於據有其地。這種過程若繼續進行下去，城市的範圍便向四周擴大，人口也會增加，而城市結構便由中心商業區 (CBD) 做同心圓型向外發展（陳伯中，1983：194-195）。

柏吉斯認為，都市成長的過程是經由一系列的同心圓規模變動，由中心商業區 (CBD) 向外擴展而形成（參見圖 7-1-3）。假設這些圈域有五個，分別是：(1) 中心商業區 (CBD)，有金融事業與辦公大樓，也是政府機關和企業總部的設置地；(2) 過渡區或內圈 (inner ring)，這個圈域與製造業交雜其間，後來人口遷入漸多，卻轉變為龍蛇雜處的貧民窟；(3) 工人住宿帶，包含工廠與工人住宅區，這裡有一大群穩定的勞工階層人口居住在老舊又缺乏寧適的環境裡；(4) 住宅區，包括較新穎、寬敞的中級住宅區；(5) 通勤區，通常分布著品質高尚的住宅，環境的寧適性很高，許多上流階層的居民在此居住 (Harvey, 1996: 217, 241-242; 2004/2008: 320-321)。

然而，柏吉斯的同心圓只是指出土地使用的簡略結構，其詳細內涵並不清楚；況且這些圈域安排太過僵化，與實際的類型分布相去甚遠。再者，這個理論忽略了實質特徵與運輸系統對都市結構的影響，無法說明各種特殊可及性的觀點。此外，過渡區雖被視

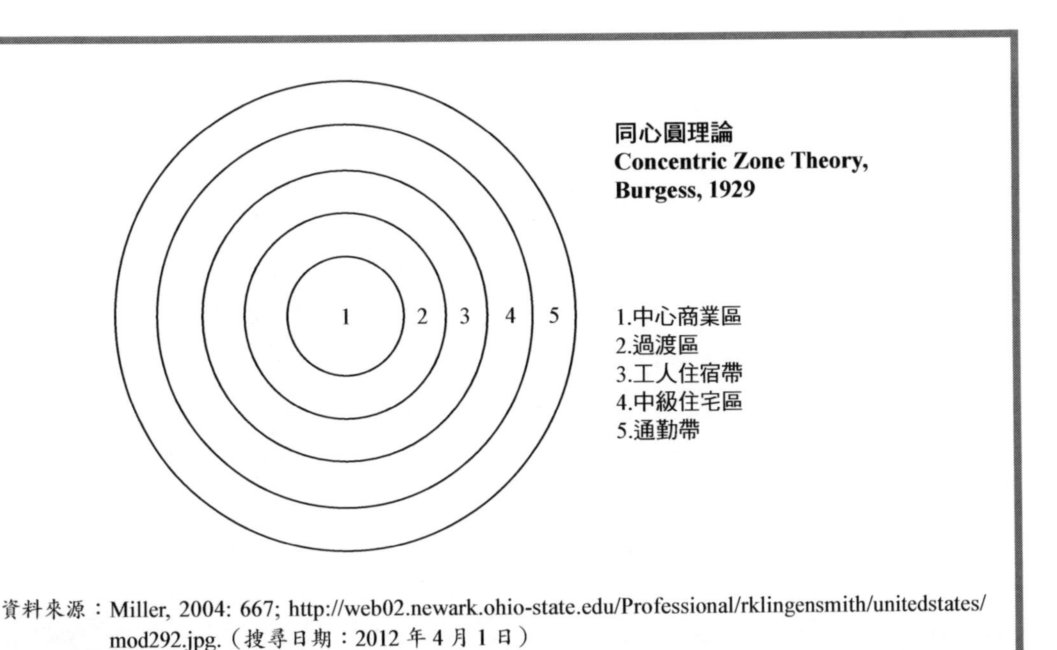

資料來源：Miller, 2004: 667; http://web02.newark.ohio-state.edu/Professional/rklingensmith/unitedstates/mod292.jpg.（搜尋日期：2012 年 4 月 1 日）

圖 7-1-3　同心圓理論的都市結構圖

為變遷地區，卻忽略了帶向的持續再發展的動態因素。

2. 扇形理論 (Sector Model)

霍伊特 (H. Hoyt) 是一位土地經濟學家，雖然他是以芝加哥市為研究對象，但也分析過美國的 142 個城市，每一城市都以影響房屋的八種變數繪製地圖，其中以地租分布圖最為重要。根據這些觀察資料，霍伊特於 1939 年提出扇形理論，當時戴維 (M. R. Davie) 亦提出同樣見解，但不如霍伊特著名。霍伊特的模型如圖 7-1-4 所示，除 CBD 居中外，其餘各區都大致以扇形由中心邊緣向外推展。

霍伊特所使用的假定和柏吉斯相同，惟談及運輸時例外，其認為大部分由主要交通路線貫穿而形成，住宅則隨交通路線分布。霍伊特認為有錢人對居住地的優先選擇，是決定城市房屋分布模型的關鍵所在。他們選的那個扇形為高地租區，也就是高級住宅區，這和下列條件有關：(1) 有快速運輸道路到達市中心；(2) 沒有工業干擾且接近水源之區；(3) 視界寬闊的高地；(4) 空曠的鄉野；以及 (5) 有社會領袖為鄰。霍伊特還注意到高級住宅和低級住宅是互相排斥的（陳伯中，1983：197）。

3. 多核心理論 (Multiple-Nuclei Model)

此理論由哈里斯 (C. D. Harris) 與烏爾曼 (E. L. Ullman) 於 1945 年提出，他們認為城市相當於一個細胞結構體 (cellular structure)，在市區內有若干成長點 (growing points)，

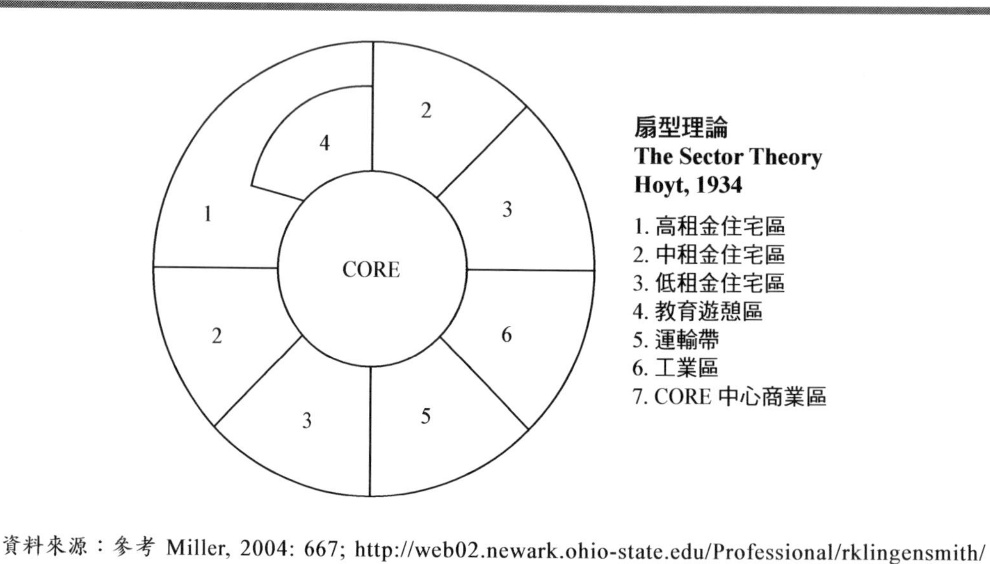

資料來源：參考 Miller, 2004: 667; http://web02.newark.ohio-state.edu/Professional/rklingensmith/unitedstates/mod292.jpg（搜尋日期：2012 年 4 月 1 日）。

圖 7-1-4　扇形理論的都市結構圖

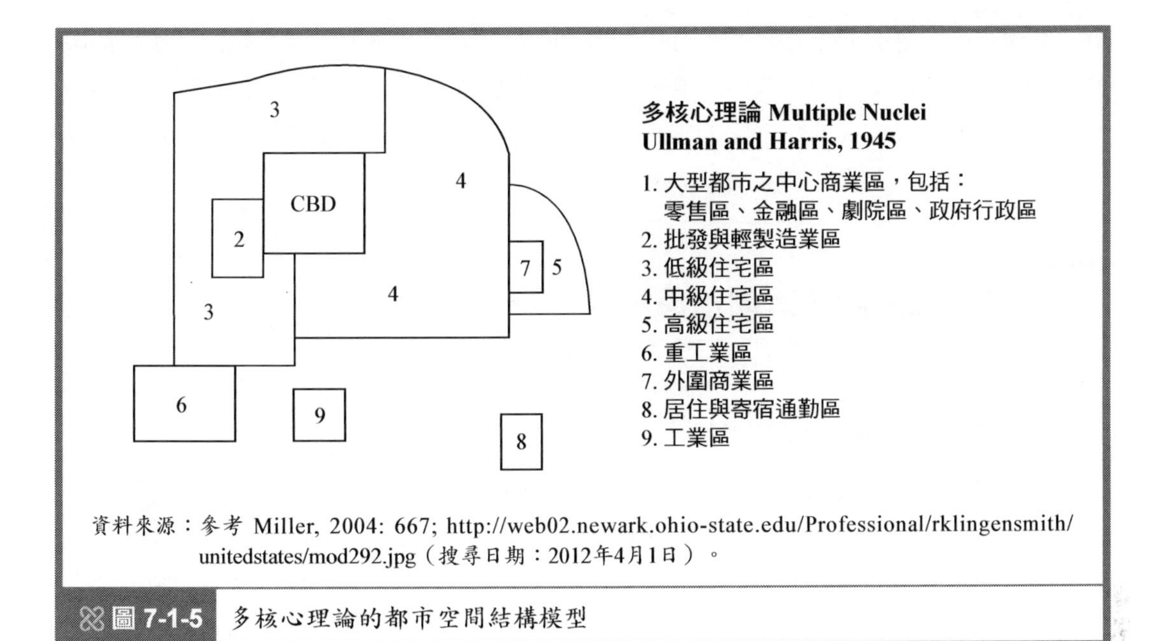

資料來源：參考 Miller, 2004: 667; http://web02.newark.ohio-state.edu/Professional/rklingensmith/unitedstates/mod292.jpg（搜尋日期：2012年4月1日）。

圖 7-1-5　多核心理論的都市空間結構模型

或稱為核心。許多都市的土地利用不是只環繞一個中心來發展，而是環繞著幾個分立的核心來成長，如圖 7-1-5所示。這些核心有些早已存在多年，後因城市發展而合併，有些則是新近形成，例如：新工業區建立之後，郊區住宅即以此為焦點發展起來。至於為什麼會形成這些分立的核心，有以下四個主要原因（陳伯中，1983：203-205）：

(1) **特殊設備**：城市的若干活動需要特別的設備(facilities)，有些是自然形成，如：區位 (sites)，像是港區就需要可供船隻停泊的灣岸；有些則來自人工建設，如：交通設施，像是 CBD 便需要可及性最高的交通結點。

(2) **行業兩利**：市內若干活動可以互相連貫 (cohesion)，合則兩利，常喜並列 (juxtaposition)，例如：會計師、建築師、律師、各種商行事務所和銀行、保險、郵政、電訊業等，利於聚集在同一區，有「一行興盛，別行受益」的作用，而形成所謂的聚集經濟 (agglomeration economics)。當然也有同行大利的，如：成衣業聚在一起，成行成市，並非「同行如敵國」，反使各家生意興隆。

(3) **行業相妨**：市內若干活動也會性質相剋的 (detrimental to each other)，例如：重工業和高級住宅區便不能比鄰生存，因為前者的生產過程往往會產生負外部性，而妨害後者生活的寧適性。關於這一點，霍伊特亦有提及。

(4) **地租有別**：各種活動不同，所能負擔地租的能力也有別，例如：零售商業和事務所可以設在市中心，但現代大工廠則不可以，而廉價房屋也只好與工廠或倉庫為鄰。

從現今都市發展的趨勢來看，有些都市並非朝單一核心發展，多有朝向多核心都市發展的趨勢，如：美國加州的洛杉磯、我國的臺北都會區即是。儘管如此，有些都市的發展屬於上述三大模式的綜合體。當這些都市成長或向外蔓延，就會形成超大都市，滋生不少環境問題，此將於次節加以論述。

第二節　都市的資源與環境課題

一、都市蔓延與都市環境

都市蔓延的概念源自早期美國針對其都市發展現象所做的描述。工業化的結果使鄉村居民往都市遷移，既有的都市土地因而不敷使用，迫使都市邊界急速向外發展，此種現象即為「都市蔓延」。都市增長並向外延伸之時，都市地區便合併形成特大都會區 (megalopolis)，例如 1973 年和 2000 年間，拉斯維加斯、內華達等州之內和周遭城區的無計畫的擴張，以及從波士頓、麻薩諸塞到華盛頓特區形成 Bowash 特大都會區。再者，都市蔓延對都市發展具有負面影響，因為這種蛙躍式 (leapfrogging) 的發展造成可及性較高的土地未被利用，而都市外圍的土地卻呈低密度發展，形成分散發展的現象，迫使居民得耗用較多的時間與成本在往返交通之上，導致更多的社會成本。因此，學者認為都市蔓延是一種不好的都市現象，批評該現象造成了低密度、無效率 (inefficient) 和昂貴的發展模式。

都市蔓延形成的主要原因為市區的發展空間不足且地價高昂，而郊區土地便宜，導致許多開發活動轉往郊區發展。有學者從經濟學的土地供需均衡觀點來解釋，培瑟 (Peiser, 1989) 和黑華德 (Hayward, 1998) 即指出，人們為了尋求工作機會而大量移入都市，使得中心都市之土地需求大增，土地價格也大幅提高，導致中低收入戶只能遷往都市邊緣購買較便宜的住宅，如此便造成都市不斷擴大而產生蔓延的現象（陳春志，2008：6-7）。

同時，都市蔓延也將產生許多環境與經濟問題，對土地和生物多樣性、人體健康和美學、水資源、能源、空氣和氣候及經濟效應等皆有不良影響。長此以往，在都市和城鎮邊緣以低密度發展的方式成長，將使周圍的農業和野生物棲息地不斷流失。如圖 7-2-1 所示，這些負面影響包括：耕地的流失、空氣污染、噪音、交通堵塞、水污染、水資源使用增加、洪氾增加、增加溫室氣體排放、能源使用與浪費增加、中心商業區的衰退等。這些現象如不設法調整，恐將招致資源耗竭、自然資本退化，而有礙都市的永續發展。

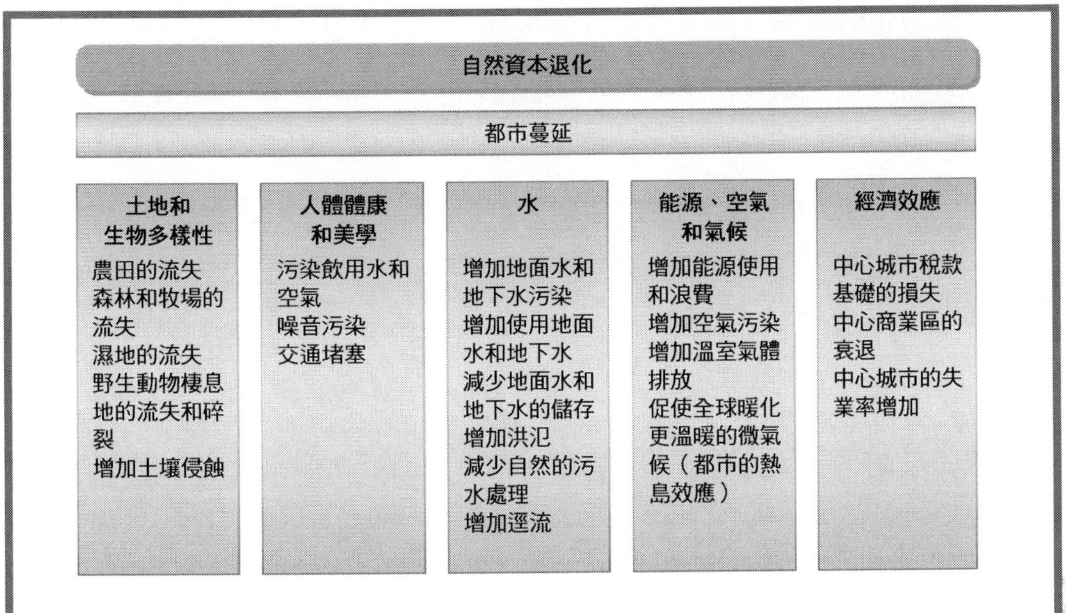

自然資本退化

都市蔓延

土地和生物多樣性	人體健康和美學	水	能源、空氣和氣候	經濟效應
農田的流失 森林和牧場的流失 濕地的流失 野生動物棲息地的流失和碎裂 增加土壤侵蝕	污染飲用水和空氣 噪音污染 交通堵塞	增加地面水和地下水污染 增加使用地面水和地下水 減少地面水和地下水的儲存 增加洪氾 減少自然的污水處理 增加逕流	增加能源使用和浪費 增加空氣污染 增加溫室氣體排放 促使全球暖化 更溫暖的微氣候（都市的熱島效應）	中心城市稅款基礎的損失 中心商業區的衰退 中心城市的失業率增加

資料來源：參考 Miller, 2007: 553, 2012: 592。

圖 7-2-1　都市蔓延對環境與經濟的負面影響

二、都市化和都市環境

前述都市化的拉力和推力的說明，大致是從經濟的觀點立論。然而，都市化現象固然有吸引人們由鄉村遷入都市的優點，但是，都市環境也因人口過於集中而產生負面影響。茲將都市化的優缺點說明如下 (Miller, 2004: 668-671; Miller and Spoolman, 2012: 593-597)。

（一）都市化的優勢

一般而言，都市除了具有產業與經濟發展、科技創新和運輸樞紐之所在等特徵外，還有環境和衛生方面的優勢，列舉如下：

1. 都市居民的壽命常比農村人口長，且前者的嬰兒死亡率較後者為低。
2. 都市居民得到更好的醫療照護、家庭計畫生育訊息、教育、社會服務與環境訊息的管道，普遍較農村居民健康。
3. 於都市中，因為可循環利用物質的高度集中處理，使循環再利用更為可行；又因每人環境保護的支出較高，使環境保護的成效較為顯著。
4. 人們集中於都市地區，可以保護生物多樣性和野生動物棲息地。
5. 全球有 47% 的人口居住於都市區，但僅占用地球 2% 的土地，可見土地集約使用之效率顯著。

（二）都市化的缺點

儘管都市化的優點很多，但是對於環境亦將產生一些負面影響，如下所述：

1. 缺乏永續性

都市無法自我支援，需要仰賴非都市地區供應大量的資源投入，同時產出大量的廢棄物，並形成各種污染物或噪音，因而都市很少為永續的系統。例如：若要供應倫敦地區居民所需的資源，需要耗費該區土地面積的 58 倍，方足敷所需。倘照此標準估算，如要因應全球人口所需的資源，將需要至少是三個地球的土地面積，才能維持起碼的水準。

2. 威脅資源使用、土地使用及生物多樣性

根據《看守世界》(*World Watch*) 的估計，都市居民雖僅占用全球 2% 的土地，卻消耗大約全世界資源的 75%，並且在生產活動中製造 75% 的二氧化碳，可謂滋生大量的生態足跡。再者，地球上大面積的土地為提供都市居民許多資源，如：食物、水、能源、礦產及其他等，導致周遭環境退化與遭到干擾，並威脅到生物多樣性的維護。雖說將市民集中於少數建築地區或可保有生物多樣性，然卻有大量的土地為提供市民生產糧食、供應飲用水和能源等之需而被變更使用方式。因此，大多數的都市都具有高額的生態足跡，且無法自給自足。

當都市不斷擴張時，鄉村的農地、沃土、森林、濕地及野生動物棲息地也隨之消失。以美國為例，其最重要農地與林地的每年流失面積，相當於自紐約市至洛杉磯興建 3.7 公里寬的高速公路面積。

3. 缺乏綠樹與糧食生產

大部分都市很少有綠樹、灌木或其他植物，因此無法利用植物吸收空氣污染物或散發氧氣，亦難以透過樹葉發散水氣及提供遮蔭來降低氣溫，更難享受因種植樹木而減少土壤侵蝕、減少噪音、提供野生動物棲息地、提供美感愉悅等優點。曾有人說，大部分的都市是砍倒了樹木，再以某某林蔭大道來命名街道。與其亡羊補牢，不如及早思索如何與樹木共生。

此外，大部分都市很少生產自己的糧食。然而，藉由在未使用的土地上、窗臺花盆或陽臺花架、公寓建築物的屋頂或露臺闢設花園或溫室等空間種植社區菜園，或是利用人工養殖和處理池養魚，人們仍可生產自己的糧食。根據聯合國的統計，全球約有 8 億個都市農夫提供全球 15% 的糧食，而此比率正在與日俱增。儘管如此，上述這種糧食供應方式畢竟屬小規模經營；而都市農園的開闢，其目的或在提供民眾另一種休閒遊憩功能，並非用來生產糧食。

4. 水資源問題

多數都市長年有供水問題，而隨著都市成長，水資源需求增加，更須興建昂貴的水庫和渠道或挖掘深井，這也將使農村及荒野地區的地面水更容易流失。再者，許多開發中國家的都市地區因水資源分配系統的缺失與缺乏管理，造成 50% 至 70% 的水量流失或浪費。

因為許多都市建於洪水平原地區，容易遭受自然洪水氾濫之苦，且在地上興建許多建築物、覆蓋柏油或混凝土等，使降水的流動速度更快，因此無法負荷過大的暴風雨。再者，許多大都市均位於海岸地區，近年因全球暖化造成海平面上升，亦將使其更易遭到洪水的侵襲。

5. 污染與健康問題

都市具有高人口密度與高資源消耗量，往往製造諸多的空氣污染、水污染，以及固體和危險的廢棄物。此係因都市的地區範圍較小，污染物容易集中滋長，而且所產生的污染物不易驅散或稀釋，故都市地區的污染程度通常高於鄉村地區。

根據世界衛生組織的統計，全球有超過 11 億人口（大多屬於開發中國家）居住於空氣污染程度超過健康標準的都市地區。又按世界銀行的估計，在開發中國家裡，有幾近三分之二的都市居民沒有適當的公共衛生設施，約 90% 的污水未經過處理便直接排放進河流、湖泊和海邊水域。

此外，都市地區的人口密度高，亦將使傳染性疾病加速擴散，尤其是於缺乏適當飲用水和污水處理系統的地方更是如此。況且有些開發中國家都市中工廠林立，時有工業意外滋生，傷害居民的身體。

6. 噪音污染

大部分都市居民遭受噪音污染的侵襲，包含任何不想要的、干擾的或有害的聲音，若長期暴露在此種環境中，將會損害、干擾聽覺，造成壓力，甚至妨礙專心度與工作效率，或造成意外傷害。

按普通聲音的聲響分級，超過 65 分貝的聲音，人體即無法接受；若長期處於 85 分貝以上的環境，將造成長久性的聽力受損；而超過 120 分貝的聲音，將使聽力嚴重受損。因此，需要採取一些方法來控制噪音，包括：調整會製造噪音的活動、設置降低音量的設備、設置隔開噪音的設備或程序、保護工人遠離噪音、遷移肇致噪音的操作設施、使用防制噪音的新技術。

7. 微氣候問題

相較於郊區和鄰近的鄉村地區，都市普遍更熱、更多雨、更多霧、更多雲。汽車、工廠、暖爐、燈、冷氣機和吸熱的深色屋頂、道路，均會釋放大量的熱能，造成都市熱島 (urban heat island) 效應。當都市地區成長與擴張時，個別熱島也隨之擴充而影響大地區的氣候，並且持續污染空氣。

因此，都市如要對抗熱島效應可採取一些方式，包括：種植樹木、於大型建物闢建屋頂花園，或使用淺色系的道路鋪面、建物表面、屋頂，以減少熱能的吸收，或建立高能源效率標準的運具、建物和設備，減少廢熱流至大氣中。

8. 貧窮與社會問題

都市快速的成長固然有其優勢，但也衍生高犯罪率、貧困、不公平和恐怖主義的問題。同時，都市向外擴張，也對鄰近鄉村地區或城鎮造成許多問題，如：街道交通擁擠，健康、學校、警察、消防、水、公共衛生及其他設備與服務不足。為符合新公共設施需求的水準而提高賦稅，或因為高房價、高額的財產稅、環境品質降低、生活方式遭到干擾等因素，造成都市生活問題，迫使許多長住的居民外移他鄉。

許多開發中國家中，都市化現象普遍存在。至於低度開發國家，都市化的進展亦相當迅速，每年約有 2,000 萬人由鄉入城，但這些人缺乏工作技能，失業率高（20% 至 30%），且居住環境不良，容易聚集變成貧民窟或露宿街頭。在大城市亦不乏有陋屋地區，或未經同意擅自建築的違章，甚至違法墾拓之未發展區，這也都是都市髒、亂、窳陋的根源，此在拉丁美洲、印度、非洲相當常見。而在中度開發國家中，人口密度高，居住品質惡化，噪音、空氣污染、垃圾問題不易處理或解決，亦是相當普遍的環境問題。

再者，都市和鄉村的窮人都生活在不健康的狀況之中。大都市有違章建築區和貧民窟，這些地區通常建有鐵皮屋，改建廢棄物與垃圾四處雜陳，環境相當惡劣。這些都市的聚落缺乏乾淨的飲水、污水處理設備、充足的電力等，因此常滋生嚴重的空氣污染、水污染和有毒廢棄物等污染物。至於鄉村窮人則通常是有較多的下一代，但又缺乏足夠的教育與就業機會。

墨西哥城就是一個環境夢魘和都市災難的例子，其有迅速的人口增長率、嚴重的污染、疾病和貧困等。城中大約有 2,050 萬個居民，飽受高失業率（幾達 50%）、噪音、交通擁塞、驟升的犯罪率之苦。大約有三分之一的人居住在貧民窟（稱之為 barrios，意指大城市裡講西班牙語的聚居地區）或是窳陋小鎮 (shantytown)，欠缺水電的供應。這些居住在貧民窟中為數約 300 萬的居民，缺乏污水下水道的設備，因此環境中經常充斥帶有細菌的乾旱排泄物，細菌隨風傳播，引發沙門氏菌和肝炎。又墨西哥城有太多的車輛通行、具污染性的工廠、高溫多陽的氣候，致終年煙霧瀰漫，空氣污染嚴重。又該都市位居較高的三面環山盆地，空氣污染物質難以排放，使居民所呼吸的空氣如同每天吸三包香煙。該城市的空氣和水質污染致使每年約有 10 萬人過早死亡。又因大規模抽取地下水，使得上個世紀的地層下陷多達 9 公尺，有些地方每年沉陷更多達 30 公分，而得耗費大量能源到離城 150 公里遠處取水，可謂得不償失。

所幸，墨西哥城後來採取若干改善措施，包括自 1991 年開始，市政府即禁止車輛進入中心區，並要求以低污染交通工具取代舊式公車、計程車與卡車。另外，市政府也購買土地供做綠地，且栽種 2,500 萬棵樹，以便吸收污染物質。2009 年，市府設置廢棄物處置委員會 (Waste Commission)，並且興建現代化的高科技廢棄物處理中心，希望能透過回收再利用、製作堆肥及焚燒等方式，將廢棄物轉化為能源。今日，墨西哥城每年違反空氣污染標準的天數已逐漸降低，空氣品質略見提升，顯見上述的改善措施已發揮成效。

第三節　都市交通運輸規劃

都市交通系統主要可劃分為個別運輸型與大眾運輸型，各有利弊優劣，茲分述如次。

一、個別型交通運輸系統

個別型交通運輸 (individual transit) 系統包括私家車、自行車、卡車等，而全世界約有 7 億車輛，美國就擁有其中的 32%。使用汽車的優點在於方便、機動性高、到戶運輸等，提供安全、便捷、隱密、自在等功能，也常成為財富、地位、權勢的象徵。此外，許多國家的經濟係建立在生產汽車、道路建設與修繕等工作上，故可促進工業發展、創造就業機會。例如：美國每花費 1 元，其中即有 0.25 元與汽車有關，而且每六個非農業工作中，就有一個和汽車有關 (Miller, 2004: 672-673)。

儘管汽車有其重要性，但亦有不少缺點，主要是對人類與環境產生有害的影響，且易發生車禍傷亡。自 1885 年卡爾・賓士 (Karl Benz) 造了第一輛車後，有 1,800 萬人死於車禍。世界衛生組織也估計，每年約有 120 萬人死於車禍，1,500 萬人因此受傷，且約有 5,000 萬隻野生動物和家畜被車輛輾死。此外，汽車也是空氣污染的主要來源。在美國，據環保局估計，空氣污染問題肇致每年約有 3 萬至 6 萬人口死亡。而汽車所排放的廢棄物，也是氣候變遷中二氧化碳排放量迅速增加的來源。另一方面，由於汽車是高耗能運具，需要消耗大量的汽油，因此全世界有三分之一的油料均用於運輸之上，而美國的汽車油料用量更高達該國的三分之二油用量。又一般汽車需繳納的稅費很低，卻以其他類別的稅收或預算補貼興建道路。如美國有關汽車稅收的 60% 至 69% 用於興建高速公路，但有相當部分是由中央、州及地方政府補貼。興建高速公路雖便利汽車通行，卻造成都市蔓延，並減少其他高效能型態的運輸方式。

汽車運輸對土地使用的衝擊，在於全世界都市土地的三分之一係用於建設道路、停車場、加油站等相關設施。有些人口眾多的農業國家（如：中國大陸、印度）大量使用汽車，因此將主要農地變更做車道、工廠、宅地等，導致邊際糧食安全量減低；加上用車人口增加，依賴進口油料更深，也降低能源與經濟安全性。另根據 2008 年美國工程師協會估計，美國道路的塞車情形，有 45% 是源自於都市主要公路，估計塞車的隱含成本為每年 3,000 至 3,500 億美元 (Miller and Spoolman, 2012: 598)。

如表 7-3-1 與表 7-3-2 所示，使用機車、腳踏車的優點在於節能、價廉、較少或無污染、停車空間小、更具移動性。但腳踏車、機車的缺點在於發生事故時以及在惡劣天氣中，無法保護騎士的行車安全，加上行車速度相對緩慢，且易受地形限制、不耐長程。但由於腳踏車是最有能源效率的運輸工具，因此包括日、荷、德、丹等國均興闢腳踏車專用道 (Miller and Spoolman, 2012: 600)。

表 7-3-1 機車運輸之優劣抵換情形

有利條件	不利條件
可負擔得起	遇有交通事故，騎士受到較少的保護
產生比汽車較少的空氣污染	在惡劣天氣下無法保護騎士
只需較小的停車空間	汽油引擎較吵雜
在往來交通車流中裡容易移動	汽油引擎排放大量的空氣污染物

資料來源：Miller, 2004: 674.

表 7-3-2 自行車運輸之優劣抵換情形

有利條件	不利條件
購置費用便宜，可負擔得起	遇到惡劣天氣或發生意外事故，難以保護騎士
行駛安靜，且不會產生污染	超過 8 公里（5 英里）的長時間旅程，較不符合實際需求
需要的停車空間很小，在交通運輸上容易調動	可能容易疲勞（除電動單車外）
製造所需的資源較少，具有能源效率	缺乏安全的停放單車場地

資料來源：Miller, 2004: 674; 2007: 560; 2012: 601.

二、大眾型交通運輸系統

大眾型交通運輸 (mass transit) 系統（如：公車、軌道系統）屬公共運輸系統 (public transit system) 之一，為都市或區域間、非私人的交通運輸，費率由政府管制，乘客照章付款即可搭乘。其中，公車、火車、捷運、高鐵等，皆屬固定路線、固定班次、運輸量大之大眾運輸。

以美國為例，早在 1917 年，洛杉磯即有電車系統及電氣鐵路運輸系統。1950 年，國家都市路網公司 (National City Lines, NCL)[8] 購買 83 個主要都市的街車（電車）系統，並且將之拆除，以便出售汽車與巴士。事後，美國法院發現這些公司意圖消除國家輕運量軌道系統，而判決這些公司有罪；但因為損害已成既定事實，於是判處每家公司罰鍰 5,000 元。只是，這樣的罰款費用卻遠低於拆除單一街車系統，並且另以一輛巴士取代的獲利。其中，通用汽車公司早在案件審理期間，僅是從銷售巴士和汽車的業務中，就賺取了 2,500 萬美元。另外，就美國聯邦汽油稅收而論，只有 20% 用於興建大眾運輸系統，其餘 80% 均用在興建高速公路，不利於大眾運輸之發展，而乘坐大眾運輸系統者也並未獲得積極鼓勵 (Miller, 2000: 733)。近期，這些情況是否已經有所改善，值得進一步探討。

底下，將大眾型交通運輸系統分為軌道系統與公車系統，以進一步說明其發展概況。

（一）軌道運輸系統

軌道運輸系統 (rail system) 可分為兩大類，包括都市地區內大眾運輸軌道系統與都市地區間大眾運輸軌道系統。

1. 都市地區內大眾運輸軌道系統

相較於高速公路或空中運輸，都市地區內大眾運輸軌道系統之優點在於：更高的能源效率、較少的空氣污染、較少的傷害與死亡發生機會、土地占用面積較低，並且老少咸宜，無論傷殘疾者或無法負擔汽車者皆可搭乘，且城郊來回運輸載運量大又可高速行駛。但缺點則是：人口須居住於集中交通廊道周邊；設站位置須妥善規劃、須搭配接駁運輸，乘客亦須遵照時刻表搭乘，交通彈性較低；建造和維持費用相對昂貴；運輸時也較易引起噪音及振動（參見表 7-3-3）。都市地區內大眾運輸軌道系統又可分為重運量與輕運量軌道系統，分述如下。

[8] 這是由通用汽車、燧石輪胎、加州標準汽油、菲利普石油、麥克卡車等公司組成，這些公司也製造巴士 (Miller, 2000 : 733)。

表 7-3-3　都市地區內大眾捷運（軌道）系統的利益抵換情形

優勢條件	不利條件
比汽車具有更高的能源效率，但產生較少的空氣污染	建造和維護費用相對昂貴
停車空間需求較少	僅於人口居住密集的狹窄廊道地區具有成本效益
比汽車引起的交通事故傷亡較少	乘客必須照時刻表行事
可降低城市中車輛擁塞情形	引起噪音及振動，造成附近居民的困擾

資料來源：Miller, 2004: 645, 2007: 560, 2012: 601.

(1) 重運量軌道系統

重運量軌道系統 (heavy-rail systems) 多為快速鐵路系統，如：地下鐵、捷運 (underground, tube, metro, subway) 等，是在排他性的路軌上行駛的電動引擎車。舉例來說，1979 年美國 Atlanta 捷運系統開張，乘客漸增，也開闢新站，吸引了沿線的新公寓、辦公大樓、其他設施等的興建。1985 年，匹茲堡開闢捷運系統，如今空氣潔淨、商業區再現生機，均是拜它之賜。再如，香港的捷運系統舉世稱讚，其運輸旅客量龐大，人口多集中在廊道周圍，居住於地鐵站附近，約步行 5 分鐘可達，因此捷運系統的營運極為成功。至於其他的開發中國家，如：墨西哥、上海、北京也都興建捷運系統 (Miller, 2000: 734, 2004: 675; Miller and Spoolman, 2012: 601)。

我國則是在民國 85 年首度完成臺北中運量木柵捷運系統通車，86 年首度完成臺北高運量淡水（淡水—中山）捷運系統通車，並於該年底全線通車。民國 96 年年中貓空纜車通車，並陸續於 97 年完成板南線、98 年年中完成內湖線、99 年年底完成蘆洲線、101 年年初完成新莊線通車，累計總運量達 50 億人次。各中運量路線皆與高運量各線銜接，且有接駁公車，相當便利[9]。至於高雄捷運紅橘兩線則於民國 97 年通車營運[10]。但橘線自通車以來，運量始終低迷，不如預期，與滿載的紅線形成強烈對比。究其原因，主要與高雄縣段未提升大眾運輸使用率有關，例如：捷運通車一年後才有接駁公車，但居民已騎乘機車代步；原本預計的屏東轉乘客源也因為鳳山站至屏東的密集班次接駁公車，而降低民眾搭乘的意願，甚為可惜[11]。日後宜另謀對策，以紓解所困。

[9] 資料來源：臺北捷運公司網頁，http://www.trtc.com.tw/ct.asp?xItem=1315947&CtNode=24530&mp=122031（搜尋日期：2012 年 4 月 5 日）。

[10] 資料來源：高雄捷運公司網頁，http://www.krtco.com.tw/about_us/about_us-1.aspx（搜尋日期：2012 年 4 月 5 日）。

[11] 資料來源：臺灣大百科全書，http://taiwanpedia.culture.tw/web/content?ID=23517（搜尋日期：2012 年 4 月 5 日）。

(2) 輕運量軌道系統

輕運量軌道系統 (light-rail systems)，包括：街車、電車 (trolleys or tram) 等，可以在排他性路軌上行駛，或與其他交通工具共用車道的電動引擎車。倘若輕運量軌道系統要具有成本效益，就必須沿著都市地區的廊道密集發展，在歐洲城市人口密度至少要達到約每公頃 50 人，而美國則是每公頃 14 人。

與其他運輸系統相較，輕運量軌道系統的優點為：①每公里興建成本約為公路興建或重運量軌道系統成本的十分之一；②設立成本比公車系統要高，但經營成本較公車系統低；③如結合街車，每位司機可以載運 400 人，但每輛公車只能運送 40 至 50 人；④輕運量系統比公車潔淨、快速，也不必然需要有絕對排他性路權，行駛地點彈性大 (Miller, 2004: 675)。

目前許多國家已興闢輕運量軌道系統，例如：美國已有 21 個都市興建輕運量系統，而波特蘭更有 43% 的通勤者搭乘公車或輕軌系統，使都市空氣品質獲得提升。明尼蘇達州的明尼拿波里市則於2005年重新啟用輕運量軌道系統，其總客運量甚至高於預期的 50%，可謂成效良好。加拿大的多倫多、埃德蒙頓 (Edmorton) 與卡加利 (Calgary) 也建造捷運，其中多倫多就有約四分之三的人搭乘捷運上班。另外，歐洲如瑞士的蘇黎世，倫敦、都柏林、斯德哥爾摩等大城，也都有輕運量系統的營運 (Miller, 2000: 734; 2004: 675; Miller and Spoolman, 2012: 601)。

2. 都市地區間大眾運輸軌道系統

都市地區間大眾運輸主要依賴高速區域火車（高速鐵路）系統，也就是在都市之間中距離、快速、舒適、低污染、流線型之火車。根據國際鐵道聯盟 (Union Internationale des Chemins de Fer, UIC) 的定義，高速鐵路是指透過改造原有線路（直線化、軌距標準化），使營運速率達到每小時 200 公里以上，或者專門修建新的「高速新線」，使營運速率達到每小時 250 公里以上的鐵路系統。路軌不論是改良既有的往來線，或者是鋪設高速新線，多數皆必須為 1,435 公釐軌距之國際標準軌[12]。此系統之優點在於比汽車、飛機節省旅程（其理想的行程為 200 至 1,000 公里，或 120 至 620 英里），且在相同的距離下比汽車、飛機具有更高的能源效率；但其缺點則在於興建、營運、維修的費用昂貴，必須要有高路線使用率才能獲得經營利潤，而且容易為附近居民帶來噪音和振動（參見表 7-3-4）。高速區域火車（高速鐵路）系統又可分為一般高速鐵路與磁浮鐵路，分述如下。

[12] 資料來源：維基百科，高速鐵路，http://zh.wikipedia.org/wiki/%E9%AB%98%E9%80%9F%E9%90%B5%E8%B7%AF（搜尋日期：2013 年 7 月 18 日）。

表 7-3-4 都市地區內大眾捷運（軌道）系統的利益抵換情形

優勢條件	不利條件
• 理想的行程為200至1,000公里，可減少藉汽車、飛機旅行，又能使用較少能源，產生較少污染 • 在相同的距離下，比汽車、飛機具有更高的能源效率	• 較汽車、飛機的建造、營運、維修的費用昂貴 • 必須有高的路線使用率，經營才有利潤 • 對附近居民帶來噪音和振動

資料來源：Miller, 2004: 645, 2007: 561, 2012: 601.

(1) 一般高速鐵路

一般高速鐵路 (high speedrail, HSR) 的時速最快可達 330 公里，適建長度為 200 至 1,000 公里。然而，高速鐵路除了在列車營運速度達到一定標準外，其車輛、路軌、操作訊號系統等都需要一定技術的配合。早在二十世紀初，當時火車之「最高速率」超過時速 200 公里者比比皆是。直到 1964 年日本的東海道新幹線系統開通，成為史上第一個實現「營運速率」高於時速 200 公里的高速鐵路系統，其在東京、大阪間行駛，準時、快速，運送超過 30 億人次。此外，歐洲 12 國亦興建跨國高速鐵路系統，共耗費 760 億美元，涵蓋範圍達 3 萬公里。

臺灣高鐵則於民國 96 年 1 月開始試營運（板橋站至左營站），同年 3 月全線正式通車（臺北站至左營站），路線全長 345 公里，沿線經過 11 個縣市，連結臺北、臺中及高雄三大都會區，服務約占全臺 94% 人口的臺灣西部走廊。目前高鐵設有臺北站、板橋站、桃園站（青埔）、新竹站（六家）、臺中站（烏日）、嘉義站（太保）、臺南站（沙崙）及左營站等八個車站。刻正規劃新增四站，包括：南港站、苗栗站（豐富）、彰化站（田中）及雲林站（虎尾）。營運期間，高鐵列車以最高時速 300 公里來回穿梭於臺灣西部走廊，提供旅客快速便捷之城際運輸服務。為滿足旅客不同旅運目的及市場需求，並兼顧快速之城際運輸服務，臺灣高鐵提供多元化的列車停站方式[13]，另亦提供免費接駁公車，以方便旅客運輸。

中國高速鐵路的建設則始於 1999 年所興建連接秦皇島及瀋陽的「秦瀋客運專線」，設計時速 250 公里，屬中國高速鐵路的前期實驗路段。根據中國中長期鐵路網規劃方案，至 2012 年年底，將建成 42 條高速鐵路客運專線，係以「四縱四橫」為骨架建立全國快速客運網，總里程約 1.3 萬公里。估計到 2020 年，中國時速在 200 公里以上的高速鐵路里程將會達到 5 萬公里[14]。中國首條時速350公里的武（漢）廣（州）高速

[13] 資料來源：臺灣高鐵公司，http://www.thsrc.com.tw/tc/about/ab_intro_service.asp（搜尋日期：2013 年 7 月 18 日）。

[14] 資料來源：維基百科，中國高速鐵路，http://zh.wikipedia.org/wiki/%E4%B8%AD%E5%9B%BD%E9%AB%98

鐵路，亦於 2012 年 4 月 1 日正式與廣（州）深（圳）高速鐵路連線運營，將深圳融入「粵湘鄂四小時經濟圈」，打通珠三角與華中地區的經貿脈絡[15]。

未來，澳洲、巴基斯坦、巴西、美加等國亦將陸續完成高速鐵路的興建。以美國和加拿大部分地區高速子彈頭列車為例，其路線系統將使區域內的主要城市之間的城際旅行變得快速、舒適、安全且負擔得起，這將大為減少城際旅行對轎車、客車、飛機等運具的依賴，也將減少溫室氣體排放和其他形式的空氣污染。

(2) 磁浮鐵路

磁浮鐵路 (MAGLEV) 係指利用磁懸浮技術運轉的高速軌道運輸系統，時速最快可達 500 公里。其特性為不會直接碰觸軌道、沒有噪音、維護費用較節省，並可在現有鐵道上裝置，無須額外支付土地取得費用。具體的案例如：中國大陸的上海磁浮列車、滬杭磁浮列車，以及日本的愛知高速交通東部丘陵線，日本並計畫在十八年內以磁浮鐵路取代新幹線。另外，德國已試驗磁浮鐵路長達二十年，但因興建成本高、安全性仍有疑慮，且高電波磁場對於旅客之危害尚無法確定，因而尚未正式營運。

（二）公車運輸系統

相較於前述兩種軌道運輸系統，公車運輸系統的優點為富有彈性、無須定軌、可遍及全城、可適時更改路線，且所需資本較少，營運成本低。但是，公車營運的缺點在於為吸引乘客，僅能訂定低費率，而無法負擔完整的營運費用，容易造成營運損失，因此，公車營運者多採減班、減少維修、要求政府補貼等方式來降低損失。此外，因為與現行汽車共用道路系統，而使搭乘公車常因塞車導致乘車時間成本提高，故為提高效能，可輔以小型公車、撥號即來系統、公車專用道等方式。其優缺點整理如表 7-3-5。

在加拿大，渥太華 (Ottawa) 與安大略省 (Ontario) 的擴充公車系統，因價格低廉、具彈性，得以服務中、低密度的都市地區。至於巴西的庫里奇巴 (Curitiba)，則依照生態都市 (ecocity) 的概念設計良好的公車系統，可搭載許多乘客，並搭配許多基礎配套設施，如：公共汽車專用的快速通道、公共汽車的長度加倍甚或增加到三倍、採用容易上下車的加寬車門等。

儘管交通運輸系統有許多種類，也各具優缺點，但如何提供乘客多種選擇，並使不同的運輸系統得以無縫銜接且方便旅程，視為首要重點，故下一項將討論複合型運輸系統之議題。

%E9%80%9F%E9%93%81%E8%B7%AF（搜尋日期：2012 年 4 月 5 日）。

[15] 資料來源：新浪網新聞，http://news.sina.com.hk/news/94/1/1/2624717/1.html（搜尋日期：2012 年 4 月 5 日）。

表 7-3-5 公共汽車的之優劣抵換情形

優勢條件	不利條件
運輸比軌道系統更為靈活	低廉票價可吸引乘客，但恐會肇致虧本
可以按需要改變行車路線	除非在快速通道行車，否則經常陷入流量過多的壅塞情形
比重運量軌道系統花費較少的建造和維護費用	乘客須照時刻表搭乘
降低私人汽車的使用及污染	極為吵雜

資料來源：Miller, 2007: 561, 2012: 601.

三、複合型態運輸系統

（一）複合型態運輸系統的特質

複合型態運輸系統（multi modal transport system，簡稱 MMTS，或稱多式聯運網絡系統）主要是在單次旅程中，結合多種運輸型態而成，包括運具型態（如：公車、地鐵、汽車、電車等）或旅客轉乘不同運具的服務型態（私營或公營）（參見圖 7-3-1），其應具備以下的特質 (Kumar, Kulkarni, and Parida, 2009: 27)：

1. 旅程常包含一種以上的運輸型態。
2. 於不同的時機，當使用不同的運輸型態。
3. 政策原則並不侷限於單一的運輸型態。
4. 應整合運輸鏈、連結道路、軌道及水路等聯合發展。
5. 應使運輸者間彼此競爭，而非運輸模式之間的競爭。
6. 轉乘節點和轉換流動極為流暢。
7. 無縫的旅程是系統的重要特質。

以印度城市發展部制定全國城市運輸政策為例，其於 2006 年的目標為：確保城市居民能以安全、實惠、快捷、舒適、可靠和可持續的方式，方便通達城市內的就業、教育、娛樂和其他需要目的地。實現這些目標的方法之一，即是「讓注重品質的複合式公共交通系統得以健全的整合，以提供無縫的旅行銜接模式」。然而，複合型態運輸系統該如何建構，將進一步探討如次。

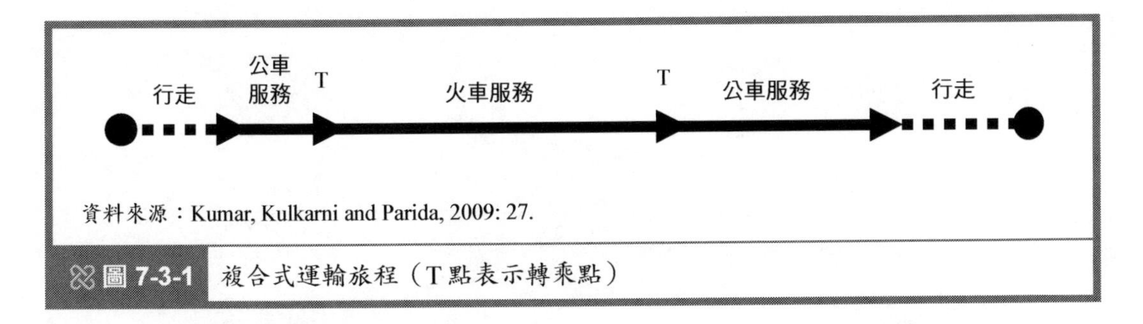

資料來源：Kumar, Kulkarni and Parida, 2009: 27.

圖 7-3-1　複合式運輸旅程（T 點表示轉乘點）

（二）複合型態運輸系統的規劃要素

建立 MMTS 的主要目的是促進都市地區的大眾運輸，讓不同型態的運輸工具得以協調、整合而減少道路的擁擠，使乘客享受到更方便、更具效率和成本節省之效益。MMTS 是一種移動網絡，包含幾乎所有型態、入口、出口連接所有的移動空間，如：公共空間、私人空間及任何人行、步行和騎自行車的空間。事實上，MMTS 是良好都市居住環境的一環，具有移動性高、適合進出口和互動性高的特別地區、運具規劃與管理的彈性大、流通方便、設施可鄰近各種地區、土地使用互補兼容，以及豐富多樣性等特質。因此，庫瑪等人 (Kumar et al., 2009) 認為 MMTS 的規劃理念應考慮混合土地利用特點、建築設計和方向、步行移動、運具停車、友善的移動環境，以及無縫的旅行等因素。至於 MMTS 應包含的要素，庫瑪等人 (2009) 認為須涵蓋下列幾項（參見圖 7-3-2）：

1. **運輸供給**：包括在城市和區域層次提供各種型態的可利用性效率、節點位置和設計方式、轉運站流量、網絡結構、運輸線密度、車站密度、服務頻率等，這些因素皆會影響運輸供給。
2. **運輸需求**：衡量 MMTS 的顧客需求，關於旅程複合式組合和運具交換的需求應評估旅客的偏好與選擇行為。可藉由研究通勤者行為的轉換，以評估真實的需求型態。
3. **運輸服務**：需要結合公車、火車和其他高運量運具的營運時刻，並包含火車連結的地區網絡和支線服務、不同運具的最大和最小容量、出發和延遲的預測模式等。
4. **交通運轉**：此為一種工具，由運作計畫表組成。計畫表受限於公車在交換／交叉結合上的優先性，以促進準時和規律；同時，這也是一種同時管控公共運輸系統和其他運具型態的每日營運工作。
5. **運輸資訊與引導**：多數旅客並不擅長在大部分旅程需求中考量他們最適的選擇型態，交通方式的選擇往往是以直覺和習慣來選擇不同的運輸型態。但一個查詢動作卻可能改變旅客對旅程型態選擇的看法，因而整合複合型態的運輸資訊將可有效引

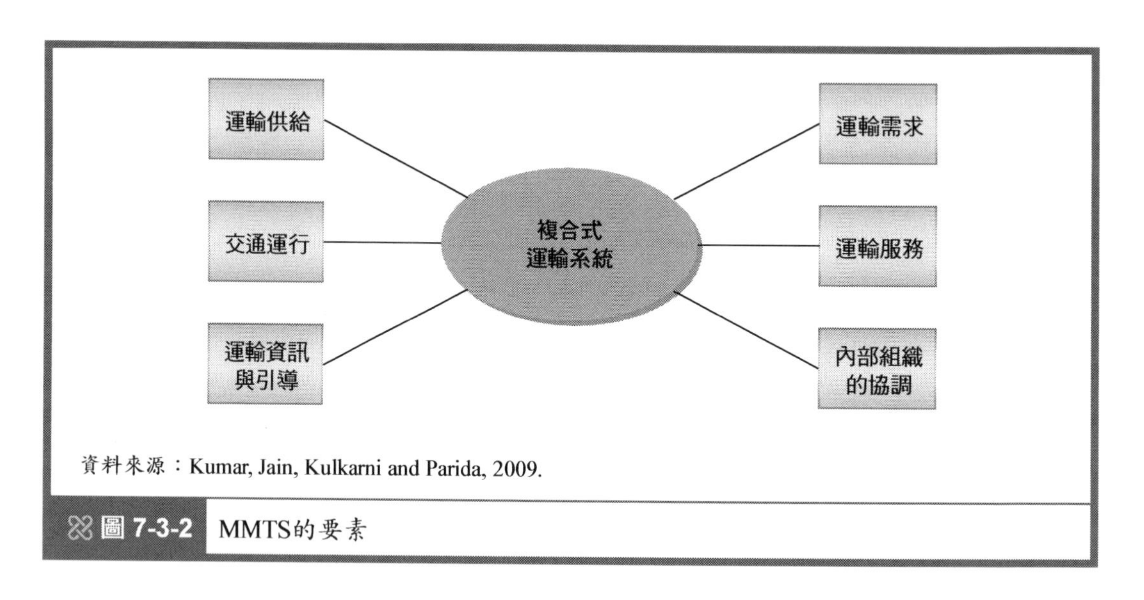

資料來源：Kumar, Jain, Kulkarni and Parida, 2009.

圖 7-3-2 MMTS的要素

導旅客選擇運輸型態。

6. **內部組織的協調**：運輸經營者、機關、資訊供應者、設施所有者等彼此間的協調是 MMTS 的重要元素。

（三）複合型態運輸系統的整合規劃

MMTS 包含自私人型態到公共型態間的轉換，而複合型態運輸場站則扮演交換節點的角色。好的 MMTS 係以達成不同型態的協調使用效率為目標，包括促進乘客連接、加強乘客／經營者／開發者的共用節點、提供使用其他替代型態選擇的靈活性、發展不同型態間非競爭與協調的系統等 (Kumar, Kulkarni, and Parida, 2009)。MMTS 的整合已在歐洲城市運作超過五十年，巴黎和倫敦就有很好的 MMTS，其間結合地鐵、公車、電車等系統，而聯合售票系統、相互協調的時間表、減少轉乘損失的高效轉乘設計等，都是重要的整合層面。因此，庫碼等人 (2009) 認為不同運輸型態的整合涉及以下層面：

1. **網絡整合**：捷運、公車、輕軌運輸系統網絡的整合，可減少設施的雙重浪費，符合通勤者的需求。
2. **費用整合**：整合的票務系統可方便乘客於捷運、公車、輕軌運輸系統間旅行。
3. **資訊整合**：整合旅客資訊服務 (traveler information services, TIS)，於捷運站、主要公車站、轉乘節點等，為公共運輸系統提供完整、正確的時間資訊。
4. **實體整合**：提供轉乘設施，如遮蔽式的連接通道、高架橋、地下通道、公車站遮蔽物、計程車乘車處等，並提供複合型態運輸場站，以及無縫旅程和順暢流動的交換設計。

5. **運作整合**：協調不同大眾運輸型態的營運工作，要求尖峰和離峰時段不同運輸型態之時刻表的同時性。
6. **財務整合**：不同機構間分享預算配置、分攤成本、分享營收。
7. **制度整合**：不同機構、經營者等之間的整合，於所有相關機構之上設立一主管機關。

第四節　都市土地之使用規劃與管制

一、傳統的土地使用規劃

傳統的土地使用規劃是一種比較被動的規劃方式，強調透過土地使用分區系統 (zoning system)進行管制。藉由這樣的土地使用規劃來引導發展方向，而公部門與私部門的投資建設計畫 (investment projects) 應配合之，設置在所指定的區位之內（黃萬翔，2009：14-15）。許多城市或鄉村地區都採取此種土地使用規劃方式，以決定現在與未來該區每塊土地的最佳用途，並採取「使用分區管制」或其他手段，以防止土地不相容使用，俾以極大化合計淨效益。

傳統的土地使用規劃主要是建立在單純的「調查→分析→規劃」過程（參見圖 7-4-1）。規劃之初，係依據規劃區的社會、經濟等人文環境現況和土地使用的分析，做為規劃的最重要基礎，再根據過去及現況資料推測相關的經濟活動及人口等變遷，從而推估未來的土地利用需求量，而土地及自然資源的配合則是基本研究不可或缺的 (Chapin and Kaiser, 1979/1985)。

然而，許多土地使用規劃多基於「未來人口增加」與「經濟未來發展」之假定，而忽略了環境與其他不利的影響，從而導致都市過度成長或蔓延。造成這種後果的原因之一，即美國地方政府將「財產稅」（依建物與土地之經濟價值比率課稅）收入的 90%，用來興建學校以及供應警消防護、公共給水與下水道等公共服務。因此，只要當地經濟有所發展，財產價值（財產稅）也會跟著提高。但是，若財產稅在量入為出下仍入不敷出，亦不能因而無限制提高，因為稅負太高會造成住戶、商家搬離，反會降低稅基、減少稅收，如此恐會導致都市環境的敗壞 (Miller, 2004: 676)。

二、生態性土地使用規劃

環境學家挑戰「成長便是好」信條 (all-growth-is-good dogma)，認為應採綜合性的區域「生態性土地使用規劃」(ecological land-use planning)，將地質、生態、經濟、健康

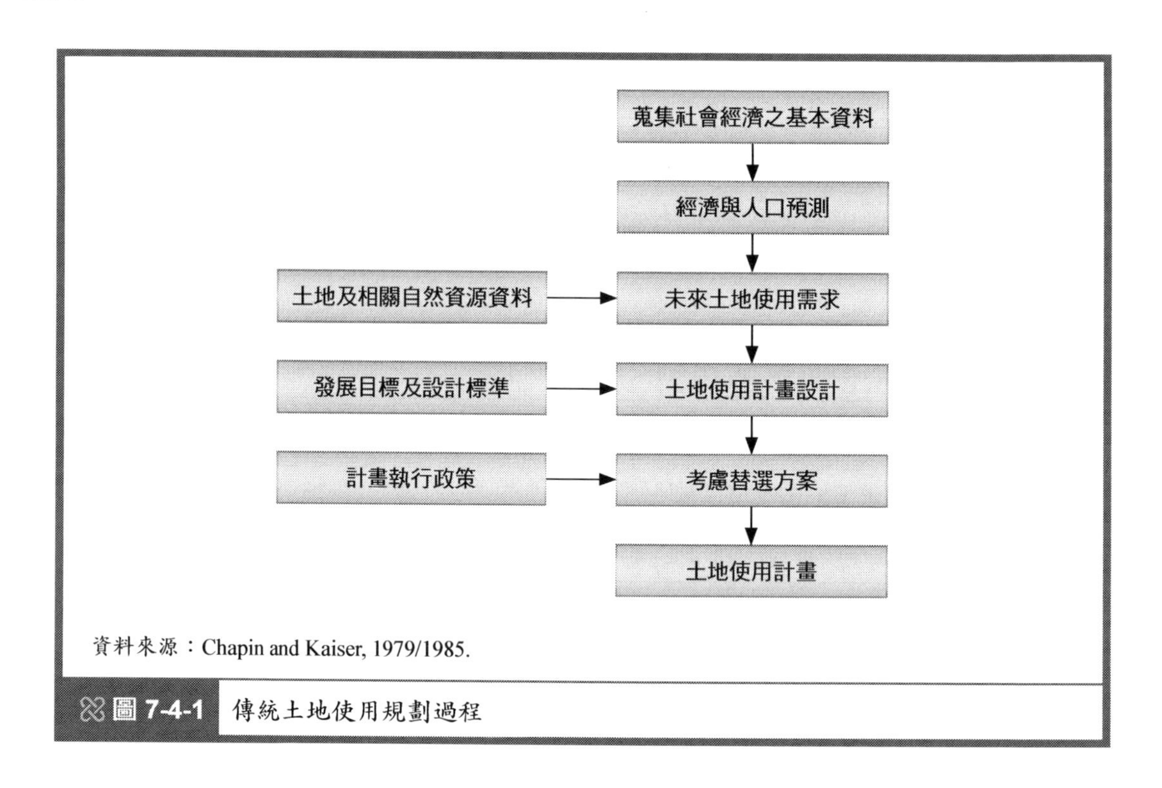

資料來源：Chapin and Kaiser, 1979/1985.

圖 7-4-1 傳統土地使用規劃過程

與社會等因素全面納入思考 (Miller, 2004: 676)。該規劃程序應循六大步驟：

1. 製作環境與社會的現況清單（環境與社會現況調查）

首先，必須調查環境與社會現況，界定各種保護區，如：水質維護、公共給水、降低土壤沖蝕，以及廢棄物處理、自然危害區（洪水平原），並應予劃定。應調查的項目至少包括：

(1) **地質因素**：土壤、洪水平原、水資源可得性等。
(2) **生態因素**：野生物棲息地、水流水質、污染等。
(3) **經濟因素**：住宅、運輸、工業發展等。
(4) **健康與社會因素**：疾病、犯罪率、貧窮等。

2. 確定與明示目標之優先順序

必須確定與明示土地使用規劃之優先目標，如：鼓勵經濟發展與人口成長，或保護主要農地、森林、濕地，減少土壤沖蝕，凡此皆須明定之。本質上，這類計畫希望能重視環保優於經濟發展。

3. 繪製個別與合成圖幅

經調查之環境與社會現況資料應分別繪製圖幅，並利用電腦繪圖技術將之整合為三大要類圖：地質圖、生態環境圖、社經環境圖。

4. 彙整主要合成圖（綜合計畫草案）

將三大要類圖幅予以整合，以呈現各地影響土地使用之因素的交互影響情形，以及各地區不同類型土地使用的適合程度。

5. 制訂主要計畫

由專家學者、官員、大眾，針對該綜合計畫草案予以評估，進而決定主要計畫並申請核定。

6. 執行主要計畫

該計畫應由適切的政府機關或法定團體來執行，並須有監督、更新、檢討修訂之機制，以確保計畫的執行能與目標相契合。

然而，生態性土地使用規劃實際上並未被廣為採納，主要係因地方官員往往謀求短期經濟利益而非長期環保利益，且經常受到強勢開發者的影響。此外，即使該規劃設計完善、可預防長期都市問題滋生並節省經費，但官方也常不願為金額龐大、執行耗時的這類規劃支付所需經費。此外，同一區域的都會城市政府往往難以合作共謀規劃，使得某個地區健全的生態發展計畫受到鄰近地區不健全發展的不良影響。至於在開發中國家，許多都市缺乏足夠的資金、訊息、技術去執行這類規劃，而且都市地圖往往太過老舊，對大部分地區情況（尤其是迅速蔓延的聚落）欠缺詳盡的資訊，成為阻礙計畫實施的絆腳石 (Miller, 2004: 676)。

三、土地使用規劃之管制與相關策略

（一）土地使用分區管制

世界各國對於土地使用權利的處理方式並不相同。舉例來說，美國採取「分區管制」(zoning) 的方式，將土地使用權利分為兩個部分：一是將土地分為可以使用或不可以使用的類別，並由政府接管以規範開發強度；二是實際的開發行為，亦即讓土地所有權人在合乎既定規範的條件下，自行決定開發的時程與內容，並於特定與特殊情況下，透過一定的行政程序申辦變更原有土地之使用類別與強度。在此一土地使用權利劃分制度下，土地使用的「分區管制」是最常被採用的土地使用與開發管制方式。透過將規劃區內土地劃分為商業、住宅、工業、公用事業、交通運輸、遊憩設施（公園、森林保護區）、水體（行水區）、濕地、洪水平原，以及野生動物保護區等區域，並對各種使用分區規範使用性質、使用容量，以及管制強度與開發方式，即可控制都市發展的密度，避免人口擁擠、確保公共設施服務水準、穩定房地產價值，並增進居住環境品質。臺灣目前亦實施此一「傳統的土地使用分區」之土地使用管制政策（林建元等，2004）。

採取土地使用分區管制措施固然有控制都市成長，以避免某些不相容使用的優點，但也潛藏不少問題，例如：開發商可能影響或介入分區使用的更動，進而破壞濕地、主要耕地、森林區或開放空間。況且，分區使用常有利於高價住宅、廠房、旅館之興建，讓環境敏感土地可以低成本來提供高地價用途，卻不用擔負環境與社會成本 (Miller and Spoolman, 2012: 603)。

再者，地方政府往往為了財產稅之稅收著想，或不願或難以貫徹較為嚴格的土地使用分區管制，反朝有利開發、不利環保的方向調整。以美國為例，財產稅係占地方政府財政收入的 90%，主要用以提供學校、警消保護、供水和污水處理系統之公共服務開支。但由於稅率不能無限度提高，故地方政府常採取促進都市成長方針，藉由提升財產價值以利增加稅收。同時隨著都市的發展，傳統的土地使用分區管制缺乏彈性，常無法符合社會與經濟發展的變動需求，因此，後續又發展出多種土地使用規劃之相關管制工具與策略，以調和或調整土地使用分區管制 (Miller and Spoolman, 2012: 603)。

（二）智慧成長

美國推動「智慧成長」(Smart Growth) 的背景源起於 1960 年代以後，當時小汽車的大量使用造成城市蔓延，進而導致環境衝擊的壓力，終於讓人們開始反思。隨著先進國家人口老化，人民開始回歸人本價值的環境規劃與設計思維，並逐漸成為普世價值。智慧成長的規劃思維正是呼應此一普世價值趨勢而生的理念。1996 年，美國農田信託組織 (AFT)、美國規劃師協會 (APA)、美國都會區規劃組織 (AMPO) 等官方組織團體，以及私部門組織、非政府組織和非營利組織，共同組成「智慧成長研究網」(Smart Growth Network)，以相互交流與研究一些發展較為成功的鄰里社區和城市區域。在總結這些經驗之後，提出了城鄉空間發展採取「智慧成長」的概念，強調社區與開發商和政府必須建立夥伴關係和共識，以達成永續發展的目標（吳文彥，2004）。

「智慧成長」的概念被用於改革傳統都市規劃，有效結合既有的都市規劃法令制度，並在追求永續發展的願景上，提升土地使用效益、提倡公眾運輸、重視歷史文化活動遺址，且著墨於環境生態保育的操作、強調社區互動、重建鄰里的夥伴關係等規劃政策。此種理念和「新城市主義」(new urbanism) 的觀點十分接近，而「智慧成長」的規劃概念也如火如荼的在美國各地發展（劉居立，2005）。

智慧成長關係著都市規劃的形式，其係體認到唯有採用分區管制法律，並和其他防止都市蔓延、指導地區成長、保護生態敏感區與重要土地和水道，且開發更具環境永續性、更讓人樂於居住的都市地區，才能真正形成具有正面助益的都市成長 (Miller,

2004: 677-681)。在追求永續發展的願景下，美國「智慧成長」概念從大尺度的國土規劃、區域發展，到中尺度的都會區、城市，再至小尺度的鄰里社區，都有成功的案例經驗（吳文彥，2008）。對於環境規劃設計的永續發展，可約略分為十個規劃設計原則[16]（參見表 7-4-1），並表現在「智慧成長」的管制工具如何應用於都市規劃上（參見圖 7-4-2）。在發展縝密的規劃設計時，對於保護荒地、農地、自然景致、開放空間，以及獨特的環境生態，可採簇群發展 (cluster development) 方式，以高密度的居住單位結合留設 30% 至 50% 土地做為開放空間（如：公園綠地、行人步道、自行車道等）。這種方式有別於傳統的開發方式，後者的結果往往是在最小規模的基地上興建標準住宅，使得建物密集、景觀呆板，且開放空間不足。

許多城市，如：美國奧勒崗州 (Oregon) 的波特蘭 (Portland)、巴西的庫里奇巴等，多已採土地使用分區管制方式，來鼓勵在都市主要的大眾運輸廊道周邊從事高密度的發展，以期降低汽車用量、減少空氣污染，並管制都市蔓延 (Miller, 2004: 677)。以美國奧勒岡州的土地使用規劃為例，自 1973 年以來，該州已建立一套綜合性的州際土地使用規劃過程，其主要基於以下三大原則 (Miller, 2004: 683)：

1. 將該州農村地區劃設成永久的森林、農業或都市土地使用區。
2. 劃設州內每個社區的都市成長線，於界線之外不允許任何都市發展行為。
3. 將該州土地使用規劃管控權交給「土地保育與發展委員會」(Land Conservation and Development Commission, LCDC)。

要言之，該州之綜合性漸進土地使用規劃過程，係就全村的土地考量後，將部分地區特別劃設為森林、農業或者城市土地的永久區域，並在每個社區周遭劃設一條都市成長線 (UGB)，而都市的住、工、商發展不能超越該界線之外；同時，將土地使用的控制權掌握在州政府手中，並由 LCDC 來執行。

又如波特蘭曾採土地使用分區方式，設置大量的開放綠地空間，發展有效率的輕軌和公車等大眾運輸系統，鼓勵在主要運輸路線上進行高密度發展；同時准許辦公大樓、商店、住宅在同一地區混合發展，且對城鎮停車空間設定上限。自 1975 年起，其實施結果雖增加了 50% 的人口，但僅增加 2% 的都市用地，創造了內城 30,000 個工作機會，更引進 9 億美元的私人投資案。

美國馬里蘭州更進一步在 1997 年制訂「智慧成長」法案，目的在指引州內開發活動落於地方指定的緊密成長地區，並試圖改變傳統缺乏效率且浪費的土地使用習慣，以創造新的發展契機、帶動地方財稅收益。

[16] 參見 Urban Land Institute, 2006, Getting to Smart Growth: 100 Policies for Implementation, American Planning Association。

表 7-4-1　「智慧成長」的規劃原則

規劃原則	規劃政策指導	目標	配套法令機制
1.土地複合使用	提升土地使用效率與多樣化的業種、業態	土地複合使用，創造運量與商機，提升土地使用效率與效益	法令鬆綁與彈性放寬分區管制
2.緽密發展的規劃設計	緊密的空間發展與延續性	緊密的集居生活環境，提高基礎建設的投資效率	分期發展管理與建築開發控管機制
3.創造多樣化的住宅選擇機會	多樣化的空間環境組成	社區的鄰里社會具有社會公平正義	結合土地細分與開發許可、金融財政機制，供應合理價位住宅
4.創造友善步行的社區空間	步行環境規劃，搭配土地使用，塑造流動空間	人性尺度空間、凝聚商機、安全空間環境以及健康社區	結合土地使用、交通運輸，打造安全舒適環境規劃設計，進而制訂步行空間的綱要計畫
5.打造具備地方特色、富有吸引力的社區	地方文本與資源調查、景觀規劃與公共藝術	凝聚社區意識，深化地方特色	地區核心改善計畫與導入藝術文化創新活動
6.保護荒地、農地、自然景致、開放空間以及獨特的環境生態	資源調查與規劃、保存與開發管制	生態保育，永續發展	開發限制範圍劃設與財政調節機制
7.強化並引導開發結合既有的社區發展	更新與再開發利用、置入性開發規劃	提高既有基礎建設效益，減緩發展壓力，降低二氧化碳排放量	都市再開發、閒置空間利用、工業區轉型、廢棄營舍利用
8.提供多元運具選擇的發展環境	多元運具模式的土地使用與交通運輸規劃；社區尺度規劃設計步道與自行車道	高效率低污染的運具模式，降低二氧化碳排放量	財政手段、社區決策與土地使用和交通運輸規劃的整合
9.建構可以預測公平且有價值影響力的發展決策	計畫準備與討論、政策與願景的宣導	政策穩定，具備共識、公信力	成立願景共識營造、迅速規劃設計團隊，公開說明與討論開發計畫，以及和開發商協商制定「模式手冊」(pattern book)
10.鼓勵社區與開發商等利害關係人共構開發和協商願景	公、私部門合作和意見溝通	建構信賴的夥伴關係，以及具有共識的環境品質協議	開發計畫協商與溝通機制

資料來源：張信文，2007：27-32。

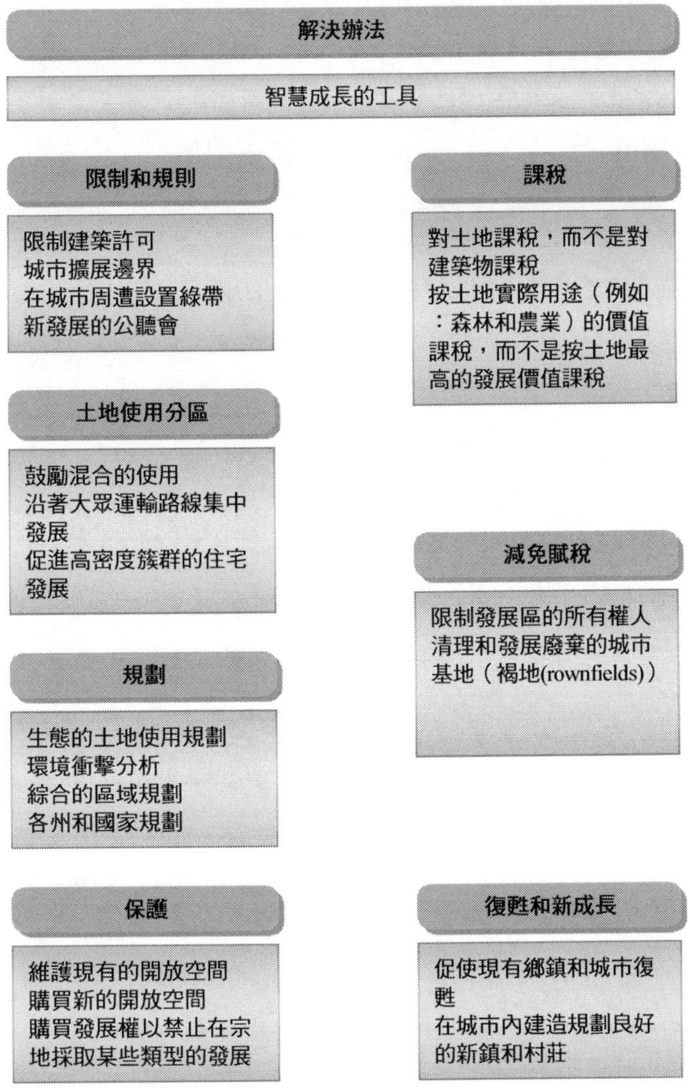

解決辦法

智慧成長的工具

限制和規則

限制建築許可
城市擴展邊界
在城市周遭設置綠帶
新發展的公聽會

土地使用分區

鼓勵混合的使用
沿著大眾運輸路線集中發展
促進高密度簇群的住宅發展

規劃

生態的土地使用規劃
環境衝擊分析
綜合的區域規劃
各州和國家規劃

保護

維護現有的開放空間
購買新的開放空間
購買發展權以禁止在宗地採取某些類型的發展

課稅

對土地課稅，而不是對建築物課稅
按土地實際用途（例如：森林和農業）的價值課稅，而不是按土地最高的發展價值課稅

減免賦稅

限制發展區的所有權人
清理和發展廢棄的城市基地（褐地(rownfields)）

復甦和新成長

促使現有鄉鎮和城市復甦
在城市內建造規劃良好的新鎮和村莊

資料來源：參考 Miller, 2004: 681 繪製。

圖 7-4-2 智慧成長的管制工具

（三）大眾運輸導向發展

「大眾運輸導向發展」（transit-oriented development，以下簡稱 TOD）的方式，是沿著大眾運輸廊帶進行高密度集合住宅與市場開發，大幅度提升民眾使用大眾運輸的便利性，進而減少使用私人運具的旅次，這已成為新加坡、東京、庫里奇巴、渥太華、墨爾本等大都會在進行都市計畫與大眾運輸政策發展時的新趨勢（李家儂、賴宗裕，2007）。綜合各國學者的規劃理念，TOD 發展模式具有下列五點特性（張學孔，2001）：

1. 必須有相當的人口密度與規模，方能鼓勵民眾使用大眾運輸。
2. 住宅區、工作區及零售商店必須散布在運輸系統沿線。
3. 必須包括各種都市活動、工作和購物機能，且需在步行可及之範圍內。
4. 必須建構在棋盤式的大眾運輸系統與路網上，而非過去一般以公路導向 (highway-oriented) 或小汽車導向 (automobile-oriented) 的道路階層系統。
5. 以 TOD 概念設計的都市，配合良好都市景觀及人行步道系統，以鼓勵民眾使用大眾運輸工具。

此外，TOD 之設計規劃必須達到三個重要公共目標（張學孔，2001）：

1. 鼓勵居民以大眾運輸為主要交通工具，而不使用私人運具。
2. 透過規劃設計，經由內化外部影響之機制，將周邊道路系統因私人運具而產生的擁塞情形降到最低。
3. 為提高人行步道及大眾運輸系統之使用而做整體規劃。

TOD 係從美國發展出的規劃理念，該國在晚近二十年來因受到「永續發展」與「智慧型成長」的影響，TOD 理念更加興盛。其所倡導的混合土地使用、緊密城市發展、都市設計，以及以大眾運輸為主要交通工具等，旨在減少私人運具的運用、降低環境污染與社會成本。卡爾塞普 (Calthorpe) (1993) 與 班費德 (Benfield) 等 (1999) 認為 TOD 的基本概念為：中高密度的住宅、適當的公共設施、工作機會、零售與服務性空間，並聚焦在區域性大眾運輸系統上的重要地點能有多用途開發。TOD 之發展概念可簡述如下（李家儂、賴宗裕，2007）：

1. 組織都市的發展，使其能夠更緊密且有大眾運輸的支援。
2. 在大眾運輸車站步行可達的距離內，配置購物、居住、工作、公園、維生設施等基本單元。
3. 創造一個舒適的步行街道網絡，且可以便利達到各個地區中的重要據點。
4. 提供一個多樣化的居住型態、密度及價格，以利保存敏感的「生物棲息地」、「河岸區」和高品質的開放空間。
5. 公共空間能夠著重於建物的設計方向與鄰里居民的互動性。
6. 鼓勵沿著大眾運輸車站及廊帶的既存鄰里單元，採用「填入式發展」及都市更新的方式來開發。

近年學者積極探討 TOD 之規劃理念與應用經驗，這些文獻顯示，TOD 規劃內容不脫影響旅運行為的 3D 元素：(1) 提高大眾運輸場站附近或沿線廊道之發展「強度」(density)，以增加大眾運輸系統使用量；(2) 適當的「混合」(diversity) 土地使用，提高活動便利性而增加使用大眾運輸的意願；(3) 有利步行、轉乘及大眾運輸系統營運之都市環境「設計」(design)。換言之，就是藉由在大眾運輸沿線上設置高密度的土地發展模式，並配合土地混合使用和步行友善的環境設計，營造出人性化的居住空間。TOD 最主要的 3D 元素概要說明如下（陳佩菁，2006：18-20）。

1. 緊湊發展

TOD 的典型鄰里地區是以設有火車站、地鐵車站、電車站或公共汽車站的地方為中心，從中心向外依序呈現高密度往低密度發展的態樣。TOD 是在大眾運輸場站周遭步行範圍內（大約是 400 到 800 公尺，這被認為是對步行者適當的尺度），建構緊湊發展的模式，在能容納最多居民與工作者之下，提高零售商業與辦公空間之密度，以提供大眾運輸搭乘者的基本生活所需，並支持大眾運輸的正常運作。上述必須因地制宜，不能超過原本都市發展紋理所能負擔的範圍。

2. 多樣性及土地混合使用

TOD 是在住宅或商業區的設計中，使通往公共交通工具的可及性最大化。嚴格的土地使用分區迫使人們提高對小汽車使用的依賴，而單一用途的土地使用模式也無法支持個人一天生活的所有活動，因此 TOD 係混合多樣性的活動，讓居民與辦公者可以透過步行完成一天所需的活動，而不需仰賴小汽車。

3. 步行友善的環境設計

街道系統應該易於辨識；步行環境必須保護且強化人行道、行道樹、建築物入口，以及提供各種生活機能之場所的銜接關係。步行友善的環境設計可減少道路面積及小汽車的使用，使行人避免因現行的道路設計造成人車衝突，以減少交通意外。此外，步行友善的環境設計也可增加各項公共設施及生活所需服務之可及性。

根據上述的 TOD 特性，帕克等人 (Parker et al., 2002) 歸納出如下的預期效益：(1) 增加大眾運輸運量，以提高大眾運輸投資效益；(2) 分散運具使用時間；(3) 藉由大眾運輸的連結，增加移動工具之選擇性；(4) 減少「車英里數」(vehicle miles traveled, VMT)；(5) 減少空氣污染與能源消耗；(6) 保存土地資源和開放空間，提升公共安全；(7) 鼓勵經濟發展，增加家戶可支配收入；(8) 提供可負擔住房；以及 (9) 減少基礎設施之投資支出等。其中，「增加大眾運輸系統使用量」為最直接之效益，且是促進其他效益之橋梁。疏解交通壅塞、增進空氣品質、減少小客車使用、增加步行／腳踏車使用之安全性等效益之達成，均必須建立在 TOD 可鼓勵民眾使用大眾運具的前提上。切爾韋羅 (Cervero, 1993) 在一份探討加州大眾運輸系統運量的研究報告中發現，在原本以汽車通勤的民眾中，居住地點距大眾運輸場站 0.5 英里步行距離者，有 52.3% 會轉向使用大眾運輸工具。其結論並指出，配合大眾運輸節點周邊良好的環境設計、高密度發展，以及混合使用型態，將可增進大眾運輸之運量，其相較於同區域場站範圍外的地區，運量可提高五至六倍（林楨家、施亭伃，2007：453）。

（四）發展許可制

民國 83 年，經建會引進英國「發展許可制」(planning permission system) 與美國的「土地使用分區管制策略」和「成長管理理念」，在我國的土地管制政策注入開發許可的精神。至此，臺灣的開發許可制逐漸成為更具彈性的土地管制政策，且逐漸運用於都市土地與非都市土地的使用變更中，期能有效避免公害污染、維護都市景觀，並降低政府公共服務成本及節省財政支出。「土地開發許可制」又稱為「發展許可制」或「規劃許可制」，有別於廣泛性策略管制 (broad strategic control) 的土地使用分區管制政策，其具有管制發展 (development control) 的特性，也是屬於個案式 (case by case approach) 的土地管制方法。當土地所有權人或土地開發者欲於土地或建物進行重大改變時，必須先取得政府審議核准的開發許可，方能從事開發行為，以達到土地資源的有效利用、確保環境品質，以及受益課徵、損失補償等規劃目標（林建元等，2004：20-22）。

在採行開發許可制後，土地開發使用之管理將與現行之區域計畫與都市計畫體制下所採行之土地使用分區管制有極大之不同，主要差異包括（林建元等，2004：20-22；金家禾，1996）：

1. 在開發許可制下，並無明確之分區界線圖，亦無細部之街廓劃分。因此，土地開發得以不受僵固之分區界線所限，讓開發者能考量其基地之特性與發展需求，做較具彈性之開發設計。核可與否主要考慮開發計畫本身、法令與政府之政策或執行要點、與地方發展計畫之配合情形、時空環境之需求，以及法院申訴之判例等因素。一宗土地有多種可能之開發使用方式，而不似分區使用管制制度下僅允許單一類別之使用。基地之使用及建築管制亦可因應開發案之特性，而彈性處理。
2. 政府不必耗費龐大之人力與資源進行細部之規劃工作（僅進行整體性及綱要性之規劃工作），但需有較多之人力從事審查與協商工作。此類工作包含事先協商、正式協商、可行性評估、對於重大工程或計畫要求提具環境影響評估、公告與意見徵詢，最後才決定是否給予許可。
3. 在先審後開發之特性下，土地開發者需自行擬定開發計畫，經政府審查核可後才得以開發。土地開發案可能被否決或被要求修改，因而充滿相當高的不確定性。但開發者可依據自身或市場需求，充分考量開發案基地及周圍環境狀況後加以規劃與設計，因此擁有相當大的發揮空間。

4. 雖然開發許可制讓政府不再擁有完全的都市規劃權力，但相對使得政府不再是唯一的公共設施負擔者，而可減少龐大的公共財政支出，達到受益者付費原則。開發者則需負擔公共設施興建費用及／或相當之回饋金，以及開發案之規劃成本與開發許可之申請等費用。
5. 開發者與政府之開發管制單位間之互動極為重要，彼此需對開發構想與主要觀點進行充分之溝通與協調。
6. 可使土地使用分區走向更具彈性的土地管制政策，配合市場機制改善過去土地使用分區不當或無法有效利用的缺失、縮短土地供需差距的現象。
7. 藉由減少私人對土地的獨占性，解決過去政府的土地使用分區規劃權力所形成的土地所有權人對土地之獨占利益，降低政府為了避免弊端發生所制定的行政牽制結構，而造成效率不彰的結果。

臺灣的土地管制政策採「土地使用分區管制」與「開發許可制」兩種類別並行管制方式，亦即：在都市土地的管理上，採用「土地使用管制」配合「建築管制」方式；在非都市土地的管理上，則以「非都市土地使用管制」為規範；兩者另配合「開發許可」進行管理。舉例來說，在工商綜合區之開發規劃上，此方式能兼顧土地使用之經濟效益，以及公、私權益分配的適宜性、社會性與公平性，有效控制公害發生、維護景觀，以及管控開發土地行為。這種兩類並行制的實施可解決土地使用分區管制下的問題，控制都市蔓延現象，惟仍需政府提供配套設施，包括：制定彈性的開發許可法以為執行依據；培養專業的規劃人員，充實地方政府的規劃組織，並讓地方有充分的裁量權；教育民眾關切公共環境，以實現自發性管制（林建元等人，2004：20-22）。

（五）容積移轉

容積移轉係源於發展權移轉 (transfer of development rights, TDR) 的概念所形成的政策工具。發展權移轉之基本觀念，在於視土地發展之權利為一種可分割的權利，猶如採礦權可與地面權分開而單獨出售或支配一樣。當論及發展權之管制時，亦可謂土地所有權人並無任意發展其土地之當然權利。換言之，發展權仍是社會或政府制定法令之行為所創設的結果。此外，容積率管制係以限制建築物實體的建築總量與建築基地面積之比例，達到控制土地使用強度，確保整體居住生活品質的一種制度。允許原屬一宗土地的可建築容積之一部或全部移轉至另一宗可建築土地建築使用，即為容積移轉。其概念如

圖 7-4-3 所示。

發展權觀念之確立，最早見於 1942 年英國的「烏斯渥特報告」(Uthwatt Report)。1947 年英國重訂《市鄉計畫法》(Town and Country Planning Act) 時，通過並實施發展權國有化的制度，對於任何私人開發行為予以完全管制，即任何私人欲變更其土地使用，均須符合都市計畫，並申請取得發展權後方得進行。同時，因發展而產生之土地增值係採徵收發展捐之方式，全部繳納歸公。易言之，亦即由政府獨占一切土地之發展權，對於私人因取得發展權而實現之土地增值，按 100% 的稅率徵收發展捐。此一制度雖然於 1953 年隨英國工黨下臺而中止施行，但其所確立之發展權移轉觀念，深切影響日後美國有關「發展權移轉辦法」之訂定與實施。

美國之「發展權移轉辦法」自勞德 (G. D. Lloyd) 於 1961 年創議以來，僅數十年的歷史，卻在美國各州、郡及都市地方廣泛的被討論或實施，採行的地區計有二、三十處。發展權制度在美國由最初的發展權購買方案，演進至發展權移轉制度，期能成為實施土地使用計畫之工具。其產生之背景大致可綜合歸納為二（龍邑工程顧問股分有限公司，2006）：

1. 尋求一種調整土地使用計畫與土地財產權關係之工具，以達到更大的公平。傳統土地使用管制明顯造成地主的暴利與暴損，而發展權移轉制度即是藉由獲得暴利者補償暴損者之觀念，調整地主之間的不公平現象。
2. 尋求一種同時兼顧資源保育與開發的土地使用規劃方式。資源保育與發展兩者間的矛盾衝突是經濟發展社會中最常產生之兩難，而發展權移轉制度即是政府藉由最小成本之方式，同時兼顧發展與保育。

以美國維吉尼亞州的 Fairfax 郡為例，其發展權移轉制度之實施步驟如下：

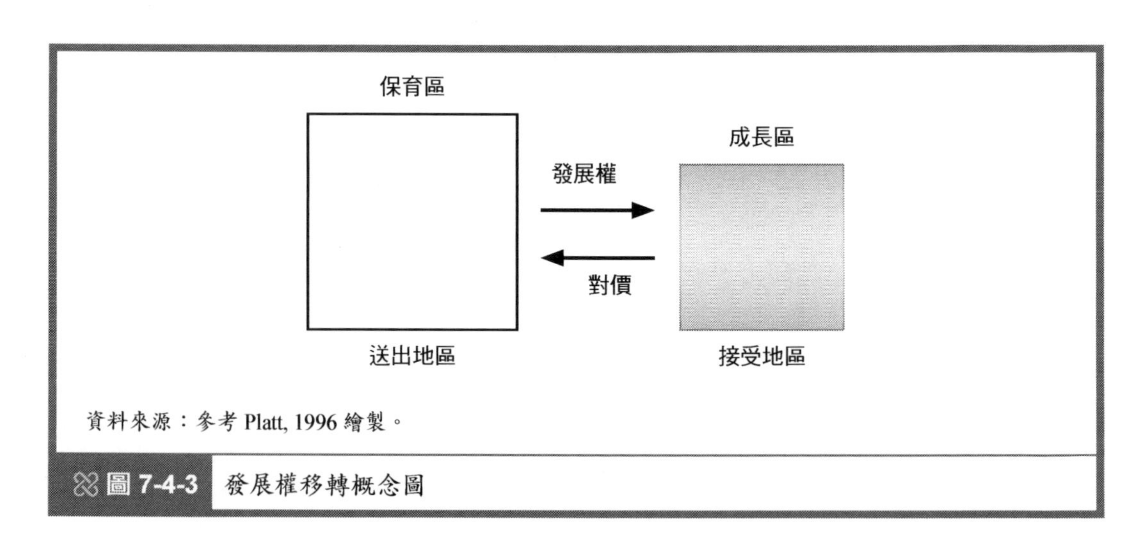

資料來源：參考 Platt, 1996 繪製。

圖 7-4-3 發展權移轉概念圖

1. 由監督局提出綜合計畫，以環境因素為基礎，預測計畫年期內所需之居住、商業及工業需求總量。
2. 監督局決定每一種類（住、商、工）發展所需之發展權數量，但公共設施、農地、保育用地、遊憩使用和管線之設置，則不需發展權。
3. 監督局將發展權分配給每一個所有權人，以所有權人所擁有土地面積占總面積之比例分配之。
4. 所有權人欲開發其土地時，須提出基地計畫或細分計畫，以及該種發展所需之發展權。

由於土地使用分區劃設所造成的使用種類、價值有所差異，為能彌補這種缺憾，乃有發展權移轉概念的提出，以藉由市場機制達到補償的目的。大致而言，發展權移轉制度係將某一地區的土地劃分為「送出區」與「接受區」。若送出區為農地，該區因限制供做農耕以致於價值相對較低，為求補救，乃將減損的價值轉移到接受區實踐。接受區的地主為開發財產，可向送出區的土地所有權人取得（如：購買）發展權，以獲准興建較高強度（容積）的建築。至於發展權價格則由市場買賣雙方決定，而政府的角色則是建立發展權並加以分配，同時經由公開資料庫的建置以監督發展權的移轉。

倘若發展權移轉制度得以妥善建立，將可獲得如下的優點：(1) 可透過市場機制彌補土地所有權人之間的權益差距；(2) 透過嚴格的土地使用管制方式，為社會大眾保護農地；(3) 容積接受區的土地得以較有效利用。不過，其中還是有限制之處，例如：理論上發展權的送出區與接受區的容積量體可經由市場供需均衡妥為決定，然而許多可行性研究顯示，送出區的範圍太大，而接受區的範圍太小，致使供給遠超過需求。究其背後的原因之一，可能是政策制訂者只想要保護那些地區，卻不願意在接受區指定較高強度的建築容積，以免抵銷原本設定的保護目標。但是發展權建制若要成功，就得先有茁壯的發展權市場，界定明晰的送出區；社會大眾對於資源維護也需凝聚共識，讓接受區的土地所有權人願意取得可用的發展權。關鍵之處還在於決策者願意冒險一試，並按施行成效適時調整之 (Jacobs, 1999: 217-218)。

（六）發展權購買

所謂發展權購買 (purchase development rights, PDR)，是指政府為確保具有公共利益的某種土地使用，而購買土地使用權。在發展權購買計畫之下，土地所有人願意出售基地發展的權利給政府機關或慈善機構，並擔負保護農地的責任。同時，土地所有人則保留其他隸屬於土地所有權的權利，並在該筆地上設定保育地役權，且記錄在產權標示簿冊上。購買者（通常是地方政府單位）購買的是土地發展的權利，並使該權利永久不再使用，而可確保那些土地財產將不會從事開發。在農地設定地役權的過程中，參與的土地所有人經常可從出售發展權中得到收入，以投資在他們的農地經營上，或者也可退出農業經營，讓另一個農場主以更低的價格購買土地。

舉例來說，美國大約有 20 個州具體立法允許政府購買農地的發展權，並在程序上確保收購的權利實際有助於公共利益，同時在特定的土地上設定優先權，讓土地所有人自願提供出售或者捐獻發展權利，其價格也必須讓所有賣方都能接受。

1974 年，紐約頒布第一個地役權購買計畫，計畫頒布不久之後就有幾個美國東北部的州仿效。不過，這些州對於發展權支付的價格明顯不同，這主要是受到估價方法、土地大小、施加於土地所有人的地役權協議條件、地區內農地的數量、和其他受保護土地的相似性，以及與其他經濟活動相關的土地位置等因素影響所致。按理而言，發展權的價格應該呈現出那塊土地發展收入之潛在利益流的現值。另外，土地生產力也將影響土地價值，因此也是評估土地價值的首選指標之一。

農地地役權購買計畫對於土地所有人是自願的，如果提出的價格具有吸引力，並且能持續經營農場，則農場經營者會出售。但是在大多數州政府的計畫裡，幾乎沒有價格協商的空間。根據最近的研究表示，農場經營者對於農場已經在家族一代接一代的承接而有顯著的「附屬價值」(attachment value)（Marshallet 等人，2004）。此外，若要對特殊地役權的合約達成共識，對土地所有人和地役權持有者而言都是相當費時的，其中交易成本可能會是最顯著的。雅各 (Jacobs, 1999) 指出，發展權購買在概念上與土地價購極為類似，其確實會明確且成功的保護土地資源；但在都市邊緣迅速發展地區的私有財產權利中，最顯著者乃發展權，往往相當於土地市場價值之 85% 至 95%。因此，採用發展權購買方式確實所費不貲（顏愛靜、楊國柱，2006）。

第五節　開創永續和適居的生態都市

一、生態都市的內涵

依霍華德・托馬期・奧德姆 (Howard Thomas Odum, 1996) 之定義，都市生態系是個能值 (energy)[17]自主性較差、自然環境承受量較低的生態系統。要建設一個永續發展的生態都市 (eco-city)，必須突破傳統以工程或人為發展需求為主體之都市建設準則，以尊重都市之自然復原力、提供都市資源更生與循環再利用，或提升其自給自足之能力。

[17] 根據奧德姆 (1996) 提出的觀念，「能值」是指「以一種能量單位表示每一種能量的流動或儲存，在其形成過程中所需各種能量的總和」。其通常可以太陽能值來表示，「太陽能值＝能量×太陽能換率」，其中「轉換率為某個階層系統中，產生一單位能量所需另一種能量類別之量」（黃書禮，2004：71-72）。

那麼，何謂「生態都市」？吳綱立 (2003) 認為，「生態都市」可定義為「具有優良的生活環境品質、較低的環境衝擊，且在經濟、社會與環境等面向之整合上皆能健全一致的都市」。楊尼斯基 (Yanitsky, 1984) 則將生態城市定義為一種理想的城市發展模式，其中技術與自然必須充分融合，讓人的創造力和生產力得到最大的發揮，而居民的身心健康與環境品質也能得到最大程度的保護。這種方式即是遵循生態學原理所建立之一種社會、經濟、自然之間的協調發展，使物質、能量、訊息都能獲得高效率的利用，成為生態系統良性循環的人類集居地。瑞塞斯特 (Register, 1987) 認為生態城市即是生態健康都市 (ecologically healthy city)，也就是一個結合生態與健康的都市，以追求人類和自然的健康與活力，是緊湊、充滿活力、節能並與自然和諧共居的聚居地（賴明洲等，2004）。

綜上所述，都市不只綠意盎然，更是一個具健康生態特質的都市，是都市的理想狀態。生態都市的觀念主要源自古代歐洲的市鎮，以及美國西南部用石塊與泥土興建的印地安部落建築 (Indian pueblo)，這些聚落都是小規模，消耗很少的能源，所需的維生資源與建材均取自當地，強調低耗能且與自然共存的建築，使整個聚落與當地景觀自然融合在一起。今日亦有提倡利用太陽能與風能等可再生能源、廢棄物回收科技、河流復育，以及以步行、腳踏車、大眾運輸工具取代小汽車等方式（張隆盛、黃書禮、廖美莉，2001）。因此，生態都市可謂符合生態原則與自然和平共存的永續發展都市。

永續生態都市是有待規劃、實現之理想，其核心概念可歸納為（曾迪華，2009）：

1. 擁有健康生態的都市，與自然和平共存而不危害自然。
2. 整合經濟、社會及自然系統而發展高品質、低衝擊的都市生活。
3. 居住、生計、遊憩與市民活動皆整合在都市內。
4. 減少駕車、能源及資源消耗、廢棄物產生。
5. 擁有與自然親近之居住環境，都市內植栽大部分作物，以達到自我平衡。
6. 人們可以自在的行走、騎車，或者搭乘公共交通工具旅行。
7. 都市的廢棄物可以再循環並重新使用。
8. 生產都市所需的大部分食品。
9. 透過維護都市周邊土地，以保護生物多樣性。

而生態都市的永續原則為 (Miller, 2004: 684-685)：

1. 都市是為人們而不是為汽車而建造的。
2. 使用可再生能源。
3. 使用太陽能機器，並運用濕地做污水處理。

4. 基本上倚賴可循環利用的水。
5. 有效的使用能量和物質。
6. 防止污染並且降低浪費。
7. 重新使用並且再循環至少 60% 的都市固體廢棄物。
8. 透過維護、保育，並且恢復周遭自然風景區，保護生物多樣性。
9. 促進都市的花園和有機農產品市場。
10. 建立促進文化和經濟多樣性的社區。
11. 運用土地使用分區管制和其他的工具，以使人口和環境保持永續的水準。

綜合而言，生態都市所考慮的生態原則包括（吳綱立，2002；華昌琳，1997）：

1. **多樣性與複雜性**：將維護物種多樣性的概念由純生物界推廣到都市的各個層面，例如：建立多元的社區，使不同年齡、族群及社經背景的人們都能和諧的生活在一起。
2. **連續性**：維護或復育都市中的綠廊及綠地系統，提供生物棲息與活動以及提升居民生活環境品質之用。
3. **建立平衡且在某種程度上自給自足的系統**：減少對外界物質及環境的依賴，並降低生態足跡。
4. **分散處理**：以就地處理及分散處理的方式來處理雨水、污水的排放，以減少異地集中處理時系統癱瘓的風險，並兼顧環境負擔的公平性。
5. **高科技與低科技的搭配使用**：適當的應用最新的環保技術及傳統的處理方式（如：風土建築、風力發電等）。

上述這些規範性的生態規劃設計原則，提供一個檢視人類行為模式的思考架構，但由於考慮面向過多，不容易具體實踐，所以部分論者指出，從推動永續社區或生態社區做為開始應是較能落實的切入點（吳綱立，2003）。

都市的規劃理論與技術已有數千年的歷史，而隨著工業革命的發軔，在十九世紀中葉即有相關學者開始提出「都市生態化」的重要規劃理念。身為當代城鎮與區域規劃先驅，霍華德 (Howard) 與格迪斯 (Geddes) 所提出的生態規劃與設計理念持續發酵，成為生態都市規劃技術的基礎，並反應成為擘劃都市整體架構的思考，而後則逐漸分流，出現各類項的技術面貌。勒洛夫斯 (Roelofs, 1996) 認為都市是一種動態的演化，理想中的都市並非一蹴可成。其更從「綠化都市」(greening cities) 之思維發想，認為技術層面可以從都市設計、能源使用、交通運輸、食物與農業、廢棄物回收利用、健康、經濟，乃至文化與民主程序等方面著手。在生態都市與傳統都市規劃技術的比較方面，凡・瑞與

考恩 (Van der Ryn and Cowan, 1996) 從能源、都市形式、決策過程、考量之時間範疇等進行比較分析（參見表 7-5-1），結果顯示生態都市之規劃特性展現在以下三方面：與地方環境的互動關係更為緊密、對環境的影響較低，同時更著重民眾參與之機會（何友鋒等，2009）。

二、生態都市設計規劃的目標與策略

有關生態都市的目標與策略，張隆盛等人 (2001) 認為包括後敘五項，而曾迪華 (2009) 據此研擬永續都市設計的構想（參見圖 7-5-1），認為可分為不同的層次，包括：都市代謝、都市環境問題、生態都市觀點、生態都市計畫方法，以及生態都市計畫效果，期能達到減輕環境污染、節省資源與能源、與自然環境共生、提高都市生活的舒適性、強化自然作用、提高環境容量，以及有效利用空間與設施等效益。

（一）落實資源保育觀念，使發展能根基於生態永續性

資源保育乃是邁向永續性都市的首要目標。永續發展主張不但要滿足現世代的需要，同時要求不危及後世代滿足其需要的能力。因此，資源的開發與利用不僅應考量現今經濟活動的需求，亦應以跨世代的觀點公平的將有限資源配置給各個世代。為達此一

表 7-5-1　傳統都市規劃與生態都市規劃的比較

考慮議題	傳統都市規劃	生態都市規劃
決策主要標準	經濟報酬	人類與生態的健康
形式	全球通用的一套標準方法	根據生態區域的特徵以及地方文化、需求、資源狀況來進行設計
能源	傾向於使用非再生性石化燃料及核能	傾向於使用可再生能源，並強調溫室效應氣體的減量
物質使用	會產生大量的廢棄物，易造成空氣、水及土地的環境破壞	強調再利用、回收、容易修復、彈性及耐久性
考慮的時間範疇	短期	長期
空間尺度	注重單一尺度	考慮不同尺度間的互動關係及整體的配合
與環境間之關係	傳統設計是利用大自然，儘量控制大自然；在此自然屬於隱性的	生態設計是強調與大自然相融；在此自然是顯性的
知識基礎	強調特定學科的知識	強調不同學科知識間的整合
決策過程	由上而下，專家主導	強調民眾參與

資料來源：參考 Van der Ryn and Cowan, 1996；何友鋒、吳怡彥、吳銘興、喬蕾，2009 繪製。

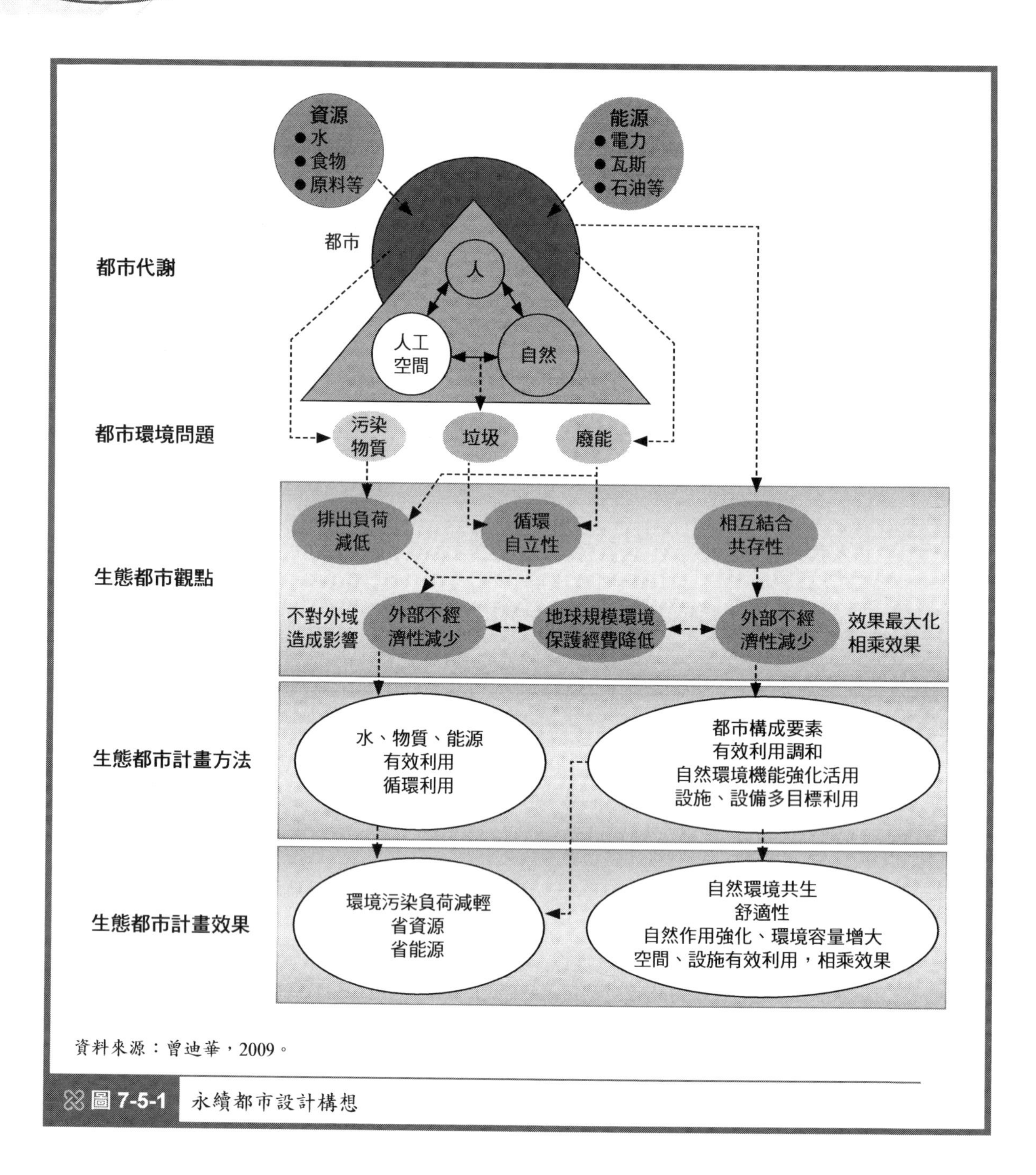

資料來源：曾迪華，2009。

圖 7-5-1 永續都市設計構想

目標，可採取下列策略：

策略一：積極透過都市立法管制，防止都市活動對全球性環境造成破壞。

策略二：因應全球環境變遷擬定適當的都市發展政策，以避免全球環境的改變對都市發展造成不必要的限制與危害。

策略三：以跨世代觀點制訂都市發展政策，規劃與管理都市土地的開發。

策略四：保護無法瞭解、掌控的資源應，以因應未來之需。

策略五：劃設環境敏感地區，做為資源開發或保育以及土地規劃與管理之依據。

策略六：分析都市環境體系下各種資源供給之容受能力，做為都市成長控制之依據。

策略七：訂定資源開發利用管理辦法，以更有效的使用資源。

（二）透過都市規劃與管理確實推展減「廢」活動

依據經濟合作發展組織的看法，若都市欲達到永續性，「減廢」(minimize waste)是一個值得努力的方向。亦即，將有效率的物質回收機制內化至自然生態系統中，並且改變傳統大量生產所產生之大量廢棄物，以及追究生產者對產生廢棄物所應承擔的責任。

策略一：鼓勵利用可回收及可供堆肥之材質從事生產。

策略二：產品在設計時應儘量加強耐用性及修復力，以達到垃圾減量的效果。

策略三：利用濕地處理與淨化非點源污染。

策略四：應用養分再循環與再利用的觀念於堆肥及處理有機廢棄物之上。

策略五：健全廢棄物之回收與分類之制度。

策略六：合理配置不同活動及設施之區位，減少不必要之通勤、購物及就學旅次，以降低都市之空氣污染與能源耗損。

策略七：抑制私人運輸工具，改善大眾運輸系統，以降低能源之消耗。

策略八：改善個人旅次行為習慣，增建人行系統之服務設施，減少機動車輛旅次。

（三）透過都會區自然資源管理方式，強化自然資源基礎

承繼目標二減廢活動之後，都市系統更應積極從事適當的環境管理、強化自然資源基礎、提升維生服務功能，以使經濟發展的持續與資源利用更具都市效率。

策略一：針對開發較嚴重的都會型、郊區製造業型生態系統加以復育，並建立其重新自我設計的功能。

策略二：透過經濟誘因與立法管制，促使資源生產型的都會生態系統能適當開發，並加強污染防治。

策略三：加強都市外圍地區、保護區、物種及基因庫的界定與建立，以確保物種多樣性。

策略四：加強本身可再生資源之開發利用，諸如：水力、太陽能、風力與地熱，以減少對石化燃料的依賴。

策略五：提高能源使用、生產與分配的效率，減緩對能源與原材料之需求。

（四）維護不同生態系之維生功能，強化地方產業發展

伴隨著經濟的成長，大量人口聚集在高度都市及工業化地區，而導致區域間發展的不均衡，其中高度發展地區的自然環境將承受極大的開發壓力，開發程度較緩的地區則面臨地方產業遷移和人口大量遷出的窘境。因此，如何使地方產業得以振興並根基固有的自然資源，將是促進都市永續發展的重要工作。

策略一：調查、登錄，並建立全臺環境資源資料庫，以評估當地資源基礎與特性。

策略二：訂定合理的產業發展政策，妥善規劃產業之分布與規模，使其根基當地既有之資源基礎。

策略三：提高專業與技術之勞工能力水準，以提升經濟生產力。

策略四：加強產業之科技整合與研發工作，帶動產業轉型，促進經濟發展。

策略五：訂定以生態為基礎之農業發展政策，控制並管理優良農田之使用，提升生產技術。

（五）由生態系統之福祉觀點出發，改善地方生活環境品質

都會型都市生態系統因聚集大量資源與人口，造成資源與能源過度消耗，且產生嚴重污染問題，而破壞自然資源基礎並影響生活環境品質。因此，在邁向永續都市的同時，除了自然保育、減廢與減少浪費、強化自然資源基礎與地方產業外，更應由人的立場來考量，如何在既有的情況下有效改善地方生活環境品質。

策略一：加強都市經濟系統對農村地區之回饋，以提高農村生活品質，並促進都市與農村之互利共生。

策略二：增加政府對地方之公共支出，以提升地方的實質生活水準。

策略三：根據生態系統與人為設施（如：廢棄物處理設備）的容受力，訂定合理的人口成長目標，使都市人口數量之成長能根基於供給面之限制。

策略四：檢討人口政策、促進人口均衡分布，以減緩人口過度集中所產生之課題與

壓力。

策略五：改變個人習性，減少個人資源消耗與能源使用，以緩和資源需求對環境的破壞。

三、生態都市的案例——巴西的庫里奇巴

近年全世界較為知名的生態都市有巴西的庫里奇巴、日本的東京、中國大陸的香港、紐西蘭的懷塔克里 (Waitakere)、英國的萊斯特 (Leicester) 與倫敦，以及美國的紐約、波特蘭、查塔努加、里斯特等。其中，庫里奇巴是巴西東南部的一個大城市，為巴西第七大城市，環境優美，在 1990 年被聯合國命名為「巴西生態之都」、「城市生態規劃典範」。該市以永續發展的城市規劃受到世界的讚譽，尤其是公共交通的發展更受到國際公共交通聯合會的推崇，世界銀行和世界衛生組織也給予庫里奇巴極高的評價。該市的廢物回收、迴圈使用措施，以及能源節約措施，也分別得到聯合國環境署和國際節約能源機構的嘉獎（何友鋒等，2009）。因此，本文選擇巴西的庫里奇巴做為生態都市案例，詳細說明如下。

（一）城市環境背景

庫里奇巴位於巴西南邊的巴拉那省 (Parana)，為該省首府。該市地勢平坦，地形高程約距離海平面 900 至 1,000 公尺間，呈現北高南低的態勢。由於水域貫穿全市，使該市的氣候潮濕、溫和，年均溫約為 13°C，最低溫可達 0°C，夏季均溫為 21°C。事實上，在全巴西共 26 個州的首府中，庫里奇巴為最寒冷的城市。

就南巴西而言，庫里奇巴擁有最多人口，也是經濟最發達的城市。該市人口達到 180 萬人，人口密度為 4,160 人／平方公里，城市 GDP 達 170 億美元，是全國第四大經濟城市。圍繞該城市的是由26 個自治區所組成的都會區，人口共有 350 萬人。城市本身距離海岸約 105 公里，且擁有一座國際機場（即 Afonso Pena 國際機場）。

該市的主要產業原為牛隻的出口，現在的產業結構則以服務業與商業為主 (65.84%)，工業為次 (34.13%)，農業產值比例則已相當低了。就人口結構上而言，過去移民多來自歐洲、南美洲與中東，但主要仍來自於周邊鄉鎮人口之移入（據估計，一半的該市人口並非當地出生）。1913 年，該市的電車系統開始建置，也開始該城市往生態都市目標邁進的路程。

庫里奇巴的總面積約為 432 平方公里，在 1950 年至 1980 年間，年均人口成長率達到 5%，也因此該市提出具有長遠與綜合性的「總體計畫設計方案」(The Master Plan for Curitiba)，而顯現出與巴西其他城市截然不同的規劃方向（黃楹鈞等，2008）。從整體

性來考量該市的交通運輸、住宅開發，乃至能源使用的優越性，也使得該城市成為生態都市的典範都市（何友鋒等，2009）。

（二）生態都市之發展策略

庫里奇巴的都市計畫出自於 1855 年法國工程師皮爾・陶洛斯 (Pierre Taulois) 的擘劃，規劃之初僅有兩條交叉道路，隨後逐漸擴充建設。在陶洛斯的設計下，庫里奇巴的路網架構是相互垂直與平行的網格系統，使該市顯現方矩狀的都市紋理，並確保該市交通運行的順暢。庫里奇巴的現代都市計畫則奠基於 1960 年代，當時一位主導該市都市設計之建築師當選市長，並推動嶄新的「庫里奇巴主要計畫」(Curitiba Master Plan)。其中，交通系統與洪氾地區的綠地保留計畫使其成為都市計畫中的著名城市。庫里奇巴不僅在 1996 年獲選為全巴西最具創意的都市，更被聯合國選為重建阿富汗城市的典範城市。黃楹鈞等 (2008) 指出，庫里奇巴之所以能成為生態都市的典範，主要來自於庫里奇巴都市規劃研究中心 (Institute of Research and Urban Planning of Curitiba, IPPUC) 計畫團隊的規劃創意。其具體的城市發展策略表現在大眾運輸系統、能源再利用與水資源、生態綠地等防洪系統的建置之上（何友鋒等，2009）。

1. 交通系統

庫里奇巴市政府除制定了公車導向的都市開發規劃外，1970 年代更致力於規劃可以改善和保護都市生活品質的各種土地利用措施。在總體規劃中，規定都市沿著幾條主要軸線向外進行走廊式開發，不僅鼓勵混合土地利用開發，而且規劃以市公車線路所在的道路為中心，對所有的土地利用和開發密度進行分區。因此，庫里奇巴最重要的發展原則是將公共運輸、道路建設與土地利用相結合，建構了「結構道路」(structural avenues)，其不僅是建設新社區的重要中樞，街道的配置亦由此系統構成。因此，公共交通運輸系統可說是此一規劃的主要核心（何友鋒等，2009）。

庫里奇巴進一步將土地使用、街道網絡與大眾運輸系統整合連結，並將高密度建成區集中於城市中央，接著向周邊逐漸降低，型塑明顯的 CBD 意象，做為交通動線配置的主軸。此外，將傳統都市計畫中的主要道路做為連接城市內區域之用，各區域內則以單向道路銜接，再以捷運化的公車專用道路整合各次要道路，使其大眾運輸遍及 65% 的都會區域。包括周邊的通勤人口，該城市每日就有 190 萬人次搭乘公車運輸系統，明顯減少塞車與空氣污染狀況。就大眾運輸搭乘旅次與該城市人口相比，兩者數值相當。依據相關研究，指出大眾運輸越發達的城市，能耗效率較高。

2. 水資源系統

水資源方面，庫里奇巴並沒有嚴重的水源供應問題，反而是水災問題在過往相當嚴重。以往遇到水患問題，該市多以建設防洪設施來因應；但因為成本高昂，故後來該市結合土地使用計畫，將河岸大量規劃為河濱公園，並設置相當多的滯洪池，做為洪水的緩衝地區，因而有效遏止水災的再度發生（何友鋒等，2009）。

3. 能源供應系統

在能源方面，主要表現在資源的回收與再利用上。透過綠色交換計畫 (Green Exchange Program)，庫里奇巴鼓勵資源交換，也連帶減少垃圾的產生。在此一計畫下，垃圾做為資源回收的比例達到七成以上，而每日回收的紙張相當於減少 1,200 棵樹的砍伐；此外，退役的公車也改為巡迴的學校或公共辦公室。同時，透過資源回收與交換的過程，更釋出相當多的工作機會，也因此奠定了堅實的社會福利基礎（何友鋒等，2009）。

4. 生態綠地系統

在生態綠地的建置上，庫里奇巴因為 28 處公園與綠網的連接，被認為是巴西的生態首府。該市在 1970 年代的人均綠地僅為個位數，但因致力於綠地的開闢與保存，目前其人均綠地據稱可以達到 54 平方公尺／人。沿著都市主要道路的植樹數目已達 150 萬棵，加上該市規定若建築物開闢綠地空間，將可減免稅款，也讓市中心公園林立。針對都市廢棄的棕地，諸如廢棄採石場或垃圾場，則開闢為植物園或公園，使土地得以做為民眾環境永續利用的教育典範。2007 年，庫里奇巴榮獲全球十五大綠色城市的第三名。高達 99% 的市民對於其居住環境感到滿意（何友鋒等，2009）。

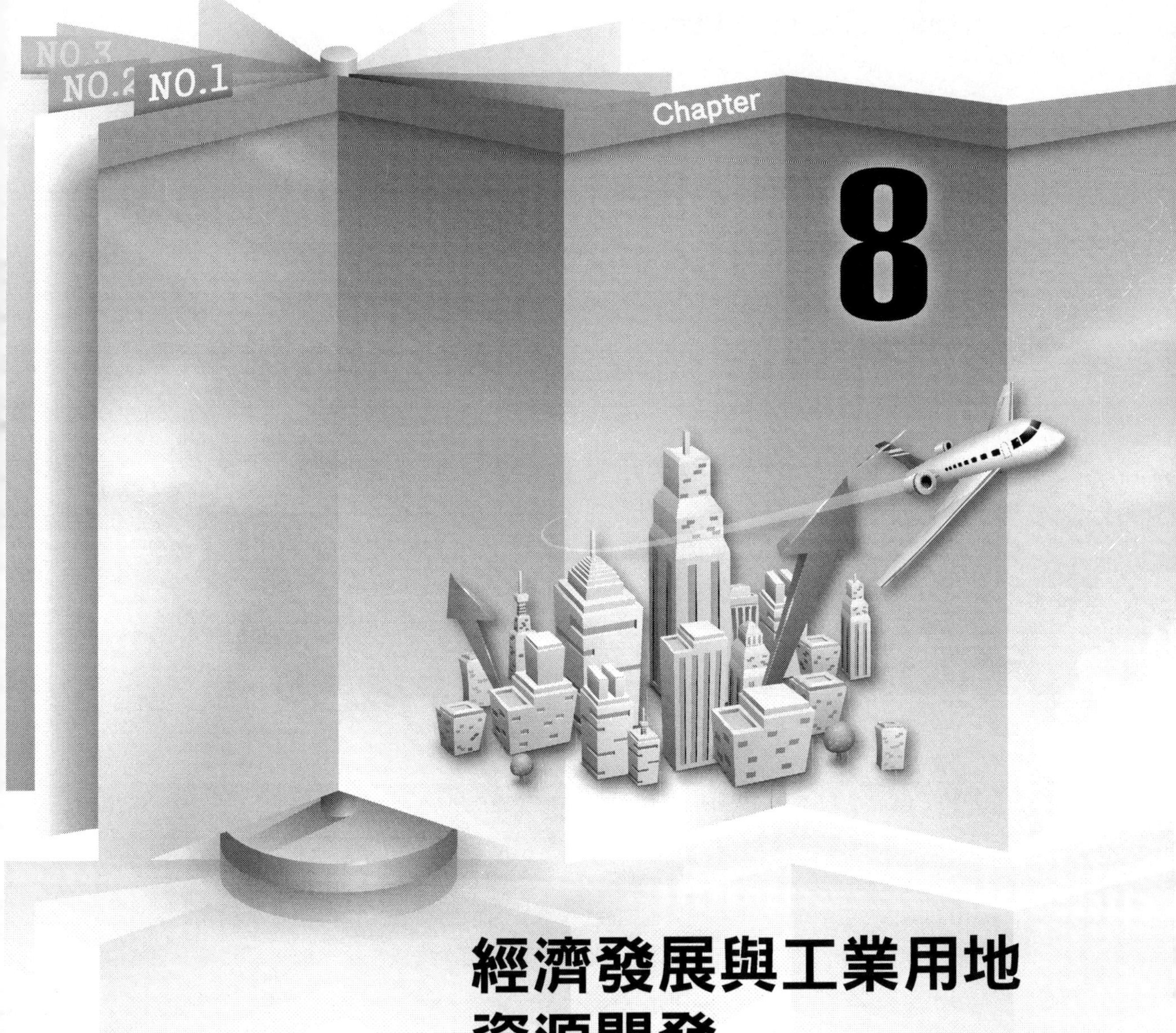

經濟發展與工業用地資源開發

都市多有製造業，其土地利用也和其他活動一樣，有劃然成區的趨勢，但又比其他活動的分布更加複雜。這是因為製造業種類繁多，每一種的區位因素組合都不同，例如：石油工業所需要的易達性和成衣工業所需要的就不同。都市發展的歷史也會影響工業的分布，古老城市的工業多設在中心區附近，而新城市則大都分布於市郊。工業聚集在一起會產生外部經濟 (external economies)，因此同類或相關工業都利於互相接近。不過，也有互相排斥的，如：食品工廠必須與會產生臭味的工業隔離，以免污染。此外，許多其他因素也會影響市區工業的分布，惟影響程度因工業性質而異（陳伯中，1983：257）。

經濟發展，意指產業結構的正向轉變，以及各種產業的產量增大，具體表現在工業產值或就業人口比重加大。但這往往也代表農業產值或農業人口所占比重漸減，而工、商服務業產值或人口所占比重漸增。因此，工業往往被視為推動經濟發展之主要動力。本章將探討工業用地究應如何選擇區位，以進行資源開發。

第一節　都市工業的起源

一、工業興起於都市之原因

工業興起於都市的原因主要有以下幾點（陳伯中，1983：257-258）：

1. **市場廣大**：都市人口眾多，不但是大量產品的銷售場所，也可使奇巧精密的特製品不愁銷售；且大都市龐大的人口儲備了更多的顧客來源，使市場更加繁盛，而都市居民平均所得較高，購買力也較強。
2. **運輸便利**：有顧客才有需求，有需求才能生產。都市的可及性與易達性較高，可招來眾多的顧客。若有港埠與外地或國外連繫，更易於發展工業。
3. **勞力充足**：大都市中容易於覓得技術性與非技術性的工人。技術工人之所以集中於都市，主要是因為就業容易，且提供在職訓練。教育文化機構與學校眾多，人才濟濟，較易物色到適合的職員和經理人。
4. **外部經濟較大（聚集經濟大）**：許多較小的工廠需要專業的交通運輸、水電等機構，以及銀行、保險、廣告公司等商業服務，而大城市百業鼎盛，各式服務業齊全。又現代科技日新月異，市場產品樣式瞬息萬變，製造業在大都市較易接觸到新知識和新樣式；加上相關工廠互相鄰接，使製造過程密切配合，易於發揮聚集經濟。
5. **其他**：如募集資本容易、市場資訊較為充分等。

二、都市工業的類型

都市工業的類型主要有以下幾種：

1. **普遍存在（隨地）工業 (ubiquitous industries)**：如傾向集中於中心區，但市場較廣的麵包、糕餅業。
2. **中心區位的通訊經濟工業 (centrally located communication economy industries)**：如需要面對面交易的律師、廣告代理。
3. **需要地方原料和市場的工業 (local market industries with local raw materials)**：如冰淇淋。
4. **非當地市場但具有高價值產品的工業 (non-local market industries with high-value products)**：如電腦配備製造。
5. **非中心區位的通訊經濟工業 (non-centrally located communication economy industries)**：如高價產品、市場大的電子工業、航太工業。
6. **位於河岸的非當地市場工業 (non-local market on waterfront industries)**：如煉油廠、造船廠等重工業，相當依賴水運。
7. **全國性市場導向的工業 (industries oriented toward national market)**：如鋼鐵工業、汽車裝配業。

三、市郊工業興起之原因

世界貿易擴張、需求大增、大規模工業興起、都市房價上漲，以及運輸不再便利等因素的結合，迫使若干種類的工廠必須由都市移往市郊，以便大量生產，也使新工業區的形式產生轉變，工廠規模隨之擴大（陳伯中，1983：263）。市郊工業興起之原因可分為都市推力與郊區拉力兩方面，分述如下。

（一）都市推力

1. 工業規模擴大，需要較大的廠房與土地安裝機器、儲存原料與成品，甚或興建員工宿舍與停車場。
2. 既有都市運輸系統惡化，街道車輛擁擠，車輛貨物進出困難，需要改進運輸條件。
3. 原有工廠作業環境較差，需要予以改進。
4. 工業公害漸趨嚴重，需要集中處理。
5. 都市地價趨於昂貴，土地成本負擔加重，需要另覓價廉之地。

（二）郊區拉力

1. 郊區運輸條件改善，如：工業用地近高速公路交流道、道路寬廣方便貨櫃進出。
2. 郊區地價便宜可供應價廉、大面積廠房。
3. 人口外移郊區，經管人才遷住郊區。
4. 機場多位於郊區，方便產品銷往國外。
5. 郊區新式廠房多注意污染防治，較可維護環境。

第二節　工業區位之選擇

一、韋伯的工業區位論

在傳統的區位理論 (location theory) 中，最基本的概念是假設有一個原料產地、一個市場，以及隨距離而按比例增加的運輸成本。此時，將工廠設在原料產地或市場，或是運輸路線上任何一點，總運輸成本都是一樣的。若將工廠設在轉運點上，運輸成本要比其他地點要低。假設運費費率隨距離而遞減，工廠區位設在原料產地或是市場，其運輸成本都比將工廠設在運輸上任何一點便宜，而設在轉運點上仍舊比設在其他地方便宜 (Robinson, 1981)。

韋伯 (Webber, 1909/1928) 提出工業區位理論的時代，是德國在產業革命之後。當時，近代工業有了較快速的發展，並伴隨著大規模人口在地域間移動，尤其是產業與人口向大城市集中的現象極為顯著。在此種背景下，韋伯從經濟區位的角度，探索資本、人口向大城市移動（大城市產業與人口集聚現象）背後的空間機制。他從經濟活動的生產、流通與消費三大基本環節中，挑選了工業生產活動做為研究標的。透過探索工業生產活動的區位原理，韋伯解釋了人口在地域間大規模移動，以及人口與產業往城市集聚的原因（吳珮甄，2005：22-25）。

韋伯的工業區位理論 (industrial location theory) 係以生產地點的成本做為決定工業區位之基準，在分析時僅考慮與區位選擇最密切相關之運輸成本、勞動成本和聚集利益。廠商所需運輸的物品有投入的原料與產出的產品，並衡量原料重量與產品重量對運輸成本的影響，以運輸成本的最低點決定工廠區位。但運輸成本之最低點會因勞動成本的影響而偏位，尤其當勞動成本較運輸成本高時，因此為減少勞動成本，工廠區位應離開運輸成本之最低點，而偏向勞動成本較低的地方。此外，將不同種類之產業集合於某一地區，各工廠因為能夠共同分享公共設備、輸入原料、交換資訊，並享有其他便利，因而產生聚集利益（施鴻志、周士雄，1996）。

韋伯的工業區位理論有兩個重要的概念：其一是區位因數，其二是原料指數。所謂的「區位因數」，是指經濟活動在某特定地點進行時所得到的利益，這種利益即是費用的節省。亦即在特定區位進行特定產品生產時，可比在其他場所生產花費較少的成本。區位因數又可分為「一般因數」和「特殊因數」。一般因數與所有工業有關，包括：運費、勞動力、地租等；而特殊因數則與特定工業有關，例如：氣溫或濕度等。使工業企業向特定地點布局的區位因數，稱為區域性因數。舉例來說，工業受運費的影響，而向某一特定地點集中，那麼運費即是區位因數中的區域性因數。

工業區位理論係建立在以下三個基本假定條件上：(1) 已知原料供給地的地理分布固定；(2) 已知產品的消費地與規模固定。由於市場是由很多分散的地點所組成，在完全競爭的情況下，每一生產者均擁有很多的市場，故無法由區位的選擇與改變而獲得獨占利益；(3) 勞動力存在於多數已知地點，不能移動，且各地勞動成本是固定的，在這種勞動花費水平下，可以得到勞動力的無限供應。此外，韋伯亦提出公共制度上的因素，如：利率、保險和課稅等影響為已知，而文化與政治、經濟體系都保持固定不變（李朝賢，1993：244）。

該理論對近代工業布局的影響主要在於區位決定生產地點的分析與應用。韋伯主張把生產場所移至運費最小、勞動力費用最少、生產地區最集中的地點，以求達到最大的利潤。由於工業區位理論特別針對運費、工資與集聚因素做了深入分析，也為西方學界的區位理論研究奠定了基礎。

韋伯從簡單的假設開始，抽象的分析工業生產分配過程，並推導出以純區位規則的演繹方法來研究工業區位問題。韋伯最重要的貢獻便是提出「區位因數」的概念，其將區位因數視為決定工業空間分布於特定地點的因素，並依此提出決定工業區位的最小成本原理。在上述三個基本假定條件下，可分為以下導向。

(一) 原料導向與市場導向

在韋伯的工業區位理論中，若不考慮運費以外的一般區位因數，即假定不存在運費以外的成本區域差異，則影響工業區位的因數只有運費，此即韋伯工業區位理論中的運費導向論。韋伯認為廠商在考慮工業區位時，應最先考慮運輸成本（運輸成本是運輸物品重量和距離的函數），並由運輸成本導向形成地理空間中的基本工業區位格局。韋伯指出原料可分為遍在性（任何地方都存在的原料，例如：普通砂石等）與地方性原料（只有特定場所才存在的原料，例如：鐵礦石、煤炭、石油等），而地方性原料便是制約工業區位的最重要因素。從原料與產品重量的對比關係上，亦可將原料畫分為純原料與損重原料[1]，提出原料指數的概念，並就原料指數在大於、小於或等於 1 時，指出工

[1] 純原料是指在工業產品中，包含地方性原料的所有重量；而損重原料則為其部分重量，被容納到最終產品中。

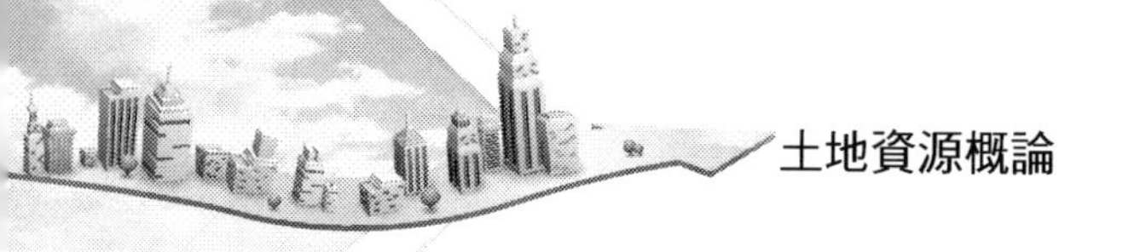

業區位的各種不同模式。假設 W0R0 為產品理想重量 (ideal weight of output)，WiRi 為原料理想重量 (ideal weight of input)，則原料指數公式可表示為：

原料指數＝局部性原料重量／成品重量＝W0R0/WiRi

假設區位因數中的運輸成本為已知，其他條件不變，TTCq 為離原料地 q 的設廠總運費，Kmk 為自生產地運送產品至消費地之運費（產品運費，即配銷成本），Km 為自原料地運送原料至工廠之運費（原料運費，即集貨成本），則 TTC 為配銷成本與集貨成本之總和，運費為重量、運費率與距離間距之乘積，而 D、q、Km、Kmk 三者之關係如圖 8-2-1 所示，利用公式表示如下：

TTCq＝Kmk＋Km

Kmk＝W0・R0・(D－q)

Km＝Wi・Ri・(q)

其中，R0 為每哩每單位產出重量之運費率。

Wi 為生產單位產品所需之原料重量。

Ri 為每哩每單位原料重量之運費率。

D 為原料地與市場地之間距。

q 為原料地至工廠之間距。

W0 為單位產品重量。

若原料指數小於 1，則為「失重過程」(weight-losing processes) 之生產方式。如圖 8-2-2 的左圖，設廠地點愈接近原料地，總運費成本愈低，則廠地應坐落於近原料區，以便將原料精煉為成品，此生產方式近於「原料導向」，如：鋸木廠。若原料指數大於 1，為「加重過程」(weight-gaining processes) 之生產方式。如圖 8-2-2 的中圖，設廠地

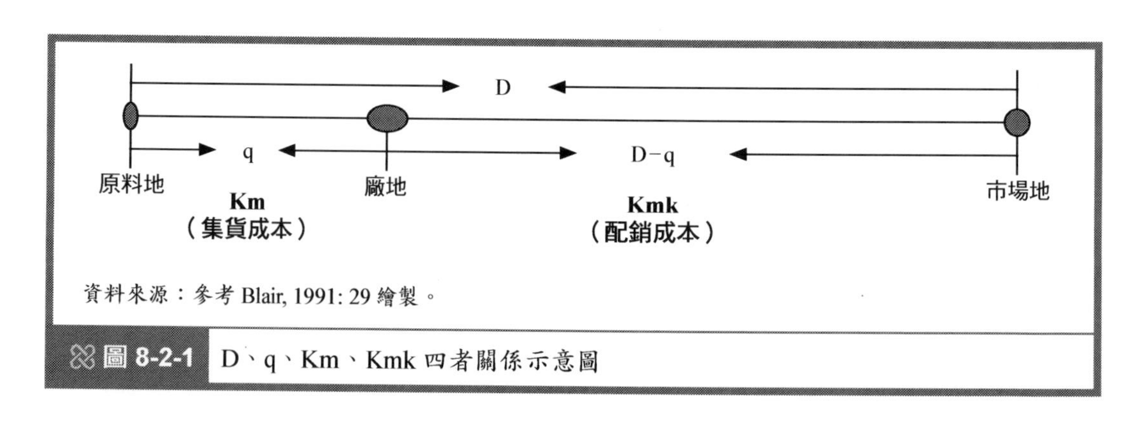

資料來源：參考 Blair, 1991: 29 繪製。

圖 8-2-1 D、q、Km、Kmk 四者關係示意圖

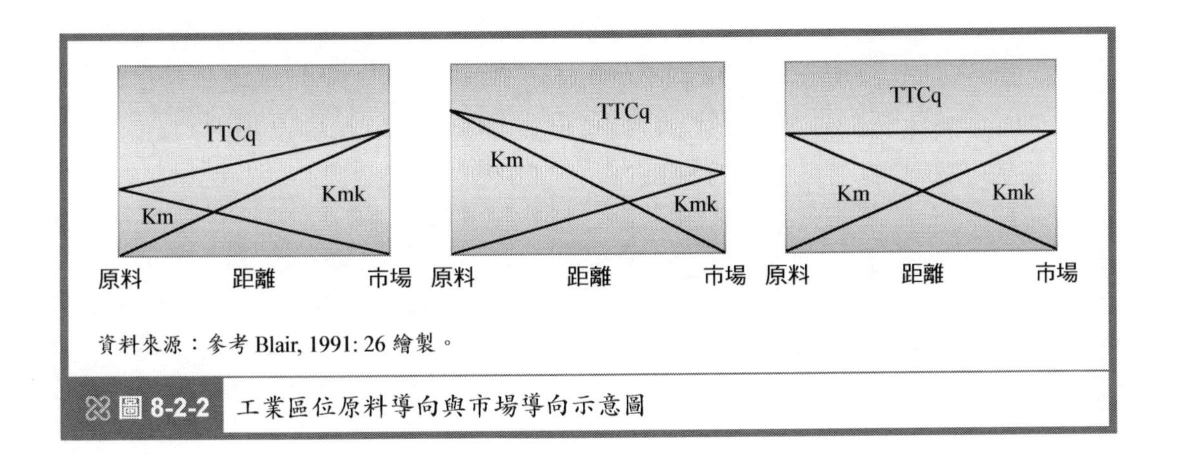

資料來源：參考 Blair, 1991: 26 繪製。

圖 8-2-2　工業區位原料導向與市場導向示意圖

點愈接近市場地，總運費成本愈低，則廠地應坐落於近市場的地區，此係因製品易碎、易腐之故，生產方式近於「市場導向」，如：汽水廠、啤酒廠。若原料指數等於 1，如圖 8-2-2 的右圖，不論設廠地點在何處，總運費成本皆同，則生產廠址可設於近原料區、近市場區或其間任一地點。

（二）勞力市場導向

韋伯的工業區位理論將勞力工資做為考察的要素之一，旨在瞭解勞力工資對由運費所決定之基本工業區位格局的影響，即找出運費與勞力工資合計為最小時的區位，此即韋伯工業區位理論中的勞力市場導向論。勞力市場導向論可使以運費導向所決定的基本工業區位格局發生第一次偏移。

在對勞力工資的分析上，當節省的勞力工資大於增加的運費時，則工業區位會由運費導向轉為勞力市場導向。在低廉勞力工資的地點布局，其所帶來的勞力工資節約額，比起由最小運費點移動所產生的運費增加額大時，勞力市場導向就占主導地位。換言之，設置生產工廠之最佳地點，應為勞力工資與運費總和最低之處。

如圖 8-2-3 所示，假設 LW 為勞力工資，TTC 為總運費，Km 為集貨成本，Kmk 為配銷成本，則 T 為總資費，即勞力工資與運費之總和，公式為：

$$T = LW + TTC$$

此時，B 至 C 之處才有適當的勞力，LW 相對較低，則 T 亦相對較低。總體而言，C 處之總資費 T 最低，因此應將工廠設置於 C 處。

（三）聚集利益（或區位優勢）

聚集指廠商擴充原有的生產設備，或合併二個或更多工廠以增加產量。此外，競爭

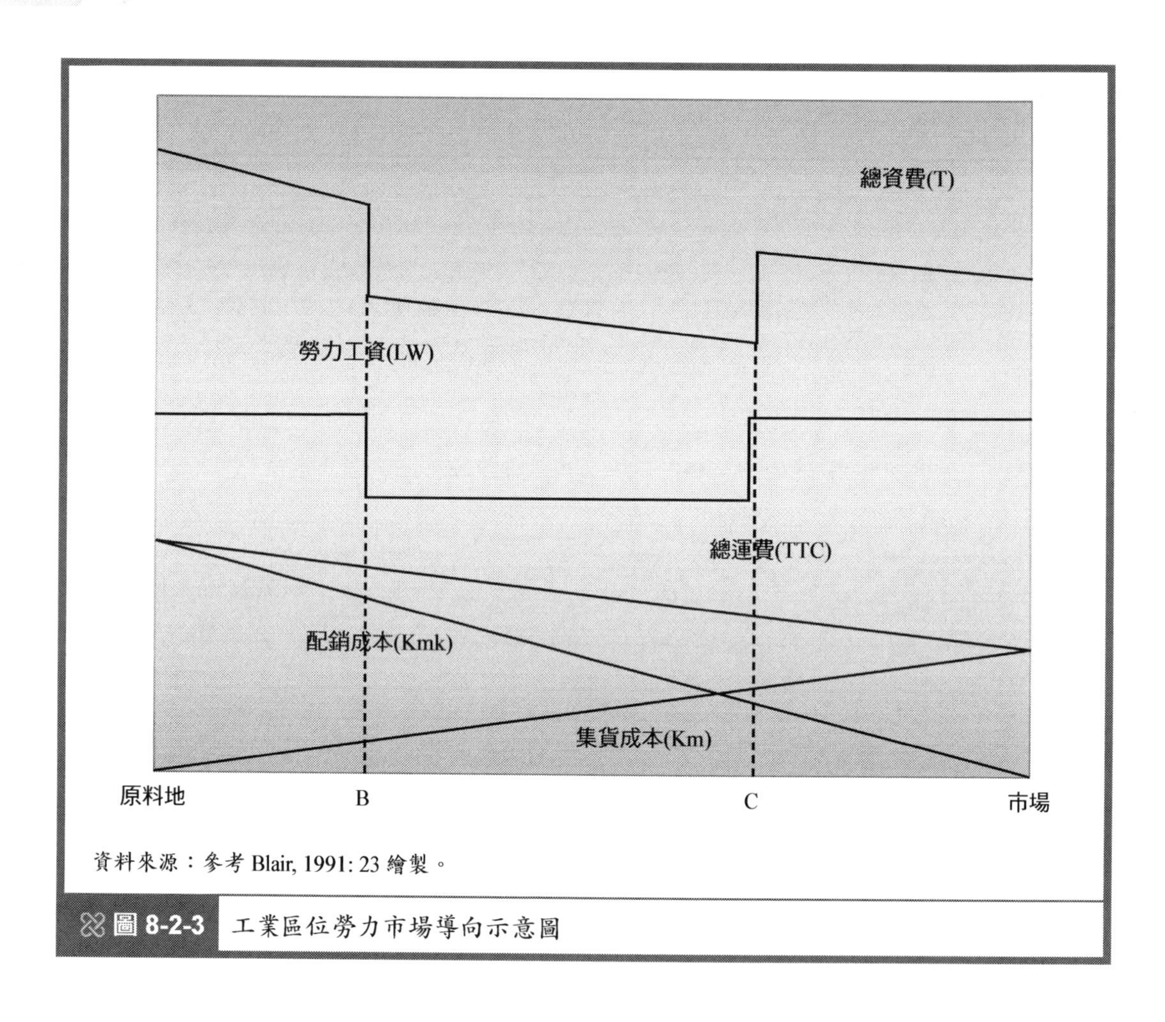

資料來源：參考 Blair, 1991: 23 繪製。

圖 8-2-3 工業區位勞力市場導向示意圖

性企業或非競爭性企業移至相同之生產地，也是一種聚集。產業聚集可以使廠商得到大規模生產的經濟利益，並使同業或非同業得以分享設備及商業之便，降低生產成本。在考慮聚集時，原料產地、行銷市場及生產要素的比較利益等均為決定性因素。在選擇區位時，若運輸與勞動兩因素均不重要，則聚集因素即是主要的決定因素（李朝賢，1993：245）。

韋伯的工業區位理論將聚集與分散因數做為考察項目，旨在瞭解集聚與分散因數對由運費導向與勞力工資導向所決定之工業區位格局的影響，此即為工業區位理論中的聚集利益導向論。聚集利益導向可以使運費導向與勞力工資導向所決定的基本工業區位格局，再次偏移。

韋伯指出，當聚集所帶來的成本節約額比運費或勞力工資導向所帶來的生產費用節約額大時，便會吸引廠商聚集。一般而言，發生聚集利益導向的區域大多數是工廠互相臨近者。

基本上，聚集經濟的利益來自工廠外部環境的改善。當許多相同性質的工廠聚集在一個地區時，即成為某種工業的專業區，並因產生專業化經濟而具有以下的利益：

1. **僱工容易**：因專業區內的各工廠對勞工的品質和技術要求相同。
2. **使用機器相同**：可獲得的利益為：(1) 技術服務便利；(2) 剛創業的工廠易於購買廉價的二手機器；(3) 產品相同，若有機器故障或生產力不足，可以商請鄰家工廠代工而減少損失。
3. **共同購買原料**：享受大宗採購的利益（折扣）。
4. **可以得到產品銷售量和市場範圍擴大的利益**：因工廠聚集一地，則產品多、名氣響、選擇機會大，容易吸引顧客。
5. **其他**：如利息較低、地租較低、稅負較輕、公害較小等優勢，而資訊流通快速、價廉的公共與服務設施亦是利益之一。

二、工業廠地選擇之區位因素

勞斯頓 (E. M. Rawston) 在其 1958 年關於工業區問題之研究中指出，工業區位的選擇受到三個因素之限制，成為影響或限制工業區位因素的最早文獻，亦即「工業區位三原則」，包括：實質的限制、經濟的限制，以及技術的限制。後來影響工業區位因素的相關研究愈來愈多，除上述三種因素外，尚有政治社會及其他因素。綜合影響工業區位的因素，主要有下列四項（李朝賢，1993：245-258）：

（一）政治社會因素

1. **工業發展政策及法令**：如賦稅減免、低利貸款、政府態度。此為決定工業區位之基本因素。隨著國家工業發展之需求，以及經濟、政治、社會環境之變遷，工業發展政策及法令即應配合修正。
2. **勞動之供應**：此為工業區設置大都近於市鎮集居區之原因，皆須考慮集居地區之勞動通勤時間，以及所能提供的勞動力數量與種類，且工廠應有便捷的交通服務設施或給予勞工適度的交通補助。
3. **員工生活需求**：隨著勞工意識抬頭及人民對生活品質的要求，廠商應注重員工在休閒與工作上的平衡。為配合員工的生活需求，工業區之設置不宜過分遠離都市集居區，並能提供生活休閒設施及福利。
4. **地方財政稅收**：工業區之開發可增加地方政府之財政稅收。通常政府在決定工業區位時，就以配合地方建設、增加地方財政稅收為考慮因素。
5. **都市發展之均衡與安全**：為促進都市之均衡發展與城鄉之繁榮進步，工業區之設置不宜過分集中。此外，為增進社區之安全，有害性之工業應遠離社區，並建立完善的污染防治設施；而對社區生活無甚妨礙之小型工業則可設立於社區範圍內，以增加就業方便。

（二）經濟因素

1. **原料供應**：在工業生產過程中，原料取得是首要條件。原料取得之難易及其支付成本的高低，對工廠之經營利潤密切相關。
2. **市場情況**：依工業產品之經銷市場，可區分為基礎工業及地方服務工業兩種。前者的產銷市場遍及國內外，應設在對外交通便利之市鎮或港口地區；後者之服務對象則限於當地及鄰近地區，自應以接近當地市場為宜，以節省產品之運輸費用及產銷服務費用。
3. **運輸條件**：輕便工業原料或量少質輕者，可由汽車運輸，但需有道路設施來配合。原科及產品體積大而笨重者，自應以鐵路或水路、航運較經濟，是故此種工廠應臨接鐵路或河港碼頭，以增進貨物裝卸之便利，減少運輸費用。
4. **技術環境**：若工廠附近有良好的專業技術員工，或有技術諮詢機構等技術環境的配合，則較合乎工業經濟之要求，否則不僅影響工廠營運與技術之提升，更將增加工業成本。
5. **土地取得與地價**：土地的取得為設廠之先決條件。一般工廠所需面積較廣，因此，投資者對土地取得不易且地價昂貴的地區多裹足不前，相較之下，地價低廉的地區在工業發展上提供較為有利的條件。

（三）自然環境因素

1. **氣候**：如溫度、濕度等氣候條件視工廠性質而定，氣候狀況亦會影響從業員工之工作效率。因此，工廠的設立應考慮氣候環境之適當與否。
2. **地形**：平坦的地形可直接供廠房及設備建築使用，符合經濟原則。反之，地形不良、排水條件不佳者，整地等處理費用及排水設施之鋪設費用相對提高，增加成本支出。
3. **地質**：地質結構也是工業區位設置時所需考慮的因素之一。一般工廠廠房及設備之重量較大者，廠區之地質以堅實者為佳。

（四）實質設施因素

1. **用水**：工業用水的供應為工廠設置的重要考慮因素，若干用水量較大之工廠，如：鋼鐵廠、造紙廠等，更需配合水源位置或設立於水源附近地區。政府在規劃設計工業區之初，即應有完善之水源開發或工業用水引進計畫，以供廠商使用。

2. **動力能源**：工業動力大多以電力為主，一般工廠之設置地區需有工業生產動力之設備，以保證工廠能持續不斷的生產。因此，若無適當動力，應計畫加以擴充或增設。
3. **土地供應**：工業用地所需面積除供目前工廠計畫使用外，尚應考慮未來擴充之需要性。是故，工業區之土地面積應力求寬廣，以免影響未來之工業發展。此外，工廠環境與員工工作環境的維持與改善也是重要的環節，工廠內外更需要有大量的綠地空間。因此，除了廠房建築用地之外，也應考慮綠地空間的分配比例。
4. **排水及污水防治**：工業開發後，由於土地使用之改變及工廠排放污水，因此必須建置排水設施與污水處理系統，否則將引起水污染及其他公害問題。
5. **其他當地公共設施**：如瓦斯、醫療、衛生、防災、金融、郵電、學校、市場、遊憩等項目。

以上影響工業區位之因素主要是從生產者之觀點來看。今日在考慮工業區位時，尚需配合整體都市發展計畫，以及生態環境保護與公害防治等相關問題，如此才是更完美的區位配置。

三、全球性的工業區位重組

在許多開發中國家，均可見到如通用、菲利浦、IBM 等大型跨國企業的蹤跡。在跨國企業全球性的連結下，工業生產組織運作轉變，進而導致工業區位的空間重組，並表現在跨國企業對於生產、管理、研發等部門的配置上，如：企業研發部門應設在母國或其他工業國家的主要都會區，因為這些地區擁有較佳的教育與科技水準，利於獲得研發人才。又如管理部門，包括企業總部與海外的管理部門，多位於各個國家的次要大都市，因其擁有較佳的資訊建設，利於管理任務的執行。而生產部門則應位於適合的開發中國家或地區，且由於多數工廠僅生產產品的部分零件，因此多選在擁有較便宜的勞工、較寬鬆的法令限制，以及便宜而龐大的工業區之地區。

另外，高科技工業首重研發人才與專業技術性勞工，而這些都與教育密切相關。因此，高科技工業區位與傳統工業區位最大的不同點，在於高科技工業區以大學和技術院校附近的區位為優先選項，如：美國加州的矽谷工業區鄰近史丹福大學，而波士頓的 128 號公路兩側的工業區則是鄰近麻省理工學院，臺灣新竹科學園區亦與清華和交通大學為鄰。高科技工業的生產鏈型態與傳統工業亦有差異，高科技工業的產品特色為研究與生產不斷進行，新產品也不斷的在全球性的生產鏈中流動。

因此，現今全球化的生產模式，係由核心工業國家（如：美國）負責提供技術（授

權），而新興工業國家負責生產商品，但核心工業國家仍為產品的最大消費市場，這樣的產品生產關係可視為一種新國際分工形式。但新興工業國家的工業生產因無法掌握上游技術，又無法控制下游市場，所獲得的僅為代工的利潤，故許多學者認為全球化的工業發展可以說是一種新的殖民式經濟。

第三節 中小企業用地之取得政策

一、中小企業之認定

依據《中小企業發展條例》第 2 條規定，中小企業係指依法辦理公司或商業登記，合於中小企業認定標準之事業。又按照《中小企業認定標準》第 2 條規定，中小企業指依法辦理公司登記或商業登記，並合於下列基準之事業：

1. 製造業、營造業、礦業及土石採取業實收資本額在新臺幣 8,000 萬元以下者。
2. 除前款規定外之其他行業前一年營業額在新臺幣 1 億元以下者。
3. 各機關基於輔導業務之性質，就該特定業務事項，得以下列經常僱用員工數為中小企業認定基準，不受前項規定之限制：
   - 製造業、營造業、礦業及土石採取業經常僱用員工數未滿二百人者。
   - 除前款規定外之其他行業經常僱用員工數未滿一百人者。

二、中小企業的土地需求特性

1. 價格負擔能力薄弱

中小企業多屬獨資或合夥家族企業型態，勞動人力來自家族成員，自有資金較為薄弱，常選擇居住地或利用鄰近農業用地搭蓋廠房。

2. 區位選擇較無彈性

中小企業多以從事代工、加工生產活動為主，銷售往來亦是特定對象，不但同業往來密切，更與大企業、大財團之間形成一個極為綿密的產銷協力網路，其設廠區位選擇受到相當大的地緣限制，故在土地區位的選擇上較無彈性。

3. 產業需求差異大

因產業間的差異極大，不同產業廠商對廠房的需求不同，但政府編定開發工業區的預售廠房大多形式統一，無法同時符合不同類型中小企業之需求，致租購狀況普遍不佳。

4. 需求具動態性

由於中小企業的產銷受國際市場的影響極大，故生產能量亦必須隨著景氣波動而彈性調整，致中小企業用地需求處於不斷變動的狀態。

5. 違規使用嚴重

《都市計畫法》及施行細則授權訂定之省市土地使用分區管制規則，未能及時配合產業發展需要，致使工業、商業、倉儲業等用地無法適時檢討調整，從而廠商的違規使用情況叢生，尤其農業用地非法移做他用之情形頗為嚴重。此亦導致違規使用業者始終無法取得工廠許可及商業登記許可，或屢遭環保抗爭。

三、中小企業用地之取得方式

1. 租（購）都市計畫工業區土地

都市計畫工業區之設置乃依據《都市計畫法》第 32 條規定：「都市計畫得劃定住宅、商業、工業等使用區。」同法第 36 條規定：「工業區為促進工業發展而劃定，其土地及建築物，以供工業使用為主，具有危險性及公害之工廠，應特別指定工業區建築之。」

2. 租購非都市土地之丁種建築用地

非都市土地編定依據《區域計畫法》規定，以使用現況為準，編定其使用，再透過所謂的「各種使用地容許使用項目表」及「使用分區內各種使用地變更編定原則表」，以查核表的方式對土地使用加以管制。其中，編定為丁種建築用地的土地可供做工業設廠之用，興辦工業人可逕向土地所有權人租購土地及設廠。

3. 原有工廠租（購）毗鄰非都市土地申請變更編定為丁種建築用地

依據《非都市土地使用管制規則》第 31 條規定，丁種建築用地或都市計畫工業區土地有設置污染防治設備、增闢必要之通路、經濟部認定之低污染事業有擴展工業需要者、擴大企業營運總部等情形之一，而原使用地或都市計畫工業區內土地確已不敷使用，經依《促進產業升級條例》第 53 條規定，取得工業主管機關核定發給之工業用地證明書者，或依同條例第 70 條之 2 第 5 項規定，取得經濟部核定發給之證明文件者，得在其需用面積限度內，以其毗鄰非都市土地申請變更編定為丁種建築用地。同法第 32 條規定，工業區以外位於依法核准設廠用地範圍內，為丁種建築用地所包圍或夾雜土地，經工業主管機關審查認定得合併供工業使用者，得申請變更編定為丁種建築用地。同法第 33 條規定，工業區以外為原編定公告之丁種建築用地所包圍或夾雜土地，其面積未達 2 公頃，經工業主管機關審查認定適宜做低污染、附加產值高之投資事業

者，得申請變更編定為丁種建築用地。

4. 租用（或設定地上權）經濟部所屬國營事業土地

依據《經濟部所屬國營事業提供土地出租及設定地上權辦法》（已於民國 90 年 4 月廢止）規定，興辦工業人擬興辦該辦法第 4 條所列用途之事業，可擬具事業計畫書等書件，先向中央目的事業主管機關申請審核，經核准後，申請人持憑經濟部證明文件，再向土地所屬之國營事業租用土地或設定地上權。

5. 租（購）政府已開發之工業區土地或標準廠房

依據《促進產業升級條例》第 32 條及《工業區土地標準廠房或各種建築物租售辦法》規定，興辦工業人可於工業區土地或標準廠房公告出（租）售時逕向開發單位申請（租）購，經工業局審查核准後，辦理（租）購設廠手續。

6. 租（購）民營企業已開發之工業區土地

興辦工業人可逕向民營企業開發單位洽商（租）購所開發之工業區土地，以及辦理設廠手續。

7. 租（購）已編定未開發之工業區

依據《促進產業升級條例》第 41 條規定，已依《獎勵投資條例》編定之工業用地、開發之工業區及投資開發工業區之公民營事業、土地所有權人，或依《促進產業升級條例》編定、開發工業區，其土地之租售、使用、管理可適用《促進產業升級條例》。

8. 興辦工業人自行申請報編工業區

依據《促進產業升級條例》第 23 條規定，為促進產業升級，中央工業主管機關得依產業發展需要，並配合各地區社會、經濟及實際情形，會商綜合開發計畫及區域計畫主管機關，研訂工業區設置方針，報請行政院核定。工業主管機關、投資開發工業區之公民營事業、土地所有權人及興辦工業人，得依工業區設置方針勘選一定地區內之土地，擬具可行性規劃報告及依環境影響評估法應提送之書件，層送中央工業主管機關轉請中央區域計畫或都市計畫主管機關及中央環境保護主管機關同意，並經經濟部核定編定為工業區，交當地直轄市或縣（市）政府於一定期間公告；逾期未公告者，得由中央工業主管機關逕為公告。

根據此法授權，經濟部訂定「工業區設置方針」，其中第三點基本方針規定工業區之設置條件與區位如下：

- 工業區之設置應與各地區之建設相結合。

- 過密發展區域應配合產業結構改變，更新既有工業區。
- 發展緩慢地區宜配合地區之特性開發工業區，以引進工業，繁榮地方經濟。
- 工業區設置應與人口及產業分布相互配合：
  - 以供技術密集型工業使用為主之工業區，宜設於鄰近大都市之地區。
  - 以供勞力密集型工業使用為主之工業區，宜設於勞力充沛之地區。
  - 以供地方資源型工業使用為主之工業區，宜設於資源豐富之地區。
  - 以供用水量大之工業使用為主之工業區，宜設於水資源豐富之地區。
  - 以供重化工業使用為主之工業區，宜設於臨海地區。
- 為因應產業升級發展需要，應酌設科技工業區；其建設除硬體設施外，應提供必要之軟體服務設施。
- 工業區之開發應考量環境特性及其涵容能力並兼顧環境保護目標，對於易發生公害之工業宜指定於適當工業區內設置。
- 工業區之劃設宜兼顧農地保護政策，避免使用特定農業區土地，並儘量減少對農漁業生產之影響。

然而，立法院已於民國 99 年 4 月 16 日通過「促進產業升級條例廢止案」，由《產業創新條例》銜接實施，此後關於產業園區用地變更使用規範相關辦法須依據《產業創新條例》第 33 條規定，中央主管機關、直轄市、縣（市）主管機關、公民營事業或興辦產業人，得勘選面積達一定規模之土地，擬具可行性規劃報告，並依《都市計畫法》或《區域計畫法》、《環境影響評估法》及其他相關法規提具書件，經各該法規主管機關核准後，由中央主管機關核定產業園區之設置。

第四節　臺灣工業用地之供給概況

臺灣地區工業用地供給體系有兩種：土地使用規劃體系及工業區開發體系（參見圖 8-4-1 之整理）。前者係以《區域計畫法》為依據，將土地分為都市土地與非都市土地。都市土地乃透過土地使用分區管制手段劃設工業區，供都市發展工業之需。非都市土地使用編定則依據《非都市土地使用管制規則》，針對都市計畫範圍外的土地以使用現況為準編定其使用。都市計畫工業區與非都市地區所編定的丁種建築用地可以供做工業設廠之用，構成臺灣地區土地使用規劃體系的兩個工業用地供給管道。

第二種工業用地供給體系即是工業區開發體系，乃是依據《獎勵投資條例》或《促進產業升級條例》編定之土地，由經濟部工業局、投資開發工業區之公民營事業、興辦工業人及土地所有權人勘選一定地區內之土地，依法定程序報請行政院經濟部核定後，

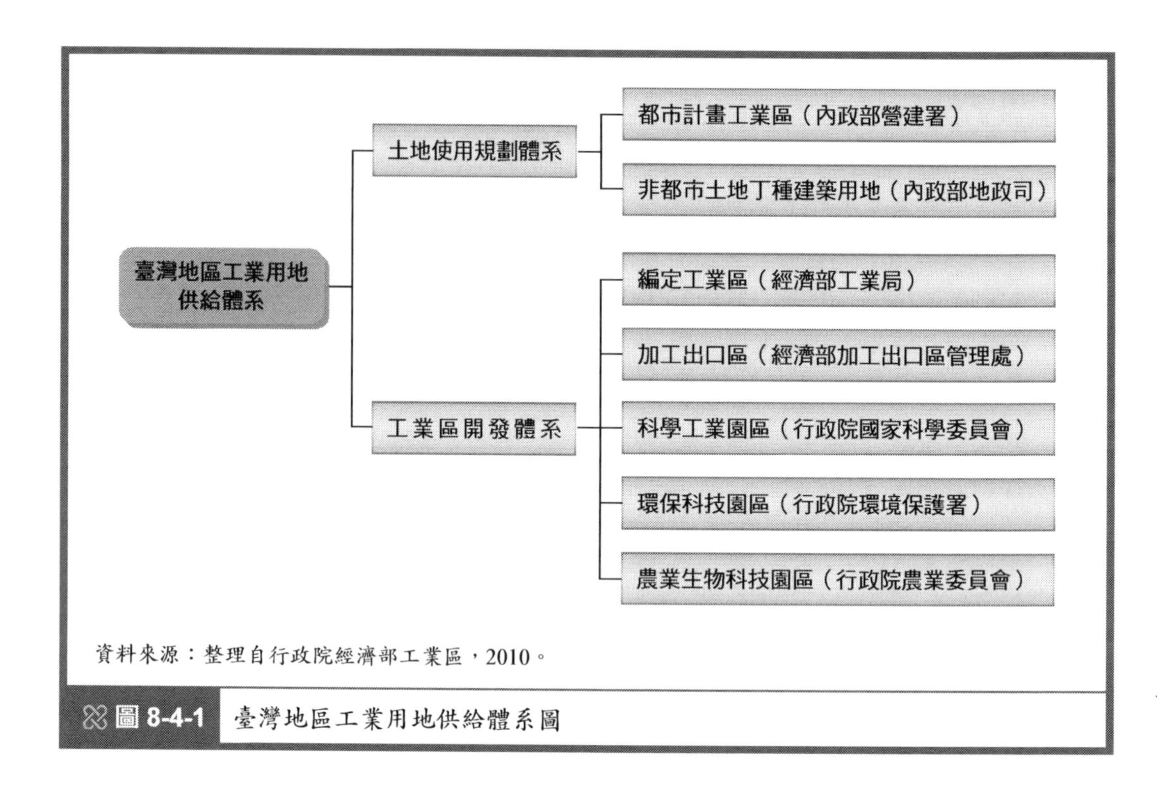

資料來源：整理自行政院經濟部工業區，2010。

圖 8-4-1 臺灣地區工業用地供給體系圖

編定為工業區，成為臺灣地區工業區用地供給的重要來源。

工業區開發體系尚包括加工出口區、科學園區、環保科技園區、農業生物科技園區等四個用地系統。加工出口區於 1960 年代開始發展，設立目的乃在促進投資及國際貿易，由行政院依《加工出口區設置管理條例》選擇適當地區劃定範圍後設置，並由經濟部各加工出口區管理處直接管轄。近年來配合國家科技發展政策，由國科會透過工業用地編定的程序開發並設置科學工業園區，自民國 69 年設立以來，吸引高科技人才並引進高科技技術，建立高科技產業發展基地，帶動了臺灣的產業升級。另外，行政院農委會亦在近年設立五處農業生物科技園區，包括中央主導型園區的屏東農業生物科技園區、地方主導型園區的彰化縣國家花卉園區、臺南縣臺灣蘭花生物科技園區、嘉義縣香草藥草生物科技園區，以及宜蘭縣海洋生物科技園區，規劃開發面積共 901 公頃[2]。環保署亦成立四處環保科技園區，分別位於高雄縣岡山本洲工業區（40 公頃）、花蓮縣鳳林開發區（22 公頃）、桃園縣桃園科技工業區（31 公頃）、臺南縣柳營科技工業區（30 公頃），合計約 123 公頃[3]。此二種園區亦帶動臺灣地區產業之發展。

在土地使用規劃體系的兩個供給系統中，都市計畫工業區面積計有 22,229.80 公

[2] 農業生物科技園區規劃與建設，http://www.coa.gov.tw/view.php?showtype=pda&catid=8263（搜尋日期：2010 年 5 月 4 日）。

[3] 環保科技園區推動計畫，http://ivy1.epa.gov.tw/estp/big5/index.htm（搜尋日期：2010 年 5 月 4 日）。

頃，而非都市土地丁種建築用地面積則有 21,903.59 公頃。在工業區開發體系中，編定工業區面積為 35,302.94 公頃、加工出口區面積 577.20 公頃、科學園區面積 3,752.18 公頃、環保科技園區面積 135.84 公頃，以及生物科技園區面積 921.00 公頃。在各縣市工業用地整體供給面積方面，面積最大者為雲林縣，因其內有占地廣大的雲林離島式基礎工業區，而最少為澎湖縣與嘉義市。

以各縣市都市計畫工業區面積而言，面積最大者為桃園縣（占全臺都市計畫工業區面積皂 14.10%），其次為新北市（原臺北縣，占 12.13%）、臺南縣（占 11.48%），以及原高雄縣（占 10.85%）。以上各縣之總都市計畫工業區面積皆超過 2,400 公頃。而都市計畫工業區面積最少為澎湖縣，僅 42.13 公頃（占 0.19%）。

在丁種建築用地面積部分，面積最大者為雲林縣（占全臺灣地區總丁種建築用地面積 22.53%），其次為彰化縣（占全臺灣地區總丁種建築用地面積 20.27%），以及桃園縣（占全臺灣地區總丁種建築用地面積 16.87%）。以上各縣總丁種建築用地面積皆超過 3,500 公頃。

在編定工業區面積方面，面積最大者為雲林縣（占全臺灣地區總工業區面積 35.49%），此乃因其有雲林離島式基礎工業區（面積 11,578 公頃）之開發所致；其次為彰化縣（占全臺灣地區總工業區面積 12.30%）、桃園縣（占全臺灣地區總工業區面積 11.30%）以及臺南縣（占全臺灣地區總工業區面積 6.05%）。編定工業區面積最少為臺北市，僅 8 公頃（占全臺灣地區總工業區面積 0.02%），澎湖縣與嘉義市則無編定工業區。

臺灣地區之加工出口區目前分布於高雄地區、臺中地區及屏東縣。高雄地區包括原有的楠梓園區（97.8 公頃）、高雄園區（72.30 公頃）之外，另有近年新設之成功物流園區（8.40 公頃）、小港空運物流園區（54.50 公頃）、臨廣園區（9.0 公頃）及高雄軟體科技園區（7.90 公頃），面積共計 249.90 公頃。臺中地區則包括原有之臺中園區（26.20 公頃）及新設之中港園區（177.0 公頃），面積共計 203.20 公頃。屏東加工出口區之面積為 124.10 公頃，全臺加工出口區總面積 577.20 公頃。

臺灣地區之科學園區包括新竹科學園區、臺南科學園區及中部科學園區。新竹科學園區特定區計畫分布於新竹縣、新竹市及桃園龍潭園區，面積共 798.04 公頃；園區第四期發展基地為苗栗竹南及銅鑼兩地，面積共計 473 公頃。而宜蘭園區發展基地分別為城南基地與五結鄉中興基地，面積共計 102 公頃，籌設計畫書已於民國 94 年獲行政院核定，目前尚待提案計畫中。臺中科學園區有臺中、后里與雲林虎尾三園區，面積共計 755.00 公頃。臺南科學工業園區共開發有一、二期基地、高雄路竹基地及高雄楠梓生物科技園區，面積合計約 1,613.14 公頃。

整體而言，臺灣地區工業用地供給以編定工業區面積最大，其次為都市計畫工業區及丁種建築用地。從區位分布來看，工業用地供給集中於西部地區。而西部地區分別向北（新北市、桃園縣）、中（雲林縣、彰化縣）、南（臺南縣、高雄縣）三地集中。工業用地供給面積最大為雲林縣，其次為桃園縣、彰化縣，其中雲林縣因雲林離島基礎式工業區（11,578 公頃），而彰化縣因彰濱工業區（3,643 公頃）兩個大面積編定工業區之規劃開發，使這兩縣工業用地整體面積供給排名分別為一、三名（經濟部工業局，2010）（參見表 8-4-1）。

第五節　臺灣地區工業區開發政策的沿革

我國 1950 年代仍以農業社會為主，自民國 49 年創設六堵工業區後始逐漸開發工業區。工業區的開發目標及開發型態演進大致可歸納為以下五個階段。

一、國民政府遷臺的前十年經濟產業起步階段（1950 年代）

1950 年代的臺灣仍以農業社會為主體。此時期的經濟政策以「以農業培養工業，以工業發展農業」為指標，期能促進臺灣的經濟發展。至於工業發展政策，則以「發展勞力密集的進口替代民生必需品工業」為導向，採取農、工業發展並重的方式，並配合當時的臺灣社會情況，發展勞力密集的輕工業，如：紡織工業、食品加工業、成衣加工業等。但在工業用地方面，此階段政府尚無具體的開發政策，除了於民國 49 年開發第一個工業區（即六堵工業區）外，並未主動編定工業區，工業用地完全依賴實施都市計畫範圍內的工業區提供，或由興辦工業人自有土地供用或者自行洽購等方式取得，是以工業用地的供給極為有限（殷章甫，2003：270-275）。

二、獎勵經濟產業投資的第一個十年階段（1960 年代）

臺灣的工業區開發政策最早可追溯到民國 49 年。當時，由於海外資金在臺尋找投資機會，而工業用地卻因供給有限且法令限制嚴格取得不易，政府為使興辦工業人便利投資以帶動工業發展，乃於民國 49 年頒布引導臺灣工業發展的《獎勵投資條例》，以賦稅減免及簡化行政手續等方式來解決工業用地不足的問題。該時期正值臺灣促進工業化、加速經濟發展最重要的階段。當時的工業發展政策為「獎勵投資、發展出口工業拓展國外市場」，所以政府乃於民國 55 年在高雄港區旁設立第一個加工出口區（也是保稅加工區），由國外進口原料，並在區內製造加工後直接出口。至於工業區開發政策的目標有以下兩項：

表 8-4-1　縣市工業區面積統計表　　單位：公頃

縣市別	編定工業區		加工出口區		科學園區		環保及生物科技園區		都市計畫工業區		丁種建築用地	
	面積	百分比	面積	百分比	面積	百分比	面積	百分比	面積	百分比	面積	百分比
臺北市	8.00	0.02%	0.00	0.00%	0.00	0.00%	0.00	0.00%	448.31	2.02%	0.00	0.00%
高雄市	1,569.00	4.44%	249.90	43.30%	0.00	0.00%	0.00	0.00%	900.47	4.05%	0.00	0.00%
臺北縣	484.00	1.37%	0.00	0.00%	0.00	0.00%	0.00	0.00%	2,696.13	12.13%	620.52	2.83%
宜蘭縣	698.00	1.98%	0.00	0.00%	102.00	2.72%	220.00	20.82%	603.82	2.72%	875.27	4.00%
桃園縣	3,990.94	11.30%	0.00	0.00%	106.94	2.85%	32.26	3.05%	3,133.71	14.10%	3,694.40	16.87%
新竹縣	634.00	1.80%	0.00	0.00%	691.10	18.42%	0.00	0.00%	769.28	3.46%	1,018.53	4.65%
苗栗縣	1,286.50	3.64%	0.00	0.00%	473.00	12.61%	0.00	0.00%	685.29	3.08%	1,101.16	5.03%
臺中縣	599.73	1.70%	203.20	35.20%	669.00	17.83%	0.00	0.00%	1,878.96	8.45%	800.66	3.66%
彰化縣	4,342.87	12.30%	0.00	0.00%	0.00	0.00%	82.00	7.76%	681.24	3.06%	4,439.34	20.27%
南投縣	445.00	1.26%	0.00	0.00%	0.00	0.00%	0.00	0.00%	314.97	1.42%	310.51	1.42%
雲林縣	12,529.00	35.49%	0.00	0.00%	97.00	2.59%	0.00	0.00%	458.40	2.06%	4,935.68	22.53%
嘉義縣	1,476.00	4.18%	0.00	0.00%	0.00	0.00%	86.00	8.14%	560.82	2.52%	462.08	2.11%
臺南縣	2,134.09	6.05%	0.00	0.00%	1,043.15	27.80%	241.46	22.85%	2,551.01	11.48%	1,059.29	4.84%
高雄縣	1,729.89	4.90%	0.00	0.00%	569.99	15.19%	40.11	3.80%	2,411.09	10.85%	1,031.10	4.71%
屏東縣	770.00	2.18%	124.10	21.50%	0.00	0.00%	333.00	31.51%	652.46	2.94%	1,060.18	4.84%
臺東縣	19.00	0.05%	0.00	0.00%	0.00	0.00%	0.00	0.00%	146.17	0.66%	27.22	0.12%
花蓮縣	705	2.00%	0.00	0.00%	0.00	0.00%	22.01	2.08%	520.61	2.34%	368.57	1.68%
澎湖縣	0.00	0.00%	0.00	0.00%	0.00	0.00%	0.00	0.00%	42.13	0.19%	6.07	0.03%
基隆市	64.00	0.18%	0.00	0.00%	0.00	0.00%	0.00	0.00%	557.96	2.51%	15.39	0.07%
新竹市	12.00	0.03%	0.00	0.00%	0.00	0.00%	0.00	0.00%	401.71	1.81%	77.62	0.35%
臺中市	773.92	2.19%	0.00	0.00%	0.00	0.00%	0.00	0.00%	657.50	2.96%	0.00	0.00%
嘉義市	0.00	0.00%	0.00	0.00%	0.00	0.00%	0.00	0.00%	223.09	1.00%	0.00	0.00%
臺南市	1032	2.92%	0.00	0.00%	0.00	0.00%	0.00	0.00%	934.68	4.20%	0.00	0.00%
總計	35,302.94	100.00%	577.20	100.00%	3,752.18	100.00%	1,056.84	100.00%	22,229.80	100.00%	21,903.59	100.00%

資料來源：

1. 行政院經濟部工業局，2010，工業區開發管理 98 年度年報。
2. 都市計畫工業區內政部營建署營建統計年報（2007 年）。
3. 編定工業區：經濟部工業局（2009 年 8 月）。
4. 非都市用地丁種建築用地：行政院經濟建設委員會（2008 年 12 月）。
5. 加工出口區：經濟部加工出口區管理處網站（2009 年 8 月）。
6. 科學園區：新竹科學園區管理局（2009 年 8 月）、中部科學園區管理局（2009 年 8 月）、南部科學園區管理局（2009 年 6 月）。
7. 環保科技園區：行政院環保署網站（2009 年 9 月）。
8. 農業生物科技園區：行政院農委會網站（2009 年 8 月）。

1. 配合工業發展，改善臺北及高雄等地區之工業投資環境，解決廠商設廠用地之需要。
2. 配合重大經濟建設計畫，發展相關工業。

1960 年代工業區的開發大多分布在北部及南部區域，尤以臺北及高雄兩都會區為主，區位集中在區域中心及一般市鎮，開發規模亦逐漸偏向大型工業區的方向發展。例如：民國 58 年開發的平鎮工業區總面積為 97 公頃；於 52 年開發高雄臨海工業區第一期並於 54 年完成，57 年開發第二期並於 61 年 6 月完成，後來繼續開發第三期與第四期，亦於 66 年 12 月全部開發完成，總面積達 1,177 公頃，規模之大可以想見（殷章甫，2003：270-275）。

三、經濟產業結構轉型階段（1970 年代）

至 1970 年代，臺灣地區的出口擴張迅速並帶動經濟快速成長，工業發展卻出現社會基礎建設供應不足、工資提高形成勞力短缺、廠商過度依賴國外提供原料等問題。故在此階段，政府提出「調整經濟結構、促進產業升級」做為經濟產業政策，而工業發展政策則強調「發展重化工業、推動第二次進口替代與出口擴張」。鑑於經濟產業之發展，其基礎建設結構是否完備為今後持續成長的關鍵，尤其是用地的供給更為發展所需的基礎條件之一。

民國 59 年經濟部下設立工業局，主管工業用地之編定、測量、調查開發、策劃事宜。於是，工業局用地編定的目標由初期消極提供需地廠商為申請，轉而政府積極主動編定開發之依據。政府有關工業用地之政策目標，亦因此由早期的「靜態編定」，即純粹編定供廠商申請開發，開始轉為「動態編定」，即由政府主動編定並開發，且兼顧區域均衡發展，以達成開發目標。此階段的工業區開發政策又可分為下列兩個時期（殷章甫，2003：270-275）：

（一）加強農村建設為主的過渡時期（民國 61 年至 62 年）

民國 61 年政府鑑於農村地區人口外流嚴重，乃公布「加強農村建設重要措施」，其中第九項措施為「鼓勵農村地區設立工廠」，期藉此發展農村地區工業，創造就業機會，穩定農村人口。基於此，工業區的開發目標為：

1. **發展小型農村工業區**：藉此增加農閒的工作機會，提高農民收入。
2. **設置中型工業區**：穩定發展較慢鄉鎮的人口遷移，並防止勞動人口外流。
3. **配合工業發展而設置的工業區**：此時期的目標除穩定農村人口外，亦兼顧大都市附近地區工業用地的需求，闢設工業區。

惟開發農村工業區遭遇下列問題，使得興辦工業人投資意願不高，因此成效並不大，包括：

1. 缺乏區位的有利條件。
2. 相關配合措施不足。
3. 國內外經濟恐慌與不景氣。

根據此措施而成立之小型農村工業區則有：

1. **南投竹山工業區**：為配合加強農村經濟建設之需要，於民國 62 年開發，面積 23 公頃，為典型之農村工業區，惟現已轉變成綜合性工業區。
2. **元長工業區**：屬農村型工業區，由經濟部工業局、中華工程公司、雲林縣政府合作開發，開發面積為 16 公頃，其中公共設施 2.6 公頃，可供建廠用地 13.4 公頃。自民國 62 年 6 月開發至 63 年 9 月完成，目前引進嘉楠食品、榮祺食品公司等 17 家公司進駐設廠，廠商人力需求多來自元長、北港、土庫等鄰近地區。
3. **義竹工業區**：坐落於義竹鄉與布袋鎮之間，開發面積為 16 公頃，屬農村型工業區，自民國 62 年 11 月起動工至 63 年 5 月開發完成，引進者皆以農、牧相關之廠商為主。為適應環境之變遷及廠商設廠之需求，於民國 87 年 7 月經嘉義縣政府報請經濟部工業局核准為「以無嚴重污染之工業為限」為一綜合性之工業區，但嚴重之高污染工業仍禁止進入。
4. **彰化埤頭農村工業區**：位於埤頭鄉，編定工業用地總面積為 18.3 公頃，為一專業性農村工業區。目前以食品、塑膠製品及金屬製品、紡織業為主，計有 20 家廠商。

（二）配合各地區工業發展的六年經建計畫時期（民國 63 年至 69 年）

此時期工業區開發的主要目標，在於配合各地區的工業發展。為因應各地區工業發展需要，工業區的設置乃採分散機動方式。各地區亦可因工業區開發而帶動地區發展，並疏解集中於南北兩極的人口，引導人口產業向中部移動。本時期編定開發的綜合性工業區有 28 處，超過歷年開發處數及面積的一半，開發區域著重在中部及南部區域中之一般市鎮，開發規模則偏向於特大型及大型工業區的開發。

四、促進產業升級階段（1980 年代）

1980 年代為促進產業升級階段。民國 68 年發生第二次石油危機，臺灣經濟再度遭受衝擊，故對能源密集度高的工業發展方向亟需進行調整。因此，此階段的工業開發政策為「加速經濟升級，積極發展策略性工業」，自此開始進入「促進產業升級的新經建時期」。因工業區土地出現滯銷現象，故於民國 69 年修訂的《獎勵投資條例》決定停止核發工業用地證明書，都市計畫範圍以外的工業用地來源，只剩下政府開發工業區、編定工業用地，以及為數極少的民營工業區。因此，本階段工業區開發主要為延續上一階段未開發完成的工業區、配合產業升級，並更新已開發的工業區。

五、發展高科技及智慧園區階段（1990 年代）

1990 年代為發展高科技及智慧園區的時期。民國 75 年，新臺幣對美元的匯率大幅升值，外銷競爭力降低；復以國內勞資爭議增多、環保運動漸趨熱烈，傳統工業難以續留臺灣而紛紛遷廠海外。為因應勞力密集衰退所造成的產業空洞化，1990 年代初期行政院提出「六年國家建設計畫」，總計百餘項的實質與非實質計畫均以刺激產業發展為主要目的。此階段工業發展的方向，以推動高科技產業發展為訴求。1990 年代中期，由於國內經濟結構正在快速調整，國際經濟情勢亦產生急遽變化，尤其亞太地區經濟快速成長以及整合帶來新的挑戰，加上兩岸經貿關係快速發展，於是行政院在民國 86 年提出建設臺灣為製造中心、海運中心、空運中心、金融中心、電信中心，以及媒體中心之亞太營運中心的目標，以進一步提升臺灣經濟自由化及國際化的水準。此階段亦可分為兩個時期，分述如下。

（一）國家建設六年計畫時期（民國 81 年至 86 年）

為謀求區域均衡發展，並增進工業用地有效使用，國建六年計畫擬定產業區位的調整政策，以加速工業用地的開發與管理。工業區區位的目標包括：(1) 配合產業結構轉變，因應產業升級發展需要，指定工業區位；(2) 促進區域均衡發展，調整工業區區位；(3) 結合生活圈建設，妥善利用當地資源。

（二）發展臺灣成為亞太製造中心時期（民國 86 年至 90 年）

由於經濟景氣持續不振，加上亞洲金融風暴的影響，傳統產業的外移與高科技產業的持續發展，造成原有之綜合型工業區土地滯銷。另一方面，受託開發工業區的機關多由公營轉為民營，開發融資取得較過去不易，資金籌措較為困難，加上科學園區及科技園區的陸續設置等因素，由工業主管機關開發工業區的策略更加難以展開。

針對未來軟體工業的發展性，以及考慮政府的有限資源與民間的無限資源，民國 79 年規劃「內湖輕工業區」，而後為因應國際市場與大陸市場，91 年改為「內湖區科技園區」，以發展軟體工業。另外，民國 85 年工業局開發「南港軟體工業園區」，並訂定《智慧型工業園區設置管理辦法》，期望鼓勵民間設置智慧型園區，以滿足高科技廠商的設廠需求。

所謂「智慧型工業園區」，係指以資訊為基礎，吸引高科技、高附加價值產業之生產與研發活動的「現代化知識導向型工業園區」。這類園區具備先進資訊技術建立之完整資訊網路、結合研究或學術機構資源，並提供現代化管理之工作及生活社區環境。「智慧型工業園區」的直接目標，在於突破目前工業用地取得之困難，並提升我國工業園區的開發品質，以適應日益激烈的國際競爭環境。而其間接目標則為：

1. 提供知識導向型產業品質良好的生產空間，提升高科技產業之國際競爭優勢，以建立亞太製造中心。
2. 開發高品質的工業園區，型塑有利的土地供給條件，促進產業全面升級。
3. 運用資訊技術促進空間資訊化，一方面提升生產環境的資源能力，同時也為國內資訊產業提供示範性的應用環境。
4. 運用資訊網路，串連園區網路系統，促進地方發展與交流，並支援跨國企業之國際分工作業。
5. 順應民營化的潮流，獎勵民間開發工業區，增加工業用地供給系統的市場順應力，並可紓解政府的財政壓力。

六、因應全球化時代階段（民國 89 年以後）

為因應經濟全球化、知識化、綠色化之趨勢，行政院經濟部工業局 (2010) 提出為產業的發展重點為：

1. 在總體方面，我國加入世界貿易組織 (WTO) 後，國內經濟體制將與全球規範接軌，成為高度自由化的經濟體系。
2. 在產業發展方面，隨著研發能力的提升、新興科技產業[4]的興起及綠色生產機制的建立，我國將成為一個產品品質與價值不斷提升的綠色矽島。
3. 在企業營運方面，面對企業經營全球化、營運管理網路化、產業創新高速化，以及

[4] 所謂「新興科技產業」，係指：(1) 資訊與光電科技，主要包括資訊（硬體、軟體）、電信、電子（含系統晶片）及光電等四項領域；(2) 機械與自動化科技，主要包括機械、航太及自動化等三項領域；(3) 材料與化工科技，主要包括材料（電子材料、金屬材料、民生材料）、化工及紡織等三項領域；(4) 藥品科技；(5) 生物技術。

國際競爭白熱化的知識經濟時代，協助企業發揮我國既有的區位優勢、強大的製造能力，以及企業彈性體質等核心優勢，成為全球產業國際分工中不可或缺的一環；同時整合物流、商流、資金流及資訊流等支援系統，使臺灣在全球產、銷、研發分工體系中居於樞紐地位。

我國的經濟發展已逐漸邁入已開發國家之林，低成本優勢不再，加上面對溫室氣體減量、原物料及能源價格高漲之限制條件，我國產業結構必須轉為出口高資本及技術密集度產品之型態。如何進一步提升我國產業競爭優勢、塑造核心價值，並讓臺灣在全球供應鏈中成為不可或缺的一環，實為當今首要之務。未來政府產業結構調整的方向在於積極推動基礎產業節能及產品高值化，並利用我國資訊科技產業優勢來發展新興產業或服務業。新興產業的設立必須符合低能源投入、高附加價值，同時具備國際競爭基礎，以及帶動其他產業進行節能減碳等為優先條件。為了打造良好的產業發展根基，經濟部致力於營造一個質優且穩定的投資環境，相關措施包括（行政院經濟部工業局，2010）：

1. **法規鬆綁**：為開放陸資來臺投資，經濟部依據《兩岸人民關係條例》擬訂《大陸地區人民來臺投資許可辦法》與《大陸地區之營利事業在臺設立分公司或辦事處許可辦法》，並自民國 98 年 6 月 30 日生效，其中將對大陸投資 40% 的淨值比例上限，放寬為 60%，以促進兩岸及跨國企業間的合作，讓我國經濟發展得以邁入新的里程。
2. **強化產業人才資源**：鑑於我國產業面對全球經濟的激烈競爭，未來發展將從大規模及標準化的產業模式，過渡至注重研發、設計及高附加價值的產品與服務，因此亟需具備跨領域、獨立思考與創新、國際溝通、吸收新知與新技術等能力的優質人力。為此，經濟部將持續辦理產業人才培訓，並推動產業人才職能基準及延攬國際高級研究人才，以補強產業所需人才質與量的缺口。
3. **促進產業創新**：為促進產業創新、改善產業環境、提升產業競爭力，經濟部業研擬《產業創新條例》，主要內容在於創新活動之補助或輔導、無形資產之流通運用、產業人才資源之發展、產業投資、產業永續發展環境之建構、租稅優惠、產業園區開發之協助、老舊園區活化再生及行政流程的簡化等，並於民國 99 年 5 月 12 日公布實施。
4. **工業區更新與開發**：為解決目前工業區設施老舊、生活機能不足等問題，經濟部配合「愛臺十二建設」，提出「北中南老舊工業區更新與開發計畫」，辦理技術輔導及地方協調作業，包括：更新污水管線、拓寬區內道路、老舊廠房整建、寬頻管道及無線網路建置等。

5. **排除投資障礙**：經濟部透過每兩週召開一次的「民間重大投資督導會議」，以及每季召開的「促進投資擴大招商推動會議」，解決重大投資案件所面臨的困難；此外，並加強宣導各項投資優惠，提供具體投資機會，以專案辦公室做為投資窗口，協助解決相關問題，積極促成投資案件。
6. **建構活化 IT 應用與服務發展之環境**：為建構良好的 IT 應用及服務環境，未來將朝向鼓勵企業資訊化、IT 零件國產化，並為推動資訊化公共服務及建置基礎環境等而努力，如無線寬頻產業。目前已逐步完成布建 WiMAX 通訊基礎建設及應用環境，並參與標準制訂，以提升臺灣在全球 WiMAX 發展的角色與地位。
7. **振興景氣**：面對國際景氣走緩及輸入性通貨膨脹的挑戰，為提振國內經濟，民國 97 年 9 月 11 日行政院會通過「因應景氣振興經濟方案」，擬定「刺激消費」、「振興投資、加強建設」，以及「穩定金融、促進出口」三個基本政策方向，內容包括：照顧弱勢、鼓勵消費、促進就業、提供優惠房貸、加強公共建設、促進民間投資、穩定金融及股市、加強中小企業融資、拓展出口，以及推動租稅改革等十項具體措施。

由於此階段國內生產要素成本上升，原賴以競爭之製造優勢逐漸流失，因此產業紛紛進行海外布局，企圖運用全球資源提升競爭能力。值此產業巨幅調整經營策略之際，實有必要推動國內產業發展環境的再造，故行政院於民國 91 年核定「推動企業營運總部行動方案」，期使企業在進行全球布局的同時，能以臺灣做為經營決策中心，以及價值創造之「企業營運總部」基地。同時，工業區的開發未來將配合的重點在於將臺灣發展為企業資源整合者之「企業總部國家」(headquarter state) 及「高附加價值產業基地」(high added value industrial base)。該方案之推動策略如下：

1. 塑造營運總部運作所需之優良環境，如：強化金融支援體系、擴大人才供給、厚植營運總部核心能量、優化土地水電供給，以及引導並支援企業營運總部運作。
2. 提供營運總部良好之租稅優惠條件，誘導企業在臺設立營運總部。
3. 提供優質且高效率之行政服務，強化企業在臺設立營運總部之意願。

同年，行政院亦提出「挑戰 2008：國家發展重點計畫」，此為六年發展重點計畫，預期自民國 91 年至 96 年內將投入 2 兆 6,500 餘億元發展十項國家重點投資計畫。其中之一的「產業高值化」計畫，目標為「提高產業附加價值，建設臺灣成為全球高附加價值產品的生產及供應中心」，計畫策略為：

1. **共同募集創投基金**：政府將與民間共同募集創投基金，以擴大投資新興產業所需資金之取得管道，目標為 100 個基金，合計 1,000 億元，直接投入經營良好的創業投資公司。對於優良基金，由行政院開發基金於基金規模 30% 以內配合出資。

2. **協助產業開發核心技術**：政府將規劃核心產業技術發展方向、強化經濟部所屬財團法人研究機構之創新研發能力，並推動業界成立研發聯盟，期望藉由有系統的選定技術領域做為策略方向之指引，使有限的研發資源集中在重點領域，建立具領導、創新之能力與地位。另一方面，則是強化研發機構創新研發能力、產出原創性專利、搶占技術高點，以及培育領導性創新產業。
3. **推動重點產業**：工作領域包括傳統產業高附加價值化（高科技紡織、保健機能性食品與保養品、高級材料工業、光電電子用化學品產業、輕金屬產業、輕型高效率電動車輛、運動休閒產業等）、兩兆雙星產業（半導體產業、影像顯示產業、數位內容產業、生物技術產業）、四大新服務業（研發服務業、資訊服務產業、流通服務產業、照顧服務產業）、綠色產業（包括資源分選與再生利用、綠色資源再生利用、資源化產業輔導）及全民創新運動等。
4. **鼓勵廠商開發國際通路及品牌**：政府將提供具競爭力的優惠措施，包括：輔導國際行銷公司營運、協助臺商發展國際通路、推動外商來臺擴大產銷合作、發展國際品牌及興建國際展覽館等。
5. **促進勞動力升級**：引進民間資源，建立全國職業訓練網；因應產業結構變化，培育知識經濟所需人才；輔助弱勢及族群及失業者，參加職業訓練；加強勞工在職進修及第二專長訓練。
6. **開發建設產業園區**：為改善國內產業發展環境、整合地區研發資源，以發展高附加價值產業，並配合未來產業結構之調整、區域均衡發展政策，以及引進適合當地之地方資源型產業，政府依據地區特色積極規劃建設各項產業園區，包括：新竹生物醫學園區、IC 設計園區聯網、中部科學園區、花卉生物科技園區、臺南科學園區、農業生物科技園區、環保科技園區及南港生技園區，並以各類產業園區為基礎，結合當地社區、周邊設施及產業聚落，規劃發展成為具有專業特色之產業發展帶、核心衛星園區及資源再生科技園區，彼此間相連成網，帶動地區產業轉型與升級以及相關產業的整合性發展，發揮綜效。

另一重點投資計畫為「國際創新研發基地計畫」，目標為「研發投資六年內提升 GDP 達 3%，並建設臺灣在特殊領域成為亞洲最好的創新研發基地」。為達此目標，政府將由供給面、需求面及環境面的政策工具予以全力支援，其計畫策略為：

1. **吸引國際研發人才**：政府將透過建構良好環境及強勢招商活動，積極招募國際研發人才來臺，填補我國培訓人才數量之不足；並整合產、官、學、研各界資源，以解決知識經濟下產業所面臨跨領域人才不足的問題。

2. **提供 500 億元研發貸款**：藉由提供 500 億元研發貸款，活絡創新研發活動，以協助網際網路、製造業及技術服務業廠商取得研究發展資金。此外，政府亦提供研究發展計畫低利貸款，以鼓勵廠商投入研究發展，使全國研發經費占 GDP 之比例，由目前之 2.05% 在六年內提高至 3%，以達目前先進國家之研發投入水準。
3. **設立重點產業學院**：由於半導體的廣泛應用以及數位內容產業之發展，促使產品不斷推陳出新，產業從業人才必須不斷吸收新知識，因此重點產業學院有設立之必要，諸如：IC 設計學院及數位內容學院計畫，其以業者短、中、長期人才需求類別為設計課程，並結合網路教學與現場講授等教學方式，快速大量培訓符合業者在各階段之專業人才需求，以紓解專業人才不足之窘境。
4. **推動重點產業科技研究**：為促成臺灣與全球創新研發資源接軌、提升臺灣於跨國企業全球化策略布局之地位，政府積極鼓勵多國籍企業在臺設立區域產業研發中心。藉由國外人力、技術、資源、制度的引入，得以與我國產業產生互補作用。對於本國企業，則鼓勵朝價值鏈較高的技術創新研發方向移動，在臺設立各種創新研發中心，以既有的高科技核心優勢產業與核心優勢能力為基礎，發展臺灣成為本國企業的研發總部，支援企業的全球生產布局，大力提升國內企業之國際競爭力。

臺灣經濟面對高度工業化後的新局面，既有以大規模製造業為主的生產型態，在鄰國的挑戰下已逐漸失去優勢。臺灣除了往高科技的方向發展，勢須建立起更能適應「後福特」時期的生產組織型態，深化以知識為基礎的經濟競爭力。事實上，知識經濟附加價值最高的類型，就是以創意設計為核心的生產領域，尤其是源於藝術美學創作的設計。在過去的經濟發展政策中，這是比較被忽略的一環。因此，除推動上述全球競爭型產業外，「挑戰 2008：國家發展重點計畫」亦重視地方特色型產業，十項國家重點投資計畫之一的「文化創意產業發展計畫」，其推動願景即為「開拓創意領域、結合人文與經濟發展具國際水準之文化創意產業」，重要策略包括：整備文化創意產業發展機制、設置文化創意產業資源中心、發展藝術產業、發展重點媒體文化產業、臺灣設計產業起飛等。

另外為推動地方特色型產業，亦訂定「新故鄉社區營造計畫」，目標為「活用在地資源，導入創意及人才，提振社區活力與競爭潛力」。此計畫首度結合九個中央部會，透過系統化與整體性思維，統合規劃社區營造機制與操作模式，積極落實「自主、自豪、同體、同演、同夢」之營造理念。藉此，讓每一個國民、每一家庭、每一個社區皆能就其既有條件與所屬特色，經由共同學習和集體參與，強化共同意識，並結合特有文化傳統、城鄉資源、族群特色與產業條件，提供各種就業機會，發展地方魅力，營造地方認同與光榮感受，建立社區自主照顧機制，提供社區福利與福祉發展。為有效落實社造精神，在執行策略上，將以生活社區為單位、居民參與為主軸，結合專業輔導與行政支援，積極培育地方組織，型塑社區共識，建構社區發展活力與潛質。其主要推動項目包括：

1. **臺灣「社區新世紀」推動機制**：開發社區人力資源、活化鄉村社區組織，將行政機制社造化，建立社區教育學習體系。
2. **內發型地方產業活化**：建立地方產業交流中心、振興地方小鎮、推動商店街再造、建構地方產業永續機制、輔導地方特色暨社區小企業。
3. **社區風貌營造**：營造農漁村新風貌、發展休閒農業、發展地方料理特產、輔導地方產業文化、營造都市社區風貌。
4. **文化資源創新活用**：活用社區文化資源、充實地方文化館、開發地方文化資產與文化環境、培育社區營造人才、深耕社區藝文、創新實驗社區營造、展現新故鄉成果。
5. **原住民新部落運動**：推動原住民部落永續發展計畫及蘭嶼社區總體營造計畫。
6. **新客家運動——活力客庄、再現客家**：推動語言復甦及傳播計畫、振興客家文化、注重社團發展與人才培育、發展特色文化加值產業。
7. **健康社區福祉營造**：改造社區環境，將健康生活、照顧服務、托育照顧服務、長期照護等社會服務社區化。

綜合上述各時期之工業政策沿革，整理如表 8-5-1。

第六節　當前工業區開發之主要政策

一、推動工業區更新，再現工業區活力

工業區發展迄今，全國共計 61 處工業區，已有 55 處超過十五年，占整體比例達 90%。其中，32 處開發時間已超過三十年，顯示國內工業區將面臨設施老舊、生活機能不足，以及產業亟待轉型等問題。近年來，都市計畫發展迅速，國民生活水準提高，傳統工業區須進行更新，方能符合現代工業區的需求。除持續推動「工業區再生示範計畫」，另外為振興國內經濟發展，愛臺十二建設之一的「打造城鄉新風貌」即推動「北中南老舊工業區之更新與開發計畫」，預計實施年期為民國 98 至 100 年，包含三項次計畫，分別為「活化再造整合計畫」、「基盤設施改善計畫」、「產業輔導功能擴大計畫」，希冀藉由都市更新及老舊工業區更新，振興老舊及發展落後地區的經濟活力，並促進城鄉均衡發展及所得均衡分配。計畫推動內容在於更新基礎設施、協助建構產業聚落，並透過地方建設之結合及生產空間再強化，朝向產業生活、休閒育樂、觀光遊憩等

表 8-5-1　臺灣地區工業區開發政策的沿革彙整表

時期	時間	產業結構	工業區土地政策
勞力密集，進口替代時期	1960 年代	輕型加工業為主，多為小型加工廠	以都市計畫工業區為供給主體，一般以住工混合，無特定政策
出口擴張時期	1970 年代	輕工業為主，始有中大型廠家企業出現	除依都市計畫劃設之工業區外，亦依《獎勵投資條例》進行工業區開發，並允許興辦工業人申請變更農業用地為工業用地
進口代替時期	1980 年代	大型重工業之引進，配合各期經建計畫發展大型重工業	前半期以《獎勵投資條例》開發工業區供重工業使用為主，後半期因應各區域計畫與都市計畫之擘劃，遂以平衡區域發展為主
資本密集，科技導向時期	1990 年代	由重工業逐漸轉型為高科技之電子產業	因非都市土地使用管制規則之修正，對農業用地變更為工業用地有所限制，工業用地之供給始回歸至都市計畫劃設、依《獎勵投資條例》編定開發、非都市丁種建築用地等
產業結構調整，促進產業升級時期	2000 年代	工業相關服務產業之發展被認定為未來之新興產業	鼓勵民間投入工業區（智慧型工業園區）之開發，並因應產業型態的轉變，檢討放寬工業區土地使用限制與進行老舊工業區之更新
因應全球化，加速產業轉型時期（知識經濟）	民國 89 年後	推動雙軸心產業，包括：全球競爭型（兩兆雙星、通訊、綠色能源、汽車關聯、知識服務等）與地方特色型（休閒農業、文化創意產業、社會服務等）	持續設置各類型主題園區，並鼓勵企業在臺設置企業總部

資料來源：廖皇傑，2006：29。

複合性發展，同時著重於工業區機能改善及整體工業區形象的提升，如：工業區總體營造，以型塑園區新風貌。

傳統工業區一直以來扮演產業用地供給者的角色，區內活動以生產製造為主、公共設施及管理機構之設置為輔，且因使用類別之限制，少見其他非製造業或商業服務設施進駐。傳統工業區的另一特色是多為綜合性工業區，各類工廠聚集，但廠商彼此間互動頻率不高。然而，隨著工業發展型態改變，產品研發設計與上下游生產鏈的緊密連繫、金融及法律等生產性服務業之適時支援、行銷管理等，生產製造以外的環節配合愈形重要。因此，廠商對於土地的需求與使用方式更多元也更靈活，傳統工業區提供的投資環境條件已不符時代所趨，因此未來工業區應轉型為綜合性的產業園區，並以服務為導向。工業區內將不再全然是製造生產活動，而有更多的研發機構、生產性服務設施、商業活動與生活機能。在園區業種的選擇上，也可以考慮地方特色產業，讓園區結合當地資源，規劃發展成具專業特色之產業發展帶或園區，以帶動地區產業轉型與升級及相關產業之整合性發展（行政院經濟部工業局，2010）。

二、產業永續發展之策略

近年來受全球氣候變遷與環境衝擊的影響，「永續發展」已成為普世之共同價值。繼民國 81 年地球高峰會議後，86 年年底有關全球溫暖化的討論，使得企業的環保責任成為國際道義、經貿競爭及消費者關注的焦點。而如何創造出具優勢的綠色生產力，更成為各國產業政策的核心問題，亦是達成「永續發展」目標之不二法門。為確保我國產業在永續發展歷程中，能即時採取有效且靈活的策略行動以確保競爭力，繼民國 95 年至 97 年執行「產業綠色技術輔導與推廣計畫」之後，經濟部更提出「產業永續發展與因應國際環保標準輔導計畫」，從經濟面、社會文化面、環境生態面等宏觀的角度，剖析當前情勢及預測，擬定具體可行的產業永續發展規劃，以做為工業局未來推動產業永續發展之參考方針。具體計畫包括（行政院經濟部工業局，2010）：

1. 產業綠色技術輔導與推廣計畫

此計畫為提供產業整合性之綠色技術與環保輔導之多功能型計畫，執行重點包括：提供產業綠色技術與環保整合性輔導，並配合現階段環保重點，進行廢水處理、廢氣（異味）控制、土壤與地下水污染防治、噪音防治等多項輔導措施。此外，還包括推廣產業綠色技術、協助擬定因應環保法規趨勢之對策，並探討國內外環保相關法令及各項管制標準之合理性，同時辦理各項宣導、訓練與推廣活動。

2. 產業永續發展與因應國際環保標準輔導計畫

旨在協助產業因應國際環保標準規範，並建立企業永續發展的基礎。具體做法包括：廠商輔導、技術工具之開發與推廣、國際標準之宣導推廣，以及國際交流、產業永續發展規劃等，希冀協助產業界健全體質，順應國際環保趨勢。

三、傳統產業之輔導措施

我國傳統產業的就業人數、家數及產值，占國內企業界極高之比重，不但支撐社會安定要素，也影響了整體產業發展。民國 96 年傳統產業產值為新臺幣 8.98 兆元（占製造業 65%），就業人數達 171 萬人（占製造業 68.6%），在整體產業之發展中仍然占有重要地位。惟面臨全球化及自由化之激烈競爭，提高競爭力以促使經濟厚植臺灣，成為當前各界殷切期待之重要課題。

為此，經建會、勞委會、財政部及經濟部等單位組成「振興傳統產業專案小組」，並於民國 89 年 6 月 28 日第 2688 次會議通過「振興傳統產業方案」。該方案之各項工作目標為：建構提供傳統產業賦稅與金融協助之環境、增進傳統產業之人力資源，以及提升傳統產業之全球競爭力。行政院院會業已通過「提升傳統產業競爭力方案」，經濟部工業局特據此擬定《傳統工業新產品開發輔導辦法》，並據以規劃推動「協助傳統產業技術開發計畫」。該計畫係以鼓勵企業進行研發工作為目的及補助企業研發資金為方法，來擴大服務面並提高傳統產業研發普及率，進而協助傳統產業提升自主研發能力，達到永續發展之總體目標。其下細分三項計畫，分別為：產品開發、聯合開發，以及產品設計。其中，聯合開發計畫之標的產業以紡織產業、塑膠製品產業、電動機車電池產業及軌道車輛轉向架系統產業為限（行政院經濟部工業局，2010）。

四、文化創意產業之推動

臺灣在高度工業化之後，相對於東南亞、中國大陸的低勞力成本，既有以大規模製造業為主的生產型態優勢，由於勞力成本增加而逐漸消失。因此，必須持續朝高科技產業發展，並強化知識產業的競爭力，改以創意與研發設計為主。這類產業的特質在於多樣性、小型化、分散式，但其就業人口和產值一直保持成長，對於環境和生活品質的提升均有助益，是多數國家極力推動的部門。

經濟部主要是針對上述不同類型之文化藝術產業，就人才培育、研究發展、資訊整合、財務資助、規劃設置創意文化園區、產學合作介面、行銷推廣、租稅減免等不同面向提出整合機制，配合地方政府、專業人士、民間和企業之協作，共同建立臺灣文化創意產業之領先地位。「挑戰 2008：國家發展重點計畫」中的「文化創意產業發展計畫」已於民國 96 年年底執行完畢，該計畫歷年來執行成效卓越，使臺灣設計服務業的營業額由 93 年的 356 億元，提升至 96 年的 612 億元。在運用設計提升產業附加價值上，共辦理設計輔導 243 案及設計諮詢服務 1,028 案，開發商品 590 件，衍生產值約 59 億元。為保持成長態勢，自民國 97 年至 100 年，文化創意產業之後續推動事宜將由行政院文化建設委員會、行政院新聞局及經濟部等部會，納入相關專案計畫共同推動（行政院經濟部工業局，2010）。

五、工業區土地租金優惠調整措施（006688 措施）第三期

「006688 措施」係經濟部工業局為協助廠商降低設廠成本、促進廠商投資及有效利用工業區土地，所提出的用地租金優惠措施。該措施自民國 91 年 5 月正式公告實施，首創提供承租工業區土地廠商前二年免租金，第三、四年採審定租金六折，第五、六年採審定租金八折，第七年起回復原審定租金之優惠措施。如於租賃期屆滿前提出承購申請，其承租期間已繳納之租金及擔保金得抵充應繳價款，惟其抵繳應繳價款之比例以 70% 為上限（各工業區實際抵繳比例依各工業區公告出租要點為準）。為進一步降低廠商設廠負擔，向行政院中長期資金取得之資金成本，按行政院中長期資金貸款利率，以半年為一期機動調整租金租率。此外，為配合行政院推動「振興經濟措施」，吸引廠商進駐工業區投資生產，並考量工業區土地租金優惠調整措施（006688 措施）第二期僅執行至民國 97 年 12 月底，且促進產業投資成效顯著，故工業局再推出「006688 租金優惠措施第三期」，以期促進廠商投資並提高就業機會（行政院經濟部工業局，2010）。

六、開發中工業區土地出售優惠方案（789 方案）

為配合行政院推動「振興經濟措施」，吸引廠商進駐工業區投資生產，工業局乃就工業區土地之供給提出相應之配套優惠，期能滿足投資廠商於資金運用上之不同需求。該方案於民國 97 年 10 月推出，實施期程至 99 年 12 月，在不影響 006688 方案的前提下，與 006688 租金優惠措施採「租售優惠並行」。此方案適用範圍為經濟部工業局主導開發之工業區中，已公告未租售之生產事業用地及相關產業用地。另外，考量已承租廠商退租後之土地利用問題，故將宜蘭利澤、彰化濱海、雲林科技、斗六擴大、臺南科技、花蓮和平工業區納入適用範圍，各自訂定土地出售優惠價格，以供廠商設置使用，但適用 006688 措施者不得申請此優惠（行政院經濟部工業局，2010）。

七、建立工業用地供給服務交流平臺

為因應經濟全球化的競爭趨勢，工業局擬訂「工業區用地供給服務交流平臺建置計畫」，並委託民間團體執行，主要目標為促進目前各類產業園區之用地資訊交換效率，以持續更新工業區之供需資訊，進一步建置工業用地圖形及屬性資料庫。這項服務一方面可提供工業區購地資訊的重要服務入口，做為工業園區工業用地資訊交流（交換）機制，並有利政府掌握工業區類型與質量需求之變化情形，提升工業區服務品質；另一方面則可提供工業區開發管理決策支援之研究資訊基礎，利用各工業用地動態資料掌控

「工業區開發成效」，並成為主管決策之重要輔助工具，以促進工業區社區化及地方政府產業輔導。

此外，本計畫亦扮演重要的「土地供需資訊平臺」角色，其整合國科會、農委會及各地方政府工業用地供需資訊，建立於「臺灣工業用地供給與服務資訊網」平臺上。這個平臺係針對全國工業區，包括工業局開發完成之編定工業區、中央部會開發之工業區（科學園區、生醫園區、農業生技園區、環保園區、加工出口區等），以及地方政府（北部、中部、南部與離島）所開發的工業區，規劃以四年期間（民國 97 年至 100 年）先行建立工業用地資料庫（含圖形與屬性資料），然後透過資訊網站加以整合，並逐步擴充各區之土地供需資訊（行政院經濟部工業局，2010）。

八、推動產業知識管理計畫

自民國 85 年經濟合作發展組織 (OECD) 揭櫫並定義「知識經濟」之後，全球經濟體風起雲湧的迎接知識經濟時代的來臨，並進行一股新經濟的體質改造運動。臺灣過往的生產與商業模式面臨挑戰，必須不斷活用經驗與知識進行自我創新，因為唯有彈性調整自身經營型態的企業，方能立足於知識經濟時代。二十一世紀的國力競爭，可謂是知識、創意與速度的競爭。擁有知識，才能維持永續的競爭力。為達此目標，工業局積極推動產業知識管理計畫，主要內容包括：推動標竿典範輔導、執行績效管理與評估、強化技術服務業能量，以及促進技術服務業市場之拓展（行政院經濟部工業局，2010）。

九、加工出口區積極推動產業園區

加工出口區管理處為配合政府發展全球運籌管理中心政策，以及提升臺灣經濟競爭力，除進行中港倉儲轉運專區及屏東加工出口區之開發外，並推動各區群聚產業，嘗試積極轉型為高附加價值的「產業加值區」；同時推動「高雄軟體科技園區加速開發計畫」及「加速老舊園區更新計畫」，以提供企業具競爭優勢的全方位經營環境，並運用傳播行銷理念，宣導加工出口區之優勢投資條件，企圖吸引國內外企業入區投資，促進國家經濟繁榮。另為配合加工區轉型，政府建構良好的投資環境，輔導區內事業調整經營型態及策略，並建立研發、生產、品牌、行銷之完整體系，俾使區內企業朝「根留臺灣」與「全球布局」之方向發展（行政院經濟部工業局，2010）。

十、推動產業創新條例

為因應《促進產業升級條例》將於民國 98 年底屆滿落日，經濟部研擬《產業創新條例》做為接續，並於 99 年 4 月 16 日經立法院三讀通過。本條例之主要目的係為促進產業創新、改善產業環境、提升產業競爭力。主要重點分述如下（行政院經濟部工業局，2010）：

1. **基本方針**：中央各目的事業主管機關應訂定產業發展方向及產業發展計畫，且於產業受國際經貿情勢之衝擊時，應視需要提供產業調整支援措施，直轄市、縣（市）政府亦得訂定地方產業發展策略。
2. **創新活動之補助或輔導**：中央各目的事業主管機關得以補助或輔導方式，推動產業創新活動。由中央各目的事業主管機關捐助設立或補助之創新或研究發展機構，亦應配合推動產業創新活動，提供相關技術輔導。
3. **無形資產之流通及運用**：中央各目的事業主管機關得辦理無形資產評價之相關業務，建立智慧財產流通服務機制，輔導企業管理智慧財產，並鼓勵其發展品牌。
4. **產業人才資源發展**：政府得建立產業人才資源發展之協調整合機制，推動產業人才職能基準之訂定，補助或輔導產業人才培訓機構。
5. **促進產業投資**：中央主管機關為促進產業投資，得提供重大投資計畫之協助，輔導或鼓勵產業從事國外投資或技術合作，並建立獎勵直轄市、縣（市）政府招商之機制。
6. **產業永續發展環境**：為因應節能減碳與國際環保規範，中央各目的事業主管機關得協助企業推動溫室氣體減量或污染防治技術之發展及應用，鼓勵企業提升資源使用及應用效率、推動政府機關或企業使用綠色產品，以及宣導企業善盡社會責任。
7. **資金協助**：行政院應設置國家發展基金，提供資金協助產業創新及發展，並輔導與協助創業投資事業，以促進新興事業之創新及發展。
8. **租稅優惠**：提供投資抵減租稅誘因，鼓勵公司進行研究與發展、人才培訓等活動；進行全球連結，發展臺灣為雙營運中心，鼓勵公司及外國營利事業設立營運總部及國際物流配銷中心。
9. **產業園區之設置管理**：明定產業園區之設置規劃與開發，土地取得，產業園區土地或建築物之使用、收益和處分，產業園區之更新，以及產業園區之經營管理等相關事項。
10. **工業專用港及工業專用碼頭之設置管理**：中央主管機關得報請行政院核定，設置工業專用港及工業專用碼頭，且其設施使用之土地應登記為國有，並不得供該產業園區以外之使用。公民營事業亦得經中央主管機關核准，投資興建及經營管理工業專用港及工業專用碼頭，並明定其相關設施與建築物之所有權歸屬及相關費用之收取。
11. **營運總部及擴廠之輔導**：明定公司得勘選面積達一定規模之土地設置營運總部園

區。公司投資設置營運總部或興辦工業人為擴展工業，需使用毗鄰之非都市土地時，亦應訂定相關程序及管制措施。其中，在租稅優惠部分，不再納入現行《促進產業升級條例》中所訂的「新興重要策略性產業股東投資抵減」（或五年免稅二擇一）及「自動化設備或技術投資抵減」等租稅優惠，但維持研發、人才培育和營運總部之現行優惠。另外，增訂國外貨主來臺設立國際物流配銷中心，外銷貨品可免營所稅的相關規定。在產業發展園區部分，未來開發產業園區之土地面積在一定範圍內，可不經有關單位層層核送、轉請程序，直轄市或縣（市）主管機關可逕依各該法規送中央主管機關核准設置，以簡化行政程序。產業園區亦不再限制由製造業申設，服務業或電信、環保、文創等非製造業亦可申請劃設成為產業園區。另為協助老舊園區更新，《產業創新條例》也訂定產業園區更新機制，以增加或移轉建築容積及經費補助等方式，提高民間參與更新的意願，藉此帶動園區生產環境的重塑。

綜言之，《產業創新條例》將使各部會及地方政府共同協助產業發展、給予各項產業發展最大的支持，並塑造產業創新之環境，以有效激發民間創新活力，提升整體產業競爭力。

十一、2015 年經濟發展願景第一階段三年衝刺計畫 (2007-2009)

近年來國際經貿環境快速改變，全球市場競爭加劇，而開發中國家的迅速崛起更讓全球市場及資源重新配置，其中尤以亞洲各國所受影響最大。臺灣位居亞洲投資及貿易重要樞紐，應善用此關鍵契機，為國家長遠發展奠定根基。因此，在經建會所獲各項共識基礎上，行政院提出「2015 年經濟發展願景第一階段三年衝刺計畫 (2007-2009)」，秉持 總統揭示「增加投資臺灣」、「創造就業機會」、「拉近城鄉距離」、「縮短貧富差距」等原則，擬訂具體可行的國家總體發展目標，以達成「繁榮、公義、永續的美麗臺灣」之國家發展新願景。此計畫以「大投資、大溫暖」為施政主軸，分由產業發展、金融市場、產業人力、公共建設、社會福利等層面擬訂套案計畫，分階段落實執行。

其中有關「產業發展套案」計畫，經濟部會同農委會、經建會、交通部、衛生署、勞委會及環保署等相關部會機關，以達成民國 104 年每人 GDP 3 萬美元為終極目標，並以 98 年每人 GDP 2 萬美元為階段性目標，提出第一期之產業發展套案。針對臺灣產業之長遠穩健發展、前瞻全球經貿發展趨勢、聚焦未來三年產業發展主要政策，研擬此套案之規劃理念如下：

- 推動各級產業高值化，產業全面躍升。
- 深耕臺灣品牌，創造產品差異化利潤。
- 結合製造與服務，提升產業能量。
- 提高能源效率，追求能源、產業與環保三贏。
- 重視社會公義，均衡產業發展。

經濟部依循投資臺灣優先的「大投資」主軸，研擬「營造優良投資環境」及「開創產業發展新局」兩項旗艦計畫，透過各項「功能別」措施及「產業別」發展策略之推動，迅速增溫，全力衝刺，激發臺灣經濟新一波的成長動能，打造臺灣產業揚名全球之契機。相關的重要措施略述如下：

1. **營造優良投資環境**：政府將透過提供土地優惠、供應充裕勞動力、提供資金融通協助、提升環境影響評估審查效率，以及建立企業投資機制等全方位措施，期能建構優良投資環境，並協助廠商排除投資障礙，為臺灣產業及經濟發展穩固基磐。
2. **開創產業發展新局**：除擘劃個別產業發展策略及目標、引導新興產業發展、協助現有產業升級轉型外，更將重視弱勢產業及中小企業的均衡發展，重要措施包括：新興產業發展、未來產業圖像規劃、產業升級轉型、產業均衡發展等。

第七節　當前工業用地之相關問題與對策

一、工業用地之供給體系分立，應予整合

臺灣工業用地之供給系統係由經濟部工業局為編定工業區之主管機關，並由該局工業區組負責業務督導，各工業區則設服務中心為管理機構。都市計畫工業區及丁種建築用地由內政部予以管轄，但加工出口區隸屬於經濟部，由總處及高雄、臺中、臺中港各分處分別管理。科學園區則由國科會下之科學園區管理局主管，此外另有行政院農委會主導農業生物科技園區，以及環保署主導環保科技園區。目前工業用地來源所受的法令規範及主管機關皆不同，而土地權屬之複雜度、政府投入程度、使用限制、產業類型等亦有所差異。

目前工業用地管理機構隨工業用地系統的各自獨立，呈現多頭馬車、各行其是的現象。各機構間隸屬部會、層級權責、服務功能等各不相同，影響所及，使得性質相似的各種工業區在機關本位考量之下，各自為政，協調困難。由於各種工業區原有不同的設立背景與功能任務，但隨時代演變，進駐業種漸漸趨於一致，造成彼此在資源、客源上的競爭。在全國工業用地資訊的蒐集彙整上，也因無統合機關統一資料格式及建檔管

理，導致資訊無法完整精確。

然而，如欲使各種工業區由目前多元的管理體系趨於一元，甚至成立專責機構予以統整，將牽涉法令、人事、業務等議題，且皆須重新區分所屬，需要長時間的籌劃與各部會層級間的充分協調。但事權統一有助於全國產業政策的同步執行，讓服務廠商更有效率，在全國工業用地資訊系統的建立上也更能全面反映真實情況。因此，做為產業發展用地供給的土地開發策略，如何因應新的產業發展，引進民間資源以有效利用，達成改善產業環境、提升產業競爭力，實須使既有的三大工業用地供給體系加以整合，針對其可提供的效能，設計不同供給目標與開發策略，並在國土計畫通過後給予政策性的指導，以進一步落實至區域計畫或縣（市）綜合計畫中（行政院經濟部工業局，2001）。

二、中央與地方衝突時起，有賴協商共同治理

在地方自治權限高漲之時，常和中央主導的工業區開發有政策衝突的情形發生。例如：各地方政府爭相設置高科技、低污染的工業園區，卻拒絕污染性之工業區，而中央也不再如過去可主導所有的開發。然而，工業區開發所需交通等公共建設，有賴地方政府的配合，故地方政府的態度仍大大影響工業區開發的成功與否。為能兼顧國家整體政策與地方發展期望，應透過有效的協商或共同治理機制，舒緩困局。此外，針對具污染性工業區的設置，應建立處理機制，引進污染減低或排除技術，並積極與當地民眾溝通、回饋，爭取合作（行政院經濟部工業局，2001）。

三、既有工業區之更新與新設園區的競合與定位區隔

自民國 49 年成立第一個編定工業區以來，或配合工業發展、農村建設，或地方發展等不同政策目標而設立諸多工業區。惟因國際情勢與產業結構變遷，當時工業區開發兼具產業發展，而土地政策及區域發展等多目標的開發政策，亦未如預期發展或不適於今日發展等。因此，實應對既有工業區進行全面檢討，評估其開發績效，並改善生產環境，以促進工業用地之有效利用。

目前舊有的工業區開發型態與環境無法提供新的產業需要，因而往往尋求改設園區或科技工業區。但因不同政府機關權責所主導開發的工業區，適用之依據及所提供的優惠與服務各有不同，造成彼此出現競合的問題；同時，此類的工業區開發亦造成更新既有工業區的誘因降低。故對於更新後的既有工業區，以及新設不同園區間的功能與市場定位，應予以區隔（行政院經濟部工業局，2001）。

四、環境管理意識的加強與實現，建立環境基本資料庫

早期純粹從促進土地的有效利用以及經濟發展效率觀點所開發的工業區，與環境保護的衝突或污染防治問題產生居民的抗爭等問題，使得環境管理的問題在生活水準提升之後日益受到重視。除了政府部門的規範，更重要的是民間自發性的力量並與當地居民結合，才能使環境管理更為落實。

鑑此，生產過程除了生產力的提升，生產環境的改善亦為重要課題。政府部門不僅應設計一套實質的環境管理制度（包括：使用管制、建築管理、設施興建等），要求開發者與廠商配合，更應建立合適的規劃制度體系，使國土規劃體系得以完整，讓各部門計畫回歸國土規劃指導原則。同時，亦應加強法令執行以解決違規使用問題（行政院經濟部工業局，2001）。另一方面，可透過地理資訊系統將土地自然條件、土地使用規劃、土地使用現況、環境保育等資訊加以整合，建立環境基本資料庫，做為工業用地編訂與土地變更之參考。同時，定期對工業用地之使用現況進行調查 ，並透過網路及相關媒體予以發布。

五、加強工業用地資訊的掌握與傳遞

都市計畫工業區一般缺乏生產所需之公共設施，除增加中小企業生產成本，且因鄰近住宅區或其他與工業不相容之使用分區，造成基地規模難以隨產能需求擴張而彈性調整。而非都市土地之丁種建築用地，區位與交通條件普遍不佳，且缺乏相關的公共設施，同樣導致中小企業經營成本的增加，而無法提高競爭力。此外，由於興辦工業人或民間開發業者普遍缺乏土地法規知識且非專業人才，對於申請編定作業程序及相關資訊瞭解不足，在環境保護意識高漲、環保抗爭嚴重下，將使土地取得日益困難。加上經常性的實地考核和監督執行不易，且耗費成本，也導致非法變更使用之拘束力薄弱，違規使用情形相當嚴重。

因此，建議透過各產業公會、各縣市工策會或中小企業服務中心之運作，定期對中小企業用地供需狀況進行調查，以加強中小企業用地需求之掌握（項目應包括土地需求之數量、區位、時間、價格、類型等），並定期開辦中小企業用地相關法規之實務訓練課程，以培育人才。同時，針對工程顧問公司進行評鑑，藉以建立專業的工業用地服務制度，供業者參考。

六、變更「先租後售」方式及擴大土地出租政策

工業區開發屬於相當專業的工作，中小企業若缺乏工業區開發與管理之專業知識、

技術與人才，開發風險相對提高，而且編定工業區規模通常較大，在工業區規劃與開發階段就必須投入的大量資金，遠超過個別中小企業的財力負擔。因此，在政府已開發的工業區中，受託開發單位因有資金回收壓力，均以出售方式辦理，但中小企業因設廠資金不足，無法購地建廠興業。此外，相關法令不合時宜，且過於防弊嚴苛，亦造成中小企業投資障礙。

為鼓勵中小企業承租或承購，依《促進產業升級條例》開發之工業區用地，變更原先「先租後售」之租售方式，改採直接出售，俾縮短出售時間，方便中小企業進行土地貸款。另一方面，更須逐步擴大工業區土地「出租」政策，降低具技術密集、資本密集之中小企業取得設廠用地的門檻，以減少土地成本負擔。

七、加強工業區與工業用地之使用效能

對於取得工業區內租用土地及廠房權利之企業，採取預收費用（保證金）方式，以提高工業區之使用效率。同時，定期對工業區土地使用之效能進行評估與檢討，收回閒置或不合規定使用之土地或廠房，以提高使用率，或釋出給其他有需求之廠商。同時，積極協調相關主管單位，解決廠房彈性運用後之工廠登記證申請問題。未來工業區之規劃開發應採市場導向，放寬民間參與工業區開發之機會，並透過多樣化的開發方式，鼓勵民間（例如：各產業公會）配合地區產業之需求特性，開發中小企業園區與中小企業適用之廠房。

八、加速公有土地之釋出

由於土地變更的潛在利得大，變更可能性也高，致使地主普遍惜售，土地價格也因此相對較為昂貴。在這種情況下，廠商不易取得較低廉的所需用地。又因都市計畫工業區的土地產權通常較為複雜，亦使得購置作業須耗費較長的時日。至於經開發完成之工業區，仍應依照相關辦法公開出售，只是原聯合組成之中小企業未必能購置到合適的工業區土地。

由於目前提供標售之國有土地大多位於都市區內或近郊，面積通常不大，不符中小企業之設廠需求；而且土地價格高昂，非中小企業能力所及。此外，參與標售國有土地之手續繁複，常使一般中小企業不得其門而入。另一方面，工業生產用地往往缺乏相關公共設施，在土地開發過程中必須投入大量的資金進行基礎建設，亦遠超過中小企業所能負擔。但國營事業土地並非平均分散於各縣市，經常出現所提供之土地區位不佳，或雖區位合適但面積不大之窘況。

因此，政府或相關公營單位應定期發布可供租用設廠之土地資訊，將閒置或不符合

經濟效益之公有土地釋出，並製作辦理租購作業相關規定與流程之說帖，使公有土地出租作業程序明確化。此外，為解決中小企業資金與專業知識不足的問題，可鼓勵中小企業聯合向國營事業租用土地，並組成聯合開發團隊或聯合委託專業開發者，進行土地變更與相關開發作業。

九、簡化土地變更審議程序

目前辦理編定開發工業區作業，不論工業區開發面積規模大小，作業程序均相同，造成編定時程太長；且土地變更過程繁複而充滿不確定性，對急迫需用土地的中小企業緩不濟急，而影響投資之商機。此外，都市計畫工業區申請開發資格限制較為嚴格，且現行土地使用管制規定中的容許使用項目、內容往往不符合中小企業之發展需求。至於非都市土地使用管制系統，目前權責分屬各縣市政府地政單位，不屬於都市計畫體系之機關單位，不但作業程序繁複，且地權與地用無法統合規劃，故其編定常未能符合實際需求。

另一方面，若興辦工業人自覓土地變更為都市計畫工業區，其作業程序相當複雜，且須有相當條件之回饋，影響廠商投資意願。加上目前租用國營事業土地以臺糖所釋出之土地為主，由於臺糖土地許多現為農牧用地，必須先辦理地目變更，造成開發時程較長，且過程充滿不確定性。

近年來配合不同新興產業的發展，我國土地使用型態日新月異，但冗長的審議流程及僵化的土地使用管制，導致產業界往往無法順利取得適當的土地。目前國內工業區開發已日趨飽和，因此應儘速活化現有工業區之利用，以彈性方式之容許使用項目及配置調整，供既有廠商進行轉型。此外，對於新興產業如媒體園區等軟體工業，應加速辦理土地使用變更之審議流程[5]。

因此，建議簡化土地管理之行政組織系統，發揮單一窗口之功能，並針對不同之申請編定面積，設計不同的審議程序，且建立共同審查制度，以縮短審議時程。同時，土地變更回饋方式與項目亦應視個案之性質與地方需求，有多樣化的設計彈性。此外，環境影響評估是影響土地變更審議時程的一大因素，因此應建立專業的工業區環境影響評估制度，明確界定審議委員之權責，以提升審議之效率與品質。而任何工業區之開發均應妥善規劃資源回收與環保專區，並協助中小企業進行污染防治工作，減少環保衝突。

---

[5] 參自行政院經濟建設委員會，全國經濟發展會議 90 年 1 月預備會議各分組結論報告：三、產業用地，http://www.cepd.gov.tw/dn.aspx?uid=1035（搜尋日期：2010 年 5 月 17 日）。

十、放寬土地使用類別之限制，針對不同土地違規使用類型，採取不同措施

土地違規、不當使用雖可讓中小企業取得較為低廉的土地，並解決中小企業短期量能調節的問題，但也同時面臨向制度挑戰，並帶來環境污染問題。結果，不僅使違規使用業者無法取得工廠登記許可，亦嚴重影響國民居住的環境品質。對於單一設施違規者，若無法符合現行土地變更規定，相關單位應嚴格取締，並協助遷往合法之工業區；針對族群型違規者，可考慮以個案變更方式，開發成中小企業專用工業區，並鼓勵中小企業進駐，而對於不願遷往專用工業區者則予以嚴格取締。對於建成地區包圍型違規者，應協助遷往已開發、但使用率仍低之工業區，或考慮予以集中，成立中小企業專用區。對於建物違規使用者，除重大不相容者外，可放寬建物混合使用之可行性。對於合法工業區但違規使用者，應嚴格取締非工業使用，並監督其是否按照原核定計畫使用，日後轉讓，不論是受讓人或用途均應符合原規定。對於環境敏感地區違規使用者，由於對生態環境破壞甚大，應嚴格取締。本文認為在無重大污染與外部性下，可考慮放寬現行土地使用類別之限制，以因應中小企業轉型與整合需要。但由於土地違規使用之類型與影響程度不同，應針對不同的土地違規使用類型採取不同之措施，並建立工業用地供給作業與農地變更作業之結合機制。以工業用地缺乏且已做違法使用之農地，考慮做為優先釋出之處；但對於任何違法使用之土地變更，仍應堅持先處罰、回饋之措施。但是，一再鬆綁法令，亦將造成工廠違規不登記情形難以改善，因此應該限期為之，屆期不得延長。

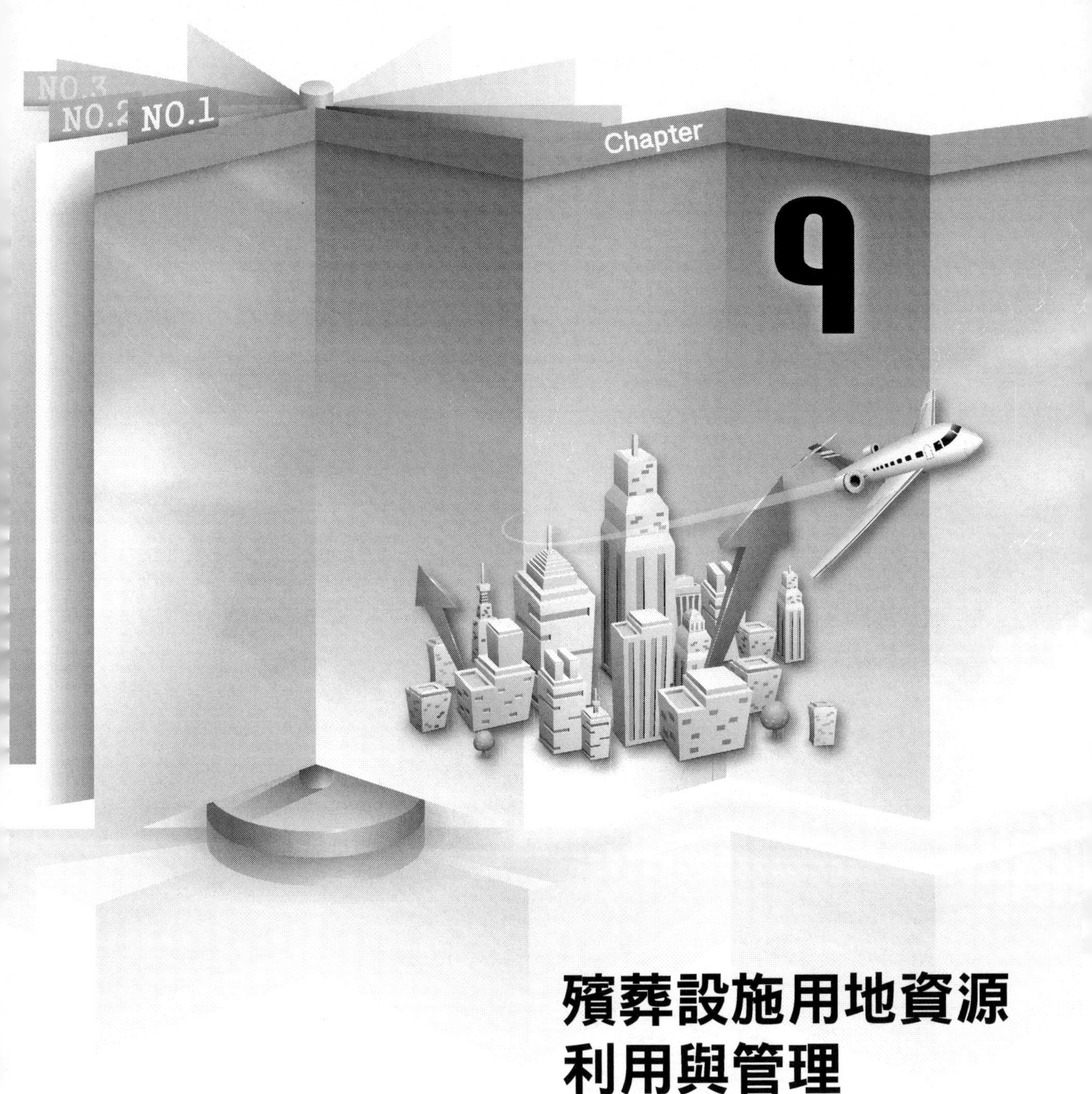

殯葬設施用地資源利用與管理

第一節　殯葬設施用地資源之特性、設置原則與利用效率

第二節　我國殯葬設施設置管理制度與用地供給之概要

第三節　德國殯葬設施設置管理制度與用地供給之概要

第四節　我國與德國殯葬設施設置管理制度之比較分析

第五節　我國殯葬設施用地資源利用制度之改進方略

人生在世總難免有告終之時，因此有必要設置治喪儀式過程所需的空間，以及安葬與緬懷空間的殯葬設施用地[1]。殯葬設施之區位對於公共衛生、都市觀瞻、景觀維護，以及土地使用均有所影響；加以國人對於死亡十分忌諱，連帶對殯葬禮儀也抱持著害怕與不願接觸的心態，更對殯葬設施避之唯恐不及（顏愛靜，2001：4）。另一方面，荒塚橫陳的老舊公墓及都市外圍山坡地的濫葬景觀，在在加深了人們對於殯葬設施的恐懼與嫌惡之感。這種對於殯葬設施的鄰避情結，涉及複雜的文化、政治、經濟等因素，也深深影響殯葬用地的選址與設置。

儘管如此，殯葬設施用地仍為必要的空間，更需要妥為規劃設置，以應實際需求。惟早年臺灣的殯葬用地供不應求，而產生濫葬的問題，故有必要對現行法規審視其要。為有效解決殯葬設施管理問題，完善的制度與法律之規制乃不可或缺。我國雖於民國91 年頒行《殯葬管理條例》，相關的組織體系與法條已漸臻周延，但管理功能尚未完全彰顯。因此，政府可參酌先進國家之相關體制，以匡正我國現行體制之缺失。本文乃選取殯葬設施規劃管理制度甚為健全的德國，冀藉中、德殯葬設施管理制度之相較，探索其間有否可供借鏡之處。

再者，由於土地資源有限，須合理調配各種產業、文化活動之需，避免活動場所之間相互衝突。此外，為避免死者和生者過度競用資源，亦漸有環保自然葬之議，值得加以引介。全文共分五節，首先探討殯葬設施用地資源之特性、設置原則與利用效率；其次，分別說明我國與德國殯葬設施設置管理之相關法規與現況，再就兩國相關制度之優劣相互比較；最後研提我國未來制度之改進方向，以供各界參酌。

第一節　殯葬設施用地資源之特性、設置原則與利用效率

一般人對於治喪過程中所需之殯儀館、火葬場、納骨塔及公墓等殯葬設施均視為「鄰避」設施，深以為此種「不寧適設施」雖為廣大地區民眾帶來營葬便利，卻使鄰近居民承擔其「外部成本」，從而強烈排拒，難以成為迎毗設施（WIMBY：Welcome in My Backyard；歡迎在我家後院）。故殯葬設施究應如何規劃，方能將其由鄰避設施（NIMBY：Never in My Backyard；不要在我家後院）轉化為至少並不排斥毗鄰而設，

[1] 楊國柱 (2003) 指出，人往生後之治喪過程大略包括遺體處理、入殮、告別式、發引土葬或火化進塔等作業或儀式，舉凡為完成上述作業或儀式所設置之設施，均稱為殯葬設施（頁 5）。又依據《殯葬管理條例》第2條規定：「殯葬設施指公墓、殯儀館、火化場及骨灰（骸）存放設施；公墓指供公眾營葬屍體、埋藏骨灰或供樹葬之設施；殯儀館指醫院以外，供屍體處理及舉行殮、殯、奠、祭儀式之設施；火化場指供火化屍體或骨骸之場所；骨灰（骸）存放設施：指供存放骨灰（骸）之納骨堂（塔）、納骨牆或其他形式之存放設施。」而本文所指「殯葬設施」，係包括公私立公墓、殯儀館、火化場及納骨塔等相關設施。惟我國現行有關法規用語欠缺周延，有稱「墳墓」，亦稱「喪葬設施」，或稱「殯葬設施」，本文為方便論述起見，除引用現行規定外，將墓地和殯葬設施用地視為同義詞，交替使用。

需要更細緻的分析與規劃。本節擬就此等設施用地之需求特性、鄰避特性、設置原則，以及各種埋葬方式用地效率之比較探討之。

一、殯葬設施用地資源需求之特性

當人類生命走向盡頭，總不能免除對殯葬設施用地資源之需求。其需求特徵可簡要歸納如次：

1. 人生所必須

人類生存總有謝世之日，而國人重視養生送死，對於至親大體之埋葬向有極盡鋪張以顯哀榮之習慣，亦常選擇占地較廣之處安葬。但隨著時代轉變，厚葬親故的思維當須調整，以求力行節葬、簡葬、環保葬，以將珍貴的土地資源留供跨世代社經活動之用，滿足所需。

2. 呈增加之勢

儘管臺灣近年來人口成長趨緩，然就整體而言，死亡人數仍有增加之勢。民國 90 年至 101 年止，出生人口由 260,354 人減為 229,481 人，死亡人口則由 127,647 人增為 154,251 人[2]。如以傳統土葬方式計算，每墓基之需用墓地面積為 30 平方公尺，則墓區用地之總面積計約 430 公頃[3]。為節用土地資源，或可採取火化入塔或樹灑葬方式，以紓解所困。

3. 離住所不遠

人們於親人身故後，通常會選擇離住所不遠處營葬，以方便祭祀[4]。所謂距離不遠處，並非指住所和墓地毗鄰而設，因其常被視為是不可共存的兩個個體，正所謂生死有別、陰陽兩隔。儘管隨著科技進步，網路祭拜[5]之風蔚起，但國人慎終追遠、前往墓地祭拜之慣俗依舊留存。因而，在為身故至親選擇吉地而葬之時，除非因工作之需而暫居他鄉，否則還是會選擇遺族現居地或祖居處之相同或相鄰縣市、鄉鎮，以利追思祭拜。

---

[2] http://sowf.moi.gov.tw/stat/month/m1-02.xls（搜尋日期：2010 年 5 月 28 日）。

[3] 按《非都市土地開發審議作業規範》（內政部 97 年 8 月 7 日臺內營字第 0970805739 號令修正）貳專編第六編墳墓用地，第六點規定：「第四點、第五點計畫使用容量包括墓基數及骨灰罐數，其計算標準如下：（一）墓基數應依每墓基占三十平方公尺墓區用地面積之標準計。……）故按此基準計算。http://www.cpami.gov.tw/chinese/index.php?option=com_content&view=article&id=10740&Itemid=57（搜尋日期：2010 年 5 月 28 日）。

[4] 筆者猶記得二十年前，訪問德國 Königswinter 鎮近郊教堂鄰近墓地時，巧遇一位老婦人，捧著兩束花錢來祭拜，乃詢問從何處而來，她答以從近處村落來追思其夫，而另一束花是為了感念葬於鄰地的亡者（無後人祭祀）「陪伴他的夫婿」，聞之令人動容。又葬於教堂亡者和其遺族多居住鄰近村莊，路途不超過 5 至 10 英里。

[5] http://www.30x30.com.tw/miss/index.htm（搜尋日期：2010 年 5 月 28 日）。

4. 景氣不影響

人類生老病死不能豁免，因而遇有親人別世之時，不論景氣榮枯，仍須辦理營葬事宜。以往國人視養生送死為人生大事，故每於親人身故後，動輒以華而不實的儀式弔祭，且到處覓龍脈、尋靈穴，興建華美寬敞陵園，深怕非如此恐不足以表孝思、顯家勢。只是隨著時代改變，節約用地資源的觀念興起，即使營葬身故至親不受景氣影響，但仍應調整過去的殯葬行為，以親善環境的方式為之。

二、殯葬設施之鄰避效果

殯葬設施用地既屬人生所必須，何以人們會對之排拒？究其主要原因在於臺灣民風十分忌諱談論死亡，而此等設施因地處荒郊，且疏於管理，視之陰森恐怖，從而對其產生鄰避情結。通常，個人或社區因反對各種主觀認定有害的活動或設施的土地使用，即會產生鄰避情結，而該活動或土地使用即稱之為「地方上不想要的土地使用」(locally undesirable land uses, LULUs)。若部分公共服務設施的設置，對生活環境、居民健康或生命財產造成威脅或帶來負面觀感，引發鄰近居民排斥、嫌惡，進而表達反抗，即所謂「鄰避效果」(Dear, 1992：289)。

有關鄰避效果的概念，雖在名詞的運用上漸趨統一，但概念內涵的界定上仍是眾說紛紜。李永展 (1998) 認為它是一種「個人或社區反對某種設施或土地使用所表現出來的態度」（頁 34）。陳俊宏 (1999) 從民主決策的角度認為「鄰避症候群」，主要是描述一種反對國家強制執行某些對社會整體而言是必要的政策，但是在地方上卻直接引發強烈反對聲浪的草根運動。他認為鄰避症候群發生的原因有兩方面：一是來自於政策專家對於公共問題的界定方式；另一為以政府官員與科技專家做為最後決策權的模式。

鄰避效果究竟具有何種特性呢？先前的研究指出鄰避效果具有四項特性（李永展、翁久惠，1995：92；李永展、陳柏廷，1996：55）：

1. 鄰避設施所產生的效益為全體社會所共享，但負外部效果卻由附近的民眾來承擔，突顯其不公平之處。
2. 居民對鄰避設施之認知與接受程度，會受到居住地點與此類設施距離遠近的影響。
3. 部分鄰避設施具有潛在的危險性與污染性，固然可以針對其污染性透過相關措施予以妥善處理，且發生意外的機率相當低，但若不幸發生事故，則後果非常嚴重，因而一般民眾皆希望其離住家愈遠愈好。
4. 由於鄰避設施的設置攸關社會大眾福祉，決策過程需藉專業科技評估及民眾參與意見表達，但專家科技知識與民眾普通常識之間往往存在價值衝突，規劃理想與民眾觀念亦可能有相當的差距，若決策單位忽視未妥善處理，將與民眾產生衝突。

洪鴻智 (1995) 指出，鄰避情結是因為中央與地方基層、中心與邊陲對立所引發的空間衝突，或個體效用與總體目標相互矛盾而引發的衝突，使得空間衝突本身具有複雜性與不確定性。空間規劃的問題不再是靜態且具線性組織的型態，而是已經轉變為動態與非線性的空間衝突管理。故知，鄰避設施的特性即是「生活所必須卻不願與之為鄰」。

何紀芳 (1995) 在計算各項都市服務設施的鄰避效果指數後，顯示火化場、殯儀館、公墓、垃圾掩埋場、屠宰場、機場、煤氣供應站及監獄，為鄰避效果最嚴重的八項設施，其中火化場（指數 92.26）、殯儀館（指數 91.66）、公墓（指數 91.36）此三項殯葬設施分居前三名。究其原因，該研究的受訪者都認為「造成心理的不愉悅」為主因，而公墓的「破壞景觀」、殯儀館的「噪音」與火化場的「空氣污染」，均是鄰避效果的次要原因。此外，也有不少受訪者認為殯葬設施會「造成附近房地價格低落」。

李永展 (1997a) 將對鄰避設施的認知調查分為兩個階段：第一階段是受訪者對各項公共設施是否具有鄰避效果的看法；第二階段則是讓受訪者在其認為具有鄰避效果的公共設施中，依序排出最無法接受的前五項設施。在第一階段，受訪者認為火化場為鄰避設施的占 96.1%，認為殯儀館為鄰避設施的占 94.5%，認為公墓為鄰避設施的占 87.0%，認為納骨塔為鄰避設施的占 86.3%，由此數據可知受訪者均認為火化場、殯儀館、公墓、納骨塔等殯葬設施為鄰避設施，而火化場、殯儀館、公墓三者更依次為鄰避效果最強的第二、三、五名。在第二階段，讓受訪者選出最無法接受的鄰避設施前五名，殯儀館、火化場、納骨塔、公墓更依序排在前四名，可見受訪者不僅認為殯葬設施為鄰避設施，更無法接受殯葬設施設置在居家附近。至於受訪者無法接受殯葬設施設置在居家附近的最主要考量因素，還是心理上的不適應，其次為影響房地產價格，再其次為破壞景觀及噪音污染、空氣污染、垃圾污染、水污染等環保問題。而在李永展 (1997b) 對臺北市文山區所進行的家戶訪問調查中，結果亦顯示殯儀館、公墓、火化場三者乃居民認為鄰避效果最大的前三項公共設施。

比較上述研究發現，不論是殯儀館、火化場、公墓、納骨塔，皆為不受一般都市居民歡迎的鄰避設施，其鄰避效果排名整理如表 9-1-1 所示。受訪者排斥殯葬設施的主因仍是心理障礙，以及擔心影響房地產價格與造成環境污染等問題。此外，楊國柱與鄭志明 (2003) 則歸納出死亡禁忌、殯葬設施的負外部性、殯葬法制規範設置條件缺乏居民參與及協商空間等，亦為社區居民反對殯葬設施的原因。

三、殯葬設施設置管理之基本原則

誠如前述，民眾往往將殯葬設施視為鄰避設施，遇有殯葬設施擬在住家附近設置時，居民常會起而抗爭，滋生政府與民眾之間嚴重的衝突。再者，殯葬設施一旦設置，

表 9-1-1　鄰避設施之鄰避效果排名比較表

排名	何紀芳之研究 (1995)	李永展之研究 (1997a)		李永展之研究 (1997b)
		第一階段	第二階段	
1	火化場	垃圾掩埋場	殯儀館	殯儀館
2	殯儀館	火化場	火化場	公墓
3	公墓	殯儀館	納骨塔	火化場
4	垃圾掩埋場	垃圾焚化爐	公墓	垃圾掩埋場
5	屠宰場	公墓	垃圾掩埋場	垃圾焚化爐

資料來源：連容純，2010：2-12。

總會長期占用土地，難免影響到社會與經濟發展之活動空間。因此，這類設施之設置管理宜掌握如下的基本原則。

（一）限制墓地使用面積

一般而言，遺體採「入土為安」的處理方式有棺木埋葬與火化埋葬兩種。第一種方式係將棺木直接埋入坑穴之中，過程最為簡便，所需附帶設施（墓道、金爐）較為簡單，但每座墓基的面積較廣，占用較大空間。第二種方式需先將大體火化入罐後，再埋葬於坑穴中，過程稍微繁複，且需建火化場等設施，惟每座墓基的面積較小，可節省占用空間。然而，由於土地供作墓地使用，主要在於維繫傳統倫理與文化習俗，並不能產生有形的經濟效益，是以基本的埋葬功能當以滿足營葬的基本需求為度，避免資源浪費。因此，為達到節省土地使用之政策目標，限制每座墳墓的使用面積是極其必要的。

（二）促進墓地循環利用

墓地屬限量資源 (stock resources)，每開發利用一次，其數量即減少一座。逢此土地使用競爭問題極為嚴重的時代，新闢墓地雖非絕不可能，但亦屬極度困難之事，是以愈發突顯墓地之限量性。墓地既屬限量，死亡人口卻不斷累積遞升，加上有些舊墓因區位不當而必須廢止，長此以往必將供不應求。

為解決可能的墓地不足問題，並避免不斷開發的新墓地而占據有用空間，則實施墓地的循環利用，化限量資源為流量資源 (flow resources)，是最有效且經濟的方法。此種方法乃不管採取傳統土葬或火化入土，於墓地經使用一段時間後，都應撿金（撿骨）洗骨，並將骨灰或骨骸安置於納骨堂（塔），把原來使用的墓基騰空出來，俾使有限的空間得以循環利用，節省墳墓用地資源（殷章甫、顏愛靜，1988：179-180）。此外，公墓的經營管理可因使用費及管理費的收取而長久維持，且可集約利用墓地以加強公共設施的投資效益，為喪家提供更佳的服務。因而，墓地的循環利用亦可發揮克盡地利、增加效率的效果。

（三）加強殯葬設施立體利用

當人口稀少時，人類利用土地的方式是朝擴張化趨勢 (Tendenz der Erweiterung) 發展，即儘量利用土地的面積，以適應日益增加的人口需求。但此種努力有一定的限制，因此，伴隨著擴張化趨勢而有土地利用集約化的趨勢 (Tendenz der Intensevierung)。

直言之，現代化的殯儀館、火化場、納骨塔亦可經由妥善的立體化規劃設計，布置殮、殯、葬集中處理以及殯葬行政管理空間，如此不僅不會產生外部負效益，還能促進墓區空間之立體利用，提升經濟效率。

至於墓地如何立體利用，據瞭解外國有採於地下多層疊葬的例子，惟尚乏具體之文獻可考。依我國傳統是以信仰佛教為主，而火化入塔為佛教的正統葬法，因此，為充分利用土地資源、節省墓基占地空間，宜多增闢塔葬式公墓，即興建納骨堂（塔）以供骨骸或骨灰存放。這種朝墓地上空發展的利用方式，不但符合節約利用土地資源政策目標，且易於落實執行。

（四）展現殯葬設施多元功能

殯葬設施為遺族治喪與營葬之必要場所，以往多侷限於殯、葬功能之界定，然在土地資源供給有限、各種社經活動相關設施需地孔急的情況下，如能透過妥適的規劃設計，使墓基整齊劃一、墓碑造型美觀、基礎設施齊全、墓區綠意盎然，從而給人賞心悅目之感，當能展現殯葬設施集文化教育、綠景、休憩等多元功能之新風貌。

然而，如何在殮殯與埋葬用途之外，呈現殯葬設施之多元功能，是目前規劃師所面臨的重要課題。約莫在 1970 年代初期，美國就注意到這個課題，其住宅與都市發展局 (HUD) 首先提出擬於田納西州的普勒斯基城 (Pulaski) 規劃多目標使用墓區 (multiple use cemeatry) 的報告。這些多目標用途包括動態的遊憩（active receation，例如：騎腳踏車、打球、垂釣、溜冰等）及靜態的遊憩（passive recreation，例如：藝術雕像的展示、具歷史紀念性價值古物的保存等），目前均已被融合到墓園的規劃與經營管理中 (Finkler, 1972: 7-12)。此外，德國柯隆的美拉頓墓區 (Melatenfriedhof Köln)，其步道整齊，墓碑設計精巧細緻，天使展翅，基督長佑，亦充分展現靜態遊憩的功能[6]。

由於「入土為安」觀念影響，臺灣地區的殯葬設施用地容或不能涵蓋動態的遊憩功

[6] http://www.melatenfriedhof.de/html/meta/index.html.（搜尋日期：2010 年 5 月 28 日）

能，但若經縝密之規劃設計，使設施完備、環境幽靜，墓區井然有序，亦可供作開放空間，增加休憩的功能。如此，不僅合乎政策目標之視覺景觀的要求，墓地同時亦不再是死人恆久占據而毫無生息之地，而是安祥寧適循環利用，且可供休閒遊憩的多功能場所。

（五）配置殯葬一體專用特區

一般而言，公共設施之規劃可集中設置為大型設施，或分散興建中、小型設施。由於傳統的殯葬設施通常被歸類為鄰避設施，如予以集中設置，或將增加負外部性，從而遭致毗鄰地區住戶的反對抗爭，故有人認為應分散設置。惟若慎選殯葬用地適當區位與面積規模，經由縝密規劃設計，將所有殯葬設施及行政管理單位集中配置於專用特區，並以樹籬與區外分隔，配置良好的聯外交通，當可將負外部性轉化為正外部性，使鄰近住戶不再強烈排拒。

此外，基於喪家的立場，如能設置殯儀館、火化場、靈（納）骨堂（塔）、墓地等殯葬一體化的墓園設施，為喪家提供一貫性服務，並收取合理費用，不但可以除卻喪家為了治喪而四處奔波的辛勞與麻煩，亦能節省不少時間與費用。尤其是送葬隊伍的哭嚎、哀樂聲，不僅令人不忍，也易引起局外人的煩噪與負面觀感，若能將殮、殯、葬集中一處辦理，當可避免這類的「負外部性」產生。

然而，受限於經營體的財力與公墓面積規模，並非所有公墓均適宜興建殯葬一元化設施，惟選擇性的鼓勵與輔導極有必要。舉例來說，英國與德國的大都市均設有殯葬一元化的公墓，墓園裡的設施包括：火化設備、小教堂、停屍間、休息室、洗手間、辦公室、停車場、墓地、骨灰拋灑處等，為喪家提供整體性服務，例如：英國的雷汀 (Reading) 墓園及倫敦之莫特湖 (Mortlake) 墓園[7]、德國的城西墓區 (Westfriedhof)[8]。其中，德國的城西墓區更毗鄰捷運站，易於大眾利用，值得我國借鏡參考（殷章甫、顏愛靜，1990：70）。

四、墓地利用效率之比較分析

前項所述及的殯葬設施設置管理基本原則，誠與不同埋葬方式的土地利用效率息息相關，可進一步藉由經濟圖形分析予以說明之（顏愛靜，1991b：15-17、44-47）。

在臺灣，人們於親人謝世後對其遺體的處理方式通常有三種，即：土葬、火葬及塔葬。各種安葬方式的每基占地面積有大小之分，因而土地利用集約度自有高下之別。其

[7] http://www.mortlakecrematorium.org/content/gettinghere.asp.（搜尋日期：2010 年 5 月 28 日）
[8] http://www.findagrave.com/cgi-bin/fg.cgi?page=cr&CRid=1966027.（搜尋日期：2010 年 5 月 28 日）

次，由於土地資源極為有限，除需務求集約利用之外，當亦須考慮限制每基墳地的使用年限，以提高土地利用的效率。底下將從不同埋葬方式的建墓成本、效用水準與循環利用等方向，予以深入比較分析。

（一）建墓成本的比較

假設在既定的墓區面積下，開設者可決定採取土葬、火葬或塔葬方式開發墓園，而墓區內除墳墓基地外，尚須配置對外通道、對內通道、停車場等基本設施，以及興建火葬場、納骨塔（堂）等設備，故總建墓成本實質上包括土地及其他建築物或建築工事費用。各種埋葬方式的每基墓地面積，依序是土葬式最廣，火葬式其次，塔葬式最狹，故可供埋葬或置放的墓基數由少而多分別是土葬式、火葬式、塔葬式。職是之故，各種埋葬方式的平均建墓成本，同樣是土葬式最高，火葬式居次，塔葬式最低。此可藉圖9-1-1予以說明。

圖9-1-1的橫軸表示單位土地面積的可建墓基數，縱軸表示這塊土地的平均建墓成本，曲線AC1、AC2、AC3分別代表土葬、火葬及塔葬的平均成本。如要設置OQ1的墓基數，則應開發土葬墓園，方能使平均建墓成本最低。若要設置OQ1’的墓基數，則採土葬或火葬均可，因其平均建墓成本正好相等。倘要增設墓基數至OQ1”，當需開發

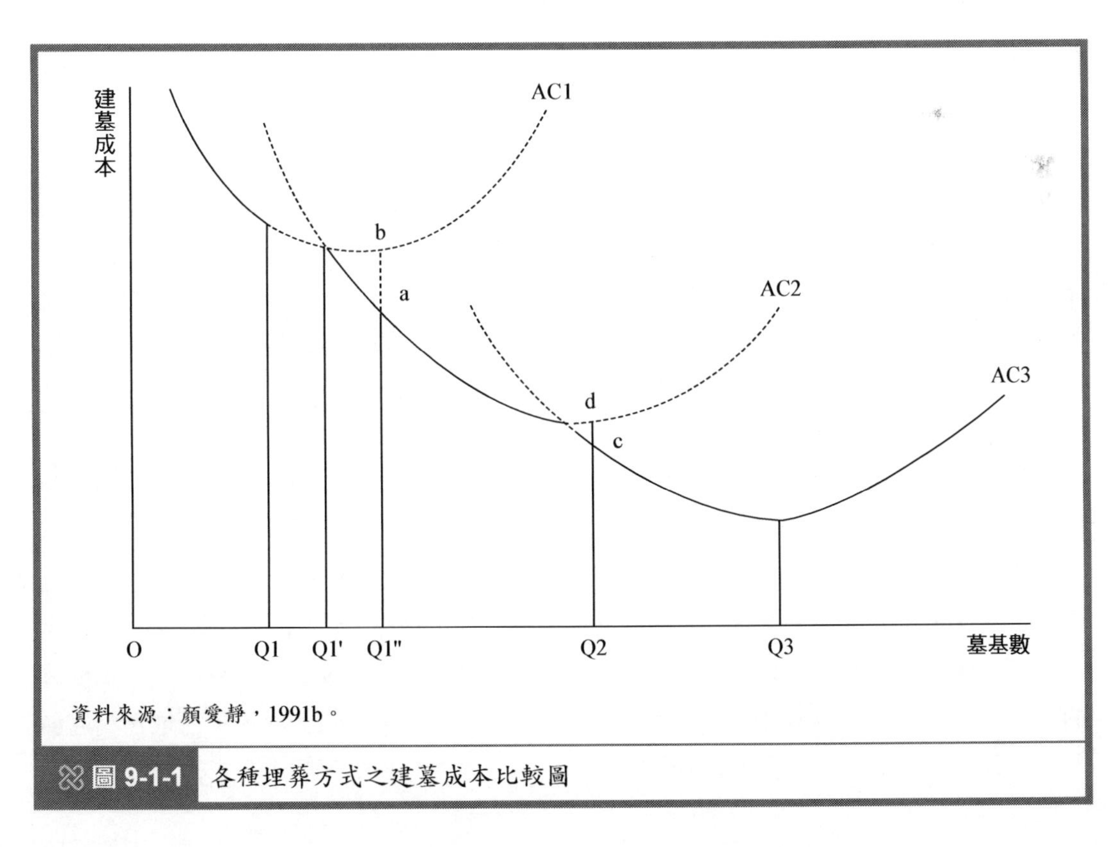

圖9-1-1　各種埋葬方式之建墓成本比較圖

火葬墓園，方使平均建墓成本為最低；若採取土葬的開發方式，將使平均建墓成本高出 ab 單位。同理，如要增設墓基數至 OQ2，當需採塔葬方式開發墓園，因其平均建墓成本為最低；相較之下，若採取火葬，將使平均建墓成本高出 cd 單位。若墓基數要增置至 OQ3，自是以開發塔葬式墓園的平均建墓成本為最低。

由此可知，如欲集約利用土地空間、共同分攤建墓成本，則開發方式採用土葬不如採取火葬，而採用火葬不如採取塔葬。換言之，在土地資源不虞匱乏時，墓地開發方式採行利用集約度較低的土葬即可；惟隨著人口日益增加，土地相對不足時，採取利用集約度較高的火葬或塔葬，方是最合時宜的解決之道。

（二）土地利用效率的比較

藉由價格線與無異曲線之關聯，可以分析墓園開發者達到均衡的開發型態組合，亦即在有限的開發經費及已知的土地單價、每基建墓成本（不包括土地）的情況下，來探討墓園開發者如何選擇效用最大（即成本最低）的開發方式。

假設墓園開發者將既定的開發經費，在已知的土地價格下，用於購買土地開闢墓地，如此所能取得之土地面積與墓基數的不同組合軌跡，即為價格線或預算線。如圖 9-1-2 所示，直線 AB1 表示墓地開發總經費，用於購買土地，可取得 OA（10,000 平方公尺）的面積，如興建土葬式墓園，最多可建墓基數為 OB1（750 座）；如闢建火葬式墓園，因每基土地成本較土葬低，故預算線向右移至 AB2，至多可建墓基數增為 OB2（1,250 座）；同理，若用於開闢塔葬式墓園，則預算將繼續右移至 AB3，最多可建墓基數增達 OB3（2,000 座）。

至於興建各式墓園的土地利用效率，可以無異曲線或等效用曲線表明之。假設墓園開發者在既定的每基土地成本下，以不同的土地面積闢設不同數量的墓基，土地利用效率均同，那麼不同組合的軌跡即是等效率曲線。如圖 9-1-2 所示，因每個基墓的土地成本為塔葬低於火葬，而火葬又低於土葬，故表示塔葬利用效率的曲線 I3，會在火葬利用效率的曲線 I2 之右上方；而土葬利用效率最低，故曲線 I1 在 I2 的左下方。直言之，各式墓園的利用效率依序為：I3＞I2＞I1。

然而，各式墓園的每墓開發規模究竟以多大為宜？此可參看預算線與等效用曲線相切之點。如圖 9-1-2 所示，直線 AB1 與曲線 I1 相切於 E1 點，決定了土葬每基墳墓的最適面積 QC1（假定 20 平方公尺）與可供開發墓基數 OD1（500 座）。直線 AB2 與曲線 I2 相切於 E2 點，可決定火葬式每基墳墓的最適面積 QC2（假定 10 平方公尺）與可供開發墓基數 OD2（1,000 座）。直線 AB3 與曲線 I3 相切於 E3 點，此即塔葬式每基墳墓的最適面積 QC3（假定 6 平方公尺）與可供開發墓基數 OD3（1,500 座）。惟無論何種開發方式，其可供設置墓基數均不會超過各式的最大開發規模，即土葬式的 OB1、火葬

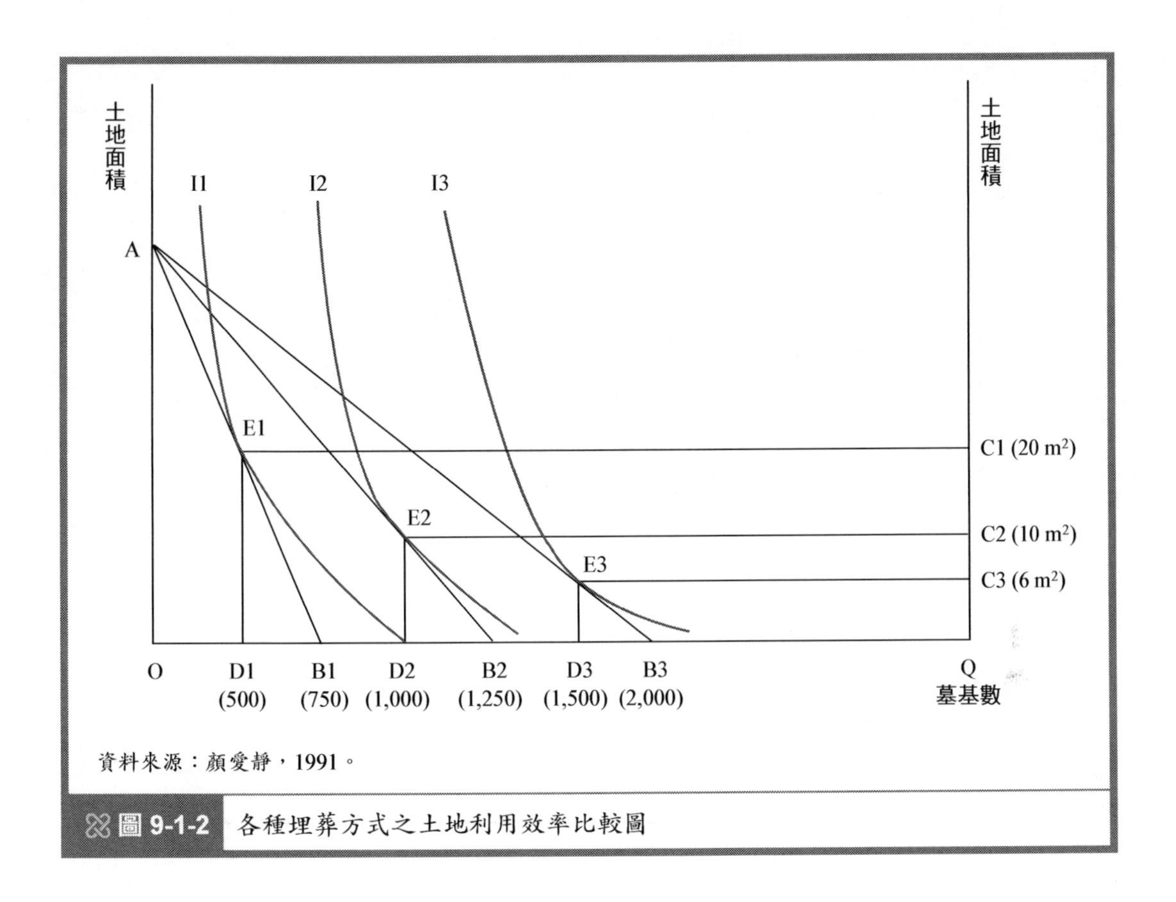

資料來源：顏愛靜，1991。

圖 9-1-2　各種埋葬方式之土地利用效率比較圖

式的 OB2與塔葬式的 OB3。

綜上分析可知，在限量的開發經費下，闢設各式墓園的土地利用效率，仍以土葬最低，火葬略佳，塔葬最高。由於各式墓園的每墓土地取得成本，為土葬高於火葬，火葬又高於塔葬，如為充分利用土地資源、節省墓基占地空間，當增闢塔葬式、火葬式墓園，少設土葬式墓地。

（三）墓地循環利用的比較

為使墓地的限量資源得以轉化為流量資源，以促進土地的集約利用，乃有限定墓地的使用年限、加速循環利用的構想。我國近年來推行的公墓公園化措施，即對墓地的使用年限加以規定，各鄉鎮通常以規定七至八年者為最多，但亦有規定十年者。英國的公、私立公墓使用年限，規定可達七十至七十五年。而德國對墓地使用年限的規定，則是排列式為十五年，自選式可達三十年。惟若墓地使用年限愈短，當可加快循環利用的速度，使墓地利用效率更為提升，此可藉等效用曲線予以分析。

茲以圖 9-1-3 說明不同使用年限下，墓地循環利用效率之差異。該圖的橫軸表示可供埋葬的墓基數，縱軸表示每墓基之占地面積，曲線 I1I1、I2I2、I3I3 分別代表既定面

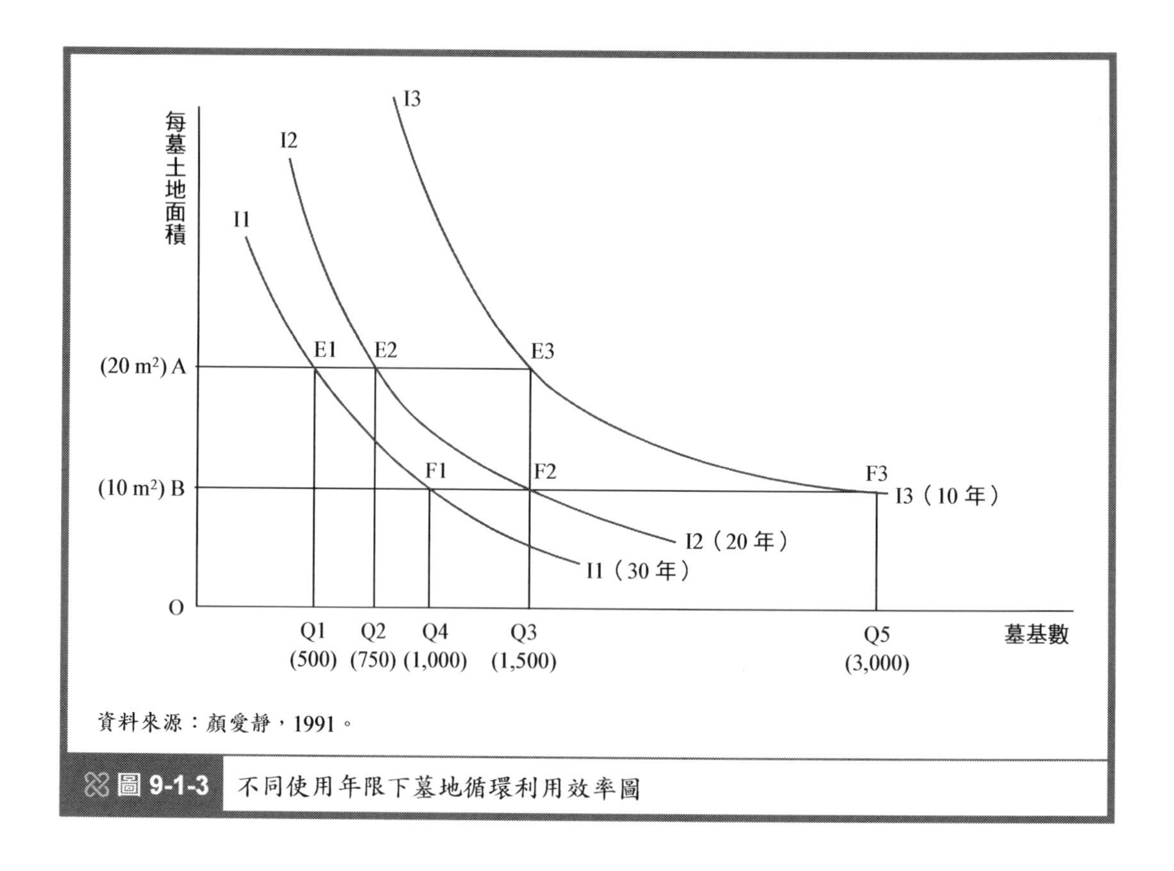

資料來源：顏愛靜，1991。

圖 9-1-3 不同使用年限下墓地循環利用效率圖

積下，墓地使用年限為三十年、二十年及十年之等效率曲線。曲線 I2I2 與 I3I3 在曲線 I1I1 的右上方，意指使用年限定為二十年與十年時，其土地循環利用之速率要較定為三十年時分別加快 1.5 倍與 3 倍，故前兩者的土地利用效率較後者為高。假設土葬式每基墓地面積為 OA（設為 20 平方公尺），則在既定的墓園面積（設為 1 公頃）下，如使用年限定為三十年，可建墓基數為 OQ1（500 座）。若使用年限縮短為二十年，相當於可用的墓園面積增為 1.5 倍（1.5 公頃），故可建墓基數增為 OQ2（750 座；OQ2＝1.5×OQ1）。倘使用年限僅有十年，可視為可用的墓園面積增為原先的 3 倍（3 公頃），故可建墓基數增為 OQ3（1,500 座；OQ3＝3×OQ1）。接著，假設火葬式每墓基地面積為 OB（設為 10 平方公尺）時，則在一定的墓園面積（1 公頃）下，使用年限分別為三十年、二十年、十年時，可建墓基數分別為 OQ4（1,000 座）、OQ3（1,500 座；OQ3＝1.5×OQ4）與 OQ5（3,000 座；OQ5＝3×OQ4）。當開發方式改為塔葬式時，亦可獲致類似的結果。

由此可知，定量的墓地資源可藉使用年限的限制，提升循環利用的效率。惟使用年限定得愈寬，循環利用的速度愈慢；但定得愈嚴，雖可有效利用土地空間，卻又有罔顧遺族需求、脫離現實之疑慮。目前，臺灣各鄉鎮的公園化公墓所定使用年限，多依民間在親人亡故六、七年後撿金洗骨之習俗，定為七至十年。德國則依據各地土壤地質之地下水位狀況，衡量屍體腐化速度而訂定十五年或更長的使用年期。至於英國的墓地使用年限，竟長達七十年之久。因此，較為合理的做法，當需依據各地氣候、地質情況，衡量屍身腐化速度，再規定適度的墓地使用年限。

（四）綜合分析

本項旨在藉經濟圖形，分析不同埋葬方式的墓地利用效率。經由每基建墓成本（包括土地成本與其他附帶設施成本）、土地利用效率（藉每墓土地成本衡量）之比較，得知塔葬式不僅可集約利用土地空間（單位面積可建墓基數最多），而每墓所分攤的土地成本最低，使用效能最大。至於墓地的使用年限，當以定得愈短愈能發揮循環利用之效率，惟於實際訂定時，仍需考慮氣候、地質、地下水位條件，衡量屍體腐化速度，方是提升墓地循環利用效能之道。

據前分析可知，我政府極力推行的火化塔葬（墓地循環利用）政策，實合乎節約占地空間、促進地用效能的目的，當需繼續推動，以收宏效。近年國人已能接受遺體火化的觀念，但仍須廣為宣導，漸次減少土葬比率，並廣建火化場、靈（納）骨塔（堂），酌量減免火化、骨罐放置費用，以提升火化塔葬之比率，化限量土地為流量資源，便於永續利用，如此方能紓解墓基長期占用大量土地之困，並為後世子孫預留更多的活動空間，以利經濟發展之需（顏愛靜，1991b）。

第二節 我國殯葬設施設置管理制度與用地供給之概要

我國現行殯葬設施之設置與管理，主要係由中央目的事業機關主管的《殯葬管理條例》、《殯葬管理條例施行細則》及各縣市自治條例（如：《臺北市殯葬管理自治條例》、《高雄市殯葬管理自治條例》）加以規範。而墳墓用地之開發則見諸於《區域計畫法》及《非都市土地開發審議作業規範墳墓用地專編》等規定。圖 9-2-1 為墳墓用地開發之相關法律體系圖，其中，《殯葬管理條例》與《區域計畫法》為上位階法律，《非都市土地開發審議作業規範墳墓用地專編》、《殯葬管理條例施行細則》、《區域計畫施行細則》、《非都市土地使用管制規則》，以及《地方自治規定》則為下位階法規（顏愛靜等，2008b）。本章將就現行殯葬設施之法令規範、殯葬設施用地供給之概況加以說明。

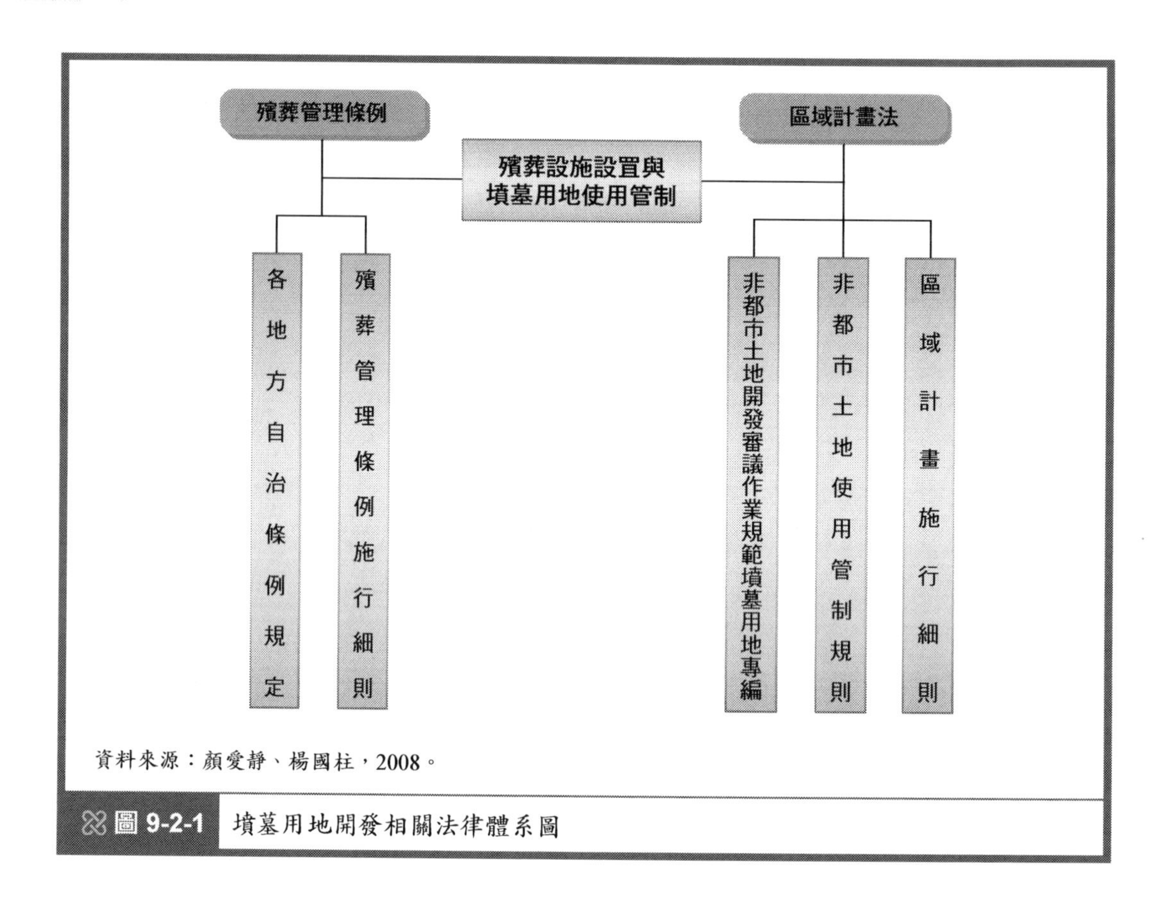

圖 9-2-1 墳墓用地開發相關法律體系圖

一、殯葬設施用地之法令規範

殯葬管理之中央主管機關為內政部（民政司），其主管法規為《殯葬管理條例》，墳墓用地開發相關條文規定要項整理於表 9-2-1，《殯葬管理條例》未規定者，則由《非都市土地開發審議作業規範殯葬設施專編》補充規定。

（一）《殯葬管理條例》

本條例係我國現行殯葬管理之基本法規，共七章：第一章總則、第二章殯葬設施之設置管理、第三章殯葬設施之經營管理、第四章殯葬服務業之管理及輔導、第五章殯葬行為之管理、第六章罰則、第七章附則，計 76 條。其與殯葬設施管理相關之內容摘述如下（見表 9-2-1）。

1. 總則

(1) **殯葬設施定義**：所謂殯葬設施，包括公墓、殯儀館、火化場及骨灰（骸）存放設施。公墓係指供公眾營葬屍體、埋藏骨灰或供樹葬之設施；殯儀館係指醫院以外，供屍體處理及舉行殮、殯、奠、祭儀式之設施；火化場係指供火化屍體或

表 9-2-1　殯葬管理條例殯葬設施用地相關條文規定要項（民國 101 年修改）

規範項目	法律條目	條文規定
應有設施	第 12 條	公墓應有下列設施： 1. 墓基。 2. 骨灰（骸）存放設施。 3. 服務中心。 4. 公共衛生設備。 5. 排水系統。 6. 給水及照明設備。 7. 墓道。 8. 停車場。 9. 聯外道路。 10. 公墓標誌。 11. 其他依法應設置之設施。 前項第 7 款之墓道，分墓區間道及墓區內步道，其寬度分別不得小於 4 公尺及 1.5 公尺。 公墓周圍應以圍牆、花木、其他設施或方式，與公墓以外地區做適當之區隔。 專供樹葬之公墓得不受第 1 項第 1 款、第 2 款及第 10 款規定之限制。 位於山地鄉之公墓，得由縣主管機關斟酌實際狀況定其應有設施，不受第 1 項規定之限制。
	第 13 條	殯儀館應有下列設施： 1. 冷凍室。 2. 屍體處理設施。 3. 解剖室。 4. 消毒設施。 5. 廢（污）水處理設施。 6. 停柩室。 7. 禮廳及靈堂。 8. 悲傷輔導室。 9. 服務中心及家屬休息室。 10. 公共衛生設施。 11. 緊急供電設施。 12. 停車場。 13. 聯外道路。 14. 其他依法應設置之設施。 禮廳及靈堂得單獨設置，其與學校、醫院、幼稚園、托兒所距離不得少於 200 公尺。但其他法律或自治法規另有規定者，從其規定。 依前項設置禮廳及靈堂，應有第 1 項第 7 款至第 14 款之設施；其設置、擴充、增建、改建，依本條例第 7 條、第 18 條及第 31 條規定辦理。 依第 2 項設置之禮廳及靈堂，不得供屍體處理或舉行殮殯儀式；除出殯日舉行奠祭儀式外，不得停放屍體棺柩。違反者，處新臺幣 3 萬元以上、15 萬元以下罰鍰，並令其立即改善；拒不改善者，得按次處罰。其情節重大者，得廢止其設置許可。

表 9-2-1　殯葬管理條例殯葬設施用地相關條文規定要項（民國 101 年修改）（續）

規範項目	法律條目	條文規定
	第 14 條	火化場應有下列設施： 1. 撿骨室及骨灰再處理設備。 2. 火化爐。 3. 祭拜檯。 4. 服務中心及家屬休息室。 5. 公共衛生設備。 6. 停車場。 7. 聯外道路。 8. 其他依法應設置之設施。
	第 15 條	骨灰（骸）存放設施應有下列設施： 1. 納骨灰（骸）設備。 2. 祭祀設施。 3. 服務中心及家屬休息室。
聯絡道路	第 16 條	殯葬設施得分別或共同設置，其經營者相同，且殯葬設施相鄰者，第 12 條至前條規定之應有設施得共用之。 第 12 條至前條所定聯外道路，其寬度不得小於 6 公尺。 第 12 條至前條設施之設置標準，由直轄市、縣（市）主管機關定之。
設施面積	第 6 條	私人或團體得設置私立殯葬設施。 私立公墓之設置或擴充，由直轄市、縣（市）主管機關視其設施內容及性質，定其最小面積。但山坡地設置私立公墓，其面積不得小於 5 公頃。 前項私立公墓之設置，經主管機關核准，得依實際需要，實施分期分區開發。
墓基面積	第 23 條	公墓內應依地形劃分墓區，每區內劃定若干墓基，編定墓基號次，每一墓基面積不得超過 8 平方公尺。但二棺以上合葬者，每增加一棺，墓基得放寬 4 平方公尺。其屬埋藏骨灰者，每一骨灰盒（罐）用地面積不得超過 0.36 平方公尺。 直轄市、縣（市）主管機關為節約土地利用，得考量實際需要，酌減前項面積。
綠化空地	第 17 條	殯葬設施規劃應以人性化為原則，並與鄰近環境景觀力求協調，其空地宜多植花木。 公墓內應劃定公共綠化空地，綠化空地面積占公墓總面積比例，不得小於十分之三。公墓內墳墓造型採平面草皮式者，其比例不得小於十分之二。 於山坡地設置之公墓，應有前項規定面積二倍以上之綠化空地。 專供樹葬之公墓或於公墓內劃定一定區域實施樹葬者，其樹葬面積得計入綠化空地面積。但在山坡地上實施樹葬面積得計入綠化空地面積者，以喬木為之者為限。 實施樹葬之骨灰，應經骨灰再處理設備處理後，始得為之。以裝入容器為之者，其容器材質應易於腐化且不含毒性成分。

表 9-2-1　殯葬管理條例殯葬設施用地相關條文規定要項（民國 101 年修改）（續）

規範項目	法律條目	條文規定
地點距離	第 8 條	設置、擴充公墓或骨灰（骸）存放設施，應選擇不影響水土保持不破壞環境保護、不妨礙軍事設施及公共衛生之適當地點為之；其與下列第一款地點距離不得少於 1,000 公尺，與第 2 款、第 3 款及第 6 款地點距離不得少於 500 公尺，與其他各款地點應因地制宜，保持適當距離。但其他法律或自治法規另有規定者，從其規定： 1. 公共飲水井或飲用水之水源地。 2. 學校、醫院、幼稚園、托兒所。 3. 戶口繁盛地區。 4. 河川。 5. 工廠、礦場。 6. 貯藏或製造爆炸物或其他易燃之氣體、油料等之場所。 前項公墓專供樹葬者，得縮短其與第 1 款至第 5 款地點之距離。
	第 9 條	設置、擴充殯儀館或火化場及非公墓內之骨灰（骸）存放設施，應與前條第 1 項第 2 款規定之地點距離不得少於 300 公尺，與第 6 款規定之地點距離不得少於 500 公尺，與第 3 款戶口繁盛地區應保持適當距離。但其他法律或自治法規另有規定者，從其規定。 都市計畫範圍內劃定為殯儀館、火化場或骨灰（骸）存放設施用地依其指定目的使用，或在非都市土地已設置公墓範圍內之墳墓用地者，不適用前項規定。
骨灰拋灑或植存	第 19 條	直轄市、縣（市）主管機關得會同相關機關劃定一定海域，實施骨灰拋灑；或於公園、綠地、森林或其他適當場所，劃定一定區域範圍，實施骨灰拋灑或植存。 前項骨灰之處置，應經骨灰再處理設備處理後，始得為之。如以裝入容器為之者，其容器材質應易於腐化且不含毒性成分。實施骨灰拋灑或植存之區域，不得施設任何有關喪葬外觀之標誌或設施，且不得有任何破壞原有景觀環境之行為。 第一項骨灰拋灑或植存之實施規定，由直轄市、縣（市）主管機關定之。

資料來源：顏愛靜、楊國柱，2008。

骨骸之場所；骨灰（骸）存放設施則指供存放骨灰（骸）之納骨堂（塔）、納骨牆或其他形式之存放設施。又樹葬則專指於公墓內將骨灰藏納土中，再植花樹於上，或於樹木根部周圍埋藏骨灰之安葬方式（第 2 條）。

(2) **主管機關**：在中央為內政部；在直轄市為直轄市政府；在縣（市）為縣（市）政府；在鄉（鎮、市）為鄉（鎮、市）公所[9]（第 3 條）。

[9] 我國的墓政主管機關，中央為內政部民政司，省（市）為省（市）社會處（局），縣（市）為縣（市）政府社會科，但鄉（鎮、市）則歸屬鄉（鎮、市）公所民政課掌理，或取其匡正禮俗，增進社福之宗旨，但也滋生由上而下難以發揮一脈相承、指揮裕如之弊端。

2. 殯葬設施設置

直轄市、縣（市）及鄉（鎮、市）主管機關得分別設置各種公立殯葬設施，而直轄市、縣（市）得規劃、設置殯葬設施專區；又為顧及地方政府財政困難，故准許私人或團體得設置私立殯葬設施。惟私立公墓之設置或擴充，須由直轄市、縣（市）主管機關視其設施內容及性質，定最小面積；但山坡地設置私立公墓，面積不得小於5公頃（第5條、第6條）。其他主要相關規範敘明如次。

(1) **申請文件**：殯葬設施之設置、擴充、增建或改建，應備具下列文件報請直轄市、縣（市）主管機關核准；設置公墓應具下列文件報請省（市）主管機關核准；由直轄市辦理者，應報請內政部備查。報請應備文件包括：地點位置圖、地點範圍之地籍謄本、配置圖說、興建營運計畫、管理方式與收費標準、經營者之證明文件、土地權利證明或土地使用同意書，以及土地登記謄本（第7條）。

(2) **地點與距離限制**：設置、擴充公墓或骨灰（骸）存放設施，應選擇不影響水土保持、不破壞環境保護、不妨礙軍事設施及公共衛生之適當地點。其與公共飲水井或飲用水源地之距離不得少於 1,000 公尺，規定最嚴；而與戶口繁盛區、貯藏或製造爆炸物，或其他易燃之氣體、油料等場所之地點距離不得少於 500 公尺，規定稍嚴（第8條第1項）。如公墓專供樹葬者，得縮短其與上述地點之距離（第8條第2項）。至於設置、擴充殯儀館或火化場及非公墓內之骨灰（骸）存放設施，雖未規範如前條之環境或區位條件，但推定應不可滋生負面影響之情形，又和學校、醫院、幼稚園、托兒所之地點距離，不得少於 300 公尺；與貯藏或製造爆炸物或其他易燃之氣體、油料等場所之地點距離不得少於 500 公尺；與戶口繁盛區應保持適當距離（第9條第1項）。

(3) **紀念墓園設置**：對於教育、文化、藝術有重大貢獻者，於死亡後，經其出生地鄉（鎮、市、區）滿 20 歲之居民二分之一以上之同意，並經殯葬設施審議委員會審議通過，得於該鄉（鎮、市、區）內適當地點設立公共性之紀念墓園（第10條第1項）。前項紀念墓園以存放骨灰為限，並得不受前條規定之限制（第10條第2項）。

(4) **應有設施**：公墓、殯儀館、火化場、骨灰（骸）存放設施之必備設施，因其所提供之功能而有不同之類別，而共通的設施則是服務中心或服務中心及家屬休息室、公共衛生設備、停車場、聯外道路、其他依法應設置之設施（第12條至第16條）。

(5) **規劃設計原則**：殯葬設施規劃應以人性化為原則，並與鄰近環境景觀力求協調，其空地宜多種植花木。公墓內公共綠化空地面積占公墓總面積比例，不得小於十分之三；如其墳墓造型採平面草皮式者，其比例不得小於十分之二。於山坡地設置之公墓，應有前項規定面積二倍以上之綠化空地。專供樹葬之公墓或於公墓內劃定一定區域實施樹葬者，其樹葬面積得計入綠化空地面積。但在山坡地上實施樹葬面積得計入綠化空地面積者，以喬木為之者為限（第 17 條第 1 項至第 4 項）。

(6) **骨灰拋灑植存區位**：直轄市、縣（市）主管機關得會同相關機關劃定一定海域，實施骨灰拋灑；或於公園、綠地、森林或其他適當場所，劃定一定區域範圍，實施骨灰拋灑或植存（第 19 條第 1 項）。然而，或因骨灰拋灑植存並非在公墓內為之，其相關規範較樹葬者簡要。有關樹葬與骨灰拋灑或植存之規定，進一步比較於表 9-2-2。

表 9-2-2　《殯葬管理條例》有關樹葬與骨灰拋灑或植存規定比較表

比較項目	專供樹葬之公墓	骨灰拋灑或植存專區
設置主體	直轄市、縣（市）政府、鄉鎮市公所、私人或團體（第 5 條至第 6 條）	直轄市、縣（市）政府（第19條）
地點距離	得縮短與公共飲水井或飲用水之水源地（1,000 公尺）、學校、醫院、幼稚園、托兒所、戶口繁盛地區（500 公尺）、河川、工廠、礦場等地點之距離（第 8 條）	未規定
土地取得	公立殯葬設施用地屬私有者，經協議價購不成，得依法徵收之（第 11 條）	未規定
應有設施	應有服務中心、公共衛生設備、排水系統、給水及照明設備、墓道、停車場、聯外道路、及其他依法應設置之設施（得不施設墓基、骨灰（骸）存放設施、公墓標誌）（第 12 條）	未規定
綠化空地	其樹葬面積得計入綠化空地面積（第 17 條）	未規定
骨灰	應經骨灰再處理設備處理（第 17 條）	應經骨灰再處理設備處理（第 19 條）
容器材質	易於腐化且不含毒性成分（第 17 條）	易於腐化且不含毒性成分（第 19 條）
喪葬外觀之標誌或設施	無禁止規定	不得施設任何有關喪葬外觀之標誌或設施（第 19 條）
環境景觀	不破壞環境保護，設施規劃應與鄰近環境景觀力求協調（第 8 條、第 17 條）	不得有任何破壞原有景觀環境之行為（第 19 條）

資料來源：連容純，2010：2-7。

3. 殯葬設施經營管理

直轄市、縣（市）或鄉（鎮、市）主管機關，為經營殯葬設施，得設殯葬設施管理機關（構），或置殯葬設施管理人員。前項殯葬設施於必要時，並得委託民間經營（第 20 條第 1 項至第 2 項）。其他主要相關規範敘明如次。

(1) **墳墓之收葬與起掘**：埋葬屍體原則上應於公墓內為之。骨骸起掘後，應存放於骨灰（骸）存放設施或火化處理（第 22 條第 1 項）。骨灰除相關法規另有規定外，以存放於骨灰（骸）存放設施為原則（第 22 條第 2 項）。公墓不得收葬未經核發埋葬許可證明之屍體。骨灰（骸）之存放或埋藏，應檢附火化許可證明、起掘許可證明或其他相關證明（第 22 條第 3 項）。

(2) **墓基或骨灰盒面積限制**：公墓內應依地形劃分墓區，每一墓基面積不得超過 8 平方公尺。但二棺以上合葬者，每增加一棺，墓基得放寬 4 平方公尺。其屬埋藏骨灰者，每一骨灰盒（罐）用地面積不得超過 0.36 平方公尺（第 23 條第 1 項）。

(3) **土深及高度限制**：公墓埋葬棺木時，其棺面應深入地面以下至少 70 公分，墓頂至高不得超過地面 1.5 公尺，墓穴並應嚴密封固。因地方風俗或地質條件特殊報經直轄市、縣（市）主管機關核准者，不在此限。但其墓頂至高不得超過地面 2 公尺（第 24 條第 1 項）。

(4) **使用年限**：直轄市、縣（市）或鄉（鎮、市）主管機關得經同級立法機關議決，規定公墓墓基及骨灰（骸）存放設施之使用年限（第 25 條第 1 項）。前項埋葬屍體之墓基使用年限屆滿時，應通知遺族撿骨存放於骨灰（骸）存放設施或火化處理之。埋藏骨灰之墓基及骨灰（骸）存放設施使用年限屆滿時，應由遺族依規定之骨灰拋灑、植存或其他方式處理。無遺族或遺族不處理者，由經營者存放於骨灰（骸）存放設施或以其他方式處理之（第 25 條第 2 項）。

(5) **無主墳墓之處理**：直轄市、縣（市）或鄉（鎮、市）主管機關對其公立公墓內或其他公有土地上之無主墳墓，得經公告三個月確認後，予以起掘為必要處理後，火化或存放於骨灰（骸）存放設施（第 27 條）。

(6) **設施遷移或更新**：公立殯葬設施有下列情形之一，直轄市、縣（市）、鄉（鎮、市）主管機關得辦理更新或遷移：(a) 不敷使用者；(b) 遭遇天然災害致全部或一部無法使用；(c) 全部或一部地形變更；(d) 其他特殊情形（第 28 條第 1 項）。辦理前項公立殯葬設施更新或遷移，應擬具更新或遷移計畫。其由鄉（鎮、市）主管機關更新或遷移者，應報請縣主管機關核准；其由直轄市、縣（市）主管機關更新或遷移者，應報請中央主管機關備查（第 28 條第 2 項）。

(7) **墳墓之維護**：殯葬設施內之各項設施，經營者應妥為維護（第 30 條第 1 項）。公墓內之墳墓及骨灰（骸）存放設施內之骨灰（骸）櫃，其有損壞者，經營者應即通知墓主或存放者（第30條第2項）。

(8) **私立設施管理經費**：私立公墓、骨灰（骸）存放設施經營者應以收取之管理費設立專戶，專款專用。本條例施行前已設置之私立公墓、骨灰（骸）存放設施，亦同。前項管理費專戶管理辦法，由中央主管機關定之（第32條）。

(9) **墳墓遷葬**：墳墓因情事變更致有妨礙軍事設施、公共衛生、都市發展或其他公共利益之虞，經直轄市、縣（市）主管機關轉請目的事業主管機關認定屬實者，應予遷葬。但經公告為古蹟者，不在此限（第35條第1項）。前項應行遷葬之合法墳墓，應發給遷葬補償費；其補償基準，由直轄市、縣（市）主管機關定之。但非依法設置之墳墓得發給遷葬救濟金；其要件及標準，由直轄市、縣（市）主管機關定之（第35條第2項）。至於依法應行遷葬之墳墓，由直轄市、縣（市）主管機關應於遷葬前先行公告，限期（自公告日起，至少應有三個月之期間）自行遷葬，並應以書面通知墓主及在墳墓前樹立標誌。但無主墳墓，不在此限（第36條第1項）。

4. 罰則

明定違反殯葬設施經營管理相關規定之懲處方式（第55條、第57條至第61條），以及擅自收葬、存放、埋藏或火化屍體、骨灰（骸）者，處一年以下有期徒刑，得併科新臺幣10萬元以上、30萬元以下罰金（第56條）。

（二）《非都市土地開發審議作業規範》

有關墳墓用地開發需申請許可，於《非都市土地開發審議作業規範》中設有專編予以規範，以供參考。該編規定共八點，第1點至第3點為原則性規定，第4點至第6點、第11點至第12點則為基地內必要性服務設施提供、道路水準、計畫使用容量、視覺景觀分析、服務設施區面積等，並訂有細部具體規範。茲將其要項分析如下：

1. **墳墓開發之指導計畫**：其原則性規定包括殯葬設施之設置、擴充、增建或改建，除依《殯葬管理條例》規定外，應受「區域計畫喪葬設施規劃原則」之指導，並根據其服務範圍進行供需分析，評估實際需求（第1點）。
2. **墳墓開發之原則**：公墓開發應以公園化為原則。平地之墳墓造型應以平面草皮式為主，山坡地之墳墓造型應順應地形地勢設置，且墳頭後方須保持植栽坡面，不得興建護壁或任何形式之設施物（第2點）。
3. **保育區內設施之限制**：保育區內除水土保持設施及以自然素材構成之步道、休憩亭臺、座椅、垃圾筒、公廁、安全及解說設施外，不得設置其他人工設施（第3點）。

4. **基地內必要服務設施之條件**：就基地內必要性服務設施而言，其停車場設置依公墓及骨灰（骸）存放設施或殯儀館及火化場而有不同的計算標準。公墓及骨灰（骸）存放設施應依掃墓季節及平常日之尖峰時段估算實際停車需求，並以該時段之實際停車需求做為停車設置標準，並應研擬掃墓季節之交通運輸管理計畫，以減緩停車空間之不足（第 4 點第 1 項）；殯儀館及火化場則應依尖峰時段估算實際停車需求，並以該時段實際停車需求之 85% 做為停車設置標準。此外，設置公墓者，基地內應依殯葬管理條例第 17 條規定設置綠化空地，並得計入保育區面積計算（第 4 點第 2 項）。
5. **聯絡道路限制**：就道路水準而言，基地應設置足夠之聯絡道路，其路寬應滿足基地開發完成後，其聯絡道路尖峰小時服務水準於 D 級以上，且不得低於 6 公尺；如未達到該服務水準，並應研擬地區交通運輸管理計畫，以減緩基地開發所產生之交通衝擊。其尖峰小時，在公墓及骨灰（骸）存放設施之開發型態係指掃墓季節及平常日之尖峰小時（第 5 點第 1 項）。如未採第 1 項規定之方式設置者，其路寬應按計畫使用容量之多寡而有高下之別（第 5 點第 2 項）。
6. **計畫使用容量之計算標準**：墓基數應依每墓基占 30 平方公尺墓區用地面積標準計；骨灰罐數應依每骨灰罐占 5 平方公尺骨灰（骸）存放設施用地面積之標準計（第 6 點）。
7. **墳墓與納骨塔設置**：應做視覺景觀分析（第 11 點）。
8. **服務設施**：殯葬設施之服務設施區如：管理中心、員工宿舍、餐廳等，應集中設置，其面積不得大於基地面積 5%（第 12 點）。

二、殯葬設施用地之供給概況

有關我國殯葬設施用地之供給，將分別從傳統的土葬，現代化的火化塔葬所需之殯儀館、火化場、公墓、納骨塔（骨灰存放設施）用地，以及新興的環保自然葬的梗概說明如次。

（一）殯葬設施用地使用之概況

近年我國殯葬管理倡導「公墓公園化」、「火化塔葬」及「輪葬制度」，主要致力於更新利用舊有公墓、推動公墓公園化、推行火葬、鼓勵民眾將遺骨置於納骨堂（塔）、利用公墓營葬與殯儀館治喪，以及健全殯葬設施經營管理、提升服務品質，使公墓能永續使用，並將推行火化塔葬列為最終推行目標。

（二）公墓設施

公墓設施係指公立或私立供公眾營葬屍體、埋藏骨灰（骸）或供樹葬之設施（含已禁葬公墓）。依據民國 100 年年底之統計，我國公墓計 3,164 處，土地面積計 9,622 公頃。按規劃與否分，未經規劃者共有 2,876 處，土地面積計有 8,042 公頃（占 83.58%）；少數經規劃並啟用者只有 288 處，土地面積計有 1,580 公頃（占 16.42%）。按已使用面積區分，經規劃並啟用者有 1,030 公頃（如表 9-2-4 所示）。

另外，民國 99 年年底，我國公墓計 3,124 處，較 90 年年底增加 3.31%，土地面積計 9,532 公頃，則較 90 年年底減少 5.93%。按公私立區分，公立公墓計 3,098 處、土地面積 9,182 公頃，私立公墓有 66 處、土地面積 440 公頃；若與民國 90 年年底比較，公立增加 100 處，私立減少 60 處，惟土地面積不論公、私立均較為減少。按縣市別分，公墓處數以臺南市 354 處最多，屏東縣 309 處次之，嘉義縣 284 處居第三，而以嘉義市 1 處最少。土地面積以屏東縣 1,055 公頃占地最廣，臺南市 1,003 公頃次之，新北市 939 公頃居第三，而以連江縣僅 5 公頃占地最小（參見表 9-2-5 與表 9-2-6）。

（三）骨灰（骸）存放設施

骨灰（骸）存放設施係供存放骨灰（骸）之納骨堂（塔）、納骨牆或其他形式之存放設施。民國 99 年年底，我國骨灰（骸）存放設施計 430 座，最大容納量為 7,942,500 位，分別較 90 年年底增加 41.91% 及 65.99%。如按全年納入數以觀，民國 99 年新納入數量 171,489 位（包括骨骸 41,106 位、骨灰 130,383 位），於 99 年年底骨灰（骸）存放設施使用率達 29.65%，較 90 年增加 7.98 個百分點（參見表 9-2-5）。

若按縣市別區分，骨灰（骸）存放設施以彰化縣 51 座最多，雲林縣 46 座次之，臺中市和臺南市 39 座居第三。容量則以新北市 1,777,009 位最多，臺中市 1,289,470 位次之，臺南市 1,090,644 位居第三，而以連江縣僅 2,027 位最少。使用率則以嘉義市 88.37% 最高，雲林縣 60.51% 次之，彰化縣 59.36% 居第三，而以基隆市 7.97%、新北市 14.46%、臺中市 17% 較低（參見表 9-2-6）。

（四）殯儀館

依據內政部民政司統計，民國 99 年年底殯儀館（指醫院以外，提供屍體處理及舉行殮、殯、奠、祭儀式之設施）計有 45 處，擁有禮堂數 271 間，屍體冷凍室最大容量 3,285 具。與民國 98 年年底比較，殯儀館處數增加 2 處，禮堂數增加 9 間，屍體冷凍室最大容量增加 28 具。民國 99 年完成殯殮屍體數量計 59,951 具，占死亡人數之 41.12%，較 98 年略增 1.10 個百分點。如按縣市別觀察，殯儀館數以雲林縣 6 處、彰化縣 5 處較多，目前尚有新竹縣及苗栗縣未設置殯儀館。禮堂數則以臺南市 64 間最多，

表 9-2-4 公墓設施使用概況

年別（民國）	公私立別	總計		經規劃並啟用者				未經規劃者			
		處數	土地面積(m²)	處數	土地面積(m²)	已使用面積(m²)	未使用面積(m²)	處數	土地面積(m²)	已使用面積(m²)	未使用面積(m²)
89	計	2,921	113,922,546	629	26,966,283	19,676,590	7,289,693	2,292	86,956,263	60,385,889	26,570,374
	公立	2,829	109,449,228	546	23,515,553	17,070,447	6,445,106	2,283	85,933,675	59,424,852	26,508,823
	私立	92	4,473,318	83	3,450,730	2,606,143	844,587	9	1,022,588	961,037	61,551
90	計	3,024	101,328,459	580	28,585,284	21,419,662	7,165,622	2,444	72,743,175	59,645,688	13,097,487
	公立	2,902	95,179,226	492	24,052,271	18,535,309	5,516,962	2,410	71,126,955	58,495,687	12,631,268
	私立	122	6,149,233	88	4,533,013	2,884,353	1,648,660	34	1,616,220	1,150,001	466,219
91	計	3,163	100,461,091	556	24,046,377	17,654,023	6,392,354	2,607	76,414,714	63,582,906	12,831,808
	公立	3,074	95,025,150	501	20,122,524	14,865,862	5,256,662	2,573	74,902,626	62,549,944	12,352,682
	私立	89	5,435,941	55	3,923,853	2,788,161	1,135,692	34	1,512,088	1,032,962	479,126
92	計	3,154	104,629,047	352	17,831,961	12,191,114	5,640,847	2,802	86,797,086	71,303,086	15,494,000
	公立	3,069	99,233,174	301	13,484,967	9,018,885	4,466,082	2,768	85,748,207	70,750,525	14,997,682
	私立	85	5,395,873	51	4,346,994	3,172,229	1,174,765	34	1,048,879	552,561	496,318
93	計	3,150	95,954,612	325	16,726,384	11,307,485	5,418,899	2,825	79,228,228	66,098,855	13,129,373
	公立	3,078	90,677,162	274	12,323,662	8,109,319	4,214,343	2,804	78,353,500	65,699,158	12,654,342
	私立	72	5,277,450	51	4,402,722	3,198,166	1,204,556	21	874,728	399,697	475,031
94	計	3,162	96,582,886	334	17,491,433	11,994,204	5,497,229	2,828	79,091,453	66,239,002	12,852,451
	公立	3,090	91,670,584	283	13,193,268	9,060,039	4,133,229	2,807	78,477,316	65,893,587	12,583,729
	私立	72	4,912,302	51	4,298,165	2,934,165	1,364,000	21	614,137	345,415	268,722
95	計	3,161	96,815,246	306	17,226,847	11,596,556	5,630,291	2,855	79,588,399	65,845,984	13,742,415
	公立	3,084	91,977,648	254	12,989,803	9,116,592	3,873,211	2,830	78,987,845	65,466,375	13,521,470
	私立	77	4,837,598	52	4,237,044	2,479,964	1,757,080	25	600,554	379,609	220,945
96	計	3,148	95,911,459	296	15,861,887	10,358,399	5,503,488	2,852	80,049,572	64,581,198	15,468,374
	公立	3,080	91,400,942	241	11,867,359	8,080,393	3,786,966	2,839	79,533,583	64,355,553	15,178,030
	私立	68	4,510,517	55	3,994,528	2,278,006	1,716,522	13	515,989	225,645	290,344

表 9-2-4　公墓設施使用概況（續）

年別（民國）	公私立別	總計		經規劃並啟用者				未經規劃者			
		處數	土地面積(m^2)	處數	土地面積(m^2)	已使用面積(m^2)	未使用面積(m^2)	處數	土地面積(m^2)	已使用面積(m^2)	未使用面積(m^2)
97	計	3,148	95,399,100	309	17,433,335	11,224,201	6,209,134	2,839	77,965,765	…	…
	公立	3,082	90,491,506	254	13,395,200	8,815,120	4,580,080	2,828	77,096,306	…	…
	私立	66	4,907,594	55	4,038,135	2,409,081	1,629,054	11	869,459	…	…
98	計	3,132	96,353,336	293	17,043,645	10,809,404	6,234,241	2,839	79,309,691	…	…
	公立	3,072	91,683,661	241	13,118,516	8,577,618	4,540,898	2,831	78,565,145	…	…
	私立	60	4,669,675	52	3,925,129	2,231,786	1,693,343	8	744,546	…	…
99	計	3,125	95,477,000	293	16,054,095	10,700,983	5,353,112	2,832	79,422,905	…	…
	公立	3,063	91,073,997	239	12,298,624	8,720,885	3,577,739	2,824	78,775,373	…	…
	私立	62	4,403,003	54	3,755,471	1,980,098	1,775,373	8	647,532	…	…
100	計	3,164	96,217,158	288	15,799,945	10,295,222	5,504,723	2,876	80,417,213	…	…
	公立	3,098	91,817,271	235	12,104,700	8,352,027	3,752,673	2,863	79,712,571	…	…
	私立	66	4,399,887	53	3,095,245	1,943,195	1,752,050	13	704,642	…	…

資料來源：內政部，2012，內政統計年報，http://sowf.moi.gov.tw/stat/year/list.htm（搜尋日期：2013 年 7 月 20 日）。

表 9-2-5　歷年公墓及骨灰（骸）存放設施概況

年底別（民國）	公墓				骨灰（骸）存放設施					
	處數（處）	土地面積（公頃）	全年埋葬人數（具）	占死亡人數②(%)	座數（座）	最大容量（位）	使用率(%)	全年納入數量（位）	骨骸	骨灰
90年底	3,024	10,132.85	24,233	18.95	303	4,784,908	21.67	121,949	37,424	84,525
91年底	3,163	10,046.11	23,477	18.29	348	5,602,561	21.86	131,631	55,211	76,420
92年底	3,154	10,462.90	20,358	15.51	350	6,360,130	20.06	132,385	46,531	85,854
93年底	3,150	9,595.46	23,003	17.07	356	6,727,045	21.03	134,014	44,970	89.044
94年底	3,162	9,658.29	20,488	14.66	363	7,098,913	21.53	150,728	46,327	104,401
95年底	3,161	9,681.52	19,253	14.12	385	7,500,614	22.66	162,849	48,796	114,053
96年底	3,148	9,591.15	16,251	11.58	405	7,702,693	24.29	173,311	47,271	126,040
97年底	3,148	9,539.91	15,258	10.63	409	7,993,190	25.56	171,628	44,256	127,372
98年底	3,132	9,635.33	13,409	9.34	415	8,009,913	27.44	167,348	38,714	128,634
99年底	3,124	9,532.37	12,882	8.84	430	7,942,520	29.65	171,489	41,106	130,383
99年年底較98年底增減(%)	3.31	-5.93	-46.84	①-10.11	41.91	65.99	①7.98	40.62	9.84	54.25
99年年底較98年底增減(%)	-0.26	-1.07	-3.93	①-0.51	3.61	-0.84	①2.21	2.47	6.18	1.36

資料來源：內政部統計處，2011，100年第34週－99年殯葬設施概況（營葬安厝），http://www.moi.gov.tw/files/news_file/week9934.doc（搜尋日期：2013年7月20日）。

註：①係指增減百分點，②死亡人數係按發生日期統計。

基隆市23間次之，桃園縣、彰化縣各21間居第三（參見表9-2-7與表9-2-8）。

（四）火化場

依據內政部統計處統計，民國99年年底火化場（指供火化屍體或骨骸之場所）計34處，與98年同；火化爐計189座，較98年年底增加4座；全年火化屍體總數為13萬886具，占死亡人數之89.77%，較98年減少0.37個百分點，較十年前則大幅增加22.93個百分點。按縣市別觀察，火化場以花蓮縣和臺南市各有4處最多，宜蘭縣、屏東縣各有3處次之，而彰化縣、嘉義縣及連江縣則尚未設置；火化爐數以臺南市26座最多，高雄市23座次之，臺北市、桃園縣、花蓮縣各14座居第三（參見表9-2-7與表9-2-8）。

表 9-2-6　民國99 年縣市別公墓及骨灰（骸）存放設施概況

縣市別	公墓			骨灰（骸）存放設施			
	處數	土地面積（公頃）	全年埋葬人數（具）	座數	最大容量（位）	已使用量（位）	使用率(%)
總　計	3,124	9,532.37	12,882	430	7,942,520	2,355,210	29.65
新北市	229	939.34	2,192	32	1,777,009	256,928	14.46
宜蘭縣	67	341.64	6,475	12	57,563	29,390	51.06
桃園縣	118	241.00	814	13	260,042	62,144	23.90
新竹縣	129	171.48	638	7	129,031	22,570	17.49
苗栗縣	209	517.79	361	13	173,054	71,656	41.41
彰化縣	254	900.25	1,523	51	546,590	324,441	59.36
南投縣	208	792.89	767	32	398,143	118,799	29.84
雲林縣	239	358.55	1,069	46	276,514	167,331	60.51
嘉義縣	284	523.84	926	27	373,863	120,158	32.14
屏東縣	309	1,055.44	781	25	180,416	76,120	42.19
臺東縣	118	205.21	238	19	61,537	32,710	53.16
花蓮縣	87	185.34	926	14	84,658	24,313	28.72
澎湖縣	47	135.00	39	14	82,664	43,418	52.52
基隆市	7	130.91	91	3	234,584	18,699	7.97
新竹市	12	92.04	52	4	133,832	63,651	47.49
臺中市	181	755.83	1,427	39	1,289,470	219,267	17.00
嘉義市	1	57.36	70	2	8,930	7,891	88.37
臺南市	354	1,002.95	297	39	1,090,644	323,726	29.68
臺北市	42	314.44	68	3	303,945	256,928	53.55
高雄市	219	785.15	185	28	421,511	198,090	47.00
金門縣	5	21.21	214	2	56,493	10,236	18.12
連江縣	5	4.72	10	5	2,027	989	48.79

資料來源：內政部統計處，2011，100 年第 34 週－99 年殯葬設施概況（營葬安厝），http://www.moi.gov.tw/files/news_file/week9934.doc（搜尋日期：2013 年 7 月 20 日）。

表 9-2-7　歷年殯儀館及火化場設施概況

年別（民國）	殯儀館					火化場			
	處數	禮堂數（間）	冷凍室最大容量（具）	全年有殯殮屍體數量（具）	占死亡人數(%)	處數	火化爐數（座）	全年火化屍體數量（具）	占死亡人數(%)
87	34	185	1,921	45,359	36.73	29	117	71,532	57.93
88	32	182	2,305	48,666	38.42	29	123	79,364	62.66
89	33	188	2,615	54,061	42.90	31	132	84,225	66.84
90	32	191	2,599	52,270	40.87	31	144	90,597	70.84
91	34	194	2,740	51,527	40.14	31	146	95,521	74.42
92	36	204	2,797	50,723	38.65	31	149	101,294	77.19
93	38	231	2,891	53,605	39.78	34	168	106,530	79.05
94	38	235	3,024	51,628	36.94	34	170	114,478	81.90
95	39	248	3,081	49,550	36.33	34	176	117,044	85.83
96	42	261	3,217	54,021	38.48	35	184	123,217	87.78
97	42	267	3,210	54,668	38.07	34	179	126,442	88.06
98	43	262	3,257	57,432	40.02	34	185	129,363	90.14
99	45	271	3,285	59,951	41.12	34	189	130,886	89.77
99 年底較 98 年底增減(%)	4.65	3.44	0.86	4.39	1.10	—	2.16	1.18	-0.37

資料來源：內政部統計處，2011，內政統計通報 100 年第 34 週－99 年殯葬設施概況（殯葬服務），http://sowf.moi.gov.tw/stat/week/week9934.doc（搜尋日期：2013 年 7 月 20 日）。

註：1.死亡人數係按發生日期統計。
2.部分殯葬設施因老舊不堪使用辦理報廢：彰化縣和美鎮冷凍室減少 12 具，宜蘭縣火化場減少 1 處，臺北市火化爐減少 6 座。

三、環保自然葬地之供給

所謂的自然葬是建立於環保觀念的多元性葬法，以回歸自然為宗旨，其基本要求乃是遺體火化與不保留骨灰。至於其處理方式則相當多元，有深埋於蓊鬱幽靜的樹林裡，亦有輕灑在繽紛的花叢間、青翠的草地上，甚至是湛藍清波的海洋之中。此種殯葬方式具有避免破壞環境、節約土地資源等多重功能，並能提升殯葬文化與精神內涵，許多國家皆已實施多年且成效良好。惟目前國內的環保自然葬仍處於萌芽階段，有待殯葬政策的宣導與生命教育的落實，使民眾突破舊有觀念，認同此一徹底回歸自然的做法（連容純，2010：2-2～2-9）。

表 9-2-8　民國100年縣市別殯儀館及火化場設施概況

縣市別	殯儀館				火化場			
	處數 ①	禮堂數（間）①	全年殯殮屍體數量（具）	平均每禮堂殯殮屍體數（具）	處數 ①	火化爐數（座）①	全年火化屍體數量（具）	平均每座火化爐火化屍體數（具）
總　計	45	271	59,951	221	34	189	130,886	693
臺北縣	1	15	9,351	623	1	12	12,815	1,068
宜蘭縣	1	4	1,140	285	3	7	2,653	379
桃園縣	3	21	2,359	169	2	14	9,553	682
新竹縣	-	-	-	-	1	3	1,781	594
苗栗縣	-	-	-	-	2	5	1,293	259
彰化縣	5	21	1,218	61	-	-	-	-
南投縣	2	5	319	64	1	10	8,450	845
雲林縣	6	9	646	65	1	7	4,854	693
嘉義縣	3	12	149	14	-	-	-	-
屏東縣	3	9	885	126	3	12	7,039	587
臺東縣	2	11	694	63	2	5	1,632	326
花蓮縣	1	3	505	168	4	14	2,886	206
澎湖縣	1	1	75	75	1	3	635	212
基隆市	1	23	2,063	90	1	6	3,566	594
新竹市	1	6	1,456	485	1	6	4,326	721
臺中市	2	16	5,456	390	2	16	15,848	991
嘉義市	1	6	1,157	193	1	4	4,375	1,094
臺南市	3	64	4,862	85	4	26	13,909	535
臺北市	2	20	14,496	725	1	14	18,882	1,349
高雄市	3	19	6,183	362	2	23	16,310	709
金門縣	1	3	41	14	1	2	79	40
連江縣	3	3	2	1	-	-	-	-

資料來源：內政部統計處，2011，內政統計通報 100 年第 34 週－99 年殯葬設施概況（殯葬服務），http://sowf.moi.gov.tw/stat/week/week9934.doc（搜尋日期：2013 年 7 月 20 日）。

註：①係指年底數。

隨著臺灣從農業社會邁入工商業社會，傳統民間繁瑣的喪葬形式已不符合現代人的生活步調。在日益重視生活品質、自然環保的觀念下，過去鋪張浪費、耗時費力的喪葬方式也隨時代的進步而必須改變。傳統民間喪葬方式偏好厚葬華墳，且葬地遷就風水地理條件，土地資源不足成為最嚴重的問題，此外還衍生破壞景觀、能源耗損、有礙環境衛生等議題。1980 年代中期，政府大力推廣火化入塔，直至 1990 年代火化觀念已普遍為國人所接受，如今火化率也由民國 87 年的 58% 提升至 90 年的 88%，以及 98 年的 89%[10]。十餘年間巨幅成長，顯示殯葬觀念徹底改變，火化已漸成主流趨勢。而這種喪葬方式也的確較過往的土葬，更加節省土地成本、時間、資源與金錢。然火化入塔終究是治標而非治本的方式，臺灣的納骨塔氾濫，因其只進不出，讓空間無法有效運用，形成許多死塔，也讓大家開始意識到此一政策該是功成身退的時候。在民國 91 年政府新頒布的《殯葬管理條例》中，明文指出為了符合環保與永續經營的世界潮流，臺灣的喪葬形式必須走向新的時代思維，而法條中也明確列入樹葬與骨灰拋灑或植存兩項，也就是目前所謂的環保自然葬（林鍾妏，2007：12-13），然其規定有所不同（參見表 9-2-2），分述如下。

（一）樹葬之推展現況

樹葬是在公墓內將骨灰埋入預挖的土坑中，再種植花草樹木於上，或將骨灰埋藏於樹木根部周圍的安葬方式，不僅保留了傳統文化入土為安的精神，也兼具環保概念，讓人體回歸自然，隨土地生態循環再利用。至於實際的執行方式，首先係由委託人向政府殯葬單位申請通過，受葬者火化後的骨灰再經過研磨處理，並裝入易於分解的環保骨灰罐中，在政府指定的墓地範圍，由管理員陪同進行穴位挖掘，埋藏覆蓋後即告圓滿。

和過去土葬、火化入塔的喪葬費用動輒 10 萬至 20 萬元，且土地、空間無法再利用的情形相比，施行樹葬的費用僅需 1 萬至 2 萬元，過程中所耗費的人力與時間也相對精簡許多，更重要的是達到愛護環境的心意，並減少大地的負擔。臺灣目前提供樹葬服務的地點，包括臺北市木柵富德公墓、臺北縣新店四十分公墓、高雄市深水山公墓、高雄縣旗山公墓、宜蘭縣員山福園、臺中市大坑歸思園、屏東縣林邊第六公墓等，其他縣市如新竹市、彰化市與南投縣也正在規劃中（連容純，2010：2-2～2-9）。

（二）骨灰拋灑或植存現況

公墓外的環保自然葬可分為兩類：一種是在政府劃定的海域進行骨灰拋灑，即一般所謂的海葬；一種是在公園、綠地、森林或其他適當場所，由政府劃定一定區域範圍，實施骨灰拋灑或植存。

---
[10] 按內政統計年報，分別以民國87 年與 97 年之全年屍體火化數除以死亡人數計。

1. 海域

海葬在日本早已行之有年，它不需要利用任何土地，對於地狹人稠的地區是很有利的喪葬方式，尤其臺灣四面環海，推行海葬可謂相當理想。臺北市政府自民國 92 年開始試辦海葬，95 年臺北縣市首次合辦，97 年更擴大為北北桃縣市聯合海葬活動，至 98 年已舉辦過七次聯合海葬[11]，現今每年各縣市亦會聯合舉辦，而許多民間禮儀業者也接受承辦個人海葬。

海葬的申請流程大致與樹葬相同，惟實施地點需向出海港口的縣市政府申請，並接洽船隻，以水溶性環保宣紙包覆骨灰，於指定海域離防波堤 6,000 公尺外進行拋灑。施行一場個人海葬的費用約 1 萬至 2 萬元間，費用會隨船隻等之品質不同而有異，但整體時間、資源和費用仍比傳統喪葬方式精簡許多。

2. 公園、綠地、森林或其他適當場所

金山環保生命園區是臺灣目前唯一的骨灰植存專區。其實際上並非墓園，與現今推動環保自然葬具有相當有成效的臺北市富德公墓生命紀念園，或是臺北縣新店四十分公墓樹葬區不同。該園區不設置墓塚、墓碑等任何有關喪葬外觀之標誌或設施，甚至連標示亡者姓名、生平資料等紀念碑亦不存在。

金山環保生命園區分為四區，每年總量管制分季節使用，採分區單層輪流植存方式進行，額滿後接續下一區受理植存申請，並對前一區進行翻土作業，讓土地得以循環使用。亡者家屬若申請骨灰植存，即是放棄對植存後的骨灰任何法律上的權利與主張；事先不得選擇位置，事後也不能挖掘取回；園區不記錄植存位置，在將每位受葬者研磨後，骨灰分裝在五個紙袋中，家屬致上最後祝福後，將骨灰分別埋入預先挖掘較深的土壤裡，經過雨水的溶解，讓骨灰回歸、融合於大地之中。為了避免影響鄰近社區或破壞周遭景觀資源，進入園區植存不得攜帶祭祀物品、葬儀設施、擴音設備，並不得有焚燒冥紙、燃燒香燭、施放鞭炮等行為及祭祀儀式活動[12]。

此外，考慮到現階段殯葬管理實務問題，由於私有地要進行骨灰拋灑或植存，必須有配套的法規制定，因此《宗教管理法》、《殯葬管理條例》等相關法規都要配合修訂；惟將殯葬用地納入公有地，由公家機關政府單位來執行比較適合。例如，法鼓山將土地捐贈給臺北縣（現新北市）政府，由縣府規劃並依法設置成立，雖委託法鼓山佛教基金會管理維護，卻是開放給整個社會大眾，不僅是佛教徒或法鼓山信眾，全國人民皆可使用（張錦德，2007：21-22；連容純，2010：2-2～2-9）。

[11] 臺北市政府為推廣自然葬法，民國 92 年開始試辦海葬共計 5 位參加，93 年 6 位，94 年 28 位，95 年臺北縣市首次合辦共計 23 位參加，96 年 28 位，97 年擴大為北北桃縣市合辦共計 43 位參加，98 年 53 位，至 98 年止海葬累計共 186 位亡者。

[12] 按《臺北縣立金山環保生命園區管理規則》第 10 條、第 11 條、第 16 條、第 20 條規定。

儘管我國環保自然葬的推展剛起步不久，然其對大地的負荷較低，因而值得推廣，但環保自然葬政策涉及人民信仰文化，無法以制式手段強迫或勉強。唯有透過殯葬改革、政策宣導、生命教育與生命自主等管道，建立環保自然葬觀念，使民眾打從心底認同並選擇環保自然葬，故環保自然葬政策之推動當順應時勢調整，方能奏效（林怡婷，2008：96）。

四、殯葬設施設置管理問題之探討

從上述現行殯葬相關法令規範及殯葬設施供應情形，或可探析我國當前面臨之殯葬設施用地之相關問題如次。

（一）樹葬相關規定不足

目前《非都市土地開發審議作業規範》殯葬設施專編並未針對樹葬有適宜之規定，例如：現行規範僅規定必要性服務設施之提供，並未明定樹葬應配置之公共設施項目；而《殯葬管理條例》亦僅規定專供樹葬之公墓應設置之公共設施種類，並未對其設施應如何配置有任何具體性之規範，如：停車場設置及綠化空地都未提出針對樹葬之辦法。樹葬區追思人次是否與一般公墓區追思人次相近，並未釐清；若不相近，則聯外道路等需求必有差異，相對的，交通運輸管理計畫亦需特別考量。此外，樹葬是回歸自然的環保葬法，其墓碑等設置和一般公墓的考量不同，視覺景觀應有明確規範。

為符合環保自然葬的潮流，目前僅《殯葬管理條例》針對樹葬定有基本規範，但目的事業主管法規並未對該新的開發型態加以規定。一般而言，母法規範不足且無禁止之情事者，得由下位階法令補充規定，故理應由《非都市土地開發審議作業規範》墳墓用地專編予以補充說明，以因應樹葬設置所帶來的各項需求。但上開規範墳墓用地專編僅就一般公墓之設置有所規定，至於專供樹葬使用者亦未訂定相關條文。因此，上開規範墳墓用地專編可配合《殯葬管理條例》，並整合地方自治法規規定及參酌實務做法，增加條文或補充不足之處，以避免上下位階法規規定不同而有法律適用的困擾，進而實現《區域計畫法》的立法目的。

樹葬與灑葬為近年新興的自然環保葬法，為未來開發型態的發展趨勢，目前關於公墓內樹葬與灑葬之定義[13]、應有設施、地點與距離限制、得計入綠化空地面積等，在《殯葬管理條例》已有條文規定（第 2 條、第 8 條、第 12 條、第 17 條）。惟《殯葬管理條例》第8條雖規範設置、擴充專供樹葬之公墓地點與距離，卻於第 1 項後段規定：

[13] 樹葬專指於「公墓內」將骨灰藏納土中，再植花樹於上，或於樹木根部周圍埋藏骨灰之安葬方式，其與同條例第 19 條規定所稱之骨灰拋灑植存有別，骨灰拋灑植存專指於「公墓外」，未施設任何有關喪葬外觀之標誌或設施，且未有任何破壞原有景觀環境之行為。

「但其他法律或自治法規另有規定者，從其規定」，因此不少直轄市、縣（市）政府乃針對當地狀況做出地點與距離之特別規定。至於公墓內灑葬則無明文規範，但在內政部發布之《喪葬設施示範計畫處理原則》中，卻包括「骨灰拋灑區域之規劃」；此外如《基隆市殯葬管理自治條例》及《臺中市殯葬管理自治條例》，亦有公墓內灑葬之最小面積規範，「臺北市殯葬管理處所屬樹葬灑葬設施使用申請須知」有關於採循環利用及管理，並設立統一紀念標示之規定。蓋《殯葬管理條例》雖未對灑葬公墓有明文規範，並非表示實務上就不能做，只要不違反該條例之政策意旨，仍可實施灑葬。但其於公墓內之應有設施、設置地點距離、得計入綠化空地面積等，是否比照該條例之規範？面積規模限制是否參考《基隆市殯葬管理自治條例》及《臺中市殯葬管理自治條例》？若要將之通案訂定於該規範，則有待就政策需求及比較開發性質之差異審慎研議。又《殯葬管理條例》對於公墓設置之特別規定，乃以「專供樹葬」為前提，若僅部分供樹葬，其規範又應如何，亦須一併考量為宜。

另外，《非都市土地開發審議作業規範》墳墓用地專編第4點規定「綠化空地得計入保育區面積計算」係屬合理，然而值得探討的是，《殯葬管理條例》已規定「樹葬面積得計入綠化空地面積」，《非都市土地開發審議作業規範》又規定「綠化空地得計入保育區面積計算」，那麼樹葬面積可否也計入保育區面積呢？按理而言，樹葬區計入保育區之規模應有限制，應以不破壞原地形地貌及不影響保育區之生態功能為原則，並據以訂立規範，否則會有重複計算之虞（顏愛靜、楊國柱，2008）。

（二）停車場設置標準不明

按《非都市土地開發審議作業規範》墳墓用地專編第4點有關公墓及骨灰（骸）存放設施停車場設置之計算標準，係「應依掃墓季節及平常日之尖峰時段估算實際停車需求，並以該時段之實際停車需求做為停車設置標準，並應研擬掃墓季節之交通運輸管理計畫，以減緩停車空間之不足」。

就殯葬設施訪客於全年分布之特性（即主要訪客皆集中於特定祭祖掃墓之假日，平日訪客稀少）言，為了因應掃墓季節停車需求而設置最大數量的停車空間，平日閒置浪費，似不符節約土地利用之觀點；且以此最大需求量為設置標準，應無停車空間不足之問題，為何仍需研擬掃墓季節之交通運輸管理計畫？殯葬設施於掃墓季節與平常日的訪客數量相差懸殊，若依平常日之尖峰時段估算實際停車需求，即使配合交通運輸管理計畫，遇掃墓季節時恐仍不敷使用。是故，公墓及骨灰（骸）存放設施停車場設置之計算標準應予重新思考較妥。

《非都市土地開發審議作業規範》墳墓專編內有關停車場設置之規定，主要是就一般公墓做規範，雖未就樹葬區之交通流量、停車設置為特別考量，但筆者派員對臺北市富德公墓樹灑葬喪家進行抽樣訪談，發現其前往樹葬區追思祭掃的頻率大致與傳統土葬或塔葬相同，即多於亡者忌日或集中於清明、春節才前往祭掃，且無追思祭掃以外之目的。因此，樹灑葬停車場只需參照一般公墓設置標準即可，無須有其他特別規定（顏愛靜、楊國柱，2008）。

（三）聯絡道路設計考量未周

《非都市土地開發審議作業規範》第5點規定：「（一）計畫使用容量在 2,000 以下者，其聯絡道路路寬不得小於 6 公尺。（二）計畫使用容量在 2,000 以上，不滿5,000者，其聯絡道路路寬不得小於 8 公尺。（三）計畫使用容量在 5,000 以上者，其聯絡道路路寬不得小於 10 公尺」，似乎並未考量基地現況既有多條路寬 4 或 6 或 8 公尺之聯絡道路之情況，因此應整體分析全數聯絡道路之總和交通容量或較為合理（顏愛靜、楊國柱，2008）。

（四）計畫使用容量計算標準不清

《非都市土地開發審議作業規範》第 6 點「墓基數應依每墓基占 30 平方公尺墓區用地面積之標準計」中有關計畫使用容量之計算標準，與《殯葬管理條例》「每一墓基面積不得超過 8 平方公尺」之計算基礎並不相同。前者之 30 平方公尺規定係包含墓基、墓道等，而後者之 8 平方公尺規定僅包含墓基，故分別按其規範標的而計算所需面積，似乎並無衝突。然追溯《非都市土地開發審議作業規範》30 平方公尺之規定，於《墳墓設置管理條例》時代業已存在，表示《非都市土地開發審議作業規範》計畫使用容量計算標準並未隨每一墓基面積不得超過 16 平方公尺調整為不得超過 8 平方公尺，此意味著同樣面積的墓區用地中墓基數並未改變，僅墓基面積減少而墓道等公共設施面積增加。這是否違背《殯葬管理條例》縮減墓基用地面積、倡導節約土地利用之立法意旨？又《非都市土地開發審議作業規範》未考量遺體土葬與埋藏骨灰之不同，皆以 30 平方公尺為計算標準，亦有未盡合理之處。蓋按理而言，埋藏骨灰者所占土地應較遺體土葬者小，且《殯葬管理條例》亦因兩者應有區別而有「其屬埋藏骨灰者，每一骨灰盒（罐）用地面積不得超過 0.36 平方公尺」之規定。此外，《殯葬管理條例》有考量二棺以上合葬及每墓基放置多個骨灰盒（罐）之情形，而《非都市土地開發審議作業規範》對此並無著墨，是故該規範應對墓基數之計算有較細緻之規定，方屬妥適。

此外，追溯《非都市土地開發審議作業規範》實施前所興建動輒數十萬個塔位之骨灰（骸）存放設施，如北海福座[14]、龍巖真龍殿[15]等，發現該規範第 6 點計畫使用容量

[14] 北海福座，墓園總面積約 21 萬平方公尺，骨骸櫃約 11,000 位、骨灰櫃約 250,000 位。
[15] 龍巖真龍殿，墓園總面積約 27 萬平方公尺，塔位數約 380,000 位。

之計算標準「骨灰罐數應依每骨灰罐占 5 平方公尺骨灰（骸）存放設施用地面積之標準計」嚴格許多，即同樣面積的骨灰（骸）存放設施用地中骨灰罐數大幅減少，違背《殯葬管理條例》節約土地利用之精神。縱使考量高量體骨灰（骸）存放設施對環境所造成之衝擊與負擔，但不應置節約土地利用、鼓勵火化進塔之政策於不顧。固然，此舉或許顧慮目前塔位總體供給過剩，但軟硬體設施水準高的寶塔可能有數量不足之虞，因此計畫使用容量計算標準的訂定應以兼顧節約土地利用與降低環境衝擊為原則。又目前《非都市土地開發審議作業規範》尚未有關於樹葬計畫使用容量計算之標準，若將來面臨私人墓園開發為樹葬區之案件審查時，恐無標準可資依循，實應參考實務做法訂定較為合理（顏愛靜、楊國柱，2008）。

（五）公墓外殯葬設施規範有所不足

依據《殯葬管理條例》第 6 條規定，私立公墓之設置或擴充，由直轄市、縣（市）主管機關視其設施內容及性質訂定最小面積。但山坡地設置私立公墓，其面積不得小於 5 公頃，而其他殯葬設施，如：殯儀館、火化場、骨灰（骸）存放設施等，卻未有最小面積限制，似有欠周之處。

此外，針對公墓外之其他殯葬設施，如：殯儀館、火化場、骨灰（骸）存放設施等，空地是否需要綠化？綠化空地面積所占比例要否受限制？凡此，條文亦未加以規定，誠有所不足。

（六）殯葬設施用地供不應求滋生濫葬

民國 85 年，全臺灣有 9,414 具屍體既未採取墓葬，也未列入火葬或其他葬式，這些不見蹤影的屍體埋葬，實屬濫葬。民國 85 年濫葬占總死亡者數目的 7%，90 年濫葬的屍體數增加到 13,090 具，濫葬比例上升至 10.2%（阮俊中，2003：4），五年間增加近乎半數。這些濫葬案件的增加，實為土地違法使用但未處置之陳年舊案，且由於違規成本甚低，民眾自是罔顧法紀擅自設墳。然而，濫葬行為不僅破壞景觀、危害水源、妨礙衛生、破壞水土保持，也為農業生產環境帶來諸多不良的影響，誠應設法解決。但在尋求解決辦法之前，需先探討濫葬的成因如下。

1. 公立公墓供不應求，但缺乏相關建設

儘管墳墓管理相關法規中對環境保護之規定相當嚴格，但新北市與臺北市轄內合法設置之墓園土地難求，加上基於尊重先人，以及飽受地方輿論與人情壓力，基層工作人員對於濫葬墳墓遷葬之作業更顯障礙重重（吳建興，2002）。當前最不易解決的問題當為殯儀館用地的取得。過去政府長期忽視公墓建設，致使設施建設過度刻板化，未能融

入現代生活，而且服務品質仍未達到專業化、人性化之境地。此外，公立公墓不足或公立公墓不符合喪家的需要，但私立公墓又收價高昂，超出喪家的經濟能力，也是造成濫葬的原因之一（顏世堂，1991；譚維信，2001）。

2. 濫葬區位條件優於公立墓葬地，風水觀念深植難以破除

中國人相信祖先所居陰宅的風水之安適與否，跟陽世子孫的命運息息相關，誰能得到好風水，便能得到祖先的庇蔭賜福。然而，好的風水講究進深、靠山、雙籠、扶手，墓基要廣、墓身高昂，凡此能符合要求者，在現有墓地上多不易尋得。此外，風水好壞的利害關係可能是不肖喪葬業者、地理師等誇大其詞、刻意渲染的結果，他們藉此媒介欠缺喪葬資訊的民眾，從事不法之墓地買賣並私自營葬。同時，好風水並非萬年不敗，祖先骨骸所承受的風水靈氣也非均等的賜福給所有子孫，以致兄弟中有人不如意時，也會提出遷葬要求，因此甚至出現「九葬九遷」之情形（殷章甫，1991）。

目前國人仍深信「風水之說」且兼具「往生者為大」之觀念，往往於合法墓園外土地尋求風水佳之土地營葬，而依山傍水、風景優美之處便經常可見濫葬之情事。又出殯之時辰亦是慎選而定，所以即使事前已被告知濫葬是違法仍如期下葬（吳建興，2002；顏世堂，1991；譚維信，2001）。

3. 政府長期漠視，並未積極取締

光復之後，政府對於民眾之墓葬行為即一直未加限制，一般人的眼中僅有亂葬而無所謂「濫葬」的問題。民國 72 年政府雖然公布《墳墓設置管理條例》，但仍少有人民熟諳此項法令。即使有人知悉規範內容，亦因政府懼於傳統習俗觀念所凝聚之強大抗拒力量，不敢對死者安息之所加以拆除或遷移，以致民眾公然違法成習。此外，政府在施政上一向採「德治主義」，在問題形勢未嚴重之前，傾向於遷就現實，儘量採容忍的態度，待問題極為嚴重，不得不解決時，始倉促立法，難免使法令有不夠周延之處。其次，法規雖已訂定而執行機關若未能配合落實，以彰顯法令所賦予之公權力，則「徒法不足以自行」，濫葬問題亦將永無解決之日（殷章甫，1991）。

4. 土地使用管制不嚴，民眾違法擅自設墳

按土地使用管制法令對於墳墓設置之規定，係採有條件容許設置[16]、絕對禁止設

[16] 按《區域計畫法施行細則》（民國 89 年 1 月 26 日總統（88）華總（一）義字第 8900017420 號令修正發布）第 14 條規定：「直轄市或縣（市）政府依本法第十五條規定編定各種使用地時，應按非都市土地使用分區圖所示範圍，就土地能供使用之性質，參酌地方實際需要，依下列規定編定……一七、墳墓用地：供喪葬設施使用者。」而墳墓用地的容許使用項目為殯葬設施和林業使用及其設施。又按《臺北市土地使用分區管制規則》（民國 97 年 1 月 24 日臺北市政府 (97) 府法三字第 09730109000 號令修正公布第 97 條之 7 條文）第 8 章風景區第 65 條之規定：「在風景區內得為左列附條件允許使用：……（十五）第四十八組：容易妨害衛生之設施乙組之靈灰塔（堂）（限於合法寺廟或宗祠內設置，並經臺北市都市設計及土地開發許可審議委員會審議通過）。」又《區域計畫法》（民國 90 年 5 月 4 日內政部 (90) 臺內營字第 9083494 號令修正公布）第 21 條規定：「違反第十五條第一項之管制使用土地者，由該管直轄市、縣（市）政府處新臺幣六萬元以上三十萬元以下罰鍰，並得限期令其變更使用、停止使用或拆除其地上物恢復原狀。……。」故知，法令規範相當嚴格，但是否嚴格執行，端視地方政府對其重視程度而定。

置[17]、容許設置[18]等方式，凡違反者，應限期令其變更使用或拆除其墳墓恢復原狀；除依法予以強制執行外，並得以處徒刑、拘役或科罰金。然而，地方政府可能因管制經費、人力等不足，多未落實執行違反管制之罰則規定。

土地使用管制既然不嚴，農業生產又因隨著經濟結構的變遷，而變得無利可圖，於是農地面臨變更使用的極大壓力，尤其「風水好」的山林地，喪家爭相要求提供設墳，買賣價格較原地價往往高出數十倍，如此豐厚的經濟誘因形成濫葬蔓延之推動力。此外，如喪家住所偏僻，附近沒有適當的公墓，縱或可覓得，或因面積不夠大，或區位風水不宜等條件不符需要而作罷。反觀濫葬區的區位好，交通方便，景觀美麗，價格低廉，手續簡便；甚或喪家為了與過世的親人長相左右，就近照料祖墳，諸此理由皆可能造成喪家將墳墓設置在非經政府許可的土地上（殷章甫，1991）。

由於前述狀況造成墓地之需求有廣大市場且有暴利可圖，於是殯葬業者與土地掮客罔顧土地使用管制法令之規定。另一方面，許多地主在不諳法令與利誘雙重作用下，紛紛提供土地做為墓地使用（吳建興，2002）；而喪家亦任由地理師或殯葬業者安排，毫不知濫葬屬違法之行為。加上《墳墓設置管理條例》雖有罰則規定，但由於罰鍰輕微，且執行不力，根本無法有效遏止濫葬行為（顏世堂，1991）。

諸如此類的問題，當需謀求解決方略，然而在思索我國現存問題的解決對策之前，或可藉由探討德國殯葬設施設置管理制度、用地供給之梗概，以明晰可供參酌之良方。

第三節　德國殯葬設施設置管理制度與用地供給之概要

德國係聯邦制國家，除憲法明訂士兵遺體應由國家設置軍人公墓予以安葬外，餘則由各邦訂定安葬法加以規範，並由地方政府訂定實施章程據以執行。其公墓之設置與安葬制度多由國家負責監督管理，各邦法律亦規定墓政管理應由衛生、公共秩序或警察機關，負責審核墳墓設置許可業務，故其墓地規劃與管理屬地方政府職權範圍，由各縣市政府制訂墓園設置管理法令，並進行墓園規劃，聯邦政府並未有統一規範。

針對墓園之經營與管理，該國法令明定公墓設置為市鄉鎮公所義務，而私立公墓得由教會、宗教或公法團體分擔部分義務，但私人或民間企業一概不准經營。另外，德國

[17]《都市計畫法高雄市施行細則》（民國95年5月18日高雄市政府高市府都二字第0950022736號令修正發布）第13條規定：「商業區內以建築商店及供商業使用之建築物為主，不得為下列建築物及土地之使用：……五、殯葬設施、殯葬設施經營業、殯葬禮儀服務業。但辦公聯絡場所未陳列葬儀用品者，不在此限。」

[18]《非都市土地使用管制規則》（民國99年4月28日內政部內授中辦地字第0990724133號令修正發布）修正條文附表一，於墳墓用地之容許使用項目「殯葬設施」之許可使用細目，除原先的四類殯葬設施外，增定「禮廳與靈堂」。

的墓基所有權屬於公墓所有人，私人僅支付費用取得使用權，但有關墓地使用之收費內容與標準，各地規定並不一致，不易找出統一模式，本節僅就其殯葬設施設置管理之一般原則，亦即德國地方政府依其職權，對於墓園規劃設置與管理所依循之共通原則，摘要說明如後[19]。

一、墓地權利關係、墳墓種類及使用費

目前，德國的墓政管理係由各邦立法予以規範，而聯邦政府僅負責因戰爭與暴力統治而死亡的遺體埋葬事宜（德國憲法，第 74 條 10(a)）。各邦立法多訂定安葬法，其下再由各市鄉鎮政府制訂章程，以管理一般墳墓設置及遺體安葬事宜，教會墳地則另按規範教會法律治理之。

1. **權利關係**：德國個人無法取得墓地所有權，僅取得排列或自選墓地之使用權。
2. **墓地種類**

 (1) **依設置主體區分**

 a. 公設墳墓：由鄉鎮公所設置、維護與管理。

 b. 教會墳墓：由宗教團體為組織成員所設置，亦有由鄉鎮公所委辦設置。由於墳墓是安葬遺體、避免危及公共秩序的公共設施，也是喚起民眾追思緬懷先人的文化設施，故其設置須達成公共目的。

 (2) **依死者有無選擇埋葬地點區分**

 a. 排序墓地：死者生前不得預購並選定墳地，死亡後由墓園管理機關依序指定其埋葬地點，可分成棺木埋葬及骨灰罈埋葬墓地。

 b. 自選墓地：死者生前預購墓地使用權並由其選定地點，死亡後即葬於指定地點，亦分棺木埋葬及骨灰罈埋葬墓地[20]。

 (3) **依埋葬時之容器區分**

 a. 棺木埋葬墓地：係將屍體直接裝入棺木進行埋葬，又稱土葬。

 b. 骨灰罈埋葬墓地：係將屍體焚化後裝置骨灰罈內再葬入土中，又稱火葬。

 (4) **依死者身分區分**

 a. 猶太人墓地：供猶太人埋葬者。

 b. 回教徒墓地：供信仰回教者埋葬者。

---

[19] 本文有關德國殯葬區規劃設置之論述，部分係參考李承嘉（顧問），「德國墓地規劃與殯葬區規劃之分析」，載於顏愛靜主持，邊泰明、賴宗裕、曾漢珍等協同主持之「五股鄉獅子頭殯葬專用區之規劃」第三章第三節，1999 年 1 月。又因德國殯葬設施供給之統計資料搜尋不易，故本節僅就制度面加以說明該國之法令規範，並列舉柏林市墓地供給及使用之情形，以一窺其要。

[20] 按多特蒙德市墓園章程第 15 條第 (9) 點規定，自選墓地棺木之長度在 2.75 至 3.25 公尺，寬度在 1.25 至 1.30 公尺之間，而埋入四個骨灰罐面積則是 1.5 公尺見方。

c. 戰爭墓地：因戰死亡者，又分戰士塚及一般墓地。

(5) **其他分類**：包括團體墓地、榮譽墓地及匿名墓地。至於偉人墳墓或偏遠地區私人墳墓（多屬修道院所有），只要經地方核可方得設置，但為數甚少。

這些不同分類的使用權價格亦有高下之別，通常是自選式價格高於排列式價格。德國消費者中心針對民國 85 年一般墓地二十年使用權統計其最高及最低使用費，其結果如表 9-3-1 所示。各類別使用數價格，似與城市人口規模大小無必然關係，但與選擇權之有無則密切相關。

二、墓園規劃設置與核准程序

德國墓園規劃基本上由程序計畫(prozessplanung)及實質計畫(objetplanung)所組成。程序計畫是採動態觀念、預估未來五至三十年之發展情況，根據人口成長、人口結構、死亡率、埋葬面積等資料，做為墓園規劃之基礎。在先期計畫中，係由專家估算某一區域墓園在若干年期內之需求面積，其次研判可就原墓園擴張或另闢新墓園，並同時決定所需土地面積。至於墓地能否符合需要，則由生態及土壤專家鑑定，尤其是埋葬年數的規定並不是靠經驗判斷，而是視各地壤質、水利條件而定。倘土地區位、所有權關係、徵收等問題已解決，則可確定土地利用計畫及營建計畫，此後才能進入實質計畫並進行

表 9-3-1 民國 85 年德國墓地使用權價格（使用權期限二十年）

項目	最低和最高價格（馬克）						
	棺葬				骨灰盒埋葬		
城市人口規模	排列式	自選式	自選式深挖	無名墳地	排列式	自選式	無名墳地
-19999	400-650	540-4400	1250	220	220-672	400-1894	0-367
20000-49999	159-1440	600-2800	1400	385-1440	120-1180	240-1180	170-1180
50000-99999	180-300	240-400	-	700	100-740	150-1170	120-160
100000-249999	200-1915	450-3950	3950-4040	1410-1435	165-927	454-1580	90-1185
250000-499999	660-1200	1100-2400	1100	-	120-665	800-1565	400-420
>=500000	300-2000	1200-5800	1700-7260	540-700	150-1370	706-5400	123-845

資料來源：Arbeitsgemeinschaft der Verbraucherverbaendere. V. 1996: 29，轉引自李承嘉，1999：47。

招標等工作。

墓園規劃包含都市建設計畫、建築指導計畫（土地利用計畫／景觀規劃及營建計畫／綠地計畫）目標規劃等。建築指導計畫可將「墓園指導規劃」或「實際墓園面積圖」當作土地利用計畫的專門計畫，將之並列或附加於土地利用計畫。

墓園規劃過程中的重要關鍵即是行政部門的許可程序，其所費時程快則半年，但通常約需一年。地方墓園一般係由地方監督機關、警察機關／公共事務管理機關 (ordnungsbehoerde) 審核許可。北萊茵邦《公共事務管理機關法》為是項許可之法律基礎。按該法規定，公共事務管理機關的任務為「避免公共安全及秩序遭受危害」，故需防止墓園設置污染飲用水或地下水水質之設施；又規定「縣市公共事務管理機關負責地方政府或私人墓園設置、擴大及關閉事宜」，至於許可程序則由於未予明定，故由許可機關自行決定申請應備之證明文件。另外，核發許可前應先知會衛生局，方能決定墓園設置之准駁。有關墓園區位選擇要素和墳墓用地推估，以及墳墓設置核准程序進一步說明如次。

（一）墓園區位選擇要素

墳墓為德國土地利用計畫 (flächennutzungsplan) 上所稱之「公共設施」，須在營建計畫 (bebauungsplan) 中進一步確定其建築線及可建築面積，以供這類設施興建利用。根據克尼葛 (Koenig, 1985) 歸納若干地方政府選擇墓園區位之因素，整理如次。

1. 自然條件和建築條件：(1) 土壤；(2) 地下水；(3) 取水處；(4) 建築物和管道；(5) 坡度；(6) 方位。
2. 生態環境和景觀：(1) 噪音；(2) 廢氣；(3) 煙塵；(4) 臭味；(5) 景觀；(6) 是否有生態群落；(7) 生態的多樣性。
3. 交通及開發：(1) 距離（大眾運輸行駛時間）；(2) 基礎設施的開發；(3) 交通設備。
4. 可提供性：土地使用之現況及規劃用途（農業區、森林區、住宅區、工商業區等）。
5. 在城市的區位：(1) 和相仿的土地使用之距離；(2) 土地使用之分級；(3) 於城市綠帶中的位置和作用。

由上述因素可知，德國墓園之區位選擇不僅考慮土壤適宜性，總體生活、生態與景觀，以及墓園之交通連結、土地取得與使用之便利性等亦列入考慮，方可使墓園區位之選擇更客觀，減少民眾的質疑與抗爭。

（二）墳墓用地面積推估

茲就其推估公示和案例，簡要說明如次。

1. 公式

在規劃上墳墓用地與其他土地使用類別一樣，需預估用地需求，德國慣常使用的墳墓用地推估公式如下：

$$F=\{B\times[(W\times FW\times AW)+(R\times FR\times AW)+(U\times FU\times AU)+(K\times FK\times AK)]\}/1000\times 1000$$

其中，F：墳墓用地面積

B：殯葬指數，以千分數計算

W：自選墓地比例，以百分數計算

FW：自選墓地的平均面積，以平方公尺計算

AW：自選墓地的平均利用時間（第 N 次和第 N+1 次利用之間的平均時間）

R：排序墓地的比例，以百分數計算

FR：排序墓地的平均面積，以平方公尺計算

AW：排序墓地的平均利用時間

U：骨灰罈墓地的比例，以百分數計算

FU：骨灰罈的平均面積，以平方公尺計算

AU：骨灰罈墓地的平均利用時間

K：兒童墓地的比例，以百分數計算

FK：兒童墓地的平均面積，以平方公尺計算

AK：兒童墓地的平均利用時間

2. 案例

以一個 10 萬人口的城市為例，設：

B=14%

W=63%，FW=15 m^2，AW=25 年

R=7%，FR=13.3 m^2，AR=20 年

U=25%，FU=5.8 m^2，AU=20 年

K=5%，FK=7.2 m^2，AK=15 年

如表 9-3-2 所示，平均每年需要各類墓地 1,400 個，平均土地使用週期約二十三年。由於墓地重複使用，約 40.5 公頃的墓地即能滿足殯葬所需，平均每個市民墓地面

表 9-3-2 德國墓地案例推估結果

墓地類型	%	絕對數	平均利用時間（年）	所需墓地個數	平均面積 (m^2)	總面積 (m^2)
自選墓地	63	882	25	22,050	15.0	320,750
排序墓地	7	98	20	1,960	13.3	26,068
骨灰墓地	25	350	20	7,000	5.8	40,600
兒童墓地	5	70	15	1,050	7.2	7,560
總計	100	1,400		32,060		404,978

資料來源：李承嘉，1999：48。

積為 4.05 平方公尺。惟本例僅只是計算墳墓用地面積，實際上墓園中還需要其他設施用地，如：交通（道路、停車場）、管理、營運、園藝、擴建預留等用途，故墓園總面積得需加倍計算。按前述方式預估墓園用地雖已標示在土地利用計畫中，然卻未依法如數做墓區建築充分使用。詳究多數城市墓園用地供過於求的主因，乃是以往有段期間德國人口為負成長，從而使墓園用地的推估需求與實際需求有所差異。

（三）墳墓設置核准程序

至於墳墓的設置，無論其為公設墳墓或教會墳墓，均須向主管機關申請核准。各邦的墳墓設置核准程序係委由當地核准機關詳加規範，並無一致的標準，惟其所須繳付證明文件大致可歸納如下：

1. 有關墳墓的新設或擴建的決議書：土地登記簿上載有關於墳墓預定用地的地段、界線等資料。
2. 墳墓預定用地的地籍圖：包括現有或計畫通路的位置、地界，以及有利害關係之埋葬場所的明顯位置，皆需予以標明。
3. 墳墓預定用地的平面圖：其上標明計畫抽／排水設施、各種計畫興建設施的用途（如：停屍間、祈禱室、管理大樓等）與距離等。
4. 場地與設施狀況說明書：包括計畫面積、墓地配置狀況（埋葬場地的位置、地界）、土壤性質、預定用地的地質條件及鄰近環境概況，包含鄰近地下水抽取設備與地下水位概況。
5. 當地衛生主管機關對用地的位置、土壤性質、水利條件之鑑定，以便建議埋葬場地的使用年限。
6. 墳墓預定用地有權使用證明：如土地登記簿謄本、購地簽約合同、原所有權人因既定目的而願意出讓土地的放棄所權同意書等。

7. 有關建設引導計畫中營建計畫確定性之說明：尤其是毗鄰建築區的類型，如：既定的建築線、建築區界及營建深度。
8. 於必要時，尚須檢附停屍邊及其他墓區建築設施之建築圖說。
9. 墳墓設置章程及收費一覽表。

至於墳墓設置申請核可程序，茲藉北萊茵邦波昂市為例說明如下（參見圖9-3-1）。

1. 市（鄉鎮）公所公園與墳墓管理局 (Garten-und Friedhofsamt) 負責墳墓用地的劃設或擴編，是以墳墓設置經鄉鎮議會同意後，亦由該單位向公共秩序管理局 (Grdnungsamt) 提出申請。所需備具的文件包括：地籍圖、公墓計畫書、墓區平面圖等（詳如前段說明）。

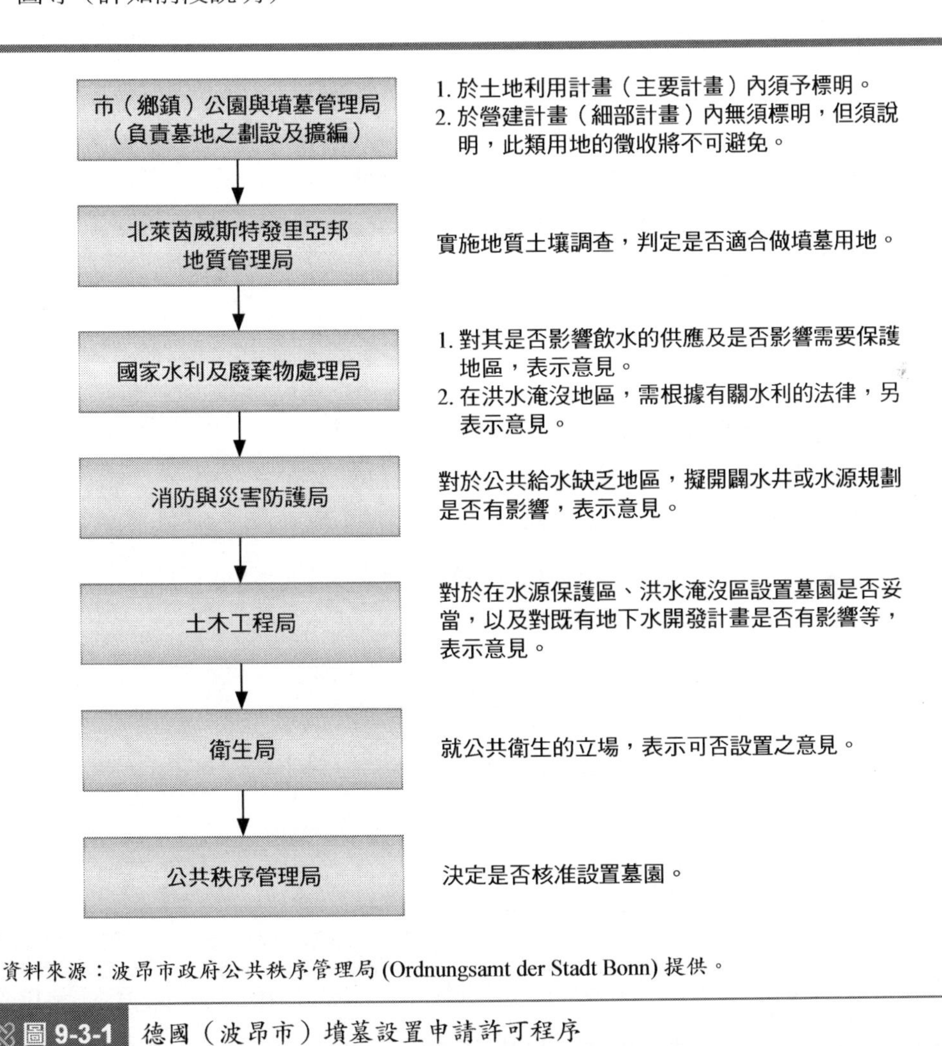

資料來源：波昂市政府公共秩序管理局 (Ordnungsamt der Stadt Bonn) 提供。

圖 9-3-1　德國（波昂市）墳墓設置申請許可程序

2. 提交邦政府地質管理局 (Geologisches Landesamt NW)，該局根據地質土壤調查結果，視土質鬆軟程度並參酌氣候條件，測知屍身腐化所需時間，以判定是否適合做墳墓用地。
3. 轉呈國家水利與廢棄物處理局 (Staatliches Amt Für Wasser-und Abfallwirtschaft)，從水源保護、污染防治的立場，就墳墓設置是否影響飲水供應、地下水質表示意見；如係靠近供水淹沒區，另需徵詢有關單位（水利局）的同意。
4. 知會消防與災害防護局 (Amt Für Feuer-und katastrophenschutz)，從民防、飲水缺乏方面，就墳墓設置對公共給水缺乏地區的水井開闢式水源開發規劃是否有影響表示意見。
5. 知會土木工程局 (Tiefbauamt)，從營建的立場就墳墓設於水源保護區、洪水淹沒區是否合適，以及是否會影響既有地下水開發計畫的進行評估。
6. 知會衛生局 (Gesundheitsamt)，從是否違反衛生原則的立場，表示墳墓設置是否合宜的意見。
7. 送達公共秩序管理局，該局應彙總各單位意見，並根據北萊茵邦勞動、衛生與社會部、部長通令 (RdERL. Ministers für Arbeit, Gesundheit und Soziales) 的「墳墓設置與擴編之衛生原則」(Hygiene-Richtlinien für die Anlage und Erweiterung von Begrabnis Platzen)[21]予以審核申請案。該原則要求：

(1) 墳墓設置不得損害或危及人類健康及寧適的環境；應防止惡臭產生，並防制分解物質、病原體或其他媒介滲漏地底污染地下水源，或危害地面水源等[22]。
(2) 墳墓用地應距最近的地下水井至少 100 公尺以上[23]。
(3) 每一墓基最小足額面積，屬成人者為 2.4 公尺長乘 1.1 公尺寬（即 1.8 平方公尺），屬 5 歲以下孩童者為 1.2 公尺長乘 0.6 公尺寬（即 0.72 平方公尺）；兩棺間隔至少應為 0.3 公尺；棺木埋葬時棺面深入地下的深度，屬成人者為 1.8 公尺，屬 5 歲以下孩童者為 1.4 公尺[24]。
(4) 墳墓的最高與最低埋葬年限，係根據土質與地下水條件而定為二十五至五十年間。屬 5 歲以下孩童者，一般期限定為二十五年；其餘（成人）則定為三十年；惟各地尚可視特殊條件，經衛生機關鑑定後，訂定適當之埋葬年限[25]。

[21] 該通令揭示之衛生原則係於 1979 年 10 月 25 日頒行，1983 年 3 月 23 日修訂發布。
[22] 參見同前註，該衛生原則第 1 項墓地 (Begrabnisplatze-Friehofe) 之規定。
[23] 參見同前註，該衛生原則第 3 項水利條件 (Wasserverhaltnisse) 之規定。
[24] 參見同前註，該衛生原則第 4 項墓基 (Grabstatten) 之規定。該原則雖係訂定最小墓基面積，但參看波昂市有關墳墓設置與埋葬組織章程 (Satzung under dasFriedhofs-und Begrabniswessen der Stadt Bonn) 第 15 條規定，每一墓基面積為：5 歲以下幼童 1.2 公尺長乘 0.6 公尺寬；其餘（屬成人）者，為 2.4 公尺長乘 1.10 公尺寬，僅占地 2.74 平方公尺。
[25] 參見同前註，該衛生原則第 5 項埋葬年限 (Ruhefristen) 之規定。

倘若其他會勘參與單位並無反對意見，而申請案的內容亦未違反上述衛生原則之規定，當可核准墳墓設置的申請。

三、殯葬設施用地之供給及使用

2005 年，德國的墓地面積約 56,931 公頃，依照權屬分為：市有墓地約 41,250 公頃（行政上不屬於縣 Landkreis 管的市），鄉鎮所有墓地約 8,750 公頃，基督教所有約 2,536 公頃，天主教所有約 2,450 公頃，猶太教組織所有約 1,400 公頃，墓園公司經營的樹林墓園約有 545 公頃。根據殯葬業協會 2008 年的統計，全德國採取土葬 (erdbestattungen) 的比率占 54%，採取火化再葬 (feuerbestattungen) 的比率占 46%，其中約有 2.5% 採取海葬 (seebestattungen)，另有 5% 則為沒有親屬辦後事者 (anonyme bestattungen)[26]。

以柏林市為例，全市計有 12 區公墓（參見表 9-3-3），另有 274 公頃位於柏林市周邊地區。於 2012 年年底，該市總共有 221 處公墓，面積為 1,401 公頃。其中，開放者計 186 處，比率占 84.16%；面積計 1,291 公頃，比率占 92.15%（參見表 9-3-4）。

位於柏林市內的公墓計有 221 座，墓地總面積約 1,144 公頃，其中 182 座仍開放營運，處數比率占 82.35%，面積比率占 91.77%。柏林城邦目前管理 87 座公墓，其中 2 座位於周邊地區。邦有墓地空間約有 604 公頃位於柏林的邊界之內，其管理權係在自治市政府層級的綠地空間部，屬特別行政區的專門機構；其中 63 座仍開放營運，處數比率占 74.11%，面積約 530 公頃，比率占 87.75%（表 9-3-4）。

邦有公墓之外的墓地則是由各種教派之獨立教會團體合法經營。多數教派墓地是基督教教會社群的財產，計有 118 座墓地，占地約柏林市內 436 公頃，另有 2 座則位於柏

表 9-3-3　柏林市各區內公墓面積（2012 年）

區名	面積（公頃）	區名	面積（公頃）
Mitte	82.29	Tempelhof-Schöneberg	115.49
Friedrichshain-Kreuzberg	47.91	Neukölln	116.20
Pankow	192.49	Treptow-Köpenick	84.13
Charlottenburg-Wilmersdorf	70.42	Marzahn-Hellersdorf	42.06
Spandau	75.99	Lichtenberg	67.03
Steglitz-Zehlendorf	121.58	Reinickendorf	111.08

資料來源：www.stadtentwicklssong.berlin.de/umwelt/stadtgruen/friedhofe_begraebnisstaetkn/download/uebersicht。

[26] http://www.bestatter.de/bdb2/pages/news/faq.php#zahlen（搜尋日期：2010 年5月30日）。

表 9-3-4 Berlin 的公墓設施（2012 年 12 月）

總 計	合計		開放		關閉	
	處數	面積（公頃）	處數	面積（公頃）	處數	面積（公頃）
合計	225	1,418.10	186	1,323.89	39	94.21
柏林市內公墓	221	1,144.10	182	1,049.89	39	94.21
柏林市郊地區公墓	4	274	4	274	-	-
按宗教區分						
邦有公墓	84	604.30（+2 坐落於周邊地區）	63	529.52（+2 坐落於周邊地區）	21	74.78
基督教公墓	118	435.7（+2 坐落於周邊地區）	103	420.84（+2 坐落於周邊地區）	15	14.88
天主教公墓	9	47.64	9	47.64	-	-
其他公墓（英國國教、猶太教、回教、俄羅斯東正教等）	10	56.44	7	51.89	3	-

資料來源：http://www.stadtentwicklung.berlin.de/umwelt/stadtgruen/friedhoefe_begraebnisstaetten/en/daten_fakten/index.shtm.（搜尋日期：2013 年 9 月 8 日）

林周邊地區。此外，有 9 處天主教墓地，占地 48 公頃，另有 5 處猶太墓地，1 處俄羅斯東正教墓地，1 處英國教和 1 處穆斯林墓地墓地。在柏林，39 處墓地已經被關閉，不再供做埋葬場所。然而，其大多數仍保有墓地的特徵。

另者，德國近年亦興起環保自然葬之風，惟其對埋葬方式要求極為嚴格，這是因為骨灰雖經高溫燃燒，理應無細菌或病毒殘存的問題，但在現代化學藥品、食品公害、環境污染之影響下，仍無法保證絕對沒有任何殘留物質，因此不應毫無限制的任民眾自由處理骨灰。按《勃蘭登堡州殯葬法》規定，在火化的情況下，裝有骨灰的骨灰盒須安葬在墓地，或以合適的方式安葬在教堂裡，骨灰也可以拋灑在墓地指定的某個地方。此外，若不與其他法律相牴觸，可按死者生前意願將骨灰拋灑於大海之中；若具有重大原因，且不與地方利益相對立，在和基層衛生行政機關意見一致的情況下，地方治安行政機關可以個別允許在墓地以外的其他地方進行安葬（靳爾剛，2003：75）。由此可見，隨著風氣漸開，德國亦改變其殯葬行為，冀能以環境親善方式安葬故去至親，為珍愛地球盡心力。

第四節　我國與德國殯葬設施設置管理制度之比較分析

前面兩節係分別就我國與德國之殯葬設施之規劃管理制度說明其概要，本節擬進一步比較兩國制度之利弊優劣如後。

一、殯葬管理組織體系之比較

我國和德國殯葬管理組織體系可就主要法令依據、墳墓設置基本理念、墳墓類別與經營主體、墓地劃設或擴編機關、墳墓設置核可機關，以及墓地使用年限訂定等六項，予以比較分析。

（一）法令依據

我國現行殯葬管理基本法規為《殯葬管理條例》，而臺北、高雄等院轄市及各縣市另定有殯葬管理自治條例，鄉鎮公所則定有管理規則或管理辦法等單行法規。德國係聯邦制國家，除於憲法明定戰爭陣亡士兵遺體應由國家設置軍人公墓予以安葬外，餘則由各邦訂定安葬法加以規範，並由地方政府訂定實施章程據以執行。故以法律位階言，兩國差異並不大，惟德國法律規範內容廣泛，但我國法律則規範殯葬設施設置、經營、管理以及殯葬服務業之管理與輔導，亦有力求規範周延之思維。

（二）殯葬設施設置理念

我國殯葬管理業務以往係由民政及社政機關負責掌理，如：中央係由內政部民政司主管，省政府由社會處主管，直轄市（如臺北市）或縣市由社會局（或處）主管，但鄉鎮公所則由民政課掌管，故可推知其係秉持匡導喪葬禮俗、增進社會福利之初衷，而將墓政工作分由兩單位掌管。惟近年來，逐漸將殯葬管理業務統歸由民政單位管理（如臺北市殯葬處自民國 99 年起改隸民政局），則有強調提升民眾福祉、引導殯葬禮儀之意義。德國公墓之設置與安葬制度多由國家負責監督管理，各邦法律亦規定墓政管理應由衛生、公共秩序或警察機關負責審核墳墓設置許可業務，與臺灣殯葬設施設置理念有所不同。因安葬遺體與衛生保健、公共秩序或社會安全息息相關，此種理念或可提供我國整合殯葬管理組織業務或建立溝通平臺之參酌。

（三）墳墓類別與經營主體

如從墳墓設置之類別加以比較，中德兩國似無差異；但就墳墓經營主體而言，二國確實有別。以公立公墓經營而言，我國以往係由社政及民政單位負責，近年調向由民政單位負責；德國則明定設置公墓為市鄉鎮公所之義務。至於私立公墓，德國規定得由教會、宗教團體或公法團體分擔部分義務，私人或民間企業不准經營；我國則允許民間企業得經營之。關於私人墳墓之設置，我國現行條例已廢除這類規定，然對於教育、文化、藝術有重大貢獻者，於死亡後，經其出生地鄉（鎮、市、區）滿 20 歲之居民二分之一以上同意，並經殯葬設施審議委員會審議通過者，得於該鄉（鎮、市、區）內適當地點設公共性之紀念墓園，並以存放骨灰為限，距離則不受限制，可議其設置。德國則規定需當地無公墓設置，或係安葬名人（需經當地議會通過認可）方准為之，但仍須受公共衛生之規範。故就法之明確性與周延性而言，德國法制似乎略勝一籌，值得我國參考。

（四）殯葬設施用地劃設或墳墓設置、擴編機關

臺灣有關殯葬設施用地之劃設或擴編，可分為兩類：都市土地由都市計畫主管機關於都市邊緣適當地點劃設之；非都市土地則由地政機關就土地使用性質編定為殯葬用地[27]，其設置與管理則依各級政府主管單位而有不同。德國有關殯葬設施用地劃設、擴編或墳墓設置、擴充，係市鎮營建事務要項之一，在邦政府屬邦與都市發展部主管，地方則由市鄉鎮公所的公園墓地管理機關擔負全責，組織執掌劃分頗為一致。如與德國相較，我國殯葬主管機關已由中央至地方組織歸屬職係不一，逐漸調整為由民政單位負責，或可發揮統一欲如之效果。然而，土地使用和民政管理之間如何共謀其事，則需進一步考量。再者，我國墓地劃設或擴編過程尚未有較嚴謹之供需預測與規劃設計過程，理當儘速建構相關體制並執行，方能符合民眾營葬之需。

（五）殯葬設施設置核可機關與程序

我國以往《墳墓設置管理條例》規定公墓之設置應由市鄉鎮公所受理申請並經初審後，轉報縣市政府社會局（科），再經該局（科）會同其他相關平行單位進行地點勘查，如勘查核可，再由縣市長核定轉呈省社會處核准。如此公文往返，不僅降低行政效率，也徒生資源、時間耗費之擾。近年新頒《殯葬管理條例》則規定，殯葬設施之設置、擴充、增建或改建，應備具文件報請直轄市、縣（市）主管機關（民政局、科）核准；其由直轄市、縣（市）主管機關（民政局、處）辦理者，報請中央主管機關（內政

[27] 按內政部公告：預告《非都市土地使用管制規則》部分條文及第 6 條附表 1、第 27 條附表 3 修正草案（預告終止日為民國 100 年 2 月 11 日）所示，為通盤解決原住民鄉鎮殯葬設施長年不敷使用之困境，爰增訂原住民保留地地區設置公立公墓，得依其主管機關核定之計畫，於森林區申請變更編定為殯葬用地。（修正條文第 43 條）此或係因應原住民地區多位於山區，殯葬用地難以尋覓之所需，惟於區位選擇上仍須妥為考量，以免有違資源保育之目標。資料來源：http://www.moi.gov.tw（搜尋日期：2011 年 2 月 13 日）。

部民政司）備查，故申辦效率已較以往提升。德國自墓地劃設或擴編、受理申請與初審，乃至決定是否核准設置，均由市鄉鎮政府一氣呵成，惟需由有關單位參與會勘，以共同審核是否合乎衛生原則。由此觀之，德國法制之規定較能發揮權責統一、提高行政效率之要求，頗值得參酌採行。

（六）墓地使用年限訂定

我國對墳墓用地使用年限係依經驗或當地習俗定之，通常以七年居多，最高可達十年[28]。德國則是由邦政府地質管理局依地質土壤調查結果，參酌氣候條件，測知屍身腐化所需時間，再由當地衛生主管機關視用地位置、土壤性質及水利條件，鑑定埋葬場地之使用年限。兩相比較知悉，德國做法較符科學原理，頗值得我國參考採納。兩國殯葬管理組織體系摘要於表 9-4-1。

二、殯葬設施使用規定之比較

（一）墓基種類、占地面積與使用年限

我國有關墓基種類，相關法並未明訂，但法定每墓基占地面積則由以往的 16 平方公尺減為 8 平方公尺，至於公立公墓的使用年限則是七至十年。德國墓基所有權屬於公墓所有人，私人僅支付費用取得使用權，而墓基種類各地設置規格不盡相同，惟自選式墓基的面積、使用年限均較排列式為大且長。但德國土葬式墓基多不超過 4 平方公尺，火葬式墓基多在 1 平方公尺左右，使用年限約在二十至三十年間。

比較兩國規定可知，我國法定墓基面積之上限仍嫌過高，尤其未詳細區別不同埋葬方式之占地面積，影響土地資源之節約利用。近年，我國各縣市陸續頒布《殯葬自治條例》，對於墓地使用年限亦加以規定。然而，在這些條例施行前，除公園化公墓之外，並未強力執行墓地使用年限，仍有阻滯土地使用效率之虞。故就墓地節用與循環利用原則而言，德國殯葬設施之規範較能發揮作用。

（二）墓地收費標準與安葬方式

我國有關墓地收費標準，一般而言，土葬式高於火化塔葬式，骨灰置於靈（納）骨塔內者則減免收費。至於安葬方式，目前仍以土葬為主，但都會區由於土地資源有限，火化入塔或入土的比率顯已提高，全國於民國 98 年度的火化率已達 89.11%[29]。德國有

[28] 參見《臺北市殯葬管理自治條例》第 12 條第 1 項規定，http://163.29.36.23/taipei/lawsystem/lawshowall01.jsp?LawID=P08I1001-20020723&RealID=02-07-1001（搜尋日期：2010 年 5 月 30 日）。

[29] 民國 98 年累計死亡人數 143,582 人，累計火化屍體數 127,941 人，故推算火化率為 89.11%。參內政部民政

表 9-4-1 臺灣和德國殯葬管理組織體系之比較表

項目	臺灣	德國
主要法律依據	• 殯葬管理條例（及其施行細則） • 非都市土地開發審議作業規範：墳墓用地編 • 直轄市暨縣市政府：各級政府訂頒殯葬管理自治條例 • 鄉鎮公所：各類殯葬設施管理辦法	• 憲法：基本法 • 各邦：安葬法、北萊茵邦殯葬地之設置及擴大衛生準則 • 各市鄉鎮：墳墓設置與安葬章程
殯葬設施設置基本理念	• 匡導喪葬禮俗、增進社會福利	• 衛生保健及公共秩序原則
殯葬設施類別	• 公墓：公立與私立設置者 • 紀念墓園：需經居民同意、審議通過 • 殯儀館、火化場及骨灰（骸）存放設施	• 公墓：公設與教會設置者 • 私人墳場（例外）：需經特別許可 • 殯儀館、火化場及骨灰（骸）存放設施
殯葬設施經營主體	• 地方政府、私人或團體	• 地方政府、宗教法人或公益法人，私人為例外
管理殯葬設施用地劃設機關	• 都市計畫及地政機關 • 民政（與社政）機關	• 公園與墓地管理機關
殯葬設施設置核可機關、核可程序	• 直轄市、縣（市）：對轄內私立殯葬設施之設置核准、對轄內鄉（鎮、市）公立殯葬設施設置、更新、遷移之核准。但核可程序涉及相關單位共審於另法規範。 • 中央主管機關：直轄市、縣（市）主管機關辦理殯葬設施設置、擴充、增建或改建者，報請中央主管機關備查。	• 鄉鎮公共秩序管理局：受理墳墓用地的劃設或擴編申請與核准，但需另請相關單位共審會勘。 • 行政區區長：私人墳場設置核可機關與公墓同，惟需經該管行政區區長許可。
殯葬設施（墓地）使用年限訂定	• 憑經驗、葬俗判斷	• 憑用地位置、土壤性質、氣候及水利條件研判

資料來源：殷章甫、顏愛靜等，1990。

關墓地使用之收費標準，各地規定不一，但大體上係自選式高於排列式，土葬高於火葬。

至於安葬方式，德人埋葬親故遺體原以土葬所占比率較高，近年來由於人為及經濟因素，使得火化率已逐年提升。另自民國 52 年起，天主教允許信徒採火葬，亦提升其火化率。僅就多特蒙德市而言，其火化率就高達 50%。再者，兩國均逐漸興起環保自然

司網站，http://210.69.35.201/dca/01news_001.aspx?sn=3892&page=1#（搜尋日期：2010 年 6 月 2 日）。

葬，包括：樹葬、骨灰拋灑植存、海葬等，顯示皆朝親善環境、減低大地負荷的方向努力邁進。

比較兩國安葬方式，目前仍皆以土葬居多，其與傳統葬俗、宗教信仰之影響有密切關係。此外，為節約土地利用，目前兩國政府均致力於鼓勵火化、火葬或環保自然葬政策之推行，以達永續發展之境地。

（三）墓區位置之選擇

對於公墓設置地點，我國規定需距公共飲水井或飲用水之水源地 1,000 公尺以上，或距戶口繁盛區 500 公尺以上，且應選擇不影響水土保持、不破壞環境保護、不妨礙軍事設施及公共衛生之適當地點為之。德國則規定，應距商業區、工業區或住宅區若干公尺以上；而與飲水設施、地下水位之距離，則由衛生、水源管理單位鑑定之。但其地點不得設置於供氾區、水源保護區內。

比較中德兩國之公墓設置地點可知，我國規定較為嚴格，德國反而較為寬鬆，可知兩國對墳墓設置之態度迥然有別。我國認為其為嫌惡設施，德國則認為其具休閒功能，只要妥善規劃設計，毗鄰而居並無陰森詭異之懼[30]。

（四）墓園基本設施

我國規定公墓基本設施包括對外通道、公共衛生設備、排水系統、墓道、公墓標誌、停車場及其他必要設施。另外，綠化空地面積與公墓總面積比例不得少於十分之三，但墳墓造型採平面草皮形式者，不得少於十分之二。德國則規定建築設施應包括對外通道、墓道、抽／排水設施、停屍間、祈禱室、管理大樓等。園藝設施方面，墓地淨面積占公墓總面積比例應不超過 35% 至 40%，墓區應力求景觀良好，廣植花木。比較兩國墓區應配置基本設施可知，差異並不大。惟值得留意的是，德國雖未明訂綠化空地面積所占比率，但一般墓園之墓地淨面積占總面積比率均在 40% 以下，且多採平面草皮式造型，而區內建築設施面積比例亦多在三分之一以下，可見其綠化空間面積比例比我國高出甚多，也較符合前項所揭示之防污、景觀、環保與休憩等多元功能。有些墓區（如：多特蒙德市立公墓）並設置殯儀館、火葬場、納骨塔等設施，綠化面積廣大，堪稱殯葬一體之專用區。

綜上，德國之殯葬設施使用規定詳細，與我國規範相比較下，明確且清楚許多，表 9-4-2 即為兩國殯葬設施用地之比較。

---

[30] 筆者猶記得於民國 79 年造訪德國 Alter Friedhof Bonn，當地管理員認為這是人類必經之歷程，且被埋葬者都是祖先，只要環境整理得很好，沒有什麼好怕的，而且有些幼稚園老師還帶孩子們到此地瞻仰先人墳地，也將之視為人類文化之遺跡，從事生命教育，令人動容！參考資料：http://de.wikipedia.org/wiki/Alter_Friedhof_Bonn（搜尋日期：2010 年 6 月 8 日）。

表 9-4-2 中德兩國殯葬設施使用規定之比較

項目	臺灣	德國
墓基種類	• 法未明定	• 土葬排列式：不可生前預購 • 土葬自選式：滿60歲者可生前預購 • 火葬排列式：不可生前預購 • 火葬自選式：滿 60 歲者可生前預購 • 榮譽人士墓基
墓基占地面積	• 法定每一墓基不得超過8平方公尺，每一骨灰盒（罐）不得超過0.36平方公尺。	• 土葬式：4 平方公尺以下 • 火葬式：1 平方公尺以下
墓地使用年限	• 公立公墓：七至十年。	• 視壤質、地下水源條件而定，約二十五至五十年間。 • 一般為三十年。
墓地收費標準	• 墓基使用費：土葬式高於火化塔葬式。 • 靈（納）骨塔可減免收費。	• 墓基使用費：土葬式高於火葬式，自選式高於排列式。
安葬方式	• 土葬式高於火葬式，火化率明顯提升。 • 環保自然葬逐漸興起，包括：樹葬、骨灰拋灑植存、海葬。	• 土葬式高於火葬式，火化率逐漸增加。 • 環保自然葬逐漸興起，包括：骨灰拋灑植存、海葬。
墓區位置選擇	• 距公共飲水井或飲用水之水源地1,000公尺以上或距戶口繁盛區500公尺以上。且應選擇不影響水土保持、不破壞自然景觀、不妨礙耕作、軍事設施、公共衛生或其公共利益之適當地點為之。	• 應距商業區、工業區、住宅區若干距離以上。距飲水設施、地下水位距離由衛生、水源管理單位鑑定之。其地點不得設置於洪汜區、水源保護區內。
墓園基本設施	• 包括對外通道、公共衛生設備、排水系統、墓道、公墓標誌、停車場、其他必要設施。另外，綠化空地面積與公墓總面積比例不得少於十分之三，但墳墓造型採平面草皮型式者，不得少於十分之二。	• 建築設施應包括對外通道、墓道、抽／排水設施、停屍間、祈禱室、管理大樓等。園藝設施方面，墓地淨面積占公墓總面積比例應不超過35% 至 40%，墓區應力求景觀良好，廣植花木。

資料來源：修改自殷章甫、顏愛靜等，1990。

三、德國殯葬組織管理體系及殯葬設施規劃之啟發

經由比較臺灣與德國在殯葬設施設置管理制度上的異同後可知，德國對於殯葬組織管理體系及殯葬設施之規劃有其主要特徵或可供採擷之處，茲歸納其要如下。

（一）殯葬管理法令內容規範廣泛且周延

德國係聯邦制國家，除於憲法明訂戰爭陣亡士兵遺體應由國家設置軍人公墓予以安葬外，餘則由各邦訂定安葬法加以規範，並由地方政府訂定實施章程據以執行。我國近年除新頒《殯葬管理條例》外，亦陸續頒布直轄市或縣市殯葬管理自治條例等相關法律，甚至訂有《殯葬設施使用管理自治條例》[31]，法律已經漸趨完備。然而，徒有法律而未能落實執行，效果仍無法突顯，此為我國殯葬管理亟待改善之處。

（二）私立公墓僅得由公益或宗教團體經營

由於公墓屬公益設施，為避免民間企業牟取私利，德國規定私立公墓僅得由教會、宗教團體或公法團體分擔部分義務，但私人或民間企業一概不准經營。我國既已開放准由私人或團體設置私立殯葬設施，當無須仿效德國只能由公益或宗教團體經營此種設施，然應兼顧私人尊嚴及公共利益，督促殯葬服務業積極提供優質服務，而不只是消極的避免違反地用或違反執業規範，以期更能符合現代化營葬之需。

（三）殯葬管理組織體系之職掌與權責劃分一致

德國有關墓地劃設、擴編或墳墓設置、擴充，係市鎮營建事務要項之一，在邦政府屬邦與都市發展部主管，地方則由是鄉鎮公所的公園墓地管理機關擔負全責，組織執掌劃分頗為一致。我國近年殯葬管理事務已由民政單位主政，較以往有較大的進步。惟民政屬於掌管殯葬禮俗機關，與土地使用規劃和管制機關間如何建立溝通平臺，以利殯葬管理事務之推動，則尚待努力。

（四）墓基使用面積有限，限期輪葬循環利用

為節約土地面積、提高使用效率，墓基使用面積與使用年期應予限制。無論是土葬式或火葬式，德國的墓基使用面積均有規定，且視土壤性質、氣候及地下水源條件等，限定使用年期為二十年至五十年不等，足見其對墓地資源之節約或循環利用甚為重視。我國每基墳墓用地面積之上限雖已從 16 平方公尺降為 8 平方公尺，但相較於德國的規範，仍可考量再向下降低，以節省占地面積，促進土地集約利用。

（五）殯葬專區設施齊全，聯外交通便捷

以德國殯葬設施規劃而言，大抵公立墓園均規劃有殯儀館、納骨塔、墓地與火葬場

[31] 例如，《臺南縣柳營鄉殯葬設施使用管理自治條例》係於民國 94 年 6 月 6 日公布實施，最近一次則為 98 年 3 月第六次修訂。

等主體設施，私立墓園則兼具前三種，且僅有在特殊情況下方准予設置火葬場，至於服務性設施亦一應俱全，便於使用。因此，我國當可加強實施火化塔葬政策，降低火化及骨灰安置費用，並由中央逐年編列預算，補助地方興建火葬場與納骨堂（塔），以彰顯成效。

此外，為避免此等鄰避設施導致負外部性，德國多會擇取適當區位，規劃配置殯葬一體專用特區，以便將主體設施集中設置，並與區外以樹籬或林蔭大道隔離，同時規劃完善之聯外交通系統。這種規劃除可避免干擾鄰近居民外，亦便於喪家使用。因而，我國現有公墓更新應當注意聯外交通之便利，以供公眾營葬之需。

（六）墓區廣設綠地植栽，兼具休閒環保功能

德國一般墓區主體設施淨面積占總面積比率約在 30% 至 40% 之間，且墓基與墓碑多採平面草皮式造型，墓區老樹參天成為群鳥棲息場所，除與大自然融為一體外，亦可發揮遊憩休閒與環境保護等功能。因此，我國宜繼續推行公墓公園化措施，並選擇適當區位，讓墓區多植花草，墓基宜採平面草皮式造型，綠化空地面積占公墓總面積比例當可適度提高（如：高於十分之三），務求增加綠地空間，以發揮遊憩休閒功能。

第五節　我國殯葬設施用地資源利用制度之改進方略

如第一節所述，殯葬設施的設置應掌握限制墓地使用面積、促進墓地循環利用、加強殯葬設施立體利用、展現殯葬設施多元功能、配置殯葬一體專用特區等原則。從德國現行相關制度的考察中可以看到，其制度亦大致符合前述原則之要旨。反觀臺灣現行之殯葬管理設施供應和運行制度，則尚有需要強化之處。再者，從我國土地規劃利用管制規範來看，尚有樹葬相關規定不足、停車場設置標準不明、聯絡道路設計考量未周、計畫使用容量計算標準不清、公墓外殯葬設施規範有所不足等問題，且以往殯葬設施用地在供不應求下常滋生濫葬情事，凡此皆有待積極謀求解決。因而，本節將就這些課題，綜合研擬未來這類設施用地資源之改進方向。

一、加強殯葬設施立體利用，展現殯葬設施多元功能

現代化的殯儀館、火葬場、納骨塔可經由妥善的立體化設計，規劃殮、殯、葬集中處理之空間，並兼納殯葬行政管理空間，則不僅能促進墓區空間之立體利用、提升其經濟效率，更可以減少負外部性。在墓地的立體利用方面，據瞭解外國有採於地下多層疊葬的例子，惟尚乏具體之文獻可考。依我國傳統是以信仰佛教為主，而火化入塔正是佛

教的正統葬法。為充分利用土地資源，節省墓基占地空間，宜多增闢火化場、葬塔式公墓（即納骨堂、塔），以供骨骸或骨灰火化、存放。這種墓地朝上發展的利用方式，不但符合節約利用土地資源政策目標，且易於落實執行（顏愛靜，1999a）。

另，殯葬設施如能透過妥適的規劃設計，使墓區綠意盎然，令人賞心悅目，當能展現殯葬設施集文化，教育、綠景、休憩等多元功能之新風貌。如此，不僅合乎政策目標之視覺景觀的要求，且墓地也不再是逝者恆久占據而毫無生息之地，而是安祥寧適、循環利用，且可供休閒遊憩的多功能場所（顏愛靜，1999b）。

二、配置殯葬一體專用特區，方便民眾治喪之需

國人治喪，常配有花草、樂隊及道士引魂等活動，熱鬧有餘但莊嚴不足，且往往製造噪音，有礙居住環境的安寧，誠有改進之必要。兼以殯儀館設施尚不普遍，喪家往往就宅前馬路、巷道等搭棚停殯，辦理喪事，不僅妨礙往來交通，亦有礙市容觀瞻，亟待設法改進。未來預計興建的殯儀館當規劃於重要的市鄉鎮予以設置，並宣導與協助喪家儘量利用殯儀館治喪，使之於莊嚴肅穆氣氛下進行，以慰亡靈。再者，國人辦理喪儀多選擇黃道吉日，故每遇這些日期，殯儀館往往擁擠不堪。為使殯葬資源有效利用，或可就使用頻度的不同，實施差別收費，如：吉日使用率較頻繁，可收費較高，而非吉日則可減收一定成數，以便鼓勵喪家多利用非吉日使用殯儀館設施，均衡殯儀館使用頻度（顏愛靜，1997a）。

由於傳統的殯葬設施，通常被歸類為「鄰避」設施，如予以集中設置，或將導致「負外部性」增加，徒而遭致毗鄰地區住戶的反對抗爭，故有人認為應予分散設置。惟若能於主要都市慎選殯葬用地在適當區位上興建合理的規模，經由縝密規劃設計，將所有殯葬設施及行政管理單位集中配置於殯葬一體的專用特區，並與區外以樹籬區隔，且配置良好的聯外交通，當可將負外部性轉化為正外部性，使鄰近住戶不再強烈排拒，甚至謀求轉變為「迎毗」態度。又為達開發之規模經濟，整個殯葬專區之面積不宜過小，以利相關公共設施之配置。故有關非都市土地使用分區變更指導原則規定，申請開發公墓之土地面積達5公頃以上者或其他殯葬設施之土地面積達2公頃以上者，應變更為特定專用區（內政部，2010：36）。此外，基於喪家的立場，諸如祭奠、殯殮、火化、埋葬、安置骨灰等事宜，集中於同一地點處理，則可節省不少繁瑣的手續及到處奔跑等麻煩。

三、嚴格取締違法濫葬，公告濫葬區限期遷葬

為了防止新濫葬的發生，今後必須加強非都市土地使用編定與管制。凡非編為墳墓

用地的土地，不得用於埋葬屍體，違者應受處罰並自行移葬至公墓地區。除此之外，今後尚須繼續開發公立公墓，其區位、四周環境、公共設施、使用費等，均需符合一般大眾的所得水準與需求，提供較佳的服務。同時，墓園的規劃與設計亦可考慮傳統重視的方位與風水，儘量配合喪家的需求。只要政府能夠提供良好的殯葬設施服務，設法方便喪家，相信多數喪家都願意選擇公立公墓，減少濫葬情形（殷章甫，1991）。

既有的濫葬乃為公權力不彰、國人不守法的最佳例證，深引以為憾。對既有的濫葬雖可考慮實施限期遷葬措施，但其前提是要具備可供遷葬的公立公墓，或興建可供安置骨骸的納（靈）骨堂（塔）等，並以強大的公權力為後盾，方有成功的希望。例如：政府可以選擇區位適中、景觀優美、環境清新、規模較大的濫葬區，將其改編為區域公園預定地並辦理徵收，爾後再公告限期遷葬。至於逾期不遷葬者視為無主墳墓，得由政府代為遷葬，並合葬於公墓內的無主墓區，將濫葬區騰空，俾利開闢區域性公園。只要政府有行使公權力的決心，徹底清理一、兩處濫葬區，當能發揮殺雞儆猴的嚇阻作用，對抑制爾後濫葬的發生必能發揮實質的正面作用（殷章甫，1991）。

然而，於遷葬過程中，經常發生補償費發給之問題。以往僅限於應行遷葬之合法墳墓，才發給遷葬補償費；然而，礙於不合法墳墓為數眾多，如不發給遷葬救濟金，唯恐對於濫葬處理相當不利。因此，《殯葬管理條例》乃於民國 98 年 5 月修正公布第 35 條第 2 項，增訂：「……但非依法設置之墳墓得發給遷葬救濟金；其要件及標準，由直轄市、縣（市）主管機關定之。其補償基準，由直轄市、縣（市）主管機關定之。」這樣的規範雖有變相鼓勵違法設墳之嫌，但有鑑於濫葬的問題已相當嚴重，只好退一步採取此一措施。惟遷葬救濟金之標準應低於合法墳墓遷葬補償費，方可紓解所困，又不會肇致不公平的問題。

四、研訂更新公墓計畫，強化整體景觀功能

臺灣地區的老舊公墓為數不少，且設置年代大抵久遠，以致墓區多呈現密埋疊葬、凌亂荒蕪的景象，不僅危害公共衛生，亦有礙視覺觀瞻，亟須設法改善。較為理想的做法，可先行實施禁葬，經過相當期限後，再公告限期遷葬；逾期不遷葬者視為無主墳墓，得由地方政府代為遷移至無主墳墓區。倘若這些老舊公墓的區位及面積尚稱適當，可就地辦理更新，開闢公園化公墓；如其面積過小，則可酌情改編他種用途，另擇地開闢新公墓，俾提供民眾更好的服務。再者，各縣市及鄉鎮（市）公所應視未來的人口成長及平均死亡率等，預計未來需求，選擇適當地點研訂公墓開發計畫，設置公立殯葬設施，妥為編定墳墓用地。另外，今後預定更新的公墓須以公園化公墓為原則，並多種植花木與廣設草坪，以增添綠意。又墳墓用地所占面積應在總面積的一半以下，使公墓除為提供埋葬用地以外，尚能發揮景觀及休閒功能，使公墓成為居民遊憩喜愛的地方。

從公墓設施使用概況來看，除高雄市外，臺北市及臺灣省公墓設施未規劃面積所占比率仍高，未來亟須著手擬定更新計畫，闢成公園化公墓，以改善墓園的環境景觀（顏愛靜，1997a）。另外，由於埋葬方式可分土葬及火葬二種，處理方式若未臻完善，皆有產生污染之虞，職是之故，所有殯葬相關設施在規劃與興建時，皆應以維護環境品質為首要條件，如此亦可降低居民抗爭等情事發生。

五、減低每墓使用面積及年限，以促進墓地循環利用

按現行《殯葬管理條例》的規定，每一墓基面積不得超過8平方公尺。此項標準係按實施土葬的情況而設定，但與同樣實施土葬的德國比較，其每一墓基的土地面積約只為4平方公尺，而英國的規定與此大致相同。就此而言，我國現行規定實屬寬鬆。一般而言，遺體採「入土為安」的處理方式有棺木埋葬與火化埋葬兩種。第一種方式，係將棺木直接埋入坑穴之中，過程最為簡便，所需附帶設施（墓道、金爐）較為簡單，但每座墓基的面積較廣，占用較大空間。第二種方式，需先將屍身火化入罐後，再埋葬於坑穴中，過程稍微繁複，且需建火葬場等設施；惟每座墳墓的面積較狹，可節省占用空間。然而由於土地供做墓地使用，主要作用在於維繫傳統倫理與文化習俗，並不能直接產生有形的經濟效益，是以其基本的埋葬功能之實現，當以滿足營葬的基本需求為度，避免資源浪費。因此，未來或可酌予再減每墓基面積，以達到節省土地使用之政策目標（顏愛靜，1999b）。

再者，為促進墳墓用地的循環使用，墓地的使用年數宜酌予限制，並於撿骨後，鼓勵其安置於納骨堂（塔），以資弔拜。現行《殯葬管理條例》並沒有規定該項使用年數，只在各地的《公墓暨納骨堂使用管理自治條例》中，視實際情況各自規定，以因應臺灣地區地狹人稠及山坡地較多之情況（譚維信，2001）。為解決墓地可能不足的問題，並避免不斷開發新墓地占據有用空間，應實施墓地的循環利用，化限量資源為流量資源，成就最有效而經濟的方法。此種方法乃不管採取土葬或火葬，於墓地經使用一段時間後，應予洗骨遷移。建議限定使用年限為十年，以減少占用期間，並將骨灰或骨骸安置於靈（納）骨堂（塔），把原來使用的墓地騰空出來，俾使有限的空間得以循環利用，以節省墳墓用地資源（殷章甫、顏愛靜，1988）。此外，公墓的經營管理可因使用費及管理費的收取而長久維持，且可集約利用墓地以加強公共設施的投資效益，為喪家提供更佳的服務（顏愛靜，1999b）。

六、研擬交通運輸管理計畫，增設足敷使用之臨時停車場

依目前國內掃墓及祭亡者之民情，首多於亡者忌日或集中於中秋、清明、元旦、春

節前後兩週等日，次為一般例假日，而平常日最寡，故停車需求應以例假日之尖峰時段實際估算，並以停車位轉換率為停車位設置標準為宜。於掃墓季節尖峰時段，除應研擬其交通運輸管理計畫外，亦應提具增設足敷施用之臨時停車數量計畫（包括：基地內綠化空地、建築法定空地及 8 公尺以上道路、6 公尺以上墓區間道路之路邊停車數與其他可供臨時停車區位等），以免於平常日停車場閒置浪費空間，而有違《殯葬管理條例》力倡兼顧節約土地利用之宗旨。此建議除可避免平常日停車場閒置浪費外，並規定需依掃墓季節尖峰時段之停車需求，研擬交通運輸管理計畫，以減緩停車空間之不足[32]。

然而，停車場設置標準雖建議由掃墓季節之尖峰時段調整為例假日之尖峰時段，惟其估算實際停車需求時已將計畫使用容量納入考量，如根據計畫使用容量來推估旅次產生，又根據旅次來計算停車需求，則或將因計畫使用容量增加而誘發更多的交通需求，並反映到停車場、聯絡道路的使用需求提高。然而，停車場設置標準由掃墓季節尖峰放寬為例假日尖峰，並不意味著當計畫使用容量增加時停車場數量會降低。依例假日之尖峰時段估算實際停車需求時，計畫使用容量為估算實際停車需求之基礎，實際停車場之設置則須依例假日之尖峰時段估算，而計畫使用容量多寡又影響實際停車需求之估算，因此，不致於有降低停車需求同時又增加計畫使用容量之矛盾問題（顏愛靜、楊國柱，2008）。

七、考量殯葬法規有關面積限制，分別訂定計畫使用容量計算標準

在《非都市土地開發審議作業規範》中，墓基數之計畫使用容量計算標準，並未隨《殯葬管理條例》將墓基面積限制由 16 平方公尺調降為 8 平方公尺而做修正。依實務經驗，《非都市土地開發審議作業規範》與《殯葬管理條例》將產生不同的試算結果。按上開作業規範計算，墓基部分的計畫使用容量係按《殯葬管理條例》規定計算的二分之一，骨灰罐數之計畫使用容量則係約四分之一。因此，考量《殯葬管理條例》有關遺體土葬與骨灰土葬之面積限制，分別訂定其計畫使用容量計算標準。按《殯葬管理條例》所規定，純係指墓基面積，而《非都市土地開發審議作業規範》所規定者則包括墓道等公共設施，遺體土葬者之墓基數自原定每墓基占 30 平方公尺調降為 20 平方公尺，扣除每一墓基 8 平方公尺，推測其公共設施約為 12 平方公尺，認為遺體土葬與骨灰土葬之公共設施需求應屬相當，每一骨灰盒（罐）0.36 平方公尺加上公共設施約需 12 平方公尺，因此新增「屬於埋藏骨灰者，應依每骨灰罐占十二平方公尺墓區用地面積之標準計」之規定。

[32] 參見民國 97 年 4 月 8 日運綜字第 0970003653 號函。此建議理念與原則業經交通部運輸研究所之同意。

此外，考量二棺以上合葬及每墓基放置多個骨灰盒（罐）之情形，參考《殯葬管理條例》第 23 條對二棺以上合葬者定有「二棺以上合葬者，每增加一棺，墓基得放寬四平方公尺」之規定，並考量臺灣風俗民情認為遺體土葬採取合葬方式者多為夫妻合葬，且多棺合葬之情形應屬少數。夫妻合葬者所衍生的追思祭拜旅次應與一位亡者獨葬相同，即追思祭拜者來自同一個直系血親家庭，因此其所分擔之公共設施應無增加之必要，僅配合《殯葬管理條例》規定增加墓基面積 4 平方公尺即可。在骨灰埋藏部分，就民情而言，一墓基放置多個骨灰盒（罐）者多為同一家庭、家族或宗族，臺大已故教授薩孟武研究指出「古代天子有經過三代或四代而親盡毀廟之制」（薩孟武，1979：92-99），而英國有墓地使用年限七十至七十五年應循環利用之規定（林森田，1990：77、88），祭拜祖先的行為通常僅及於三代，至於曾孫子女則大多未見過曾祖父母，感情較為淡薄。通說一代三十年，三代為九十年，故七十年的時間已足夠供子孫追思祭拜。

以當代少子化社會，中年夫妻生育兩位子女，假設男女性別各占一半，依風俗女方出嫁後死亡不能與血親長輩合葬，男方娶妻後死亡與血親長輩合葬，本研究歸納三代合葬骨灰墓為曾祖父母、祖父母、父母共六人，所衍生的追思祭拜旅次應為一個直系家庭。因此，「每一墓基埋藏骨灰盒（罐）數在六個以下者，占地 12 平方公尺，為一個計畫使用容量」；而每一墓基埋藏骨灰盒（罐）數超過 6 個者，或許屬同家族或同宗族，但其所衍生的追思祭拜旅次已不只為一個直系家庭，還可能包括旁系血親家庭。因此，其占地面積及計畫使用容量應予增加，以反映道路及停車需求之增加。例如：一墓基埋藏骨灰盒（罐）數為 7 個，占地 24 平方公尺，視為兩個計畫使用容量；一墓基埋藏埋藏骨灰盒（罐）數為 18 個，占地 36 平方公尺，視為三個計畫使用容量。

至於骨灰罐數之計畫使用容量，鑑於火化進塔仍屬政府之政策，因此每骨灰罐占地面積之標準宜再降低；又因全國骨灰（骸）存放設施供給量有過剩之現象，是以占地面積之標準降低幅度亦不宜過大。再者，明定樹葬之計畫使用容量計算標準，係參酌國內推行樹葬較具規模的臺北市富德公墓詠愛園，其占地 1.2 公頃，約可提供 5,600 個穴位，即每一穴位約占 2 平方公尺樹葬用地面積，俾利符合環保及多元化需求（顏愛靜、楊國柱，2008）。

以上所述，係從設施用地資源之改進方向加以說明。然而，殯葬設施尚有賴經營業者遵守法律規定，建立產業專營形象。未來凡是經營者須先取得證照（須經專業考試及格），否則不得開業；而在短期之內，從業人員亦須接受殯葬教育專業訓練（如：生命禮儀、殯葬設施概論、造園景觀、公共衛生等），以便取信於眾。同時，這些業者應加入同業公會，遵循章程行事。殯葬業者當須體認開放競爭為勢之所趨，故須公開業務營運範圍、收費標準、評鑑實績等資訊，以供需求者選擇。總之，業者凡事應要求自我約束，提供優質商品服務，端正社會風俗，才能重塑整體產業向上提升的形象。

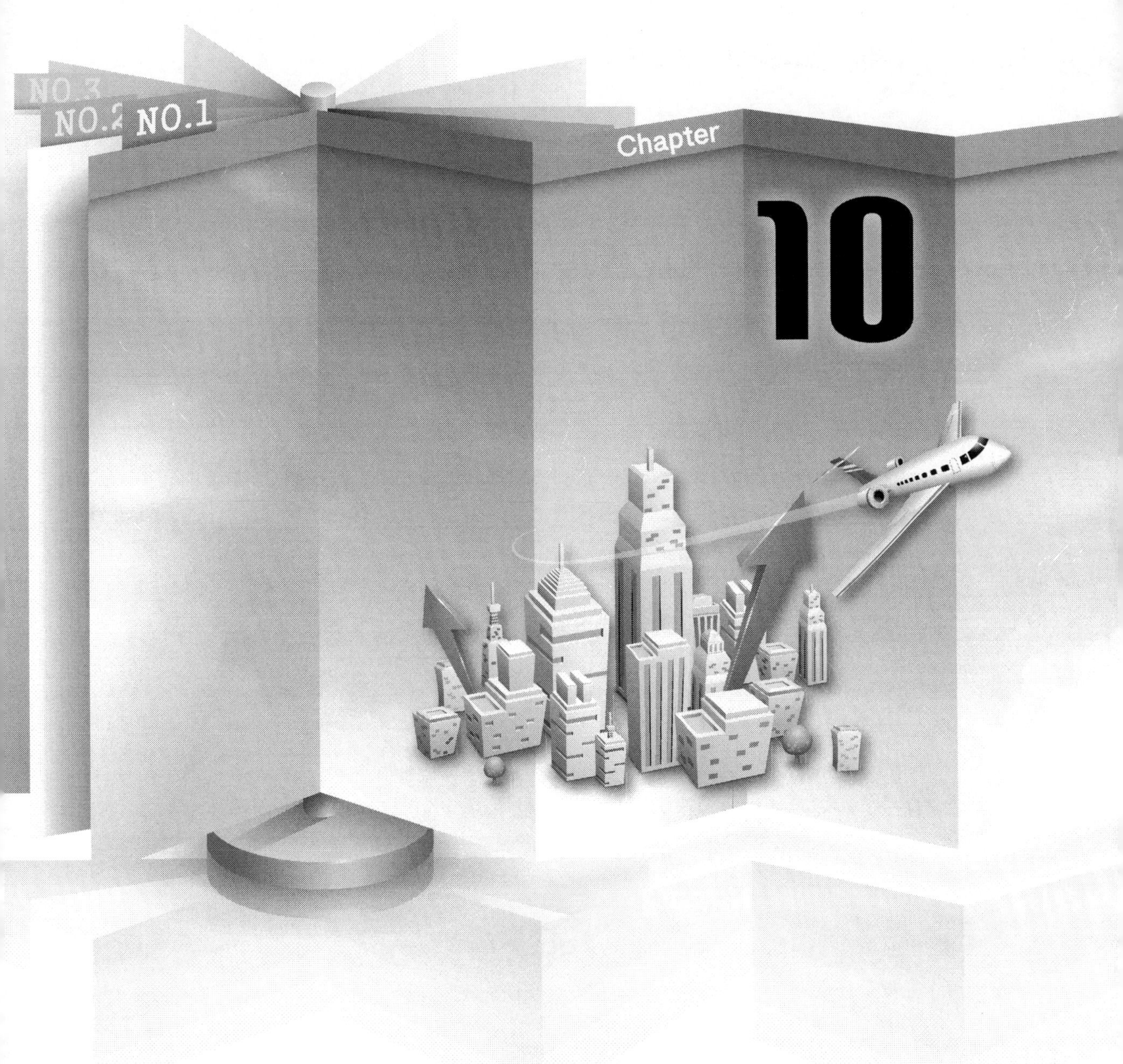

邁向環境永續的土地資源利用

第一節　經濟財、資源與經濟體系
第二節　自然資源價值的推估與污染防治
第三節　轉向永續經濟發展

綜觀世界各國早期的發展策略，概以促進經濟成長為優先考量，但較少顧及環境保護或生態保育的重要性。早年阿爾多・李奧帕德 (Aldo Leopold, 1949/1970) 便呼籲環境倫理的重要性，惟未引起多大注意。

自 1970 年代以來，長期的大肆開發土地已對大自然產生重大危害，直到近期人們才反省到這樣的舉動若不調整和改變，將為地球帶來重大災難。嗣後，雖各國的發展政策稍有改觀，但因牽涉到各國政經因素的考量，使得反省與改變的效果不彰。其箇中原因為何，值得深入探討。

本章將先說明何謂經濟財、資源與經濟體系，進而討論經濟成長過程中所產生的許多外部成本，如：環境破壞、社會影響，最後提出未來經濟體系應如何在土地使用上朝向對環境生態更具永續性的經濟發展方式。

第一節　經濟財、資源與經濟體系

一、經濟體系之資本

所謂「經濟體系」係指經濟財生產、分配與消費之體制，而「經濟財」則是指任何具有稀少性的原料或勞務，以及可提供滿足人類需求的財貨與服務。在經濟體系中，用為生產財貨與服務（經濟財）的資本或資源，則稱為「經濟資源」，並可大致分為以下數種 (Miller and Spoolman, 2012: 9)：

1. **自然資源 (natural resources)**：包括再生資源（空氣、風、水、土壤等）和非再生資源（銅、煤、石油等），為供人類使用的物質和能源。「自然資本」(natural capital)，或稱「地球資本」(earth capital)，是支持維生系統之基本要素，包含地球的空氣、能源、水、土壤、野生動物、多樣化的生物、礦產等用以支持生態系統和經濟活動（參見圖 10-1-1）。在生態經濟學家提出之「環境永續的經濟發展」概念中，更加強調自然資源的保護和保育。
2. **人造資源 (manufactured resources)**：或稱「人造資本」(manufactured capital)，指藉由人力資本之協助，從自然資源（或土地資源）中汲取、加工、製造而得的財貨，如：工具、機械等。
3. **人力資源 (human resources)**：或稱「人力資本」(human capital)，指人類之體力、智力與技術。工人藉由出售勞力與時間來賺取工資，管理者則負責將地球資本、人造資本、人力資本予以整合，以便生產「經濟財」。

上述的經濟資源都是人們用以發展經濟的要素。儘管新古典經濟學家多主張「經

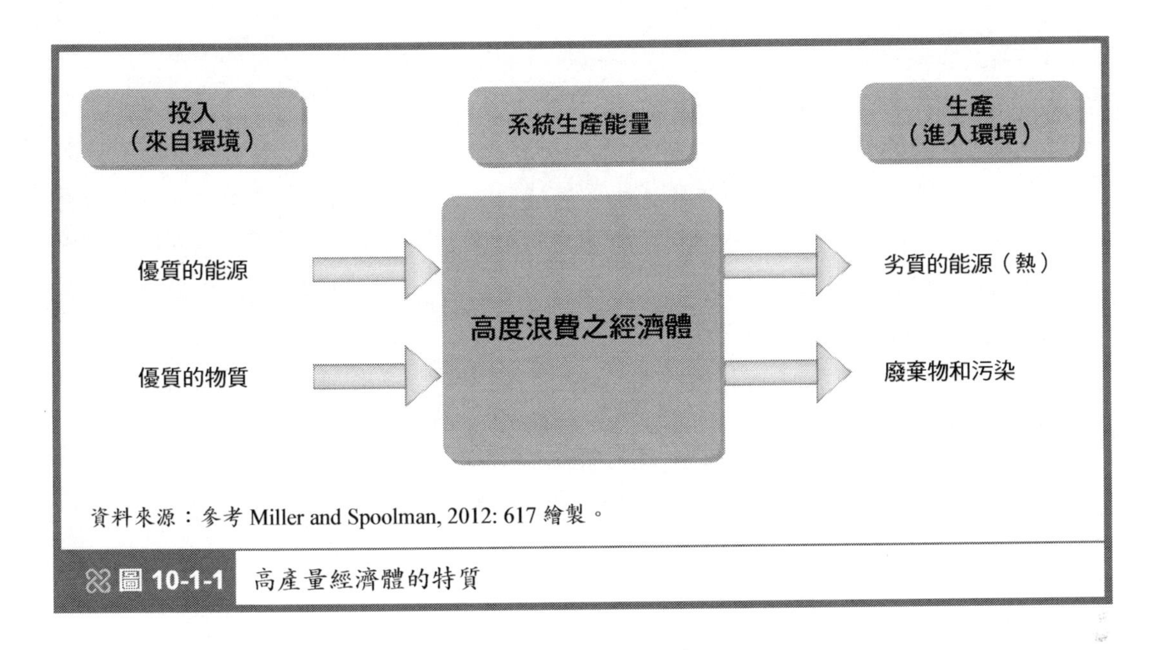

圖 10-1-1　高產量經濟體的特質

濟成長」與「經濟發展」，但生態經濟學家則主張「生態上永續發展」，這三者之間有非常大的區別。所謂「經濟成長」(economic growth)，係指經濟體系中所有的最終貨物與勞務之實值的增加，如：實質的 GNP（國民生產毛額）、GDP（國內生產毛額）或 GNI（國民所得）。為促成經濟成長，則需增加人口（生產者與消費者增多），進而促成每人產量或消費量增多。「經濟發展」(economic development) 除指產業結構由以農為主軸轉向以工商為主，亦可指資源使用效率之改進，即以較少的自然、人為與人力資本，創造與以前相同或更多的產值。一般而言，經濟發展可藉由經濟成長以提升人類生活水準，且著重在改善經濟體，使人們的福祉提升，以滿足糧食、居住、實質和非實質的基本需求。另一方面，近世紀以來，許多分析家呼籲應該重視「環境永續的經濟發展」(environmentally sustainable economic development)，其目標在於採用政治和經濟體系，以鼓勵對環境有益和更具永續的經濟發展型態，並防止對環境有害且不永續的經濟成長型態 (Miller, 2000: 754-756, 2004: 696-697; Miller and Spoolman, 2012: 615-616)。

新古典經濟學家與生態經濟學家對於經濟活動的原則，向來抱持不同的觀點。新古典經濟學家相信，人類能靠智力與技術開發任何稀少資源的替代品，且自然資源的衰退與耗盡不會限制未來經濟的發展。但是生態經濟學家並不贊同這樣的觀點，認為許多自然資源，如：空氣、水、沃土和生物多樣性等是沒有替代品的，且某些經濟成長模式會導致無法替代的自然資本品質衰退與數量耗盡（參見圖 10-1-1）。世界上多數已開發國家為高產量經濟體，需要不斷的增加能源和物質資源的流量，以提高經濟成長。這種做法雖產生有價值的商品和服務，但也將高品質的物質和能量資源轉換成廢棄物、污染和低質量的熱量，並在這個過程中，消耗或降低各種形式的自然資本品質，來支持所有的生活和經濟活動。

因此，未來幾十年應結合生態學與經濟學，並以重建「生態經濟」(eco-economy, ecological economics) 體系為目標（參見圖 10-1-2）。生態經濟學家認為，所有經濟體系皆可視為人類的次系統，並大幅依賴太陽與地球自然資源提供的財貨與服務。但消費社會不僅致力於經濟成長，也追求滿足持續擴張的欲望。如果科技宣稱可克服任何限制來生產資源的替代品，使環境退化與污染控制在可接受的程度，這樣的說法事實上是不負責任的，因為許多退化與耗盡的自然資源是無可替代的。

生態經濟學家所提出的觀點主要是建立在下列的認識與原則上 (Miller and Spoolman, 2012: 617)：

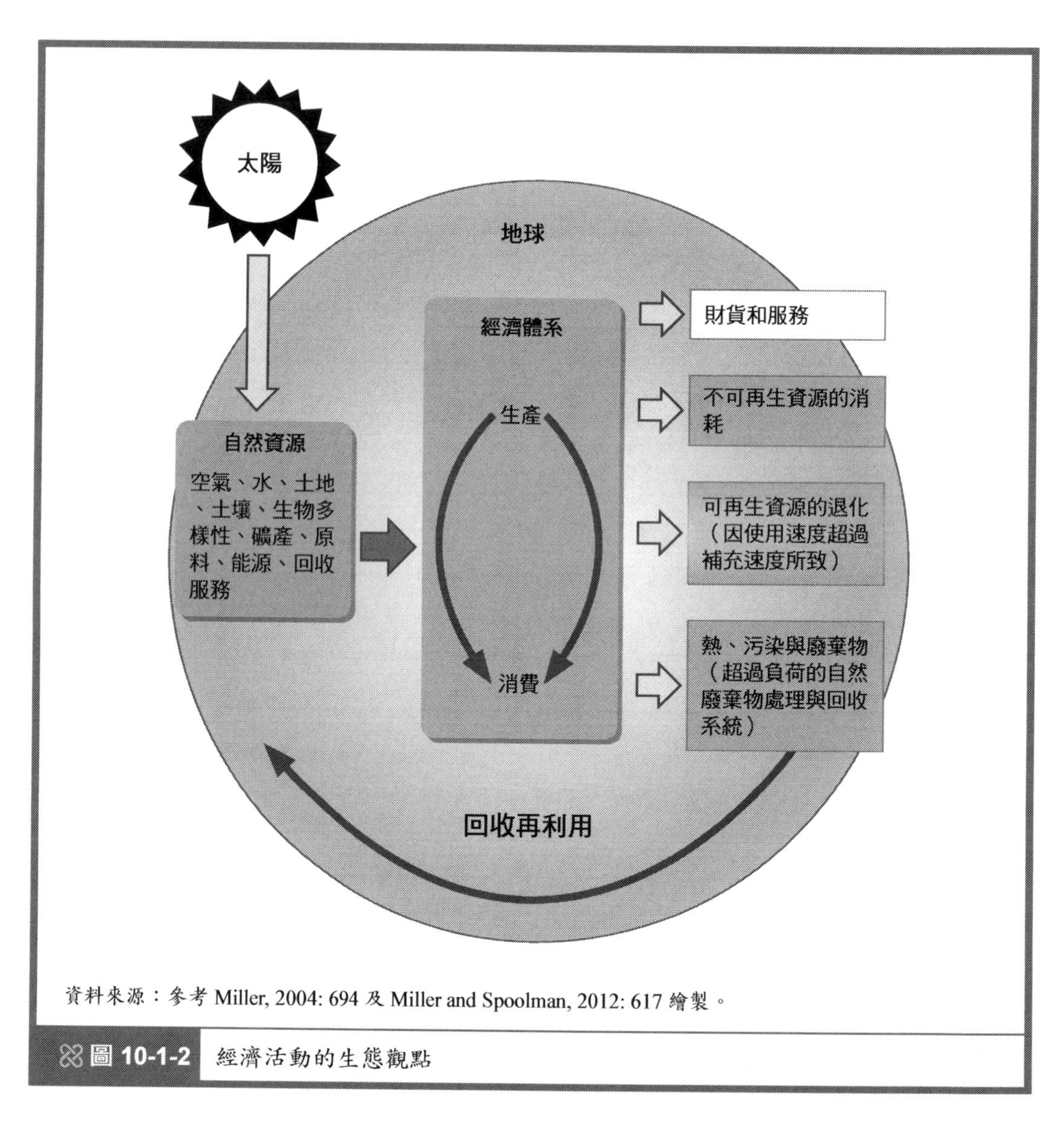

資料來源：參考 Miller, 2004: 694 及 Miller and Spoolman, 2012: 617 繪製。

圖 10-1-2 經濟活動的生態觀點

1. 資源是有限的，人們不該浪費，且多數的自然資本均無法替代。誠如聯合國環境方案 (UNEP) 的執行長史坦納 (Achim Steiner) 所言：「正如同二十世紀，人類被金融資本所宰制；我深信二十一世紀將為自然資本的概念所主導。」
2. 鼓勵對環境有利且永續的經濟發展形式，並抵制對環境有害和不永續的經濟成長型態。
3. 在生產財貨和服務中所形成對環境和健康的有害影響，應該計入市場價格之中，並按完全成本定價，以使消費者確知所購買的財貨和服務對環境和健康滋生多大的負面影響。

生態經濟學家針對不永續的經濟成長與環境永續的經濟發展進行特質差異的比較（參見表 10-1-1），並呼籲現今建立在無限經濟成長觀點上的經濟體系，應改朝向「環境永續」的方向，因為這種新的經濟體系不僅是基於環境永續，也考量了如何增加財貨與服務的品質，但又不使自然資源退化或耗盡，也不危及當前或未來世代的使用 (Miller, 2004: 695)。儘管朝永續發展或是人類普世的價值，但實際的運作狀況則需視各國所設定的目標因勢調整。

環境經濟學家則是採取介於古典學派和生態經濟學家之間的中間路線，其認同生態經濟學家所提出的模型（參見圖 10-1-2），指出某些不符合永續的經濟成長應該停止，並主張以微調的方式改革現有的經濟體系和工具，而不是重新設計制度。

表 10-1-1　不永續的經濟成長與環境永續的經濟發展之比較

特質	不永續的經濟成長	環境永續的經濟發展
生產重點	數量	品質
自然資源	不重要	非常重要
資源生產效率	無效率（高度浪費）	有效率（低度浪費）
資源生產力	高	低
資源型態重點	不可更新的	可更新的
資源利用結果	物質廢棄	物質回收、再利用或製成堆肥
污染防制	清除（產出減少）	預防（投入減少）
指導原則	風險利益分析	預防與審慎防止

資料來源：參考 Miller, 2004: 695。

二、經濟體系之主要類型[1]

（一）純統制經濟體系（中央計畫經濟）

純統制經濟體系 (pure command economic system)，又稱指令型經濟、中央計畫經濟(centrally planned economy)，或計畫經濟體制。「指令型經濟」通常和「計畫經濟」用法相同，但是詳加區分的話，指令型經濟是指生產工具公有的經濟體制，因此指令型經濟必定是計畫經濟，但計畫經濟卻不必然為指令型經濟。指令型經濟是一種由政府制定經濟決策的經濟體制，並假定由政府管制及享有生產工具所有權是最有效率、最公平的方式。在這種體系下，國家在生產、資源分配及消費各方面，都是由政府事先進行計畫。

在中央計畫經濟下，經濟的三個基本問題，包括：生產什麼、怎樣生產及為誰生產，都是由政府決定解決方略。國家大部分的資源由政府擁有，並且由政府下令分配資源，而不是由市場價格來決定。舉例來說，政府認為國家需要蘋果，因此，被政府選中的個人集體（一般為符合該類生產的要求）都要按政府指示進行種植蘋果的工作，但事實上實際生產的產品可能不符合實際需求。

此種經濟中，政府不僅控制國營產業，連私人企業也要受政府指示運作。私人企業要生產什麼、以什麼方法生產、生產出來的東西又如何分配，均是政府指定。簡言之，就是由政府操控生產的供應、價格，以及銷售或分配渠道。

計畫經濟是社會主義國家最常見的屬性之一，因此，關於計畫經濟的討論又常與社會主義或共產主義相連。但是，馬克思的著作中並沒有關於計畫經濟的內容，提倡和實踐計畫經濟其實是在列寧時期，最典型的例子即為蘇聯，而現存的例子則是古巴、伊朗、北韓、緬甸等[2]。

（二）純市場經濟體系（純資本主義）

純市場經濟體系 (pure market economic system)，又稱為自由市場經濟體系或自由企業經濟體系，是一種所有經濟決策都透過市場機制決定的經濟體系。在政府不干預的情況下，產品和服務的生產及銷售完全交由自由市場的價格機制所引導，讓買（需）賣（供）雙方藉由自由互動完成所有經濟財之交易，而不是像計畫經濟一樣由國家所引導。

換言之，在自由市場經濟體系 (true free market system) 中，並非仰賴特定的中央協

---

[1] 本節主要參採 Miller, 2000: 752-754；Miller, 2004: 691-693；Miller and Spoolman, 2012: 614-617。

[2] 資料來源：維基百科，計畫經濟，http://zh.wikipedia.org/zh-tw/%E8%AE%A1%E5%88%92%E7%BB%8F%E6%B5%8E（搜尋日期：2010 年 6 月 22 日）。

調體制來指引運作，而是強調市場理論上會透過產品和服務的供給和需求產生複雜的相互作用，進而達成自我組織的效果。市場經濟的支持者通常主張，人們追求私利的結果將能達成社會最好的利益。這種市場經濟體系的特質是所有經濟資源由私人擁有，而所有經濟決策在市場一體完成。自由市場下理想的情況是：(1) 任何公司或集團不能控制利益或服務的價格，且所有經濟資源由私人擁有，買賣雙方在「自由競爭」（純競爭）下公平交易；(2) 市場價格包括所有直接和間接成本，也就是完全成本定價 (full-cost pricing)；(3) 消費者享有關於貨物和服務是否對環境有利的完全資訊（品質好壞、利弊）並自由進出市場，以利決策 (Miller and Spoolman, 2012: 615)。

但是，上述的理想卻很少出現在資本主義市場裡。目前世界上並不存在完全自由的市場。更確切的說，自由市場是一個政府干預僅限於保護財產權利及和平環境的體制，其目的在讓市場機制能順利運行，因此又常被稱為自由放任 (laissez-faire) 主義。一個經濟體制若要被定義為真正的自由市場，就必須擁有一定的條件，例如：勞工、產品、服務、和資本等生產要素都必須免於政府施加的限制和貿易壁壘，以使它們能夠自由的進出國界。許多被稱為資本主義制度的國家並不一定符合自由市場的理想，即使是最能代表資本主義的美國，也會對市場施加一定的限制。依據經濟自由度指數，世界上也有一些比美國市場管制更少的地區，例如香港即是。

市場經濟通常與資本主義相連結，其決策是基於消費者對產品的市場買賣價格所提供的情報。二十世紀裡曾有一段時間，連自稱為資本主義的國家都開始進行經濟控制，政府或生產者紛紛試圖控制和指揮市場和資源。在今天，所有的國家或多或少都存在著政府對市場的控制力量，包括：關稅制度以及生產補貼或企業扶植政策等，使政府能夠對市場價格加以限制 。

（三）混合式經濟體系

混合式經濟體系 (mixed economic systems) 係指經濟決策權部分歸私人、部分歸政府決定，即介於上述兩種體系之間。實際上，純自由市場經濟並不存在，而一旦出現獨占或寡占市場，仍有政府干預之必要，以避免一個或少數廠商控制市場。現今的企業遊說已破壞了自由市場競爭，這種行為本身並不能增加社會資源與收益，只會移轉他人財產據為己用，而經濟學家常以「尋租」(rent seeking) 來稱呼這種逐利的行為。

儘管在私人財貨的交易中，市場多能有效運作，但是在公共財或公共服務的提供方面，政府確有干預的必要，以修正市場失靈，並確保經濟穩定及提供國防安全、教育服務、保護環境等公共財或公共服務的提供。政府干預市場的重要理由就是市場價格無法呈現自然資本的價值（正外部性），也難以反映人類活動對環境和健康產生的負面影響（負外部性）。舉例來說，保存一棵老樹或可增加生態價值（淨化水源或遊憩效益），但往往不敵砍伐林木可能形成的市場價值。因此，若將老樹保護視為政府的任務，則需訂定或修改法令加以執行[3]。

經濟學家多只從經濟體系考量，但環境學者則強調經濟必須著重生態體系的運作才能持續，而政府干預的目的是彌補所有權人因天災、地變或其他天然危害所致之損失，並避免自然資源之枯竭或減低污染，以適當經營共有資源 (Miller, 2004: 692-693)。為了使生態體系的保育與經濟體系的運作形成對話，部分生態經濟學家已設法估計自然資源和生態服務功能的價值。例如：佛蒙特大學生態經濟學研究所主任羅伯特・克斯坦薩 (Robert Costanza) 的估計，授粉作用的價值每年可達 1.2 兆美元；而管控自然沖蝕的效益，每年就可達到 5.8 兆美元。但是，在真實的市場交易裡，這些價值很少被納入考量，也因此造成自然資源經常過度耗損。以砍伐老樹為例，砍伐後製成木材的價值，其實遠低於保存老樹所形成的自然資本價值，但因清除老樹造成不可回復的破壞，從而使這些自然資本價值大量流失。因此，政府需要採取一些經濟工具，如：使用管制、課稅、補貼及賦稅減免等方式，讓自然資本價值得以計入財貨和服務的市場價值裡，亦即使成本內部化 (Miller and Spoolman, 2012: 616)。至於這些定價方法該如何進行將於第三節再述，下一節將先說明經濟成長和外部成本之關聯性。

第二節　自然資源價值的推估與污染防治

古典經濟學家多主張社會應追求「經濟成長」與「經濟發展」，但生態經濟學家則主張「生態的永續發展」，這三者之間其實有所區別。近數十年來，許多分析家紛紛呼籲應該重視「環境永續的經濟發展」(environmentally sustainable economic development)，鼓勵對環境有益和更具永續的經濟發展型態，以避免對環境有害且不永續的經濟成長模式 (Miller, 2000: 754-756, 2004: 696-697; Miller and Spoolman, 2012: 615-616)。因此，為求環境與經濟發展之平衡點，必須衡量自然資源價值，以利推估與進行投入保護成本的估算。

[3] 日前，按新聞報導臺東縣金峰鄉的國有原住民保留地，被承租人將林業用地變更為農牧用地後，砍伐土地上的百年牛樟樹，林務單位認為這塊地既然已經是農牧用地，上面的樹木砍伐不再適用森林法，因此「百年牛樟被砍」也就無法按森林法處罰。參見：中廣新聞網，2012 年 7 月 20 日，「百年牛樟被砍 變更地目研擬更嚴格的標準」報導，http://tw.news.yahoo.com/%E7%99%BE%E5%B9%B4%E7%89%9B%E6%A8%9F%E8%A2%AB%E7%A0%8D-%E8%AE%8A%E6%9B%B4%E5%9C%B0%E7%9B%AE%E7%A0%94%E6%93%AC%E6%9B%B4%E5%9A%B4%E6%A0%BC%E7%9A%84%E6%A8%99%E6%BA%96-031108738.html（搜尋日期：2012 年 8 月 18 日）。

一、自然資本保護和資源價值的評估

迄今為止，經濟學家已經發展了數種方法來估算生態體系服務的非市場價值。這些方式包括非使用價值，如：存在的價值（例如一座古老的森林資源只是因為它的存在，就因此產生並可估算的貨幣價值）、審美價值（例如森林、物種或因為屬於自然美景的一部分而具有貨幣價值）、遺贈或選擇的價值（基於人們為後代子孫保護某些自然資本而願意支付的貨幣價值）。根據克斯坦薩和他的同事們於 1997 年在英國科學期刊上發表的文章，生物圈每年產生的淨價值估計可達 33 兆美元，這個數值大於當年度世界上所有國家經濟體生產毛額的總值 (GNP)[4]。至於全世界森林的生態價值，每年至少可以產出 4.7 兆美元，是木材、造紙及其他林產物的數百倍 (Miller and Spoolman, 2012: 221)。因為這個研究發現，讓愈來愈多人關心生態經濟的價值評估問題。

2009 年，一群生態研究者和環境管理者組成團隊，展開生態系統與生物多樣性經濟 (the economics of ecosystems and biodiversity) 之研究，其主要目的在於：(1) 整合經濟和生態知識，以便推估生態系統的經濟和生態價值；(2) 評估預防生態服務功能衰退所需的成本和效益；(3) 建立工具箱裝置，以便幫助地方、區域及國際的政策制訂者，推動保育生態系統與生物多樣性的措施，進而促進永續發展。不過，如要達到上述目標，有一個根本的問題需要解決，那就是森林、海洋及其他生態系統所提供之生態服務的經濟價值，並未涵蓋在木材、漁貨及其他產品的價格裡，因此推估起來很困難。生態經濟學家指出，人們將會持續對森林、海洋、大氣層或對不可再生資源的不永續使用，直到這些自然資本價值低估的情況被改善 (Miller and Spoolman, 2012: 618-619)。

不過，新古典經濟學家則持相反意見，認為產品或服務並不會產生經濟價值，直到可在市場出售方能實現，也因此生態服務並無經濟價值。生態經濟學家斥責此舉是誤導一切，根本沒有認真評估生態服務在市場上的潛在價值。為此，生態和環境經濟學家著手建立一些方法，來評估自然資源和生態服務的非使用價值 (nonuse values)，這些在市場交易中都是難以呈現的。其中之一便是存在價值 (existence values)。例如：存在已久的原始森林或瀕危的物種，即使人們未曾見過或使用它們，但因為它們的存在，即可估計其價值。另一種則是美感價值 (aesthetic values)，是指某個森林或物種或森林的一部分，因帶給人愉悅的感受而可估計其貨幣價值。還有一種則是遺贈價值 (bequest values)，是基於人們為後代子孫保護某些形式的自然資本，而願意支付之代價所估計的貨幣價值 (Miller and Spoolman, 2012: 619)。

在資源未來價值之估算上，經濟學家利用貼現率來折算現期價值。所謂貼現率，是

[4] Harris, L., 2003, “Ecological economist Robert Costanza puts a price tag on nature,” http://grist.org/article/what2/（搜尋日期：2013 年 7 月 21 日）。

指將未來有限期的預期收益折算成現值的比率。這是基於資源的未來價值總是不如現值的假設，因而未來價值必須進行折算。折算率的高低將是影響資源如何使用或管理的關鍵因素。例如：接近 0% 的折現率，意指目前為 100 萬美元的紅木樹，在五十年後，其價值依舊接近 100 萬元。然而，對於大多數企業來說，通常採取 10% 的年折扣率來估計資源該如何使用，是以在五十年後，紅木樹的價值恐將只剩 1 萬元。因而理性的資源所有人將儘快砍除樹木，另做他用或其他投資 (Miller and Spoolman, 2012: 619)。

不過，一般經濟分析並不考量森林提供之生態服務的經濟價值。這些價值包括：可吸收降雨並逐漸釋出水分、減少洪氾、淨化水和空氣、防範土壤侵蝕、除碳與匯碳、提供生物多樣的棲地等。目前這種單面向、不完整的的經濟估計方式，將難以維繫重要的生態服務功能 (Miller and Spoolman, 2012: 619)。

另外，貼現率究竟該如何選擇，備受爭議。支持者使用高的貼現率（5% 至 10%）有幾個原因。其一是通貨膨脹可能會減少資源的未來收益價值。其二是創新或消費者喜好的變化可能會使產品或資源過時。如森林資源的所有者認為，若沒有採用高貼現率，他們可能將更多的錢投資在企業上。但是，批評者卻認為，高貼現率將鼓勵人們快速開發資源，以獲取即時回報。他們指出，應該採用 0% 或甚至負的貼現率，以保護獨特、稀缺且不可替代的資源。換言之，1% 至 3% 的適度貼現率將能使不可再生和可再生資源得以永續使用且有利可圖 (Miller and Spoolman, 2012: 619)。

不過，經濟報酬不見得永遠是決定資源如何使用或管理的決定性因素。例如：農民和森林、濕地或其他資源的所有人在決定如何使用或管理這些資源時，往往會考量到所謂的倫理關懷 (ethical concerns)。他們尊重土地和自然，也深信自己對後代子孫負有重責大任，進而抑制他們犧牲長期資源和環境永續性以換取短期獲利的私欲，從而使生態保育得以實現 (Miller and Spoolman, 2012: 619)。

二、污染管制和資源使用的最適水準

環境經濟學家認為，既要使用資源，也得管制污染。早年，採礦成本較低，因此採礦收益能使投資得以回收，但若採礦量過多，反而會使獲益較少，甚至導致虧損，故須尋求最適開採水準。因此，環境經濟學家提出了資源使用和環境污染的「最適水準」(optimum levels)，即為代表資源使用的邊際利益曲線和代表資源使用導致污染的邊際成本曲線，兩者的相交處。如圖 10-2-1 所示，採礦每增加 1 單位所增加的成本，即是邊際成本，亦是供給曲線，也就是圖中的 MC 曲線；而採礦每增加 1 單位所獲得的利益，即是邊際收益，亦是需求曲線，也就是圖中的 MB 曲線。當採礦增至相當數量適可獲益，但此所增加的利益不抵新增的成本，則將遭致損失。因此，當 MC 與 MB 兩曲線相交於 T 點，即可決定資源使用最適水準 P_O（採礦率約 58%）。

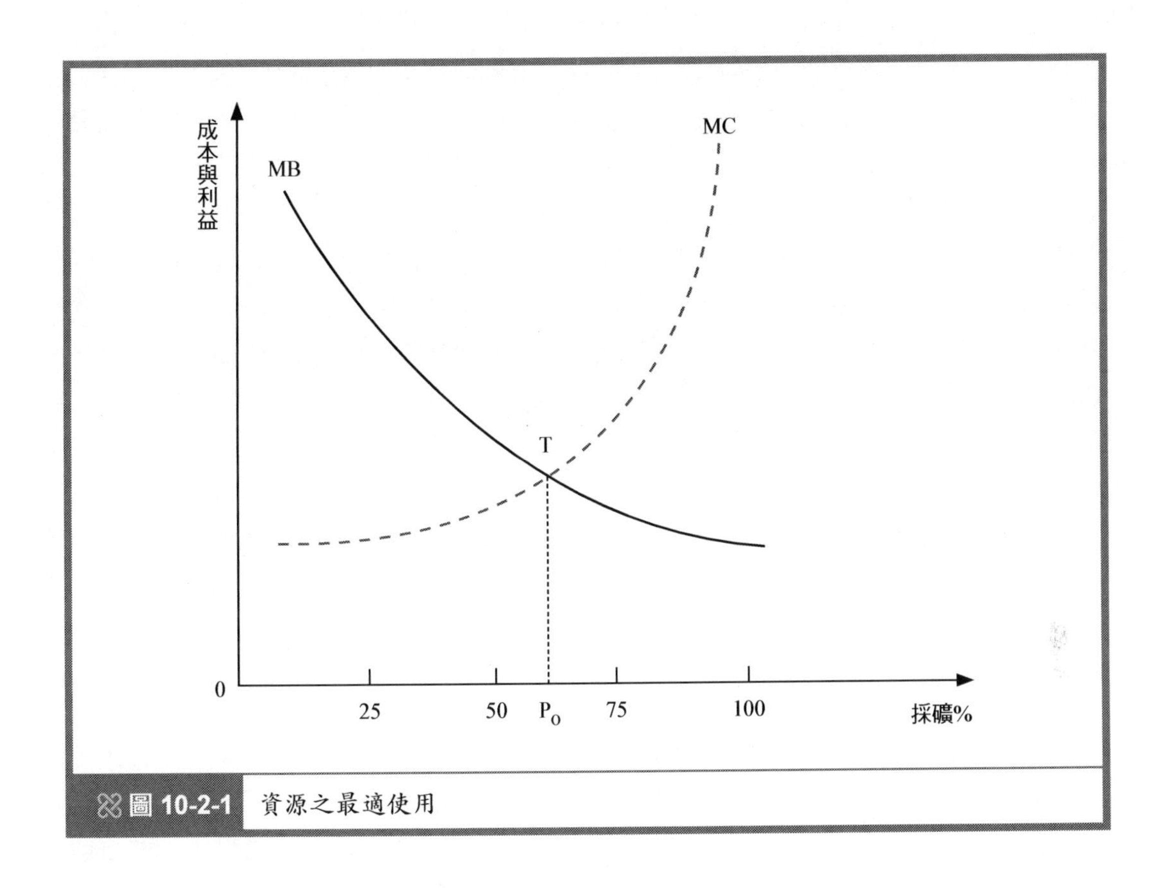

圖 10-2-1　資源之最適使用

或有人以為，將污染物全數清除乾淨是最好的方式。事實上，清除各類污染應當有個最適水準，原因在於：(1) 隨著每清除新增的 1 單位污染物，污染管制成本將會因此提高，而為使空氣、水、土壤當中的污染濃度減低，則需耗費其他能源；(2) 稀釋和化學循環等自然過程，也可減少一些污染物的含量，此將以負擔得起的方式清除相當數量的污染物。然在某個點上，污染物清除成本將小於等於污染物對於社會有害的成本。該點便是均衡點，或是清除污染物的最適水準（如圖 10-2-1 的 T 點）。

三、經濟成長指標之訂定

（一）外部性、內部與外部成本

古典經濟學家在計算成本時，多僅計算生產者之「內部成本」（internal costs，即生產經濟財而由生產者直接支付之成本），卻忽略生產活動所產生之「外部性」，亦即於財貨或勞務生產或使用過程中，生產者並不負擔或享有間接對環境、健康和其他有害的成本或利益。換言之，市場價格並不包含這些外部性。

所謂「外部性」(externalities)，係指凡個人之經濟行為部分使得他人受益，但並未向受益的大眾要求付費，此稱為「外部效益」(external benefits) 或稱「正面外部性」(positive externalities)，如：汽車展示場的美觀窗景令人愉悅；或有部分的經濟行為使得他人受損，卻未必承擔成本而對受損的人們施予補償者，稱為「外部成本」(external costs)或「隱藏性成本」、「負面外部性」(negative externalities)，如：汽車製造過程產生的能源消耗、原物料消耗、廢棄物、全球氣候變遷、水污染等。外部性的存在係肇因於無法透過市場機制而具體反映出成本和效益，以致於正外部性產品生產不足，但負外部性產品卻生產過剩，從而使資源配置難以達到最大效率 (Miller and Spoolman, 2012: G6)。

（二）經濟成長指標欠缺外部成本之考量

為了追求經濟成長與經濟發展，人們被鼓勵消費與購買更多財貨與服務，以求增加國家的國民生產毛額 (GNP) 與國內生產毛額 (GDP)，並提升國民生產所得 (GNI)。但實際上，GNP、GDP、GNI 都只是衡量國家經濟產出的指標，無法正確評估經濟健康、環境健康或社會福利的優劣情形，原因如下 (Miller, 2004: 696)：

1. GNP、GDP、GNI 均隱藏了財貨與勞務生產過程中，對社會和環境有害的負效果。例如：一些國家在解決污染、犯罪等問題的支出，都因為需要財貨與勞務來解決問題而被認列為正向成長的支出，而這些有害的效應也因此被隱含於國家利益生產結構的一部分，而不是該扣除的成本。如此一來，連帶使得污染、犯罪、疾病，甚至是死亡，都被納入 GDP 或 GNI 正值計算。
2. GNP、GDP、GNI 並不包含自然資源之枯竭或退化情形。為了經濟發展，以衝高 GDP、GNI 數值，一個國家可能砍伐森林、沖蝕水土、破壞濕地和河口、耗盡野生物和漁場。但這種情況要到絕大多數生態資產耗盡，才會明顯感受到生態負債。
3. GDP 與 GNI 並未包含若干符合基本需求，並對社會有利的交易行為。舉例而言，志工的勞力服務、對親人和子女的健康照護、自給糧食的種植、自家烹煮和清潔修繕等勞役或服務價值，都未能計算在內。
4. GDP 與 GNI無法顯現自然和人力資源的浪費，或因經濟活動所產生廢棄物的數量，這主要是因為其僅衡量花費的貨幣 (money)，而不是「價值」(value)。據估計，美國每年所支出的 9 兆美元經費中，大約有 2 兆美元根本對消費者毫無價值。
5. GDP 與 GNI 無法展現經濟所得分配的公平性。在經濟成長過程中，國內資源、所得，甚至是有害效應（污染、廢棄物處理及土地退化）如何在人群中分布，或哪些人受到何種差別影響，這些指標均無法加以顯現。

綜上所述，可知 GNI、GNP 或 GDP 之衡量效度欠佳，應另尋替代指標，方能顯示實際的經濟成長績效，並有助於降低因經濟活動所導致的環境衝擊。

（三）環境會計指標或有助益

雖然在規劃土地資源使用時，GNP、GDP、GNI 等經濟指標能提供標準化的方法來衡量與比較國家的經濟產出，卻無法區分該財貨和服務是否對環境或社會有利或有害，也無法衡量環境健康和社會福利。因此，需要發展一項新的指標來正確反映環境品質與人類健康改變的程度，並應用「環境會計」中的生態指標及完全成本定價概念，來估算所有財貨或服務的市場價值。這種指標應該包括正、負面的環境效應與人類福祉，使促進環境品質但未計入經濟指標中的市場價值能被計入，並扣除導致生活品質降低及自然資源消耗的成本，讓經濟活動成效的評估能反映真實的經濟價值，藉此進一步監控經濟與生態的健康，才不致危害環境品質與生態資源。此類環境會計指標約有以下數種 (Miller, 2000: 758)：

1. 淨經濟福利

淨經濟福利 (net economic welfare, NEW) 主張應該把因經濟行為所產生的社會成本，如：都市中的污染、擁擠等屬於「污染」或「負面」之財貨與勞務影響，在 GNP 與 GDP 的估算中加以認列並予以扣除，同時加上一直被忽略的家政活動、社會義務等經濟活動所創造的價值。據功利主義學者大衛・皮爾斯 (David Pearce) 估計，2000 年左右，自然資本的退化程度約占已開發國家 GDP 的 1% 至 5%，或開發中國家 GDP 的 5% 至 15%。

2. 人均淨經濟福利

人均淨經濟福利 (per capita net economic welfare) 係為將淨經濟福利除以人口數而得的數值。1940 年以後，美國的每人實質 NEW 成長率，約為每人實質 GNP 成長率的二分之一；1968 年以後，兩指標的差距更為加大。

這種數值的好處是可以具體反映社會人口的經濟狀況，而不只是將國家視為一個生產活動的個體，因為國家經濟的成長並不等於個人經濟的成長。人口數的增加雖然可以帶動更多的經濟活動從而提升總體的經濟福利，但仍會產生更多的成本，必須計入。

3. 永續經濟福利指標

德里 (Daly) 和考伯 (Cobb) 等人提出以「永續經濟福利指標」(index of sustainable economic welfare, ISEW) 來衡量美國經濟成長的實質成效。這是一種綜合性指標，用以衡量不同國家的人類福祉。永續經濟福利指標的計算方式是由人均 GNP 中，扣減各種不公平及人類經濟活動所帶來的外部不經濟性，包括：所得分配、失業率、犯罪率、非更新資源的消耗、環境退化、溼地減少等，土壤沖蝕與都市化所致之農地減少、空氣與水污染成本，以及長期因臭氧層破壞、全球溫熱化所致之環境損害等，並重新區分經濟活動中的成本與效益項目，例如：增加社會成本的醫療支出就不能視為對經濟的貢獻。

4. 物質平衡測量法

物質平衡測量法 (materials balance measurement) 是更一種詳細的指標，包含衡量來自環境的物質、能量之必要投入、流入環境的污染、廢棄物及熱能的產出。

5. 真實進展指標[5]

諾瓦・史考堤亞 (Nova Scotia) 於 1995 年提出的真實進展指標 (genuine progress indicator, gpi)，是一種用以衡量經濟成長與人類福祉是否減低的指標，其作用在有效監控環境品質和人類福祉。除 GDP 之外，GPI 另由兩個部分組成：一為發展過程中對社會有利、符合基本需求，但無交易的經濟價值；二為有礙環境、健康的交易所肇致之社會成本。在人均 GPI 部分，係以總 GPI 除以一國年中的總人口。藉由該指標的編製，將有助於推動環境的永續性。GPI 的概念可以數學式表示如下：

GPI＝GDP+未計入市場交易的利益－有害環境及社會的成本

GPI 中所包含的有益經濟價值交易的例子，像是未支薪的志工服務、健康照護和幼兒養育，以及家事勞務等。在有害成本項目則包括：污染、資源耗竭與退化、犯罪等環境與社會成本。上述情形，如表 10-2-1 所示的諾瓦・史考堤亞 GPI 指標要素。以美國為例，1950 年的每人 GDP 約為 12,500 美元，每人 GPI 約為每人 GDP 之半數，約 6,250 美元；至 2000 年，經濟飛速成長，每人 GDP 增加超過三倍，達到約 33,000 美元，但

表 10-2-1 諾瓦・史考堤亞 GPI 的指標要素

領域	指標群
時間利用	市民或志工工作的價值、未付薪資之家政與照顧孩童之價值、已付薪資的工時、休閒時間之價值 (value of leisure time)
自然資本	土壤與農業、森林、漁業與海洋資源、能源、空氣、水資源
人類對環境的影響	溫室氣體排放、交通運輸、生態足跡、固體廢棄物
生活標準	所得及其分配、財務安全——資產與負債、經濟安全指標
人力與社會資本	人類健康、教育水準、犯罪成本

資料來源：Genuine Progress Index for Atlantic Canada，http://gpiatlantic.org/（搜尋日期：2010 年 6 月 22 日）。

[5] 本段敘述係參考 Miller, 2000: 758, 2004: 697；Miller and Spoolman, 2012: 621-622。

每人 GPI 卻增加緩慢，不及 10,000 美元，與每人 GDP 存在三至四倍的落差 (Miller and Spoolman, 2012: 622)。由此可見，GPI 方能揭露實質經濟成長的績效。

6. 國家幸福指數

位於南亞的不丹是世界上第一個，也是唯一一個非採用世界各國追求經濟績效的「國內生產毛額」(GDP)，而以國家幸福指數 (gross national happiness, GNH) 做為衡量國家幸福指標的國家。GNH 的內涵包括四大基本原則及九大領域（參見圖 10-2-2）。其四大原則列示如下[6]：

1. 永續與平等的社經發展 (sustainable and equitable socio-economical development)。
2. 環境保護 (environmental preservation)。
3. 推廣與維護傳統文化 (promotion and preservation of culture)。
4. 良好的管理效能 (good governance)。

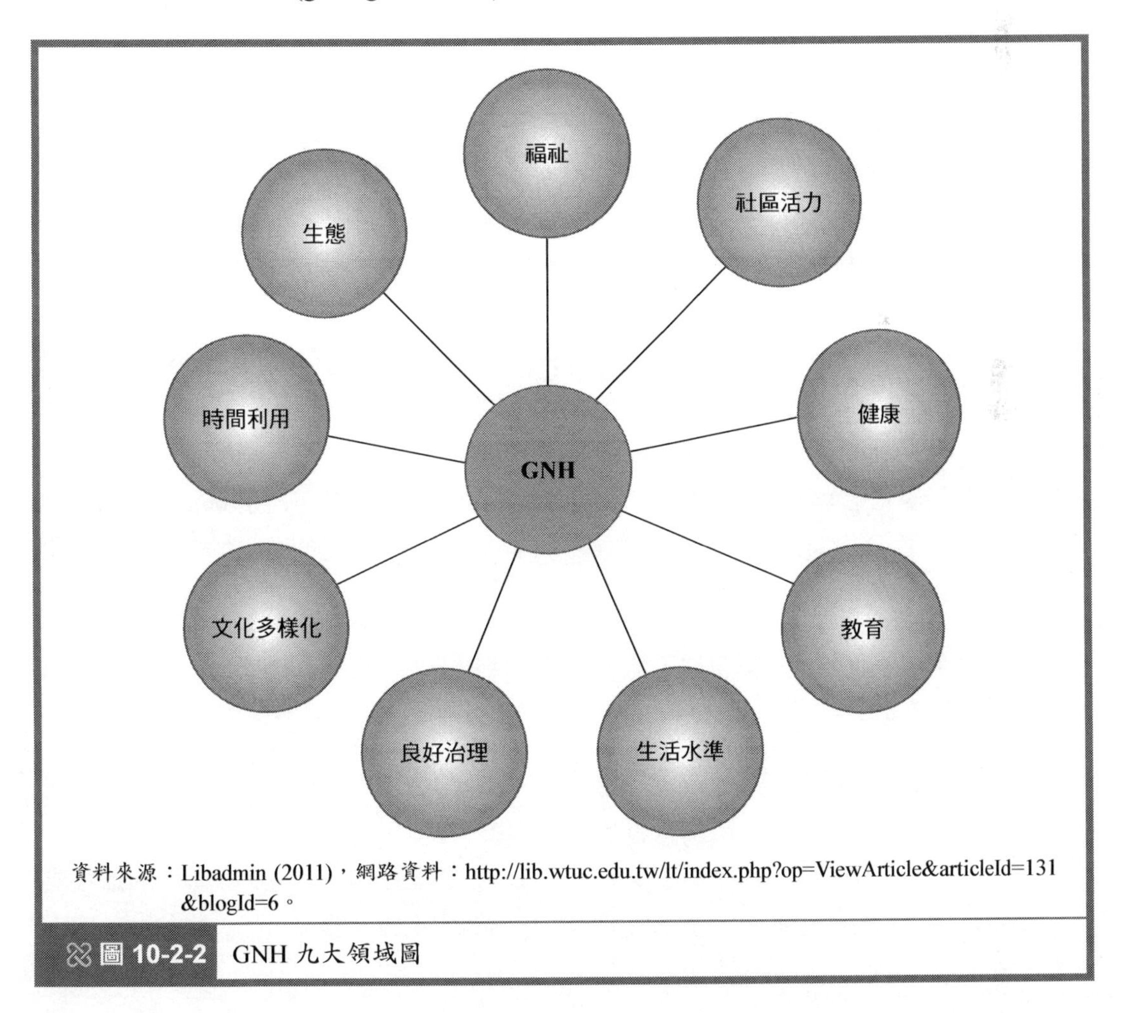

資料來源：Libadmin (2011)，網路資料：http://lib.wtuc.edu.tw/lt/index.php?op=ViewArticle&articleId=131&blogId=6。

圖 10-2-2　GNH 九大領域圖

6 參見 http://lib.wtuc.edu.tw/lt/index.php?op=ViewArticle&articleId=131&blogId=6。

儘管上述的 GPI 或 GNH 等指標的發展尚未成熟，但如果沒有這些環境指標，人們將無從得知究竟人類、環境、自然資本已經遭到何種負面影響，也無法評估何種政策較可改善環境品質及增加生活滿意度。因而，如何使上述指標的編製更為完善，應是當務之急。

四、財貨和服務之價格應包含負向環境成本

為減低經濟活動的負外部性所帶來的社會衝擊，並促進經濟正外部性的社會共享，需要適當的界定財產權，亦即透過課稅、補貼或政府直接管制，使外部效果內部化 (internalization)，以求公平合理。如能將外部成本或外部利益計入經濟活動的財務估算中，即內部成本加上短期與長期的外部成本，則市場價格將能反映出經濟財貨的完全成本，而消費者購買財貨或勞務時也可分擔地球生命支援系統和人類健康的成本，此即所謂之完全成本定價法 (full-cost pricing)。這種改善環境品質和採用完全成本定價法的方式包括 (Miller, 2004)：

1. 針對有害環境事業補貼與減稅，以有助於採用完全成本定價。
2. 對資源使用與生產污染課徵綠色稅 (green taxes)、環境稅 (environmental tax)與環境費 (environmental fee)，使經濟活動的生產成本更接近完全成本定價。
3. 環境相關法規應採行有利於廠商進行創新的規定(innovation-friendly regulations)，以促使生產者尋求控制與防止污染、減少資源浪費的方法。
4. 利用市場機制或市場力量 (market forces)，對污染排放或資源使用的程度與範圍設限，例如：賦予可交易的污染和資源使用的權利或許可 (tradable pollution and resource-use rights, tradable environmental permits)。
5. 對以友善環境生產方式的財貨加以標示，使消費者在購買時可辨別商品是否以永續的方法所生產。這種「友善環境的標籤」因為提供了更完整的資訊，亦有利於生產者採行完全成本定價。

儘管完全成本定價法看似有理，卻未被廣泛使用，原因主要有以下數點 (Miller and Spoolman, 2012: 623)：

1. 許多生產者因生產有害且浪費原料的財貨，若採行完全成本定價則須收費高昂，在市場價格機制的競爭下，將使他們無法在市場上存活。
2. 既有的政府鉅額補貼已然扭曲市場，且隱藏許多有害的環境和社會成本，而這些成本也都難以估算。但亦有許多生態與環境經濟學家認為，應儘可能設法估計，而不是繼續讓這些成本扭曲經濟活動的真實樣貌。

3. 許多對環境有害的生產者多透過其政治和經濟權力，以獲得政府補貼與賦稅減免進而獲取利益，同時運用遊說能力和政經權力，阻止將補貼給予較為永續的企業，以避免塑造競爭對手。

儘管如此，政府或可採取一些策略，以獎勵或迫使生產者朝完全成本定價的方向邁進，以增其效益。

五、課徵環境稅

許多經濟學家認為要促進永續經濟體系，就必須減少勞動所得與財產稅，並增加使用物質原料和能源資源的稅賦。目前多數國家的賦稅結構係鼓勵以人造資本（設備）和原料（能源與原物料）替代勞工（人力資本），但許多分析者認為這種賦稅體系是落後的，因為這種方式並不鼓勵經濟活動的創新，也不會促使人們想要降低污染或因生產導致的資源消耗與環境惡化，反而促進更嚴重的自然與人力資本浪費。然而，目前這種不利於環境資源的政策制度仍然存在，主要是因為商人可從中獲利，並且透過政治力量抵抗改變。因此，經濟學家認為採行以環境和資源使用為基礎的課稅原則，才能真正反映經濟活動的情形，並形成對環境友善的制度。從以工資和利潤為基礎的課稅制度，改變為對環境污染和資源浪費進行課稅，具體的好處包括：

1. 減少自然資源的消耗與退化。
2. 藉由課稅制度來落實完全成本定價，使污染者和資源消耗者支付其所造成的損失與傷害，進而改善環境品質。
3. 鼓勵生產者投入污染防治並減少浪費，促進資源的有效利用。
4. 激發解決環境問題的創造力，以減少污染稅的支付，增加企業利益。
5. 獎勵資源的回收與再利用，減少使用不可更新或尚未開發的資源。
6. 善用市場機制來保護環境，而非完全仰賴管制。
7. 允許削減所得稅、工資稅和營業稅，透過稅制改革來避免過度濫用資源，並刺激經濟的永續發展。

這種賦稅制度的改變有上述優點，亦有其困難之處（參見表 10-2-2），且往往需花費十五至二十年的時間，以使商人獲取緩衝時間來計畫未來的經濟活動，並減少既有的資本投資。

在這種稅制改革的過程中，歐洲諸國遠遠領先美國，包括：德國、瑞典、英國、挪威、丹麥、義大利、法國、荷蘭、西班牙等國皆已嘗試此種稅制改革，以對有害環境的活動課稅，諸如開採煤礦、水資源使用、電力銷售、汽車所有權、碳排放、二氧化硫

表 10-2-2 環境賦稅與費用之益本抵換情形

優點	缺點
1. 有助於引入完全成本定價法。 2. 提供誘因，讓廠商以更好的方式節省金錢。 3. 如賦稅與課稅設定在夠高的水準，便能改變污染者與消費者的行為。 4. 稅賦徵收方便。 5. 易於監控、管理環境。	1. 除非提供安全網路，否則將不利於低所得團體。 2. 難以決定稅賦與費用的最適水準。 3. 需要經常重新調整稅賦與費用的水準，但存在技術與政治上的困難。 4. 政府將之視為增加一般收入的方法，而非將此稅賦完全用於環境之上。

資料來源：參考 Miller and Spoolman, 2012: 624。

排放等。雖然這樣的環境稅在近年來僅占全球稅收的 3%，但能在一開始取得這樣的成果，仍舊是令人鼓舞的。如果未來二十年，歐洲國家能持續轉向這樣的稅收類型，將使勞工成本更低，並提高資源生產力；而為維持全球市場的競爭力，美國及其他國家也將被迫跟進 (Miller, 2004: 705)。

六、利用市場機制以降低污染與減少廢棄物

如欲建構以誘因為基礎的有效管制機制，則須設定限量的環境交易權，才能彰顯成效。因此，政府須設下環境污染或自然資源使用之總量，並建立某種可交易的污染或資源使用許可 (tradable pollution or resource-use permits)，以形成市場交易的意願與機制，這種方式亦可稱為「總量管制和交易許可」(cap-and-trade approach)。

在總量管制和交易許可的方式中，係由政府決定污染或資源使用的總體可接受水準，並在總量的前提下，允許公司交易污染許可證或支配資源使用的上限。倘若取得許可證的持有人不使用所有配額，其可留存這些額度以供將來擴展所需，或轉為其他活動所需，甚或出售給其他公司。這種方案的有效性取決於如何在一開始就估計上限，以及如何減緩污染的速率，進而鼓勵創新。

這種方式的優點包括：靈活、易於管理、鼓勵預防污染和減少廢棄物、許可證價格由市場交易決定，以及刺激社會共同面對多少污染或資源浪費是可以接受的倫理問題。但缺點則包括：大型污染者和資源浪費者可以透過購買找到生產活動的解方，但卻可能運用政治與經濟權力排除小公司取得許可證，或者因污染上限訂得太高而無法減少污染物。另外，自我監測排放常導致自我檢測不嚴謹，無法定期改善（參見表 10-2-3）。

表 10-2-3　可交易環境許可之優點與缺點

優點	缺點
1. 彈性 2. 方便管理 3. 鼓勵防治污染和減少資源浪費 4. 允許達到最高限度 5. 由市場交易決定許可證價格 6. 正視倫理問題：多少污染或資源浪費是可接受的 7. 正視許可證應如何公平分配的問題	1. 大型的污染者與資源浪費者會買斷此許可 2. 已嚴重污染者，無法改善 3. 會排除小公司購買許可 4. 上限須逐漸減少，否則妨礙創新 5. 難以決定最高限度 6. 須決定何者及為何取得許可 7. 若有許多參與者，則行政管理成本高 8. 須監控污染排放及資源廢棄物 9. 自我監控難以自律 10. 出售合法權利給污染者或資源浪費者將立下不良示範

資料來源：參考 Miller and Spoolman, 2012: 625。

七、銷售服務取代財貨購置，以減少污染與資源廢棄物

約莫在1980年代中期，德國化學家麥其爾・布朗格 (Michael Braungart) 和瑞士產業分析師華特・史達爾 (Walter Stahel) 提出一個新經濟模式，可減少資源使用和浪費以獲致利益。這種趨向於永續經濟的觀念，在於從當前的「物質流經濟」(material-flow economy) 轉變為「服務流經濟」(service-flow economy)。舉例而言，以往消費者多是買商品的完全權利，但在物質流經濟的理念下，消費者可以租賃方式獲取財貨的服務。倘若生產者利用最少量的物質，生產具能源效率、最低污染、減少浪費的耐久性財貨，且方便使用、容易維護、修理、再製造或回收再利用，他們依舊可賺取持續性收入 (Miller and Spoolman, 2012: 626)。

這種經濟典範的轉移正在某些企業加以實踐。自 1992 年以來，Xerox 公司已展開租用而不是出售影印機，以提供印製服務；當消費者服務契約屆期時，該公司會取回機器以便再使用或再製造，其目標是儘量避免將這些物質送往垃圾掩埋場或焚化爐處理。為了省錢，該公司設計的機型涵蓋較少組件、具有能源效率、聲響小、熱度低、臭氣少，且化學廢棄物量低。日本的 Canon、義大利的 Flat 等公司也都採取類似的做法，以減輕對環境的負面影響。此外，歐洲的 Carrier 公司也開始從販售冷暖氣機，改為提供消費者居家戶內的調溫服務。他們出租並裝置具能源效率、持久耐用，且容易組裝與再利用的冷暖氣機組件。此外，該公司會幫顧客設計辦公室和居家的節能絕緣體裝置，以減少暖氣流失，並提高能源效率 (Miller and Spoolman, 2012: 626-627)。

另外，美國最大的模組地毯公司英特費思 (Interface)，商品製造遍及六個國家的 26 座廠房，顧客分布在全球 110 個國家，每年營利逾 10 億美元。該公司的前執行長瑞・安德森 (Ray Anderson) 於 1994 年閱讀保羅・華肯 (Paul Hawken) 的《商業生態學》(*Ecology and Commerce*) 後，決定改變企業經營的理念和方式，因而成為美國第一家追求環境永續的綠色公司。他提出一些計畫，包括：生產零廢棄物、大量減低能源使用、減少石化燃料使用、仰賴太陽能，以及仿效自然。他的三大目標是：放回大自然的要比取自大自然者還多；要做有益的事，而不是只做無害的事；建立良好範例以影響其他企業領導人採取類似目標。安德森相當認同華肯的見解：企業是最具影響力的組織，應該採用最佳的操作方法和產品設計，俾有助於全世界達臻永續發展的境地。該公司設下環境目標後，經過約十六年的努力，已減少用水量約 74%，減少淨溫室氣體排放量約 94%，減少廢棄物量約 63%，減少石化燃料使用量約 60%，減低能源使用量約 44%。此外，該公司還從可更新性資源中獲取總能源量的 27%，以及取得電力的 88%，總效益約達 4.33 億美元。安德森派遣公司設計團隊到森林中學習大自然生物多樣性原則，並將之帶入設計理念，結果這種仿自然的商品深受顧客喜愛而暢銷全球 (Miller and Spoolman, 2012: 626-627)。安德森原本打算出租而不是出售模組地毯給顧客，但是不幸罹癌過世，其期盼這樣的環境永續性做法仍可延續，並將出售服務而不只是商品本身的理念可以跨越世代、永續長存。

第三節　轉向永續經濟發展

在本書第一章中，曾提及當前主要的環境世界觀有三種。其中，「行星管理的世界觀」(planetary management worldview) 是以人類為中心的環境世界觀，這種觀點認為人類是優勢物種，應該為己之利而管理地球，也以此為原則形成多數的工業社會。抱持這種人定勝天價值觀的學派，包括：自由市場、行星管理學派、飛船學派、管理學派等。但這些學派都不太重視環境經營，僅將焦點置於如何為人類創造利益之上。反之，以生命為中心或以地球為中心的世界觀則包括：行星管理觀、管理職責觀和環境智慧觀（參見表 10-3-1）。

若將環境的世界觀置於不同尺度（如圖 10-3-1 所示），可知從自我中心（最內圈）和以人為本（中心）（第二圈），到以生物（第三圈）、以生命（第四圈），再到以生物圈或以地球為中心（最外圈）。此外，隨著我們從自我中心，從以人為本，以地球為中心的世界觀，對其他生命的存在權利賦予高價值，因為它們所提供給人們的產品和服務價值遠超過原本所評估的。

表 10-3-1 主要環境世界觀之比較

行星管理觀	管理職責觀	環境智慧觀
人們和自然的其他物種有別，我們可以管理自然，以符合日增的需要和欲望。	人們要有成為照護地球的經理人或管理者的倫理責任。	人們是自然的一部分且完全倚賴自然，而自然是為所有的種類而存在。
因為人們的機敏和技術，我們將不會耗盡資源。	我們或許將不會耗盡資源，但是它們不應該被浪費。	資源是有限的，並且不應該被浪費。
經濟成長的潛能基本上是無限的。	我們應該鼓勵環境上有利的經濟成長形式，並且阻止環境上有害的經濟成長形式。	人們應該鼓勵支援地球的經濟成長形式，並阻止使地球退化的經濟成長形式。
我們的成功取決於如何為了人們而管理好地球的生活支援系統，以符合大多數人的利益。	我們的成功取決於如何為了人們的利益和自然界其他生物的利益，而良善管理地球的生命支援系統。	我們的成功取決於學習大自然如何維持自身的運行，並將從自然學得的教訓，和我們的思考和行動方法予以結合。

資料來源：參考 Miller and Spoolman, 2012: 663。

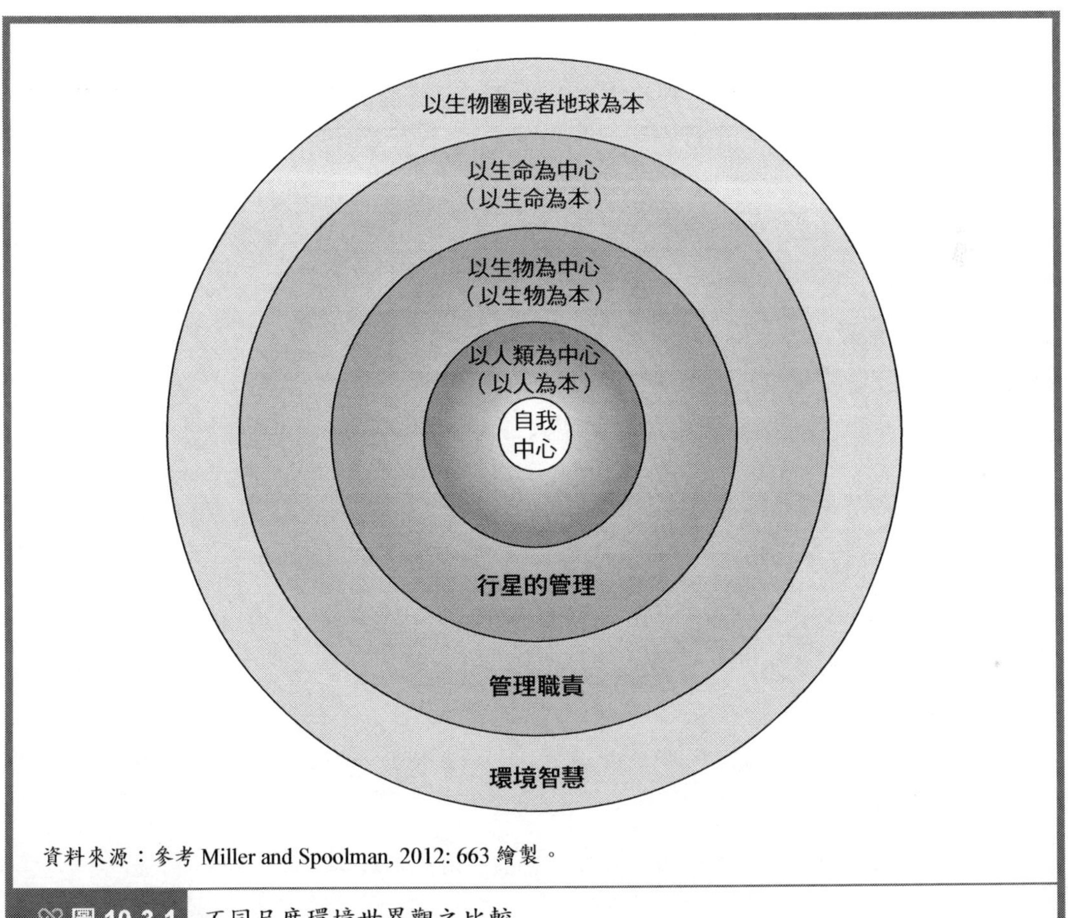

資料來源：參考 Miller and Spoolman, 2012: 663 繪製。

圖 10-3-1 不同尺度環境世界觀之比較

李奧帕德 (1949/1998) 曾經指出，倫理規範應由人類中心主義遞延至群落的概念，進而拓展至整體生態系統。他從達爾文的理論歸納出以下結論：「相互依存的個體或群體傾向發展合作模式，有其道德根源……到目前為止，所有倫理道德的進化都只有一個前提：個體是相互依存共同體 (community) 的一個成員」(Aldo Leopold, 19491/998: 202)。另一方面，以倫理規範為前提，土地倫理的核心特徵即是隨著時間的推移，擴展群集的界限，並納入土壤、水、動物及植物等仰賴土地共同生活的體系。由生態學的角度來詮釋，人類只是生物族群的一員，土地的特質和居住於土地上的人類特質，具有同等重要的影響，而人類與土地的關係就如同朋友或手足，是對等且相互依存的。土地的倫理規範使人類從生態的征服者，變成土地群落的一般成員和公民，故應對群體內的其他成員給予尊重 (Aldo Leopold, 19491/998: 204)。以這樣的環境倫理觀為基礎，如果人們可以從以人為本的思潮，轉向以地球或生態系為本的思潮，將使人類與萬物更能夠永續發展。本節將以土地倫理為本，提出朝向永續經濟發展之策略。

一、減少貧窮以改善環境品質和人類福祉[7]

（一）貧窮對環境與社會的影響

貧窮 (poverty) 已被列為人們面臨環境問題的重要原因之一。根據世界銀行和聯合國的估計，全世界約有 14 億人為生存而掙扎，其每天的收入不到 1.25 美元。貧窮會造成許多有害健康與環境的影響，如：導致人們過早死亡或其他可預防的健康問題。此外，由於窮人需要下一代幫忙農耕或工作，年老時也需要晚輩的照顧，因而會提高出生率。為養活家庭，也常促使窮人過度使用再生資源，例如：開發中國家的上億名窮農民為了家庭生計所需，只好大量砍伐林木和燒墾森林地來種植作物。因此，減少貧窮將能為個人、經濟和環境帶來好處，並有助於減緩人口增長。

多數經濟學家相信經濟成長是幫助窮人最好的方法，這就是所謂的「涓滴效應假說」(trickle-down hypothesis)，其理念在於透過經濟成長以創造工作機會，讓勞工藉此能賺取財富，或是藉由更多財政稅收讓政府得以提供更完整的社會資助，來幫助窮人獲得自立的機會。但在現實中，這種效應往往難以實現，而經濟成長的效益也經常為富有者所獲取。若以所得衡量經濟成長的利益，自 1960 年起，大多數財貨並非往低所得移動，而是向高收入階層流動，這讓世界上最頂端的五分之一富人更加富有，而最底層的五分之一窮人卻更加窮困。

全球所得向上的流動量自 1960 年開始增加，1980 年起貧富差距逐漸擴大，並於

[7] 本段敘述係參考 Miller, 2004: 707-710；Miller and Spoolman, 2012: 627-629。

1980 年代及 1990 年代加快速度。依據聯合國的統計，全球最富有的前三人所擁有的財富，超越世界最貧窮之 47 個國家的 GDP。1991 年，世界前 20% 最富有的人擁有世界所得的 82.7%，而世界上 20% 最貧窮的人則僅有 1.4%；1997 年，世界最富有的 225 人，其財富合計 1 兆美元，相當於世界上最貧困之 25 億人口的年收入，現今情況則愈趨嚴重。

之所以出現這種所得向上流動的結果，主要係因政府政策中「反常的補貼」(perverse subsidies)。全球對於農業、石油、核能、水、漁業、林業等所給予的補貼，每年至少有 5,000 億美元，相當於全球政府收入的 9%。這樣龐大的補貼產生了不均衡的經濟支付結果，並經由對抗自由市場經濟，進一步獎勵了危害地球的活動。這種所得向上流動的趨勢將加速環境的退化，因為不僅最富有的 20% 人口會增加每人平均消費，最貧窮的 20% 人口也會過度使用可更新資源 (Miller, 2000: 767-768, 2004: 708)。

（二）減少貧窮的方式

為減少貧窮，許多銀行與政府採行國際貸款政策，借款給貧窮國家。然而，這些借款多數帶有干涉該國經濟政策的附帶條件，部分也會產生有害環境和社會的影響。為支付借款利息，許多貧窮國家缺乏足夠的資金以提供基本社會服務，因而阻礙其經濟發展，更使窮人遭受不必要的苦難。

研究顯示，若取消這些借款，並不會使國際借款機構受損或破產，因其擁有龐大的儲備資金，且已經將這些借款記為無法回收的呆帳，故若能免除貧窮國家的國際負債，將大大減少貧窮。而小額的個人借貸亦可幫助窮人脫困。相關研究指出，如欲減少貧窮，開發中國家的政府須改變政策，分配更多國家預算於鄉村和都市窮人，使其能自立自強而脫離貧窮。此外，應給予村落、村民和都市貧窮者共同擁有土地的權利，讓他們可於土地上耕作、造林。許多研究也鼓勵已開發國家和開發中國家的富人參與幫助減貧的工作，建議的方式有以下幾種 (Miller, 2004: 708-709)：

1. 免除開發中國家至少 60% 的負債。若最貧窮、嚴重負債的國家能將免除負債部份用於基本民生需求之處，將可大幅改善貧因之情況。
2. 已開發國家可對開發中國家提供更多非軍事項目的公共補助，使這些補助能直接幫助窮人建立更好的自立更生能力。
3. 鼓勵銀行和其他組織提供小額借款給想增加所得的窮人。
4. 針對需要國家信貸的機構進行環境和社會影響分析，以利於在提供資金前有效評估研擬的開發計畫。
5. 小心監控所有方案，且若未遵守環境安全保護原則者，應停止資助。

6. 協助開發中國家提高資源生產效率，提供更多工作與創造所得機會，同時減少污染和資源浪費。
7. 鼓勵所有已開發國家和開發中國家建立能夠使開發中國家人口穩定成長的政策，並提高婦女的社會地位和經濟地位，改善家庭生計。

為了減少貧困及所伴隨而來的有害影響，政府、企業、國際貸款機構及已開發國家的富裕人士，可以採取如下的措施 (Miller and Spoolman, 2012: 628)：

1. 偕同全球共同致力於解決營養不良的問題，並消除造成百萬人口過早死亡的傳染病。
2. 為全世界近 800 萬名成年文盲（該數值是美國總人口的近 2.5 倍）提供初級小學教育。根據諾貝爾經濟學獎得主阿馬蒂亞・森 (Amartya Sen) 的說法，不識字和不懂數學對於人類的威脅更甚於恐怖主義，因為不識字將使多數失業者無力改善生活，也因為缺乏知識而讓恐怖主義更容易猖獗蔓延。
3. 大幅減少已開發國家和開發中國家迅速成長的資源消耗總量和人均生態足跡，如中國大陸和印度，因為從這些成長的足跡，已可窺知世界環境和經濟安全的威脅。
4. 在鄉村大量投資小型基礎設施（如太陽能發電設施），以及推展永續農業計畫，使低度開發國家得以在更具能源效率和永續經濟的環境下改善經濟情況。

世界銀行在 2007 年所提出的報告中指出，透過上述措施，可望在 2015 年減少低度發展區域近半數貧窮人口的環境，並使之向上調整，尤其是非洲次撒哈拉區。

而在上述措施中，值得一試的是開辦小額或微型貸款。因為世界上的窮人最想從工作中賺取足夠的收入以擺脫貧困，但他們往往苦無資產，也很少有信用紀錄或資產供其抵押以取得貸款。因此，開辦小型貸款可為貧民帶來希望，讓他們得以購買所需的資材，進行耕種或開辦小企業。近三十年來，創新小額貸款的方式在各地不斷出現，其以極低的利率讓貧民得以處理個人的經濟問題 (Miller and Spoolman, 2012: 613)。

舉例來說，1983 年，經濟學家穆罕默德・尤努斯 (Muhammad Yunus) 在孟加拉開辦 Grameen 農村銀行，提供 50 美元至 500 美元不等的小額低利貸款給超過 700 萬個孟加拉村民，總額達 74 億美元。這些借款人中，97% 為婦女，她們利用這筆資金來購買牛或單車以利運輸，或購買小型灌溉唧筒以利耕種。為了提高還款率，資方將借款人分成每五人一組，若其中一人無法按週還款，其他組員就得代為支付，結果還款率高達 95%，成績斐然。一般而言，在借款人當中，約有半數已跨越貧窮線，並在獲得貸款後的五年間改善生活條件，且多數借款人的生育率都較低，可實質減輕養育負擔。另外，2004 年，有兩位美國史丹佛大學的研究生馬特・費蘭瑞 (Matt Flannery) 和皮墨・

夏 (Premal Shah)，架設一個名為 kiva.org 的非營利網站，幫助全世界各地需要小額貸款者可以跟投資者或企業家聯繫借款事宜。欲借款者可將自己的照片、故事和企業計畫書附上，告知將如何運用小額貸款，以利出資者考量是否提供貸款 (Miller and Spoolman, 2012: 613, 628)。

尤努斯所開辦的 Grameen 農村銀行，創設了一種結合資本市場以及更人道、永續且富影響力的新模式。2006 年，尤努斯和他的銀行同事更因率先採行小額貸款方式，而榮獲諾貝爾和平獎。這種本於 Grameen 農村銀行的小型貸款模式，包括美國在內已遍及 58 個國家。2009 年，全世界約有 1.33 億人以這種方式脫貧，其中亞洲人就占了 85% (Miller and Spoolman, 2012: 613)。以印度為例，農村婦女可以藉由小額貸款購買太陽能板組合，裝設在屋頂上，其所提供的電力足敷維持家用，甚至用於經營小事業。如果將村民組合起來，還可以在村莊架設太陽能系統，方便取水或用水(Miller and Spoolman, 2012: 628)。

值得一提的是，聯合國曾於 2000 年立下「千禧年發展目標」(Millennium Development Goals)，期望在 2015 年時，飢民和貧民人數得以銳減、改善健康照護、實現全世界普及初等教育、賦權給婦女，進而有餘力朝更具環境永續發展的目標前進。其中，已開發國家亦誓言捐助國民年所得的 0.7% 給低度開發國家，協助它們達成目標。但是，截至 2009 年，只有丹麥、盧森堡、瑞典、挪威和荷蘭等五個國家實踐捐贈諾言。事實上，多數國家的捐贈額僅達到國民年所得的 0.25%，而世界首富的美國更只捐贈國民年所得的 0.16%，日本則是 0.18%；相較之下，瑞典的資助額高達 0.9%。不過，各國是否要實踐捐助國民年所得 0.7% 的諾言，以扶助低度開發國家達到千禧年發展目標，其實是個倫理議題，我們只能期待各國的公民和國家整體能夠調整施政或捐贈的優先順序，才能紓解全球的共同困境 (Miller and Spoolman, 2012; 629)。

二、轉向更符合環境永續的經濟

（一）對地球有利的綠色企業

傳統商業活動大量吞噬地球資源，導致生態環境惡化，人類的生存面臨空前挑戰。但是，環保主義者和支持環保企業的措施卻未能觸及問題的要害。環境主義者總是把商業看成敵人；同樣的，企業也十分痛恨環境主義者。

1994年，同時身為企業家和商業領導人的保羅・霍肯 (Paul Hawken)，出版具有突破性的《商業生態學》一書，希望在「經濟發展」和「保護生態」的對立中，找出平衡發展的第三條路。他認為只要透過全新的商業設計，企業就能與環境共榮共生 (Hawken, 2005)。因為在商業生態模式下，任何廢棄物都有價值，可以改造、再製、再利用和回收。他還提出簡單的黃金定律：離開這個世界好過你發現它，不要拿取超過你需要的，嘗試不要傷害生命或環境，如果你做了，就應給予賠償。

為了改變現今危害地球的經濟體系，並在未來幾十年中能轉向為地球永續或恢復健康的經濟體系，霍肯和其他企業領導人、經濟學家設定以下原則（彙整如圖 10-3-2）(Miller, 2000: 768-769)：

1. 獎勵（補貼）維繫地球永續發展的行為。
2. 懲處（課稅且不補貼）危害地球的行為，以符合污染者或危害者支付原則。
3. 採用完全成本定價法，使市場交易價格能包括自然資源按市價計費的生態價值，以及包括貨物與勞務按市價計費的外部成本。
4. 採用環境與社會指標，以衡量是否朝向環境與經濟的永續發展與人類福祉。
5. 以物質原料稅和能源稅取代所得稅與利得稅。
6. 使用較低的貼現率，衡量不可取代或不可更新資源的未來價值。
7. 建立公共事業，以管理並保護公共土地與漁場。
8. 對環境與社會不負責任的企業取消其營運許可。
9. 從環境面考量所有世界性貿易協定，以及所有國際機構之貸款。
10. 減少能源、水資源、礦業資源的浪費。
11. 減低未來生態上危害，設法彌補或復原已遭破壞的生態。
12. 減少貧窮。
13. 緩和人口成長。

進一步言，將物質的回收和再利用的經濟體，是模仿大自然回收和再利用的概念。一個低吞吐量的經濟體 (low-throughput economy) 將使用和浪費較少的物質和能量資源，並強調大多數物質資源可重複使用、回收或製成堆肥。因此，當前採取高量能源、高量物質的生產方式，必須轉為節約能源、防治浪費和污染的生產方式，也就是成為一個「低廢棄物的經濟體」，使釋放進環境裡的熱氣或廢氣維持低量。經污染管制後所產生的廢棄物或污物，須再處理或回收再利用，並可經由下列六種方法轉變為更環保的永續經濟，包括：(1) 重複使用和回收利用最不可再生的物質資源；(2) 使用可再生資源的速度不超過它們被補充的速度；(3) 更有效率的使用物質和能源資源，以減少資源浪費；(4) 減少不必要和有害環境的消費形式；(5) 強調污染預防和減少廢棄物；(6) 控制人口增長，以減少物質和能量的消耗量 (Miller and Spoolman, 2012: 630-631)。

當經濟體系轉向更環境永續的方向發展時，有害環境的企業將會沒落，而其他更環境永續的產業或友善生態的產業則變得更重要（參見圖 10-3-3）。當這個轉變發生時，前瞻的所有者和投資者將投資於友善生態的產業發展 (Miller, 2004: 710)。因此，環境永

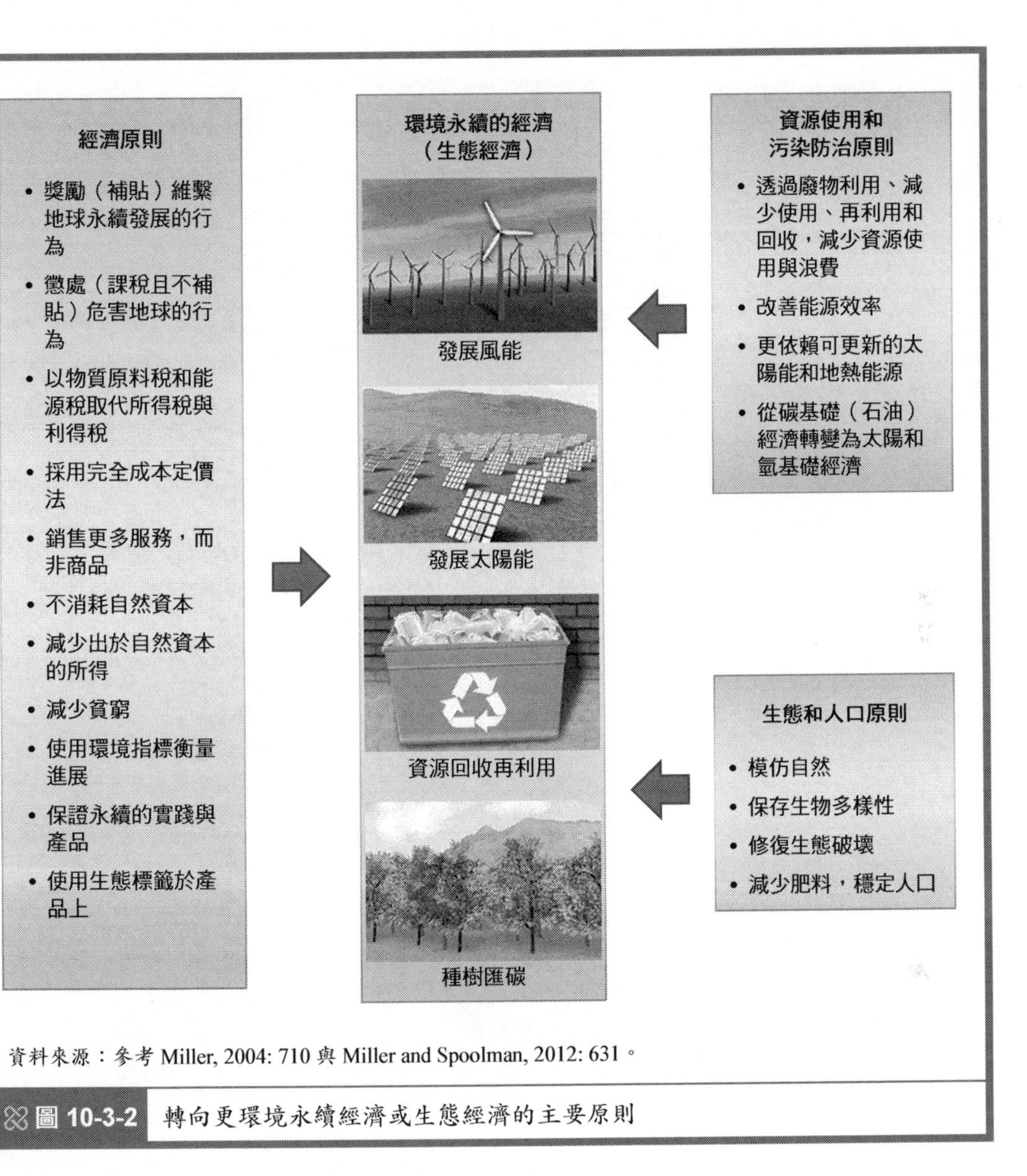

資料來源：參考 Miller, 2004: 710 與 Miller and Spoolman, 2012: 631。

圖 10-3-2　轉向更環境永續經濟或生態經濟的主要原則

續發展、生態友善型企業，預計將在本世紀蓬勃發展。

（二）荷蘭的綠色計畫

荷蘭，一個約有 1,600 萬人的小國，因為廣泛的大眾已經意識到退化的環境品質，因此在 1989 年開始執行「國家環境政策計畫」(National Environmental Policy Plan)，或稱「綠色計畫」(Green Plan)。該計畫的目標是減少70%至90%的污染，並於 2010 年成為世界第一個環境永續的經濟體。

夕陽產業

- 煤礦開採
- 石油生產
- 核能發電
- 浪費能源的汽車
- 採礦
- 廣告傳單產品
- 砍伐原木
- 紙張生產
- 常見的殺蟲劑生產
- 不永續的農耕
- 水井挖掘
- 傳統的經濟
- 傳統的工程、設計和建築
- 商業旅行

環境永續的經濟（生態經濟）

利用日能電池

節能自行車

發展風能

裝置太陽能板

土壤保護

友善生態的產業

- 太陽能電池生產
- 氫生產
- 燃料電池生產
- 風力渦輪發電機生產
- 風車農場興建
- 地熱能源生產
- 具能源效率的燃料電池汽車、貨車和巴士生產
- 傳統和電動自行車生產
- 輕軌鐵路建設
- 永續農業
- 整合式的害蟲管理
- 植物溶液培養
- 回收、再利用和堆肥
- 永續林業
- 土壤保護
- 水資源保護
- 污染防制
- 生態化產業設計
- 生物多樣性管理和保護
- 生態修復
- 疾病預防
- 環境工程、設計和建築
- 生態都市設計
- 環境科學
- 環境教育
- 生態經濟
- 環境會計
- 視訊會議

資料來源：參考 Miller, 2004: 711。

圖 10-3-3　夕陽產業的衰敗與友善生態產業的興起

在荷蘭政府所研擬的該計畫中，認為該國有八個關鍵的環境條件有待改善，包括：氣候變遷、酸性化學物質儲存、湖泊優氧化、毒性化學物質、廢棄物、地下水消耗、可更新與不可更新資源的不永續使用，以及地方公害（噪音和臭氣污染）。針對這八個環境問題，由與每個問題相關的主要企業、政府單位、市民團體共同組成目標團體 (target group)，並要求每一團體簽訂自願性協議，期為大量減少污染建立目標與時程表。在該計畫中，荷蘭政府認為每一個團體應聚焦於以下四個主題：

1. 執行商品的生命週期管理 (life-cycle management)，使企業能負責監控產品使用後的剩餘年限，以期增加能回收或再利用的產品設計。
2. 善用政府每年投入於能源保存計畫的預算（38,500 萬美元），以期改善能源效率。
3. 結合政府設立的專業支援計畫，投資或改良成為更永續的新技術。
4. 利用政府補助的民眾教育計畫，廣泛改變公眾的認知。

在這個計畫中，每一個團體可自由追求想要的任何政策或技術，然若有其他不同意的團體時，則政府將執行自訂的目標和時程表，處罰不符合特定減少污染目標的企業。基於以下原因，荷蘭許多領導的企業家相當推崇此一計畫：

1. 長期環境計畫具有高度確定性，他們可以較低的財務風險，投資於污染防止與污染管制工作。
2. 企業家可以選擇對企業最合理的方式，自由處理問題。這也可以協助荷蘭避免花費高昂的成本和過度的環境管制，並使企業領導人和環境保護者相互合作，而非陷入對抗或政治僵局的泥淖中。
3. 在發展和執行這個計畫的過程中，荷蘭政府會協助企業領導人學習創造更多環保、更有效率的產品和程序，使他們可在國內外出售創新構想，以減少成本、增加利潤。

此計畫是否有用尚未定論，但大體來說是令人鼓舞的。許多目標團體按時程達成目標，甚至有些更超越既定目標。政府和私人機構進行許多環境研究，發現此計畫推動了有機農業、有些城市更依賴自行車而非小汽車，且新的住宅開發更符合生態發展。然而，計畫執行的結果卻愈趨寬鬆，像是有些更積極的目標，如：減少二氧化碳的水準被向下修正，甚至被放棄。此外，有些環境保護者雖然強烈支持此項計畫，卻不滿意他們一直在被迫妥協，部分企業界人士堅決的反對為了要減少二氧化碳排放而課徵能源稅。儘管荷蘭的綠色計畫有其缺點，卻是第一個嘗試的國家，其試圖促進國家討論環境的永續性議題，以及鼓勵創新環境問題之解決方法的做法，值得其他國家學習 (Miller, 2004: 710-712)。

總之，本章的重點係指出改善環境品質和人類福祉、更環保的永續經濟和永續發展的概念。主要的三大想法是：

1. 要想促使轉型到更永續的經濟，需要尋找方法估算生產有害環境和健康的成本，並將之涵蓋在其商品和服務的市場價格，使消費者確知其所帶來的損害。

2. 促使這類經濟轉型，將意味著必須淘汰對環境有害的補貼和賦稅減免，並以有利於環境的補貼和減稅取而代之。
3. 在此過渡轉型期間，政策應該是對污染和浪費行為加以課稅，而不是對工資和利潤課稅；並且運用這些稅收來促進環境的永續發展和減少貧困。

環境上永續經濟是依賴於可循環再利用的物質、寶貴的自然資本，以及生物多樣性。因此，將以可再生能源（太陽能、植物）供應電力，方能始人類邁向永續的土地利用。

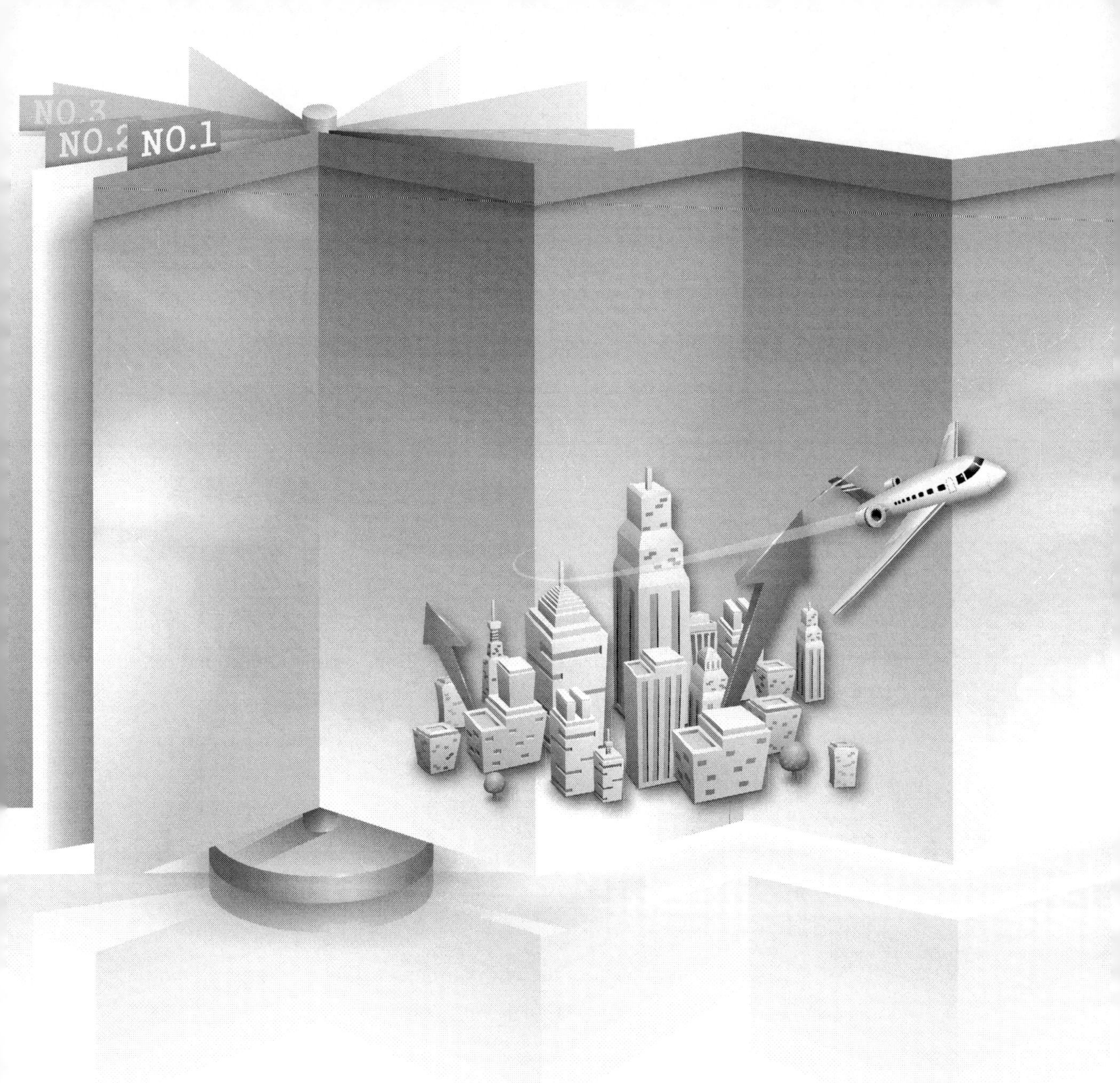

參 考 文 獻

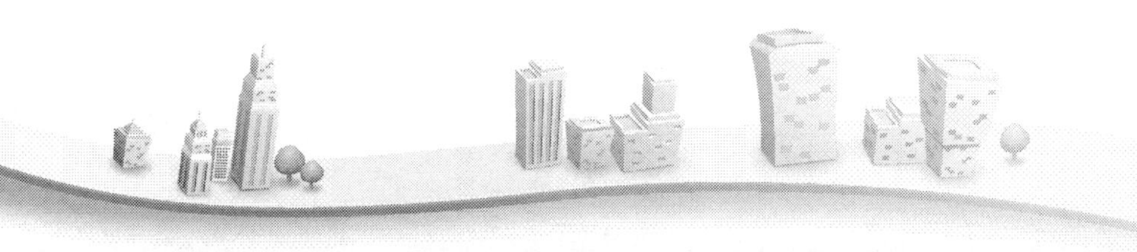

Agrawal, A., 2001. Common Property Institutions and Sustainable Governance of Resources. *World Development*, 29(10): 1649-1672.

Anderies, J. M., M. A. Janssen, and E. Ostrom, 2004. A framework to analyze the robustness of social-ecological systems from an institutional perspective. *Ecology and Society*, 9(1). [Online] URL: http://www.ecologyandsociety.org/vol9/iss1/art18 (2009.7.21).

Andrews, J., et al., 2006. Biogeochemical value ofmanaged realignment, Humber estuary. *UK. Science of the Total Environment 371*(1-3): 19-30.

Baland, J. M., and J. P. Platteau, 1996. *Halting degradation of natural resources*. Oxford: Oxford University Press.

Barlowe, R., 1978. *Land Resources Economics* (3rd ed.). N. J.: Prentice-Hall.

Benfield, F. K., M. Raimi, and D. D. T. Chen, 1999. *Once There Were Greenfields: How Urban Sprawl is Undermining America's Environment, Economic and Social Fabric*. The Natural Resources Defense Council and the Surface Transportation Policy Project.

Blair, John P., 1991. *Urban and Regional Economics*. USA: IRWIN.

Bogue, Donald J., 1977. A Migrant's-Eye View of the Costs and Benefits of Migration to a Metropolis. In Brown and Neuberger(Eds), *Internal Migration: A Comparative Perspective*. NY: Academic Press.

Buckingham-Hatfield, S., 1998. Public Participation in Local Agenda 21: the usual suspects. In P. Kivell, P. Roberts, and G. Walker (Eds.), *Environment, Planning and Land Use*. pp. 208-219. Aldershot: Ashgate.

Burgess, E. W., 1925/1967. The growth of the city: An introduction to a research project. In R. E. Park, E. W. Burgess, and R. D. McKenzie (Eds.), *The City*. pp. 47-62. Chicago: University of Chicago.

Busby, G., and S. Rendle, 2000. The transition from tourism on farms to farm tourism. *Tourism Management 21*: 635-642.

Calthorpe, P., 1993. *The Next American Metropolis: Ecology, Community and American Dream*. New York: Princeton Architectural Press.

Cervero, R., 1993. *Ridership Impacts of Transit Focused Development*. Report to the California Department of Transportation and the University of California Transportation Center. Institute of Urban and Regional Development, U. C. Berkeley.

Cicin-Sain, B., R. W. Knecht, and G. W. Fisk, 1995. Growth capacity for integrated coastal management since UNCED: an international perspective. *Ocean Coastal Management, 29*(1-3): 93-123.

Costanza, R., 1992. Toward an operational definition of healt. In R. Costanza, B. Norton, and B. Haskell (Eds.), *Ecosystem Health: New Goal for Environmental Management*. pp. 239-256. Island Press.

Dahama, A. K., 1997. *Organic Farming for Sustainable Agriculture*. New Delhi, India: Ashila Offset Printers.

Darnhofer, I., 2005. Organic Farming and Rural Development: Some Evidence from Australia. *Sociologic Ruralis, 45*: 308-319.

Dawes, R. M., 1973. The Commons Dilemma Game: An N-Person Mixed-Motive Motive Game with a Dominating Strategy for Defection. *ORI Research Bulletin, 13*: 1-12.

Dawes, R. M., 1975. Formal Models of Dilemmas in Social Decision Making. In M. F. Kaplan and Schwartz (Eds.), *Human Judgment and Decision Processes: Formal and Mathematical Approaches*. pp. 87-108. New York: Academic Press.

Dear, M., 1992. Understanding and Overcoming the NIMBY Syndrome. *Journal of the American Planning Association*, *58*(3): 288-300.

DEFRA, 2000. Climate change and agriculture in the United Kingdom. [Online] URL: http:// www. defra. gov. uk/farm/environment/climate-change/pdf/climateag. pdf (2010.3.28).

Dernol, L. A., 1983. Farm tourism in Europea. *Tourism Management*, *4*(3): 155-166.

Dilley, M., et al., 2005. *Natural Disaster Hotspots: A Global Risk Analysis*. World Bank.

Ely, R. T., and E. W. Morehouse, 1924. *Elements of Land Economics*. New York: Macmillan.

Esman, Milton J. and Norman T. Uphoff, 1984. *Local Organizations: Intermediaries in Rural Development*. Ithaca: Cornell University Press.

European Commission, 2010. *Legal and socio-economic studies in the field of the Integrated Maritime Policy for the European Union. Luxembourg: Publications Office of the European Union*. [Online] URL: http://ec.europa.eu/maritimeaffairs/studies/economic_effects_maritime_spatial_planning_en.pdf (2011.12.28).

Ewert, F., J. R. Porter, and M. D. A. Rounsevell, 2007. Crop models, CO_2, and climate change. *Science* (315): 459-460.

Ehrlich, Steven and Joseph Gyourko, 2000. Changes in the Scale and Size Distribution of US Metropolitan Areas during the Twentieth Century. *Urban Studies, 37*: 1063-1077

Falkenmark, M., and C. Widstrand, 1992. Population and Water Resources: A Delicate Balance. *Population Bulletin, 47*(3): 1-36.

FAO, 1998. *Integrated coastal area management and agriculture*, forestry and fisheries. FAO GUIDELINES, Rome. [Online] URL: http://www.fao.org/docrep/w8440e/w8440e00.

htm (2007.6.23).

FAO, 2002. World Summit on Sustainable Development: Basic Information about the SARD Initiative. In Netherlands Den Bosch Conference. [Online] URL: http://www.fao.org/wssd/SARD/SARD0_en.htm (2009.4.23).

FAO, 2005a. *Impact of Climate Change, Pests and Diseases on Food Security and Poverty Reduction*. Special event background document for the 31st Session of the Committee on World Food Security, 23-26. May 2005. Rome.

FAO, 2005b. *Integrated coastal area management (ICAM) and Forestry*. Rome. [Online] URL: http://www.fao.org/forestry/icam/en/ (2007.6.23).

FAO, 2005c. *Population Division of the Department of Economic and Social Affairs of the United Nations Secretariat*. World Bank.

FAO, 2007. *Adaptation to climate change in agriculture, forestry and fisheries: Perspective, framework and priorities*. Paper presented at the FAO Inter-departmental Working Group on Climate Change.

Finkler, E., 1972. *The Moutiple Use of Cemeteries*. Planning Advisory Service, No. 285. American Society of Planning Officials.

Fukuoka, M., 1985. *The Natural Way of Farming: Theory and Practice of Green Philosophy*. Tokyo: Japan publications Inc.

Garcia-Ramon, N. D., G. Canoves, and N. Valdovinos, 1995. Farm Tourism, Gender and the Environment in Spain. *Annals of Tourism Research*, *2*(2): 267-282.

Geertz, C., 1963. *Agricultural Involution: The Processes of Ecological Change In Indonesia*. Berkeley and Los Angeles, California: University of California.

Germany Ferderal Cabinet, 2008. German Strategy for Adaptation to Climate Change. [Online] URL: http://www.bmu.de/fileadmin/bmu-import/files/english/pdf/application/pdf/das_gesamt_en_bf.pdf (2011.3.28).

Ghimire, A., 2002. *A REVIEW ON ORGANIC FARMING FOR SUSTAINABLE AGRICULTURE*. Rampur, Chitwan, Nepa: Department of Agriculture Extension and Rural Sociology and Institute of Agriculture and Animal Science. [Online] URL: http://www.forestrynepal.org/images/Organic%20Farming%20for%20Sustainable%20Agriculture.pdf (2011.6.28).http://www.forestrynepal.org/images/Organic Farming for Sustainable Agriculture.pdf.

Hamilton, D. K., 1999. *Governing Metropolitan Area: Response to Growth and Change*. New York: Garland Publishing.

Hardin, G., 1968. The Tragedy of the Commons. *Science, 162*: 1243-1248.

Hartwick, J. M., and N. D. Olewiler, 1986. *The Economics of Natural Resource Use*. New Jersey: Harper and Row.

Harvey, J., 1996. *Urban Land Economics* (4th ed.). London: Macmillan Press.

Harvey, J., 2000. *Urban Land Economics* (5th ed.). London: Macmillan Press.

Hayami, Y., and V. W. Ruttan, 1971. *Agricultural development: an international perspective*. Baltimore: Johns Hopkins University.

Hayami, Y., and V. W. Ruttan, 1985. *Agricultural Development: an International Perspective* (1st ed.). Baltimore: Johns Hopkins University.

Hayward, S., 1998. *Legends of the Spraw*. Washington D. C.: Heritage Foundation.

Healey, P., and T. Shaw, 1993. *The treatment of environment by planners: evolving concepts and policies in development plans*. Working paper No. 31, Centre for research in European urban environment, University of Newcastle upon Tyne.

Jackson, J. A., 1997. *Glossary of Geology* (4th ed.). Alexandria: American Geological Institute.

Jacobs, H. M., 1999. *Protecting Agricultural Lands under the Threat of Urbanization: Lessons for Developing Countries from Developed Countries*. Paper presented at the International Seminar on Land Policy and Economic Development.

Jacobs, J. A., 1991. *Deep Interior of the Earth*. Topics in the Earth Sciences Series Volume 6. New York: Chapman and Hall.

Kerr, J., 2007. Watershed Management: Lessons from Common Property Theory. *International Journal of the Commons*, *1*(1): 89-109.

Kumar, P., S. Y. Kulkarni, and M. Parida, 2009. Design Approach for Multi Modal Transport System. *ARCHITECTURE - Time Space and People, December*, 26-33. [Online] URL: http://www.coa.gov.in/mag/Archi-Dec09_Lowres-pdf/26-33_Archi-Dec09.pdf (2012.4.5).

Kumar, P., S. S. Jain, S. Y. Kulkarni, and M. Parida, 2009. *Multi Modal Transportation System-Management and Challenges ahead* - NBM Media. [Online] URL: http://www.nbmcw.com/articles/miscellaneous/others/18632-multi-modal-transportation-system.html (2012.4.5).

Lee, D. R., 2005. Agricultural Sustainability and Technology Adoption: Issues and Policies for Developing Countries. *American Journal of Agricultural Economics*, *87*(5): 1325-1334.

Leopold, A., 1949/1970. *A Sand County Almanac, with Essays on Conservation from Round River.* New York: Ballantine.

Marshall, A., 1938. *Principles of Economics* (8th ed.). London: Macmillan.

Marshall, A., D. Hoag, and A. Seidl, 2004. *Landowner Expectations and Experiences with Conservation Easements*. Paper presented at the Compensating Landowners for Conserving Agricultural Land: Papers from a Conference.

McClean, C. J., et al., 2005. African Plant Diversity and Climate Change. *Annals of the Missouri Botanical Garden, 92*(2): 139-152.

Miller, G. T., 1988. *Living in the Environment: Principles, Connections, and Solutions* (5th ed.). Wadsworth Publishing Company.

Miller, G. T., 1998. *Living in the Environment: Principles, Connections, and Solutions* (10th ed.). Brooks Cole Publishers.

Miller, G. T., 2000. *Living in the Environment: Principles, Connections, and Solutions* (11th ed.). Brooks Cole Publishers.

Miller, G. T., 2004. *Living in the Environment: Principles, Connections, and Solutions* (13th ed.). Brooks Cole Publishers.

Miller, G. T., 2005. *Living in the Environment: Principles, Connections, and Solutions* (14th ed.). Brooks Cole Publishers.

Miller, G. T., 2007. *Living in the Environment: Principles, Connections, and Solutions* (15th ed.). Brooks Cole Publishers.

Miller, G. T., and S. E. Spoolman, 2012. *Living in the Environment: Principles, Connections, and Solutions* (17th ed.). Brooks Cole Publishers.

Nelson, A. C., 1992. Preserving Prime Farmland in the Face of Urbanization: Lessons from Oregon. *JAPA, 58*(4): 467-488.

Nevin, A., et al., 2004. Rural women and agrotourism in the context of sustainable rural development: A case study from Turkey, Environment, Development and Sustainability. *Kluwer Journal, 6*: 473–486.

NFU, 2005. *Agriculture and Climate Change*. Climate Change Task Force Report, National Union of Farmers, No. 52.

North, D. C., 1981. *Structure and Change in Economic History*. New York: W. W. Norton.

O'Sullivan, A., 2003. *Urban economics*. Boston, Mass: McGraw-Hill/Irwin.

Odum, H. T., 1996. *Environmental Accounting: Emergy and Environmental Decision Making*. New York: John Wiley.

Olson, M., 1965. *The Logic of Collective Action, Public Goods and the Theory of Groups*. Cambridge, Mass.: Harvard University Press.

Ostrom, E., 1990. *Governing the Commons: the evolution of institutions for collective action.* New York: Cambridge University.

Ostrom, E., 1999. Self Governance and Forest Resources. Occasional Paper No. 20. Bogor, Indonesia: Center for International Forestry Research. [Online] URL: http://www.cifor.org/publications/pdf_files/OccPapers/OP-20.pdf (2010.4.23).

Parker, T., et al., 2002. *Statewide Transit-Oriented Development Study: Factors for Success in California*. CA, Sacramento: Business Transportation and Housing Agency, California Department of Transportation.

Parr, J. F., R. H. Miler, and D. Colacicco, 1985. *Utilization of Organic Material for Crop Production in Developed and Developing Countries*. Paper presented at the Proceedings of an International Workshop held at Hawkesbury Agricultural College, No. 1 I (1985.5.12-15).

Peiser, R. B., 1989. Density and Urban Sprawl. *Land Economics*, *65*: 193-204.

Pernetta, J. C., and D. L. Elder, 1993. *Cross-sectoral integrated and coastal area planning (CICAP): guidelines and principles for coastal area development*. Gland, Switzerland, IUCN in collaboration with World Wide Fund for Nature.

Pigou, A. C., 1946. *The Economics of Welfare* (4th ed.). London: Macmillan and Co., Ltd.

Platt, R. H., 1996. *Land use and society geography, law, and public policy*. Washington, D. C.: Island Press.

Register, R., 1987. *Eco-city Berkeley: Building Cities for a Healthy Future*. Berkeley, CA.: North Atlantic Books.

Renne, R. R., 1958. *Land Economics*. New York: Harperand Brothers.

Robinson, R., 1981. Industrialization, New Ports and Spatial Development Strategies in Less-developed Countries: the Case of Thailand. In B. S. Hoyle and D. A. Pinder (Ed.), *Cityport Industrialization and Regional Development: Spatial Analysis and Planning Strategies*. Oxford: Pergamon Press.

Roelofs, J., 1996. *Greening cities: Building just and sustainable communities*. New York: Bootstrap Press.

Rounsevell, E. F., et al., 2005. Future scenarios of European agricultural land use. I: Estimating changes in crop productivity. *Agriculture, Ecosystems and Environment, 107*: 101-116.

Schaefer, N., and V. Barale, 2011. Maritime spatial planning: opportunities & challenges in the framework of the EU integrated maritime policy. *Journal for Coastal Conservation, 15*: 237-245.

Schultz, T. W., 1964. *Transforming Traditional Agriculture*. New Haven: Yale University Press.

Schultz, T. W., 1968. *Economic Growth and Agriculture*. New York: MacGraw-Hill.

Singh, A., 2002. For A Better Harvest. *The Times of India*. 2002. 1. 4

Smit, B., and M. W. Skinner, 2002. Adaptation options in agriculture to climate change: a typology. *Mitigation and Adaptation Strategies for Global Change*, *7*: 85-114.

Stevens, R. D., and C. L. Jabara, 1988. *Agricultural Development Principles: Economic Theory and Empirical Evidence*. Baltimore: Johns Hopkins University.

Stoorvogel, J. J., 2009. *Adapting Dutch agriculture to climate change*. KfC Report Number KfC 016/09. [Online] URL: http://www.knowledgeforclimate.org (2011.2.3).

Sullivan, A. M., 1990. *Urban Economics*. Homewood, IL: Irwin.

O'Sullivan, A., 2003. *Urban economics*. Boston, Mass: McGraw-Hill/Irwin.

Temple, M., 1994. *Regional Economics* (1st ed.). London: Macmillan.

Thakur, D. S., 1997. Hi-Tech Agriculture and Organic Farming in Himachal Pradesh for Higher Production, Income, Sustainable Agriculture and Evergreen Revolution. *Indian Farming, 47*(7).

Thakur, D. S., and K. D. Sharma, 2005. Organic Farming for Sustainable Agriculture and Meeting the Challenges of Food Security in 21st Century: An Economic Analysis. *Indian Journal of Agricultural Economics, 60*: 205-219.

UN/ISDR, 2004. *Living with Risk: A Global Review of Disaster Reduction Initiatives*. Geneva: UN International Strategy for Disaster Reduction. [Online] URL: http://www.unisdr.org/eng/about_isdr/bd-lwr-2004-eng.htm (2009.3.26).

Upton, M., 1979. *Agricultural production economics and resource-use*. London, NY: Oxford University.

Urban Land Institute, 2006. *Getting to Smart Growth: 100 Policies for Implementation*. American Planning Association.

Van der Ryn, S., and S. Cowan, 1996. *Ecological Design*. Washington, DC: Island Press.

Van Galen, M., and J. Verstegen, 2008. *Innovatie in de agrarische sector; We kunnen er niet genoeg van krijgen!*. The Hague LEI: Wageningen University and Research Centre.

Veeresh, G. K., 1998. Organic Farming: Ecologically Sound and Economically Sustainable. *Man and Development*, pp. 142-148.

Vidal, J., 1998. Switch Over to Organic Farming. *The Tribune* (1998.12.26). [Online] URL: http://www.tribuneindia.com/1998/98dec26/agro.htm (2007.7.26).

Wade, R., 1988. *Village Republics: Economic Conditions for Collective Action in South India.*

Oakland: ICS Press.

Walck, C., and K. C. Strong, 2001. Using Aldo Leopold's land ethic to read environmental history: The case of the Keweenaw Forest Organization and Environment. *Thousand Oaks, 14*(3): 261-289.

WCED, 1987. *Our common future*. Oxford: Oxford University Press.

Webber, A., 1909/1928. *Alfred Weber's of the Location of Industries*. Translated by C. J. Friedrich. Chicago: University of Chicago.

Weerakkody, P. R., 1999. *Farming Systems for Sustainable Development: A Case Study in Organic Farming in Sri Lanka*. Paper presented at the the APO Seminar on Farming Systems for Sustainable Development, Sri Lanka. (1999.7.12-19).

Wilson, E. O., 1992. *The Diversity of Life*. Penguin: Science.

Wirth, L., 1938. Urbanism as a Way of Life. *The American Journal of Sociology, 44*(1): 1-24.

World Resources Institute(WRI), 2005. *World Resources 2005: The Wealth of the Poor-Managing Ecosystems to Fight Poverty*. World Resources 2005, in collaboration with United Nations Development Programme, United Nations Environment Programme, and World Bank. Washington DC: World Resources Institute.

WRR, 2008. *Innovatie vernieuwd, Opening in viervoud*. Amsterdam: Amsterdam University.

Yanitsky, O., 1984. *Towards creating a socio-ecological conception of a city*. Paper presented at the Cities and Ecology: The international expert meeting, Suzdal. 1984.9.24-30

Youngberg, G., and F. H. Buttel, 1985. *Public Policy and Socio-Politico Factors affecting the Future of Sustainable Farming Systems*. Paper presented at the Proceedings of an International Workshop, Richmond.

Brown, L. R., 1999. 生態經濟革命。蕭秋梅譯，臺北：揚智。

Chapin, F. S., and E. J. Kaiser, 1979/1985. 都市土地使用規劃。李瑞麟譯，臺北：茂榮圖書。

Dobson, A. P., 1996/2000. 生物多樣性。陳立人譯，臺北：遠哲科學教育基金會。

Harvey, J., 2004/2008. 都市土地經濟學。韓乾譯，臺北：五南圖書。

Hawken, P., 2005. 商業生態學：商業也可以很生態。簡妤儒譯，臺北：新自然主義。

Jones, G., et al., 1990/1998. 環境科學辭典。陳蔭民、宋偉良譯，臺北：貓頭鷹。

Lappé, F. M., and J. Collins, 1987. 糧食第一：世界飢餓與糧食自賴。李約翰譯，臺北：遠流。

Leopold, A., 19491/998. 沙郡年記。吳美真譯，臺北：天下文化。

North, D. C., 1981/1994. 經濟史的結構與變遷。劉瑞華譯，臺北：時報文化。

大塚久雄，1967，共同體の基礎理論。東京：岩波書店。

山邊健太郎，1971，台灣2。東京：みすず書房（三陽社）。

岩城龜彥，1936，台灣の番地開發ょ番人。東京：文教社。

甲斐道太郎，1982，土地所有權の近代化。東京：有斐閣書店。

中村勝，1996，廢除保留地政策，歸還原住民土地。中國時報，1996.11.2。

藤井志津枝，1997，日治時期台灣總督府理番政策。臺北：文英堂。

藤井隆，1930，南澳事業區施業計畫基本案說明書（油印本）。

中華民國都市計劃學會，2010，氣候變遷調適政策綱領（草案）。行政院經濟建設委員會委託。[Online] URL: http://apf.cier.edu.tw/20100915 氣候變遷調適政策綱領-1-6 章（草案）.pdf（2011 年 8 月 28 日）。

內政部，1993，澳洲原住民政策概況及法案輯要。內政部譯印。

內政部，1996，政府執行原住民保留地土地政策及工作實錄。

內政部，2007，永續海岸整體發展方案核定本，[Online] URL: http://www.cpami.gov.tw/chinese/index.php?option=com_content&view=article&id=10185&Itemid=53（2010 年 3 月 28 日）。

內政部，2009a，97 年內政統計年報。[Online] URL: http://sowf.moi.gov.tw/stat/（2010 年 3 月 28 日）。

內政部，2009b，國土計畫法（草案）及海岸法（草案）已函送立法院審議，並列為優先法案，政府將協調儘速完成立法程序。[Online] URL: http://www.moi.gov.tw/pda/news_detail.aspx?type_code=01&sn=3628&pages=0（2009 年 12 月 6 日）。

內政部，2010，變更臺灣北、中、南、東部區域計畫（第 1 次通盤檢討）——因應莫拉克颱風災害檢討土地使用管制。[Online] URL: http://www.cpami.gov.tw/chinese/filesys/file/chinese/dept/rp/rp990615.pdf（2010 年 6 月 24 日）。

內政部地政司，2000，非都市土地編定與管制辦理成果。[Online] URL: http://www.land.moi.gov.tw/chhtml/newpage.asp?cid=261（2009 年 10 月 7 日）。

內政部營建署，2008a，海岸法草案推動辦理情形。[Online] URL: http://www.cpami.gov.tw/chinese/index.php?option=com_content&view=article&id=754&Itemid=76（2009 年 10 月 7 日）。

內政部營建署，2008b，海岸法草案總說明。[Online] URL: http://zh.wildatheart.org.tw/archives/970505 海岸法草案.doc.（2009 年 10 月 7 日）。

內政部營建署，2009a，97 年營建統計年報（臺灣地區非都市土地十公頃以上用地變更面積及件數）。[Online] URL: http://w3.cpami.gov.tw/statisty/97/97_pdf/01_plan/31010.pdf（2010 年 5 月 8 日）。

內政部營建署，2009b，歷年海埔地開發計畫。[Online] URL: http://www.cpami.gov.tw/chinese/index.php?option=com_content&view=article&id=10177&Itemid=53（2010年6月1日）。

內政部營建署市鄉規劃局，2005，臺灣海岸地區自然環境保護計畫（第一次通盤檢討）草案。[Online] URL: http://tpweb.cpami.gov.tw/news.asp（2010年6月1日）。

日本總務省統計局，2006，平成18年日本統計年鑑第五十五回。[Online] URL: http://www.stat.go.jp/data/nenkan/index.htm（2009年11月24日）。

王光遠，1972，農業概論。臺北：正中書局。

王俊豪，1993，休閒農園之遊客需求分析。臺灣農業，29(1)：47-64。

王益滔，1952，臺灣之佃租。財政經濟月刊，2(2)：18-22。

王敏順，1990，山坡地開發與評估體系的建立，中興大學都市計畫研究所碩士論文。

臺北市政府工務局衛生下水道工程處，2000，八里污水處理廠摺頁簡介。

臺北縣政府，2001，90年度一鄉一休閒農漁園區計畫。

臺灣省文獻委員會，1995，住民志同冑篇第一、二冊。收錄於臺灣省文獻委員會編，重修臺灣省通志（卷三）。臺中：臺灣省文獻委員會。

臺灣省文獻會，1998，臺灣原住民史料彙編3－臺灣省政府公報中有關原住民法規政令會編(1)～(3)。臺中：臺灣省文獻委員會。

臺灣省行政長官公署民政處地政局，1947，臺灣地政統計。

臺灣總督府臨時舊慣調查會，1910/1990，第一部調查第三回報告書（陳金田譯），收錄於臺灣省文獻會編，臺灣私法。臺中：臺灣省文獻會。

臺灣總督府臨時舊慣調查會，1915/1996，泰雅族（中央研究院民族學研究所編譯），番族慣習調查報告書（第一卷）。臺北：中研院民族所。

臺灣總督府警務局，1942，高砂族所要地調查書。

朱雲鵬、林俊全、紀駿傑、劉小如、蔣本基、蕭新煌，1993，臺灣2000年。臺北：天下文化。

江榮吉、沈建宏、林國仕，1994，臺灣休閒農業的發展。臺灣農業，30(4)：27-37。

行政院，1998，國家環境保護計畫（行政院核定本）。[Online] URL: http://www.epa.gov.tw/ch/aioshow.aspx?busin=2157&path=6484&guid=a8831449-f1fd-4a99-b73c-c1647f1dbb3b&lang=zh-tw（2009年6月3日）。

行政院主計處，2001，中華民國臺灣地區90年家庭收支調查報告。[Online] URL: http://win.dgbas.gov.tw/fies/doc/result/90.pdf（2009年10月22日）。

行政院主計處，2005，中華民國臺灣地區94年家庭收支調查報告。[Online] URL: http://win.dgbas.gov.tw/fies/doc/result/94.pdf（2009年10月22日）。

行政院主計處，2008，綠色國民所得帳試編結果（96 年版）。[Online] URL: http://www.stat.gov.tw/ct.asp?xItem=18665&ctNode=4866（2009 年 10 月 22 日）。

行政院主計處，2009，綠色國民所得帳編製報告（97 年版）。[Online] URL: http://www.stat.gov.tw/public/data/dgbas03/bs7/greengnp/4-2-2.pdf（2010 年 11 月 28 日）。

行政院研究發展考核委員會，2001，海洋白皮書。臺北：行政院研考會。

行政院研究發展考核委員會，2006，海洋政策白皮書。臺北：行政院研考會。[Online] URL: http://www.rdec.gov.tw/public/attachment/65101685971.pdf（2009 年 4 月 26 日）。

行政院原住民族委員會，2006，行政院原住民族委員會十週年施政成果專輯，臺北：行政院原住民族委員會。

行政院原住民族委員會，2007，民國 95 年臺灣原住民經濟狀況調查報告。臺北：行政院原住民族委員會。

行政院國家永續發展委員會，2011，2010 永續發展指標評量報告書。[Online] URL: http://sta.epa.gov.tw/NSDN/CH/DEVELOPMENT/2010_1109_99all.pdf（2012 年 3 月 30 日）。

行政院國家永續發展委員會秘書處，2009，海岸保育及復育方案（草案）。[Online] URL: http://www.tmitrail.org.tw/wp-content/files/2010/01/20100201.doc（2010 年 6 月 28 日）。

行政院經濟建設委員會，1998，全國國土及水資源會議實錄。行政院經濟建設委員會。

行政院經濟建設委員會，2005，國土復育策略方案暨行動計畫。[Online] URL: http://tpweb.cpami.gov.tw/all files/C_2/c_2_3a.pdf（2007 年 6 月 9 日）。

行政院經濟建設委員會都市及住宅發展處，1988，臺灣地區環境敏感地區管理制度之研究。行政院經濟建設委員會。

行政院經濟部，2009，經濟部中程施政計畫（98-101 年度）。[Online] URL: http://file.wra.gov.tw/public/Data/92231663771.pdf（2012 年 6 月 28 日）。

行政院經濟部工業局，2001，工業區開發管理 89 年度年報。[Online] URL: http://oa.lib.ksu.edu.tw/OA/bitstream/987654321/56394/2/%E5%B7%A5%E6%A5%AD%E5%8D%80%E9%96%8B%E7%99%BC%E7%AE%A1%E7%90%8689%E5%B9%B4%E5%BA%A6%E5%B9%B4%E5%A0%B1.pdf（2012 年 8 月 22 日）。

行政院經濟部工業局，2010，工業區開發管理 98 年度年報。[Online] URL: http://idbpark.moeaidb.gov.tw/chinese/Research/Annals_Journal/year/098/098-000.htm（2012 年 8 月 22 日）。

行政院經濟部水利署，2004，臺灣地區水資源永續發展指標之計算與評估。財團法人農業工程研究中心承辦，劉振宇計畫主持，柯海生協同主持。[Online] URL: http://hysearch.wra.gov.tw/wra_ext/deveinfo/html/（2012 年 11 月 21 日）。
行政院經濟部水利署，2010a，99 年各標的用水統計。[Online] URL: http://wuss.wra.gov.tw/annualreports/2009710_96farm0708.pdf (2012.6.22) 。
行政院經濟部水利署，2010b，中華民國 99 年水利統計。[Online] URL: http://www.wra.gov.tw/lp.asp?CtNode=7534&CtUnit=874&BaseDSD=4（2012 年 6 月 22 日）。
行政院經濟部水利署水源經營組及水文技術組，2008，中華民國 97 年水利統計。[Online] URL: http://file.wra.gov.tw/public/Data/98261559971.xls（2011 年 7 月 23 日）。
行政院農委會，1995，農業政策白皮書淺說附錄：歷年農業施政概況。[Online] URL: http://www.ttdais.gov.tw/view.php?catid=17624。
行政院農委會，1999，中華民國 87 年農業統計年報。臺北：行政院農委會統計室。
行政院農委會，2000，中華民國 88 年農業統計年報。臺北：行政院農委會統計室。[Online] URL: http://www.coa.gov.tw/view.php?catid=1108（2011 年 7 月 23 日）。
行政院農委會，2001，中華民國 89 年農業統計年報。臺北：行政院農委會統計室。[Online] URL: http://www.coa.gov.tw/view.php?catid=1109（2011 年 7 月 23 日）。
行政院農委會，2003，中華民國 91 年農業統計年報。臺北：行政院農委會統計室。[Online] URL: http://www.coa.gov.tw/view.php?catid=1111（2011 年 7 月 23 日）。
行政院農委會，2004a，中華民國 92 年農業統計年報。臺北：行政院農委會統計室。[Online] URL: http://www.coa.gov.tw/view.php?catid=1162（2011 年 7 月 23 日）。
行政院農委會，2004b，農地釋出原則與做法。臺北：行政院農委會。
行政院農委會，2005，中華民國 93 年農業統計年報。臺北：行政院農委會統計室。[Online] URL: http://www.coa.gov.tw/view.php?catid=8854（2011 年 7 月 23 日）。
行政院農委會，2008，中華民國 96 年農業統計年報。臺北：行政院農委會統計室。[Online] URL: http://www.coa.gov.tw/view.php?catid=17729（2011 年 7 月 23 日）。
行政院農委會，2009，中華民國 97 年農業統計年報。臺北：行政院農委會統計室。[Online] URL: http://www.coa.gov.tw/view.php?catid=19669（2011 年 7 月 23 日）。
行政院農委會，2010a，中華民國 98 年農委會年報。臺北：行政院農委會統計室。[Online] URL: http://www.coa.gov.tw/view.php?catid=21668（2011 年 7 月 23 日）。
行政院農委會，2010b，因應氣候變遷農業調適政策會議關鍵策略。全球氣候變遷與臺灣農業因應調適策略座談會。
行政院農委會水土保持局，2004，2004 年行政院農業委員會水土保持局年報。[Online] URL: http://www.swcb.gov.tw/swcb10/93_1.pdf（2008 年 6 月 7 日）。
行政院環保署，1997，八十五年版環境白皮書。臺北：行政院環保署。
行政院環保署，1998，八十六年版環境白皮書。臺北：行政院環保署。
行政院環保署，1999，八十七年版環境白皮書。臺北：行政院環保署。
行政院環保署，2000，八十八年版環境白皮書。臺北：行政院環保署。
行政院環保署，2001，八十九年版環境白皮書。臺北：行政院環保署。
行政院環保署，2004，九十二年版環境白皮書。臺北：行政院環保署。
行政院環保署，2005，中華民國 94 年環境保護統計手冊。[Online] URL: http://www.epa.gov.tw/attachment_file/200503/301.pdf（2005 年 9 月 1 日）。
行政院環保署，2007，水質保護統計名詞定義。[Online] URL: http://www.epa.gov.tw/ch/DocList.aspx?unit=24&clsone=501&clstwo=184&clsthree=0&busin=4177&path=5704（2009 年 10 月 12 日）。
行政院環保署，2009a，2008 年環境水質監測年報。[Online] URL: http://wq.epa.gov.tw/WQEPA/Code/Report/YearReport.aspx?Year=2008（2010 年 5 月 30 日）。
行政院環保署，2009b，中華民國 98 年環境保護統計年報。[Online] URL: http://www.epa.gov.tw/ch/DocList.aspx?unit=24&clsone=501&clstwo=178&clsthree=175&busin=4177&path=9543（2010 年 6 月 28 日）。
行政院環保署，2009c，中華民國環境保護統計月報第 249 期。[Online] URL: http://www.epa.gov.tw/FileDownload/FileHandler.ashx?FLID=13961（2010 年 8 月 30 日）。
行政院環保署，2010，中華民國環境保護統計月報第 258 期。[Online] URL: http://www.epa.gov.tw/ch/DocList.aspx?unit=24&clsone=501&clstwo=178&clsthree=697&busin=4177&path=9604（2010 年 6 月 28 日）。
行政院環保署，2011，2010 年環境水質監測年報。[Online] URL: http://wq.epa.gov.tw/WQEPA/Code/Report/YearReport.aspx?Year=2010（2012 年 6 月 30 日）。
行政院環保署，2012a，2011 年環境水質監測年報。[Online] URL: http://wq.epa.gov.tw/WQEPA/Code/Report/YearReport.aspx?Year=2011（2012 年 6 月 30 日）。
行政院環保署，2012b，中華民國 100 年環境保護統計年報。[Online] URL: http://www.epa.gov.tw/FileDownload/FileHandler.ashx?FLID=18232（2012 年 6 月 30 日）。
行政院環保署，2012c，中華民國環境保護統計月報第 282 期。[Online] URL: http://www.epa.gov.tw/FileDownload/FileHandler.ashx?FLID=19970。

行政院環保署，2012d，行政院環保署飲用水全球資訊網。[Online] URL: http://ivy1.epa.gov.tw/drinkwater/index-5.htm（2012 年 6 月 30 日）。

何友鋒、吳怡彥、吳銘興、喬蕾，2009，生態都市規劃技術及實例比較研究。內政部建築研究所委託研究報告。

何東波、謝宏昌，2006，國土規劃前置作業辦理計畫子計畫 2——臺灣都會區域範圍劃設準則之研究。內政部營建署市鄉規劃局委託。

何紀芳，1995，都市服務設施鄰避效果之研究。政治大學地政研究所碩士論文。

余馥君，2009，當部落遇上「有機農業」。[Online] URL: http://e-info.org.tw/node/42346（2010 年 9 月 12 日）。

吳文彥，2004，高雄市都市發展歷程與空間結構之政治經濟分析。高雄師範大學地理系演講簡報。

吳文彥，2008，永續發展概念的都市計畫通盤檢討的架構。發表於高高屏區域永續治理研討會（2008 年 4 月 26 日）。

吳同權，2005，臺灣農業發展政策之演變。國治研究報告，科經（研）094-021 號。[Online] URL: http://old.npf.org.tw/PUBLICATION/TE/094/TE-R-094-021.htm（2009 年 4 月 8 日）。

吳建興，2002，山坡地管理及查報取締之實務。發表於國土資源保育管理研討會。

吳珮甄，2005，遼寧省內部發展失衡——瀋陽與大連的比較研究。中山大學大陸研究所碩士論文。

吳密察，1993，番地開發調查與「番人調查」。臺灣史料國際學術研討會，臺灣大學歷史系主辦。

吳綱立，2002，建構全球在地化的永續城鄉地景。發表於高雄城市行銷 2002——城鄉風貌在高雄研討會。

吳綱立，2003，生態規劃設計理念納入開發審議機制之研究：以內政部區域計畫委員會非都市土地開發審議為例。發表於第一屆土地研究學術研討會。

吳憲雄，1998，河川流域整體治理計畫研議。臺灣省水利處。

宋浚泙、楊海寧，2001，海洋污染防治法概要。工安環保報導，創刊號：12-17。

李永展，1997a，臺北市鄰避型公共設施更新之研究。臺北市政府研究發展考核委員會委託研究計畫報告。

李永展，1997b，修訂臺北市綜合發展計畫地區發展構想——文山區發展構想。臺北市政府都市發展局委託研究計畫報告。

李永展，1998，鄰避設施衝突管理之研究。臺灣大學建築與城鄉研究學報，9：33-44。

李永展，1999，鄰避設施設置之研究——環境正義觀點。政治大學地政學系國科會研究計畫報告。

李永展、翁久惠，1995，鄰避設施對主觀環境生活品質影響之探討。以居民對垃圾焚化廠之認知與態度為例，經社法制論叢，16：89-117。

李永展、陳柏廷，1996，從環境認知的觀點探討鄰避設施的再利用。臺灣大學建築與城鄉研究學報，8：53-65。

李承嘉，1999，德國墓地規劃與殯葬區規劃之分析。收錄於顏愛靜主持，五股鄉獅子頭殯葬專用區之規劃。臺北縣五股鄉公所委託研究。

李家儂、賴宗裕，2007，臺北都會區大眾運輸導向發展目標體系與策略之建構，地理學報，48：19-42。

李敏慧，1997，日治時期臺灣山地部落集約集團移住與社會重建之研究，師範大學地理研究所碩士論文。

李朝賢，1993，區域發展規劃。臺北：華泰書局。

李蒼郎，2005，國內有機農產品之生產策略。中華永續農業協會。

阮俊中，2003，臺灣殯葬產業動態研究。南華大學管理研究所碩士論文。

宜蘭縣政府，1980，宜蘭縣志——山地篇。宜蘭縣政府。

東嘉生，1944/1985，臺灣經濟史概說（周憲文譯）。臺北：帕米爾書店。

林佳陵，1996，論關於臺灣原住民土地之統治政策與法令。臺灣大學法律研究所碩士論文。

林怡婷，2008，環保自然葬政策在上海和臺灣應用的案例研究。東華大學環境政策研究所碩士論文。

林建元、黃人傑、陳延輝，2004，高度不確定性用地需求之土地開發控制系統——以宗教用地為例(I)。行政院國家科學委員會專題研究計畫成果報告，計畫編號：NSC92-2415-H-002-024。[Online] URL: http://ntur.lib.ntu.edu.tw/bitstream/246246/13681/1/922415H002024.pdf（2011年7月12日）。

林英彥，1990，土地經濟學通論。臺北：文笙書局。

林英彥，1991，土地經濟學通論（2版）。臺北：文笙書局。

林英彥，1999，土地經濟學通論（5版）。臺北：文笙書局。

林國慶，2005a，山地農業之角色與定位。國土規劃系列研討會論文集，議題一大甲溪流域上游地區土地利用（2005年12月20日至12月21日）。

林國慶，2005b，山地農業定位與發展之研究。行政院農業委員會九十四年度科技研究計畫研究報告。計畫編號：94農科-2.1.4-企-Q1(3)。

林國慶、楊振榮，2003，加入WTO農地政策之調適。行政院農業委員會九十二年度科技研究計畫研究報告。計畫編號：92農科-1.5.4-企-Q1(4)。

林森田，1990，墓政管理及相關法規之研究。內政部民政司研究報告。
林琬菁，2004，從資源永續觀點探討休閒農業與土地利用之關係。政治大學地政學系碩士論文。
林楨家、施亭伃，2007，大眾運輸導向發展之建成環境對捷運運量之影響——臺北捷運系統之實證研究。運輸計劃季刊，36(4)：451-476。
林銘洲，2005，國內有機產業發展趨勢。[Online] URL: http://info.organic.org.tw/supergood/ezcatfiles/organic/img/img/721/596739266.pdf（2010 年 9 月 12 日）。
林鍾妏，2007，環保自然葬——以綠色向世間告別。人生雜誌，289：12-13。
林瓊華，1997，臺灣原住民土地產權之演變。東吳大學經濟學研究所博士論文。
花蓮區農情月刊編輯室，2001，休閒農業輔導管理辦法修正重點。花蓮區農情月刊，第 9 期。[Online] URL: http://hdais.coa.gov.tw/htmlarea_file/web_articles/hdais/1328/mon-9_2-1.pdf（2006 年 4 月 23 日）。
邱文彥，1993，與海爭地——海埔地開發的省思與前瞻，科學月刊，285。[Online] URL: http://210.60.226.25/science/content/1993/00090285/0009.htm（2004 年 6 月 17 日）。
邱文彥，2006，國土計畫海域範圍之界定與規劃議題之研究。內政部營建署市鄉規劃局委託研究計畫。
金家禾，1996，開發許可制與地理資訊系統之運用。國土資訊系統通訊，第 18 期。[Online] URL: http://ngis2.moi.gov.tw/Storage/MOI_NGIS/journal/18/ngis-18.htm（2006 年 4 月 23 日）。
南投縣政府，2001，九十年度一鄉一休閒農漁園區計畫。南投縣政府。
姜善鑫等，1997，經濟地理。臺北：三民書局。
施鴻志、周士雄，1996，都市計畫。新竹：建都文化事業。
柳中明、華昌宜、游保杉，2009，我國「全球氣候變遷長期評估與衝擊調適策略之整體綱要計畫」草案建議。財團法人國土規劃及不動產資訊中心。
段兆麟，2007，臺灣休閒農業發展的回顧與未來發展策略。農政與農情，177：64-70。
洪泉湖，1992，臺灣地區山地保留地政策制定之研究。政治大學三民主義研究所博士論文。
洪敏麟，1972，同胄志——平埔族篇：第九冊 臺灣省通志。臺中：臺灣省文獻會。
洪鴻智，1995，空間衝突管理：策略規劃方法之應用。法商學報，31：172-206。
胡朝進，2004，誰打造汐止——新都市政治經濟學分析。東吳大學社會學系碩士在職專班碩士論文。
倪禮豐，2008，日本及韓國有機觀光休閒介紹。發表於有機生態環境營造與休閒多元化發展研討會。[Online] URL: http://web.hdais.gov.tw/11/97/2008_05/1-2.pdf（2011年9月2日）。

夏聰仁，2005，休閒農業之研究。臺灣休閒農業會訊，4：1-6。

孫稚堤，2007，原住民地區共用資源保育與利用之分析——以新竹縣尖石鄉後山的泰雅族中落為例。政治大學地政學系碩士論文。

徐世榮、李承嘉、陳立夫、徐世勳，2008，我國農地利用管理法立法原則與架構。發表於〈農地資源與利用政策研討會〉，臺北：國立臺北大學（2008 年 11 月 8 日）。

殷章甫，1983，上課講義。未出版。

殷章甫，1984，中國之土地改革。臺北：中央文物供應社。

殷章甫，1991，我國墓政管理制度與喪葬問題。內政部編印。

殷章甫，1995，土地經濟學。臺北：五南圖書出版公司。

殷章甫，2003，地價與地用之理論分析。臺北：五南圖書。

殷章甫，2004，土地經濟學（2 版）。臺北：五南圖書出版公司。

殷章甫、顏愛靜，1988，中外土地法制之比較研究。行政院經建會經社法規研究報告。

殷章甫、顏愛靜，1990，墓政管理及相關法規之研究。內政部委託研究報告。

浦忠成，1997，教育文化篇。收錄於臺灣原住民文教基金會編，「跨世紀原住民政策藍圖之研究」。臺北：臺灣原住民文教基金會。行政院原住民委員會委託研究。

財政部國有財產局，2010，財政部國有財產局 98 年度施政績效報告。

財團法人國土規劃及不動產資訊中心，2008，臺灣國土及區域發展實施方案。內政部營建署市鄉規劃局委託研究計畫。

張石角，1993，自然保育與自然保護。聯合報，1993 年 10 月 31 日。

張石角，1997，海岸地區開發行為環境影響評估監督作業規範之研訂。行政院環境保護署委託研究計畫。

張信文，2007，細部計畫擬定應用「聰明成長」規劃原則之研究——以高雄市農二十一為例。高雄大學都市發展暨建築研究所碩士論文。

張景森，2005，臺灣的海岸規劃及復育政策。發表於「永續發展 產業東昇」——促進東部區域暨 2010 花蓮邁向永續發展研討會專題演講。[Online] URL: http://tpweb.cpami.gov.tw/news.asp（2005 年 9 月 30 日）。

張景森，2006，萬惡路為首，[Online] URL: http://e-info.org.tw/node/5362（2011 年 5 月 8 日）。

張隆盛、黃書禮、廖美莉，2001，都市永續發展與生態都市的建構。國政研究報告，永續（研）090-016 號。[Online] URL: http://old.npf.org.tw/PUBLICATION/SD/090/

SD-R-090-016.htm（2006 年 11 月 12 日）。
張德粹，1977，臺灣地區適當人口成長率之研究。臺大農業經濟研究所碩士論文。
張德粹，1984，土地經濟學（2 版）。臺北：國立編譯館。
張奮前，1962，臺灣山地之保留地。臺灣文獻，13(1)：19-28。
張學孔，2001，永續發展與綠色交通。經濟前瞻雙月刊，76：116-121。
張錦德，2007，生命最終的道場——金山環保生命園區。人生雜誌，289：21-22。
許文富，1999，農業政策導論。臺北：豐年社。
連容純，2010，骨灰拋灑或植存專區劃設評估準則之研究。政治大學地政學系碩士論文。
郭年雄，1998，地層下陷土地之保育利用。收錄於〈全國國土及水資源會議實錄〉【議題報告（一）】主題二，頁 2-4-7～13。
郭振泰，1998，我國水資源行政組織之分析與檢討。發表於河川再造研討會，時報文教基金會主辦。
郭華仁，2005，什麼是部落地圖。[Online] URL: http://www.dmtip.gov.tw/event/MAP/document/document_01.htm（2010 年 7 月 22 日）。
陳守泓、姚銘輝、申雍，2005，氣候變遷對臺灣地區糧食安全之衝擊與因應對策。全球變遷通訊雜誌，46：7-13。
陳伯中，1983，都市地理學。臺北：三民書局。
陳佩菁，2006，大眾運輸導向發展站區評估模式之研究——以臺中都會區捷運運輸系統為例。逢甲大學都市計畫學系碩士在職專班碩士論文。
陳明健，1998，農田水利經營與經濟發展。科學農業，46(1, 2)：103-110。
陳俊宏，1999，鄰避(NIMBY)症候群、專家政治與民主審議。東吳政治學報，10：97-132。
陳信雄，1997，集水區經營學。臺北：國立編譯館。
陳政雄，1992，山坡地計畫。臺北：博遠。
陳春志，2008，影響臺灣地區都市人口密度空間變化因素之探討。成功大學都市計畫研究所碩士論文。
陳昭郎，2002，促進休閒農業發展。國政研究報告科經（研）091-009 號。[Online] URL: http://www.npf.org.tw/PUBLICATION/TE/091/TE-R-091-009.htm（2008 年 10 月 5 日）。
陳昭郎，2003，休閒農業經營合法化問題探討。收錄於〈休閒、文化與綠色資源——理論、政策與論壇論文集〉（上）。
陳昭郎，2004，休閒農場合法化之困難問題與解決對策研究。行政院農業委員會九十三年度農業發展計畫研究報告。

陳昭郎、段兆麟，2004，休閒農業場家全面性調查計畫。行政院農業委員會九十三年度農業發展計畫研究報告。

陳秋坤，1994，清代臺灣農村土地利用和租佃關係——以岸裡社的土地經營為例 (1740-1820)。收錄於臺中縣立文化中心編，中縣開拓史學術研討會論文集，頁 248-287。臺中：臺中縣立文化中心。

曾迪華，2009，永續生態都市之概念。[Online] URL: http://www.tdjhs.tyc.edu.tw/html/980429.ppt（2012 年 4 月 5 日）。

游貞蓮，2006，非都市土地農牧用地變更使用制度之研究——以桃園縣為例。政治大學地政系在職專班碩士論文。

華昌琳，1997，永續臺北的辛路歷程。發表於永續生態城鄉發展理念與策略研討會。

黃俊傑，1995，戰後臺灣的轉型及其展望。臺北：正中書局。

黃南淵，1998，國土經營管理。發表於全國國土及水源會議，行政院經濟建設委員會主辦。

黃書禮，2000，生態土地使用規劃。臺北：詹氏書局。

黃書禮，2004，都市生態經濟與能量。臺北：詹氏書局。

黃朝恩，1994，地理科戶外環境教學之實驗研究。師大地理研究報告，21：173-207。

黃楹鈞、溫谷琳、陳孟敏、陳梅鈴，2008，全球生態都市之趨勢、標竿及衍生產業研究。新竹：工業技術研究院。

黃萬翔，2009，從全球競爭觀點看臺灣區域發展與區域合作。研考雙月刊，33(4)：13-23。

黃應貴，1986，臺灣土著族的兩種社會型態及其意義。收錄於黃應貴編，〈臺灣土著社會文化研究論文集〉。臺北：聯經出版。

黃應貴，1992，東埔社布農人的社會生活。臺北：中研院民族所。

楊國柱，2003，臺灣殯葬用地區位之研究——土地使用競租模型的新制度觀點。政治大學地政學系博士論文。

楊國柱、鄭志明，2003，民俗、殯葬與宗教專論。臺北：韋伯文化國際。

葉榮椿、唐高永，1995，海岸地區整體規劃之研究。內政部營建署。

虞國興，2010，子議題一：水資源調適策略之規劃。發表於全球氣候變遷與臺灣農業因應調適策略座談會。

詹士樑，2010，子議題二：農地資源調適策略之規劃。發表於全球氣候變遷與臺灣農業因應調適策略座談會。

靳爾剛，2003，國外殯葬法規匯編。北京：中國社會。

廖皇傑，2006，全球化下工業區土地使用變遷管理與規劃管制工具之運用。發表於 2006 年海峽兩岸、兩岸四地土地學術研討會，2006 年 9 月 13 日至 14 日。

廖靜蕙，2010，環境資源部 2012 誕生——組織架構草案出爐。[Online] URL: http://e-info.org.tw/node/59456（2012 年 1 月 23 日）。

劉居立，2005，臺灣城鄉風貌空間改造運動之研究——以臺南縣為例。成功大學都市計畫學系碩士論文。

潘雪玲，2007，應用空間型構理論於都市空間變遷之研究——以埔里鎮為例。逢甲大學建築與都市計畫所碩士論文。

澎湖縣政府地政局，澎湖縣政府地政局網站。[Online] URL: http://www.penghu.gov.tw/03land/03effort/view.asp?bull_id=5046（2010 年 6 月 2 日）。

蔡慧敏、江進富，2002，海洋管理政策的永續性。收錄於葉俊榮編，永續臺灣的評量系統（第四年度報告），行政院國家科學委員會專題研究計畫。[Online] URL: http://homepage.ntu.edu.tw/~chchu/taiwansdi/section02_3s.htm（2009 年 2 月 16 日）。

衛惠林，1965，臺灣土著社會的部落組織與權威制度。考古人類學刊，25/26：71-92。

鄭健雄，1999，休閒農業發展的幾個關鍵性議題。興大農業，31：1-4。

蕭代基，1998，健全水權管理制度。發表於全國國土及水資源會議。

蕭代基、王京明、張瓊婷、楊智凱、黃德秀，2008，氣候變遷調適政策藍圖之研議——臺灣氣候變遷調適政策綱要架構。中華經濟研究院、財團法人中技社。

蕭代基、黃書禮、林全、吳珮瑛、馮君君、詹士樑，2000，限制發展地區補償財源籌措之研究。臺北：行政院經濟建設委員會。

賴明洲、薛怡珍、謝佩珊，2004，追求永續生態系統健康的生態化都市。發表於 2004 聯合年會暨「國土城鄉規劃與治理」學術研討會。

龍邑工程顧問股份有限公司，2006，臺中縣實施容積移轉地區調查規劃與研訂作業機制案。臺中縣政府委託研究案。

韓西奄，1951，臺灣山地人民之經濟生活。臺灣銀行季刊，4(2)：116-151。

韓乾，2001，土地資源經濟學。臺北：滄海。

簡俊發，2004a，發展休閒農業的輔導方向與作法。農政與農情，145：35-39。

簡俊發，2004b，新國土計畫下農地資源調整機制之建置作業規劃。農政與農情：143。

薩孟武，1979，孟武自選集。臺北：東大圖書有限公司。

顏世堂，1991，臺灣地區墓地問題之研究。逢甲大學都市計畫學系碩士論文。

顏清連、徐享崑，1998，「水資源經營管理」引言報告。發表於全國國土及水資源會議。

顏愛靜，1986，臺灣農業基礎條件與農業結構變遷之研究。政治大學地政研究所博士論文。

顏愛靜，1991a，從農業發展條例修正頒行看今後的農地利用與管理。臺灣土地金融季刊，38(3)：25-43。

顏愛靜，1991b，墓地利用效率之比較分析。社會福利月刊，93：15-17、44-47。

顏愛靜，1992，臺灣農地政策、農地權屬、農地規模與農地市場——當前趨向與問題癥結。臺灣土地金融季刊，29(4)：145-161。

顏愛靜，1997a，臺灣喪葬設施設置管理問題之探討。社會福利月刊，129：9-18。

顏愛靜，1997b，原住民保留地與公有土地資源管理制度之研究(I)。行政院國家科學委員會專題研究計畫。

顏愛靜，1999a，中德殯葬設施設置管理制度之比較分析。發表於殯葬文化與設施用地永續發展學術研討會。

顏愛靜，1999b，五股鄉獅子頭殯葬專用區之規劃。臺北縣五股鄉公所委託研究。

顏愛靜，1999c，農地利用外部效益與回饋制度之探析。政策月刊，47：25-29。

顏愛靜，2000，現階段原住民保留地管理問題與對策之研析。國立政治大學學報，80：57-104。

顏愛靜，2001，殯葬改革路上你和我——談如何超越殯葬改革的困境與迷思。人與地，212/213：4-7。

顏愛靜，2003，第四議題子題三：農地資源之合理管理與永續利用。第五次全國農業會議引言報告。

顏愛靜，2010，臺大實驗林混農林地利用現況與問題之研析。臺大實驗林管理處委託研究。

顏愛靜、丁福致，2008，國土保育範圍非都市土地容許使用項目檢討。內政部營建署城鄉發展分署委託研究。

顏愛靜、傅小芝、何欣芳，2011，原住民社區永續農業發展之實踐——以新竹縣尖石鄉石磊部落為例。臺灣土地研究，14(2)：67-97。

顏愛靜、楊振榮，2001，農業發展條例修正後施行成效之檢討——側重農地移轉、分割與租賃制度之變革。行政院農業委員會委託研究。

顏愛靜、楊國柱，2004，原住民族土地制度與經濟發展。臺北：稻鄉出版社。

顏愛靜、楊國柱，2006，德荷日農地規劃利用管理及保護制度之研析。行政院農委會委託，中國土地經濟學會。

顏愛靜、楊國柱，2008，非都市土地開發審議標準之檢討與改進委託計畫案。行政院內政部營建署九十七年度委託計畫研究報告。

顏愛靜、賴宗裕、陳立夫，2004，新國土計畫體系下農業用地分級分區管理機制建構之研究。行政院農委會委託研究。

顏愛靜、羅恩加、陳胤安，2012，誘因排擠與原住民部落農業之發展——以臺灣新竹尖石鄉石磊部落為例。地理學報，65：55-81。

顏愛靜譯，2003，德國聯邦區域規劃法，現代地政，264：6-15。

譚維信，2001，臺灣地區殯葬設施管理服務之研究——以新竹市殯葬管理所為例。南華大學生死學研究所碩士論文。

鐘丁茂、徐雪麗，2005，李奧波【沙郡年紀】土地倫理思想之研究。生態臺灣，6：76-85。

國家圖書館出版品預行編目資料

土地資源概論／顏愛靜著. ——初版. ——
臺北市：五南, 2013. 10
面； 公分

ISBN 978-957-11-7266-8（平裝）

1. 土地資源

554 102015490

IK38

土地資源概論

作　　者－顏愛靜
發 行 人－楊榮川
總 編 輯－王翠華
主　　編－張毓芬
責任編輯－侯家嵐
文字編輯－林芸郁
封面設計－盧盈良
排版公司－李宸葳設計工作坊
出 版 者－五南圖書出版股份有限公司
地　　址：106 台北市大安區和平東路二段 339 號 4 樓
電　　話：(02)2705-5066　傳　　真：(02)2706-6100
網　　址：http://www.wunan.com.tw
電子郵件：wunan@wunan.com.tw
劃撥帳號：01068953
戶　　名：五南圖書出版股份有限公司
台中市駐區辦公室／台中市中區中山路 6 號
電　　話：(04)2223-0891　傳　　真：(04)2223-3549
高雄市駐區辦公室／高雄市新興區中山一路 290 號
電　　話：(07)2358-702　傳　　真：(07)2350-236
法律顧問：林勝安律師事務所　林勝安律師
出版日期：2013 年 10 月初版一刷

定　　價　新臺幣 720 元